»DER GROSS

URS MARTI

»DER GROSSE PÖBEL- UND SKLAVENAUFSTAND«

Nietzsches Auseinandersetzung
mit Revolution und Demokratie

Verlag J.B. Metzler
Stuttgart · Weimar

Publiziert mit Unterstützung des Schweizerischen Nationalfonds zur Förderung der wissenschaftlichen Forschung.

Die Deutsche Bibliothek – CIP – Einheitsaufnahme

Marti, Urs:
»Der grosse Pöbel- und Sklavenaufstand« : Nietzsches Auseinandersetzung mit Revolution und Demokratie / Urs Marti. - Stuttgart; Weimar: Metzler, 1993
ISBN 978-3-476-00948-7

ISBN 978-3-476-00948-7
ISBN 978-3-476-03498-4 (eBook)
DOI 10.1007/978-3-476-03498-4

© 1993 Springer-Verlag GmbH Deutschland
Ursprünglich erschienen bei J.B. Metzlersche Verlagsbuchhandlung
und Carl Ernst Poeschel Verlag GmbH in Stuttgart 1993

EIN VERLAG DER **SPEKTRUM FACHVERLAGE GMBH**

Inhalt

EINLEITUNG

Bis heute gilt die Französische Revolution als Ereignis, für das die Philosophie Verantwortung trägt. Der Umsturz ist als Resultat philosophischer Aufklärung begriffen worden, als Entscheidung im Kampf, den die Philosophie seit ihrer Geburt gegen die Autorität von Religion und Tradition führt. 1789 haben Menschen die Macht ergriffen, die willens waren, die Wirklichkeit vernünftig zu gestalten; so hat es nicht nur Hegel empfunden. Im Selbstverständnis mancher Protagonisten stellte die Revolution den Versuch dar, die politische, moralische und gesellschaftliche Ordnung mit Hilfe philosophischer Einsichten neu zu begründen. In der Sicht der Gegner zeugte zwar der Aufstand des Rationalismus gegen das Herkommen von fehlendem Realitätsbezug, ja von frevelhafter Überschätzung menschlicher Macht, namhaften Philosophen jedoch galt er als Beweis dafür, dass eine Veränderung der Welt zum Besseren hin nicht nur nötig, sondern auch möglich ist.

200 Jahre nach dem Ausbruch der Französischen Revolution scheinen sich die kühnen revolutionären Hoffnungen zerschlagen zu haben; das Vertrauen in die Machbarkeit der Geschichte[1], in die Macht, Staat und Gesellschaft nach vorgefassten Plänen und moralischen Gesichtspunkten umzugestalten, ist nachhaltig erschüttert. Während sich die Revolutions-Skeptiker nach dem Zusammenbruch des Sozialismus in der Auffassung bestätigt sehen, die menschliche »Natur« setze jedem Versuch einer politischen Revolution enge Grenzen, hat sich das zeitgenössische Denken im Rahmen der »postmodernen« Wende vom revolutionären Rationalismus abgewandt. Die Selbstkritik der Moderne und der Verzicht auf das Projekt einer »Verbesserung« der Welt sind jedoch Motive, die bereits im Denken des letzten Jahrhunderts auftauchen. Besondere Bedeutung kommt in dieser Hinsicht Nietzsche zu, der heute als Wegbereiter postmodernen Denkens in Anspruch genommen wird. Es dürfte daher von Interesse sein, an seine Kritik der revolutionären Hoffnung zu erinnern.

Vor dem Hintergrund der Diskussionen um die philosophische Postmoderne verdienen innerhalb der neueren Literatur zu Nietzsches politischer Philosophie besonders die Arbeiten von Henning Ottmann und Mark Warren Beachtung. Das Niveau von Nietzsches Politik war, so meint Ottmann, »das einer Auseinandersetzung mit der Moderne selbst«

1

Einleitung

(Ottmann 1987/V-VI). Sein Denken kreist um »das Problem, das der moderne Wille zur Verfügung über die Natur aus sich heraus stellt und in den Grenzen seiner Macht heute schmerzlich erfährt. Nietzsche« – so Ottmanns abschliessendes Urteil – »war die Natur wieder zum einem Unverfügbaren, einer ›Transzendenz‹ geworden, an welcher der Wille zur Verfügung sich zu bescheiden hatte« (Ottmann 1987/376). Ob die Deutung Nietzsches Anliegen gerecht wird, ist hier nicht zu entscheiden; doch auch wenn man einräumt, dass Nietzsche die Hybris der modernen Subjektivität zu überwinden trachtet, muss man sich hüten, von der Metaphysik-Kritik auf die politischen Ideen zu schliessen. Der Mensch ist ihm keineswegs zum Unverfügbaren geworden, das die Politik zu respektieren hat. »Postmodern« ist Nietzsches Philosophie allenfalls dort, wo das Politische ausgeklammert wird. Diese Auffassung vertritt Warren, der vom Widerspruch zwischen Nietzsches politischer Theorie und den Implikationen seiner Metaphysik-Kritik ausgeht. Die moderne politische Philosophie von Hobbes bis zu den zeitgenössischen Vertragstheoretikern stützt sich auf eine Konzeption von Subjektivität und politischem Handeln, deren Unhaltbarkeit Nietzsche gezeigt hat. Gelingt es, seine Philosophie der Macht aus der Verklammerung mit seinem prämodernen Politik-Begriff zu lösen, dann bietet sie sich als eine dem postmodernen Liberalismus adäquate Praxis-Theorie an, so glaubt Warren[2].

Die Französische Revolution, einst als Beginn eines neuen Akts in der menschlichen Emanzipationsgeschichte gefeiert oder als endgültiger Abfall des Menschen von Gott verteufelt, scheint heute zu jenen »grossen Erzählungen« zu gehören, deren Ende das postmoderne Denken verkündet. Übersetzt man die Einwände der konservativen und liberalen Revolutionskritik in die Sprache der Philosophie, dann kann man den Umbruch als Produkt der Hybris der modernen Subjektivität deuten. Wenn es zutrifft, dass sich im zeitgenössischen politischen Denken ein »postrevolutionärer« Konsens abzeichnet, wenn man überdies Nietzsche das Verdienst zuschreibt, die philosophische Postmoderne vorbereitet zu haben, dann drängt sich die Frage auf, ob nicht seine Kritik der revolutionären Hoffnung heute ihre Bestätigung gefunden hat. Dies um so mehr, als François Furet, der zur Zeit meistbeachtete Interpret der Französischen Revolution, die Aufmerksamkeit erneut auf ihre mentalitätsgeschichtliche, also »moralische« Seite gelenkt hat. Laut Furet liegt die innovative Leistung der Französischen Revolution in der Erfindung einer neuen politischen Kultur, in der Politisierung des Alltags sowie in der Ideologisierung der politischen Auseinandersetzung. Nietzsche hat den Blick auf die Allmachtsphantasien und auf das Ressentiment der Revolutionäre gerichtet.

Die Revolution ist beendet, so lautet Furets vielleicht populärste Botschaft[3]. Er meint damit, es könne nicht die Aufgabe zeitgenössischer Politik sein, unendlich jene Kämpfe zu wiederholen, die die Geschichte der Revolution bestimmt haben. Obwohl Furet selbst im Hinblick auf die philosophischen Implikationen seiner Thesen vorsichtig bleibt und obwohl er in seinen jüngsten Schriften die Aufmerksamkeit wieder verstärkt auf die Revolution als Geburtsstunde der Demokratie gelenkt hat[4], darf man davon ausgehen, dass sein Werk der intellektuellen Kultur der Postmoderne Argumente geliefert hat.»Im Zeichen der postmodernen Verabschiedungen sollen wir nun auch auf Distanz gehen zu jenem exemplarischen Ereignis, in dessen Sog wir zweihundert Jahre gelebt haben«, so fürchtet Jürgen Habermas (Habermas 1989/7). Wer zu solcher Distanzierung auffordert, kann sich auf Nietzsches Kritik der revolutionären Illusionen und kollektiven Machtphantasien berufen. Im Gegensatz zu postmodernen Denkern konstatiert Nietzsche freilich gerade nicht das Ende einer grossen Erzählung. Während die Versuche, der Revolution eine moralische Rechtfertigung zu verschaffen, für ihn bloss einen vorläufigen Höhepunkt im Siegeszug der christlichen Weltdeutung darstellen, versteht er den Umsturz selbst als Anfang eines Prozesses, der Jahrhunderte dauern wird und dessen Folgen noch längst nicht absehbar sind.

Aus Nietzsches Schriften spricht eine unversöhnliche, fundamentale Opposition gegen die Französische Revolution. Berücksichtigt man überdies, dass die relevanten Äusserungen wenig zahlreich und in der Regel ziemlich knapp sind, ist gut zu verstehen, weshalb das Thema in der Forschung bisher auf wenig Interesse gestossen ist[5]. Nietzsche hat die Französische Revolution als eine überflüssige Posse beurteilt, sich selbst dagegen als Urheber eines Umsturzes und eines Aufbaus »ohne Gleichen«, als Vorkämpfer der »radikalsten Umwälzung, von der die Menschheit weiss«, vorgestellt[6]. Sein Hass gegen die Revolution ist so tief gewesen, dass er, der Denker der ewigen Wiederkunft und des dionysischen Jasagens, sie nachträglich in der Geburt hat ersticken, ungeschehen machen wollen (WS 221). Die Intensität des Hasses lässt sich mit der grosszügigen Toleranz des postmodernen Liberalismus nicht in Einklang bringen. Nietzsche protestiert gegen die Moderne im Namen vormoderner Wertvorstellungen; das antike Polis-Verständnis wie das mittelalterliche und feudalaristokratische Gesellschaftsideal dienen ihm zuweilen als Orientierungsrahmen. Dennoch kann man seine Philosophie nicht auf reaktionäre oder fundamentalistisch-konservative Vorurteile reduzieren. Der Versuch, ein konsequent durchdachtes Prinzip der Selbstgesetzgebung zur Grundlage einer neuen Ethik zu machen, gehört in die Geschichte der Aufklärung.

3

Zwar nicht als politischer Theoretiker, aber als Philosoph, der auf das politische Denken einen spürbaren Einfluss ausgeübt hat, ist Nietzsche nicht nur ein antimoderner Kritiker der demokratischen Revolution gewesen, sondern auch ein moderner Kritiker ihrer fehlenden Radikalität im Hinblick auf die Begründung von Wert, Gesetz und Autorität. Diese Ambivalenz in Nietzsches Denken ist selbstverständlich längst zum Gegenstand der Forschung geworden. Nimmt man sie ernst, so kann seine Lehre weder als programmatische Anregung für eine bestimmte Partei in Anspruch genommen noch als blosse Ideologie einer Klasse denunziert werden. Es geht freilich auch nicht an, Nietzsches Demokratiekritik als blossen Protest gegen die Überbewertung des Politischen zu verharmlosen[7]. Zwar hat er sich gerne als der »letzte antipolitische Deutsche« (KSA 14/472) bezeichnet und sich im Hinblick auf das »Politisiren« (JGB 241) der Deutschen meist abschätzig geäussert, doch meint Politik in den betreffenden Stellen primär die Verfolgung nationaler Interessen. Dagegen sind vor allem seine anti-demokratischen, anti-egalitären und anti-universalistischen Werturteile politisch folgenreich geworden; Affinitäten zur konservativen Kulturkritik und selbst mögliche Verbindungslinien zu protofaschistischen Doktrinen[8] zu prüfen, ist unerlässlich. Doch die ideologiekritische Arbeit wird erst sinnvoll, wenn berücksichtigt wird, dass der überwiegende Teil der Gelehrten-Welt in der zweiten Hälfte des letzten Jahrhunderts den Demokratisierungsprozess mit Angst, Skepsis oder Hass verfolgt hat. Nietzsches Nöte, Wertungen und Umwertungen sind oft viel zeitgemässer, als seine Beteuerungen vermuten lassen; genausowenig wie seine Zeitgenossen ist er darum herum gekommen, von den Auswirkungen der ökonomischen, politischen und kulturellen Umbrüche Kenntnis zu nehmen, ihre Vor- und Nachteile gegeneinander abzuwägen, über den Sinn konservativer Protesthaltungen wie über die Möglichkeiten neuer Politik-Formen nachzudenken.

»Wer seine Zeit angreift, kann nur s i c h angreifen: was kann er denn sehen wenn nicht sich?« (KSA 8/500, 27[81]). Nietzsche hat in den späten 70er Jahren erkannt, dass sein eigenes Denken das Abbild seiner konfliktreichen Gegenwart ist. Was hier freilich abgebildet wird, sind weniger die realen Konflikte politischer und sozialer Art, sondern ihre Nachwirkungen in der literarischen Produktion. Will man durch das Studium von Nietzsches Werk das 19. Jahrhundert mit seinen politischen Sorgen und Nöten etwas besser kennenlernen, muss deshalb auch seine Lektüre berücksichtigt werden. Die Erforschung von Nietzsches Bibliothek dient laut Montinari dazu, »eine Brücke zu schlagen zur Kultur in N[ietzsche]s Zeiten«, eine homogene Atmosphäre zu rekonstruieren, die dem damali-

4

gen intellektuellen Europa gemeinsam gewesen ist. Das Ziel ist nicht allein, »in N[ietzsche] einzutreten, sondern noch mehr, aus ihm herauszukommen, um grössere Zusammenhänge in der Geschichte der Philosophie, der Politik, der Literatur, der Gesellschaft im allgemeinen zu erfassen. Um das Ferment N[ietzsche] zu isolieren [...], muss man die Nährlösung kennen, in der es gewirkt hat« (Zit. bei Campioni 1989/XLIX).

Die Frage, ob bei Nietzsche überhaupt von einer politischen Philosophie die Rede sein kann, lässt sich hier nur provisorisch beantworten. Bereits ein Blick auf die für die Ideengeschichte massgebliche Trennung zwischen aristotelischer und machiavellistischer Politik-Auffassung zeigt, wie schwierig es ist, ihn einzuordnen. Selbstverständlich steht er mit der starken Betonung des Willens zur Macht in der neuzeitlichen Tradition der politischen Philosophie, die von Machiavelli bis Max Weber reicht. Andrerseits lassen sich noch seine späten Aufrufe zu einer lebensbejahenden und rechtschaffenen »grossen Politik« (KSA 13/637, 25[1]) als Versuche lesen, gemäss antikem Vorbild nicht Machterwerb und Machterhaltung, sondern die Verwirklichung des guten Lebens als Aufgabe der Politik zu definieren.

Versteht man mit Weber, der ja seinerseits von Nietzsche beeinflusst ist[9], unter Politik »Streben nach Machtanteil oder nach Beeinflussung der Machtverteilung, sei es zwischen Staaten, sei es innerhalb eines Staates zwischen den Menschengruppen, die er umschliesst« (Weber 1921/397), so lässt sich sagen, dass sie bei Nietzsche eine bescheidene Rolle spielt. Staatsführung, Regierungskunst, Diplomatie und Parteipolitik sind für ihn allenfalls notwendige Übel; nur mittelmässige Geister sollten sich ihrer annehmen. Das Ziel der von ihm herbeigewünschten Umwälzung ist es, Politik überflüssig zu machen oder zumindest den Glauben an ihre vorrangige Bedeutung zu erschüttern. Gemäss der von Carl Schmitt vorgeschlagenen Definition kann vom Politischen nur im Hinblick auf eine Freund-Feind-Relation gesprochen werden, wobei der Gegensatz in einem »konkreten, existenziellen Sinn« zu verstehen ist. Wenn das Politische den »Intensitätsgrad einer Verbindung oder Unterscheidung von Menschen« ungeachtet ihrer Motive bezeichnet und wenn erst der Krieg zu offenbaren vermag, was jeder politischen Idee zugrundeliegt[10], so scheint bei erstem Hinsehen Nietzsche ein zutiefst politischer Denker gewesen zu sein. Stefan Breuers These, er habe mit seiner Kritik der bürgerlich-christlichen Welt eine radikale Politisierung bewirkt (Breuer 1987/172), lässt sich in diesem Sinn deuten: im Antagonismus von Herren- und Sklaven-Moral, von Aufgang und Niedergang, in der Vision künftiger grosser Politik wird die Menschheit in zwei Gruppen aufgespalten, die

Einleitung

sich einzig aufgrund der moralisch-seelischen Verfassung ihrer Mitglieder voneinander unterscheiden. Der Gegensatz muss, so prophezeit Nietzsche in seinen Spätschriften, die Gestalt politischer Konflikte annehmen, die nur auf kriegerischem Weg entschieden werden können. Gegen eine solche Interpretation spricht freilich der Umstand, dass bei Schmitt das Politische immer an eine Einheit, eine Gemeinschaft gebunden bleibt, während zumindest der Aufklärer Nietzsche den Blick auf den gegen die Gemeinschaft gerichteten Emanzipationskampf der Einzelnen richtet, die aufgrund individueller Motive und Wertschätzungen handeln.

Die Identifikation von Politik und Machtausübung oder besser die Reduktion von Macht auf Herrschaft und Gewalt ist bekanntlich in der zeitgenössischen politischen Philosophie nicht mehr unbestritten. Der Versuch, die aristotelische Praxis-Lehre zu aktualisieren und zugleich die Erfahrungen moderner Revolutionsbewegungen theoretisch zu verarbeiten, hat zur Formulierung eines alternativen Begriffs von Politik geführt, der sich nicht auf Herrschaft, Verwaltung und ökonomische Interessenvertretung bezieht, sondern einzig auf das gemeinsame öffentliche Handeln freier und gleichberechtigter Menschen. Am prägnantesten ist eine solche Auffassung von Hannah Arendt vertreten worden. Hält man sich an ihr Konzept, so muss Nietzsche als unpolitischer Denker beurteilt werden. Die Rekonstruktion seiner Auseinandersetzung mit der Französischen Revolution und mit den Demokratisierungsprozessen insgesamt vermag zu zeigen, wie er das Politische im Sinne des republikanischen Prinzips gar nicht zur Kenntnis nimmt. Die Verdrängung ist typisch für mehrere Generationen von Intellektuellen, die in ihrer Ratlosigkeit zwischen romantischer Nostalgie und Begeisterung für cäsaristische Herrschaft, zwischen Allmachtsphantasie und Weltabkehr hin- und hergerissen sind.

Jahrzehnte intensiver und nicht selten leidenschaftlicher Nietzsche-Forschung haben unsere Aufmerksamkeit auf das zentrale Thema seines Denkens gelenkt, auf den Zusammenhang von Ressentiment, Weltverneinung und Nihilismus. Die Versuchung ist nicht gering, in seinen Überlegungen zu diesem Zusammenhang Antworten auf politische Fragen zu suchen, die uns heute beschäftigen. Zwar erlaubt es die Psychologie des Ressentiments, politische Entscheidungen auf verborgene Motive hin zu untersuchen; ebenfalls unbestritten ist wohl, dass die Diagnose des Nihilismus einen Beitrag leisten kann zur Kritik der grossen politischen Projekte der Neuzeit. Dennoch darf nicht vergessen werden, dass Nietzsche sich nie ernsthaft und systematisch mit dem Phänomen des Politischen im Sinne einer Praxis, die freie Menschen miteinander verbindet, befasst hat.

6

Nietzsches politische Gedanken »stehen mit allen seinen philosophischen Gedanken in engem Zusammenhang«, so hat Jaspers festgestellt und präzisiert: »Die grosse Politik ist der Wille des Wirkens in die Zukunft als Wille zum höchsten Menschen, zum Übermenschen« (Jaspers 1936/254). In einem der wichtigsten jüngeren Versuche einer umfassenden Darstellung von Nietzsches politischer Philosophie, in Ottmanns *Philosophie und Politik bei Nietzsche*, heisst es: »Von Nietzsches Politik und seiner Moralphilosophie reden heisst, von seiner Philosophie als ganzer sprechen zu müssen. Erst die grossen Begriffe öffnen die letzten Türen« (Ottmann 1987/346). Zwar ist unbestritten, dass Nietzsches politische Werturteile als Grundlage für ein angemessenes Verständnis seines philosophischen Anliegens wenig geeignet sind. Aber genausowenig lässt sich der Sinn dieser Urteile erschliessen, solange die Aufmerksamkeit allein den »grossen Begriffen« gilt. Nietzsches Lehre vom Willen zur Macht und von der ewigen Wiederkehr des Gleichen wirft Probleme naturwissenschaftlicher Art auf; das heisst nicht, sie sei als naturwissenschaftliche Theorie ernstzunehmen oder als philosophische Idee wissenschaftlich widerlegbar[11]. Dennoch lassen sich Nietzsches Thesen mit naturwissenschaftlichen Erkenntnissen vergleichen. Seine Philosophie wirft aber auch Probleme politischer Art auf; im Rahmen einer ideengeschichtlichen Studie kann die Frage gestellt werden, welches sein Beitrag zur politischen Diskussion in der zweiten Hälfte des 19. Jahrhunderts ist. Ziel der vorliegenden Arbeit ist es, Nietzsches Aussagen zu politisch relevanten Themen, die in der Regel eher selektiv zur Kenntnis genommen werden, möglichst vollständig zu sammeln, miteinander zu vergleichen, die Widersprüche herauszuarbeiten und einige Affinitäten zu politischen und kulturkritischen Gedankengängen von Vorläufern und Zeitgenossen aufzuzeigen, die Nietzsches politisches Weltbild beeinflusst haben könnten oder zu ähnlichen Schlüssen gekommen sind. Die Arbeit geht auf eine Anregung Mazzino Montinaris zurück. Ich habe versucht, seine Lektion zu befolgen und die historisch-philologische Arbeit fortzusetzen, jenes über weite Strecken gewiss langweilige Sammeln und Vergleichen von Texten, das die philosophische Interpretation nicht ersetzen, ihr aber vielleicht als Basis dienen kann (Montinari 1982/4)[12].

Für die kritische Lektüre des Manuskripts danke ich Martin Bauer, Stefanie Brander, Federico Gerratana und Prof. Dr. Wolfgang Müller-Lauter sowie dem Schweizerischen Nationalfonds für die Gewährung eines zweijährigen Forschungsstipendiums.

I
NIETZSCHES URTEIL ÜBER DIE FRANZÖSISCHE REVOLUTION.
EINE ERSTE BESTANDESAUFNAHME

In einem ersten, chronologisch geordneten Überblick geht es darum, die Stellen anzugeben, in denen explizit oder implizit von der Französischen Revolution die Rede ist. Dabei dürfte bereits deutlich werden, dass es in den betreffenden Äusserungen nie allein und oft überhaupt nicht um politische Parteinahmen geht.

Wenn Nietzsche zu Beginn der 70er Jahre bei seltenen Gelegenheiten auf die Revolution zu sprechen kommt, nimmt er sie als Umsturz zur Kenntnis, dessen ideelle Voraussetzungen im Widerspruch stehen zur tragischen Weltauffassung. Ihm scheint es »fürchterlich«, die Kultur »einem Schema zu liebe« opfern zu wollen. Mit dem Schema sind offenbar die Parolen der Französischen Revolution gemeint, denn Nietzsche fährt fort: »Wo sind die Menschen gleich? Wo sind sie frei? Wir vernichten die Brüderlichkeit d.h. das tiefe Mitleid mit ihnen und mit uns, insofern wir uns auf Kosten Andrer zu leben berufen fühlen« (KSA 7/138, 7[5]). Die Propagierung von Freiheit, Gleichheit und Brüderlichkeit ist für Nietzsche Ausdruck einer Realitätsverkennung, eines ungerechtfertigten Glaubens an die ursprüngliche Güte der Natur. Aus diesem Glauben – und als »Consequenz der Renaissance« – ist die Französische Revolution entstanden. »Eine missleitete und optimistische Weltbetrachtung entfesselt endlich alle Greuel.« Die tragische Weltanschauung hingegen leugnet »die Welt der Annehmlichkeit, die ursprüngliche Güte«[1]. Sie findet Trost bei den Griechen, »weil hier die Natur auch in ihren herben Zügen naiv ist« (KSA 7/280, 9[26]). Naiv – das meint hier auch realistisch – ist die Anerkennung der Tatsache bzw. die Bejahung der Notwendigkeit der Sklaverei: Kultur setzt voraus, dass sich bestimmte Menschen auf Kosten anderer Menschen zu leben berufen fühlen.

Eingehender sind die betreffenden Zusammenhänge abgehandelt in der kleinen, Cosima Wagner gewidmeten Schrift über den griechischen Staat, die auf das Anfang 1871 geschriebene *Fragment einer erweiterten Form der »Geburt der Tragoedie«* zurückgreift. Im Anschluss an seine Ausführungen über die Notwendigkeit des Sklaventums sowie über Ursprung und Zweck des Staates lenkt Nietzsche die Aufmerksamkeit auf »gefährliche, für Kunst und Gesellschaft gleich bedenkliche Verkümmerungen der politischen Sphaere«. Gefahr droht von Menschen, »die durch Geburt gleichsam ausserhalb der Volks- und Staateninstinkte gestellt sind« und im Gegensatz zur grossen Mehrzahl der durch unbewusste Instinkte geleiteten gehorsamen Untertanen den Staat als Mittel für ihre eigenen Zwekke begreifen. Diese Menschen wollen ungehindert ihren Absichten nachgehen und sind deshalb, so die Argumentation, an einem friedlichen Zusammenleben der politischen Gemeinschaften interessiert, suchen die »politischen Sondertriebe« abzuschwächen und »durch Herstellung grosser gleichwiegender Staatenkörper und gegenseitiger Sicherstellung derselben den günstigen Erfolg eines Angriffskriegs und damit den Krieg überhaupt zur höchsten Unwahrscheinlichkeit zu machen.« Den Machthabern sprechen sie die Entscheidungsgewalt über Krieg und Frieden ab, stattdessen appellieren sie an den »Egoismus der Masse« und lösen derart die »monarchischen Instinkte der Völker« langsam auf. »Diesem Zweck entsprechen sie« – wie Nietzsche weiter ausführt – »durch die allgemeinste Verbreitung der liberal-optimistischen Weltbetrachtung, welche ihre Wurzeln in den Lehren der französischen Aufklärung und Revolution d.h. in einer gänzlich ungermanischen, ächt romanisch flachen und unmetaphysischen Philosophie hat.« Nietzsche präzisiert, wer mit diesen Menschen gemeint ist: die »wahrhaft internationalen heimatlosen Geldeinsiedler«, die »die Politik zum Mittel der Börse und Staat und Gesellschaft als Bereicherungsapparate ihrer selbst« missbrauchen. Als »gefährliches Charakteristikum der politischen Gegenwart« bezeichnet er »die Verwendung der Revolutionsgedanken im Dienste einer eigensüchtigen staatlosen Geldaristokratie«; die »ungeheure Verbreitung des liberalen Optimismus« begreift er als »Resultat der in sonderbare Hände geratenen modernen Geldwirthschaft«. Nietzsche hat den Sündenbock ausfindig gemacht, der für »alle Übel der socialen Zustände« sowie für den »nothwendigen Verfall der Künste« verantwortlich ist. Um vor der »von dieser Seite zu befürchtende[n] Ablenkung der Staatstendenz zur Geldtendenz« zu warnen, stimmt er seinen »Päan auf den Krieg« an (KSA 1/ 772ff, CV 3; KSA 7/344ff, 10[1]).

Nietzsches frühes politisches Credo ist beherrscht von kaum verhüllten antijüdischen und antifranzösischen Affekten. Die Ideen der Französischen Revolution kommen darin ausschliesslich als Produkte französischer Verflachung und Instrumente jüdischer Verschwörung in Betracht. Auch wenn Nietzsche nur andeutungsweise die Gegner seines Staatsideals bezeichnet, lassen die Anspielungen auf ein ausgeprägtes Feindbild schliessen. Da ist die Rede von Menschen, die wegen ihrer Herkunft ausserhalb jeder Staats- und Volksgemeinschaft stehen, die keine Heimat besitzen, in deren »sonderbare Hände« dafür die ökonomische Macht gelegt ist. Der Gegensatz von germanischer Staatstreue und romanischer, metaphysikfeindlicher Lebenseinstellung wird in einem anderen Text, der ebenfalls zu den Vorarbeiten für die *Geburt der Tragödie* gehört, noch stärker unterstrichen. Es handelt sich um das *Vorwort an Richard Wagner* vom Februar 1871. »Die einzige produktive politische Macht in Deutschland« – so heisst es darin – »ist jetzt in der ungeheuersten Weise zum Siege gekommen und sie wird von jetzt ab das deutsche Wesen bis in seine Atome hinein beherrschen.« An ihr muss der eigentliche »Gegner jeder tieferen Philosophie und Kunstbetrachtung« zu Grunde gehen. Der Gegner wird als Krankheitszustand beschrieben, »an dem das deutsche Wesen vornehmlich seit der grossen Französischen Revolution zu leiden hat und der in immer wiederkehrenden gichtischen Zuckungen auch die bestgearteten deutschen Naturen heimsucht, ganz zu schweigen von der grossen Masse, bei der man jenes Leiden, mit schnöder Entweihung eines wohlgemeinten Wortes, ›Liberalismus‹ nennt«. Nietzsche freut sich darüber, dass der als »eigentlich kulturwidrige Doktrin« empfundene Traum von Menschenwürde an der neugewonnenen politisch-militärischen Macht Deutschlands »verbluten« wird (KSA 7/355,11[l])[2].

Die Opposition zwischen Metaphysik und Revolution hat Nietzsche noch drei Jahre später beschäftigt. In einer Fragmentgruppe von Winter/ Frühjahr 1874 fasst er stichwortartig zusammen, wie sein »Widerspruch gegen die Zeit« zu verstehen ist und welche Kräfte seiner Ansicht nach der von ihm erstrebten Wiederherstellung der Kultur und des metaphysischen Sinns des Daseins im Wege stehen. Primär sind es die Aufklärung – deren »Vernichtung« ist vorgesehen – , die »Gedanken der Revolution« sowie die Idee von der guten Natur; ebenfalls ins feindliche Lager gehören die Renaissance, das »entartete Christentum« und die »Überschätzung des Staates« (KSA 7/780ff, 32[72], [77], [83]). Die betreffenden Fragmente stellen zum Teil Vorarbeiten für die dritte *Unzeitgemässe Betrachtung* dar. In dieser Schrift – d.h. speziell im für unser Thema interessanten vierten Abschnitt – ist freilich der Hass gegen die vergangene Revolution der Einsicht in die Unvermeidbarkeit der zukünftigen gewichen. Die »atomistische« Revolution, d.h. die vollständige soziale Desintegration als Produkt eines langfristigen Prozesses, lässt sich nach Nietzsches Überzeugung nicht verhindern; die Antwort auf die Krise kann nur darin bestehen, einen Typus edlerer Menschlichkeit als Vorbild aufzurichten. Drei Bilder des Menschen bieten sich zu diesem Zweck an,»welche unsre neuere Zeit hinter einander aufgestellt hat und aus deren Anblick die Sterblichen wohl noch für lange den Antrieb zu einer Verklärung ihres eignen Lebens nehmen werden«. Rousseau, Goethe und Schopenhauer sind die Schöpfer dieser drei Typen. Der erste Typus, der Mensch Rousseaus, hat »das grösste Feuer und ist der populärsten Wirkung gewiss«. Von ihm ist »eine Kraft ausgegangen, welche zu ungestümen Revolutionen drängte und noch drängt«. Von den Mächtigen und Reichen gedemütigt, verderbt durch Priester und schlechte Erziehung und »vor sich selbst durch lächerliche Sitten beschämt«, ruft er in seiner Not die Natur an. Doch er muss erkennen, dass sie fern von ihm ist wie ein epikurischer Gott. Jetzt wirft er »all den bunten Schmuck von sich«, Kunst, Wissenschaft und verfeinerte Lebensart. Selbstverachtung und Sehnsucht nach der guten Natur versetzen ihn in eine Stimmung, »in welcher die Seele zu furchtbaren Entschlüssen bereit ist, aber auch das Edelste und Seltenste aus ihren Tiefen herauf ruft« (KSA 1/369, SE 4). Nietzsches Urteil über die Naturschwärmerei fällt hier überraschend mild aus. Dass er freilich den Schopenhauerschen Heros, der um der Wahrhaftigkeit willen leidet, Rousseaus Menschen vorzieht, versteht sich von selbst. Die drei Typen sind nicht gleichwertig; der Mensch Rousseaus ist Vorbild nur für die Menge.

In der zweiten Hälfte der 70er Jahre hat sich Nietzsches Einstellung zur geistigen und politischen Kultur Frankreichs grundlegend gewandelt. Ein bedingungsloser Anhänger der deutschen Reichsideologie ist er zwar nie gewesen, doch hat er zeitweise die antifranzösischen Vorurteile eines grossen Teils der deutschen Intelligenz geteilt. Jetzt hingegen erklärt er das Anliegen der französischen Aufklärung zu seinem eigenen. Freilich folgt aus diesem Gesinnungswandel keine Neubewertung der Französischen Revolution. Nietzsche ist zur Überzeugung gelangt, dass Aufklärung und Revolution gegensätzliche Prinzipien sind; in Voltaire und Rousseau sieht er den Gegensatz personifiziert. Dem Andenken Voltaires, der als einer der »grössten Befreier des Geistes« vorgestellt wird, ist das Buch *Menschliches, Allzumenschliches* gewidmet[3]. Darin wird gegen Rousseaus Lehre mit Argumenten gefochten, die bereits bekannt sind; neu ist jedoch die Opposition zwischen Aufklärung und revolutionärem Optimismus.

Im Aphorismus 463 spricht Nietzsche von »politische[n] und sociale[n] Phantasten«, die »zu einem Umsturz aller Ordnungen auffordern, in dem Glauben, dass dann sofort das stolzeste Tempelhaus schönen Menschenthums gleichsam von selbst sich erheben werde«. In ihren Träumen »klingt noch der Aberglaube Rousseau's nach, welcher an eine wundergleiche, ursprüngliche, aber gleichsam verschüttete Güte der menschlichen Natur glaubt und den Institutionen der Cultur, in Gesellschaft, Staat, Erziehung, alle Schuld jener Verschüttung beimisst«. Aus historischen Erfahrungen weiss er, »dass jeder solche Umsturz die wildesten Energien als die längst begrabenen Furchtbarkeiten und Maasslosigkeiten fernster Zeitalter von Neuem zur Auferstehung bringt«. Zwar kann ein Umsturz »eine Kraftquelle in einer mattgewordenen Menschheit« sein, so räumt er ein, »nimmermehr aber ein Ordner, Baumeister, Künstler, Vollender der menschlichen Natur«. Die Verantwortung für den revolutionären Optimismus weist er nicht Voltaires behutsam ordnendem Aufklärungsprojekt zu, sondern Rousseaus »leidenschaftliche[n] Thorheiten und Halblügen«. Den Geist der Aufklärung und des Fortschritts sieht er durch den »optimistischen Geist der Revolution« langfristig gefährdet und er beschliesst seine Überlegung mit der Mahnung: »sehen wir zu – ein Jeder bei sich selber – ob es möglich ist, ihn wieder zurückzurufen!«

Die Rede ist hier nicht von der Revolution, sondern von einer revolutionären Ideologie, einer Erwartungshaltung. Die Unterscheidung mag spitzfindig erscheinen; sie drängt sich indes auf, weil Nietzsche damals offensichtlich die Möglichkeit einer vom Geist Voltaires inspirierten Revolution erwogen hat. Der Verlust des Glaubens, so notiert er 1877, setzt Kräfte frei, die den bestehenden Ordnungen feindlich gesinnt sind. Dieser Befund bringt ihn zur Frage, ob eine Revolution notwendig sei. Anstelle einer Antwort hält er fest, dass vorerst »ein kleiner Bruchtheil der europäischen Menschheit in Betracht« kommt. Den Regierungen rät er, Toleranz zu üben und im Bemühen um geistige Befreiung die Initiative zu ergreifen, denn: »je geistiger man die Masse macht, um so geordnetere Wege sucht sie« (KSA 8/381, 22[12]). Mit dem Namen Voltaires verbindet Nietzsche zu jener Zeit das Programm einer Aufklärung, das sich zunächst nur an kleine Bevölkerungskreise wendet, einer »Revolution von oben«[4].

Revolution meint bei Nietzsche in der Regel nicht hauptsächlich den Umsturz der politischen Ordnung. In dieser Hinsicht sind die Überlegungen zur »Revolution in der Poesie« (MA I 221) aufschlussreich. Im Rahmen der darin unternommenen Verteidigung der französischen klassischen Dichtung wird Voltaire als »der letzte der grossen Dramatiker, welcher seine vielgestaltige, auch den grössten tragischen Gewitterstürmen gewachsene Seele durch griechisches Maass bändigte«, und darüber hinaus als »einer der letzten Menschen [...], welche die höchste Freiheit des Geistes und eine schlechterdings unrevolutionäre Gesinnung in sich vereinigen können, ohne inconsequent und feige zu sein«, vorgestellt.

Nach Voltaire ist »der moderne Geist mit seiner Unruhe, seinem Hass gegen Maass und Schranke, auf allen Gebieten zur Herrschaft gekommen, zuerst entzügelt durch das Fieber der Revolution und dann wieder sich Zügel anlegend, wenn ihn Angst und Grauen vor sich selbst anwandelte, – aber die Zügel der Logik, nicht mehr des künstlerischen Maasses«. Dieser Entfesselung ist zwar der Genuss einer ursprünglich-barbarischen Volkspoesie zu verdanken, aber die unbegrenzte Stilvielfalt und die Opposition gegen jede Beschränkung führen letztlich zur Auflösung der Kunst, wie Nietzsche darlegt. Revolution ist hier zu verstehen als Protest gegen den Zwang der klassischen Strenge, als Auflösung von Form und Bindung im Bereich des künstlerischen Schaffens, als Abbruch der Tradition und als Durchbruch eines hemmungslosen Experimentierens und Kopierens[5]. Der Prozess ist zwar mit der politischen Revolution in Frankreich nicht identisch, fällt aber zeitlich mit ihr ungefähr zusammen. Ein höchst interessantes Licht auf Nietzsches unausgesprochene Wertmassstäbe wirft die Charakterisierung Voltaires, folgt doch aus ihr, dass es im 19. Jahrhundert äusserst schwierig geworden ist, geistige Freiheit mit einer unrevolutionären Gesinnung zu verbinden und dennoch mutig und konsequent zu sein.

In den beiden Nachtragsbänden zu *Menschliches, Allzumenschliches* kommt das komplexe Verhältnis zwischen Aufklärung und Revolution erneut zur Sprache. Im Aphorismus 171 von *Vermischte Meinungen und Sprüche* heisst es über den Geist der Wagnerschen Musik, er führe »den allerletzten Kriegs- und Reactionszug an gegen den Geist der Aufklärung, welcher aus dem vorigen Jahrhundert in dieses hineinwehte, eben so gegen die übernationalen Gedanken der französischen Umsturz-Schwärmerei und der englisch-amerikanischen Nüchternheit im Umbau von Staat und Gesellschaft«[6]. Damit ist auch das weltanschauliche Anliegen von Nietzsches eigenen frühen Werken benannt. Die Abrechnung mit der in Wagners Schaffen entdeckten restaurativen Sehnsucht trägt zu einer differenzierteren Bewertung der Aufklärung bei. Während Aufklärung und Revolution im Weltbild der Reaktion zwei Seiten des gleichen Sündenfalles sind, versucht Nietzsche gerade den Abstand zwischen beiden Projekten zu ermessen. Dabei entgeht ihm freilich nicht, wie stark sie sich im Verlauf der Geschichte gegenseitig durchdrungen haben. Er spricht nämlich von der »Gefährlichkeit der Aufklärung« (WS 221). Das Wesen der Revolution, d.h. in seinen Worten das »Halbverrückte, Schauspielerische, Thierisch-Grausame, Wollüstige, namentlich Sentimentale und Sich-selbst-Berauschende«, hat sich »mit perfider Begeisterung noch die Aufklärung auf das fanatische Haupt« gesetzt; dank der Aufklärung hat dieses Haupt in einer »verklärenden Glorie« geleuchtet. Das Ziel der Aufklärung hat nach Nietzsche zunächst darin bestanden, »nur die Einzelnen umzubilden: sodass sie nur sehr langsam auch die Sitten und Einrichtungen der Völker umgebildet hätte«. Erst die Vereinnahmung durch das ihr im Grunde fremde, gewaltsame und plötzliche Wesen der Revolution lässt sie in seinen Augen zur bedrohlichen Kraft werden: »Ihre Gefährlichkeit ist dadurch fast grösser geworden, als die befreiende und erhellende Nützlichkeit, welche durch sie in die grosse Revolutionsbewegung kam.« Wer dies begriffen hat, so schliesst Nietzsche, »wird auch wissen, aus welcher Vermischung man sie herauszuziehen, von welcher Verunreinigung man sie zu läutern hat: um dann, an sich selber, das Werk der Aufklärung fortzusetzen und die Revolution nachträglich in der Geburt zu ersticken, ungeschehen zu machen«. Der Wunsch, die Revolution nachträglich aus der Geschichte zu streichen, zeugt davon, wie fanatisch und irrational Nietzsches Abneigung gegen sie gewesen ist. Der Kontext, in dem der Wunsch ausgesprochen wird, zeigt jedoch auch, dass es nicht ganz einfach ist, die Motive dieser Abneigung zu ergründen. Zwei Aspekte verdienen besondere Beachtung. Zunächst fällt auf, dass Nietzsche von einer revolutionären Substanz spricht, die »in Rousseau, vor der Revolution, Fleisch und Geist geworden war«. Der revolutionäre Geist, vor dem er warnt, ist folglich älter als die Französische Revolution. Nietzsche weist überdies zwar auf die Gefahr hin, die entsteht, wenn sich die Aufklärung auf revolutionäre Abenteuer einlässt, umgekehrt steht für ihn aber auch fest, dass die Aufklärung als befreiende Kraft für die revolutionäre Bewegung von Nutzen gewesen ist; die Begegnung muss mithin in seinen Augen nicht unbedingt zum Verhängnis führen, genausowenig ist mit der Kritik am revolutionären Geist die revolutionäre Bewegung diskreditiert.

Nietzsches Überlegungen zum Spannungsverhältnis zwischen Aufklärung und Revolution finden ihren reifsten Ausdruck im Aphorismus 197 der *Morgenröthe*. Die Frage nach dem deutschen Beitrag zur geistigen Kultur Europas in der ersten Hälfte des 19. Jahrhunderts führt zu wenig schmeichelhaften Ergebnissen. Idealismus, Romantik, vorwissenschaftliche Erklärungsmodelle in Philosophie, Geschichtsschreibung und Naturforschung sind für ihn Zeugnisse des rückwärtsgewandten Charakters der Deutschen; ihr Hang »gieng gegen die Aufklärung, und gegen die Revolution der Gesellschaft, welche mit grobem Missverständniss als deren Folge galt«. Die Pietät gegen das Bestehende und mehr noch gegen das Vergangene liess Gedanken an »zukünftige und neuernde Ziele« gar nicht aufkommen; die Erkenntnis wurde dem Gefühl untergeordnet, das Wissen dem Glauben – all dies hat nach Nietzsches Befund einst eine grosse Gefahr dargestellt; sie ist freilich nicht mehr zu fürchten, wie er versichert: die Hinwendung zum Vergangenen, zu Ursprung und Entwicklung, die »Leidenschaft des Gefühls und der Erkenntniss«, die der Geist der Reaktion in seinen Dienst genommen hat, haben sich von ihm gelöst und dienen fortan »eben jener Aufklärung, wider welche sie beschworen waren«. Wiederum beschliesst Nietzsche seinen Gedankengang mit einem Aufruf zugunsten der Aufklärung: »Diese Aufklärung haben wir jetzt weiterzuführen, – unbekümmert darum, dass es eine ›grosse Revolution‹ und wiederum eine ›grosse Reaction‹ gegen dieselbe gegeben hat, ja dass es Beides noch giebt: es sind doch nur Wellenspiele, im Vergleiche mit der wahrhaft grossen Fluth, in welcher w i r treiben und treiben wollen!« Die neuen Aufklärer, von denen Nietzsche träumt, werden sich – dies versteht sich von selbst – nicht in den Dienst der Revolution stellen; sie werden sich jedoch – diese Nuance ist zu beachten – genausowenig in den Kampf gegen sie einspannen lassen.

Zwei Nachlassfragmente aus der gleichen Zeit sind hier heranzuziehen. »Die Historie ist als r e a k t i o n ä r e Macht nach der Revolution aufgetreten«, notiert Nietzsche im Sommer 1880, inspiriert von seiner Mill-Lektüre (KSA 9/121, 4[86])[7]. Ausführlicher ist das zweite Fragment. Es handelt sich um eine Analyse der reaktionären und konservativen Gesinnung im 19. Jahrhundert, der, wie es Nietzsche ausdrückt, »Bestand, Fruchtbarkeit und gutes Gewissen [...] als Indicium der Wahrheit« galt. Diese Gesinnung führte »den Egoismus der Besitzenden als stärksten Einwand gegen die Philosophie des 18. Jahrhunderts«, also gegen die Aufklärung an, vertröstete die »Nichtbesitzenden und Unzufriedenen« entweder mit der Kirche oder mit Kunst und Geniekult und suchte mit einer Forschung und Verehrung verknüpfenden Geschichtsschreibung ewige Prinzipien zu begründen. Die Historie aber »bewies z u l e t z t etwas anderes als man wollte«. Ihr ist im späteren 19. Jahrhundert die Erkenntnis der bewegenden Kräfte zu verdanken, nicht jene der schönen Ideen; derart wird sie zur Legitimationsquelle des Sozialismus und der nationalen Kriege (KSA 9/433, 10[D88])[8].

Bei dieser Gelegenheit ist auf ein weiteres Nachlassfragment vom Herbst 1880 zu verweisen, das voll von Anspielungen auf die Französische Revolution und ihre Folgen ist. Nietzsche bezeichnet sich und seinesgleichen, d.h. die künftigen Philosophen, als Emigranten und als Nachkommen von Adligen und Priestern. Solche Wortwahl scheint eine unmissverständliche politische Parteinahme zu implizieren. Doch Nietzsche erklärt sich im gleichen Zug zum »Todfeind« der Anhänger der Reaktion; selbstverständlich verurteilt er ebenso entschieden jede Art der Partizipation an der bestehenden politischen und sozialen Ordnung (KSA 9/200f, 6[31]). Von der Französischen Revolution ist in der *Morgenröthe* noch in weiteren Zusammenhängen die Rede. Im Aphorismus 132, der den Übergang von der christlichen Moral zu einem von religiösen Dogmen losgelösten, aber christlich geprägten Wertvorstellungen verpflichteten »Cultus der Menschenliebe« zum Thema hat, werden Voltaire, Comte, John Stuart Mill und Schopenhauer als Vertreter des nachchristlichen Altruismus vorgestellt. Ihre Moralphilosophie ist jedoch für Nietzsche bloss ein »Echo«: »jene Lehren sind mit einer gewaltigen Triebkraft überall und in den gröbsten und feinsten Gestalten zugleich aufgeschossen, ungefähr von der Zeit der französischen Revolution an«. Interessanter ist der Aphorismus 534; es wird nochmals der Gegensatz zwischen plötzlicher Revolution und geduldiger, langfristig planender und tiefgreifender Veränderungsarbeit unterstrichen. Nietzsche demonstriert den Gegensatz am Beispiel des moralischen Wertewandels und sucht dann sein Argument mit dem Hinweis auf die Französische Revolution zu erhärten. Der »letzte Versuch einer grossen Veränderung der Werthschätzungen, und zwar in Bezug auf die politischen Dinge« – nämlich die »grosse Revolution« – ist in seinen Augen nicht mehr gewesen »als eine pathetische und blutige Q u a c k s a l b e r e i, welche durch plötzliche Krisen dem gläubigen Europa die Hoffnung auf p l ö t z l i c h e Genesung beizubringen wusste – und damit alle politischen Kranken bis auf diesen Augenblick u n g e d u l d i g und g e f ä h r l i c h gemacht hat«.

In einer Aufzeichnung vom Sommer 1880 tönt Nietzsches Urteil besonnener. Für ihn steht fest, dass die »sociale Revolution« unvermeidbar ist, weil sie – mehr noch als die Kriege – eine grosse »Phantasieaufregung« bedeutet[9]; er prophezeit aber auch, ihr Erfolg werde geringer sein als erwartet. Die Menschheit »k a n n so sehr viel weniger als sie w i l l«. Die Einsicht verdankt er der Französischen Revolution: »Wenn der grosse Effekt und die Trunkenheit des Gewitters vorbei ist, ergiebt sich, dass man, um mehr zu können, mehr Kräfte, mehr Übung haben müsste« (KSA 9/ 161f, 4[250]).

Dass die Französische Revolution für Nietzsche nicht zuletzt ein ästhetisches Problem birgt, zeigt besonders deutlich der Aphorismus 103 der *Fröhlichen Wissenschaft*. Von der deutschen Musik ist die Rede; für Nietzsche ist sie »mehr als jede andere, die europäische Musik, weil in ihr allein die Veränderung, welche Europa durch die Revolution erfuhr, einen Ausdruck bekommen hat: nur die deutschen Musiker verstehen sich auf den Ausdruck bewegter Volksmassen«. Dieser Umstand sowie die »tiefe bürgerliche Eifersucht« auf noblesse und höfische Kultur, esprit und élégance werden als Kriterien für den revolutionären Charakter der deutschen Musik angeführt. Goethe, der die Kultur des Adels repräsentiert, und Beethoven, der Halbbarbar und Phantast, der masslose, anmassende und ungebändigte Mensch, stehen für den Gegensatz von vornehmem und revolutionärem Wesen. Die »jetzt immer mehr um sich greifende Verachtung der Melodie und Verkümmerung des melodischen Sinnes bei Deutschen« glaubt Nietzsche als »eine demokratische Unart und Nachwirkung der Revolution« verstehen zu dürfen. Die Melodie mit ihrer »Lust an der Gesetzlichkeit« tönt in seinen Ohren »wie ein Klang aus der a l t e n Ordnung der europäischen Dinge und wie eine Verführung und Rückführung zu dieser«.

Der Aphorismus 95 der gleichen Schrift ist Chamfort, einem geistigen Vorkämpfer und aktiven Mitstreiter der Französischen Revolution, gewidmet. Nietzsche, der den Schriftsteller Chamfort bewundert, bekundet grosse Mühe, sein revolutionäres Engagement ernstzunehmen. »Dass ein solcher Kenner der Menschen und der Menge [...] eben der Menge beisprang und nicht in philosophischer Entsagung und Abwehr seitwärts stehen blieb«, weiss er sich nicht anders als psychologisch zu erklären. Chamforts »Hass gegen alle Noblesse des Geblüts« führt er auf die Liebe zur Mutter[10] und einen daraus genährten Racheinstinkt zurück. Die Aufnahme in die aristokratische Gesellschaft hat ihn nur vorübergehend versöhnt: »Endlich ertrug er aber seinen eigenen Anblick, den Anblick des ›alten Menschen‹ unter dem alten Regime nicht mehr.« In der Leidenschaft der Busse, in der »Versäumniss der Rache«, die sich als böses Gewissen meldet, sieht Nietzsche die Motive für Chamforts Hinwendung zum »Pöbel«. »Gesetzt, Chamfort wäre damals um einen Grad mehr Philosoph geblieben, so hätte die Revolution ihren tragischen Witz und ihren schärfsten Stachel nicht bekommen: sie würde als ein viel dümmeres Ereigniss gelten und keine solche Verführung der Geister sein.« Chamforts Hass und Rache haben seiner Ansicht nach ein ganzes Geschlecht erzogen, die »erlauchtesten Menschen« gehören dazu. Hier ist vorab an Mirabeau[11] zu denken; dieser Freund und Bewunderer Chamforts ist von Nietzsche hochgeschätzt worden: »Mirabeau, der als Mensch zu einem ganz anderen Range der Grösse gehört, als selbst die Ersten unter den staatsmännischen Grössen von gestern und heute.« In einer Nachlassnotiz vom Herbst 1881 wird die »Vernunft in der französischen Revolution«, nämlich die Vernunft Chamforts und Mirabeaus, der »Unvernunft daran«, d.h. der Unvernunft Rousseaus gegenübergestellt (KSA 9/647, 15[37]).

In einem Fragment von 1883 wird die Frage gestellt, »ob sich denn die h ö h e r e A r t nicht besser und schneller erreichen lasse als durch das furchtbare Spiel von Völkerkriegen und Revolutionen«. Nietzsche erwägt, ob die Revolution ein geeignetes Mittel ist, den Typus Mensch zu erhöhen, zieht dann allerdings alternative Möglichkeiten vor, die er für zuverlässiger hält, nämlich:»Ernährung«, »Züchtung«, »Ausscheidung bestimmter Versuchs-Gruppen« (KSA 10/286, 7[132]).

Das Thema des Umsturzes fehlt auch im *Zarathustra* nicht, es taucht auf im Kapitel »Von grossen Ereignissen«. Die Bilder vom Feuerhund und vom Vulkan dienen der Umschreibung der Revolution, wie einigen stichwortartigen Notizen vom Sommer 1883 zu entnehmen ist[12]. In einem weiteren Fragment aus derselben Gruppe stösst man auf den Namen Taine, ohne dass der Zusammenhang klar wird. Die von Nietzsche verwendeten Bilder vom Zerbersten der Staaten und von Erdbeben deuten aber darauf hin, dass auch hier vom Umsturz die Rede ist (KSA 10/373f, 10[31]). Taine war für Nietzsche der massgebliche Historiker der Französischen Revolution; die Lektüre des ersten Teils von dessen umfangreicher Revolutionsgeschichte hat er sich bereits 1878 vorgenommen[13].

Seit der Mitte der 80er Jahre scheint Nietzsches Interesse für die Französische Revolution zugenommen zu haben. Ein Grund dafür ist sicher die fleissige Lektüre französischer Bücher, die die Auseinandersetzung mit den politischen und sozialen, moralischen und ästhetischen Auswirkungen der Revolution dokumentieren[14]. Die relevanten Äusserungen in Nietzsches veröffentlichten Werken und im Nachlass betreffen hauptsächlich die Verantwortung der Revolution im Prozess der Verkleinerung des Menschen, ihre Verwandtschaft mit dem Christentum und wiederum ihre geistige Herkunft aus den Lehren Rousseaus. Die Französische Revolution hat das Christentum fortgesetzt, notiert Nietzsche 1884. In Rousseau erkennt er den »Verführer«, der das Weib entfesselt und eine generelle Aufwertung des Leidens, eine Parteinahme für die schwachen Menschen vorbereitet (KSA 11/61, 25[178]). Revolutionen sind in Nietzsches Augen Resultate der Schwächung des Menschen, der zunehmenden Sentimentalität (KSA 11/176, 26[99]). Die »Milde gegen die Verbrecher« beispielsweise schreibt er der Französischen Revolution zu (KSA 11/342, 29[23]). Erneut findet Beethoven Erwähnung, als jener Deutsche, der mit seiner Musik den Geist Rousseaus und der Revolution umgesetzt hat, der freilich ebenso zum »Erscheinen Napoleons« gehört[15].

Die Französische Revolution gehört für Nietzsche in die Geschichte der Herdenmoralität[16], des »grossen Pöbel- und Sklavenaufstands«. Sie ist, wie in einer Notiz von 1884 präzisiert wird, ein Beispiel für den Aufstand der »Bürgerlichen, welche nicht mehr an die höhere Art der herrschenden

Kaste glauben« (KSA 11/235, 26[324]). Nietzsche weist freilich zuweilen auch darauf hin, dass ihre Schuld im Hinblick auf den Triumph der Herdentugenden nicht zu hoch veranschlagt werden darf. »Das langsame Hervortreten und Emporkommen der mittleren und niederen Stände (eingerechnet der niederen Art Geist und Leib), welches schon vor der französischen Revolution reichlich präludirt und ohne Revolution ebenfalls seinen Weg vorwärts gemacht hätte, im Ganzen also das Übergewicht der Heerde über alle Hirten und Leithämmel« – dieser Prozess hat zum moralischen Konformismus sowie zur Apologie des Leidens und Mitleidens geführt (KSA 11/433, 34[43]). Allerdings hat die Französische Revolution selbst nach Nietzsches strengem Urteil nicht ausschliesslich negative Auswirkungen gehabt; weil sich »g u t e Perspectiven« eröffnen, weil »lauter g a n z g r o s s e Erschütterungen« bevorstehen«, denkt er nicht ohne Dankbarkeit an sie zurück. »Erwäge ich, was die französische Revolution e r r e g t hat – auch Beethoven ist ohne sie nicht zu denken, ebensowenig Napoleon« (KSA 11/155, 26[28])[17]. Schliesslich dient sie ihm als Illustration der These, das 19. Jahrhundert sei unfähig, Grosses hervorzubringen und lebe von den Impulsen des 18. Jahrhunderts[18].

Trotz solcher Einsichten bleibt Nietzsche davon überzeugt, dass die Französische Revolution eine schauerliche und, »aus der Nähe beurtheilt«, überflüssige Posse ist, »in welche aber die edlen und schwärmerischen Zuschauer von ganz Europa aus der Ferne her so lange und so leidenschaftlich ihre eignen Empörungen und Begeisterungen hinein interpretirt haben, bis der T e x t u n t e r d e r I n t e r p r e t a t i o n vers c h w a n d« (JGB 38)[19]. Mit ihr beginnt der letzte grosse »Sklaven-Aufstand«, an dessen Entstehung die »Skepsis gegen das Leiden, im Grunde nur eine Attitude der aristokratischen Moral« beteiligt ist, wie es ebenfalls in *Jenseits von Gut und Böse* (46) heisst. Da sie den Sieg des industriellen über den militärisch-aristokratischen Geist vorbereitet, ist sie verantwortlich für den Untergang der männlich dominierten Kultur und für die »Entartung« des Weibes. Die Forderung nach weiblicher Emanzipation ist für Nietzsche bloss »ein merkwürdiges Symptom von der zunehmenden Schwächung und Abstumpfung der allerweiblichsten Instinkte« (JGB 239)[20]. Ein weiteres Motiv, das ihn in jener Zeit im Zusammenhang mit der Revolution beschäftigt hat, ist die Korruption; sie ist »Ausdruck davon, dass innerhalb der Instinkte Anarchie droht, und dass der Grundbau der Affekte, der ›Leben‹ heisst, erschüttert ist«. Besonderes Gewicht legt er auf die Differenz zwischen der Korruption einer herrschenden und jener einer unterworfenen Klasse[21]. Als Beispiel für den ersten Fall führt er das Verhalten der französischen Aristokratie »am Anfange der Revolution«

an, die »mit einem sublimen Ekel ihre Privilegien wegwirft und sich selbst einer Ausschweifung ihres moralischen Gefühls zum Opfer bringt«. Ihre Entscheidung ist die Konsequenz einer »Jahrhunderte dauernden Corruption«, womit die schrittweise Entmachtung des französischen Adels, seine Herabminderung zu einer Funktion der Monarchie angesprochen ist. Das Merkmal einer »guten und gesunden Aristokratie« ist es gerade, »dass sie sich nicht als Funktion (sei es des Königthums, sei es des Gemeinwesens), sondern als dessen Sinn und höchste Rechtfertigung fühlt« und in diesem Bewusstsein »mit gutem Gewissen das Opfer einer Unzahl Menschen hinnimmt, welche um ihretwillen zu unvollständigen Menschen, zu Sklaven, zu Werkzeugen herabgedrückt und vermindert werden müssen« (JGB 258). In einem Nachlassfragment von 1885 wird das gleiche Thema erörtert. Hier heisst es im Hinblick auf die »Verkleinerung« des Menschen: »wenn Alle ihre Kräfte zusammenthun, werden sie über die vornehme Rasse Herr: und da diese selber oft von ihren noblen Instinkten her zum Wegwerfen ihrer harten Existenz verführt sind (auch von ihren glücksbedürftigen Instinkten), oder selber entartet sind, so dass sie nicht mehr an sich glauben, so geschehen dann z.b. solche grosse Thorheiten wie die Vorspiele der französischen Revolution« (KSA 11/ 518, 35[22])[22].

Trotz seiner tiefen Verachtung für die Ideale der Revolution ist Nietzsche auch in den letzten Jahren seines Schaffens nicht zum Apologeten reaktionärer Bestrebungen geworden. Das Jahr 1815 markiert für ihn in Deutschland den Beginn einer patriotischen und konservativen Borniertheit: »Damals erwachte oben die Reaktion und Beängstigung, die Furcht vor dem deutschen Geiste, und folglich unten der Liberalismus und Revolutionismus und das ganze politische Fieber, – man versteht dies Folglich.« Diesem Fieber weist er die Schuld dafür zu, dass Deutschland die »geistige Führerschaft von Europa« verloren hat (KSA 12/68f, 2[5]). Revolution und Reaktion erscheinen, wie bereits im Aphorismus 197 der *Morgenröthe* deutlich geworden ist, als zwei Seiten derselben verhängnisvollen Entwicklung.

Mit dem innerhalb der Spätphilosophie vernichtendsten Urteil über die Französische Revolution, das Nietzsche am Ende der ersten Abhandlung von *Zur Genealogie der Moral* gefällt hat, gerät er in bedenkliche Nähe zu rassistischen Ideologien. Er gibt einen Überblick über den Jahrtausende währenden Kampf zwischen Herren- und Sklavenmoral, die er mit den Namen Rom und Judäa bezeichnet. Nachdem er den Triumph der Reformation über die Renaissance als Stadium des Kampfes gedeutet hat, fährt er fort: »In einem sogar entscheidenderen und tieferen Sinn als

20

damals kam Judäa noch einmal mit der französischen Revolution zum Siege über das klassische Ideal: die letzte politische Vornehmheit, die es in Europa gab, die des siebzehnten und achtzehnten f r a n z ö s i s c h e n Jahrhunderts brach unter den volksthümlichen Ressentiments-Instinkten zusammen, – es wurde niemals auf Erden ein grösserer Jubel, eine lärmendere Begeisterung gehört!« (GM I 16). Bereits im fünften Buch der *Fröhlichen Wissenschaft*[23] hat Nietzsche Reformation und Revolution als zwei Stufen des gleichen Prozesses zueinander in Beziehung gebracht. Im Protestantismus erkennt er einen Volksaufstand zugunsten des Bieder-Gutmütigen und Oberflächlichen; erst die Französische Revolution aber, so setzt er seinen Gedankengang fort, »hat dem ›guten Menschen‹ das Scepter vollends und feierlich in die Hand gegeben (dem Schaf, dem Esel, der Gans und Allem, was unheilbar flach und Schreihals und reif für das Narrenhaus der ›modernen Ideen‹ ist)« (FW 350).

Der typische Vertreter der modernen Ideen ist für Nietzsche Rousseau. Besonders heftig attackiert er den französischen Philosophen in der *Götzen-Dämmerung* (Streifzüge eines Unzeitgemässen 48). Rousseau, »dieser erste moderne Mensch«, wird als »Idealist und canaille in Einer Person« tituliert. Ihn hasst er »noch i n der Revolution«, die ihm als »der welthistorische Ausdruck für diese Doppelheit von Idealist und canaille« erscheint. Anschliessend bekennt er: »Die blutige farce, mit der sich diese Revolution abspielte, ihre ›Immoralität‹ geht mich wenig an: was ich hasse, ist ihre Rousseau'sche M o r a l i t ä t – die sogenannten ›Wahrheiten‹ der Revolution, mit denen sie immer noch wirkt und alles Flache und Mittelmässige zu sich überredet.« Zu diesen Wahrheiten gehört insbesondere die Lehre von der Gleichheit; dass es um sie herum »so schauerlich und blutig zugieng, hat dieser ›modernen Idee‹ par excellence eine Art Glorie und Feuerschein gegeben, so dass die Revolution als S c h a u s p i e l auch die edelsten Geister verführt hat«[24]. Für Nietzsche ist das selbstredend »kein Grund, sie mehr zu achten«; er bewundert Goethe, weil nur er die Revolution »mit Ekel« empfunden hat[25].

Der Grundzug von Rousseaus Denken ist Nietzsche zufolge ein moralischer Fanatismus. Als dessen Vollstrecker wird Robespierre kurz erwähnt[26]. Nietzsche hat sich mit dem Problem des Jakobinismus jedoch nur ganz am Rande befasst. Sein Interesse gilt einem anderen »Jünger« Rousseaus, nämlich Kant. In den späten 80er Jahren hat er in Kant jenen Denker entdeckt, der – mehr noch als Rousseau – die revolutionären Hoffnungen repräsentiert. Kants Absicht ist es gewesen, ein »moralisches Reich« zu gründen, was ihn mit Robespierre verbindet, wie in der Vorrede zur *Morgenröthe* dargelegt wird. »Der fehlgreifende Instinkt in Allem und Jedem, die Widernatur als Instinkt, die deutsche décadence als Philosophie« – mit diesen Worten wird Kant im *Antichrist* charakterisiert (AC 11). Dessen Versuch, die Französische Revolution als Beweis des moralischen Fortschritts der Menschheit heranzuziehen, hat Nietzsches Urteil motiviert[27]. In einer leider nur bruchstückhaft erhaltenen Nachlassnotiz vom Frühjahr 1888 ist die Polemik noch schärfer vorgetragen. Als die beiden »abscheulichsten Ausgeburten des 18. Jahrhunderts« und als »die beiden verhängnissvollen Farcen« werden die »Revolution und die Kantische Philosophie, die Praxis der revolutionären Vernunft und die Revolution der ›praktischen‹ Vernunft« zueinander in Beziehung gebracht. Die Gemeinsamkeit zwischen den beiden Unternehmungen liegt für Nietzsche in der Selbstüberschätzung der menschlichen Vernunft, in der Hoffnung, die Vernunft vermöge die Gesellschaft bzw. das Subjekt die Welt zu schaffen oder neu zu erschaffen. Kritisiert wird die Verleugnung der Natur: »der Hass gegen das Werden, gegen die sorgfältige Betrachtung des Werdens/ ist gemein aller M o r a l und der R e v o l u t i o n« (KSA 13/444, 15[53]). In einer früheren Aufzeichnung hat Nietzsche die Französische Revolution als ein rationalistisches Ereignis gedeutet, als eine Situation, in welcher die Menschen experimentieren und aufgrund von Schlüssen handeln, da ihnen die nötigen Instinkte noch fehlen[28]. Die betreffende Nachlassstelle vom Sommer 1887 trägt den Titel »Die B e w u s s t h e i t als Krankheit« und gehört zu den Notizen für ein geplantes Kapitel über *Die Guten und die Verbesserer* (KSA 12/335, 8[4]).

Auf die »grossen Worte«, d.h. auf die Ideale, auf die modernen Ideen, blickt Nietzsche »voller Argwohn und Bosheit«; sie sind ihm »eine Quelle des Unheils d.h. der Verkleinerung und Wertherniedrigung des Menschen«. Christentum, Revolution, Aufhebung der Sklaverei, Philanthropie, Friedensliebe, Gerechtigkeit, Freiheit, Gleichheit der Rechte, Brüderlichkeit, Wahrheit – dies sind für ihn nichts als grosse Worte; immerhin misst er ihnen einen gewissen »Werth im Kampf« zu, »n i c h t als Realitäten, sondern als P r u n k w o r t e für etwas ganz Anderes (ja Gegensätzliches!)« (KSA 13/62f, 11[135; 136])[29]. Da er die Feindschaft gegen die Aristokratie für ein Grundmotiv des Christentums hält, erkennt er in der Französischen Revolution mit ihrem »Instinkt gegen die Kirche, gegen die Vornehmen, gegen die letzten Privilegien« lediglich die »Tochter und Fortsetzerin« des Christentums (KSA 13/396, 14[223]). Im Aphorismus 43 des *Antichrist*, dessen Thema die christliche Lehre von der Personalunsterblichkeit ist, heisst es: »Der Aristokratismus der Gesinnung wurde durch die Seelen-Gleichheits-Lüge am unterirdischsten untergraben; und wenn der Glaube an das ›Vorrecht der Meisten‹ Revolutionen macht und machen wird, das Christenthum ist es, man zweifle nicht daran, christliche Werthurtheile sind es, welche jede Revolution bloss in Blut und Verbrechen übersetzt!«[30] Es ist zu beachten, dass hier nicht nur für die revolutionäre Hoffnung, sondern mehr noch für den Terror in der Revolution die christliche Botschaft verantwortlich gemacht wird.

Insofern die Französische Revolution von der Logik des Ressentiments beherrscht wird, gehört sie in die Geschichte der décadence und des Nihilismus[31]. Nietzsche begreift sie als psychologisches Problem; ihre sozialen Auswirkungen kommen nur am Rande zur Sprache. Die Revolution hat »den Instinkt zur grossen Organisation, die Möglichkeit einer Gesellschaft zerstört«, heisst es in einem Fragment von 1888, in dem Nietzsche gegen den Fortschrittsglauben polemisiert (KSA 13/409, 15[8]). In einer weiteren Aufzeichnung aus der gleichen Zeit wird der »sociale Mischmasch« als »Folge der Revolution, der Herstellung gleicher Rechte, des Aberglaubens an ›gleiche Menschen‹« bezeichnet (KSA 13/367, 14[182]). Demokratisierung und soziale Vermischung sind freilich – wie die décadence – Entwicklungen, die Nietzsche differenziert beurteilt und nicht mit dem Siegeszug der Ressentiment-Moral identifiziert. Für die Französische Revolution findet er zuweilen sogar Lobesworte: »Die Revolution ermöglichte Napoleon: das ist ihre Rechtfertigung. Um einen ähnlichen Preis würde man den anarchistischen Einsturz unserer ganzen Civilisation wünschen müssen«(KSA 12/471; 10[31])[32].

Doch solches ist Lob ironisch gemeint. In Nietzsches Wertesystem gehört Napoleon zur Renaissance, nicht zur Revolution. Bereits im fünften Buch der *Fröhlichen Wissenschaft* heisst es: »Napoleon verdankt man's (und ganz und gar nicht der französischen Revolution, welche auf ›Brüderlichkeit‹ von Volk zu Volk und allgemeinen blumichten Herzens-Austausch ausgewesen ist), dass [...] wir in's klassische Zeitalter des Kriegs getreten sind«. Napoleon hat sich mit seiner Feindschaft gegen die Zivilisation »als einer der grössten Fortsetzer der Renaissance bewährt: er hat ein ganzes Stück antiken Wesens, das entscheidende vielleicht, das Stück Granit, wieder heraufgebracht« (FW 362). In der *Götzen-Dämmerung* wird das Thema wieder aufgenommen: »Das Frankreich der Revolution, und noch mehr das der Vor-Revolution, würde aus sich den entgegengesetzten Typus, als der Napoleon's ist, hervorgebracht haben: es hat ihn auch hervorgebracht.« Weil Napoleon »anders war, Erbe einer stärkeren, längeren, älteren Civilisation als die, welche in Frankreich in Dampf und Stücke gieng, wurde er hier Herr, war er allein hier Herr« (GD Streifzüge eines Unzeitgemässen 44). Bemerkenswert ist, dass Nietzsche hier die Revolution nicht mehr mit der Vornehmheit des Ancien

Régime konfrontiert, sondern das niedergehende Ancien Régime mit einer früheren Kultur, die in der Renaissance ein letztes Mal triumphiert hat.

Dem Studium der Geschichte der Französischen Revolution und ihrer Folgen[33] verdankt Nietzsche eine Reihe von Anregungen, die er zum Teil im Rahmen der Diagnose des europäischen Nihilismus verwertet hat. Seine Skepsis gegenüber modernem Fortschrittsvertrauen drückt sich zuweilen im Bemühen aus, vorrevolutionäre Sitten und Institutionen zu rehabilitieren[34]. Das 19.Jahrhundert hat »gegen die Revolution revoltirt« (KSA 12/514, 10[105]) und Nietzsche rechnet es den »guten Europäern« als Verdienst an, »immer entschiedener antiidealistisch, gegenständlicher, furchtloser, arbeitsamer, maassvoller, misstrauischer gegen plötzliche Veränderungen, antirevolutionär« eingestellt zu sein (KSA 12/407, 9[121]). Dennoch versteht er sich nicht als Parteigänger des Konservatismus und der Romantik. Er weiss, dass eine Rückkehr zu früheren sozialen Zuständen und moralischen Wertordnungen nicht möglich ist: »Es hilft nichts: man muss vorwärts, will sagen Schritt für Schritt weiter in der décadence (– dies meine Definition des modernen ›Fortschritts‹...). Man kann diese Entwicklung hemmen und, durch Hemmung, die Entartung selber stauen, aufsammeln, vehementer und plötzlicher machen: mehr kann man nicht. –« (GD Streifzüge eines Unzeitgemässen 43)[35].

Ich fasse zusammen: In der Zeit der Tragödienschrift ist Nietzsches Urteil über die Französische Revolution das Produkt einer reaktionären, antijüdischen, antifranzösischen und antikosmopolitischen Weltanschauung, die im Zuge der Auseinandersetzung mit Wagner revidiert wird. Später interessiert ihn die Revolution hauptsächlich als ein Ereignis, welches der Ressentiment-Moral zum Durchbruch verholfen hat. Er erkennt in ihren ideellen Grundlagen späte Produkte christlicher Wertvorstellungen und bringt sie in einen engen Zusammenhang mit Rousseaus Zivilisationskritik sowie mit Kants kritischer Philosophie. Er sucht nach alternativen Vorbildern, Kräften und Geisteshaltungen in der europäischen Geschichte, die antirevolutionär und realistisch, aber nicht reaktionär sind, und glaubt sie in der Aufklärung und Klassik, aber auch im Ideal des starken und unabhängigen Menschen, wie er es im Falle Napoleons verwirklicht sieht, gefunden zu haben. Das revolutionäre Projekt zeugt von der Verkennung der Realität, ist Ausdruck der Überschätzung der Macht des verändernden Willens und der vergeblichen Hoffnung auf die kurzfristige moralische Verbesserung der Menschen. Nietzsche vergleicht den Umsturz von 1789 mit einem schlechten Schauspiel, das schwärmerische Zuschauer zu verführen und zu berauschen vermag. Immerhin räumt er ein, dass er bzw. der von ihm eingeleitete Prozess der Demokratisierung auch positive Resultate gezeitigt hat und noch zeitigen wird, Resultate freilich, die seinen Fürsprechern verborgen bleiben oder deren Zielvorstellungen zuwiderlaufen. Fehlender Realitätsbezug, Machtwahn, Masslosigkeit und Rachsucht – mit diesen Stichworten ist bezeichnet, was Nietzsche unter der Französischen Revolution und unter Revolution überhaupt versteht.

II
ROUSSEAU, KANT UND DIE
MORALITÄT DER REVOLUTION

Den Schlüssel zum Verständnis von Nietzsches Kritik der Französischen Revolution liefert zweifellos die Unterscheidung zwischen der Moralität und der Immoralität der Revolution. Mit der Immoralität ist die »blutige farce« gemeint. Die Gewalt, mit der sich die Revolution abgespielt hat und die für so manchen konservativen oder liberalen Revolutionsgegner zum Einwand gegen sie geworden und selbst bei ihren Sympathisanten oft auf wenig Verständnis gestossen ist, sie geht Nietzsche wenig bis gar nichts an, wie er freimütig bekennt. Selbstverständlich hat er keine Apologie der revolutionären Gewalt im Sinn gehabt. Aber er kritisiert die Soziologen seines Jahrhunderts gerade deshalb, weil sie die gewaltsame Entstehungsgeschichte sozialer Organisationsformen verschweigen. Aus diesem Grund kann die Gewaltsamkeit der Revolution nicht als entscheidendes Argument gegen sie ins Feld geführt werden[1]. Mit der Moralität der Revolution ist die Philosophie Jean-Jacques Rousseaus gemeint. Der Widerspruch gegen dessen Zivilisationskritik ist ein Grundmotiv von Nietzsches Denken. In dieser Polemik hat er in Voltaire einen Verbündeten gefunden[2]. Peter Heller hat allerdings zu Recht betont, dass die negative Beziehung zu Rousseau für das Verständnis von Nietzsches Denken aufschlussreicher ist als die positive zu Voltaire[3]. Rousseau, nicht Voltaire gehört zu jenen acht Philosophen, denen Nietzsche in der Unterwelt begegnen möchte, weil sie ihm lebendiger erscheinen als die Lebenden. Mit diesen Philosophen, mit Epikur und Montaigne, Goethe und Spinoza, Plato und Rousseau, Pascal und Schopenhauer, will er sich auseinandersetzen, von ihnen erwartet er Rat und Herausforderung (VM 408). Den Respekt, der aus diesen Zeilen spricht, sucht man freilich in den weiteren Äusserungen zu Rousseau vergeblich.

Von Rousseau hat bereits der Schüler Nietzsche Kenntnis genommen. Im Januar 1862 liest er Theodor Mundts *Geschichte der Gesellschaft*[4]. Mundt führt Rousseau im ersten Kapitel seiner Abhandlung als den Philosophen der Revolution ein und zitiert jene Grundfrage[5], die laut Rousseau der Gesellschaftsvertrag zu beantworten hat, nämlich die Frage nach der Versöhnung von individueller Freiheit und kollektiver Autorität.

Rousseaus Antwort ist Mundt zufolge eine »rein metaphysische Erkenntniss«, die sich in der Realität noch nicht bewährt hat; freilich erkennt auch er in der »Wiederherstellung der Einheit von Staat und Gesellschaft« das Ziel der Geschichte. Unter »Staat« versteht er eine in der historischen Entwicklung begründete und für das geordnete Zusammenleben notwendige Macht, einen Organismus; unter »Gesellschaft« hingegen den freiwilligen Zusammenschluss der Individuen. Revolutionäre Politik findet an einem solchen Gesellschaftsbegriff »ihren wesentlichsten Anhalt«, wie Mundt weiter ausführt. Jahrhunderte hindurch sind die Menschen der Macht des Staates und der Tradition des Volksgeistes unterworfen; »in jenen grossen Momenten« jedoch, »wo ein neuer Schöpfungshauch alles Wesen der Zeiten verändert«, vermögen sie sich von solcher Fremdbestimmung zu befreien und auf der Basis ihres individuellen Willens eine neue Ordnung zu gestalten[6]. Nietzsche begegnet hier einer Idee von Revolution, die über die blosse Vorstellung von Aufruhr hinausweist. Revolution, verstanden als neue Schöpfung, setzt gleichsam übermenschliche Kraft, d.h. göttliche Allmacht voraus. So heisst es denn auch im Aufsatz über *Fatum und Geschichte* vom April 1862 im Hinblick auf revolutionäre Versuche: »sobald es aber möglich wäre, durch einen starken Willen die ganze Weltvergangenheit umzustürzen, sofort träten wir in die Reihe unabhängiger Götter« (BAW 2/58).

Im Sommer 1862 befasst sich Nietzsche mit Rousseaus *Émile*[7]. Fast zehn Jahre später finden sich in der Tragödienschrift einige Seitenhiebe gegen die von dieser Schrift inspirierten Vorstellungen paradiesischer Urzustände[8]. Es ist aufgrund des verfügbaren Materials nicht möglich, die Entwicklung von Nietzsches Rousseau-Bild in den dazwischenliegenden Jahren zu rekonstruieren. Man darf annehmen, dass es durch die Schopenhauer-Lektüre mitgeprägt worden ist. In *Die Welt als Wille und Vorstellung* (IV.Buch, 46) spricht Schopenhauer seine Hochachtung für Voltaire, den Verfasser des Gedichts *Le désastre de Lisbonne*, aus. Er verteidigt ihn gegen Rousseau, dessen *Profession de foi du vicaire Savoyard* er als flache, protestantische Pastorenphilosophie abtut. In Rousseau erkennt er den Philosophen des Optimismus; der Grundzug und der Grundirrtum seiner Lehre ist »Dieses, dass er an die Stelle der christlichen Lehre von der Erbsünde und der ursprünglichen Verderbtheit des Menschengeschlechts, eine ursprüngliche Güte und unbegränzte Perfektibilität desselben setzt, welche bloss durch die Civilisation und deren Folgen auf Abwege gerathen wäre, und nun darauf seinen Optimismus und Humanismus gründet« (Schopenhauer ZA IV/685)[9]. Auch Burckhardts Abneigung gegen Rousseau[10], gegen den Glauben an die ursprüngliche Güte des Menschen und gegen eine bloss auf das Gefühl sich berufende Tugend, vor allem aber seine Kritik eines als Triebkraft ungehemmter Veränderungslust wirkenden optimistischen Willens wird Nietzsche zu Beginn seiner Basler Jahre kennengelernt haben.

Die Überzeugung von einer ursprünglichen und wiederzugewinnenden Harmonie des Menschen mit der Natur und mit seinesgleichen fordert den jungen Nietzsche, der sich zu einem tragischen Weltverständnis bekennt, zum Widerspruch heraus. Für ihn ist die Natur »nichts so Harmloses«. Überdies ist er nicht sicher, ob sich die Menschen wirklich von der Natur emanzipiert haben (KSA 7/199, 7[155]). Was er – wie Schopenhauer und Burckhardt – als Optimismus zurückweist, ist eine Geschichtsbetrachtung, die die Natur bzw. die menschliche Natur zum moralischen Massstab erhebt und als Einwand gegen die bestehende Gesellschaftsordnung ins Feld führt. Zwar gesteht er später – in der dritten *Unzeitgemässen Betrachtung* – zu, dass Rousseaus Zivilisationskritik das »Edelste und Seltenste« im Menschen anzusprechen vermag (SE 4), aber er notiert sich in der gleichen Zeit, dass er sich – im Gegensatz zum Rousseauschen Menschentypus – von einer Veränderung menschlicher Einrichtungen und menschlichen Verhaltens nichts erhofft (KSA 7/801, 34[31]).

Nietzsches Argumente gegen Rousseau haben sich nach seiner Entdeckung der französischen Aufklärung nicht grundlegend gewandelt. Er polemisiert gegen die Vorstellung, ein sozialer Umsturz vermöge das Gute im Menschen zu befreien und derart dem Aufbau der idealen Gesellschaftsordnung als Grundlage zu dienen. In Rousseau sieht er den eigentlichen Vordenker der Revolution und erklärt ihn zum Gegner der Aufklärung, wie sie Voltaire, Diderot und Helvétius repräsentieren. Freilich ist nicht in erster Linie der politische Theoretiker Zielscheibe seiner Kritik, sondern der Moralphilosoph, die »Moral-Tarantel«. Die »deutsche Tugend«, so heisst es im Aphorismus 216 von *Der Wanderer und sein Schatten*, ist keine Errungenschaft der Deutschen; der Moralismus Kants, Schillers und Beethovens verdankt sich Rousseau und der römischen Stoa bzw. deren »Wiederauferstehung« in der französischen Klassik. Nietzsche konstatiert, »dass vom Ausgange des vorigen Jahrhunderts an ein Strom moralischer Erweckung durch Europa floss. Damals erst wurde die Tugend wieder beredt; sie lernte es, die ungezwungenen Gebärden der Erhebung, der Rührung finden, sie schämte sich ihrer selber nicht mehr und ersann Philosophien und Gedichte zur eigenen Verherrlichung.« Eine Quelle dieses Stroms ist Rousseau, allerdings, so präzisiert Nietzsche, der mythische Rousseau, »den man sich nach dem Eindrucke seiner Schriften

– fast könnte man wieder sagen: seiner mythisch ausgelegten Schriften –
und nach den Fingerzeigen, die er selber gab, erdichtet hatte (er und sein
Publicum arbeiteten beständig an dieser Idealfigur)«. Dass Nietzsche den
Finger hier auf fehlerhafte Interpretationen legt, ist vorab deshalb von Interesse, weil er selbst später nur noch den »mythischen« Rousseau, der sich
selbst zur Idealfigur emporstilisiert hat, im Auge haben wird.

Rousseau interessiert Nietzsche als psychologischer Fall, als ein
Mensch, der es versteht, aus seinen Schwächen und Lastern und aus seinen unbefriedigten Bedürfnissen eine Philosophie zu errichten. Wenn
Rousseau, so wird in *Menschliches, Allzumenschliches* ausgeführt, »die Ver-
dorbenheit und Entartung der Gesellschaft als leidige Folge der Cultur
beklagt, so liegt hier eine persönliche Erfahrung zu Grunde; deren Bitter-
keit giebt ihm die Schärfe seiner allgemeinen Verurtheilung und vergiftet
die Pfeile, mit denen er schiesst; er entlastet sich zunächst als ein Individuum und denkt ein Heilmittel zu suchen, das direct der Gesellschaft, aber
indirect und vermittelst jener, auch ihm zu Nutze ist« (MA I 617). Rousseau, der für Generationen von Europäern zum Führer in Fragen der
Moral und der Politik geworden ist, hat sich genaubesehen nur mit sich
selber beschäftigt[11]. Er gehört zusammen mit Schopenhauer zu jenen
Denkern, denen es nicht gelungen ist, ihr Leben mit ihrer Erkenntnis in
Einklang zu bringen. Dieser Umstand allein ist freilich für Nietzsche
noch kein Einwand gegen ihn, denn gerade in der Bereitschaft eines Denkers, »als Erkennender sich selber und sein Leben unverzagt, oftmals beschämt, oftmals mit erhabenem Spotte und lächelnd« zum Opfer zu bringen, erkennt er dessen »Grossmüthigkeit«, dessen »schönste Tugend« (M
459). Aber er beobachtet bei »einer gewissen Gattung grosser Geister« ein
»peinliches, zum Theil fürchterliches Schauspiel«: ihre Konstitution ist
ihren intellektuellen Anstrengungen nicht gewachsen. Das »unbegreiflich
Ängstliche, Eitle, Gehässige, Neidische, Eingeschnürte und Einschnüren-
de«, »jenes ganze Allzupersönliche und Unfreie in Naturen, wie denen
Rousseau's und Schopenhauer's« könnte laut Nietzsches Diagnose Folge
einer Erkrankung, Ausdruck einer geistig-moralischen Verwirrung sein
(M 538). Angst, Argwohn und Feigheit, verbunden mit Bosheit im Geistigen, machen die »Komödie« in Rousseaus Leben aus, wie sich Nietzsche im Herbst 1881 notiert (KSA 9/612, 12[207])[12]. Dessen Denken ist
für ihn eine »unwillkürliche Biographie« seiner Seele (M 481), seiner Autobiographie hingegen würde er keinen Glauben schenken (FW 91). Er
erkennt in ihm den Typus des Schauspielers, der sich selbst und sein Publikum täuscht. Er weist ihm die Verantwortung zu für die Verherrlichung der Unmittelbarkeit des Gefühls (KSA 9/129, 4[112]), für die mo-

ralische Hypokrisie, das falsche Pathos und die Sentimentalität, die seiner Ansicht nach die europäische Kultur des 19. Jahrhunderts prägen. Bei alledem sieht er in ihm einen kranken Geist, der von Grössenwahn und zugleich von wahnsinnigem Misstrauen gegen sich selbst, von zügelloser Eitelkeit und zügelloser Selbstverachtung beherrscht wird und die moralische Würde nötig hat, um sich selbst auszuhalten (GD Streifzüge eines Unzeitgemässen 48). Er rechnet ihn zu jenen Personen, »welche Jedermann zu einem Ja oder Nein in Bezug auf ihre ganze Person nöthigen möchten« (KSA 10/187, 5[1]). Mit diesen Worten gesteht er implizit auch ein, wie schwer es ihm fällt, unvoreingenommen und differenziert über Rousseau zu urteilen.

Zwischen Rousseaus krankhaften Charakterzügen und der von ihm als krank und schwächlich empfundenen modernen europäischen Moral hat Nietzsche, vor allem in späteren Jahren, Zusammenhänge gesehen. Bereits in der *Morgenröthe* führt er gegen Rousseau das Argument ins Feld, die Erbärmlichkeit einer Zivilisation müsse nicht eine schlechte Moralität verschulden, sondern könne umgekehrt die Folge einer guten Moralität sein, einer Moralität nämlich, die Leib und Seele schwächt und selbständige Menschen zerbricht. Mit seiner Schlussfolgerung ist er freilich noch vorsichtig:»So stehe denn Paradoxon gegen Paradoxon! Unmöglich kann hier die Wahrheit auf beiden Seiten sein: und ist sie überhaupt auf einer von beiden? Man prüfe« (M 163). Solche Zurückhaltung lässt er später wieder fallen. Rousseau –»in seiner Bevorzugung der Armen, der Frauen, des Volks als souverän« – beschäftigt ihn primär deshalb, weil er in die Geschichte der christlich-nihilistischen Dekadenz gehört; »alle sklavenhaften Fehler und Tugenden [...], auch die unglaublichste Verlogenheit« will er an ihm studieren (KSA 11/48, 25[130])[13]. Zusammen mit Sokrates, Christus und Luther zählt er ihn zu den »grossen Demokraten« (KSA 12/348, 9[25]). Im Glauben an die gute Natur und im daraus sich herleitenden Hass gegen die Herrschenden bzw. gegen die bestehende politische Ordnung erblickt Nietzsche ein Grundelement der christlichen, vom Ressentiment geleiteten Einstellung (KSA 12/408, 9[124]). Es ist weniger die Losung »Zurück zur Natur«, die er bekämpft, als das idyllische, »weichliche und feige« Bild der Natur, deren Identifikation mit Unschuld und Güte, Freiheit und Gerechtigkeit, kurz: die christlich-moralische Fehlinterpretation der Natur (KSA 12/558, 10[170]). Von einer »Rückkehr zur Natur« spricht er in den späten 80er Jahren schliesslich selbst, gerade deshalb ist es ihm jetzt rätselhaft, wohin Rousseau[14] zurück will. Mit dem Begriff der »natürlichen Natur« polemisiert er gegen jenes Naturbild, das er Rousseau unterschiebt: im »natürlichen« bzw. »barbari-

schen« Zustand sind die Menschen gewalttätig und rücksichtslos; weil sie
über grössere seelische Kraft verfügen als zivilisierte Menschen, sind sie
die »g a n z e r e n Menschen, (was auf jeder Stufe auch so viel mit bedeutet
als ›die ganzeren Bestien‹–)« (JGB 257). Die Abwendung des 19. Jahrhunderts von Rousseau, von der Nietzsche im Herbst 1887 spricht, wird
als Fortschritt hin zur »Natürlichkeit« interpretiert, weil in politischen
Fragen das Kriterium der Macht jenes der Moral in den Hintergrund ge-
drängt hat (KSA 12/406, 9[121]). Napoleon erscheint Nietzsche insofern
als »Rückkehr zur Natur«, weil er sich in der Verfolgung seiner Ziele nicht
um die sozialen bzw. moralischen Konventionen seiner Zeit gekümmert
hat.

Nietzsche träumt von einem »Hinaufkommen« in eine freie und
furchtbare Natur und Natürlichkeit des Menschen, in eine Natur, »die
mit grossen Aufgaben spielt, spielen d a r f« (GD Streifzüge eines Unzeitgemässen 48)[15]. Für ihn steht fest, dass das Wachstum der Furchtbarkeit
des Menschen eine notwendige Begleiterscheinung des Wachstums der
Kultur ist (KSA 12/456, 10[5]). Auf dem Hintergrund ähnlicher Überlegungen akzeptiert er im Gegensatz zu Rousseau den zivilisatorischen Fortschritt[16]. Dies ist freilich eine andere Perspektive als diejenige Voltaires.
Nietzsche erinnert sich zwar im Herbst 1887 – inspiriert von seiner Brunetière-Lektüre – an die Kontroverse zwischen Voltaire und Rousseau,
aber das Problem der Zivilisation ist für ihn noch nicht erledigt, er will es
neu stellen (KSA 12/449, 9[185]). Seine »Lösung« des Problems bleibt
allerdings widersprüchlich; einerseits begrüsst er es, dass der Mensch »tiefer, misstrauischer, ›unmoralischer‹, stärker, sich-selbst-vertrauender –
und insofern ›natürlicher‹« wird, andererseits beklagt er, dass er nicht
mehr böse genug ist; in dieser Feststellung ist zweifellos eine Kritik an
Voltaire inpliziert[17]. Selbstverständlich zieht Nietzsche nach wie vor den
»Aristokraten« Voltaire dem »Plebejer« Rousseau vor (KSA 12/448,
9[184]), den Vorkämpfer der Toleranz dem Prediger moralischer Intoleranz[18]. Aber der philosophische Streit, der in der Mitte des 18. Jahrhunderts stattgefunden hat, interessiert ihn nicht in dem Masse wie der Gegensatz zwischen dem 18. und dem 19. Jahrhundert. Er will den Kampf
gegen das 18. Jahrhundert, als dessen Repräsentant ihm Rousseau gilt,
gegen die »Verweichlichung« und »Vermoralisirung« des Menschen (KSA
12/453f, 10[2]), gegen die »Herrschaft des Gefühls« und die Schwärme-
rei, auch gegen die Romantik[19] als »Nachschlag« des 18. Jahrhunderts auf-
nehmen (KSA 12/440f, 9[178]). Diesem Jahrhundert zieht er sein eigenes
vor; er hält es für hässlicher und pöbelhafter, jedoch für realistischer, ehrlicher und natürlicher als das Zeitalter der Aufklärung[20]. Von dessen hu-

maner Gesinnung hat es sich emanzipiert und ist »animalischer« geworden, freilich auch willensschwach, traurig, begehrlich und fatalistisch.

An Rousseau »heute noch Wohlgefallen zu haben« kompromittiert »ein für alle Mal«, hält Nietzsche im Winter 1887/88 fest (KSA 13/189, 11[409]). Angesichts solcher Zeugnisse unversöhnlicher Feindschaft stellt sich die Frage, wie vertraut Nietzsche überhaupt mit Rousseaus Werk gewesen ist und wie schwer das Gewicht des blossen Vorurteils gewogen hat. Zweifellos hat er ausser dem *Émile* und den *Confessions* noch andere Schriften gekannt[21]. In seinem gesamten Werk finden sich jedoch kaum Hinweise, die auf eine eingehende Lektüre schliessen lassen. Nicht zuletzt deshalb ist es wichtig, weitere Quellen zu berücksichtigen, die Nietzsches Rousseau-Bild möglicherweise mitgeprägt haben. Hier ist etwa an Taines Revolutionsgeschichte zu denken. Taine hat sich im ersten Teil seiner Studie ziemlich abfällig über Rousseau geäussert. Er zeichnet ihn als armen und erbitterten Plebejer, der bei seinem Eintritt in die Gesellschaft alle Plätze besetzt vorfindet und der die Reichen und Glücklichen hasst, weil er ihnen die Schuld an seinem Unglück zuschreibt. Zur niederen Herkunft und zur schlechten Erziehung kommt als weiterer Makel eine unbeherrschte Sinnlichkeit hinzu; Rousseau ist laut Taine krank an Leib und Seele und überträgt seine schmutzigen Phantasien in seine erhabenste Moral und in seine reinsten Idyllen. Seine Schriften, die das Resultat mühsamer Anstrengung sind und in denen die leidenschaftliche Empörung zum Ausdruck kommt, bestechen durch ihre Dichte und Folgerichtigkeit. Aber die geringste Kritik an seinen theoretischen Konstruktionen provoziert bei diesem einsamen und hochsensiblen Menschen paranoide Abwehrreaktionen. Taine kritisiert überdies das Sentimentale und Pathetische in Rousseaus Sprache; er sieht in ihm den Schauspieler und Verführer[22].

Als weitere Quelle für Nietzsche ist die dritte Reihe von Brunetières *Études critiques sur l'histoire de la littérature française* zu nennen. Einige Nachlassfragmente vom Herbst 1887 sind unter dem Eindruck der Lektüre dieses Buches entstanden[23]. Es sind vor allem Brunetières Ausführungen über Rousseaus quasireligiöse Einstellung zur Natur, über den Gegensatz zwischen dem skeptisch-rationalistischen 17. und dem von sozialen Utopien begeisterten 18. Jahrhundert, über die Kontroverse zwischen Voltaire und Rousseau[24] sowie über die krankhaften Wesenszüge des letzteren, die Nietzsche verwendet hat. Das Geheimnis von Rousseaus Wirkung liegt nach Brunetière in der Tatsache begründet, dass er der erste homme de lettres niederer Herkunft in der Geschichte der französischen Kultur ist, der seine Herkunft nicht verleugnet, sondern mit dem Stolz des Plebejers die Umgebung verachtet. Brunetières Rousseau-Bild ist differenzierter, als es die Auszüge von Nietzsche vermuten lassen. Rousseaus Wahnsinn, an dem sich seiner Ansicht nach nicht zweifeln lässt, begreift er nicht als Voraussetzung seines Genies; er beklagt hingegen, dass gerade die krankhaften Züge in seinem Werk den grössten Einfluss auf die Nachwelt ausgeübt haben. Diese Überlegung bringt ihn zum Befund, der Nietzsche in seiner Einschätzung von Rousseaus Bedeutung bestätigt haben muss: »Depuis cent ans et plus, nous n'avons pas fait attention qu'en suivant l'impulsion de Rousseau, nous avions pris un malade pour guide.« (Brunetière 1887/288).

Werke wie jene von Taine und Brunetière haben Nietzsche den geistigen Wegbereiter der Revolution als psychologischen Typus nähergebracht, einen seriösen Zugang zur Problematik seines politischen und geschichtsphilosophischen Werkes haben sie ihm nicht eröffnet. Dass sein Rousseau-Bild allzu einfach und einseitig ist, lässt sich kaum bestreiten. Nachdem in der frühen Nietzsche-Literatur immer wieder Gemeinsamkeiten zwischen den beiden Denkern entdeckt worden sind[25], wird bis heute das verdrängte Wissen um diese Verwandtschaft als geheimes Motiv von Nietzsches heftiger Feindschaft genannt[26]. Was aus heutiger Perspektive die beiden Denker verbindet, ist nicht zuletzt ihre nachträgliche Zuordnung zu politischen Bewegungen[27], eine Zuordnung, die sich in beiden Fällen als höchst problematisch erwiesen hat.

Nietzsches Auffassung von Rousseau als dem Urheber der Revolution lässt sich mit dem aktuellen Stand der Forschung nur schwer vereinen. Massgebliche Revolutionstheoretikerinnen und -theoretiker wie Hannah Arendt und François Furet haben die Ansicht vertreten, der spezifische Verlauf der Französischen Revolution sei nur zu verstehen, wenn die Wirkung von Rousseaus Ideen berücksichtigt wird. Laut Arendt ist es die Erhebung des Mitleids zur politischen Tugend, die der Jakobinismus Rousseaus Lehre verdankt[28]; eine These, die im Hinblick auf Nietzsches Rousseau-Verständnis bemerkenswert ist. Furet sieht in Rousseaus politischer Doktrin, die er wegen der unerbittlichen Konsequenz im Durchdenken der Möglichkeit von Demokratie hochschätzt, die Widersprüche zwischen der demokratischen Praxis und der Theorie der Demokratie, die die Jakobiner erfahren haben, vorgezeichnet[29]. Für Arendt wie für Furet versteht sich von selbst, dass Rousseaus Philosophie den Ausbruch der Revolution nicht provoziert hat, sondern lediglich die Grundlage für ein bestimmtes ideologisches Selbstverständnis gebildet hat, das es den Akteuren ermöglichte, sich in einem historischen Prozess, dessen Logik ihnen verborgen blieb, zu orientieren. Die neuere Forschung hat freilich auch gezeigt, dass sich praktisch alle in der Revolution agierenden Parteien auf Rousseausche Grundsätze berufen haben. Überdies besteht heute ein Konsens darüber, dass Rousseaus literarische Schöpfungen auf die revolutionäre Kultur weitaus mehr Einfluss ausgeübt haben als seine politischen Reflexionen[30].

In jüngeren Interpretationen wird den konservativen und antirevolutionären Zügen in Rousseaus Denken vermehrte Aufmerksamkeit geschenkt[31]. Tatsächlich zeugen Schopenhauers, Burckhardts und Nietzsches Polemiken gegen Rousseaus angeblichen Optimismus, gegen seine revolutionäre Hoffnung von einer höchst einseitigen Lektüre[32]. Wenn der Erzbischof von Paris, Christophe de Beaumont, das Argument der Erbsünde gegen den Autor des *Émile* ins Feld führt[33], sind die kirchenpolitischen Erwägungen, die eine solche Attacke motiviert haben, einsichtig. Die Idee des Sündenfalls ist Rousseau allerdings durchaus vertraut, wie seine Theorie des Zivilisationsprozesses zeigt. Der *Discours sur les sciences et les arts* stellt eine Absage an das optimistische Geschichtsverständnis der Aufklärung dar. Die Wissenschaften, die Künste und die Literatur werden darin angeklagt, den auf Trug und Verstellung basierenden sozialen Umgangsformen, d.h. den Scheintugenden, zur Herrschaft verholfen und damit die Menschen ihrer ursprünglichen, naiven Sittsamkeit entfremdet zu haben[34]. Die ewige Weisheit der Natur hat gewollt, so ruft Rousseau aus, dass die Menschen sich mit dem Zustand der glücklichen Unwissenheit zufrieden geben, die Wissenschaften aber führen sie unweigerlich ins Verderben. Sie bringen die Menschen in Widerspruch zu ihren natürlichen Bedürfnissen und sozialen Pflichten; aus dem Müssiggang entstanden, verwöhnen sie sie mit dem Luxus und untergraben derart die Sitten und die kriegerischen Tugenden, so lauten die Anklagepunkte. Die Philosophen sind für Rousseau bloss eitle Schwätzer, die sich an Paradoxa ergötzen und die Grundlagen des Glaubens und der Moral vernichten; ihr Talent setzen sie dafür ein, alles, was den Menschen heilig ist, ins Lächerliche zu ziehen und zu zerstören.

Systematischer wird der Protest gegen das aufgeklärte Gesellschaftsverständnis im zweiten *Discours* vorgetragen. Eine Rückkehr zur Natur wird darin freilich gerade nicht propagiert. Die Menschen im Naturzustand befinden sich gleichsam jenseits von Gut und Böse[35]. Der für Rousseau massgebliche Wertgegensatz ist jener zwischen glücklicher Barbarei und dekadenter Zivilisation. Er erblickt im »jugendlichen Weltalter« die glücklichste und dauerhafteste Epoche in der Menschheitsentwicklung, den idealen Kompromiss zwischen der Faulheit des Urzustandes und der ungestümen Betriebsamkeit der Eigenliebe. »Plus on y réflechit, plus on trouve que cet état étoit le moins sujet aux révolutions, le meilleur à l'homme« (Rousseau OC III/171). Die Erfindung der Metallurgie und der Agrikultur bewirkt die grosse Revolution, mit der das Verhängnis beginnt, nämlich wachsende Arbeit, Arbeitsteilung, Sklaverei, Privateigentum – mit einem Wort: zunehmende soziale Ungleichheit. Die Grundübel der Zivilisation sind nach Rousseau das Auseinandertreten von Sein und Schein als Ursprung aller Laster sowie der Verlust der Autarkie. Die Menschen sind aufgrund der Vielfalt neuer Bedürfnisse der Natur und ihresgleichen unterworfen; Sklave ist selbst der Herr in dem Masse, wie er von anderen Menschen abhängig ist. Die Konkurrenzsituation zwingt zu Anpassung und Verstellung (Rousseau OC III/174f). Knapp formuliert Rousseau seine Verachtung der Zivilisation: »le Sauvage vit en lui-même; l'homme sociable toûjours hors de lui ne sait vivre que dans l'opinion des autres, et c'est, pour ainsi dire, de leur seul jugement qu'il tire le sentiment de sa propre éxistence« (Rousseau OC III/193). In dieser Version des Sündenfalls ist von einer Erlösung nicht die Rede. Eine Reihe von Revolutionen bewirkt die Verschärfung der sozialen Ungleichheit. Am Ende des Prozesses unterwirft sich die gesamte Gesellschaft einer despotischen Gewalt, die über Gesetz und Moral triumphiert. Diese letzte Stufe der Ungleichheit ist in einem gewissen Sinn als Rückkehr zur Gleichheit zu verstehen. »C'est ici le dernier terme de l'inégalité, et le point extrême qui ferme le Cercle et touche au point d'où nous sommes partis: C'est ici que tous les particuliers redeviennent égaux parce qu'ils ne sont rien« (Rousseau OC III/191). Jetzt herrscht das Gesetz des Stärkeren; ein neuer Naturzustand hat über die Zivilisation gesiegt. Diese Endzeit ist in Rousseaus Vision eine Zeit der permanenten Anarchie.

Es ist wichtig, sich solche Stellen[36] in Erinnerung zu rufen, weil hier Elemente zu finden sind, die in der romantisch-konservativen Kulturkritik des 19. Jahrhunderts erneut auftauchen. Diese Kritik, der sich Nietzsche in einigen Punkten angeschlossen hat, bedeutet ja nicht zuletzt eine Absage an die Französische Revolution. Zwar trifft es zu, dass Rousseau die Gesellschaft am Ideal der Natur misst und die europäische Zivilisation mit den aussereuropäischen, »wilden« Kulturen konfrontiert, gleichwohl ist nicht zu übersehen, dass seine Anklage gegen die sich entwickelnde kapitalistische Gesellschaft und die absolutistische Staatsform weniger von der Hypothese eines ursprünglichen Zustandes als von der Erinnerung an eine vorkapitalistische Idylle lebt. Das Lob der Natur bezieht sich auf eine »naturgemässe«, »gesunde« soziale Ordnung, die der als künstlich empfundenen bürgerlichen Gesellschaft entgegengehalten wird. Nietzsche hat die Bedeutung Rousseaus für die Romantik erkannt, geheime Affinitäten bestehen jedoch auch zwischen seiner eigenen Moralgenealogie und der Rousseauschen Geschichtskonstruktion. Ein kleines Beispiel mag das zeigen. In einer Anmerkung zum zweiten *Discours* unterstreicht Rousseau den Gegensatz zwischen »Amour propre« und »Amour de soi-même« (Rousseau OC III/219). Die Selbstliebe ist ein natürliches Gefühl, das mit dem Selbsterhaltungstrieb zusammenhängt. Sie ist die Regung des autarken Individuums, welches weder Hass noch Rachsucht kennt, weil es auf keine Beleidigung zu reagieren hat. Unabhängige Menschen können zwar Gewalttätigkeiten gegeneinander ausüben, aber sie können sich nicht beleidigen, weil Beleidigung die Verachtung des Anderen oder die bewusste Absicht, dem Anderen Schaden zuzufügen voraussetzt. Der Mensch im Naturzustand betrachtet den Sieg gegen den Schwächeren oder die Niederlage gegen den Stärkeren als natürliche Begebenheiten, er reagiert darauf höchstens mit Lust oder Unlust. Die Eigenliebe oder Selbstsucht (Amour propre) ist im Gegensatz zur Selbstliebe eine Empfindung, die sich auf einer höheren Zivilisationsstufe als Reaktion auf das Verhalten der Anderen herausbildet. Der zivilisierte Mensch ist angewiesen auf das Bild, das sich seine Mitmenschen von ihm machen; er ist unfähig zum spontanen Genuss und kann sich nur am Übel erfreuen, das anderen widerfährt.

Sieht man davon ab, dass Rousseaus Naturauffassung »moralischer«, idyllischer ist als jene Nietzsches, lassen sich durchaus Parallelen entdecken zwischen dem Wertgegensatz von Amour de soi-même und Amour propre sowie jenem von Herren- und Sklavenmoral. Wie der Amour de soi-même zeichnet sich die Herrenmoral durch Selbstbejahung, spontanes Agieren und die Unfähigkeit, Beleidigungen zu empfinden, aus. Umgekehrt ist die Sklavenmoral wie der Amour propre auf ein »Ausserhalb« angewiesen, sie »bedarf, um zu entstehn, immer zuerst einer Gegen- und Aussenwelt, sie bedarf, physiologisch gesprochen, äusserer Reize, um überhaupt zu agiren, – ihre Aktion ist von Grund aus Reaktion« (GM I 10). Genau wie der zivilisierte Mensch Rousseaus ist Nietzsches Typus des Sklaven »weder aufrichtig, noch naiv, noch mit sich selber ehrlich und geradezu«. Er versteht sich auf das »Sich-demüthigen« und ist bei weitem klüger als der Herr. Rousseau wie Nietzsche suchen in der Geschichte nach Erfahrungen menschlicher Autonomie und Autarkie, die eine Alternative zum herrschenden moralischen Konformismus versprechen. Während allerdings Rousseau in »demokratischer« Manier die Selbstliebe auf den menschlichen Selbsterhaltungstrieb zurückführt, stellt Nietzsche den »seelischen Vorrangs-Begriff« als Produkt eines »politische[n] Vorrangs-Begriff[s]« dar (GM I 6). Versteht man die Typologien jedoch nur in einem psychologischen Sinn, so lässt sich von Nietzsches Rousseauismus sprechen[37].

Rousseaus Pessimismus bezieht sich nicht nur auf den Prozess der Zivilisation, sondern auch auf die Verwirklichungschancen seines republikanischen Modells. Der Contrat social ist nicht der glückliche Ausweg aus der im zweiten *Discours* dargestellten Krise, er ist eine Utopie jenseits der realen Geschichte[38]. Es erübrigt sich, in diesem Rahmen auf die Problematik der Realisierbarkeit der Republik[39] einzutreten, weil sie Nietzsche offensichtlich nicht interessiert hat. Hier ist lediglich darauf hinzuweisen, dass die republikanische Utopie Rousseau keineswegs zu revolutionären Hoffnungen veranlasst hat. Fortschritt und Veränderung vermag er nur als Verlust der ursprünglichen Unschuld, als zunehmend hoffnungslose Verstrickung in eine verhängnisvolle Entwicklung zu begreifen. Dabei ist ihm klar, dass eine Rückkehr ins verlorene Paradies, eine Wiedergewinnung der Unschuld unmöglich ist. Es ist, wie er in *Rousseau juge de Jean-Jacques* betont, nicht sein Ziel gewesen, die grossen Nationen zur Einfachheit früherer Zeiten zurückzuführen, sondern Kleinstaaten wie Genf vor dem verderblichen Fortschritt zu bewahren (Rousseau OC I/935). Nur in überschaubaren und moralisch noch wenig korrumpierten Gemeinwesen lässt sich in seinen Augen eine republikanische, gerechte Ordnung verwirklichen. Das republikanische Modell ist nicht zu verwechseln mit der Demokratie, deren Prinzip er misstraut. Es ist nicht gut, dass derjenige, der die Gesetze gibt, sie ausführt, heisst es im *Contrat social* (III 4). Rousseau lehnt die Demokratie auch deshalb ab, weil sie wie keine andere Regierungsform von Umstürzen bedroht ist. Wie Iring Fetscher gezeigt hat, kann er nicht als Theoretiker der modernen europäischen Demokratie gelten; sein Ideal des republikanischen Tugend-Staates steht im Widerspruch zur sich entwickelnden bürgerlichen Gesellschaft (Fetscher 1975/255). Überdies glaubt er wie die späteren Revolutionskritiker an den Wert der Traditionen und vor allem an den Wert einer Staatsform, die sich über Jahrhunderte hinweg erhalten hat. Die Vorstellung einer Revolution in Frankreich hat ihn mit Angst und Schrecken erfüllt[40]. Im Gegensatz zu den Philosophen der Aufklärung, die Revolutionen der Gesellschaft als notwendige Voraussetzungen einer glücklichen Zukunft erachtet haben, identifiziert Rousseau sie mit Krise, Chaos und Anarchie[41]. Wenn Nietzsche den von Rousseau inkarnierten Geist der Revolution mit der angeblich revolutionsfeindlichen Aufklärung konfrontiert, wird er beiden Seiten nicht gerecht.

Die Auffassung, erst durch die Überwindung seiner ursprünglichen Natur könne der Mensch zum Bürger werden, ist als revolutionär verstanden worden. Wer es unternimmt, einem Volk Institutionen zu geben, so gibt Rousseau im Kapitel vom Gesetzgeber des *Contrat social* (II 7) zu bedenken, muss sich die Fähigkeit zutrauen, die menschliche Natur zu verändern und die Individuen in ein grösseres Ganzes zu integrieren. Es handelt sich darum, die natürlichen, unabhängigen Menschen durch moralische, abhängige Wesen zu ersetzen. »Il faut, en un mot, qu'il ôte à l'homme ses forces propres pour lui en donner qui lui soient étrangeres et dont il ne puisse faire usage sans le secours d'autrui« (Rousseau OC III/ 381f); mit diesen Worten wird die Aufgabe des Gesetzgebers umschrieben. Von ihm wird übermenschliche Kraft verlangt. Solche Erwägungen führen Rousseau zum Schluss, dass die Gesetzgeber ihren Auftrag nur erfüllen können, wenn sie sich auf eine göttliche Autorität berufen. Im nächsten Kapitel fügt er einschränkend bei, nur jugendliche Völker seien gelehrig; »quand une fois les coutumes sont établies et les préjugés enracinés, c'est une entreprise dangereuse et vaine de vouloir les réformer« (Rousseau OC III/385). Rousseau propagiert mithin keineswegs eine revolutionäre Erziehungsdiktatur. Doch Äusserungen wie jene über den Gesetzgeber sind für die konservative Kritik Beweise dafür, dass auch er – wie die Philosophen der Aufklärung und die radikalen Revolutionspolitiker – die menschliche Natur negiert, weil er die Revolutionierung der Gesellschaft von der Heraufkunft des »neuen Menschen« abhängig macht. Im Hinblick auf Nietzsches Kritik ist eine andere philosophische Affinität wichtiger: Rousseaus Unterscheidung zwischen dem natürlichen Menschen und jenem Kunstwerk des Gesetzgebers, als welches man den Citoyen oder das moralische Subjekt verstehen muss, scheint ähnlichen Motiven zu entspringen wie die Auftrennung des Menschen in ein phänomenales und ein noumenales Wesen.

Spricht Nietzsche von Rousseaus Moralität, so denkt er vorab an den Egalitarismus. Rousseau macht der zivilisierten Gesellschaft den Prozess, weil die darin herrschende »inégalité morale«, soweit sie nicht bloss die »inégalité physique« widerspiegelt, dem natürlichen Recht widerspricht (Rousseau OC III/193f). Die natürliche Ungleichheit besteht im Unterschied des Alters, der Gesundheit, der körperlichen Kräfte und geistigen Fähigkeiten, während die moralische oder politische Ungleichheit das Resultat einer Konvention ist (Rousseau OC III/131). Rousseau zählt verschiedene Entwicklungsstufen dieser sozialen Differenzierung auf; das Verhängnis ist erst vollendet, wenn die auf Reichtum gegründete Ungleichheit sich gegen die übrigen Formen der Ungleichheit durchgesetzt hat. Jetzt beruht die Gesellschaft auf dem Prinzip der Konkurrenz, das alle Menschen in gegenseitige Abhängigkeit zwingt (Rousseau OC III/188f).

In Rousseaus Kulturkritik kommt die Sehnsucht nach der guten alten Zeit zum Ausdruck, in der die Menschen autark, moralisch gefestigt und kriegstüchtig gewesen sind. Er protestiert gegen Verweichlichung, Luxus und Dekadenz und hält seinen Zeitgenossen das Bild des ungezähmten, starken und mutigen Naturmenschen entgegen[42]. Sein Naturbegriff ist keineswegs so »weichlich und feige«, wie Nietzsche unterstellt.

An dieser Stelle ist nochmals an den Widerspruch zwischen Rousseaus Theorie vom historischen Niedergang und seiner Utopie des Sozialvertrags zu erinnern. Im Sinne der Utopie sind die Menschen vor der auf freiwilliger Übereinkunft gründenden Autorität gleich. Im Rückblick auf die Vergangenheit erscheinen sie als frei, weil die natürliche Ungleichheit zwischen ihnen nicht stark genug ist, um die einen in die Abhängigkeit der anderen zu bringen[43]. Wäre die Idee des Sozialvertrags tatsächlich inspiriert von der Vorstellung eines Abkommens, das die ursprünglich freien und gleichen Menschen untereinander treffen, würde sie Nietzsches Auffassung radikal widersprechen. Nietzsche akzeptiert den Grundsatz »Ohne Vertrag kein Recht« (MA I 446). Der Vertrag kann aber ihm zufolge erst geschlossen werden, wenn sich nach langem Kampf die streitenden Parteien ungefähr gleichmächtig gegenüberstehen. Ein Urzustand, in dem der Vertrag zwischen gleichen Individuen zustande kommen könnte, ist für ihn undenkbar. Die »Barbaren« zeichnet er nicht als mehr oder weniger isolierte, selbstgenügsame Menschen, sondern als »Raubmenschen, noch im Besitz ungebrochner Willenskräfte und Macht-Begierden«, als wilde Völkerstämme, die sich auf ältere, zivilisiertere Kulturen werfen (JGB 257). Soziale Ordnungen sind demnach immer Produkte von Gewalt, Krieg und Unterwerfung. Um historische Fakten geht es jedoch in Rousseaus Vertragslehre gerade nicht. Beim Begriff des Sozialvertrags handelt es sich wie bei jenem des ursprünglichen Naturzustands um eine Hypothese, die einzig pädagogischen Zwecken dient (OC IV, 857f).

Erst wo Nietzsche die historisch-genealogische Rekonstruktion zugunsten der ethischen Spekulation aufgibt, lassen sich seine Argumente mit jenen Rousseaus vergleichen; gerade hier aber erweist sich seine Reflexion als Versuch, Rousseaus Position zu radikalisieren. Im Gesellschaftsvertrag schliesst jeder Mensch, wie Rousseau dargelegt hat (*Du Contract social* I 7), gleichsam mit sich selbst einen Vertrag ab. Künftig ist er Untertan und Mitglied des politischen Gesamtkörpers, des Souveräns zugleich[44]. Er verliert seine natürliche Freiheit, die nur in seinen eigenen Kräften ihre Begrenzung findet. Dafür gewinnt er die sittliche Freiheit, die ihn erst zum Herrn über sich selbst erhebt, »car l'impulsion du seul appetit est esclavage, et l'obéissance à la loi qu'on s'est prescritte est liberté« (Rousseau OC

III/365). Als natürliches Wesen tritt er seine Macht einer höheren Instanz ab, die freilich sein eigenes Werk ist. Nietzsche versucht die Idee der Selbstgesetzgebung noch konsequenter zu fassen. In *Morgenröthe* (M 187) beschreibt er eine mögliche Zukunft, in welcher ein Verbrecher sich selbst anzeigt und die Strafe zumisst, »im stolzen Gefühle, dass er so das Gesetz ehrt, das er selber gemacht hat, dass er seine Macht ausübt, indem er sich straft, die Macht des Gesetzgebers«. Durch die freiwillige Bestrafung erhebt er sich über sein Verbrechen. Nietzsche träumt von einer künftigen Gesetzgebung, »des Grundgedankens: ›ich beuge mich nur dem Gesetze, welches ich selber gegeben habe, im Kleinen und Grossen.‹« Erst wer sich selbst »e r o b e r t   h a t«, verfügt über jene Macht, die dem Recht zugrundeliegt; erst er kann das Recht einem Anderen verleihen (M 437). Ähnlich wie bei Rousseau fällt es auch bei Nietzsche nicht leicht, die Nostalgie der vormoralischen Barbarei mit der Zukunftsvision reiner Selbstgesetzgebung in Einklang zu bringen. Während jedoch der Pessimist Rousseau den vollständigen Triumph von Anarchie und Despotismus prophezeit, erblickt Nietzsche in der Zukunft ein weites Feld für Experimente im Bereich der sozialen Organisation und der moralischen Wertsetzung (M 164).

Nietzsche hat möglicherweise Rousseaus *Nouvelle Héloise* gekannt[45]. Die Schilderung des Gemeinwesens von Clarens wirft ein äusserst interessantes Licht auf Rousseaus politisches Denken. In Clarens herrscht die Gleichheit und stellt die Ordnung der Natur wieder her, wie Saint-Preux seinem Freund meldet (Rousseau OC II/608, *Julie ou la nouvelle Héloise* V 7). Er beschreibt mit diesen Worten freilich nicht die politische Verfassung von Clarens, sondern die Stimmung während der Weinlese. Die soziale Rangordnung wird in diesem Briefroman nicht in Frage gestellt; es wird lediglich geschildert, wie dank M. de Wolmars paternalistischer Haltung ein Zustand erreicht worden ist, in dem die Diener ihre Herren und ihre Arbeit lieben. Die Arbeiter werden durch ein System von besonderen Belohnungen zu erhöhten Leistungen angehalten, Vorgesetzte animieren und überwachen sie, der Gutsherr selbst, M. de Wolmar, ist stets präsent. Die Gutsherrin verpflichtet sich die Bediensteten, indem sie ihnen ihre mütterliche Zuneigung gewährt. Es ist gar nicht möglich, Diener und Lohnarbeiter anders zu disziplinieren denn durch Gewalt und Zwang, so weiss Saint-Preux, aber er fügt bei: »Tout l'art du maitre est de cacher cette gêne sous le voile du plaisir ou de l'intérêt, en sorte qu'ils pensent vouloir tout ce qu'on les oblige de faire« (Rousseau OC II/453, IV 10). Weil sich Knechtschaft und ehrenwerte Gesinnung schlecht vertragen, wird man nur schwer ehrliche Diener finden, wie Saint-Preux weiter ausführt.

Aus diesem Grund ist es nötig, Menschen von früher Jugend auf moralisch zu formen und zum Dienst zu erziehen. In Clarens sind die Bediensteten nie müssig, von verderblichen äusseren Einflüssen werden sie nach Möglichkeit abgeschirmt und in eine von familiärer Intimität geprägte Ordnung integriert. Trotzdem geraten sie nie in Versuchung, die Distanz zu vergessen, die sie von M. und Mme de Wolmar trennt, so ruft Saint-Preux mit Bewunderung aus.

In die Utopie von Clarens hat Rousseau all seine Sehnsüchte nach der Einfachheit des Landlebens, nach vorkapitalistischen Wirtschaftsformen, nach einem patriarchalisch geordneten, sich selbst versorgenden und von der bösen Aussenwelt abgeschirmten Gemeinwesen hineinprojiziert. Er träumt von der moralischen Integrität der Herren und der naiven Ergebenheit der Diener; die Ideen von Freiheit und Gleichheit haben in dieser Idylle keinen Platz. In der Zeit der Weinlese verbreitet sich in Clarens das trügerische und doch angenehme Gefühl einer allgemeinen Gleichheit und Zusammengehörigkeit. Diese imaginäre Gleichheit dient den Herren zur Belehrung und schenkt den Untergebenen Trost, wie es Saint-Preux im Roman ausdrückt. Rousseau spielt mit dem Gedanken, ein Fest als vorübergehende Aufhebung der Ständeunterschiede könne deren reale Aufhebung überflüssig machen[46]. Unweigerlich denkt man in diesem Kontext an Nietzsches Bild in der *Geburt der Tragödie*: der Zauber des Dionysischen bewirkt, dass sich die Menschen untereinander und mit der Natur versöhnen. Der Sklave wird zum freien Mann und die sozialen Abgrenzungen zerbrechen. Jean Starobinski sieht im Fest eines der Schlüsselbilder zu Rousseaus Werk, ein Bild überdies, das die Revolution inspiriert hat[47]. Rousseau hat am Schluss seines Briefs an D'Alembert das Volksfest dem Theater als Alternative gegenübergestellt. Unter freiem Himmel sollen die Menschen zusammenkommen und ihr Glück geniessen; alle sollen Zuschauer und Schauspieler zugleich sein und derart die alles verbindende Menschenliebe zelebrieren[48]. Das »Schauspielerische«, »Sentimentale«, »Sichselbst-Berauschende«, das Nietzsche mit Rousseau und dem revolutionären Geist assoziiert, wird in solchen Texten fassbar.

Nietzsche hasst nach eigenem Bekunden die Französische Revolution zur Hauptsache deshalb, weil sie sich von Rousseaus Moralität hat verführen lassen. Seine Rousseau-Lektüre scheint freilich ähnlich selektiv gewesen zu sein wie jene mancher Revolutionsführer. In Rousseaus äusserst komplexem Geschichtsverständnis kommt der revolutionären Hoffnung eine geringe Bedeutung zu. Ungleich gewichtiger ist die Kritik der Modernität im Namen älterer, meist antiker Auffassungen vom Zweck der Gemeinschaft. Obgleich Nietzsche diese Kritik radikalisiert, ist er doch

zugleich fasziniert vom Prozess der Modernisierung. Dass – um ein Beispiel zu nehmen – die Menschen zu Schauspielern werden müssen, um in
der Gesellschaft etwas zu erreichen, gilt Rousseau als Indiz dafür, wie weit
sie sich von der ursprünglichen Unschuld entfernt haben; Nietzsche, der
darin ein Merkmal demokratischer Zeitalter erkennt (FW 356), bewertet
das Rollenspiel im Gegensatz zu Roussau keineswegs nur negativ. Den
Erscheinungsformen der modernen Gesellschaft steht er viel gelassener
gegenüber. Mit einigen Resultaten der Revolution, deren Ausbruch Rousseau fürchtet, hat er sich abgefunden.

Wie erklärt sich aber die Heftigkeit, mit der Nietzsche Rousseau als
den ersten modernen Menschen attackiert hat? Es ist anzunehmen, dass
sich die Angriffe nicht gegen den politischen Theoretiker, sondern gegen
den Verfasser mehrerer umfangreicher Autobiographien und Bekenntnisse richten. Jean Starobinskis Studie *Jean-Jacques Rousseau: La transparence
et l'obstacle* gibt ein deutliches Bild von diesem »ersten modernen Menschen«, der fortwährend von sich selbst sprechen muss. Allem Anschein
nach hat Nietzsche die *Confessions* gekannt, jenes Buch, das mit den Worten beginnt: »Voici le seul portrait d'homme, peint exactement d'après
nature et dans toute sa vérité, qui existe et qui probablement existera jamais« (Rousseau OC I/3). Rousseau will seinem Publikum einen Menschen in der ganzen Wahrheit der Natur zeigen, und dieser Mensch ist er
selbst. »Je sens mon coeur et je connois les hommes. Je ne suis fait comme
aucun de ceux que j'ai vus; j'ose croire n'être fait comme aucun de ceux
qui existent« (Rousseau OC I/5). Nietzsche muss bei solchen Worten auf-
gehorcht haben; er, der später – wie Rousseau unter der Einsamkeit leidend – schreiben wird: »Verwechselt mich vor Allem nicht! [...]
Mein Loos will, dass ich der erste anständige Mensch sein muss, dass
ich mich gegen die Verlogenheit von Jahrtausenden im Gegensatz weiss ...
Ich erst habe die Wahrheit entdeckt, dadurch dass ich zuerst die Lüge
als Lüge empfand« (EH, KSA 6/257; 365f). Doch er hat in Rousseau keinen Verbündeten gefunden, vielmehr seinen eigentlichen Antipoden. In
dessen Schriften begegnet ihm eine Modernität, der er den Kampf angesagt hat, weil er sie als Ausdruck eines unvornehmen Geschmacks empfindet, als Produkt der Krankheit, nicht der Genesung. Rousseau schreibt
unter dem Zwang, einen lückenlosen Bericht über sein gesamtes Leben
ablegen zu müssen. Er rechtfertigt sich unaufhörlich, beteuert seine Unschuld und erhebt sein eigenes Gefühl zum verbindlichen Kriterium der
Wahrheit. Unter Verfolgungswahn leidend, projiziert er die Schuldgefüh-
le auf die Aussenwelt und vermag doch das schlechte Gewissen nicht zu
beruhigen. Aus der Tatsache seines Leidens schliesst er auf die Schuld der

Umgebung, ja auf die moralische Verkommenheit der Welt und erklärt sich selbst zum Massstab einer besseren Moral.

Das vernichtende Urteil, das Nietzsche in der *Götzen-Dämmerung* über Rousseau gefällt hat, ist nur vor dem Hintergrund der autobiographischen Versuche verständlich. Die Frage, weshalb die Revolution der »welthistorische Ausdruck« von Rousseaus Charakter ist, bleibt freilich unbeantwortet. Nietzsche hat ein vielschichtiges philosophisches System auf die Psyche des Autors reduziert und deren Charaktereigenschaften auf das historische Ereignis projiziert, das als Folge dieser Philosophie verstanden worden ist. Er sieht in der Französischen Revolution einen Aufstand krankhaft unzufriedener Menschen, die sich als unschuldige Opfer einer schuldigen Weltordnung fühlen und derart ihre eigene Verantwortung leugnen. Damit hat er zwar auf einen Punkt hingewiesen, der noch für die heutigen Diskussionen wichtig ist, dem Ereignis in seiner Vieldeutigkeit ist er aber nicht gerecht geworden.

Für den Jakobinismus oder für andere revolutionäre Parteien scheint sich Nietzsche kaum interessiert zu haben. Wir sind diesbezüglich auf denkbar wenige Stellen angewiesen. Im Sommer 1862 hat der Schüler in einigen Gedichten Motive der Französischen Revolution verarbeitet (BAW 2/75-82). In einem der Gedichte wird Ludwig XVI. besungen, wie er vor seiner Hinrichtung dem »Volk der Revolution« verzeiht. Das Gedicht endet überraschend mit den Versen: »So sprach der Freiheit grösster Sohn, Der Sansculotte Jesus Christ«. Ludwig XVI. wird mit Christus verglichen, was sich mit der idealisierenden Sicht des Schülers erklären lässt. Keinen Sinn ergibt hingegen das Bild des Königs als eines Sansculotten. Nietzsche steht möglicherweise noch unter dem Eindruck der Lektüre von Mundts oben erwähntem Werk. Mundt behandelt die Verfassung von 1791 und das darin verankerte Zensuswahlsystem und zitiert in diesem Kontext eine Kritik von Camille Desmoulins. Jesus Christus selbst, so lautet die Kritik, wäre im neuen Staat nicht wählbar, weil er kein Geld und kein Eigentum besessen hat (Mundt 1856/176f). In einem anderen Gedicht werden die Girondisten besungen, die im Gefängnis auf die bevorstehende Hinrichtung warten. Schliesslich ist ein Gedicht Saint-Just gewidmet. Es ist die Rede vom »bleichen, hagren Mann«, der wunderbare und schmerzdurchwühlte Blicke wirft und zu einer flammenden Rede anhebt, die in einem »Hexentanzgeflimmer« kulminiert. Der Zuhörer ist verzaubert vom »teuflischen Saint Just« und folgt ihm in den Abgrund.

Die Protagonisten der Revolution, von denen einige den jungen Nietzsche zu dichterischen Versuchen inspiriert haben, spielen im Werk des Philosophen praktisch keine Rolle mehr. Chamfort und Mirabeau beschäftigen Nietzsche gerade nicht in ihrer Qualität als Revolutionspolitiker. Ebensowenig geht es in den misogynen Ausfällen gegen Jeanne-Marie Roland um deren Rolle in der girondistischen Partei. Erst ziemlich spät findet Robespierre Erwähnung[49]. In der Vorrede zur *Morgenröthe* wird er als Jünger Rousseaus und als Vollstrecker von dessen moralischem Fanatismus vorgestellt. Nietzsche zitiert aus einer Rede vom 7.Juni 1794, in welcher Robespierre seine Absicht kundgibt, »de fonder sur la terre l'empire de la sagesse, de la justice et de la vertu« (M Vorrede 3). Nietzsche hat jedoch die Quelle nicht gekannt, sondern das Zitat in einem literaturgeschichtlichen Werk von Edmond Schérer gefunden[50]. Schérer hat in einer Besprechung von Taines Revolutionsgeschichte Robespierre als Tugendfanatiker gezeichnet, der daran geglaubt hat, Freiheit, Gleichheit und Tugend müssten triumphieren, sobald die alte Gesellschaft zerstört sei und die Privilegierten ausgerottet seien. Im *Antichrist* nennt Nietzsche Robespierre neben Savonarola, Luther, Rousseau und Saint-Simon als Beispiel für den Typus des Fanatikers, der einen Glauben nötig hat und damit zum Feind der intellektuellen Rechtschaffenheit wird. Die »grosse Attitüde dieser k r a n k e n Geister, dieser Epileptiker des Begriffs«, so führt er aus, »wirkt auf die grosse Masse, – die Fanatiker sind pittoresk, die Menschheit sieht Gebärden lieber als dass sie G r ü n d e hört...« (AC 54). Lazare Carnot hingegen, »der Soldat und der Republicaner«, wird als ein Vorbild von wahrer Grösse und nüchternem Realitätssinn dargestellt (M 167). Nietzsches Lob bezieht sich freilich nicht auf jene Zeit, in der Carnot zusammen mit Robespierre im Wohlfahrtsausschuss sass, sondern auf dessen späte Versöhnung mit Napoleon[51].

Im Bild, das Nietzsche von der Französischen Revolution entworfen hat, figurieren deren Akteure als blosse Randfiguren. Da die Revolution als Entscheidung in der Geschichte der europäischen Moral begriffen wird, kommen als ihre Ursachen und Wirkungen nur moralphilosophische Absichten und Überzeugungen in Betracht. In Kant entdeckt Nietzsche in den späten 80er Jahren den wichtigsten Denker der Revolution; als revolutionär empfindet er dessen Kritik der praktischen Vernunft, als Apologie der Revolution dessen Geschichtsphilosophie.

Kant, der der Begegnung mit Rousseau wichtige Impulse verdankt, kann dessen geschichtsphilosophischen Pessimismus nicht gutheissen. Zwar bringt er Verständnis auf für die Klagen über den Zivilisationsprozess, aber er hält dem gegenwärtigen Stand der Zivilisierung als Alternative nicht eine frühere Entwicklungsstufe, sondern einen zukünftigen Zustand der Moralisierung entgegen[52]. Voraussetzung für dessen Verwirklichung sind rechtlich geordnete zwischenstaatliche Beziehungen. Der Widerspruch zwischen den fortschrittskritischen Bedenken Rousseaus und seinen pädagogisch-politischen Intentionen ist für Kant nur ein scheinbarer; der Verlust der natürlichen Unschuld bedeutet zwar für die Menschen einen sittlichen Fall, ist aber zugleich die notwendige Bedingung für den Fortschritt der Gattung. Die Kultur, die auf »wahren Prinzipien der Erziehung zum Menschen und Bürger zugleich« beruht, hat, wie Kant einräumt, »vielleicht noch nicht recht angefangen« (*Mutmasslicher Anfang der Menschengeschichte* A 14)[53].

In der Polemik mit Moses Mendelssohn hat Kant seine Auffassung vom sinnvollen Umgang mit Geschichte dargelegt. Es ist für ihn ein »höchst unwürdiger Anblick, das menschliche Geschlecht von Periode zu Periode zur Tugend hinauf Schritte tun, und bald darauf eben so tief wieder in Laster und Elend zurückfallen zu sehen«. Mag es auch »rührend und belehrend« sein, diesem Trauerspiel eine Weile Aufmerksamkeit zu schenken, einmal muss doch der Vorhang fallen: »Denn auf die Länge wird es zum Possenspiel; und, wenn die Akteure es gleich nicht müde werden, weil sie Narren sind, so wird es doch der Zuschauer, der an einem oder dem andern Akt genug hat, wenn er daraus mit Grunde abnehmen kann, dass das nie zu Ende kommende Stück ein ewiges Einerlei sei.« Zwar vermag die am Ende folgende Strafe, »wenn es ein blosses Schauspiel ist«, den Zuschauer zu versöhnen. Der »Moralität eines weisen Welturhebers und Regierers« ist es aber zuwider, »Laster ohne Zahl [...] in der Wirklichkeit sich über einander türmen zu lassen, damit dereinst recht viel gestraft werden könne«. Solche Reflexionen führen Kant zum Schluss, das menschliche Geschlecht sei in Analogie zu seiner kulturellen Entwicklung »im Fortschreiten zum Besseren in Ansehung des moralischen Zwecks seines Daseins begriffen« (*Über den Gemeinspruch ...* III, A 273ff). Er nimmt sozusagen ein Recht des Zuschauers auf ein sinnvolles, moralisch erbauliches Schauspiel in Anspruch und beruft sich dabei auf seine angeborene Pflicht, an der moralisehen Verbesserung des Menschengeschlechts mitzuwirken. Solange die Unmöglichkeit des moralischen Fortschritts nicht bewiesen ist, gilt diese Pflicht. Die aus der Erfahrung gewonnenen Einwände gegen die Berechtigung der Fortschrittshoffnung fallen gegenüber der moralischen Absicht nicht ins Gewicht. Kant geht sogar noch einen Schritt weiter; er ist überzeugt davon, dass sich »manche Beweise« für die These der moralischen Verbesserung beibringen lassen.

Angesichts von Kants früheren Äusserungen zum Thema mutet der Optimismus überraschend an. In der *Grundlegung zur Metaphysik der Sitten* hat er dargelegt, dass es unmöglich ist, »durch Erfahrung einen einzigen Fall mit völliger Gewissheit auszumachen, da die Maxime einer sonst pflichtmässigen Handlung lediglich auf moralischen Gründen und auf der Vorstellung seiner Pflicht beruhet habe«. Es lässt sich nie ausschliessen, dass anscheinend moralische Handlungen verborgenen egoistischen Motiven entspringen. Man braucht, wie Kant weiter ausführt, »auch eben kein Feind der Tugend, sondern nur ein kaltblütiger Beobachter zu sein, der den lebhaftesten Wunsch für das Gute nicht so fort für dessen Wirklichkeit hält«, um an der Existenz wahrer Tugend in der Welt zu zweifeln. Zweifel dieser Art bleiben folgenlos, weil moralische Gesetze ihren Ursprung in der reinen Vernunft haben (*Grundlegung zur Metaphysik der Sitten* A 26ff). Probleme stellen sich erst ein, wenn moralische Wirkungen in der Geschichte nachgewiesen werden sollen. Die Kritik der teleologischen Urteilskraft und die geschichtsphilosophischen Schriften stellen Versuche dar, die »unübersehbare Kluft« zwischen den von der Kritik streng geschiedenen Reichen der Natur und der Freiheit zu überbrücken. Der Freiheitsbegriff soll den durch seine Gesetze aufgegebenen Zweck in der Erscheinungswelt verwirklichen, »und die Natur muss folglich auch so gedacht werden können, dass die Gesetzmässigkeit ihrer Form wenigstens zur Möglichkeit der in ihr zu bewirkenden Zwecke nach Freiheitsgesetzen zusammenstimme«, wie es in der Einleitung zur *Kritik der Urteilskraft* (A XIXf) heisst. Bereits in der *Idee zu einer allgemeinen Geschichte in weltbürgerlicher Absicht* hat Kant der Hoffnung Ausdruck gegeben, die Geschichte, d.h. die Erzählung der Erscheinungen der Willensfreiheit, werde in der Betrachtung des auf den ersten Blick zwar anarchischen Spiels der Freiheit doch im Hinblick auf die Gattung einen »regelmässigen Gang« entdecken. Weil das aus »Torheit, kindischer Eitelkeit, oft auch aus kindischer Bosheit und Zerstörungssucht« zusammengewebte menschliche Schauspiel »auf der grossen Weltbühne« beim Zuschauer Unwillen erregt, bleibt dem Philosophen nur der Ausweg, der Geschichte einen Plan der Natur zugrundezulegen (*Idee zu einer allgemeinen Geschichte* ... A 385ff). Die Naturabsicht zielt auf die Errichtung einer rechtlich geordneten bürgerlichen Gesellschaft, einer nach innen und nach aussen vollkommenen Staatsverfassung.

Im zweiten Abschnitt seiner Abhandlung über den *Streit der Fakultäten* formuliert Kant erneut die Frage, »ob das menschliche Geschlecht im beständigen Fortschreiten zum Besseren sei«. Die Antwort fällt weitaus komplexer aus als fünf Jahre zuvor. Zwar ist eine wahrsagende Geschichte, eine Darstellung kommender Ereignisse apriori möglich, wenn der Wahrsager die von ihm verkündeten Begebenheiten selbst veranstaltet, wie Kant einleitend festhält; hierzu fallen ihm indes nur abschreckende

Beispiele ein[54]. Alle drei Typen einer vorhersagenden Geschichte weist er zurück: die »terroristische«, die den fortwährenden Verfall der Menschheit prophezeit; die »eudämonistische«, die »sanguinische Hoffnungen« auf eine Zunahme des Guten im Menschen hegt; sowie die »abderitische«, die das »Possenspiel« des ewigen Zweikampfs von Gut und Böse beschreibt. Durch Erfahrung allein, durch die Betrachtung des Vergangenen ist der Nachweis des Fortschritts nicht zu erbringen, da die Akteure freie Wesen sind, die sich jederzeit zwischen Gut und Böse entscheiden können. Auch der Standpunkt der Vorsehung, das göttliche Wissen um die Auswirkungen menschlicher Freiheit, bleibt den Menschen unzugänglich. Die Aufgabe ist nur zu lösen, wenn eine Begebenheit der menschlichen Geschichte gefunden werden kann, die auf das Vermögen des Menschen schliessen lässt, Urheber des moralischen Fortschritts zu sein. Es gilt also, eine derartige Begebenheit zu suchen, wobei diese selbst keineswegs als Ursache des Fortschritts zu verstehen ist, sondern lediglich als »Geschichtszeichen«. Ein historisches Ereignis kann den gewünschten Beweis nicht erbringen, aber es kann als Wirkung einer moralischen Ursache gedeutet werden.

An diesem Punkt seiner Argumentation angelangt, kommt Kant auf eine »Begebenheit unserer Zeit« zu sprechen. Er präzisiert sogleich, dass sie »nicht etwa in wichtigen, von Menschen verrichteten Taten oder Untaten« besteht, »wodurch, was gross war, unter Menschen klein, oder, was klein war, gross gemacht wird, und wie, gleich als durch Zauberei, alte glänzende Staatsgebäude verschwinden, und andere an deren Statt, wie aus den Tiefen der Erde, hervorkommen« (*Der Streit der Fakultäten* A 142f). Vielmehr geht es um die »Denkungsart der Zuschauer«, die sich bei solchen Umwälzungen öffentlich verrät, um ihre »allgemeine und doch uneigennützige Teilnehmung«[55]. Die Französische Revolution ist der Anlass für ein Verhalten, das einen moralischen Charakter des Menschengeschlechts beweist. Ob die »Revolution eines geistreichen Volks«, deren Zuschauer Kant geworden ist, gelingt oder scheitert, ob sie derart mit »Elend und Greueltaten« belastet ist, dass eine Wiederholung des Experiments sich dem »wohldenkenden Menschen« verbietet, ist für ihn ohne Belang, denn die Revolution »findet doch in den Gemütern aller Zuschauer (die nicht selbst in diesem Spiele mit verwickelt sind) eine T e i l - n e h m u n g dem Wunsche nach, die nahe an Enthusiasm grenzt, und deren Äusserung selbst mit Gefahr verbunden war, die also keine andere, als eine moralische Anlage im Menschengeschlecht zur Ursache haben kann« (*Der Streit der Fakultäten* A 143f). Die moralischen Beweggründe, die Kant unterstellt, beziehen sich auf das Recht eines Volkes, sich eine bürgerliche Verfassung zu geben, ohne von anderen Mächten daran gehindert zu werden, sowie auf den Zweck dieser – »wenigstens der Idee nach« – republikanischen Verfassung, nämlich die Verhinderung des Kriegs, der »Quell aller Übel und Verderbnis der Sitten« ist.

Die Beobachtung dieser »Teilnehmung am Guten« veranlasst Kant zur Bemerkung, »dass wahrer Enthusiasm[56] nur immer aufs Idealische und zwar rein Moralische geht, dergleichen der Rechtsbegriff ist, und nicht auf den Eigennutz gepfropft werden kann« (*Der Streit der Fakultäten* A 146)[57]. Das Ereignis, dem das Publikum »zujauchzt«, muss nach seiner Überzeugung »etwas Moralisches im Grundsatze sein«; es handelt sich jedoch nicht um eine Revolution, sondern um die »Evolution einer naturrechtlichen Verfassung« (A 148f). Diese Evolution hin zu republikanischen und friedenssichernden Ordnungen ist für Kant unumkehrbar, selbst ein Scheitern der Französischen Revolution vermag sie nicht aufzuhalten, denn »ein solches Phänomen in der Menschengeschichte vergisst sich nicht mehr, weil es eine Anlage und ein Vermögen in der menschlichen Natur zum Besseren aufgedeckt hat, dergleichen kein Politiker aus dem bisherigen Laufe der Dinge herausgeklügelt hätte, und welches allein Natur und Freiheit, nach inneren Rechtsprinzipien im Menschengeschlechte vereinigt, aber, was die Zeit betrifft, nur als unbestimmt und Begebenheit aus Zufall verheissen konnte« (A 149f). Der Kampf eines Volkes für seine Verfassung bzw. die Solidarität der Zuschauer mit diesem Kampf wird sich dem Gedächtnis der Menschen auf ewig einprägen – aus dieser Gewissheit gewinnt Kant das stärkste Argument für seine Fortschrittshypothese[58]. Er hofft aber keineswegs auf künftige Revolutionen, sondern auf Aufklärung und Reform von oben. Eine moralische Läuterung der Menschheit ist in seiner Vision nicht vorgesehen – sie würde »eine Art von neuer Schöpfung« (A 157) voraussetzen –, dafür eine allmähliche Zivilisierung der Umgangsformen zwischen Menschen und Staaten.

Nietzsche hat Kants *Streit der Fakultäten* im Frühjahr 1887 in Chur gelesen. Zeugnis von der Lektüre geben die Notizen, die gemäss dem Entwurf von *Der Wille zur Macht* zum geplanten ersten Kapitel des zweiten Buches gehören[59]. Ein kurzes Resümee des Kantschen Gedankenganges lautet wie folgt: »Die Frage, ob die Menschheit eine Tendenz zum Guten hat, wird durch die Frage vorbereitet, ob es eine Begebenheit giebt, die gar nicht anders erklärt werden kann als durch jene moralische Anlage der Menschheit. Dies ist die Revolution« (KSA 12/267, 7[4]). Anschliessend wird die oben angeführte Stelle (A 149) zitiert. Nietzsche identifiziert das »Phänomen in der Menschengeschichte« kurzerhand mit der Revolution. Das ist naheliegend und entspricht einer verbreiteten Lesart[60]. Gleichwohl ist die Auslegung ungenau; Kant sagt zweimal explizit, dass es sich bei der Begebenheit bzw. beim Phänomen nicht um die Revolution handelt. Er verwirft das Prinzip des gewaltsamen Umsturzes; das Naturrecht ist in seinen Augen »immer nur eine Idee, deren Ausführung auf die Bedingung der Zusammenstimmung ihrer Mittel mit der Moralität eingeschränkt ist, welche das Volk nicht überschreiten darf; welches nicht durch Revolution, die jederzeit ungerecht ist, geschehen darf« (*Der Streit der Fakultäten* A 148)[61]. Unmissverständlich hat Kant bereits in der Schrift *Über den Gemeinspruch* festgehalten, »dass alle Widersetzlichkeit gegen die oberste gesetzgebende Macht, alle Aufwiegelung, um Unzufriedenheit der Untertanen tätlich werden zu lassen, aller Aufstand, der in Rebellion ausbricht, das höchste und strafbarste Verbrechen im gemeinen Wesen ist; weil es dessen Grundfeste zerstört. Und dieses Verbot ist unbedingt« (*Über den Gemeinspruch* ... A 254f)[62]. Der tatsächliche oder scheinbare Widerspruch zwischen Kants Revolutionssympathien und seiner Verurteilung des Widerstandsrechts ist ein zentrales Thema der Forschung[63]. In den einschlägigen Arbeiten wird vor allem das Argument vorgebracht, die Ablehnung des Aufstandsrechts impliziere die Anerkennung der als neuer Rechtsordnung etablierten revolutionären Macht und entziehe damit reaktionären Umtrieben im Innern und militärischen Interventionen von aussen die Rechtfertigung. Kant selbst hat sich in diesem Sinne geäussert[64]. Überdies wird geltend gemacht, dass seine Loyalität gegenüber der bestehenden staatlichen Obrigkeit ihn nie davon abgehalten hat, den moralisch-politischen Fortschritt der Menschheit bzw. als dessen Ziel die republikanische Verfassung als höchsten verbindlichen Wert anzusetzen.

Die Ablehnung des Aufstands ist noch in einem anderen Rahmen zu sehen. Wenn zwar ein Volk, wie Kant darlegt, sich nicht das Recht anmassen, ja nicht einmal den geheimen Wunsch hegen darf, die monarchische Konstitution abzuändern, so ist ihm doch ein »Murren« gegen die revolutionsfeindliche Aussenpolitik der eigenen Regierung zuzubilligen, denn »je mehr sich andere Völker republikanisieren«, desto sicherer ist es selbst. Nur »verleumderische Sykophanten« können solch »unschuldige Kannegiesserei« für »Neuerungssucht, Jakobinerei und Rottierung« ausgeben (*Der Streit der Fakultäten* A 144f). Mit den drei Ausdrücken benennt Kant das Ereignis, das seine konservativen Zeitgenossen als Revolution fürchten, und er distanziert sich davon. Es entsteht der Eindruck, als seien durch die Wortwahl bestimmte Parteien und Gesellschaftsschichten diskriminiert, nämlich der »rottierende Pöbel«, die besitzlosen Massen, das politische Subjekt der Revolution in ihrer radikalsten Phase seit 1791[65]. Doch dies ist nicht Kants einziges, vielleicht nicht einmal sein primäres Anliegen. Was den rottierenden Pöbel kennzeichnet, ist weniger eine bestimmte soziale Herkunft, sondern in erster Linie das Handeln ausserhalb des gesetzlichen Rahmens[66]. Zusammenfassend ist nochmals festzuhalten: Kants Ablehnung des Umsturzprinzips ist bedingungslos; seiner Hoffnung auf einen zur Not durch gewaltsame Revolutionen von unten, besser aber durch Aufklärung und Reformen von oben[67] zu realisierenden politischen Fortschritt tut diese Ablehnung indes keinen Abbruch.

Die Revolution als gewaltsamer Umsturz, begleitet von »Elend und Greueltaten«, kümmert Kant genausowenig wie Nietzsche die Immoralität der »blutigen farce«. Nietzsches polemische Äusserungen beziehen sich indes nicht auf Kants politisch motivierte Sympathien für die Französische Revolution, sondern auf deren Deutung als Indiz des moralischen Fortschritts. Wenn Nietzsche in seiner Kant-Kritik von der Revolution spricht, dann versteht er darunter jenes »Schauspiel«, das Anlass gegeben hat zur feierlichen Stimmung idealistischer Zuschauer, zu ihrer fehlgreifenden, psychologisch naiven Interpretation. Der Text ist unter der Interpretation verschwunden, wie er schon vor den Kant-Studien festgehalten hat (JGB 38). Die Metapher vom Schauspiel, das die stolzesten und edelsten Zuschauer verführt, mutet im Rückblick wie eine ironische Abrechnung mit Kants »moralistischer Perspektive« an, in der Geschichte als lehrreiches Theater erscheint. Anders als Rousseau hält Kant in seinem Kommentar zur Revolution an der Notwendigkeit einer Trennung von Zuschauer und Darsteller fest und schreibt das moralische Verdienst fast ausschliesslich dem unbeteiligten Publikum zu. Er wird von Nietzsche in seiner Rolle als Zuschauer analysiert[68].

Die Materialsammlung für das projektierte Kapitel über die Metaphysiker wie der Aphorismus 11 des *Antichrist*, worin ebenfalls von Kants Revolutionssympathien die Rede ist, sind Beiträge zu einer Kritik der Vereinnahmung der Philosophie durch die Moral. Im Nachlassfragment stellt Nietzsche fest, dass »selbst in einem kritischen Zeitalter, wie dem Kants« das Bedürfnis nach unbedingten Autoritäten dem Bedürfnis nach Kritik überlegen ist und »die ganze Arbeit des kritischen Verstandes sich unterthänig und zu Nutze« gemacht hat (KSA 12/259, 7[4]). Kant hat sich, so lautet der Vorwurf, trotz seiner kritischen Anstrengung vom Glauben an die Autorität der Moral nicht lösen können und sieht daher auch »in der Geschichte nichts anderes als eine moralische Bewegung« (KSA 12/268, 7[4]). Im Aphorismus 11 des *Antichrist* polemisiert Nietz-

sche gegen den kategorischen Imperativ, den er als lebensfeindlich, als
»Recept zur décadence« bewertet; anschliessend erwähnt er als ergän-
zende Illustration zu seiner These Kants Ausführungen über die Französische Revolution im *Streit der Fakultäten.*

Wenn Kant trotz seiner strengen Verurteilung des Aufstands als der
deutsche Philosoph der Französischen Revolution gilt[69], dann deshalb,
weil er dieses Ereignis als Beweis für den Durchbruch des republikanischen Prinzips und damit für die Erfüllung des der Geschichte zugrundeliegenden Naturzwecks genommen hat[70]. Es ist bemerkenswert, dass
Nietzsche auf diesen Zusammenhang lediglich am Rande eingeht, wenn
er vom Übergang »aus der unorganischen Form des Staats in die organische« (AC 11) bzw. aus dem »mechan<ischen> in das organische
Staatswesen« (KSA 12/267, 7[4]) spricht. »Grundrechte« und »bürgerliche Verfassung« sind Begriffe, die ihn kaum interessieren; daraus kann
vielleicht geschlossen werden, dass in seinen Augen gerade Konstitutionen
zum Theater gehören, dass das Vertrauen in deren bessernde Wirkung zu
den Illusionen eines edlen Publikums gehört oder dass umgekehrt eine
solche Zähmung gar nicht wünschbar ist.

In der Vorrede zur *Morgenröthe* wird eine Verwandtschaft zwischen
Kants Moralphilosophie und Robespierres Politik behauptet. Die Über-
einstimmung zwischen der »Praxis der revolutionären Vernunft« und der
»Revolution der praktischen Vernunft« konstatiert Nietzsche in einem
Nachlassfragment vom Frühjahr 1888 (KSA 13/444, 15[53]). Seine
»Entdeckung« ist – hundert Jahre nach den betreffenden Ereignissen –
natürlich alles andere denn originell. Im Jahr 1796 hat eine französische
Zeitung den Verfasser der Schrift *Zum ewigen Frieden* ihrem Publikum als
einen Mann vorgestellt, »der in Deutschland eine geistige Revolution zustande gebracht hat, die jener gleicht, die die Laster des Ancien Régime in
Frankreich tatsächlich hat geschehen lassen«[71]. Hegel hat Parallelen zwischen Kants Philosophie und der Französischen Revolution angedeutet.
Von den »sonderbarsten Analogien« zwischen der »materiellen« Revolution in Frankreich und der durch die »Kritik der reinen Vernunft« ausgelösten »geistigen« Revolution in Deutschland hat Heine berichtet[72]. Kant
hat er als grossen »Zerstörer im Reiche der Gedanken« vorgestellt; der »an
Terrorismus den Maximilian Robespierre weit übertraf«[73]. Das französische Volk, so lautet seine Begründung, hat bloss einen König gestürzt,
Kant hingegen die Autorität Gottes untergraben. 1842 hält der junge
Marx fest, Kants Philosophie werde mit Recht als die deutsche Theorie
der Französischen Revolution betrachtet (MEW 1/80). Später wird er
dieses Urteil modifizieren; in der *Deutschen Ideologie* wird die *Kritik der*

praktischen Vernunft als Ausdruck der politischen Ohnmacht der deutschen Bourgeoisie begriffen (MEW 3/176f).

Nietzsche wiederholt also 1888 mit seinem Vergleich eine bis über die 48er Revolution hinaus verbreitete Auffassung, die jedoch von seinen konservativ und national gesinnten Zeitgenossen verdrängt wird[74]. Er will auf das sowohl der Kantischen Philosophie wie dem Selbstverständnis der französischen Revolutionäre zugrundeliegende dualistische Menschenbild hinweisen. Tatsächlich lässt sich die Aufspaltung des Menschen in ein phänomenales und ein noumenales Wesen mit der Opposition zwischen dem von der alten Gesellschaft korrumpierten Menschen und dem tugendhaften Bürger der neuen Ordnung vergleichen. Nietzsche sieht überdies in beiden Unternehmungen Produkte einer masslosen Selbstüberschätzung der menschlichen Vernunft. Die Französische Revolution stellt in seinen Augen ein rationalistisches Ereignis dar, weil ihre Protagonisten in einer veränderten Welt die Instinktsicherheit verloren haben und allein auf ihre Vernunft angewiesen sind (KSA 12/335, 8[4]). Bereits 1880 hat er in seiner Abschätzung der Erfolgschancen von Revolutionen auf die Diskrepanz zwischen dem menschlichen Willen und den zur Verfügung stehenden Kräften hingewiesen (KSA 9/162, 4[250]).

Der junge Marx hat die Französische Revolution als die klassische Periode des politischen Verstandes bezeichnet. »Das Prinzip der Politik«, so schreibt er 1844, »ist der *Wille.* Je einseitiger, das heisst also, je vollendeter der *politische* Verstand ist, um so mehr glaubt er an die *Allmacht* des Willens, um so blinder ist er gegen die *natürlichen* und geistigen *Schranken* des Willens, um so unfähiger ist er also, die Quelle sozialer Gebrechen zu entdecken« (MEW 1/402). François Furet, der zur Zeit vielleicht einflussreichste Historiker und Interpret der Französischen Revolution, hat sich in seinen Forschungen verschiedentlich auf die Analysen des jungen Marx bezogen[75]. Im Anschluss an Marx fordert er dazu auf, dem revolutionären Diskurs nicht aufs Wort zu glauben, weil er Ausdruck einer Selbsttäuschung der Akteure sei. Als Schüler von Tocqueville ist er überdies davon überzeugt, dass die Revolution weder im sozialen und administrativen noch im wirtschaftlichen Bereich den radikalen Bruch markiert, als der sie in älteren und jüngeren »jakobinischen« Diskursen erscheint. Die tatsächliche Innovation, die 1789 zu verdanken ist, sieht er in einer neuen politischen Kultur, die er als generelle Ideologisierung des öffentlichen Lebens beschreibt: fortan fällt jedes menschliche Leid in den Kompetenzbereich politischer Lösungen, während die Politik ihrerseits zum Reich moralischer Entscheidungen wird[76]. Angesichts solcher Diagnosen wird deutlich, dass Nietzsches verstreute Ausfälle gegen die Revolution bzw. gegen deren Moralität – zeitgemässer ausgedrückt: gegen deren Ideologie – einer gewissen Aktualität nicht entbehren. Die revolutionäre Ideologie begreift er freilich gerade nicht als grundlegende Innovation, sondern als Etappe in der Jahrhunderte alten Geschichte der christlich-nihilistischen Dekadenz.

Nietzsches Urteil, die Sklavenmoral habe in einem entscheidenden und tiefen Sinn mit der Französischen Revolution triumphiert (GM I 16), kann nicht darüber hinwegtäuschen, dass in seiner Rekonstruktion der Geschichte des Nihilismus diese Revolution letztlich eine unbedeutende Episode bleibt. Die Moral, so heisst es im Lenzer-Heide-Fragment vom Juni 1887, hat den Unterdrückten die Gewissheit geschenkt, sie hätten gegenüber den Unterdrückern Rechte geltend zu machen. Hier drängt sich der Vergleich mit Naturrechts-Doktrinen und mit revolutionären Ideologien auf. Nietzsche spricht jedoch von der »christlichen Moral-Hypothese« und betont gleichzeitig, dass der von ihm angesprochene Rangunterschied zwischen den Menschen nicht politisch, sondern physiologisch zu verstehen ist (KSA 12/211ff, 5[71]). Insofern impliziert seine Nihilismus-Diagnose keine Parteinahme im Kampf der Stände und Klassen. Gleichwohl weist seine Kritik an der Seelengleichheitslehre Affinitäten auf mit der konservativen Kritik am rationalistischen Individualismus der Aufklärer[77]. Die Revolte der »Leidenden«, der »Schlechtweggekommenen«, der »décadents jeder Art« ist in seinen Augen das Resultat einer moralisierenden Fehldeutung der Geschichte[78]. Der Instinkt der Rache sucht nach Verantwortlichkeiten in der Geschichte; doch er beherrscht die Menschheit seit Jahrtausenden, nicht erst seit 1789; er nährt sich von der christlichen Lehre der Gleichheit der Seelen vor Gott[79] und von der metaphysischen Lehre der Willensfreiheit (KSA 13/424f, 15[30]).

In einer künftigen Rangordnung werden gemäss Nietzsches Hoffnungen die Mässigsten die Stärksten sein, »die, welche keine extremen Glaubenssätze n ö t h i g haben, die, welche einen guten Theil Zufall, Unsinn nicht nur zugestehen, sondern lieben, die welche vom Menschen mit einer bedeutenden Ermässigung seines Werthes denken können, ohne dadurch klein und schwach zu werden: die Reichsten an Gesundheit, die den meisten Malheurs gewachsen sind und deshalb sich vor den Malheurs nicht so fürchten« (KSA 12/217, 5[71]). Rousseau und Kant gelten Nietzsche als revolutionär, weil sie dem Unglück, das aus der menschlichen Geschichte nicht wegzudenken ist, nicht gewachsen sind, weil sie unrealistisch sind, weil ihre moralischen Anforderungen an die Menschen masslos sind; in ihrem Moraldualismus erkennt er einen neuen Versuch,

Verantwortlichkeit und Willensfreiheit in die Geschichte zu projizieren[80].
Fast nie attackiert er die führenden revolutionären Politiker, die am Umsturz direkt Beteiligten. Die Ausnahme stellt Robespierre dar, den schon
Heine als Inkarnation Rousseaus[81] und als französisches Pendant zu Kant
verspottet hat.

Die Reduktion der Französischen Revolution auf ihre »Moralität« und
ihr Einbezug in die Geschichte des Nihilismus, der christlich-moralischen
Weltdeutung zeigt, dass Nietzsche das Ereignis fast ausschliesslich durch
den Filter seiner Rousseau- und Kant-Lektüre wahrgenommen hat. Doch
selbst diese Lektüre bleibt oberflächlich[82]. In den Kommentaren zu den
beiden Philosophen zeigt sich der Meister der Hermeneutik des Verdachts, der hinter jedem Argument unlautere Absichten entdeckt und
sich derart das Nachdenken darüber weitgehend erspart. Von einer ernsthaften Auseinandersetzung mit Kants Revolutions-Begriff beispielsweise
kann nicht die Rede sein. Der Unterscheidung zwischen dem Volksaufstand, der Veränderung der Staatsverfassung, der »Besserung der Sitten«
und der »Herzensänderung« wird Nietzsches Polemik nicht gerecht. In
der Schrift *Die Religion innerhalb der Grenzen der blossen Vernunft* behauptet Kant, nicht eine »allmähliche R e f o r m«, sondern nur eine »R e -
v o l u t i o n in der Gesinnung« könne bewirken, dass der Mensch »tugendhaft nach dem intelligiblen Charakter« wird, dass er also in seinen
Handlungen keiner weiteren Triebfeder bedarf, als der Vorstellung der
Pflicht. Es ist »eine Art von Wiedergeburt«[83], »eine neue Schöpfung«, eine
»Änderung des Herzens«, eine »Umwandlung der Denkungsart«, die es
dem Menschen erlaubt, sich vom Hang zum Bösen zu befreien (*Die Religion ... A* 50ff). Eine solche Auffassung muss selbstverständlich Nietzsche
zum Widerspruch reizen. Es handelt sich jedoch bei dieser »Revolution«
einzig um einen individuellen Entscheid, um den Übertritt von der Heteronomie in die Autonomie, den Nietzsche mit dem Bild der Selbsteroberung (*M* 437) zu umschreiben versucht hat; sie darf weder mit der sittlichen Verbesserung der Menschheit, die auch für Kant eine Sache der Gewohnheit, der langfristigen Veränderung ist, noch gar mit der politischen
Revolution verwechselt werden, deren Zweck allein die republikanische
Verfassung ist. Diese wiederum setzt keineswegs eine moralische Läuterung voraus. Das »Problem der Staatserrichtung« ist nach Kant ja »selbst
für ein Volk von Teufeln [...] auflösbar«. Nicht die »moralische Besserung«, sondern der »Mechanism der Natur« sorgt dafür, dass sich die mit
Verstand begabten Egoisten der Autorität des Gesetzes beugen (*Zum ewigen Frieden A* 60f). Was schliesslich Kants Einstellung zur Französischen
Revolution betrifft, so schreibt er ihr nicht das Verdienst zu, bessere Men-

schen geschaffen zu haben. Er ist hingegen der Ansicht, sie habe beim intellektuellen Publikum über die Landesgrenzen hinaus Reaktionen ausgelöst, die auf ein universelles Interesse an verfassungsmässigen Zuständen schliessen lassen. Diese Zuversicht verrät sich aber auch in Nietzsches Vertrauen auf die demokratischen »Cyklopenbauten« (WS 275).

Weil Nietzsche die Nuancen entgehen, weil er sowohl Kants differenzierten Gebrauch der Begriffe als auch seinen politischen Realismus nicht zur Kenntnis nehmen will, fällt der Vorwurf der Moralisierung der Geschichte paradoxerweise auf ihn zurück, bleibt doch sein einziges Argument gegen Kant, die politische Revolution habe keine Verbesserung der Menschheit bewirkt. Es drängt sich der Schluss auf, Nietzsche vermöge die politische Revolution einzig an einem moralischen Anspruch zu messen. Dabei wird nie ganz klar, worauf seine Kritik letztlich zielt. Ist Kants »fehlgreifender Instinkt« zu verurteilen, weil das von ihm prophezeite republikanische und friedfertige Zeitalter nur den moralischen Niedergang verrät, oder hat die Revolution entgegen Kants Erwartungen ein kriegerisch-cäsaristisches Zeitalter eingeleitet, in dem eine gesunde, lebensbejahende Moral triumphiert?

Anders als Kant steht Rousseau dem ökonomischen Liberalismus noch ablehnend gegenüber; er hält die privaten Interessen und die Anliegen der politischen Gemeinschaft für unversöhnliche Gegensätze. Da das Konkurrenz-Prinzip die Menschen dazu zwingt, ihre Absichten hinter der Maske des Altruismus zu verbergen, ist es ihm zufolge nicht geeignet, eine moralische Ordnung zu begründen. Deshalb ist die politische Revolution nur als moralische Besserung, als Überwindung des Egoismus denkbar, wie in der Lehre vom Sozialvertrag deutlich wird. Liest man sie vor dem Hintergrund der pessimistischen Geschichtsphilosophie, so zeigt sich, dass die Überwindung nicht als Negation einer ursprünglichen, ungezähmten Natur zu verstehen ist, sondern als Negation zivilisatorischer Gewohnheiten, die Ausdruck von reaktivem Verhalten sind. In seiner Polemik gegen den Liberalismus, in seiner Kritik der durch die ökonomische Wertsetzung bedingten Fremdbestimmung und Verkleinerung des modernen Menschen trifft sich Nietzsche mit Rousseau. Auch er setzt den Fortschritt mit Dekadenz gleich, auch er appelliert an eine authentische, ursprüngliche Naturkraft, die dem gesellschaftlichen Konformitätszwang widerstehen könnte. Zwar sehnt er sich, wie er beteuert, nicht zurück nach der »guten Natur«, aber ähnlich wie Rousseau leidet er unter seiner Zeit, weil er sie der Herrschaft naturwidriger moralischer Konventionen ausgeliefert sieht. Sein Versuch, den Begriff einer »bösen«, »natürlichen«, unmoralischen Natur zu bestimmen, bleibt in Widersprüchen stecken.

»Natürlicher ist unsere Stellung in p o l i t i c i s«, so heisst es in einer Polemik gegen Rousseau. Die Menschen des 19. Jahrhunderts denken realpo-
litisch, sie haben nur die Macht im Blick, den Kampf zwischen Macht-
quanten, die Macht, auf die das Recht angewiesen ist, um respektiert zu
werden (KSA 12/483, 10[53]). Es wird in späteren Kapiteln zu zeigen
sein, dass Nietzsche diesem realpolitischen Selbstverständnis des 19. Jahrhunderts skeptisch bis feindselig gegenübersteht. Sein Begriff der »natürlichen Natur« dient allein polemischen Zwecken. Die gewalttätige Natur,
die Menschengruppen gegeneinander ausspielt, ist das ideologische Leitbild des Sozialdarwinismus eher denn dasjenige Nietzsches.

Mit dem Begriff »Moralität der Revolution« wird suggeriert, die Forderung nach einer verfassungsmässigen Ordnung sei bloss von moralischen Erwägungen, letztlich von Ressentiments geleitet. Die Frage nach
dem Zweck und nach der Legitimität der politischen Ordnung wird von
Nietzsche im Hinblick auf die Revolution gar nicht berührt. Nur dank
der Verdrängung des Politischen gelingt es ihm, seine eigene Idee von
Selbstgesetzgebung derart unversöhnlich von jener Rousseaus und Kants
abzuheben. Die Sorge um eine neue Ethik, die auf dem Prinzip der individuellen Autonomie beruht, ist allen drei Denkern gemeinsam, doch im
Gegensatz zu Rousseau und Kant kümmert sich Nietzsche nicht um die
politischen Konsequenzen, die sich aus der Anerkennung dieses Prinzips
ergeben. Sein autonomes, übersittliches Individuum, dieses späte Produkt
einer langen zivilisatorischen Anstrengung, gleicht in befremdlicher Weise dem urzeitlichen Staatengründer, dem Initiator des Zivilisationsprozesses, der »von Natur« Herr ist und mit Verträgen nichts zu schaffen hat
(GM II 17). Diesem Vorbild gleicht ebenfalls jener Philosoph »der umfänglichsten Verantwortlichkeit, der das Gewissen für die Gesammt-Ent-
wicklung des Menschen hat« (JGB 61)[84]. Im Gegensatz zu seinen Vorgängern richtet Nietzsche die ganze Aufmerksamkeit auf den Typus, auf die
Psychologie des Gründers; die Auskunft über das Ziel des Gründungsakts
bleibt trotz der leidenschaftlichen Rhetorik seltsam vage[85].

Jede politische und soziale Ordnung erhält ihre Berechtigung, wie
Nietzsche glaubt, aufgrund der zivilisatorischen Leistung, die sie vorwei-
sen kann, oder im Hinblick auf die höheren Typen, die heranzuzüchten
sie die Macht besitzt. Die Zivilisierung der Menschen wird durch Gewaltherrscher vorbereitet, das Werk der Disziplinierung führt nach Jahrhunderten zu einer weitgehenden Nivellierung und Kontrollierbarkeit der
Bevölkerung. Die Hypothese des Vertrags ist hinsichtlich des Ursprungs
des Zivilisationsprozesses nicht sinnvoll, hinsichtlich des Resultats nicht
mehr nötig. Was indes die Züchtung höherer Typen betrifft, so bleibt

Nietzsches Genealogie wiederum in Widersprüchen gefangen. Eine aristokratische Gesellschaft ist zwar als Zuchtanstalt besser geeignet denn eine demokratische, aber sie vermag nur Stände, nicht Individuen hervorzubringen. Diese werden erst auf einer demokratisierten Stufe der Zivilisation möglich; in ihrer Sorge um Selbstgesetzgebung kümmern sie sich jedoch nicht um die Universalisierbarkeit von Normen.

Im äternalistischen Mythos scheint jener Gründungsakt, in dem der Wille zur Selbstbestimmung mit dem Willen zur Überwältigung des Schwachen unauflöslich verbunden ist, immer wiederkehren zu müssen. Man darf ihn vielleicht mit einer Revolution vergleichen, mit einer Revolution freilich, die das Werk einer Minderheit ist und deren Ziele der Mehrheit notwendig verborgen bleiben müssen. Es handelt sich bei dieser Minderheit um Künstler, die im Menschen, d.h. in den Nomaden der Vorzeit, den zu formenden Rohstoff erkennen. Unter dem »Druck ihrer Hammerschläge« wird »ein ungeheures Quantum Freiheit aus der Welt, mindestens aus der Sichtbarkeit geschafft und l a t e n t gemacht«. Aus dem gewaltsam latent gemachten Freiheitsinstinkt wird, wie Nietzsche in der *Genealogie der Moral* (GM II 17) zeigt, das schlechte Gewissen. Ein Vergleich zwischen dem entsprechenden Abschnitt und dem Kapitel über den »législateur« im *Contrat social* zeigt, dass die Aufgabe des Rousseauschen Gesetzgebers mit derjenigen von Nietzsches Menschen-Künstlern ziemlich genau übereinstimmt. Tatsächlich ist auch die »Revolution«, die Nietzsches Herren in grauer Vorzeit ausgelöst haben und in einer utopischen Zukunft wiederholen müssen, vorab eine Moralisierung.

In diesem Kapitel ist gezeigt worden, dass der Text der Französischen Revolution auch unter der Interpretation Nietzsches verschwunden ist. Dass ihm jedoch dieser Text nicht völlig gleichgültig gewesen ist, soll der nächste Abschnitt zeigen.

III
DER UMSTURZ ALS AUTORITÄTSZERFALL.
NIETZSCHES BESCHÄFTIGUNG MIT DER
GESCHICHTE DER REVOLUTION

Die bisherigen Ausführungen hinterlassen den Eindruck, Nietzsche habe
in der Französischen Revolution ausschliesslich einen Aufstand des unvornehmen Geschmacks und der dekadenten Wertungsweise gesehen. Es
trifft zu, dass die Revolution in seiner Perspektive vorwiegend als psychologisches, allenfalls als ästhetisches Ereignis in Betracht kommt. Gleichwohl gehört sie für ihn zu zwei verschiedenen, unterschiedlich bewerteten
Entwicklungen, zum Siegeszug der Ressentiment-Moral und zum allgemeinen Autoritätszerfall, den der Tod Gottes ausgelöst hat. Dass Nietzsche die Französische Revolution nie erwähnt, wenn er von der zweiten
Entwicklung spricht, heisst nicht, dass er sich des Zusammenhangs nicht
bewusst gewesen ist[1]. Das »grösste neuere Ereigniss« ist freilich in seinen
Augen kein politischer oder sozialer Umsturz, sondern ein Wert- und
Glaubensverlust. Im fünften Buch der *Fröhlichen Wissenschaft* beschreibt
er dieses Ereignis als Erschütterung eines alten und tiefen Vertrauens.
Dass Gott tot ist, dass der Glaube an den christlichen Gott untergraben
ist, hat zur Folge, dass jede Autorität, die auf diesen Glauben gesetzt hat,
brüchig geworden ist. Es steht eine »lange Fülle und Folge von Abbruch,
Zerstörung, Untergang, Umsturz« bevor, ja eine ungeheure Logik von
Schrecken, eine »Verdüsterung und Sonnenfinsterniss, deren Gleichen es
wahrscheinlich noch nicht auf Erden gegeben hat« (FW 343)[2].
   Nietzsches Bild vom Tod Gottes ist, wie heute angenommen wird,
von Heine inspiriert[3]. Trotz zahlreicher Parallelen, die zwischen der Reli-
gions- und Moralkritik Heines und Nietzsches entdeckt worden sind,
lässt sich bis heute nicht mit Sicherheit sagen, ob Nietzsche für den Zusammenhang relevante Schriften wie *Die Romantische Schule*, *Zur Geschichte der Religion und Philosophie in Deutschland* oder *Ludwig Börne* gekannt hat. Ein kleiner Exkurs zu Heine ist an dieser Stelle trotzdem nötig;
Heine hat nämlich die jüdisch-christliche Moralität lange vor Nietzsche
in Frage gestellt[4], wobei seine Kritik dem Bekenntnis zur Revolution jedoch keineswegs widerspricht.

Heine sieht im Tod Gottes nicht nur ein philosophisches Ereignis, das ebenso wichtig ist wie die Französische Revolution, ja diese im Hinblick auf ihre Radikalität noch übertrifft, er begreift ihn auch als Voraussetzung der von ihm erhofften Revolution, deren Ziel die politische und soziale Emanzipation sowie die Befreiung der Sinnlichkeit ist. Die Religion bekämpft er, weil sie die Sinnlichkeit entwertet und damit die Sünde und die Hypokrisie in die Welt gebracht hat, aber auch, weil sie das soziale Elend und die politische Unterdrückung rechtfertigt[5]. Gleichwohl stellt er ihren Nutzen nicht ganz in Abrede. In barbarischen oder dekadenten Gesellschaften vermag der »asketische Spiritualismus« eine kulturfördernde Rolle zu spielen, wie Heine u.a. am Beispiel der Französischen Revolution zeigt. Angesichts des schrankenlosen Hedonismus der französischen Aristokratie erscheint der Terrorismus des Wohlfahrtsausschusses als »nothwendige Arzney«. Ähnlich begreift Heine das frühe Christentum als Diät für die genusssüchtige römische Gesellschaft, als Medikament freilich, das in zu hohen Dosen verabreicht worden ist und derart die Jahrhunderte dauernde Agonie von Rom und Byzanz verursacht hat. »Hat etwa«, so fragt er, »das gemeuchelte Judäa, indem es den Römern seinen Spiritualismus bescheerte, sich an dem siegenden Feinde rächen wollen [...]? Wahrlich, Rom, der Herkules unter den Völkern, wurde durch das judäische Gift so wirksam verzehrt, dass Helm und Harnisch seinen welkenden Gliedern entsanken und seine imperatorische Schlachtstimme herabsiechte zu Pfaffengewimmer und Kastratengetriller« (Heine DHA 8,1/128).

Wichtige Elemente, die Nietzsche am Schluss der ersten Abhandlung von *Zur Genealogie der Moral* als Argumente für seine Absage an die Französische Revolution verwenden wird, sind auf den ersten Seiten der *Romantischen Schule* bereits versammelt. Heine beschreibt mit den Namen Rom und Judäa den Kampf zwischen Sensualismus und Spiritualismus bzw. zwischen Hedonismus und Asketismus. Für den jüdischen Aussenseiter, der ein Opfer antisemitischer Anfeindungen und ein Streiter für die Emanzipation der Juden gewesen ist, setzen das Bekenntnis zum hedonistischen Ideal und der Protest gegen die jüdisch-christliche Religion selbstverständlich nicht die Leugnung der eigenen Herkunft voraus[6]. Mit dem Typus Judäa ist die christliche Sinnenfeindschaft gemeint. Die Grundidee des Christentums erkennt Heine im Wertgegensatz von Gut und Böse und in der daraus abgeleiteten Verachtung der Natur und des Leibes. Die christliche Religion, so führt er im ersten Buch seiner Geschichte der deutschen Philosophie aus, stellt zwar eine zivilisatorische Kraft dar, die »die Starken zähmte und die Zahmen stärkte«, und zugleich ein Trostmittel für die leidenden und ohnmächtigen Menschen, wegen ihrer Identifikation des Natürlichen mit dem Bösen empfindet er sie dennoch als Krankheit und Verhängnis (Heine DHA 8,1/16ff)[7]. Er klagt sie an, den alten Regimes als Stütze gedient zu haben und begrüsst in der Revolution ihren Untergang[8]. Er weiss freilich auch, dass sie in der revolutionären Ideologie selbst überlebt hat, dass im Konflikt der revolutionären Fraktionen der »geheime Groll des rousseauischen Rigourismus gegen die voltairesche Légèreté« zum Ausdruck gekommen ist. In der von Saint-Just und Robespierre repräsentierten »Parthei« Rousseaus haben schwärmerisch-religiöse Stimmungen und der Hass gegen die Sinnenfreude erneut die Oberhand gewonnen. Heine bekundet nichtsdestoweniger seine Achtung vor dem Engagement dieser Partei für die Armen[9].

Thomas Mann hat in der Psychologie des Nazarener-Typs, wie sie Heine in seiner Börne-Schrift entworfen hat, eine Antizipation Nietzsches erkannt (Mann, *Reden und Aufsätze* II/680). Mit den Worten Nazarener und Hellene bezeichnet Heine den Gegensatz zwischen »Menschen mit ascetischen, bildfeindlichen, vergeistigungssüchtigen Trieben« und »Menschen von lebensheiterem, entfaltungsstolzem und realistischem Wesen« (Heine DHA 11/18f)[10]. Es handelt sich nicht um die Volks- oder Glaubenszugehörigkeit, sondern um das »Naturell«, wie er betont. Börnes Antipathie gegen Goethe führt er auf den uralten »Hader« zwischen den beiden Typen zurück: »der kleine Nazarener hasste den grossen Griechen, der noch dazu ein griechischer Gott war.« Am »Fall« Börne interessieren ihn die psychologischen Grundlagen des republikanischen Engagements; er diagnostiziert »schroffen Ascetismus« und Affinitäten zu christlicher »Passionssucht«. Mit seiner Analyse der Religion als »geistiges Opium« der Leidenden und Machtlosen nimmt er sowohl Marx wie Nietzsche vorweg: »Für Menschen, denen die Erde nichts mehr bietet, ward der Himmel erfunden« (Heine DHA 11/103). Börne wird als Fanatiker gezeichnet und mit Robespierre verglichen; mit ihm hat er »zuletzt die grösste Ähnlichkeit: im Gesichte lauerndes Misstrauen, im Herzen eine blutdürstige Sentimentalität, im Kopfe nüchterne Begriffe« (Heine DHA 11/87). Börne wie Robespierre sind in ihrem vermeintlichen Kampf für die Republik vom Ressentiment geleitet[11]. Am Schluss seiner Streitschrift stellt Heine fest, dass das »grosse Heilmittel« für die bestehende kranke Gesellschaft noch nicht gefunden ist. Noch für lange Zeit werden »allerley Quacksalber« auftreten, »mit Hausmittelchen, welche das Übel nur verschlimmern.« Die Radikalen verschreiben eine Kur, »die am Ende doch nur äusserlich wirkt, höchstens den gesellschaftlichen Grind vertreibt, aber nicht die innere Fäulniss.« Sie bereiten überdies einem neuen Puritanismus den

Weg, in dem die Schönheit der Nützlichkeit geopfert wird (Heine DHA 11/129).

Menschen wie Rousseau, Robespierre und Börne repräsentieren einen neuen Spiritualismus, einen quasi-religiösen Republikanismus, aber nicht den Geist der Revolution. Für Heine, den erklärten Feind des Adels und »Sohn der Revoluzion« (Heine DHA 11/50), ist der Umsturz der alten Verhältnisse nicht nur wünschbar, sondern auch unaufhaltsam. Die Heraufkunft der Demokratie, die soziale Nivellierung und die wachsende Mobilität der Menschen in der modernen Gesellschaft[12] sind in seinen Augen erfreuliche Entwicklungen, ihre Ursachen sind politischer und ökonomischer, nicht psychologischer Natur. Eine Revolution ist das Resultat des Widerspruchs zwischen den Bedürfnissen eines aufgeklärten Volks und seinen staatlichen Institutionen[13]. Sie bedeutet nicht die Perpetuierung der asketischen Krankheit, sondern die Chance zu deren Heilung[14]. Sie bewirkt, wie am Beispiel der Pariser Julirevolution gezeigt wird, einen Autoritätszerfall, der die Bereiche der Religion und der Moral miteinbezieht[15]. Unter dem Eindruck der Nachrichten aus Paris zeichnet der begeisterte Heine im Sommer 1830 das folgende Bild: der Himmel hängt voller Violinen, die See duftet nach frischgebackenen Kuchen und die Erde öffnet sich. Doch die alten Götter hoffen vergeblich auf ihre Resurrektion. Sie erhalten den Bescheid: »Ihr bleibt unten in Nebelheim, wo bald ein neuer Todesgenosse zu Euch hinabsteigt [...] Ihr kennt ihn gut, ihn, der Euch einst hinabstiess in das Reich der ewigen Nacht ... Pan ist todt!« (Heine DHA 11/50). Es ist selbstverständlich nicht der heidnische, sondern der christliche Gott, dessen Tod Heine mit der Revolution in Verbindung bringt[16].

In seinen *Memoiren* gesteht Heine die »zwey Passionen«, denen er sein Leben gewidmet hat: »die Liebe für schöne Frauen und die Liebe für die französische Revoluzion, den modernen furor francese, wovon auch ich ergriffen ward im Kampf mit den Lanzknechten des Mittelalters!« (Heine DHA 15/99). »Französische Revolution« ist hier in einem umfassenden Sinn zu verstehen. Die Ideen der französischen Aufklärung[17] gehören genausogut dazu wie die politischen Ereignisse seit 1789, das Wirken Napoleons[18] wie die Pariser Julirevolution, »welche unsere Zeit gleichsam in zwey Hälften auseinander sprengte« (Heine DHA 11/56), die Revolution der Bourgeoisie gegen den Adel wie die künftige soziale Revolution[19]. In Heines Bekenntnis ist überdies der Protest gegen die »Teutomanie« seiner Kritiker, gegen deren antifranzösisches und antijüdisches Ressentiment ausgesprochen[20]. Die Revolution ist ein Prozess, der noch lange nicht abgeschlossen ist und dessen Ergebnis nicht nur die politische und

61

soziale, sondern auch die religiöse, erotische und ästhetische Emanzipation sein wird. Der Asketismus der Jakobiner ist für Heine kein Einwand gegen die Berechtigung dieser Hoffnung, wohl aber zeugt er von der Befangenheit oppositioneller Ideologien in christlichen Wertvorstellungen; nicht tugendhafte Bürger, sondern schönere und glücklichere Menschen, griechische Götter bevölkern seine Zukunftsvision[21].

Als Student hat Nietzsche Heines *Reisebilder* geschätzt[22]. Die Kritik an Religion und Adel sowie das Bekenntnis zum »französischen Evangelium« der Freiheit und Gleichheit prägen diese zwischen 1826 und 1831 erschienenen Berichte. Die »thörigten Nationalvorurtheile« und die von ehrgeizigen Fürsten in Gang gebrachten Konflikte zwischen den Nationen haben sich in der modernen europäischen Zivilisation überlebt, so lautet Heines Diagnose. Die Welthistorie ist nicht mehr eine »Räubergeschichte«, sondern eine »Geistergeschichte«, sie ist zum Schlachtfeld zweier Prinzipien, zweier Parteien geworden. Die »grosse Aufgabe« der neuen Zeit erkennt Heine in der Emanzipation. »Nicht bloss die der Irländer, Griechen, Frankfurter Juden, westindischen Schwarzen und dergleichen gedrückten Volkes, sondern es ist die Emanzipazion der ganzen Welt, absonderlich Europas, das mündig geworden ist, und sich jetzt losreisst von dem eisernen Gängelbande der Bevorrechteten, der Aristokratie« (Heine DHA 7,1/69). Heine will als »braver Soldat im Befreyungskriege der Menschheit« (Heine DHA 7,1/74) Anerkennung finden. Der Krieg richtet sich gegen das aristokratische Europa im Namen eines neuen, freien Geschlechts; er richtet sich auch gegen die christliche Religion des Leidens und Mitleidens, die das Leben zur Krankheit und die Welt zum »Lazareth« gemacht hat, insbesondere gegen das zur Staatsreligion erhobene Christentum. Im Protest gegen Kirchen und Dogmen verrät sich zuweilen die Sehnsucht nach der heidnisch-griechischen, glücklichen Götterwelt[23].

Ob es der revolutionäre Enthusiasmus gewesen ist, der Nietzsche in den *Reisebildern* angesprochen hat, lässt sich nicht ermitteln. Nietzsche hat sich in der Folgezeit, wahrscheinlich unter dem Einfluss Wagners, von Heine abgewandt[24] und ihn erst spät als verwandten Geist wiederentdeckt. Zu dessen Emanzipationshoffnungen hat er sich allerdings auch in späteren Jahren nie geäussert[25]. Als Advokat der Französischen Revolution wird Heine Nietzsche kaum beeinflusst haben; dass sich Nietzsche vom Historiker des europäischen Umsturzes und des sterbenden Gottes hat anregen lassen, ist dagegen nicht auszuschliessen.

Nietzsches Interesse für die Französische Revolution ist seit der Pfortaer Schulzeit belegt. In der Weihnachtswunschliste führt der 17-jährige Schüler neben Wolfgang Menzels *Geschichte der letzten vierzig Jahre 1816-56* die Revolutionsgeschichte von Barrau an und erklärt seiner Schwester, er interessiere sich »jetzt sehr für Geschichte«; am Schluss des Briefs entscheidet er sich jedoch für das Werk Karl Eduard Arndts[26]. Im nächsten Brief an Mutter und Schwester erklärt er nach nochmaliger Überlegung, es sei überflüssig gewesen, sich ein Werk über die Französische Revolution zu wünschen, »da die besten und theuersten Werke in der Bibliothek sind« (KSB 1/191). Zwei Jahre später berichten die in Heidelberg studierenden Freunde Pinder und Krug dem bezüglich seines Studienorts zwischen Bonn und Heidelberg noch schwankenden Abiturienten in übereinstimmendem Lob vom Kolleg ihres Geschichtsprofessors Ludwig Häusser über die Französische Revolution[27]. Im Herbst 1864 besucht Nietzsche in Bonn die Vorlesungen von Sybels über Politik[28]. Heinrich von Sybel hat sich mit seiner 1853-79 erschienenen *Geschichte der Revolutionszeit. 1789-1800* einen Namen gemacht.

Jacob Burckhardt ist der erste Interpret und Historiker der Revolution, von dem Nietzsche einen nachhaltigen Einfluss empfängt. Bald nach dem Antritt als Basler Professor tritt Nietzsche zu seinem älteren Kollegen in näheren Kontakt. Er besucht die Vorlesung *Über das Studium der Geschichte*, die Burckhardt im Wintersemester 1870/71 zum zweitenmal hält, und äussert in einem Brief an den Freund Gersdorff seine Begeisterung darüber[29]. Burckhardt behandelt in seinem Kolleg neben anderen Gegenständen auch die geschichtlichen Krisen. Sein Ziel ist eine umfassende Theorie beschleunigter historischer Prozesse[30]. Geschichtliche Krisen beginnen mit dem Protest gegen die bisherigen Verhältnisse, worin die Menschen die Ursache ihres Leidens erblicken. Solche Schuldzuweisungen sind nach Burckhardts Urteil ungerechtfertigt, weil die vermeintlichen Missstände meist »der menschlichen Unvollkommenheit als solcher angehören« (Burckhardt/Ganz 351)[31]. Den Ausbruch von Krisen begünstigen demnach mehr oder weniger blinde Rachebedürfnisse, die sich gegen die Repräsentanten des Bestehenden richten. Menschen finden sich aus unterschiedlichen Motiven zusammen, ohne ein deutliches Bewusstsein vom Ziel ihres Unternehmens zu besitzen. Nur eine solche Koalition ist mächtig genug, die alten Institutionen umzustürzen; die Geschichte braucht »ganz enorme Veranstaltungen und einen ganz unverhältnismässigen Lärm« selbst für kleine Veränderungen. Die »positive, ideale Seite« beginnender Krisen sieht Burckhardt im Umstand gegeben, dass die Initiative nicht bei den »Elendesten«, sondern bei den »Emporstrebenden« liegt; diese verleihen den Ereignissen einen »idealen Glanz«. Ihr Auftreten ruft bei den Massen glänzende Zukunftsphantasien hervor; das »brillante

Narrenspiel der Hoffnung« beginnt (352). Im Fall der *cahiers de doléance* von 1789 ist es von Rousseaus Lehren inspiriert. Im weiteren Verlauf der Krise formiert sich der Widerstand von seiten der Verteidiger der alten Ordnung; die daraus resultierenden Kämpfe werden von beiden Parteien mit grossem Pathos, aber bedenkenlos in der Wahl der Mittel geführt. Die Erneuerer greifen zu terroristischen Massnahmen, deren Ziel die Vernichtung der imaginären oder wirklichen inneren Feinde ist und die die innovativen Aussichten der Krise kompromittieren. Nach dem Erlahmen der revolutionären Energien tritt die Ernüchterung ein; die bleibenden Resultate der Umwälzung erweisen sich als gering. Die zu neuem Reichtum gelangten sozialen Schichten betrachten die Erhaltung der Besitzverhältnisse als Selbstzweck und sind schnell bereit, ihr die politischen Freiheiten zu opfern. Aufrüstung und Krieg gegen äussere Mächte sind die beherrschenden Merkmale in einer weiteren Phase der Krise; der Militarismus drängt auf die Ablösung der neu errichteten Republik durch eine despotische Staatsform. Die unweigerlich auftretenden restaurativen Tendenzen erachtet Burckhardt als gefährlich. Die neue Generation erblickt hinter den restaurativen Ansprüchen die drohende Verletzung der erworbenen Rechte; verliert sie diese, sinnt sie auf neuen Umsturz. Restaurationen bewirken folglich nur die Perpetuierung der Krise und Burckhardt spricht den Wunsch aus, die Vertreter der unterlegenen Ordnung möchten »das Erlittene als ihr Theil Erdenschicksal« auf sich nehmen und »ein Gesetz der Verjährung« anerkennen, »das nicht bloss nach Jahren, sondern nach der Grösse des Risses seine Entscheide gäbe« (363). In seinem Überblick fehlt schliesslich auch das Lob der Krisen nicht: die Leidenschaft, die Neues schaffen will, ist die »Mutter grosser Dinge«. Ungeahnte Kräfte werden in den Menschen wach, »und auch der Himmel hat einen anderen Ton. Was etwas ist, kann sich geltend machen, weil die Schranken zu Boden gerannt sind oder eben werden.« Die Krisen räumen mit veralteten Lebensformen auf, auch mit »wahren Pseudoorganismen«, die »hauptsächlich die Vorliebe für alles Mittelmässige und den Hass gegen das Ungewöhnliche« verschuldet haben. Sie vertreiben die übertriebene Angst vor Störungen und »bringen frische und mächtige Individuen empor« (364).

Für den Historiker Burckhardt ist die Französische Revolution nicht eine Episode, die 1799 oder 1815 ihren Abschluss gefunden hat; sie hat dem gesamten europäischen 19. Jahrhundert den Stempel aufgedrückt. Burckhardt weiss, was seine eigene Gegenwart ihr verdankt[32]; er ist sich auch klar darüber, dass er sie nicht aus der Distanz des unparteiischen Gelehrten beurteilen kann[33]. Im Hinblick auf die offenkundigsten Resultate der Revolution – Rechtsgleichheit, Beweglichkeit des Grundbesitzes, Freiheit der Industrie, konfessionelle sowie politische Gleichberechtigung[34] – enthält er sich einer Wertung. Einer Reihe von weiteren Auswirkungen steht er dagegen skeptisch bis ablehnend gegenüber. Dazu gehört das neue Staatsverständnis; als Erbin des Absolutismus und der Aufklärung vollendet die Revolution die Zentralisation der Macht und die Vernichtung der Traditionen[35]. Mit dem Despotismus korreliert die soziale Nivellierung, die »Gleichmacherei«, die zur »Abdikation des Individuums« führt; in der Revolution sieht Burckhardt den Triumph der Gleichheit über die Freiheit (Burckhardt/Ganz/358). Die »sogenannte Democratie« ist für ihn eine Weltanschauung, die vor allem anderen dieses Streben nach Staatsallmacht zum Ausdruck bringt und dem Staat sämtliche der Gesellschaft obliegenden Aufgaben zumutet[36]. Burckhardt misstraut noch den philosophischen Grundlagen der Demokratie und vermag in der Erklärung der Menschenrechte zu Beginn der Revolution nur ein Verhängnis zu sehen[37].

Die Französische Revolution stellt in Burckhardts Sicht der modernen Geschichte den Ursprung einer Erschütterung dar, sie leitet die Militarisierung und Industrialisierung Europas ein[38]. Gegen Ende des 18. Jahrhunderts setzt eine »unermessliche Steigerung des Militarismus« ein (Burckhardt GW VII/422), begleitet von der zunehmend aggressiven Behauptung nationaler Identität. Einen neuen Machtfaktor stellt die öffentliche Meinung dar; sie ist ein Produkt der optimistischen Weltbetrachtung und erhebt das Kriterium des wirtschaftlichen Nutzens zum einzig verbindlichen Wertmassstab[39]. Unter dem Stichwort »Erwerb und Verkehr« beschreibt Burckhardt die ökonomischen Transformationen: Industrialisierung, Ausbreitung der Maschinenarbeit, Konzentration von Kapital und Menschenmassen, wachsende Mobilität und Auflösung der traditionellen Bindungen. Das Geld wird zum Mass aller Dinge und zur Ursache neuer sozialer Hierarchien, die ihrerseits neue Konflikte provozieren[40]. Es lässt sich kaum absehen, wie sich angesichts der proklamierten politischen Gleichheit die faktische Ungleichheit des Besitzes behaupten kann. Zwar gehört das Elend zum Zivilisationsprozess, aber erst im 19. Jahrhundert erhebt es eine politische Stimme; »es will eben kein Elend mehr sein, und wir sind ja im Zeitalter der ewigen Revision«, wie Burckhardt klagt (Burckhardt GW VII/435). Sozialistische Parteien streben danach, sich des Staates zu bemächtigen, während sich zugleich der Staat »sozialen Experimenten« widmet[41]. Zusammen mit den despotischen und militaristischen Vorhaben des nachrevolutionären Staates bilden solche sozialpolitischen Programme jene neue Regierungstechnik, die Burckhardt unter dem Begriff »Cäsarismus« zusammenfasst. Die »Gärung von unten herauf […] bei gänzlicher Unbedenklichkeit gegen Veränderungen jeder Art, als woran die französische Revolution die Menschheit, besonders die unzufriedene, gewöhnt hat« (425f), ist die eine Seite des bedrohlichen Bildes, das Burckhardt zeichnet. Auf der anderen Seite sieht er den zuerst von Napoleon in idealer Weise repräsentierten neuen cäsaristisch-militaristischen Herrschaftstypus. Die europäischen Gesellschaften des 19. Jahrhunderts werden, so fürchtet er, von zwei Mächten eingezwängt: der vierte Stand bzw. der von ihm initiierte Klassenkampf und der »Militarismus von oben sind jetzt die beiden Klammern der Zange« (453)[42].

Das Revolutionszeitalter, von dem Burckhardt mit »Erregung und Angst« gesprochen hat, wie sein Biograph Werner Kaegi berichtet (Kaegi B V/246) steht, so schreibt er im November 1871, »vielleicht erst relativ an den Anfängen«; das grosse »Drama […] scheint Eine Bewegung werden zu wollen, die im Gegensatz zu aller bekannten Vergangenheit unseres Globus steht.« (Burckhardt GW VII/426). Das »entscheidende Neue«, das die Französische Revolution in die Welt gebracht hat, ist »das Ändern-dürfen und das Ändern-wollen mit dem Ziel des öffentlichen Wohls«; mit ihr beginnt »die Freiheit, alles Mögliche überhaupt zu postulieren, als wäre die Welt eine Tabula rasa und als könnte durch wohl ersonnene Einrichtungen alles erzwungen werden« (431; 435). Die Triebkraft der hemmungslosen Veränderungslust ist der optimistische Wille, der den Anteil des Bösen in der menschlichen Natur leugnet und sich von sozialen Umwälzungen definitives Heil erhofft. Sobald aber die Bedürfnisse einer Klasse zum Prinzip der politischen Gestaltung erhoben sind, ist an einen endgültigen Zustand der Gesellschaft gar nicht mehr zu denken. Das Wollen einer Klasse verleiht »allen Übrigen und Künftigen auch ein Recht zum Wollen«; schliesslich sind materielle Wünsche »in sich und absolut unstillbar« (432).

In der Darstellung der Revolutionsgeschichte hat Burckhardt manche Einsichten von Tocqueville übernommen und verarbeitet[43]. In der Kritik des Optimismus hat er sich von Schopenhauer[44] anregen lassen. Freilich räumt er ein, dass mit dem »an sich blinden Willen der Veränderung«, der vom »landläufigen Optimismus« als Fortschritt, Zivilisation, Aufklärung und Gesittung missverstanden wird, möglicherweise »etwas Dauerndes […] beabsichtigt ist, dass ein Stärkeres und Höheres in und mit uns will« (Burckhardt GW VII/433). Angesichts der Berufung auf Schopenhauer wird klar, weshalb der junge Nietzsche eine geistige Verwandtschaft mit Burckhardt verspürt hat. Ein anderes Element in Burckhardts Geschichtsauffassung ist im Hinblick auf Nietzsches spätere Entwicklung von Bedeutung. Die Erkenntnis, dass die Macht böse ist, bestätigt sich für Burckhardt auch in der Betrachtung revolutionärer Prozesse. Diese Erfahrung möchte er »mit Louis XIV und Napoleon und revolutionären Volksregierungen [...] exempliren« (Burckhardt/Ganz/260). Die schrankenlose Ausdehnung des staatlichen Machtanspruchs und die Verdrängung der Religion als Legitimationsbasis staatlicher Politik durch reine Machterwägungen können zwar als Merkmale des Revolutionszeitalters angeführt werden, es sind aber für Burckhardt letztlich nur Aspekte der der Weltgeschichte zugrundeliegenden Gesetzmässigkeit. Das Böse in der Geschichte manifestiert sich in der periodischen Unterwerfung der Edleren durch die Stärkeren, doch dieses Böse ist unverzichtbar, ist »Theil der grossen weltgeschichtlichen Oeconomie« (Burckhardt/Ganz/239). Jede durch Gewalt entstandene neue Ordnung begründet im Laufe der Zeit verbindliche sittliche, rechtliche und religiöse Normen. Weil der Geist, der mächtige »Wühler«, nichts Endgültiges akzeptiert, ist jede solche Ordnung aber auch von Untergang bedroht, sei es »durch Revolution oder allmälige Verwesung«. In diesem ewigen Wechselspiel, in dieser fortwährenden Gründung und Zerstörung von Staaten und Kulturen, Moralen und Religionen erkennt Burckhardt das »grosse durchgehende Hauptphänomen« (Burckhardt/Ganz 228f). Er neigt dazu, einerseits die Macht mit dem Staat, andererseits die Revolution mit dem Auf- und Ausbau des staatlichen Machtmonopols zu identifizieren[45]. Die pessimistische Vision einer Geschichte, die die Menschen mit jedem »Fortschritt« weitreichenderen staatlichen Zugriffen ausliefert, ist möglicherweise eine Inspirationsquelle für Nietzsches These von der Verkleinerung des Menschen in der modernen Zivilisation. Burckhardts »Hauptphänomen«, der gewaltsame und krisenhafte Ablauf der Geschichte, hat für Nietzsche jedoch nichts Bedrohliches mehr und den »Despotismus« – nach Burckhardt der unumgängliche und zugleich verhängnisvolle Kulminationspunkt jeder revolutionären Entwicklung – begrüsst er in seinen späteren Werken geradezu enthusiastisch[46].

Die Überzeugung, Macht sei böse, teilt der junge Nietzsche[47]. Auch sonst finden sich bei ihm manche Anklänge an Burckhardtsche Gedankengänge; allerdings nimmt er nie explizit Bezug auf die Äusserungen seines Basler Kollegen zum Revolutionszeitalter. Im Sinne von dessen konservativem Pessimismus polemisiert er gegen den Optimismus als ideologischer Grundlage der Revolution und gegen die »Überschätzung« des Staates[48]. Burckhardts Geschichtsbetrachtung schätzt er jedoch nicht primär ihrer antirevolutionären Wertungen wegen, sondern als Alternative zu einer Historiographie, die mit ihrer »Devotion vor dem Faktum« eine

»servile Gesinnung« pflegt, die den Standpunkt des Erfolgs und der Sieger mit der Vernunft und diese mit dem Staat verwechselt[49]. »Wer nicht begreift«, so notiert er 1875, »wie brutal und sinnlos die Geschichte ist, der wird auch den Antrieb gar nicht verstehn die Geschichte sinnvoll zu machen.« (KSA 8/57, 5[58]).

Im Mai 1883 stellt der Autor des *Zarathustra* die Frage: »Wer ist umfänglich genug an Menschlichkeit und Wissen, um einem solchen Narren, wie ich jetzt bin, das zu sagen, was er am l i e b s t e n h ö r t, die Wahrheit, j e d e Wahrheit?« (KSB 6/380). Nur zwei Menschen fallen ihm ein, die ihm diesen schweren Dienst erweisen könnten: Jacob Burckhardt und Karl Hillebrand. Für den Kontext ist von Interesse, dass Nietzsche Hillebrand wie Burckhardt wichtige Einsichten in die politischen und soziologischen Aspekte der Französischen Revolution und ihrer Folgen verdankt. Bereits im Oktober 1872 empfiehlt er dem Freund Gersdorff, Hillebrands »8 Artikel ü b e r d i e F r a n z o s e n in der Augsburger Allgem. nachzulesen«. Es handle sich um »höchst merkwürdige Artikel, die zu schreiben wenig Deutsche befähigt gewesen wären.« (KSB 4/58). Möglicherweise hat er Hillebrand im Bayreuther Kreis kennengelernt[50]. Wichtig ist der in Florenz lebende Publizist für ihn nicht zuletzt deshalb geworden, weil er mit seinen Rezensionen über die drei ersten *Unzeitgemässen Betrachtungen* dazu beigetragen hat, ihn nach dem durch die Tragödienschrift ausgelösten Skandal einem grösseren Publikum vorzustellen[51].

Der ehemalige Demokrat Hillebrand, der nach der Teilnahme am badischen Aufstand von 1849 nach Frankreich geflohen ist und in Paris für kurze Zeit als Privatsekretär Heines gewirkt hat[52], ist in den 70er Jahren von seinen früheren politischen Überzeugungen längst abgerückt. Einige der in seiner mehrbändigen Aufsatzsammlung *Zeiten, Völker und Menschen* abgedruckten Essays behandeln die doktrinären Grundlagen der Revolution, Probleme der nachrevolutionären Gesellschaft sowie Fragen der Revolutionshistoriographie.

Hillebrand, der gut 20 Jahre lang in Frankreich gelebt hat, hält das politische Leben dieser Nation, wie es sich seit 1789 entfaltet hat, für zutiefst verkommen. Er ist überzeugt davon, dass nur ein aufgeklärter Absolutismus diesem Volk als Staatsform angepasst ist (Hillebrand ZVM I/ XII; 171). Das Eindringen der römischen Verwaltung und Gesetzgebung, das gegen den Adel germanischen Ursprungs gerichtete Bündnis zwischen Bürgertum und Krone, die periodische Vernichtung der Aristokratien, die Unterdrückung des Protestantismus und die immer straffere Zentralisation sind die Etappen auf dem Weg zur absoluten Monarchie; die Revolution hat an dieser Entwicklung nichts geändert, sondern lediglich »an die Stelle der traditionellen Form der Legitimität die demokratische Form des Cäsarismus« gesetzt (Hillebrand ZVM I/173)[53]. Mit dieser Darstellung der französischen Geschichte folgt Hillebrand seinem wichtigsten Lehrmeister, Alexis de Tocqueville, der »die wenig zahlreiche Elite seiner Landsleute [...] über das wahre Wesen der Demokratie und die Hohlheit des Ideals von 1789 belehrt und bekehrt« hat (Hillebrand ZVM II/287).

Napoleon, dem »Organisator des modernen Frankreichs«, in dessen Genie »sich der Gedanke der Revolution concentrirte« (Hillebrand ZVM I/58f), bringt Hillebrand vorsichtige Sympathien entgegen; nicht dem cäsaristischen, sondern dem demokratischen Element im revolutionären Erbe weist er die Verantwortung für den Verfall der politischen Kultur Frankreichs zu. Die Natur, so lautet sein Verdikt, hat dem Franzosen, der zwar ein höchst geselliges Wesen ist, die Gaben des zoon politikon verweigert. Die Ursache der politischen Unfähigkeit sieht er im Widerspruch zwischen dem Rationalismus, der mit der Revolution zur Herrschaft gelangt ist, und dem unbezähmbaren Charakter der Kelten[54]. Das politische Ideal des Rationalismus, der Demokratie und der Menschenrechte[55] ist hohl und oberflächlich und verführt die »Mittelmässigkeit« und die »Halbgebildeten«; Hillebrand hält ihm das germanische Ideal entgegen, das »complex wie alles Organische« ist, »schwer verständlich für die Verständigen, nur der Speculation, der Intuition oder der Einfalt zugänglich«. Während sich im germanischen Gemeinwesen »der Menschheit schönste Blüthe entfaltet«, dienen die Parolen von Freiheit, Gleichheit, Gerechtigkeit und Volkssouveränität bloss der Beschönigung jener niederen Instinkte, die in der Natur der Kelten wurzeln; der Neid und die individuelle Willkür, die moralische Verantwortungslosigkeit, die Pflichtvergessenheit und der Mangel an Ehrfurcht, die Eitelkeit, die Lust am schönen Schein und die Gleichgültigkeit der Wahrheit gegenüber werden von Hillebrand aufgezählt. Nur einer »milden Herrschaft der geistigen und sittlichen Superiorität« traut er die Heilung des Übels zu; die Chance wird aber nicht wahrgenommen, weil der »rechte Franzose des neunzehnten Jahrhunderts« immer die »Gleichheit in der Knechtschaft« der »Ungleichheit in der Freiheit« vorziehen wird.

Die »sociale Rinde«, die gleich der Erdrinde »ungeheure vulkanische Massen« am Ausbruch hindern soll und mit fortschreitender Zivilisation und Kultur diese Funktion immer besser zu erfüllen vermag, ist in Frankreich dünner als anderswo (Hillebrand ZVM I/200). Trotz dieses Befundes teilt Hillebrand nicht die Ansicht von der Unvermeidbarkeit der Französischen Revolution. Zu Unrecht, so glaubt er, hat man einen kulturellen und moralischen Niedergang im vorrevolutionären Frankreich für ihren Ausbruch verantwortlich erklärt: die Schuld trifft allein schwache und unfähige Politiker wie Ludwig XVI. Im Hinblick auf das moderne Frankreich vertritt Hillebrand eine entsprechende Überzeugung: um die Nation steht es so schlecht, weil jene intellektuelle Elite, die im Geiste Tocquevilles erzogen ist, nicht bereit oder nicht fähig ist, ihre Einsichten in die politische Praxis umzusetzen[56]. Hillebrand hat sich in den 60er Jahren in Frankreich dem konservativ-liberalen Lager angeschlossen und wichtige Repräsentanten dieser Richtung wie Renan und Taine kennengelernt. Mit Taine teilt er die Verachtung für die revolutionären Prinzipien. Die Rezension, die er dem ersten Band der *Origines de la France contemporaine* gewidmet hat, ist allerdings trotz mancher Lobesworte vernichtend ausgefallen. Hillebrand schätzt Taine als »glänzenden Nachfolger Tocquevilles« und sieht das Verdienst seines Werks darin, die Resultate von Tocquevilles Forschungen bestätigt zu haben. Es vermittelt jedoch, so die Kritik, kaum neue Erkenntnisse, ist redundant und voller Widersprüche[57].

Dank Hillebrands Rezension ist Nietzsche auf Taines Revolutionsgeschichte aufmerksam geworden. Im April 1878 schreibt er ihm:»nach einem Winter schwerer Erkrankung geniesse ich jetzt im Wiedererwachen der Gesundheit Ihre vier Bände ›Völker Zeiten und Menschen‹ und freue mich darüber wie als ob es Milch und Honig wäre.« Für ihn sind dies Bücher,»aus denen eine europäische Luft weht, und nicht der liebe nationale Stickstoff!« (KSB 5/318). Nach der Sorrenter Lektüre eröffnet ihm Hillebrands Essaysammlung erneut den Zugang zur französischen Kultur und zur politischen Publizistik. Neben dem ersten Teil der *Origines* hat Hillebrand im vierten Band von *Zeiten, Völker und Menschen* auch Renans *Dialogues et fragments philosophiques* besprochen. Nietzsche bestellt noch im April beide Werke in deutscher Übersetzung bei Schmeitzner[58]. Wann er mit der Taine-Lektüre begonnen hat, ist ungewiss; noch im Juli 1879 notiert er sich in der Liste der zu lesenden Bücher den ersten Band (KSA 8/577, 39[8]). Fest steht nur, dass Taines Arbeit künftig seine wichtigste Referenz in Sachen Französische Revolution ist.

Hippolyte Taine ist nicht seit jeher ein Gegner der Französischen Revolution gewesen. In seiner *Histoire de la littérature anglaise* verteidigt er sie gegenüber den Attacken Carlyles; er hebt den Grossmut und den Enthusiasmus der Revolutionäre hervor, ihre Hingabe an eine abstrakte Wahrheit, ihren Heroismus (Taine HLA V/290). Ebenfalls in den frühen 60er Jahren findet sich in seinen Schriften aber auch schon jener Lieblingsgedanke, der im letzten Teil der *Origines* eine Schlüsselrolle spielen wird: das hauptsächliche Resultat der demokratischen Revolution ist die

Entfesselung des Ehrgeizes, der Karriere-, Erwerbs- und Genusssucht in den mittleren und unteren Klassen der Gesellschaft[59]. Die politischen Überzeugungen und die Ängste, die in den *Origines* zum Ausdruck kommen, sind stark von der Erfahrung der Pariser Kommune geprägt[60]. 1871 fasst er den Entschluss, ein Werk über die absolutistischen und revolutionären Ursprünge des verhassten modernen Frankreich zu schreiben; die sechs Bände des umfangreichen Werks erscheinen zwischen 1875 und 1893[61].

Im Vorwort zum ersten Band – *L'Ancien régime* – gibt Taine Auskunft über die Motive seines Unterfangens. Er mokiert sich über ein System, in welchem die Menschen zwischen diversen politischen Programmen wählen können, ohne zu wissen, was ihnen not tut. Die sozialen und politischen Formen, die ein Volk annehmen und in denen es leben kann, stehen nicht in seinem Belieben, sie sind durch seinen Charakter und seine Vergangenheit vorgegeben. Aus diesem Grund will sich Taine eine politische Überzeugung erst nach dem Studium der Metamorphose, die Frankreich im Übergang vom 18. zum 19. Jahrhundert durchlebt hat, erlauben[62]. In einem kurzen historischen Überblick weist er auf die ursprünglich zivilisatorischen Verdienste von Klerus, Adel und Krone hin, vermerkt aber, dass die privilegierten Stände ihre Verantwortung gegenüber der Gesellschaft immer mehr vernachlässigt haben. Auch die absolute Macht des Monarchen und die Zentralisation der Verwaltung sind Gegenstand der Kritik; ein Blick auf die miserable Situation der Bauern vollendet das Bild der dekadenten Ordnung. Taine beschliesst den Überblick mit den Worten: »Déjà avant l'écroulement final, la France est dissoute, et elle est dissoute parce que les privilégiés ont oublié leur caractère d'hommes publics.« (Taine OFC I/109). Der Funktionsverlust der Aristokratie und der Verfall ihrer Widerstandskraft werden in den Kapiteln über die Hof- und Salonkultur erörtert[63]. Die absolutistische Herrschaftsform und die Verweichlichung des Adels erscheinen zunächst als die Ursachen der Revolution. Doch der erste Eindruck täuscht; die bewegenden Kräfte sind für den Positivisten Taine philosophischer Natur.

Origineller als die soziologische Analyse ist diejenige der Ideen, die die Revolution vorbereitet haben. Das Gift, das die französische Philosophie des 18. Jahrhunderts enthält, ist, wie Taine im dritten Buch des ersten Bandes darlegt, das Produkt der Vermischung zweier Elemente, die in getrenntem Zustand heilsam sind, nämlich der wissenschaftlichen Errungenschaften und des klassischen Geistes. Unter dem klassischen Geist ist die Vorliebe für Transparenz und formale Perfektion zu verstehen, die Suche nach dem Gleichartigen und Regelmässigen, die Anwendung deduktiver Methoden, die Missachtung der Empirie. Taine konstruiert eine Tradition, die von Descartes über die klassische Tragödie bis zu Rousseau, den Enzyklopädisten und den Ideologen reicht. Erst die Anwendung des klassischen Geistes auf die Ergebnisse der Wissenschaften hat die Lehren der Aufklärung und der Revolution hervorgebracht. Diese eigentümliche These ist typisch für den konservativen Positivismus oder freigeistigen Traditionalismus, den Taine vertritt; die Unterscheidung zwischen Aufklärung und Wissenschaft, die er hier stillschweigend vornimmt, findet sich ähnlich schon bei Comte. Im Laufe des 18. Jahrhunderts erhebt sich die Aufklärung zur neuen Autorität, wie Taine weiter ausführt. Sie gerät in Konflikt mit der Tradition, mit der Religion, mit den alten Gebräuchen und Institutionen, deren geheime Vernunft, deren physiologische, hygienische und polizeiliche Motive ihr verborgen bleiben[64]. Sie verkennt, dass vernünftige Prinzipien die menschlichen Angelegenheiten erst leiten können, wenn sie die Gestalt von Vorurteilen, Glaubensinhalten, unhinterfragten Gewohnheiten angenommen haben. Im Anschluss an die grundsätzlichen Überlegungen wird das Zerstörungswerk der klassischen Vernunft in seinen verschiedenen Etappen rekonstruiert, von Montesquieu und Voltaire über die Enzyklopädisten und Materialisten bis zu Rousseau und den spätaufklärerischen Sozialutopisten. Die schwerwiegendste Sünde der Aufklärung entdeckt Taine im abstrakt-rationalistischen Menschenbild[65], das so unterschiedlichen Entwürfen wie Rousseaus *Contrat social*, Condorcets Fortschrittsvision oder den Plänen der Physiokraten zugrundeliegt. Am Beispiel von Rousseaus Lehre[66] wird demonstriert, wie das Prinzip der Volkssouveränität jede Regierungstätigkeit verunmöglicht und die unbeschränkte Diktatur des Staates vorbereitet. Im prophezeiten demokratischen »Kloster«, in der despotischen Ordnung der Zukunft erkennt Taine den endgültigen Triumph der klassischen Vernunft.

Das vierte Buch des ersten Teils behandelt die Ausbreitung der oppositionellen Ideen im Adel und im dritten Stand. Nachdem Taine die literarischen Qualitäten der von ihm heftig attackierten Philosophen hervorgehoben hat[67], richtet er die Aufmerksamkeit auf die Mentalität der Privilegierten. Er entdeckt eine Klasse, die den Kontakt zur Realität verloren hat und sich für philosophische Debatten begeistert, die sich naiv-optimistischen Zukunftserwartungen hingibt und nicht bereit ist, die eigenen Privilegien zu verteidigen. Das wachsende Interesse der Bourgeoisie für die öffentlichen Angelegenheiten und für die Philosophie wird mit ihrem sozialen Aufstieg, mit ihrer ökonomischen Macht, insbesondere mit ihrer Funktion als Gläubigerin des Staates erklärt. Je weiter die soziale und kulturelle Nivellierung zwischen Adel und Bürgertum voranschreitet, desto empfindlicher reagieren die Angehörigen des dritten Standes auf die bestehenden Rangunterschiede, desto empfänglicher werden sie für die Ideen Rousseaus[68], desto mehr fühlen sie sich schliesslich als Repräsentanten der Nation und drängen zur Herrschaft. Das Volk ist Thema des letzten Buches. Eindringlich beschreibt Taine die verzweifelte Lage der Bauern und analysiert das Steuersystem, das er als Hauptursache von Elend und Hunger bezeichnet. Die Bauern selbst charakterisiert er als geistig zurückgeblieben, abergläubisch, von Wahnvorstellungen beherrscht. Die Fähigkeit, politische Zusammenhänge zu erkennen, spricht er ihnen ab; ihr Verhalten setzt er demjenigen von wilden Tieren gleich[69]. Eine weitere Ursache für den desolaten Zustand Frankreichs vor der Revolution sieht er schliesslich in der von Richelieu und Ludwig XIV. begonnenen Politik der Atomisierung des Gesellschaftskörpers, der Zerstörung der »natürlichen« Gruppen[70]. In der in Auflösung begriffenen Gesellschaft bleiben am Ende nur zwei Mächte übrig: die rohe Gewalt und das radikale Dogma, darunter versteht Taine die unberechenbaren Bauernmassen und ihre Anführer, die von Neid erfüllten, ehrgeizigen Juristen.

Sobald sich Taine den revolutionären Ereignissen selbst zuwendet, fallen ökonomische und politische Hintergründe kaum mehr ins Gewicht. In seiner Erzählung treten fast ausschliesslich wilde Bestien und schwächliche Dompteure auf. Der Bastille-Sturm ist für ihn, wie er in Anspielung auf das bekannte Diktum des Herzogs von La Rochefoucauld-Liancourt formuliert, schlimmer als eine Revolution; es handelt sich um die völlige Auflösung der gesellschaftlichen Ordnung, um den Ausbruch der Anarchie, um die Rückkehr in den Naturzustand[71]. Der Terror und die Diktatur der Massen beginnen nach dieser Lesart schon im Sommer 1789. Die durch Leiden und Entbehrungen erbitterten Unterschichten werden zum Monstrum, die stumme Unzufriedenheit hat sich in politische Leidenschaft verwandelt. Für die Arbeit der Konstituante findet Taine kaum ein gutes Wort. Gemäss seiner Überzeugung hätten zwei Reformen genügt, die Missstände des Ancien régime zu beheben: »Rendre tous les citoyens égaux devant l'impôt, remettre la bourse des contribuables aux mains de leurs représentants, telle était la double opération qu'il fallait exécuter en 1789, et les privilégiés comme le roi s'y prêtaient sans résistance« (Taine OFC II/180). Die Mitglieder der Assemblée constituante streben jedoch, verführt durch die utopischen Ideen von Gleichheit, Menschenrechten und Gesellschaftsvertrag, einen radikalen Umbau der Gesellschaft an. An dieser Stelle der Anklageschrift formuliert Taine sein politisches Credo: Wie die Zellen eines Organismus gehören die Menschen zu einem Gemeinwesen; es ist ihre Pflicht, an dessen Erhaltung mitzuarbeiten, da sie von ihrer Geburt an in seiner Schuld stehen. Laut einem Vertrag, der seit Jahrhunderten gilt, darf der Staat nicht aufgelöst werden. Überdies ist es unmöglich, die Aristokratie auf Dauer zu unterdrücken; in jeder Gesellschaft existiert eine Oberschicht von Familien, deren Mitglieder dank ihres Vermögens, ihres Ranges und ihrer gesellschaftlichen Umgangsformen zur politischen Führung berufen sind. Taine vergleicht die Assemblée constituante mit einem schlechten Arzt, der in blindem Eifer den gesunden Organismus zerstört. Indem sie die herrschenden Klassen entmachtet und die historisch gewachsenen Korporationen auflöst, hebt sie jede Rangordnung auf und zerschneidet alle Bindungen zwischen den Menschen[72]. Zwischen 1789 und 1793 scheinen Rousseaus Phantasien Wirklichkeit geworden zu sein; Frankreich lebt in Festfreuden, es zelebriert die Brüderlichkeit und die Harmonie. Doch der Schein trügt[73], wie Taine feststellt: Unordnung, Willkür und Gewalt bestimmen den Alltag. Die ungehemmten Leidenschaften sind zur Herrschaft gelangt. Die menschliche Gesellschaft nimmt ein Experiment an sich vor: da sie die bändigenden Zügel zerreisst, wird sie die Kraft der sie bedrohenden dauerhaften Instinkte ermessen können[74]. Nicht in den erhabenen Parolen, sondern in der Veränderung der Besitzverhältnisse sieht Taine die historische Bedeutung der Französischen Revolution. Hinter den Leidenschaften, die in ihr ausbrechen, erkennt er das Bedürfnis nach Wohlstand[75].

Die ökonomischen Ursachen der Revolution sind in Taines Perspektive letztlich von geringer Bedeutung. Sein Anliegen ist es, als Naturforscher und Psychologe über sein Objekt Auskunft zu geben. Dieses Objekt ist das französische Volk, das abwechslungsweise als Tier, als Kind, als Wilder, als Verrückter oder als Betrunkener gezeichnet wird[76]. Die unermüdliche Aufzählung sinnloser Greueltaten führt zu einem erschreckenden Schluss: sobald die sozialen Autoritäten und Hemmvorrichtungen nicht mehr wirken, sobald die dünne Hülle der Zivilisation zerrissen ist, brechen die primitiven Instinkte hervor. Die Menschen sind nicht, wie die Philosophen geglaubt haben, von Natur gut und grossmütig, nicht einmal sanft, umgänglich und an der Gemeinschaft interessiert. Die Vernunft ist ihnen nicht angeboren; in ihrem Alltag spielt sie, von wenigen Auserwählten abgesehen, eine höchst bescheidene Rolle. Die rohen und wilden Mächte, die destruktiven Triebe sind in ihnen nicht abgetötet, nur eingedämmt. Es bedarf einer permanenten despotischen Gewalt, sie zu disziplinieren (Taine OFC I/311-16), so lautet Taines Botschaft.

Die Massenpsychologie wird ergänzt durch eine Psychologie der Jakobiner. Der Geist des Jakobinismus verbirgt sich in jeder Gesellschaft, wie

Taine versichert; seine Wurzeln sind die übersteigerte Eigenliebe und die Neigung zu dogmatischem Vernunftgebrauch. Ehrgeizige und gebildete junge Leute, die die bestehende Ordnung vom Standpunkt der »reinen Vernunft« aus verurteilen, sind anfällig für diese »Wachstumskrankheit«, die aber nur in einer in Auflösung begriffenen Gesellschaft zur Bedrohung wird (Taine OFC III/10ff). Taine wiederholt an dieser Stelle seine Anklagen gegen den klassischen Geist, dem er die Verantwortung für die jakobinische Politik zuschreibt[77]. Der typische Jakobiner ist kleinbürgerlicher Herkunft, hat eine höhere Ausbildung genossen, ist aber in seiner Laufbahn gescheitert oder sozial ungenügend integriert. Sein Selbstvertrauen ist um so grösser, er orientiert sich an abstrakten Grundsätzen und kümmert sich nicht um die Realitäten. Die Gewissheit, im Besitz der Wahrheit zu sein, verbindet sich mit Stolz, Machtgier und einem Moralfanatismus, der die Menschen aufteilt in Feinde und Tugendhafte. Der Jakobiner ist laut Taines Definition ein Besessener, der den gesunden Menschenverstand verloren und den moralischen Sinn in sich pervertiert hat (Taine OFC III/32). Bemerkenswert ist, dass Taine in seine Typologie des Jakobinismus die Girondisten miteinbezieht: Condorcet und Mme Roland werden als Beispiele angeführt[78].

In der Einleitung zum 1885 erschienenen dritten Band des zweiten Teils – *Le gouvernement révolutionnaire* – vergleicht Taine die Prinzipien von 1789 mit einer antiken Religion und die revolutionäre Macht mit einem nimmersatten Krokodil, das als Gott verehrt wird. Sein Werk, so betont er, sei ausschliesslich für die Liebhaber der moralischen Tierkunde geschrieben. Er erneuert in diesem Band die Attacken gegen das rationalistische und egalitäre Menschenbild der Aufklärung sowie gegen die aus dem *Contrat social* hergeleitete Doktrin von der Allmacht des Gemeinwesens und der Ohnmacht des Individuums. Das Ziel des jakobinischen Programms ist in seinen Augen nichts weniger als die Neuschaffung des Menschen, verstanden als Befreiung des natürlichen und als Erziehung zum sozialen Menschen. Der Kampf gegen die religiösen Kulte und gegen die soziale Ungleichheit sowie das staatliche Erziehungsprogramm und die Propagierung einer Zivilreligion sind Hauptpunkte in der Ausführung des Programms. Mit seiner Polemik gegen den Jakobinismus, den er mit antiken Staatsidealen vergleicht und mit einem autoritären Sozialismus identifiziert, nimmt Taine neuere Totalitarismustheorien vorweg[79]. Er legt ein ausführliches Bekenntnis zum Liberalismus ab und fordert strengste Einschränkung der politischen und ökonomischen Macht des Staates.

Taines *Origines* gelten als der heftigste und wirkungsvollste Angriff, der seit Burke auf die Französische Revolution unternommen worden ist.

Ideengeschichtlich ist das Werk wichtig, weil es eine als Wissenschaft auftretende, zugleich aber mit politischen Wertungen verknüpfte Massenpsychologie begründet[80]. Die konterrevolutionären Doktrinäre der Action française wie auch spätere konservative Autoren haben sich auf Taine berufen und gegenwärtig scheint ihm eine Renaissance beschieden zu sein[81]. Die wissenschaftliche Qualität seines Werks ist freilich von Anfang an ziemlich umstritten gewesen[82]; auch ihm politisch nahestehende Autoren haben starke Bedenken geäussert[83]. In Nietzsches Bibliothek finden sich der erste Teil über das Ancien régime und der erste Band des zweiten Teils über die Revolution in deutscher Übersetzung. Besonderes Interesse hat Nietzsche offenbar den ideengeschichtlichen Kapiteln im ersten Teil entgegengebracht[84]. Welche Einsichten er dieser Lektüre verdankt, ist schwer zu sagen. Die enthusiastischen Lobesworte, die er seit 1885 für Taine findet – er hält ihn für den ersten lebenden Historiker Europas (JGB 254; KSA 11/599, 38[5]) und spricht noch im Dezember 1888 vom ersten Philosophen Frankreichs (KSB 8/529) –, sagen diesbezüglich wenig aus. Nach einem höflichen Brief, den er im Oktober 1886 von Taine erhält, ist seine Hochschätzung noch gestiegen. Er hat freilich, wie schon Andler betont hat (Andler N 4/476), die Bedeutung von Taines Mitteilungen masslos überschätzt. Er achtet ihn als Vertreter eines heroischen Pessimismus[85] und meint, in ihm einen verständigen Leser und Mitstreiter gefunden zu haben. Wo er inhaltlich auf ihn eingeht, macht sich rasch Widerspruch laut. Über Taines Positivismus hat er sich mokiert, von der Milieutheorie hat er nur mit Verachtung gesprochen und seine Begeisterung für Napoleon ist gar nicht im Sinne Taines[86]. Ein eindeutiges Urteil über die Revolutionsgeschichte hat er sorgsam vermieden. Im Dezember 1887 schreibt ihm Brandes bezüglich Taine:»Ich bin von seinem Werk über die Revolution nicht so entzückt wie Sie scheinen. Er bedauert und haranguirt ein Erdbeben« (KGB III 6/131). Nietzsches Antwort ist aufschlussreich:»Sie haben recht mit dem ›Haranguiren des Erdbebens‹: aber eine solche Don-Quixoterie gehört zum Ehrwürdigsten, was es auf der Erde giebt« (KSB 8/229)[87]. So wäre denn Taines Absage an die Revolution, sein Protest gegen die moderne, demokratische Politik nur ein Kampf gegen Windmühlen? Aufgrund des vorliegenden Materials lässt sich hierüber wenig entscheiden.

Ein einziges, nur aus Stichworten bestehendes und schwer zu deutendes Nachlassfragment lässt auf eine Auseinandersetzung mit Taines Revolutionstheorie schliessen[88]. Das Fragment gehört zu den Vorarbeiten für den zweiten Teil von *Also sprach Zarathustra*. Die Bilder, die darin auftauchen –»Nun ist die Zeit erhitzt, Brand ist ihre Luft«,»nun gehen alle nak-

kend, Gute und Böse!«, »Staaten zerbersten«, »Erdbeben« – lesen sich wie
Metaphern für Revolution und Umsturz. Ohne jeden Bezug steht überdies der Name Taine hier. Nietzsche kehrt aber offenbar Taines Wertung
um. Dass »alles sichtbar wird und birst«, gibt Anlass zu »Jauchzen« und
Wohlgefühl; die »Welt ohne Kleider« ist ein »Fest des Erkennenden«.
Handelt es sich hier nicht um Anspielungen auf jene sozialen Auflösungs-
prozesse, die Taine mit Angst und Bangen erfüllt haben? Dass das »Ende
aller Sitten und Heimlichkeiten« eingetreten ist, kann heissen, dass der
dünne Panzer der Zivilisation, dessen Nutzen Taine so eindringlich dargelegt hat, zerbrochen ist. Gerade dieser Befund gibt Nietzsche bzw. Zarathustra Anlass zur Hoffnung. Eine solche Deutung ist gewagt, weil
Nietzsche die genannten Motive in *Also sprach Zarathustra* nicht verwendet, sondern lediglich den Gegensatz zwischen der mit grossem Anspruch
auftretenden, aber wenig effektvollen Revolutionsbewegung und dem
wirklichen Umsturz, dem tiefgreifenden, aber kaum wahrgenommenen
Wertewandel betont: »Nicht um die Erfinder von neuem Lärme: um die
Erfinder von neuen Werthen dreht sich die Welt; u n h ö r b a r dreht sie
sich.« (Za II, Von grossen Ereignissen)[89].

Taine beschreibt die Französische Revolution als ein psychologisches
Experiment; diese Perspektive hat Nietzsche zweifellos fasziniert. Die *Origines* haben ihn aber wahrscheinlich noch aus einem weiteren Grund beschäftigt. Nicht das Elend der Bauern, sondern die utopischen Phantasien
der Philosophen und die Rezeption durch ehrgeizige Kleinbürger tragen
laut Taine die Schuld am Ausbruch der Revolution. Am Schluss des ersten Teils seines Werks resümiert er die Analyse der Revolutions-Ursa-
chen: Der König und die Privilegierten verwechseln die Welt mit einem
Salon, während sie doch in Wirklichkeit eine Arena und zugleich eine
Werkstatt ist. In den Salons wird die revolutionäre Vernunft gleichsam als
angenehmer Zeitvertreib gepflegt; nichtsahnend ziehen die geistreichen
Angehörigen der Oberschicht ein kleines Monstrum gross. Ein in seinem
Ehrgeiz verletztes Bürgertum nimmt die revolutionären Ideen auf, das
verzweifelte Volk reisst sich wie ein wildes Tier von seinen Ketten los;
längst sind die traditionellen Autoritäten, die noch Widerstand hätten leisten können, durch einen despotischen Zentralismus entmachtet und
durch die in den ehedem führenden Klassen herrschende humanitäre Gesinnung untergraben worden. Schutzlos steht die Gesellschaft den Fein-
den jeder Freiheit und jeder Ordnung gegenüber, der Ansteckung durch
den demokratischen Traum und dem Ausbruch der Volksbrutalität. 1789
ist der Lauf der Dinge längst entschieden. Zur Illustration seiner pessimistischen Auffassung gibt Taine die folgende Erzählung des bekehrten La

Harpe wieder. Zu Beginn des Jahres 1788 trifft sich eine Gesellschaft von Hofleuten, Literaten und Akademikern. Man belustigt sich auf Kosten der Religion und gedenkt Voltaires mit Hochachtung; alle sind sich einig, dass eine Revolution bevorsteht und dass Aberglaube und Fanatismus der Philosophie weichen müssen. Wie die Frage nach dem Zeitpunkt der Revolution erörtert wird, unterbricht ein Teilnehmer der Runde, Cazotte, die angeregte Unterhaltung und prophezeit die kommenden Ereignisse. Den Anwesenden, darunter Condorcet und Chamfort, verheisst er ihr grausames Schicksal und La Harpe seine Konversion. Nachdem auch die Herzogin von Gramont über ihre Zukunft aufgeklärt worden ist, vernimmt das ungläubige Publikum zum Schluss, dass selbst die Königin und den König die Hinrichtung erwartet.

Resa von Schirnhofer berichtet, wie stark Nietzsche von dieser Szene, die er ihr mit »dramatischer Lebendigkeit« vorgetragen hat, beeindruckt gewesen ist[90]. Als Verächter der Französischen Revolution hat Nietzsche Taines Werk begrüsst, dies bezeugt auch Meta von Salis[91]. Resa von Schirnhofer deutet aber in ihren Erinnerungen an, dass seine Betroffenheit nicht primär auf seine antirevolutionäre Gesinnung zurückgeht. La Harpes bzw. Taines Erzählung hat ihn möglicherweise deshalb verfolgt, weil er in den darin auftretenden Gesprächsteilnehmern seine freigeistigen Vorgänger erkannt hat. Es ist daran zu erinnern, dass Nietzsche anders als Taine seine Feindschaft gegen die Revolution nicht auf die Klassik und die Aufklärung ausgedehnt hat. Die *Origines* haben ihn vielleicht auch deshalb angesprochen, weil sie die Macht der aufgeklärten Philosophie zum Thema haben, eine Macht, die Revolutionen auszulösen vermag.

Mehrere Vertreter der jüngeren Generation der »Philosophes« haben sich während der Revolution engagiert[92]. Zu den Aufklärern und Moralisten, die Nietzsche geschätzt hat, gehört Chamfort, der schon lange vor 1789 eine republikanische Gesinnung vertritt und von der Notwendigkeit der Gleichberechtigung des dritten Standes überzeugt ist[93]. Der schwerkranke Pessimist und Misanthrop fasst beim Ausbruch der Revolution neue Hoffnungen und wird politisch aktiv, unter anderem als Sekretär des Jakobinerclubs. Nietzsche hat das Eintreten für die Massen verwirrt und er hat es mit Chamforts Ressentiment gegen den Adel erklären wollen[94]. Obwohl sich von selbst versteht, dass er vom Moralisten Chamfort, nicht vom Politiker angesprochen ist, verdient es Beachtung, dass er ihn wie Mirabeau als Repräsentanten der revolutionären Vernunft respektiert. Chamforts Freund Mirabeau, dessen staatsmännische Grösse im Aphorismus 95 der *Fröhlichen Wissenschaft* hervorgehoben wird, übt auf

Nietzsche eine rätselhafte Faszination aus[95]. In *Zur Genealogie der Moral* gibt er das Beispiel ab für die starken Naturen, die nicht vom Ressentiment beherrscht werden (GM I 10)[96]. Woher Nietzsche seine Kenntnisse oder Eindrücke von Mirabeau hernimmt, ist schwer zu sagen. Mirabeau ist für manche Historiker eine ungewöhlich interessante Gestalt gewesen. Er hat gegen die sittlichen Normen seiner Zeit verstossen und gegen seine Familie und seinen Stand revoltiert; als starke und unabhängige Persönlichkeit steht er während der Revolution über den Parteien und erkennt die politische Entwicklung deutlicher als seine Gegner zur Rechten und zur Linken[97]. Selbst ein entschieden antirevolutionärer, wenn auch vorsichtig reformwilliger Historiker wie Niebuhr hat ihn bewundert[98]. Seine *Geschichte des Zeitalters der Revolution* hat Nietzsche möglicherweise gekannt. Bemerkenswert ist immerhin, dass seine Achtung einem Politiker gilt, der mit seinem Programm einer »königlichen Demokratie« bzw. einer konstitutionellen Monarchie den Machtanspruch der Aristokratie entschieden negiert hat. Freilich haben auch Stendhals revolutionäre Sympathien Nietzsches Bewunderung für den Schriftsteller nicht beeinträchtigt.

Wenig spricht für die Annahme, Nietzsche habe sich ausser mit Taines *Origines* mit weiteren Klassikern der französischen Revolutionshistoriographie ernsthaft befasst. Am ehesten darf eine gewisse Vertrautheit mit Jules Michelet vorausgesetzt werden. Bereits im Herbst 1872 lernt Nietzsche den französischen Historiker Gabriel Monod, einen Schüler Michelets, kennen. Michelet gehört zu den Autoren, die 1877 in Sorrent gelesen werden[99]. Seine Studie über das Volk ist in Nietzsches Bibliothek vorhanden. *Le peuple* – 1846 erschienen – stellt in der französischen Geschichtsschreibung des letzten Jahrhunderts ein Ereignis dar, weil das Volk erstmals als alleiniges Subjekt der Geschichte auftritt[100]. In der Edgar Quinet gewidmeten Einleitung bekennt sich Michelet zu den einfachen Leuten und attestiert ihnen edle Tugenden; sein Buch ist aber in erster Linie ein patriotischer Aufruf; patriotisch sind auch die Motive, die ihn die Revolution hochleben lassen[101]. 1847 beginnt seine *Histoire de la Révolution française* zu erscheinen; Michelet will eine republikanische Geschichtsschreibung begründen, deren einziger Held das Volk ist. Für die Führer, handle es sich um Monarchen oder um Revolutionäre, hat er im allgemeinen nichts übrig. Noch kurz vor seinem Tod gibt er seinem Hass auf Napoleon und seiner Abneigung gegen den Bonapartismus in der *Histoire du XIXe siècle* Ausdruck. Dass ein Historiker, der sich von solchen Wertvorstellungen leiten lässt, von Nietzsche nur mit Verachtung erwähnt wird, versteht sich von selbst. Als »Fürsprecher des Volks« und »aufgeregter

schwitzender Plebejer« wird er beurteilt, als Mensch, der die »bewunde-
rungswürdige Fähigkeit« besitzt, »Gemüths-Zustände bei sich nachzubil-
den«, der unbescheiden ist in seiner Zudringlichkeit und den seine Begeisterung daran hindert, in die Tiefe zu blicken; als Volkstribun, der »aus
eigner Erfahrung die Raubthier-Wuthanfälle des Pöbels« kennt. Dass ihm
Montaigne wie Napoleon fremd geblieben sind, disqualifiziert ihn in
Nietzsches Augen[102]. Zu den Historikern, die sich in die Nähe grosser
Menschen gewagt und damit »wider den guten Geschmack« gesündigt
haben, zählt er übrigens neben Michelet auch Adolphe Thiers, den leidenschaftlichen Verehrer Napoleons[103].

Einen weiteren Klassiker der französischen Geschichtsschreibung, Au-
gustin Thierry, lernt Nietzsche dank der Lektüre von Paul Alberts *Littérature française au XIXe siècle* kennen. Albert berichtet von der Empörung,
mit der Thierry auf das Weltbild des Grafen Montlosier reagiert hat.
François-Dominique Reynaud de Montlosier hat in einem 1814 publizierten Buch über die französische Monarchie[104] die Existenz von zwei
Völkern in Frankreich behauptet. Das Volk, das sich als französische Nation fühlt, ist nach Montlosiers Worten bloss die Rasse der befreiten ehemaligen Sklaven. Ihm stellt er den Adel als autonome Gemeinschaft gegenüber[105]. Die Provokation, die solche Thesen für Thierry bedeutet haben, steht laut Albert am Anfang seines neuen Geschichtsbilds. Der frühere Mitarbeiter Saint-Simons richtet seine Aufmerksamkeit auf den Gegensatz von erobernden und unterworfenen Rassen; seine Sympathien
gelten dabei den Besiegten. Die *Histoire de la conquête de l'Angleterre par
les Normands*, die 1825 erscheint, stellt für Albert einen wissenschaftlichen Fortschritt dar: die Rassen, die Nationalitäten, die Völker werden zu
Akteuren der Geschichte. Nietzsche konstatiert bei Thierry »Mitgefühl
für alles Leidende, Schlechtweggekommene« (KSA 12/558, 10[170]) und
notiert sich Anfang 1888: »Thierry, der Volksaufstand selbst in der Wissenschaft« (KSA 13/199, 12[1]88)[106].

Rassenideologische Interpretationen haben in der Geschichtsschreibung der Französischen Revolution bis ins 20. Jahrhundert hinein ein
starkes Gewicht gehabt, wobei durchaus nicht nur reaktionäre Autoren
auf entsprechende Erklärungsmodelle zurückgreifen. Nietzsche ist solchen Auffassungen wohl oft begegnet, so bei Hillebrand und später in
Lefebvre Saint-Ogans *Essai sur l'influence française*, den er 1885 studiert.
Der Autor sieht im Kampf zwischen der gallo-romanischen und der germanischen Rasse die Basis der französischen Geschichte. In Opposition
zur Herrschaft des germanischen Adels bereiten die Mönche als Vertreter
der gallo-romanischen Kultur seit dem Mittelalter die Revanche des altrö-

mischen Staatsideals über die feudale Unordnung vor. Später kämpfen Rechtsgelehrte, Dichter und die Bourgeoisie im Bund mit der Krone gegen die germanischen Barbaren, bis mit der Revolution die Idee einer einheitlichen und zentralisierenden Gesetzgebung triumphiert (Saint-Ogan 1885/123f). Hier schreibt ein Optimist, der vom Glauben an Frankreichs Grösse und an die welthistorische Bedeutung seiner Revolution erfüllt ist. Ein ganz anderer Geist spricht aus dem 1853 bis 1855 erschienenen klassischen Werk der Rassenideologie, Gobineaus *Essai sur l'inégalité des races humaines*. Im Gegensatz zu seinem Freund Tocqueville, der ihn 1849 als Kabinettschef ins Aussenministerium berufen hat, vertritt Graf Arthur de Gobineau eine zutiefst pessimistische Geschichtsauffassung. Den geschichtlichen Niedergang führt er auf die Vermischung der Rassen zurück; seine Theorie ist Ausdruck eines fanatischen Hasses auf die Revolution und die Demokratie. Gobineaus Essai ist ideengeschichtlich auch deshalb von Interesse, weil er, wie Peter Stadler schreibt, »ideologisch ebensosehr am Ende wie am Anfang einer Entwicklung steht« (Stadler 1958/314). Einerseits knüpft Gobineau an eine im frühen 18. Jahrhundert von Boulainvilliers begründete Tradition an, gemäss welcher der französische Adel von den fränkischen Eroberern abstammt[107]. Andererseits gehören seine Ideen nicht zuletzt dank der Vermittlung Wagners und seines Kreises, namentlich Chamberlains und Schemanns, in die ideologische Vorgeschichte des Nationalsozialismus. Dass Nietzsche Gobineaus Theorie gekannt hat, ist wahrscheinlich[108]; unschwer findet man in seinen späten Werken Gedankengänge, die an sie erinnern. Wenn er den Verdacht ausspricht, die modernen demokratischen und sozialistischen Ideen seien Zeichen einer Rückkehr der unterworfenen, vorarischen Rassen (GM I 5), so vermischt er Elemente eines rückwärtsgewandten, aristokratischen Diskurses mit solchen des modernen Rassismus. Von Gobineau unterscheidet er sich freilich gerade darin, dass er in den »Prozess des werdenden Europäers«, in die Auflösung der ständischen und »rassischen« Identitäten grosse Hoffnungen setzt (JGB 242).

Zu den namhaften deutschen Revolutionshistorikern zählt Heinrich von Sybel, dessen Vorlesung Nietzsche in Bonn besucht hat. Sybels Hauptwerk, die *Geschichte der Revolutionszeit von 1789 – 1800*, die zwischen 1853 und 1879 erscheint, liest er Anfang 1887, und zwar merkwürdigerweise in französischer Übersetzung, wie er Overbeck mitteilt (KSB 8/28). Ihn beschäftigt der »süperbe Gedanke«, wonach das Feudalregime den Egoismus und die grausame Gewalt verantwortet, die zu den Septembermassakern geführt haben[109]. Wogegen Nietzsche hier polemisiert, wird nicht klar, möglicherweise gegen Sybels preussisch-nationalen Standpunkt[110]. Sybel befürwortet zwar die Anliegen des dritten Standes und plädiert für eine konstitutionelle Regierungsform, er ist jedoch ein erklärter Gegner von Demokratie und Jakobinertum und unterscheidet sich mit seiner Angst vor der revolutionären »Anarchie« und vor der Volkssouveränität kaum von Taine. Im gleichen Brief lobt Nietzsche Montalemberts *Moines d'Occident*[111]. Charles de Montalembert, ein Schüler Michelets und Anhänger eines romantischen Katholizismus, beschreibt in seinem Buch die kulturellen Verdienste des Mönchtums im frühmittelalterlichen Europa.

Auf die Problematik der Französischen Revolution, ihrer geschichtsphilosophischen Bedeutung[112], ihrer soziologischen und kulturellen Folgen[113], ist Nietzsche auch bei zahlreichen weiteren Gelegenheiten gestossen; an dieser Stelle ist noch auf Raoul Frarys *Manuel du démagogue* hinzuweisen, den Nietzsche in deutscher Übersetzung gelesen hat. Frary untersucht darin unter anderem die Auswirkungen der Revolution auf die Formen der politischen Auseinandersetzung. Seine Bemerkungen zur Kontinuität absolutistischer Herrschaftsformen und zur Verantwortung der Philosophen erinnern an die Kritik von Tocqueville und Taine[114].

Im bereits erwähnten Brief an Overbeck vom Februar 1887 bemerkt Nietzsche nebenbei, er habe über die »einschlägigen Probleme« – gemeint ist wohl die Geschichte der Französischen Revolution – »die Schule von Tocqueville und Taine durchgemacht« (KSB 8/28). Liesse sich beweisen, dass Nietzsche tatsächlich bei Tocqueville in die Schule gegangen ist, würde dies die Deutung seines politischen Denkens erheblich erleichtern. Leider fehlt der geringste Hinweis für die Annahme, er habe dessen Werke gelesen[115]. Dennoch ist seine Versicherung nicht unglaubhaft. Theodor Eschenburg hat gezeigt, wie breit und vielfältig Tocquevilles Wirkung auch in Deutschland gewesen ist (Eschenburg 1959). Nietzsches Basler Kollegen Jacob Burckhardt und Johann Jakob Bachofen gehören zu den Kulturkritikern, die Tocquevilles Vision der Demokratisierung einseitig konservativ interpretieren. In dem Sinn hat, wie Eschenburg schreibt, bereits der Junghegelianer Bruno Bauer, der sich in späteren Jahren als konservativer Publizist einen Namen gemacht hat, Tocqueville verstanden. Als eigentlicher Schüler Tocquevilles im deutschen Sprachraum kann Karl Hillebrand gelten[116]. In Frankreich übernimmt Taine manche Einsichten von Tocqueville und verwertet sie in seinen *Origines.* Jene Denker also, die Nietzsche zu seinen bevorzugten Lesern zählt – Burckhardt und Hillebrand, Taine und Bauer[117] – sind alle mehr oder weniger stark von Tocqueville beeinflusst. Hillebrand und Bauer gehören überdies zu den ersten »Entdeckern« Nietzsches in Deutschland. Tocqueville selbst ist freilich in seinen politischen Auffassungen weitaus offener gewesen als seine hier genannten Nachfolger. Zu seinen Freunden zählt der Liberale John Stuart Mill; dessen Rezension der *Demokratie in Amerika* ist – soweit ich sehe – der einzige zusammenhängende Text, der Nietzsche über Tocquevilles Demokratie-Theorie orientiert hat[118]. Das Werk über die Vorgeschichte der Französischen Revolution hat er wahrscheinlich nicht direkt gekannt. Die darin entfalteten Grundthesen seien hier trotzdem kurz in Erinnerung gerufen.

Das Studium der Französischen Revolution nimmt Tocqueville nach dem Ende seiner politischen Karriere, also nach dem Staatsstreich Louis Napoleons im Dezember 1851 auf. Das 1856 erschienene Werk *L'Ancien Régime et la Révolution* stellt den ersten Band einer geplanten umfangreichen Arbeit dar. Es hat einem neuen und vergleichsweise nüchternen Verständnis der Ursachen der Revolution zum Durchbruch verholfen. Tocquevilles Anliegen ist es, den Eindruck von der radikalen Zäsur, den die älteren Darstellungen vermittelt haben, zu korrigieren und die Kontinuität zwischen dem vorrevolutionären und dem revolutionären bzw. nachrevolutionären Frankreich nachzuweisen. Er widerspricht zunächst der Auffassung, die Revolution sei im Hinblick auf ihre Zielsetzung primär eine religionsfeindliche Bewegung gewesen. Christliche Religion und Demokratie stellen nicht unversöhnliche Gegensätze dar; vielmehr lässt sich die Französische Revolution im Hinblick auf das von ihr propagierte abstrakte, die Macht der Traditionen negierende Menschenbild und auf ihren universalistischen Anspruch mit der christlichen Lehre vergleichen: sie scheint nicht so sehr die Reform Frankreichs, als die Regeneration der Menschheit anzustreben. Die Revolution darf, wie Tocqueville weiter darlegt, auch nicht als Ausbruch der Anarchie, als Negation jeder politischen Autorität missverstanden werden. Ihr Ziel ist vielmehr die Abschaffung der feudalen Strukturen und deren Ersetzung durch eine auf Gleichheit beruhende Ordnung. Das alte Gesellschaftssystem ist, wie Tocqueville betont, in ganz Europa längst dem Untergang geweiht; die Französische Revolution stellt in seinen Augen lediglich die plötzliche und gewaltsame Vollendung eines seit Jahrhunderten vorangetriebenen Prozesses dar: der Vernichtung funktionslos gewordener Institutionen und der Zentralisierung der Macht.

Im zweiten Teil der Abhandlung wird die administrative und politische Zentralisation unter dem Ancien régime analysiert. Die Zerstörung der Aristokratie ist das Werk der monarchischen Verwaltung, wie Tocqueville zeigt. Er beschreibt die soziale Nivellierung zwischen Adel und Bürgertum, ihre Angleichung in bezug auf Mentalität und Lebensstil, den weitgehenden Verlust politischer Freiheiten und die Aufspaltung der Stände in ohnmächtige, untereinander konkurrierende Gruppen. Nur dank der richterlichen Institutionen erhalten sich gewisse Formen der Freiheit, die zwar nicht mehr sind als Klassenprivilegien, aber doch den Boden bilden, auf dem die künftigen Revolutionäre, »jene stolzen und kühnen Geister« wachsen können (Tocqueville OC II,1 177). Nachdem Tocqueville auf die Armut und die soziale Diskriminierung der Bauern sowie auf das ungerechte Steuersystem hingewiesen hat, wendet er sich im dritten Teil zunächst der gesellschaftlichen Funktion der Intellektuellen zu. Die Schriftsteller und Philosophen Frankreichs befassen sich im 18. Jahrhundert – im Gegensatz zu ihren politisch erfahrenen englischen wie auch zu ihren gänzlich unpolitischen deutschen Kollegen – vornehmlich mit prinzipiellen Fragen der Politik und konfrontieren die bestehenden Institutionen, die überlieferten Gebräuche und Vorschriften mit einer rationalen Konzeption von Staat und Gesellschaft; doch der Zugang zur Sphäre der öffentlichen Angelegenheiten bleibt ihnen versperrt. Die durch blosse Routine bestimmte Verwaltungspraxis und die abstrakte Reflexion über die Grundlagen der Verwaltung stehen sich gegenüber, ohne miteinander zu kommunizieren. Trotz ihrer Praxisferne werden die Philosophen an Stelle des Adels, der seine Verantwortung gegenüber der Gesellschaft nicht mehr wahrnimmt und sich als Kaste absondert, zu Führern der öffentlichen Meinung; die Philosophie wird zum Organ der oppositionellen Leidenschaften. Ihrem Einfluss schreibt Tocqueville die radikale Infragestellung alles Bisherigen und den abstrakten Rationalismus zu, die seit 1789 die französische Politik bestimmen. Insbesondere eine gefährliche religionsfeindliche Haltung führt er auf ihr Wirken zurück. Die wirklichen Vorläufer des »demokratischen Despotismus«, der gemäss Tocqueville das wahre Wesen der Revolution ausmacht, sieht er hingegen nicht in den Philosophen, sondern in den Physiokraten[119]. Eine weitere, populär gewordene These des Buches lautet, gerade der wachsende Wohlstand und mehr noch eine reformwillige, selbstkritische und für das Leiden des Volks empfängliche Regierung habe den Ausbruch der Revolution provoziert[120].

Tocquevilles Urteil über die Revolution fällt weitaus differenzierter aus als dasjenige mancher seiner Nachfolger. Zwar spricht aus seinen Schriften die nostalgische Stimmung des Aristokraten und die Angst vor dem Eintritt unzivilisierter Massen in die politische Sphäre. Gleichwohl schaut er mit einer gewissen Bewunderung auf die Revolution; er erblickt in ihr einen stolzen und heroischen Kampf um Freiheit, den schwierigen Versuch, die Prinzipien der Freiheit und der Gleichheit miteinander zu versöhnen. Überdies akzeptiert er sie als den notwendigen Abschluss eines unumkehrbaren Prozesses; die Demokratie stellt die Alternative zu einer nicht mehr lebensfähigen, vom Absolutismus untergrabenen aristokratischen Ordnung dar. Seine Sorge gilt den Chancen der Freiheit in einer von Despotismus und Konformismus bedrohten egalitären Zukunft. Die Affinitäten zwischen seiner Diagnose der modernen Gesellschaft und Nietzsches Demokratiekritik werden in einem späteren Kapitel diskutiert.

Nietzsches Ansichten über den naiven Optimismus revolutionärer Ideologien, über die durch soziale Umwälzungen provozierte Freisetzung bedrohlicher atavistischer Instinkte sowie über die krankhafte Verfassung des revolutionären Geistes finden ihre Entsprechung in Taines konservativem Geschichtsverständnis. Seine noch 1888 formulierte Überzeugung, die Revolution habe den »Instinkt zur grossen Organisation, die Möglichkeit einer Gesellschaft« zerstört (KSA 13/409, 15[8]), verweist ebenfalls auf den Pessimismus von Burckhardt und Taine. Die Feststellung, die von ihm aufgedeckten konformistischen Tendenzen hätten schon vor der Französischen Revolution »präludirt« und ohne sie ebenfalls ihren Weg gemacht (KSA 11/433, 34[43]), sowie die Ausführungen über die »Corruption« des französischen Adels (JGB 258) sind möglicherweise Variationen Tocquevillescher Themen, denen er bei Burckhardt oder Taine begegnet ist. Wenn Nietzsche aber vom Reiz spricht, den demokratische Zeitalter auf ihn ausüben, steht er Tocqueville näher als Burckhardt, Hillebrand und Taine. Weil er, wie später zu zeigen sein wird, in der Demokratie das Produkt des Zerfalls der religiösen Autorität sieht, bewertet er sie keineswegs nur negativ.

Die konservative oder liberalkonservative Revolutionskritik, die Historiker wie Burckhardt, Taine und Hillebrand in Anlehnung an Tocqueville formuliert haben, ist eine Verbindung von wissenschaftlichen bzw. pseudowissenschaftlichen Argumenten, elitären Vorurteilen und pessimistischen Urteilen über die Geschichte und die Natur des Menschen. Religiöse Rücksichten spielen darin keine Rolle mehr. Taine ist für Nietzsche als Historiker akzeptabel, weil er seine atheistischen Überzeugungen nicht seinem politischen Konservatismus opfert. Wie Nietzsche im Hinblick auf Voltaire einmal erklärt hat (MA I 221), besteht das Problem der nachrevolutionären Kultur ja gerade darin, Mut, Konsequenz und geistige Freiheit mit einer unrevolutionären Gesinnung zu verbinden. Das ideale Vorbild für eine solche Haltung gibt für ihn Goethe ab, »der letzte Deutsche«, vor dem er Ehrfurcht hat. Ihm gebührt Lob, weil er im Gegensatz zu seinen enthusiastisch gestimmten Landsleuten die Französische Revolution mit »Ekel« empfunden hat. Goethes politischer Standpunkt ist als

Reformkonservatismus bezeichnet worden. Bis zu einem gewissen Grad hat allerdings selbst er die Berechtigung der Revolution in Frankreich eingeräumt und deren Ursachen in einer verfehlten, ungerechten Politik erkannt. Ähnlich wie einige deutsche Revolutionsanhänger hat er sie als unwiderstehliches Naturereignis begriffen, ja zuweilen sogar ihre positiven Resultate gewürdigt[121]. Als Beleg dafür zitiert Werner Krauss (Krauss 1977/131) eines der *Venezianischen Epigramme* (57). Darin ist die Rede von »heftigen Sprechern, Die wir in Frankreich laut hören auf Strassen und Markt.« Den meisten Zeitgenossen erscheinen jene Menschen als toll, Goethe freilich gesteht: »Mir auch scheinen sie toll; doch redet ein Toller in Freiheit/ Weise Sprüche, wenn ach! Weisheit im Sklaven verstummt!« Goethe ist direkt betroffen von einem Ereignis, das die Gemüter seiner Zeitgenossen bewegt. Nietzsche dagegen, der in einem seiner eindringlichsten Bilder ebenfalls einen tollen Menschen auf dem Markt sprechen lässt, kennt es nur noch vom Hörensagen und hält ein anderes Ereignis für die grosse Tat, die die Geschichte revolutioniert.

Ausschlaggebend für Nietzsches Sympathie zu Goethe ist der Umstand, dass jener nicht nur über die Revolution, sondern auch über das »Kreuz« gleich gedacht hat wie er selbst, dass er zur christlichen Religion wie zur Französischen Revolution Distanz bewahrt hat[122]. Goethe stellt, wie sein Bewunderer meint, den grossartigen Versuch dar, »das achtzehnte Jahrhundert zu überwinden durch eine Rückkehr zur Natur, durch ein Hinaufkommen zur Natürlichkeit der Renaissance«. Ihm ist die »Selbstüberwindung« des Jahrhunderts gelungen, da er »dessen stärkste Instinkte« in sich trägt: »die Gefühlsamkeit, die Natur-Idolatrie, das Antihistorische, das Idealistische, das Unreale und Revolutionäre«. Die Frage nach dem Naturbegriff, den Nietzsche gegen den Rousseauschen ausspielen möchte, kann jetzt etwas genauer beantwortet werden als im letzten Kapitel. Jene Natürlichkeit, zu der er hinaufzukommen trachtet, ist die Kraft, die Widersprüche des eigenen Zeitalters auszuhalten, Realist und Idealist, revolutionär und unrevolutionär zugleich zu sein. Hätte Nietzsche diese Kraft wirklich besessen, so hätten freilich seine undifferenzierten Attacken gegen Revolution und Demokratie einer grosszügigeren Einschätzung weichen müssen. Das 19. Jahrhundert, so führt er seine Gedanken über Goethe weiter, hat dessen Universalität des Verstehens angestrebt. Doch es bietet sich als Chaos dar, als »nihilistisches Seufzen«; in seiner Ratlosigkeit sucht es bloss das 18. Jahrhundert zu imitieren (GD Streifzüge eines Unzeitgemässen 48-51).

Ob es Nietzsche gelungen ist, das Chaos zu überwinden, darf bezweifelt werden. Zu beobachten, wie er es versucht hat, ist immerhin höchst faszinierend. Seinen eigenen Standpunkt versteht er nicht als konservativ oder reaktionär; Taines Versuch, Burkes vernichtendes Urteil über die Revolution noch zu überbieten, ist für ihn im Grunde bloss eine »Don-Quixoterie«. Schon eher könnte er sich Tocqueville anschliessen, dessen Werk er allerdings weniger gut gekannt hat als Taines *Origines;* auch er versteht den Prozess der Demokratisierung als unumkehrbar und in gewisser Hinsicht sogar als geistige Befreiung. Umso merkwürdiger nehmen sich seine verstreuten Anmerkungen über den Wert der Aristokratie aus. Weder dem aus alter Familie stammenden Aristokraten Tocqueville, der immerhin für kurze Zeit Mitglied einer republikanischen Regierung gewesen ist, noch dem konservativen Gelehrten Taine hätte es einfallen können, die Aristokratie nicht als eine Funktion des Gemeinwesens, sondern als »dessen Sinn und höchste Rechtfertigung« (JGB 258) zu bezeichnen. Beiden galt als selbstverständlich, dass die Aristokratie eine öffentliche Verantwortung zu übernehmen hat. Dieser Gesichtspunkt bleibt Nietzsche fremd. Daraus lässt sich schliessen, dass er im Gegensatz zu manchen konservativen Historikern seine feudal-aristokratische Nostalgie ideologisch nicht einmal zu rechtfertigen sucht. Der Schluss ist jedoch nicht zwingend; wenn Nietzsche über die öffentliche Verantwortung der Aristokratie schweigt, könnte dies auch heissen, dass er ihr gar keine politische Aufgabe zuweist, sondern ausschliesslich eine kulturelle und pädagogische, dass überdies das Wort Aristokratie bei ihm nicht den alten Adelsstand bezeichnet, sondern eine intellektuelle Elite der Zukunft. Mit solchen Gedankengängen gerät Nietzsche paradoxerweise wiederum in die Nähe jener geistigen Strömung, die von der Aufklärung zur Revolution führt. Ziel der Aufklärungsphilosophen und der philosophisch inspirierten Revolutionäre war es, mit den Mitteln der Erziehung die alte Gesellschaftsordnung zu überwinden, wobei der Infragestellung der religiösen Autorität vorrangige Bedeutung zukam. Nietzsche, der zeitweilig das Erbe Voltaires anzutreten sucht und von einer aufgeklärten Revolution träumt, hat im Studium der Französischen Revolution gelernt, dass jede freigeistige Tätigkeit letztlich einen Volksaufstand provozieren kann. Muss nicht, wer das »Heiligste und Mächtigste, was die Welt bisher besass« tötet, selbst zum Gott werden (FW 125), um den Ausbruch des Chaos zu verhindern? Die seltsame Faszination, die die von Taine überlieferte Erzählung La Harpes auf Nietzsche ausgeübt hat, könnte angesichts solcher Zusammenhänge eine Erklärung finden.

IV

DIE OFFIZIELLE UND DIE
VERBORGENE REVOLUTION

Das Phänomen der Revolution hat Nietzsche schon in jungen Jahren beschäftigt. Im Herbst 1859 denkt er über die Ursachen nach; vom Umsturz bedroht sind, so glaubt er, einerseits wenig zivilisierte, andrerseits überkultivierte und moralisch dekadente Gesellschaften[1]. Ob frühe Notizen wie diese überhaupt relevant sind für das Verständnis der späteren Philosophie, ist eine zur Zeit in der Nietzsche-Forschung umstrittene Frage. Hermann Josef Schmidt plädiert dafür, selbst frühe Schülertexte Nietzsches für die Rekonstruktion seines Denkwegs herbeizuziehen[2]. Beachtung verdient dieser Vorschlag sicher dort, wo in den betreffenden Texten existentiell schwerwiegende theologische Fragen zur Sprache kommen. In der psychoanalytischen Perspektive ist es vielleicht möglich, das gesamte philosophische Anliegen auf eine frühe Revolte gegen den Gott-Vater zurückzuführen. Motive der Rebellion, des Aufstands gegen die göttliche Ordnung und gegen die Macht des Herkommens tauchen in Nietzsches frühen Versuchen häufig auf. Hier ist nur zu erinnern an seine Beschäftigung mit dem Prometheus-Stoff[3], an den tiefen Eindruck, den er von Hölderlin und insbesondere von dessen *Empedokles* empfangen hat[4], an die Begeisterung für Byron, auch an das Interesse für Heine und die Vertreter des »Jungen Deutschland«, schliesslich an die Begegnung mit Feuerbachs Religionskritik[5].

Politik als eine von der religiösen Entscheidung losgelöste, diesseitige Tätigkeit ist dagegen für den jungen Nietzsche kein vitales Problem gewesen[6]. Die Französische Revolution gibt allenfalls die Kulisse ab für moralische Lehrstücke, die sich der jugendliche Dichter ausdenkt[7]. Dass die philosophische und wissenschaftliche Untergrabung des christlichen Glaubens zu grossen Umwälzungen führen muss, sieht Nietzsche freilich bereits 1862[8]. Doch erst in der dritten *Unzeitgemässen Betrachtung* gelingt es ihm, eine Theorie des revolutionären Prozesses zu formulieren; diese wiederum ist das Resultat einer jahrelangen ideologiekritischen Anstrengung, der allmählichen Überwindung der eigenen politischen Orientierungen. Aufgrund neuerer Forschungen lässt sich beim jungen Nietzsche zwischen 1858 und 1866 der Übergang von einem republikanischen zu einem nationalliberalen Standpunkt verfolgen. Ich verweise für diese Zusammenhänge auf die Arbeiten von Rüdiger Schmidt[9] und möchte hier bloss einen Text erwähnen, der ein frühes Bekenntnis zum Bonapartismus darstellt, den Aufsatz *Napoleon III als Praesident* vom Januar 1862 (BAW 2/23-28). Geniekult und Republikanismus werden darin in eine seltsame Synthese gebracht. Das Genie ist laut Nietzsche »von andern und höhern Gesetzen abhängig« als gewöhnliche Menschen, von Gesetzen, die scheinbar zu den anerkannten moralischen und rechtlichen Normen in Widerspruch stehen, aus der Perspektive der Menschheitsgeschichte jedoch damit zusammenstimmen. »Untadelhaft« ist es, wenn ein »Herrschergenie« die bisher in »unwürdigen Händen« liegende Regierungsmacht an sich nimmt. Das Genie ist am Erfolg zu erkennen; Bedingung des Erfolgs aber ist die Rücksicht auf den Volkswillen, denn – so weiss der Schüler – »auf das Volk ist ja jede Regierung, wenn sie nicht den Keim des Verderbens in sich tragen soll, zurückzuführen«[10]. Im Anschluss an diese grundsätzlichen Überlegungen wird die rhetorische und vielleicht auch ein wenig provokative Frage gestellt, ob Napoleon III. »nicht mit vollem Recht ein Herrschergenie« zugestanden werden muss, »so viel auch germanischer Frankenhass in ihm nur einen schlauen Hund erkennen will«. Bemerkenswert ist, dass Nietzsche früh bereits Sympathien für eine Herrschaftsform bekundet, die von konservativen Zeitgenossen als »Cäsarismus« bekämpft wird. Die kurze aber intensive Bismarck-Begeisterung von 1866 geht auf vergleichbare Motive zurück.

Trotz der Niederlage der Revolution von 1848 ist der Wunsch nach einer deutschen Republik im Volk lange wach geblieben, wie sich Nietzsche im Jahre 1858 erinnert (BAW 1/4). Kaum zehn Jahre später notiert er im Bemühen, seine Leipziger Zeit zu rekonstruieren, für den Sommer 1866 »Politische Aufregung« (BAW 3/313). Es macht den Anschein, als wiederhole der junge Nietzsche in diesen Jahren die politische Entwicklung so mancher Deutscher, die sich in den zwei Jahrzehnten nach der gescheiterten Revolution von Anhängern der Republik zu Sympathisanten der Politik Preussens gewandelt und die Ziele der Freiheit und der Demokratie jenem der Einheit geopfert haben. Äusserungen, die auf ein Interesse für die politischen Sorgen Deutschlands hindeuten, sind allerdings in den Briefen des Studenten vor 1866 kaum zu finden. Vorerst engagiert er sich nur für die protestantische Sache[11]. Nachdem er in der Verbindung Frankonia einige Erfahrungen gesammelt hat, beklagt er die politische Naivität der Burschenschaften und fühlt sich überdies abgestossen vom völlig unpolitischen Korporationsleben[12]. Mit seinem Vortrag über Deutschlands politische Dichter im Sommer 1865 strebt er offenbar danach, das Niveau zu heben. Sein Ziel dabei ist, wie er Wilhelm Pinder mitteilt, die »Bekämpfung aller Anachronismen in der Verbindung« (KSB 2/71)[13]. Die Vermutung, dass die beabsichtigte Niveauhebung auch als Politisierung zu verstehen ist, drängt sich aufgrund der hier zitierten Briefe auf; über die Richtung dieser Politisierung ist freilich kaum etwas zu erfahren. Anlässlich des Kölner Besuchs des preussischen Königs gesteht Nietzsche seiner Mutter, nachdem er die »Kälte« des Publikums konstatiert hat: »Ich begreife aber auch wirklich nicht, woher jetzt gerade der Enthusiasmus für König und Minister kommen soll«(KSB 2/66). Ein Jahr darauf heisst es in einem Brief an Mutter und Schwester: »Alle unsre Hoffnung steht bei einem deutschen Parlament«(KSB 2/133).

Preussens Krieg gegen Österreich und die Staaten des Deutschen Bundes, Bismarcks Strategie, die preussischen Annexionen und die Entmachtung mehrerer Fürstenhäuser: all dies erscheint den Zeitgenossen, Anhängern wie Gegnern Preussens und Bismarcks, als eine veritable Revolution. Freilich handelt es sich um eine »Revolution von oben«; der autoritäre Charakter des Staats wird sanktioniert. Burckhardt beschreibt die »grosse deutsche Revolution von 1866« als das Werk von Preussens Armee und Regierung (Burckhardt/Ganz/373)[14]. Heinrich von Treitschke hält in seiner Schrift über *Die Zukunft der norddeutschen Mittelstaaten*, die sich Nietzsche »mit grosser Mühe« in Leipzig beschafft hat (KSB 2/159), fest: »die deutsche Revolution, darin wir heute gehobenen Herzens mitten inne stehen, erhielt ihren Anstoss von oben, von der Krone Preussen« (Treitschke 1866/3). Sein enthusiastisches Bekenntnis verknüpft er mit heftigen Anklagen gegen die »Sünden unseres hohen Adels«, d.h. gegen die partikularistische Politik mehrerer Dynastien. Den Fürsten wirft er nicht zuletzt vor, »das exotische Gewächs jenes rothen Radicalismus gross gezogen« zu haben, »der in dem neuen Deutschland einer conservativen Staatsgesinnung, einer ernsten monarchischen Zucht weichen muss.« Er versichert, die »Einverleibung in den preussischen Staat« werde »für alle gesunden, arbeitenden Klassen des Volks ein reiner Gewinn sein« (Treitschke 1866/22; 14). Treitschkes kleine Schrift ist typisch für das neue Revolutionsverständnis, das sich damals bei manchen deutschen Gelehrten und Politikern durchgesetzt hat. Nicht demokratische Programme und Volksaufstände, sondern Staatsgewalt und militärische Kräfte sind ihm zufolge die wirklichen revolutionären Potenzen[15]. Das Urteil der konservativen Bismarck-Gegner fällt entsprechend aus. Laut Constantin Frantz tragen die von 1866 datierenden Veränderungen in Norddeutschland revolutionären Charakter: »Was wäre sonst das Wesen der Revolution, wenn nicht eben das radicale Abbrechen der geschichtlichen Entwicklung« (Frantz 1870/67). »Pöbelexcesse und die Apparate der Schreckensregierung« gehören hingegen bloss zur auswechselbaren Szenerie der Handlung. Selbst Menschenrechtsforderungen sind nicht dem Wesen der Revolution zuzurechnen,»strategische und commerzielle Rücksichten« können ihr ebensogut zugrundeliegen. Revolution bedeutet Negation der Geschichte; zur Geschichtslosigkeit als Inbegriff allen Übels wird Frantz später ausser der Bismarckschen Reichsgründung die »Herrschaft der Kasernen und der Börse« und mehr noch das »Judenthum« und die Sozialdemokratie rechnen[16].

Gegner wie Anhänger der »Deutschen Revolution« sind sich darin einig, dass die Französische Revolution nicht länger das Vorbild für gesellschaftliche Veränderungen abgeben kann. In welchem Mass die von den schockierten Zeitgenossen als revolutionär bewerteten Ereignisse auch für das politische Denken von umwälzender Wirkung gewesen sind, hat Karl-Georg Faber untersucht. Während ein Vertreter der katholisch-konservativen Seite wie Joseph Edmund Joerg das Ende der christlich-germanischen Gesellschaftsordnung und die moralisch-politische Auflösung Europas konstatiert, wird die Bismarcksche Politik nicht nur von einer Fraktion der Konservativen und von den Nationalliberalen unterstützt, sondern vereinzelt auch von Vertretern der demokratischen und sozialistischen Linken trotz aller Skepsis mit einer gewissen Sympathie verfolgt. Doch selbst die überzeugten Anhänger Bismarcks bemängeln seine fehlenden moralischen Qualitäten (Faber 1966/3-13). Das Jahr 1866 markiert laut Faber die schon länger sich abzeichnende »innere Erschöpfung der geistigen Gehalte des deutschen Idealismus« und den Übergang zu einer positivistischen und an naturwissenschaftlichen Modellen sich orientierenden Betrachtungsweise[17]. »Realpolitik« und nationale Identitätsgefühle triumphieren sowohl über legitimistische Ansprüche wie über demokratische Hoffnungen. Sozialdarwinistische Deutungen von Geschichte und Politik werden populär; Vorstellungen von Macht, Kraft und Vitalität verdrängen bisher anerkannte politische Prinzipien.

Dem Studenten Nietzsche, der das politische und militärische Tagesgeschehen im Sommer 1866 aufmerksam verfolgt, bieten die Ereignisse reiches Anschauungsmaterial. Den gewaltsamen Abbruch von Traditionen, den Primat der Macht vor dem Recht sowie die biologistische Legitimation von Politik erfährt er damals bereits ganz konkret. Überdies ist die »Deutsche Revolution« das einzige politische Ereignis, mit dem er sich während einer kurzen Zeit nicht ohne Leidenschaft identifiziert hat. Nachdem er noch Ende Mai auf eine parlamentarische Lösung der Krise gehofft hat, kommentiert er Anfang Juli in einem Brief an Mutter und

Schwester die »entscheidenden Ereignisse« und die »Gefahr, in der Preussen steckt«. An einen vollkommenen Sieg der preussischen Strategie glaubt er nicht, er ist indes von Bismarcks Politik stark beeindruckt: »Auf diese revolutionaire Weise den deutschen Einheitsstaat zu gründen, ist ein starkes Stück Bismarks: Muth und rücksichtslose Consequenz besitzt er, aber er unterschätzt die moralischen Kräfte im Volke.« Das Argument entspricht einer damals verbreiteten Einschätzung; selbst Treitschke hat Bismarck »geringes Verständnis für die sittlichen Kräfte des Völkerlebens« attestiert (zitiert bei Faber 1966/12). Als »enragirter Preusse« begrüsst Nietzsche die »preussische Art, die Fürsten loszuwerden« als die »bequemste von der Welt«. Im gleichen Brief äussert er sich ziemlich abfällig über das Naumburger konservative Milieu (KSB 2/134ff). Die Begeisterung für Bismarck ist freilich nicht ungetrübt, wie ein Brief an Wilhelm Pinder belegt. Dem Freund gegenüber beklagt er, »dass dieser so begabte und thatkräftige Minister seiner Vergangenheit viel zu sehr obligirt ist; diese Vergangenheit aber ist eine unmoralische«. Damit wird wahrscheinlich auf die verfassungswidrige Regierung angespielt. »Man kann nicht« – so glaubt Nietzsche noch in den militärisch entscheidenden ersten Julitagen – »das Beste mit schlechten Mitteln erreichen.« Im gleichen Zug macht er sich die Ansicht französischer Zeitungen zu eigen, denen Bismarck als Revolutionär gilt. Die Zeit selbst erlebt er als revolutionär: »Der Boden, der fest und unerschütterlich schien, wankt; die Masken fallen von den Gesichtern ab. Die selbstsüchtigen Neigungen zeigen unverhüllt ihr hässliches Antlitz. Vor allem aber bemerkt man, wie gering die Macht des Gedankens ist« (KSB 2/138)[18]. Die skeptische Einstellung ist mit konservativer Opposition gegen Bismarcks Pläne nicht zu verwechseln. Nietzsche ist stolz, »in dieser Zeit ein Preusse zu sein«. Er empfindet, wie er Hermann Mushacke schreibt, »das seltsame Gefühl, als ob ein Erdbeben den Boden, den unerschütterlich geglaubten, unsicher machte, als ob die Geschichte nach jahrelanger Stockung plötzlich ins Rollen gekommen sei und unzählige Verhältnisse mit ihrer Wucht niederwürfe«. Er glaubt nicht, dass »bloss der Kopf des einzelnen jedenfalls bedeutenden Mannes die Maschine in Bewegung gebracht« hat; das »Gewitter« hat sich schon lange angekündigt. Endlich »brechen morsche Gebäude mit Geprassel zusammen, wenn auch nur ein Kind an einem Pfeiler rüttelt. Jedenfalls muss man sich hüten, bei diesem Sturz nicht selbst zu verunglücken«. Nietzsche ist zur Einsicht gekommen, dass der Patriotismus bzw. die persönliche Betroffenheit es verunmöglichen, die Geschehnisse objektiv zu beurteilen. Offenbar fürchtet er, dass das »Drama«, dem er und seine Freunde bisher so viel Beifall gespendet haben, sich noch in eine »Tragödie« verwandeln könnte und er selbst dann gezwungen wäre, »dabei eine der unzähligen Statistenrollen zu übernehmen« (KSB 2/140f).

In einem Brief an Carl von Gersdorff, der als Soldat Dienst tut, schlägt er dagegen erneut einen siegesgewissen Ton an: »stolz müssen wir sein, eine solche Armee zu haben, ja sogar – horribile dictu – eine solche Regierung zu besitzen, die das nationale Programm nicht bloss auf dem Papiere hat, sondern mit der grössten Energie, mit ungeheurem Aufwand an Geld und Blut, sogar gegenüber dem französischen grossen Versucher Louis le diable, aufrecht erhält.« Dem Begriff des Liberalismus verleiht er einen neuen Inhalt: liberal ist ihm zufolge jede Partei, die die Ziele der preussischen Politik gutheisst[19]. Die »Feuerprobe für den Ernst des nationalen Programms« steht freilich erst bevor. Nietzsche erwartet einen Krieg gegen Frankreich[20], der »eine Gesinnungseinheit in Deutschland hervorrufen« muss. Wenn »die Bevölkerungen eins sind«, ist die Zeit der »mittelstaatlichen Fürsten« vorbei. »Niemals seit 50 Jahren sind wir der Erfüllung unsrer deutschen Hoffnungen so nahe gewesen. Ich beginne allmählich zu begreifen, dass es doch wohl keinen andern, milderen Weg gab, als den entsetzlichen eines Vernichtungskrieges« (KSB 2/142f). Mitte August schildert er Gersdorff die Leipziger Zustände und bedauert, dass die Integrität der sächsischen Landesgrenzen gewahrt wird (KSB 2/150f). Wenige Tage darauf, nach Abschluss des Prager Friedens, hält er im Rückblick fest, »dass das Bismarcksche Spiel ein überaus kühnes war [...]. Aber der Erfolg ist diesmal da: was erreicht ist, ist gross. Minutenlang suche ich mich einmal von dem Zeitbewusstsein, von den subjektiv natürlichen Sympathien für Preussen loszumachen und dann habe ich das Schauspiel einer grossen Haupt- und Staatsaktion, aus solchem Stoff, wie nun einmal die Geschichte gemacht ist, beileibe nicht moralisch, aber für den Beschauer ziemlich schön und erbaulich« (KSB 2/159)[21].

Solche Äusserungen sind, wie Theodor Schieder in seinem Aufsatz über Nietzsche und Bismarck schreibt, typisch für die Stimmung der nationalen und liberalen deutschen Intelligenz: »Nietzsche unterscheidet sich nicht von vielen anderen« (Schieder 1963/7). Zu dieser von Sybel und Treitschke repräsentierten nationalliberalen Intelligenz darf auch Nietzsches wichtigster akademischer Lehrer, Friedrich Ritschl, gezählt werden. Vom gemässigten Sympathisanten der 48er Revolution hat er sich zum entschiedenen Demokratie-Gegner entwickelt. Bereits 1848 plädiert er für ein einiges Deutschland unter Preussens Führung und wird 1866 zum begeisterten Anhänger der Bismarckschen Politik[22]. Unter Nietzsches Freunden ist Carl von Gersdorff zu jener Zeit zweifellos derjenige, der sich am intensivsten mit dem politischen Geschehen befasst.

Auch er begrüsst die »preussischen Fortschritte in der Zerstörung der Märchenwelt des deutschen Particularismus und der oesterreichischen Perfidie« (KGB I 3/116)[23]. Am 4.September 1866, kurz nach Friedensschluss, lässt er in einem Brief an Nietzsche angesichts der politischen Situation seinem Unmut freien Lauf; die Bedingungen, die Preussen den unterlegenen Staaten gestellt hat, sind ihm viel zu mild, mehr noch bringt ihn das Treiben konservativer, Österreich-freundlicher Kreise in Preussen »in Harnisch« (KGB I 3/143f)[24]. Im Februar des nächsten Jahres übermittelt Nietzsche dem Freund einen ausführlichen und farbigen Bericht von den Leipziger Wahlen, in denen der Kandidat seiner Partei vom Verfechter des »sächsischen Particularismus« geschlagen wird (KSB 2/198ff)[25]. Aus Gersdorffs Antwort erfährt er von Bismarcks energischen Auftritten vor dem Reichstag (KGB I 3/192)[26].

Gersdorff, der im Rahmen seiner Berliner Studien die »eigentlich die ganze heutige Menschheit erfüllende und bewegende Wissenschaft« der Nationalökonomie kennengelernt hat, ist es auch, der Nietzsche in deren Geheimnisse einweiht und ihm ihre Bedeutung für die Politik erläutert: »Die Nationalökonomie erhebt den, der sie verstanden hat, in die Vogelperspektive über das Treiben der Menschen, dessen Zweck ist Befriedigung der Bedürfnisse, also Egoismus.« Die Konflikte der Gegenwart, so verrät Gersdorff dem Freund, sind ökonomischer Natur und lassen sich auf den Kampf zwischen Kapital und Arbeit reduzieren: »Alle Theorien unseres Jahrhunderts Socialismus Communismus, Association Consumvereine sind erdacht worden um diesen Kampf zu schlichten, um das Proletariat zu beseitigen diesen Krebsschaden aller Hochcultur; alle erweisen sich vor der Kritik und in der Praxis als unhaltbar und naturwidrig.«[27] Die Erfahrung hat bisher erst gelehrt, »dass die Capitalien sich mehr und mehr in einer Hand vereinigen, das Proletariat also mehr und mehr zunimmt«. Im Bemühen, Nietzsches Interesse auf die Nationalökonomie hinzulenken, erwähnt Gersdorff schliesslich noch, dass man bei ihrem Studium »gar oft an Schopenhauer erinnert wird« (KGB I 3/224f). Im Februar 1868 liest er auf Nietzsches Empfehlung hin Friedrich Spielhagens Roman *In Reih und Glied*. Während Nietzsche das Buch des von ihm hochgeschätzten Schriftstellers als Dichtung im »tragischen, fast asketischen Sinne Schopenhauers« anpreist (KSB 2/239), entdeckt Gersdorff die »sogenannte sociale Frage, die Frage von Capital und Arbeit« als dessen eigentliches Thema. Er hat kurz zuvor Lassalles Streitschrift gegen Schulze-Delitzsch gelesen und ist vom Autor stark beeindruckt[28]. Lassalle, so glaubt er, hat Spielhagen zu einer seiner Romanfiguren inspiriert. Geradezu schuldbewusst bricht er jedoch im Brief seinen Gedankengang ab;

ihm wird bewusst, dass solche Zusammenhänge »ja von weit geringerer Bedeutung« sind »als der durch das Ganze sich hindurch ziehende tragische, entsagende Sinn der Helden und Heldinnen« (KGB I 3/229f)[29]. Nietzsche sieht, wie seinem Antwortschreiben zu entnehmen ist, vorläufig keine Möglichkeit, sich Lassalles Schriften anzuschauen. Immerhin hat ihn dessen »irrationale Grösse« bereits beschäftigt. Auch er hat nämlich begonnen, sich bezüglich der »socialen Frage« ins Bild zu setzen, und zwar anhand von Joergs 1867 erschienener *Geschichte der social-politischen Parteien in Deutschland,* die allerdings, wie er sogleich unterstreicht, »eine bedenkliche Lekture ist und scharf säuerlich nach Reaktion und Katholicismus schmeckt«. Im gleichen Brief kommt Nietzsche nochmals auf Spielhagen zurück. Ihn möchte er gerne persönlich kennenlernen und sieht in ihm offenbar neben Bahnsen, Dühring und Frauenstädt den potentiellen Kandidaten für einen künftigen philosophischen Freundeskreis, der sich der Pflege Schopenhauerschen Gedankengutes zu widmen hätte. Doch jetzt ist er es, der Rücksicht auf die Interessen des Freundes nimmt: »Aber, wirst Du sagen, es ist jetzt nicht die Zeit zu philosophieren. Und Du hast recht. Politik ist jetzt das Organ des Gesammtdenkens« (KSB 2/ 257f). Die Ereignisse vermag er nur in dem Masse zu begreifen, wie er sie auf das Wirken einzelner Männer reduziert. Bismarck bereitet ihm »unmässiges Vergnügen«; dass sich »gegen solche Naturen alles Kleinliche, Engherzige, Parteiische, Bornirte aufbaumt«, erscheint ihm notwendig. Zum Zeitpunkt, da er diese Sätze formuliert, sieht sich Bismarck mit wachsenden Schwierigkeiten in Norddeutschland und mit einer siegreichen antipreussischen Opposition in Süddeutschland konfrontiert. Die Hoffnungen auf eine rasche und friedliche deutsche Einigung sind gesunken. Es bleibt unklar, was Nietzsche mit seiner knappen Erklärung über die Würde der Politik – wenn sie überhaupt mehr ist als eine für Gersdorff bestimmte Geste des Entgegenkommens – anspricht: das Programm der deutschen Einheit oder die Praxis des dieses Ziel verfolgenden Staatsmanns. Auf den Briefwechsel zwischen Nietzsche und Gersdorff bin ich hier deshalb so detailliert eingegangen, weil er dokumentiert, wie zweitrangig politische Sorgen für Nietzsche nach 1866 bereits wieder geworden sind. Er sucht sich der Stimmungslage seiner Briefpartner, insbesondere Gersdorffs, anzupassen, so wie dies umgekehrt auch geschieht. Ist diese Stimmungslage von der Anteilnahme am politischen Leben bestimmt, besinnt auch er sich darauf, selbst nachdem seine eigenen nationalen Gefühle wieder erkaltet sind. Der Briefwechsel zeigt überdies, dass im Bewusstsein der intellektuellen Zeitgenossen der Enthusiasmus für die deutsche Einigung und das Bekenntnis zur tragischen Weltanschauung Schopenhauers unschwer miteinander in Einklang zu bringen sind. Gersdorffs Briefe enthalten schliesslich eine beunruhigende Botschaft: ob Bismarcks innenpolitische, militärische und diplomatische Strategien zum Ziel führen oder nicht, die wirklichen Probleme des 19. Jahrhunderts bleiben davon unberührt. Verführt vom erbaulichen »Schauspiel einer grossen Haupt- und Staatsaktion« bleiben die Zuschauer, zu denen vorläufig auch Nietzsche gehört, blind für die ungleich wichtigeren Kämpfe zwischen Kapital und Arbeit.

Joergs Buch, aus dem sich Nietzsche trotz der obligaten Bedenken manches angeeignet hat, ist wahrscheinlich die wichtigste Quelle für seine damaligen Kenntnisse sozialer Probleme. Joseph Edmund Joerg, ein führender Vertreter der süddeutschen katholisch-konservativen Bewegung, hat ähnlich wie der Mainzer Bischof Wilhelm Emmanuel von Ketteler[30] das Gewicht der »sozialen Frage« erkannt. Sein Buch ist motiviert vom leidenschaftlichen Protest gegen den Kapitalismus und gegen die neue herrschende Klasse, die, so wird gleich eingangs erklärt, nur mit dem französischen Namen »Bourgeoisie« bezeichnet werden darf[31]. Ausgangspunkt der Darstellung ist die Revolution von 1848, die nach Joerg nur in politischer, nicht in sozialer Hinsicht gescheitert ist und einen ersten Triumph des ökonomischen Liberalismus markiert. Die alte Gesellschaftsordnung wird in Deutschland 1848 in erster Linie vom mittelständischen »historischen Bürgertum« verteidigt, das sich durch die Gewerbefreiheit bedroht sieht und an der »alten und positiven Organisation der Gesellschaft« festhält. Dagegen betreibt die Bourgeoisie planmässig die Auflösung feudaler, zunftmässiger, naturalwirtschaftlicher Einrichtungen. Vor der »Willkürmacht des Capitals« – so Joerg – »sollte jede Schranke fallen. [...] alles Unbewegliche, alles classenartig in sich Abgeschlossene, alles Ständische musste in Fluss gebracht werden.« Weil das primäre Ziel der Bourgeoisie nicht die politische, sondern die ökonomische Umwälzung ist, macht es ihr nichts aus, angesichts der drohenden sozialistischen Revolution die Verständigung mit den bestehenden Gewalten zu suchen. Die monarchischen Regierungen sind das Bündnis eingegangen, wie Joerg bedauernd feststellt. Die Politik in den deutschen Ländern wird seither immer unerbittlicher vom »negativen Gedanken des liberalen Oeconomismus« beherrscht, die »Schutzwehren des alten Mittelstandes« werden allmählich unterwühlt (Joerg 1867/4-8).

Der moderne Liberalismus, in England erdacht und mit der Französischen Revolution zum ersten Mal in die Praxis umgesetzt, zeigt seine verhängnisvollen Auswirkungen am deutlichsten im industriell fortgeschrittenen England. Das neue System hat dort, wie Joerg demonstriert, aus grossen Bevölkerungsteilen »eine ganz andere Race gemacht, eine eigentliche Sklavenbevölkerung, die ihren Ahnen in nichts gleichsieht und nothwendig mit jeder Generation mehr den Stempel der Verthierung an sich ausprägt« (Joerg 1867/39)[32]. Joergs Schrift ist eine Absage an die »moderne Civilisation«, in welcher »alle menschlichen und gesellschaftlichen Verhältnisse aufhören durch das Bewusstsein einer höhern Ordnung gebunden zu sein« (28). Der Liberalismus, der die Trennung von Staat und Gesellschaft sowie von Staat und Kirche fordert, wird darin mit dem »Anarchismus atomisirter Individuen« (26) und mit der »chemischen Auflösung des ganzen Menschengeschlechts [...] in flottirende Individuen« (80)[33] gleichgesetzt. Durch den Ruin des Mittelstands bildet sich gemäss Joergs Vision eine polarisierte Gesellschaft heraus, die vom Antagonismus zwischen der kleinen bourgeoisen Oberschicht und der Masse der neuen Sklaven geprägt wird. Zusätzlich zur politischen Führung strebt die Bourgeoisie auch die kulturelle Hegemonie an und drückt der »mitlebenden Menschheit mehr und mehr ihren geistigen Stempel auf«. Ihre Herrschaft ist nicht nur mit der »Knechtung der Arbeit unter das Capital, sondern auch mit der Knechtung des Geistes unter das materielle Interesse« verbunden (88). Da der Liberalismus »die ganze Welt in eine Produktions- und Consumtions-Maschine« verwandelt, »muss er principiell das Ideale hassen«. Trotz unermesslicher Fortschritte auf wirtschaftlichem Gebiet ist die Welt in geistiger Hinsicht arm geworden: »Das Reich der Mittelmässigkeit ist zu uns gekommen und es drückt unserer Zeit mehr und mehr den Stempel geist- und schwungloser Plattheit auf« (106f.).

Joergs Programm ist nicht eine sozialistische Erneuerung der Gesellschaft; er ist überzeugt davon, dass »der Unterschied von reich und arm eine Ordnung Gottes« ist (81). Vielmehr schwebt ihm eine antiliberale Koalition zwischen den konservativen Kräften und den Arbeitern vor. Zwar ist ihm klar, dass auch die Arbeiter längst vom religionsfeindlichen Materialismus, von der »nihilistischen Dogmatik der Bourgeoisie« (113) angesteckt sind. Aber er bewundert Lassalle, obwohl dem Arbeiterführer »von allen Anschauungen und Einrichtungen der Jahrhunderte und Jahrtausende rein gar nichts heilig und unantastbar« gewesen ist (133). Tief beeindruckt zeigt er sich von dessen Gesellschaftskritik und zitiert ausgiebig aus seinen Schriften[34]. Dank Joergs Buch gewinnt Nietzsche unter anderem einen Einblick in die Theorie Lassalles.

Nietzsche, bald selbst einer der unbarmherzigsten Kritiker der bürgerlichen Kultur, wird Joergs durchweg negative Wertung der kapitalistischen Revolution, begriffen als brutaler Eingriff in die soziale Organisation, kaum geteilt haben, sonst hätte er nicht von einer »scharf säuerlich nach Reaktion« schmeckenden Lektüre gesprochen. Hinter dem abfälligen Urteil steckt sicher mehr als der blosse Hinweis darauf, dass Joerg auf der »Gegenseite« steht, d.h. im Lager der süddeutschen Opposition. Ende der 60er Jahre überwiegt bei Nietzsche die Zustimmung zum wenn nötig gewaltsamen Fortschritt gegenüber konservativen Ängsten. Dabei muss immer eingeschränkt werden: soweit für den fleissigen Philologen und Schopenhauer-Jünger Politik überhaupt in Betracht kommt. Die Parteinahme für das »revolutionäre Prinzip« in der Geschichte hält sich zudem in Grenzen und verträgt sich durchaus mit einem antifranzösischen Affekt. Die deutsche Einigung, dies ist auch Nietzsches Überzeugung, kann nur gegen die Interessen Frankreichs durchgesetzt werden. Überdies hat er bei Joerg erfahren, dass die kapitalistische Bourgeoisie in der deutschen nationalen Gemeinschaft einen Fremdkörper darstellt, dass die Französische Revolution als Ursprung der verhängnisvollen wirtschaftlichen Entwicklung gelten kann, dass endlich in Frankreich nicht bloss die Bourgeoisie zuerst triumphiert hat, sondern folgerichtig auch die politische Agitation der sozialistischen Sekten sich am stärksten ausgebreitet hat[35].

Nachdem Nietzsche Gersdorff im oben erwähnten Brief von seiner Joerg-Lektüre berichtet hat, fällt ihm ein, dass der ökonomische Liberalismus ja bereits in seinem philosophischen Lieblingswerk, in Friedrich Albert Langes *Geschichte des Materialismus* abgehandelt wird. Er hat das Buch gleich nach Erscheinen im Sommer 1866 gelesen und enthusiastisch gerühmt[36]. Im letzten Kapitel seiner Schrift[37] unterzieht Lange die von Adam Smith begründete Volkswirtschaftslehre und den darauf sich stützenden ethischen Materialismus der Kritik. Eine Theorie, die alles menschliche Handeln auf egoistische Triebe zurückführt, akzeptiert er zwar als wissenschaftliche Abstraktion, er billigt ihr aber nicht zu, die soziale Realität in ihrer Komplexität erfassen zu können. Er erkennt in ihr den ideologischen Reflex einer Gesellschaft, in der die Kapitalbildung als oberster Wert gilt. Nicht der Hedonismus prägt ihm zufolge das moderne Leben, sondern »die Arbeitssucht unsrer industriellen Unternehmer und die Arbeitsnoth der Sklaven unsrer Industrie«. Durch das »beständige Hetzen und Wühlen im Dienst des Erwerbs« verliert der Geist »die Fähigkeit zu einem reineren, edleren und ruhig gestalteten Genusse« (Lange 1866/504). Die neugeschaffenen materiellen Bedürfnisse wachsen schneller als die Mittel zu ihrer Befriedigung und der arbeitenden Klasse kommt der wirtschaftliche Aufschwung kaum zugute. Anders als die meisten Autoren, die Nietzsche in den folgenden Jahren beeinflussen werden, lässt sich Lange in seiner Gesellschaftskritik nicht von der Sehnsucht nach vorkapitalistischen Zuständen leiten[38]; die »allmählige Beseitigung der

Schranken [...], die der freien Thätigkeit des Individuums in den feudalen Einrichtungen des Mittelalters entgegenstanden« (Lange 1866/516) stellt in seinen Augen einen Fortschritt dar. Doch das bestehende System kann nicht von Dauer sein[39]: »Da die Lehre von der Harmonie der Interessen falsch ist, da das Princip des Egoismus das sociale Gleichgewicht und damit die Basis aller Sittlichkeit vernichtet, so kann es auch für die Volkswirthschaft nur eine vorübergehende Bedeutung haben, deren Zeit vielleicht schon jetzt vorüber ist« (Lange 1866/521). Der Individualismus vermag zwar veraltete Institutionen zu zersetzen, aber nur auf der Grundlage des Gemeinsinns kann eine neue Ordnung errichtet werden.

Dem Problem der »Atomisierung« der Gesellschaft, das für die konservative Kulturkritik des 19. Jahrhunderts ein zentrales Motiv darstellt, begegnet Nietzsche bereits 1866, und zwar bei einem Autoren, der nicht dem konservativ-romantischen Lager zugerechnet werden kann[40]. Lange zeigt, wie die modernen Staatsformen aufgrund des sittlichen Zerfalls und der Polarisierung der Gesellschaft zwischen Reichtum und Proletariat in ihrem Bestand bedroht sind. In diesem Zusammenhang weist er auf die sittlichen und sozialen Verdienste des Christentums hin und plädiert für eine undogmatische, aufgeklärte Religiosität, für einen neuen ethischen Idealismus. Nur in dieser Richtung sieht er einen Ausweg aus der Krise. Auf dem weiten Gebiet der sozialen Frage, so beschliesst er sein Buch, haben »alle revolutionären Elemente der Wissenschaft, der Religion und der Politik ihren Kampfplatz für eine grosse Entscheidungsschlacht« gefunden. »Sei es, dass diese Schlacht ein unblutiger Kampf der Geister bleibt, sei es, dass sie einem Erdbeben gleich die Ruinen einer vergangenen Weltperiode donnernd in den Staub wirft und Millionen unter den Trümmern begräbt: gewiss wird die neue Zeit nicht siegen, es sei denn unter dem Banner einer grossen Idee, die den Egoismus hinwegfegt und menschliche Vollkommenheit in menschlicher Genossenschaft als neues Ziel an die Stelle der rastlosen Arbeit setzt, die allein den persönlichen Vortheil ins Auge fasst« (Lange 1866/557).

Im Sommer 1866 hat Nietzsche zwei wichtige Erfahrungen gesammelt. Einerseits hat ihm die Bismarcksche Politik, die Vorbereitung der Reichsgründung vor Augen geführt, wie unter dem Einsatz staatlicher und militärischer Machtmittel die Geschichte in neue Bahnen gelenkt werden kann. Andererseits hat er bei Lange gelernt, dass die bestehenden wirtschaftlichen Verhältnisse und die sie sanktionierenden Ideologien die europäische Zivilisation in eine materielle und ethische Krise gestürzt haben und dass tiefgreifende geistige, kulturelle und soziale Umwälzungen bevorstehen. Der von den nationalliberal bzw. reichsdeutsch denkenden

Zeitgenossen nicht durchschaute Antagonismus zwischen diesen zwei Möglichkeiten historischen Wandels wird ihn bis in die Mitte der 70er Jahre hinein beschäftigen. Im Herbst 1868 bezieht Nietzsche seine neue Wohnung bei der Familie Biedermann in Leipzig. Carl Biedermann hat 1848 eine bedeutende Rolle gespielt und sich 1866 als Führer der Preussen-freundlichen sächsischen Nationalliberalen, also der von Nietzsche unterstützten Partei hervorgetan. Nietzsche ist erleichtert darüber, wenn dennoch im Hause Biedermann von Politik fast nicht gesprochen wird, da er, wie er Rohde gesteht, kein zoon politikon ist und »gegen derartige Dinge eine Stachelschweinnatur« hat (KSB 2/331). Die patriotische Begeisterung scheint verflogen zu sein; zwar flammt sie anlässlich des deutsch-französischen Krieges noch einmal auf, doch wie schon 1866 ist sie nicht von Dauer. Die Kriegserklärung wird zunächst als »furchtbarer Donnerschlag« erlebt; »unsre ganze fadenscheinige Kultur stürzt dem entsetzlichsten Dämon an die Brust«, heisst es in einem Brief an Rohde. Nietzsche sieht den »Anfang vom Ende« gekommen und sehnt sich nach neuen Klöstern (KSB 3/ 130f). Freilich denkt er immer noch national: der »fluchwürdige französische Tiger« ist der Feind[41]. Der Basler Professor, der seine preussische Heimatberechtigung aufgegeben hat, will trotzdem seinen »Pflichten gegen das Vaterland« Genüge tun, wie er Wilhelm Vischer-Bilfinger Anfang August mitteilt (KSB 3/133). Er lernt als Sanitäter das Kriegselend kennen und erkrankt im Dienst. Nichtsdestoweniger bricht in Briefen an Wagner und Ritschl der patriotische Stolz hervor: die deutschen Siege sind »Feuerzeichen an der Wand, allen Völkern verständlich« (KSB 3/ 144). Doch im November hat sich die Stimmung gewandelt: »ich halte das jetzige Preussen für eine der Cultur höchst gefährliche Macht«, verrät er Gersdorff »im Vertrauen« und Rohde gegenüber gibt er seiner Besorgnis vor der Zukunft, die er als »verkapptes Mittelalter« zu erkennen wähnt, Ausdruck (KSB 3/155; 160)[42]. Zum Jahresende wünscht er in einem Brief an Ritschl, »die staatliche Machtentfaltung Deutschlands« möge nicht »mit zu erheblichen Opfern der Kultur erkauft werden« (KSB 3/173).

Viele deutsche Intellektuelle haben diesen Krieg zum Anlass genommen, die Überlegenheit ihres Nationalcharakters zu feiern; auch Nietzsche ist von der Versuchung nicht frei geblieben. Auf der Ebene der Ideologie stellen sich die Ereignisse von 1870/71 als das Aufeinanderprallen zweier Nationalismen dar. Der französische Historiker Gabriel Monod, der als Ehemann Olga Herzens zum weiteren Bekanntenkreis Nietzsches gehört, ist einer der wenigen Publizisten, die sich um einen Standpunkt über den Parteien bemühen (Monod 1871). Chauvinistische Vorurteile und unfaire Kriegführung kritisiert er auf beiden Seiten. Er sieht aber im Krieg auch einen weltanschaulichen Konflikt: die politische Kultur von 1789 und das Recht der Völker auf Selbstbestimmung[43] werden negiert von einer deutschen Elite, deren Denken von politischem Irrationalismus, Kraftkult und Rachegefühlen bestimmt wird. Deutschland, so hält Monod abschliessend fest, ist durch den Krieg korrumpiert worden. Diesen Krieg hat er übrigens wie Nietzsche als Sanitäter erlebt. Nietzsche ist zu Beginn noch angetan von Monods Schrift, doch er vermag letztlich die Perspektive dieses »politischen Menschen« nicht zu teilen[44]. Seine eigene Kritik der neuen deutschen Ideologie bleibt politisch unverbindlich.

Die Begegnung mit Burckhardts Geschichtsauffassung und die Kunde von der Pariser Kommune[45] führen Nietzsche immer deutlicher vor Augen, dass er in einer unsicheren, gefährlichen Zeit lebt, dass die Stabilität der Gesellschaft und damit auch die kulturellen Güter bedroht sind. Die Sorge um die Überlebenskraft der Kultur wird zu einem zentralen Motiv seiner frühen philosophischen Reflexion. Was ihn dabei mit dem in Deutschland herrschenden Zeitgeist vorläufig noch verbindet, ist die Überzeugung von der Wertopposition zwischen germanischem und romanischem Wesen[46]. 1873 greift er jedoch mit seiner ersten *Unzeitgemässen Betrachtung* einen Repräsentanten[47] dieses Zeitgeistes an. David Friedrich Strauss' *Bekenntnis*, das er 1872 unter dem Titel *Der alte und der neue Glaube* veröffentlicht und das zur Zielscheibe von Nietzsches Polemik wird, stellt nicht nur eine Absage an das Christentum dar, sondern mehr noch ein Zeugnis neuerwachten Nationalstolzes und optimistischen Zukunftsvertrauens. Strauss, dessen *Leben Jesu* den Studenten Nietzsche entscheidend beeinflusst hat, konstatiert einen Widerspruch zwischen der christlichen Jenseitserwartung und den im modernen Leben anerkannten ökonomischen, militärischen und politischen Tugenden und Wertsetzungen[48]. Als Alternative zum alten Glauben propagiert er eine neue, diesseitsbezogene, antichristliche und antipessimistische Religion, die sich mit den Ergebnissen der neuzeitlichen Wissenschaften verträgt. Die tragenden Elemente seines Naturverständnisses sind die Kantsche Kosmogonie und die Darwinsche Evolutionstheorie. In der Lehre vom Kampf ums Dasein erkennt er eine Übertragung »von der Menschenwelt auf den Haushalt der Natur«, eine Verallgemeinerung des Konkurrenzprinzips[49]. Dass er in der Anwendung darwinistischer Erklärungsmodelle freilich nicht konsequent vorgeht, hat Nietzsche bekanntlich am Beispiel seines moralischen Imperativs nachgewiesen[50]. Seit seinem kurzen Wirken im Frankfurter Parlament 1848 ist Strauss, der sich mit seinem *Bekenntnis* als Apologet der bürgerlich-industriellen Wertordnung vorstellt, ein unerbittlicher Gegner der Demokratie, die er mit Anarchie und Despotismus der Massen identifiziert. Auch die republikanischen Staatsformen – er denkt dabei an die Schweiz und an Nordamerika – haben sich in seinen Augen disqualifiziert, weil sie die Kultur der Herrschaft des »Banausischen« unterworfen haben. Strauss ist überzeugt davon, dass die »höheren geistigen Interessen« in Deutschland am besten gedeihen und erkennt darin den Vorzug der Monarchie. Die Berechtigung des Adels gesteht er zu, weil er das abschreckende Beispiel einer nivellierten Gesellschaft in Frankreich vor Augen hat. Er verteidigt aber zugleich die bürgerlichen Forderungen nach politischer Mitverantwortung. Die Regungen des vierten Standes erfüllen ihn mit Angst und gegen die Sozialdemokratie führt er schärfste Attacken. Er verdächtigt sie, in heimlicher Solidarität mit dem Vatikan die nationale Gemeinschaft sprengen zu wollen. In den sozialistischen Agitatoren erblickt er die »Hunnen und Vandalen unsrer modernen Cultur«, die mit ihrem Neid und ihrem Hass nicht bloss den Besitz, sondern darüber hinaus »Kunst und Wissenschaft als Luxusbestrebungen des Besitzes« in Frage stellen. Die Arbeiter veranstalten mit ihren Streiks »ein Stück von Anarchie mitten im Staate« und verursachen mit ihren »masslosen Forderungen« die generelle Steigerung der Bedürfnisse und der Kosten. Dem Staat und den Unternehmern wird hartes Durchgreifen empfohlen[51]. Als Ziel der Internationale bezeichnet Strauss, dem Familie und Eigentum unentbehrliche Grundlagen der Sittlichkeit und der Kultur sind, den Versuch, die Gesellschaft in den »Flugsand politischer Atome, souveräner Individuen« aufzulösen (Strauss 1872/272-278). Der äusserst gehässige Antisozialismus ist ein Grundzug seiner politischen Anschauungen. Da die Besitzenden ihm zufolge staatstreuer und gebildeter sind als die Besitzlosen, rechnet er die Einführung des allgemeinen Wahlrechts Bismarck als Fehler an; selbst der erbitterte Widerstand gegen die Abschaffung der Todesstrafe wird mit der Ansicht untermauert, die Häufung der Raubmorde sei eine Folge der besitzfeindlichen Agitation.

Strauss hat mit seinem Bekenntnis die Absicht verfolgt, das Weltbild der neuen staatstragenden Kräfte[52] zu formulieren. Indem Nietzsche die darin entfalteten Gedankengänge der Lächerlichkeit preisgibt, will er eine öffentliche Meinung provozieren, die die »schlimmen und gefährlichen Folgen« des Krieges verdrängt und nur auf jene Schriftsteller hört, die »wetteifernd beflissen sind, den Krieg zu preisen und den mächtigen Phänomenen seiner Einwirkung auf Sittlichkeit, Kultur und Kunst jubilirend nachzugehen« (DS 1). Die verhängnisvollste Auswirkung des militärischen Sieges über Frankreich sieht er in der weitverbreiteten Illusion, auch die deutsche Kultur habe sich in diesem Kampf als die wertvollste behauptet; es droht nach seiner Diagnose die »Exstirpation des deutschen Geistes zu Gunsten des ›deutschen Reiches‹«. Wenn Nietzsche freilich erklärt, die Bildungsphilister oder die »Schwachen«, die in ihrem Selbstverständnis die »Gesunden« sind, übten im deutschen Reich die Herrschaft aus (DS 2), dann bezieht sich die Feststellung allein auf den Bereich der Kultur; von Strauss' politischen Stellungnahmen nimmt er bloss nebenbei Kenntnis[53]. Trotzdem haben einige Zeitgenossen seinen Angriff auf die deutsche Selbstzufriedenheit als Beitrag zur politischen Auseinandersetzung verstanden. Im September 1874 erhält Nietzsche ein enthusiastisches Dankesschreiben von einem demokratischen Publizisten und Strauss-Gegner, der gesteht: »Für mich war Ihr Werk ein erfrischender Luftzug in schwüler unerträglicher Atmosphäre«(KGB II 4/549)[54].

Eine lobende Kritik hat dem Buch auch Karl Hillebrand gewidmet und Nietzsches Attacken gegen Sprachverfall und nationalen Dünkel gewürdigt. Hillebrand ist kein Gegner des Reichs; er bewundert Bismarck und hält die Ereignisse von 1866 im Gegensatz zu jenen von 1789 für eine gelungene Revolution, ja für die grösste Revolution der Neuzeit[55]. Wenn er Nietzsches Schrift als ein »kühnes Wiederaufpflanzen des alten guten Banners deutscher Humanität gegen die Beschränkung nationaler Selbstbewunderung« begrüsst, dann stört ihn an dieser Anmassung hauptsächlich der Umstand, dass sich das deutsche Volk dabei mit fremden Federn schmückt: »wurde nicht die genialste, kühnste und folgenreichste That des 19. Jahrhunderts, der Krieg von 1866, so recht wider den Willen des deutschen Volkes vollbracht?« (Hillebrand ZVM II/293; 302). In der Besprechung der zweiten *Unzeitgemässen Betrachtung* korrigiert Hillebrand Nietzsches Darstellung der deutschen Mentalität mit grösserem Nachdruck. Er wirft ihm vor, er halte Deutschland »noch immer für eine grosse Universität«; dessen Aufmerksamkeit möchte er auf die Beamten und Offiziere lenken, weil sich in diesen Kreisen genug »unhistorische«, also tatenfreudige Menschen finden. Das deutsche Heer ist seiner Überzeugung gemäss die Kraft, die eine einheitliche nationale Kultur begründen wird (Hillebrand ZVM II/317; 337). Die schmeichelhaften Worte, die Hillebrand für Nietzsches seiner Ansicht nach durchaus »zeitgemässe« Betrachtungen findet, können nicht darüber hinwegtäuschen, dass er dessen Skepsis gegenüber der Reichsidee nicht akzeptiert. In Nietzsches Vision einer kulturellen Katharsis Deutschlands spielt das Projekt der politischen Vereinigung eine untergeordnete Rolle[56].

Unterstützung in seinem Kampf gegen den reichsdeutschen Geist erhält Nietzsche noch 1880 von Bruno Bauer. In seiner *Orientierung über die Bismarck'sche Aera* empfiehlt der ehemalige Junghegelianer dem Historiker Treitschke die Lektüre der Streitschrift gegen Strauss. Nietzsche, dieser »deutsche Montaigne, Pascal und Diderot wird ihm in das Geschichtsleben, in die Charaktere der Völker und in die Seele der alten und neuen Litteraturen Blicke eröffnen, die ihn über die Beengtheit seiner particularistischen Ekstasen erheben könnten« (Bauer 1880/287). Bauer steht in Opposition zu Bismarcks »Revolution«; sie stellt für ihn bloss ein Element in der generellen Entwicklung Europas zur Demokratie und zum »Cäsarismus« dar, die er wie Burckhardt mit Sorge betrachtet. Heinrich von Treitschke, seit Mitte der 60er Jahre einer der leidenschaftlichsten Apologeten von Bismarcks Politik und führender Propagandist des preussisch-deutschen Nationalismus, ist übrigens Franz Overbecks politischer Lehrmeister gewesen. Die Freundschaft zwischen den beiden geht auf das Jahr 1857 zurück. Als Parteigänger der Liberalen hat Overbeck Bismarcks Einigungsstrategie mit zwiespältigen Gefühlen verfolgt. Er kann sich nicht restlos mit dem Reich identifizieren und bedauert, dass die Freiheit und die kulturellen Ideale der Einheit geopfert werden. Später kommt es, nicht zuletzt wegen Nietzsche, zum Bruch zwischen ihm und Treitschke[57].

Nietzsche selbst ist, wie Theodor Schieder annimmt, den liberalen Leitwerten seiner Jugend zeit seines Lebens untergründig treu geblieben; in dieser Frage ist zu unterscheiden zwischen seinen kulturkritischen Globalurteilen und seinen Stellungnahmen zur Tagespolitik[58]. Die Einstellung zu Bismarck wird zunehmend ambivalent. Als Typus eines Menschen, der bedenkenlos mit der Macht umzugehen weiss, vermag Bismarck Nietzsche auch in den 80er Jahren zu beeindrucken[59]; hingegen verweigert er dessen politischem Programm die Anerkennung. Bismarck gehört für ihn zu jenen Deutschen, die »den grossen Gang der europäischen Cultur« verderben (KSA 11/43, 25[115])[60], zu jenen Europäern, die eine nationalistische »Zwischenakts-Politik« betreiben. Den Unterschied der Auffassungen hat Schieder mit folgenden Worten auf den Begriff gebracht: »Bismarck wollte bewahren und erhalten, was ihm das Jahrhundert an Ordnungskräften im monarchischen Staat und der bürgerlich-feudalen Gesellschaft geboten hatte. Nietzsche sah den Verfall aller Autoritäten soweit vorangeschritten, dass ihm nur der Durchgang durch die äusserste Krise Heilung versprach« (Schieder 1963/22). Die These von Georg Lukács, Nietzsches Kritik an Bismarck sei eine Kritik von rechts gewesen (Lukács W IX/299), ist nicht ohne weiteres von der Hand zu weisen. Entsprechend der oben vorgeschlagenen Unterschei-

dung drängt sich jedoch eine differenziertere Betrachtungsweise auf.
Schieder hat gezeigt, dass Nietzsche sich endgültig von Bismarck abgewandt hat, nachdem dieser das Bündnis mit den liberalen Kräften aufgelöst und den Kulturkampf gegen die katholische Kirche abgebrochen hat. Beschränkt man sich auf die nicht eben zahlreichen tagespolitischen Äusserungen Nietzsches, so kann man ihn dem linksliberalen Lager zurechnen. Als Philosoph und »Arzt der Kultur«, dessen Anschauungen von Schopenhauer und Burckhardt beeinflusst sind, nimmt er dagegen Teil an den Bemühungen einer konservativen, tendenziell apolitischen Kulturkritik. Insofern kann von einer »Kritik von rechts« an Bismarck gesprochen werden, freilich nicht im Sinne von Lukács, der Nietzsche zum Sprachrohr der imperialistischen Bourgeoisie erklärt.

Nietzsches Blick auf die gesellschaftliche Welt ist bis in die 70er Jahre hinein von antisemitischen Vorurteilen geprägt[61]. Auch bei seinen Bekannten, bei Rohde, Gersdorff und Cosima Wagner gehört das Schimpfen auf die Juden geradezu zum guten Ton. Antisemitische Stimmungen werden in den 70er Jahren von den konservativen und katholischen Gegnern Bismarcks geschürt; sie suchen die öffentliche Meinung gegen die Herrschaft des »jüdischen Liberalismus« zu mobilisieren. Später wird Bismarck selbst mit der von Stöcker geführten Bewegung des christlich-konservativen Antisemitismus Kompromisse eingehen und Treitschke gibt seinen antijüdischen Gefühlen 1879 mit seinem Traktat *Ein Wort über unser Judentum* öffentlich Ausdruck[62]. Keiner dieser politischen Strömungen lässt sich Nietzsches Position eindeutig zuordnen. Den Ressentiments, die er und seine Freunde äussern und die viele Zeitgenossen teilen, liegen tiefreichende Ängste zugrunde. Angesichts der Bedrohungen, die vom grossstädtischen Leben und vom kapitalistischen Wirtschaftsbetrieb ausgehen, wird alles Böse und Niedrige der Welt mit den Juden identifiziert. Die »Athmosphäre einer ernsteren und seelenvolleren Weltanschauung« ist den »armen Deutschen durch alle möglichen politischen Miseren, durch philosophischen Unfug und vordringliches Judenthum über Nacht abhandengekommen«, so klagt Nietzsche im Mai 1869 Wagner gegenüber (KSB 3/9). In einem Brief an Gersdorff vom März 1870 konstruiert er einen Typus des »Juden«, den er mit dem »plebejisch politischen Tageslärm« und mit der Negation des Idealistischen, Heroischen und Ritterlichen in Verbindung bringt (KSB 3/10). Nach Kriegsende ruft er dem Freund pathetisch zu: »wir dürfen wieder hoffen! Unsre deutsche Mission ist noch nicht vorbei! Ich bin muthiger als je: denn noch nicht Alles ist unter französisch-jüdischer Verflachung und ›Eleganz‹ und unter dem gierigen Treiben der ›Jetztzeit‹ zu Grunde gegangen« (KSB 3/203).

Gersdorff, der seit September 1871 in Berlin wohnt, empfindet diese vom Geist der »Gründerzeit« beherrschte Stadt als neues »Jerusalem«, als öde und kalte »Hauptstadt des neujüdischen Reichs«; »Judenthum« wird bei ihm zur Metapher für Geld, Börse und Egoismus[63]. Das »Wohlergehen auf Erden« ist laut Nietzsche das Motiv der jüdischen Religion; er polemisiert – wohl in Anspielung auf Heine – gegen »die nichtswürdige jüdische Phrase vom Himmel auf Erden« (KSA 7/119ff, 5[97; 103]). Antisemitisch denken auch die drei Lehrmeister, auf die Nietzsche in jener Zeit hört: Schopenhauer, Wagner und Burckhardt. Burckhardts Kulturpessimismus ist von antijüdischen Untertönen nicht frei[64]. Allerdings sind diese nicht so aggressiv wie etwa bei Wagner und vor allem sind sie nicht wie bei jenem konstitutiv für die Konstruktion eines politischen Mythos. Burckhardts Konservatismus ist das Resultat der Analyse einer als beunruhigend wahrgenommenen ökonomischen Entwicklung, die nicht nur das alltägliche Leben revolutioniert, sondern sich auch auf die Kultur auswirkt: »Die geistige Production in Kunst und Wissenschaft hat alle Mühe, um nicht zu einem blossen Zweige grossstädtischen Erwerbes herabzusinken, nicht von Reclame und Aufsehen abhängig, von der allgemeinen Unruhe mitgerissen zu werden«, stellt Burckhardt fest, und er fragt besorgt: »Welche Classen und Schichten werden fortan die wesentlichen Träger der Bildung sein? welche werden fortan die Forscher, Denker, Künstler und Dichter liefern? die schaffenden Individuen? Oder soll gar Alles zum blossen business werden wie in America?« (Burckhardt/ Ganz/374f). Bedrohlich ist für ihn im weiteren die allgemeine Politisierung des Lebens und insbesondere der Umstand, dass sich führende Staatsmänner mit der Demokratie abgefunden haben. »Man vertheidigt kaum mehr die Form des Staates, nur noch Umfang und Kraft desselben, und hiebei hilft die Democratie wenigstens einstweilen mit.« Demokratie und reine Machtpolitik sind eine unheilige Allianz eingegangen. Von diesem Standpunkt aus muss Burckhardt notwendigerweise auch Bismarck ablehnen[65]. Aber im Unterschied zu seinen deutschen Kollegen steht er weitgehend über den parteipolitischen Auseinandersetzungen und vermag deshalb das wahre Ausmass der revolutionären Bedrohung deutlicher zu erkennen[66]. Aus der Tagespolitik hat er sich schon vor 1848 zurückgezogen. Er ist überzeugt davon, dass seit 1789 die Chance vertan ist, gesellschaftliche Organismen aufzubauen[67]. Diese Diagnose ist nicht bloss das Produkt elitärer Massenverachtung. Mit dem von ihm verabscheuten Optimismus ist nicht allein die Veränderungslust gemeint, sondern die Herrschaft des »Erwerbssinns« und des »Machtsinns« (Burckhardt/Ganz/ 376). In der Vorlesung über das Revolutionszeitalter stellt Burckhardt die entscheidende Frage, von der sich auch Nietzsche in der Periode der *Unzeitgemässen Betrachtungen* leiten lässt: »Wo sind die wirklichen Kräfte, sich entgegenzustemmen der Gewalt, den furchtbaren Krisen, die sich uns nahen? Man sieht ihnen entgegen – aber lange nicht mit der Hoffnung wie die Franzosen von 1789!« (Burckhardt/Ziegler/236).

Dass Arthur Schopenhauer, der Philosoph, der Nietzsche in jenen Jahren am nachhaltigsten geprägt hat, hier nicht berücksichtigt worden ist, hat hauptsächlich zwei Gründe. Nietzsches Interesse gilt Schopenhauers Metaphysik, von deren politischen Implikationen nimmt er bloss am Rande Notiz. Überdies ist Schopenhauers Popularität damals keineswegs auf ein politisches Lager beschränkt gewesen. Aufschlussreich ist Hillebrands Auskunft aus dem Jahre 1874: »Ich könnte aber mehr als einen unserer eifrigsten Forscher, unserer thätigsten Geschäftsleute, unserer thatkräftigsten Politiker nennen, die überzeugte Schopenhauerianer sind« (Hillebrand ZVM II/361). Selbstverständlich sind echte Affinitäten nur bei konservativen Denkern wie Burckhardt oder Wagner vorhanden; Sympathien für Schopenhauers Weltverständnis verpflichten jedoch nicht zu einem politischen Standpunkt, bekanntlich sind selbst von Marx anerkennende Worte für die Mitleidsethik überliefert[68].

Das politische und gesellschaftskritische System Schopenhauers ist widersprüchlich; drei Elemente sind hier zu nennen: ein moderater Liberalismus, der sich hauptsächlich in der Auffassung von der Staatsfunktion niederschlägt und dessen pronociert antirepublikanische Züge unter dem Eindruck der 48er Revolution hervortreten[69], die ehrliche Bestürzung angesichts des sozialen Elends und der brutalen Ausbeutung menschlicher Arbeitskraft[70] sowie jene laut Thomas Mann für den deutschen Bürger charakteristische Politikfremdheit[71]. Für den Kontext ist primär das zweite Element von Interesse, das anhand der Abschnitte zur Ethik und zur Politik in den *Parerga und Paralipomena* kurz ausgeführt werden soll. Die moderne Gesellschaft ist für Schopenhauer eine grosse Maskerade. »Man trifft daselbst Ritter, Pfaffen, Soldaten, Doktoren, Advokaten, Priester, Philosophen, und was nicht alles an! Aber sie sind nicht was sie vorstellen: sie sind blosse Masken unter welchen, in der Regel, Geldspekulanten (moneymakers) stecken.« Von dieser Beobachtung wird übergeleitet zu einem anthropologischen Bescheid. Der Mensch ist in seinem Wesen böse, in jedem »nistet [...] zunächst ein kolossaler Egoismus«. Welches Ausmass menschliche Grausamkeit annehmen kann, wird am Beispiel der weissen, christlichen Nordamerikaner illustriert, jener »Teufel in Menschengestalt«, die ihre »unschuldigen schwarzen Brüder« versklaven. Wie die Armut bzw. wie das Proletariat ist die Sklaverei das Resultat ungleicher Verteilung der gesellschaftlich notwendigen Arbeit. Die »entferntere Ursache« dieser »Übel« ist der Luxus, die Produktion von Überfluss für eine kleine Oberschicht. »So lange daher auf der einen Seite der Luxus besteht, muss nothwendig auf der andern übermässige Arbeit und schlechtes Leben bestehn; sei es unter dem Namen der Armuth, oder dem der Sklaverei, der proletarii, oder der servi.«[72] Schopenhauer plädiert jedoch nicht für die Verdammung des Luxus, da der Arbeitsteilung der technische Fortschritt zu verdanken ist[73], vor allem aber weil »die grosse Heerde des Menschengeschlechts, stets und überall, nothwendig der Führer, Leiter und Berather [...] bedarf«. Politische Konsequenzen ergeben sich mithin keine aus dem düsteren Befund; man darf nicht den »Regierungen, Gesetzen und öffentlichen Einrichtungen [...] das Elend zur Last [...] legen, welches dem menschlichen Daseyn selbst unzertrennlich anhängt« (Schopenhauer ZA IX/229ff; 266ff; 280).

Der Heroismus des Schopenhauerschen Menschen, von dem Nietzsche spricht, erscheint auf den ersten Blick wie ein metaphysisch überhöhter Rousseauismus. Der Mensch Rousseaus negiert die Errungenschaften der Zivilisation und sehnt sich nach einer ursprünglichen Reinheit. Faust hingegen, »das höchste und kühnste Abbild vom Menschen Rousseau's«, ist wider Erwarten kein »Empörer und Befreier«. Goethes Mensch ist der beschauliche und erhaltende Typus; die Gefahr ist nicht klein, dass er zum Philister entartet. Den Ausweg aus dem Dilemma zwischen katilinarischer und philiströser Existenz sieht Nietzsche bei Schopenhauer vorgezeichnet. In der radikalen Weltverneinung erkennt er den Protest gegen die Entheiligung und Verweltlichung des Menschen; »wahrhaftig sein heisst an ein Dasein glauben, welches überhaupt nicht verneint werden könnte und welches selber wahr und ohne Lüge ist.« Was hier freilich konkret negiert wird, hat zu einem guten Teil bereits Rousseau negiert: die Lügen, die Täuschungsmechanismen der bürgerlichen Gesellschaft. Der Mensch Schopenhauers will sich nicht »um sich selbst« betrügen lassen, er will das Leben, das Leiden spüren, im Gegensatz zu den Mitmenschen, deren Hände »nach den phantastischen Vorgängen leidenschaftlich ausgestreckt sind, welche das politische Theater zeigt«. Er sieht, wie sie »in hundert Masken, als Jünglinge, Männer, Greise, Väter, Bürger, Priester, Beamte, Kaufleute einherstolziren, emsig auf ihre gemeinsame Komödie und gar nicht auf sich selbst bedacht« (SE 4). Nietzsche ist sich übrigens der Gefahren eines derart »apolitischen« Ideals, das die Menschen »aus allen Gemeinschaften der Thätigen« herauslöst, bewusst. Die Gefahr ist nur zu vermeiden, wenn den Menschen ein Ziel der von ihnen geforderten ethischen Anstrengung vorgegeben wird. Dieses Ziel ist die

Überwindung der »Thierheit«, womit wiederum nichts anderes gemeint ist als die Überwindung der Gesellschaft des Egoismus, der »verfeinerten Raubthiere«. »Die ungeheure Bewegtheit der Menschen auf der grossen Erdwüste, ihr Städte- und Staatengründen, ihr Kriegeführen, ihr rastloses Sammeln und Auseinanderstreuen, ihr Durcheinander-Rennen, von einander Ablernen, ihr gegenseitiges Überlisten und Niedertreten, ihr Geschrei in Noth, ihr Lustgeheul im Siege – alles ist Fortsetzung der Thierheit« (SE 5). Der ethische Imperativ, der sich im Hinblick auf die »soziale Frage« aus diesem metaphysischen Heroismus ableiten lässt, könnte wie folgt lauten: geboten ist, vor dem Elend und dem Leiden in der Welt die Augen nicht zu verschliessen, dennoch seine Unvermeidbarkeit zu akzeptieren, es weder im Sinne des Liberalismus und der Nationalökonomie zu beschönigen, noch im Sinne des revolutionären Optimismus aufheben zu wollen.

Den drei ersten *Unzeitgemässen Betrachtungen* ist die Verachtung für den »furor politicus« gemeinsam. Nietzsche bemerkt, dass alle Staaten schlecht eingerichtet sind, »bei denen noch andere als die Staatsmänner sich um Politik bekümmern müssen, und sie verdienen es, an diesen vielen Politikern zu Grunde zu gehn« (SE 7). Die Differenz von Staatsmann und Politiker wird sowenig reflektiert wie der Gehalt jener Minimalstaat-Konzeption, die Schopenhauer selbst 1848 revidiert hat. Nietzsches Thema ist der Antagonismus von wahrer Kultur und Philosophie einerseits, kultureller Imitation und apologetischer, auf ökonomische und politische Bedürfnisse ausgerichteter Philosophie andererseits, wobei ein undeutlich artikuliertes Unbehagen angesichts der sozialen Zustände in der modernen Welt immer wieder durchbricht. Der Spott über jene Zeitgenossen, die in der Reichsgründung eine Korrektur der Welt und eine Widerlegung des philosophischen Pessimismus erblicken (SE 4), ist nicht von einem alternativen politischen Projekt motiviert, sondern von der Überzeugung, dass das »Problem des Daseins« nicht durch politische Reformen zu lösen ist. Nietzsches Sprache ist indes politisch nicht unbelastet. Wenn etwa die Befürchtung geäussert wird, das Volk werde, verdorben durch evolutionistische und sozialdarwinistische Lehren, die wahr und »tödlich« zugleich sind, am Egoismus zugrundegehen, auseinanderfallen und aufhören, »Volk zu sein«, wenn die Massen als die »niederen Lehm- und Thonschichten der Gesellschaft« bezeichnet werden (HL 9), dann verrät allein die Wortwahl ein Gesellschaftsverständnis, das einem konservativ-romantischen Antikapitalismus verpflichtet ist. Auch die Darstellung des Klassenkampfes als Konflikt zwischen dem »klugen«, d.h. bürgerlichen, staatlich und militärisch abgesicherten Egoismus und dem »unklugen«, d.h. proletarischen Egoismus ist wohl von solchem Gedankengut inspiriert. Andrerseits greift Nietzsche auf Begriffe aus dem Wirtschaftsleben zurück, um über die Bedingungen wissenschaftlicher und kultureller Arbeit zu berichten. Er vergleicht den zeitgenössischen Wissenschaftsbetrieb mit einer Fabrik und die Gelehrten, die in seinem Dienst stehen, mit dem vierten Stand. Er bedauert, dass man sich »des sprachlichen Jargons der Sclavenhalter und Arbeitgeber« bedient, um Verhältnisse zu bezeichnen, »die an sich frei von Utilitäten, enthoben der Lebensnoth gedacht werden sollten« (HL 7). Der »ökonomische Lehrsatz des laisser faire« ist in seinen Augen schädlich »für die Sittlichkeit ganzer Völker« und er plädiert dafür, die wissenschaftliche Tätigkeit nicht den Gesetzen des Marktes zu überlassen, sondern pädagogischen Maximen unterzuordnen (SE 2)[74].

Eine Gesellschaft, die allein auf dem »Gleichgewicht der Egoismen« (KSA 7/441, 19[69]) beruht, ist für Nietzsche nicht akzeptabel. Doch aus der Absage an den Zeitgeist erwächst keine politische Kritik. Nietzsche sieht, wie er Anfang 1874 festhält, für sich keine Möglichkeit, politisch zu handeln und ersehnt »Heilung von der Politik«[75]. Er wendet sich, wohl nicht zuletzt unter dem Einfluss Burckhardts[76], von seiner Gegenwart ab und antiken Vorbildern zu. Auch der Idealisierung der mittelalterlichen Gesellschaftsordnung verfällt er zuweilen[77]. Im November 1873 stellt er ein »Programm« auf (KSA 7/692, 29[137]); als Grundbedingung fordert er die Freiheit der Städte. »Schule und Sitte« sollen in städtische Gewalt übergehen, die Presse durch »städtische Beredsamkeit« ersetzt, die »sociale Crisis« städtisch, nicht staatlich gelöst werden[78]. Die »Vernichtung der grossen uniformirenden politischen Parteien« steht ebenfalls auf dem Programm. Die Absicht hingegen, die »Folgen der Centralisation und Uniformirung der Meinungen zum Äussersten zu steigern, um ihre reinste Formel zu gewinnen und abzuschrecken«, passt schlecht in die rückwärtsgewandte Utopie.

Das Ideal des Stadtstaates wird gegen die Realität des neuen deutschen Reiches ausgespielt, doch ist zweifelhaft, ob Nietzsche allen Ernstes geglaubt hat, damit den Ausweg aus der von ihm diagnostizierten Sinnkrise gefunden zu haben. Er ruft die Deutschen dazu auf, sich ihrer Macht als Nation zu schämen und sich ihrer kulturellen Verpflichtung bewusst zu werden, da sonst ihr Staat zur »grässlichsten Tyrannei« ausarten wird. »Das politische Übergewicht ohne das eigentlich menschliche Übergewicht ist die grösste Schädigung« (KSA 7/779, 32[71])[79]. Die imaginäre Alternative zum kulturfeindlichen neuen Sparta ist ein Staat, der einer kleinen Elite ein künstlerisch und ethisch vorbildliches Leben garantiert (KSA 7/732ff, 30[7;8]). Künftige Philosophen sollen die von Umsturz und Zerfall bedrohte Gesellschaft heilen, indem sie eine veränderte, auf Bedürfnislosigkeit beruhende Lebensweise lehren (KSA 7/752, 31[10]).

Seinen gelehrten Zeitgenossen wirft Nietzsche ethisches Versagen vor; sie haben gelernt, »alles was geschieht philosophisch sittlich zu erläutern« und die unreinlichen Dinge – »Staat Krieg Geldmarkt Ungleichheit der Menschen« – zu verklären (KSA 7/799, 34[23]). Er fordert von ihnen, den Blick vom Staat, vom militärischen Erfolg und vom wirtschaftlichen Aufstieg zu lösen und auf die Kultur zu richten. Sie ist nämlich von der »völligen Ausrottung und Entwurzelung« bedroht. Beschaulichkeit und religiöses Vertrauen sind der allgemeinen Hast, dem masslosen Wissenschaftsbetrieb, der »grossartig verächtlichen Geldwirthschaft« und dem Hass zwischen den Nationen gewichen. »Niemals war die Welt mehr Welt, nie ärmer an Liebe und Güte« – so ruft Nietzsche aus und gibt damit zu verstehen, wie gering er den Wert des von den Zeitgenossen so emphatisch gepriesenen »Diesseits« von Konkurrenz, Profit und Realpolitik veranschlagt. Selbst Kunst und Wissenschaft dienen nur der »kommenden Barbarei«. Noch weit bedrohlicher ist der Blick auf die revolutionären Prozesse. Nietzsche nimmt sie als »wilde, ursprüngliche und ganz und gar unbarmherzige« Kräfte wahr und sieht »mit banger Erwartung auf sie hin wie in den Braukessel einer Hexenküche«. Er ist auf »fundamentale Erschütterungen« vorbereitet und erlebt seine Zeit als die »Periode der Atome, des atomistischen Chaos«. Mit der Diagnose widerspricht er den zahlreichen Sympathisanten der »Revolution« von 1866 und der Reichsgründung, die an die ordnende Kraft des nationalen Staates glauben. Der wirklichen Revolution steht das deutsche Reich genauso machtlos gegenüber wie die übrigen Staaten Europas. Im Mittelalter ist die gesellschaftliche Einheit von der Kirche gewährleistet worden, ihre integrierende Autorität wird seit der Reformation zunehmend untergraben. Die Französische Revolution leitet eine Epoche ein, die durch die »gröbsten und bösesten Kräfte« bestimmt wird, nämlich »durch den Egoismus der Erwerbenden und die militärischen Gewaltherrscher«. Das kapitalistische Wirtschaftssystem und die militärisch hochgerüsteten Nationalstaaten treten mit dem Anspruch auf, anstelle der Kirche die Leitung der Gesellschaft zu übernehmen; Nietzsche traut ihnen diese Fähigkeit nicht zu. Ihm ist klar, dass sie den Prozess der sozialen Desintegration nicht aufzuhalten vermögen. »Die Revolution ist gar nicht zu vermeiden, und zwar die atomistische.« Diesem Bescheid schliesst Nietzsche die Frage an: »welches sind aber die kleinsten untheilbaren Grundstoffe der menschlichen Gesellschaft?« (SE 4, KSA 1/366ff)[80]. Er zögert mit der Antwort, doch sie ist nicht schwer zu finden. Die Beobachter des Jahrhunderts sind sich im grossen und ganzen einig, woher die ärgste Gefahr droht: von Menschen, die keine »natürlichen« Formen von Autorität und Solidarität mehr kennen und deren Verhalten einzig durch eine aufs Materielle gerichtete »begehrliche Selbstsucht« bestimmt wird. Dass der Gesellschaft die »Atomisierung« bevorsteht, darüber besteht ein Konsens, der von den konservativen Kritikern des Kapitalismus über die Fürsprecher der Bourgeoisie bis zu den Führern und geistigen Mitstreitern der Arbeiterbewegung reicht. Auf Nietzsches Frage ist indes auch eine hoffnungsvollere Antwort denkbar. Die »atomisierten«, aus jedem sozialen und moralischen Zusammenhalt herausgerissenen Menschen sehnen sich nach einem »Bild des Menschen«, das ihnen die Kraft verleiht, sich über den »selbstsüchtigen Wurm« zu erheben und ihr Leben zu verklären. Ein solches Bild aufzurichten und den »heiligen Tempelschatz« der Menschlichkeit zu bewachen, ist die Aufgabe neuer geistiger Führer. Weil der Prozess der Desintegration und des Autoritätszerfalls unumkehrbar ist, sind verantwortungsbewusste Philosophen aufgerufen, in einer ethischen »Revolution« neue Werte zu setzen, eine neue Gemeinschaft zu stiften. »Unter allen Umständen die Revolution: aber von der Klugheit und Menschlichkeit der nächsten Geschlechter hängt es ab, ob daraus die Barbarei oder etwas Anderes hervorgeht« (KSA 7/713, 29[207]). Nicht der Zerfall der Autorität ist letztlich das Verhängnis der Neuzeit, sondern der Mangel an ethischer Besinnung in allen gesellschaftlichen Klassen. Weil Nietzsche davon überzeugt ist, dass sich etwas Neues ankündigt, erfüllt es ihn mit Sorge, dass kein »neuer grosser Gedanke [...] weit und breit zu sehen« ist. Er selbst freilich bleibt im Hinblick auf die Präzisierung der künftigen Wertordnung vorsichtig. Zwischen Schopenhauers heroischem Pessimismus und Langes[81] sozialreformerischen Ideen ist der Abstand beträchtlich. Von den drei Menschenbildern, die der im Strom der Verweltlichung dahintreibenden Menschheit als Orientierungshilfen dienen könnten, wird dem Schopenhauerschen der Vorzug gegeben; die Wahl impliziert nicht nur die Absage ans »politische Theater«, sondern die Abwendung von der trügerischen Welt des Werdens insgesamt.

Nietzsches soziales Wahrnehmungsvermögen ist wie dasjenige der meisten seiner Standeskollegen primär von Angst und Abwehrhaltung bestimmt. Er selbst fühlt sich »atomistisch«, wie er Wilhelm Vischer anlässlich der Pariser Kommune mitteilt (KSB 3/195). Er weiss um seine Ohnmacht und verspürt schmerzlich den Verlust von Geborgenheit, Gemeinschaft, Solidarität, das Ausgeliefertsein an böse fremde Mächte. Inwiefern er dabei seine individuelle Geschichte auf jene der europäischen Menschheit projiziert, ist hier nicht zu diskutieren, denn seine Erfahrung ist für einen grossen Teil der europäischen Gelehrtenwelt durchaus typisch. Mit besonderem Nachdruck versucht er jedoch die Aufmerksamkeit auf jene Revolution zu richten, deren bedrohliches Ausmass den »Optimisten« verborgen bleiben muss. Sie geben sich der Illusion hin, Staat, Wirtschaft und Militär vermöchten an Stelle der Kirche dem menschlichen Leben einen neuen Sinn zu verleihen, die egoistischen Individuen moralisch einzubinden und die Gesellschaft zu befrieden. In ihrer Verblendung vertrauen sie der »Politik«, der Integrationskraft von »Haupt- und Staatsaktionen«. Nietzsche glaubt das »Schauspiel«, das in einer unsicheren Zeit Sicherheit verspricht, durchschaut zu haben. Im Gegensatz zur »Politik« könnte, so hofft er, die vom Staat unabhängige Philosophie dereinst durchaus als neue Autorität den gesellschaftlichen »Atomen« einen ethischen Halt geben, sie zur »Menschlichkeit« erziehen, eine neue Ordnung solidarischer Mitglieder begründen. Um die Aufgabe zu lösen, dürfte Nietzsche die atomistische Revolution, diesen reinsten Ausdruck der Welt des Werdens, freilich nicht metaphysisch abwerten und zum blossen Schein erklären. Überdies müsste er sich eingestehen, dass die Antwort auf die atomistische Krise nur in einer demokratischen Ethik bestehen kann. In einer atomisierten Gesellschaft sind nämlich die Menschen weitgehend gleich, die Ungleichheit war ja nur das Resultat der Ständeordnung. Es fehlt jeder Grund, die Erziehung zur Autonomie nur einigen wenigen »Atomen« angedeihen zu lassen. Doch vor dieser radikalen Konsequenz, die sich aus seinen eigenen Erkenntnissen ergibt, hat Nietzsche die Augen verschlossen.

113

V
1848 – Späte Folgen einer
gescheiterten Revolution

Die Revolutionsjahre 1848/49 sind der Familie Nietzsche in trauriger Erinnerung geblieben. Zwar hat der kleine Friedrich Nietzsche vom Aufstand selbst kaum etwas mitbekommen, seinen Vater indes, den königs–
treuen Pastor, hat der vorübergehende Zerfall der monarchischen Autorität – symbolisiert durch die Berliner Huldigungsgesten Friedrich Wil-
helms IV. – derart erschüttert, dass er später von seiner Familie nicht
mehr daran erinnert werden will. Der von Friedrich geliebte Vater erkrankt im August 1848 und stirbt ein knappes Jahr darauf. Werner Ross
hat in seiner Biographie die betreffende Episode ausführlich rekonstruiert
und auf ihre Bedeutung für Nietzsches späteres Politikverständnis hingewiesen. Sein Fazit lautet:»Er freilich verdrängte: die achtundvierziger
Revolution kommt bei ihm kaum vor« (Ross 1980/27)[1]. Diesem Urteil
soll nicht widersprochen werden, allerdings sind zwei Ergänzungen angebracht, die es geringfügig relativieren. Zunächst ist der Umstand wichtig,
dass zahlreiche deutsche Intellektuelle, insbesondere manche Teilnehmer
der Revolution, in den 50er Jahren verdrängt haben, was 1848 politisch
auf dem Spiel gestanden hat, und mit den ehemaligen Widersachern
grosszügige Kompromisse eingegangen sind. Dolf Oehler hat jüngst gezeigt, zu welcher Verdrängung die Pariser Juni-Massaker im Bewusstsein
der Zeitgenossen geführt haben[2] und welche Bedeutung ihnen für die
Entstehung einer zwar entpolitisierten, in ihrem Kern jedoch dezidiert an-
tibourgeoisen Literatur zukommt[3]. Wie stark noch Nietzsches späte Kulturkritik sich der Auseinandersetzung mit dieser Literatur verdankt, wird
in einem weiteren Kapitel zu erörtern sein. Hier geht es vorderhand nur
um seine Begegnung mit einigen Beteiligten und Zeugen der Ereignisse
von 1848/49. Er selbst hat als kleines Kind die Erhebung nur am Rande
wahrgenommen. Ruhig und still, so berichtet er in seiner autobiographischen Skizze aus dem Jahre 1858, lebt er im Kreis seiner Familie, während
»heftige Erregungen fast alle Nationen Europas« bewegen. Obwohl die revolutionären Kämpfe, die von Paris ausgehend auch Preussens Städte erfassen, Röcken nicht erreichen, kann sich Nietzsche ein Jahrzehnt später
noch erinnern,»wie Wagen mit jubelnden Schaaren und wehenden Fah-

nen auf der Landstrasse hinfuhren« (BAW 1/4). Im Mai 1861 kommt er erneut auf das »bedeutungsvolle« Jahr 1848 zu sprechen. Zusätzlich zu den vorüberfahrenden Wagen und den singenden Leuten fällt ihm jetzt die Einquartierung der Husaren ein, die ihm einen ersten Eindruck vom »Kriegswesen« vermittelt hat (BAW 1/279). Was an diesen Berichten vor allem auffällt, ist der Kontrast zwischen einer Revolution, die vom Vierjährigen als spontaner Ausbruch von Fröhlichkeit erlebt wird, und dem grossen Leid, das kurz darauf über seine Familie hereinbricht. Trotz des frühen Traumas ist das Thema 1848 für Nietzsche künftig nicht tabu. Wenn er – dies die zweite Ergänzung – bei seltenen Gelegenheiten darauf Bezug nimmt, macht er sich nie zum Fürsprecher der Reaktion. Der Student, der Heine und Börne schätzt, bedauert 1865 in einem Brief an Granier, nicht in der Zeit des Vormärz gelebt zu haben[4]. Kurz zuvor hat er Friedrich Spielhagens Roman *Problematische Naturen*, dessen Held die Revolutionskämpfe in Paris und Berlin miterlebt und auf den Barrikaden den Tod findet, gelesen und in den höchsten Tönen gelobt[5]. Noch in *Ecce homo* spricht er von den deutschen Zuständen während der Reaktionszeit nur mit Verachtung und geht in diesem späten Bekenntnis soweit, sich selbst als Revolutionär zu bezeichnen. »Wir, die wir in der Sumpfluft der Fünfziger Jahre Kinder gewesen sind, sind mit Nothwendigkeit Pessimisten für den Begriff ›deutsch‹; wir können gar nichts Anderes sein als Revolutionäre, – wir werden keinen Zustand der Dinge zugeben, wo der Mucker obenauf ist.« Bezugnehmend auf Wagner fährt er fort: »Es ist mir vollkommen gleichgültig, ob er heute in andren Farben spielt, ob er sich in Scharlach kleidet und Husaren-Uniformen anzieht ... Wohlan! Wagner war ein Revolutionär – er lief vor den Deutschen davon ...« (EH Warum ich so klug bin 5). Hier wird ein Antagonismus konstruiert zwischen dem Prinzip Deutschland und dem Prinzip Revolution; Nietzsche lässt keinen Zweifel darüber offen, auf welcher Seite er steht.

Eine »beglückende Annäherung der wärmsten und gemüthvollsten Art an Richard Wagner« ist Nietzsche im Sommer 1869 vergönnt. Nach einer ersten Begegnung, die im Herbst zuvor in Leipzig stattgefunden hat, lernt er in Tribschen den »grössten Genius und grössten Menschen dieser Zeit« aus unmittelbarer Nähe kennen (KSB 3/46)[6]. In einem Gratulationsschreiben an den Meister drückt er im Mai 1870 seinen Wunsch aus, dieser möge sein »Mystagog in den Geheimlehren der Kunst und des Lebens« bleiben (KSB 3/122). Im Januar 1872 erklärt er Rohde gegenüber, er habe mit Wagner eine Alliance geschlossen (KSB 3/279). Als Autor der Tragödienschrift ist Nietzsche in der Tat zum Mitverkünder einer neuen Kunst- und Lebensanschauung geworden. Mit einem *Mahnruf an die Deutschen*, der allerdings nicht zur Verbreitung gelangt[7], will er 1873 dem Komponisten, den er seinem Publikum als grossen, tapferen, unbeugsamen und unaufhaltsamen Kämpfer vorstellt, zu Hilfe eilen. Dem »wagenden und versuchenden Geiste der deutschen Kunst« soll eine Werkstatt errichtet werden. Politiker wie Bildungsanstalten sind aufgerufen, das Projekt zu unterstützen und zu bedenken, »dass das Volk jetzt mehr wie je der Reinigung und der Weihung durch die erhabenen Zauber und Schrecken ächter deutscher Kunst bedürfe, wenn nicht die gewaltig erregten Triebe politischer und nationaler Leidenschaft und die der Physionomie unseres Lebens aufgeschriebenen Züge der Jagd nach Glück und Genuss unsere Nachkommen zu dem Geständnisse nöthigen sollen, dass wir Deutsche uns selbst zu verlieren anfingen, als wir uns endlich wiedergefunden hatten« (KSA 1/893-897). Nachdem Nietzsches anfängliche Begeisterung für den Meister etwas abgeklungen ist, geben ihm seine Erfahrungen mit dem Bayreuther Projekt den Anlass, Wagners Intentionen eingehender und kritischer zu überprüfen[8].

Lange vor den ersten Bayreuther Festspielen, die erst im Sommer 1876 stattfinden können, löst sich Nietzsche innerlich von Wagner. Aufschlussreich sind die Notizen, die er sich zu Beginn des Jahres 1874 macht. Seinerseits stösst er jetzt auf die Beziehungen zwischen Kunst, Gesellschaftskritik und Revolution, über die Wagner ein Vierteljahrhundert früher nachgedacht hat. Doch der Basler Professor, der zu jener Zeit »Heilung von der Politik« ersehnt und gegen die Ideen der Aufklärung und der Revolution die Kultur und den metaphysischen Sinn ausspielt[9], ist nicht geneigt, in Wagners revolutionären Sympathien mehr zu sehen als den Ausdruck gekränkter Eitelkeit. In der Enttäuschung über das ausbleibende Echo erkennt er das geheime Motiv für die Kritik des Publikums, des Staats und der Gesellschaft (KSA 7/757, 32[11]). Seine Schwächen schiebt Wagner der modernen Zeit zu und glaubt an die ursprüngliche Güte der Natur. »Er misst Staat Gesellschaft Tugend Volk, Alles an seiner Kunst: und in unbefriedigtem Zustande wünscht er, dass die Welt zu Grunde gehe« (32[15]). Er bedient sich einer theatralischen Sprache, die »in die Ferne wirken und das Volkschaos zusammenkitten« soll (32[22]). Wagner, so lautet die Kritik, hat sich von der Politik verführen lassen, ohne über die nötige politische Urteilskraft zu verfügen. Weder sein Engagement auf Seiten der Revolution noch das Vertrauen, das er in den bayerischen König Ludwig II. gesetzt hat, hat seiner Kunst Vorteile gebracht. Für unklug hält Nietzsche überdies die Feindschaft gegen die Juden und er bezweifelt, ob Wagners Hoffnung auf Bismarck gerechtfertigt ist (32[39]).

Solch kritische Töne mögen erstaunen angesichts der Tatsache, dass Nietzsche noch im Mai 1874 dem Meister gesteht, er verehre ihn als den Vater, der ihn in die Helle geführt habe und dem er neue Gesundheit und Jugendfrische verdanke (KSB 4/228). Freilich weiss er aus Wagners Äusserungen, wie ungern dieser selbst sich seiner revolutionären Abenteuer erinnert. Der 1864 für den bayerischen König verfasste Aufsatz *Über Staat und Religion*, den Nietzsche bereits 1869 gelesen und enthusiastisch gelobt hat[10], erscheint 1873 im Druck. Nietzsche erklärt Gersdorff gegenüber, das Mémoire gehöre zum Tiefsten von Wagners literarischen Produkten und sei »im edelsten Sinne ›erbaulich‹« (KSB 4/131).

Genau besehen handelt es sich bei besagtem Produkt um eine Schrift, deren theoretisches Niveau bescheiden und deren Zweck durchsichtig ist. Wagner hat damit die Absicht verfolgt, den König bezüglich seiner revolutionären Vergangenheit zu beruhigen. Nie, so betont er, sei er in die Niederungen der eigentlichen Politik gesunken. Diese habe ihn nicht wahrhaft berührt und sei auch von ihm unberührt geblieben. »Dass diese oder jene Regierungsform, die Herrschaft dieser oder jener Partei, diese oder jene Veränderung im Mechanismus unseres Staatswesens meinem Kunstideale irgendwelche wahrhaftige Förderung verschaffen sollte, habe ich nie gemeint; wer meine Kunstschriften wirklich gelesen hat, muss mich daher mit Recht für unpraktisch gehalten haben; wer mir aber die Rolle eines politischen Revolutionärs, mit wirklicher Einreihung in die Listen derselben, zugeteilt hat, wusste offenbar gar nichts von mir und urteilte nach einem äusseren Scheine der Umstände, der wohl einen Polizeiaktuar, nicht aber einen Staatsmann irreführen sollte.« (Wagner GS 8/ 4). Immerhin räumt er ein, der Fehleinschätzung seiner Person und seiner Bestrebungen liege auch sein eigener Irrtum zugrunde: »indem ich die Kunst so ungemein ernst erfasste, nahm ich das Leben zu leicht.« Die sozialistischen Reformprogramme hätten seine Aufmerksamkeit erregt. Zwar habe er wie alle »ästhetisch Gebildeten« den »widerlichen Anblick einer Organisation der Gesellschaft zu gleichmässig verteilter Arbeit« zunächst nur mit Entsetzen ertragen, doch habe er im Gegensatz zu den »rechnenden Sozialisten« in einer solchen Verteilung der Arbeit unter allen Menschen die Möglichkeit einer künftigen Gesellschaft erblickt, in der die »eigentliche Arbeit« zugunsten universeller künstlerisch-vergnüglicher Beschäftigung aufgehoben sei[11]. Im Rückblick schreibt Wagner diese utopischen Phantasien einer von der Politik hervorgerufenen und auch wieder vertriebenen geistigen Berauschung zu; als Künstler hingegen will er damals schon Einblick gewonnen haben in den tragischen Grundcharakter der Welt. Ausgehend vom Befund der Sinnlosigkeit revolutionärer

Politik leitet er über zu allgemeinen Reflexionen über das Wesen von Staat und Religion. Das Ergebnis dieser Anstrengung ist lediglich die Idealisierung der monarchischen Staatsform und die Heroisierung der Person des Königs:»Erst am Lose und Leiden der Könige kann die tragische Bedeutung der Welt ganz und voll zur Erkenntnis gebracht werden.

Bis zum Könige hinauf ist für jede Hemmung des menschlichen Willens, soweit dieser sich im Staate präzisiert, eine Befreiung denkbar, weil das Streben des Bürgers nicht über die Befriedigung gewisser, innerhalb des Staates zu beschwichtigender Bedürfnisse hinausgeht.« Im Kampf um die unerreichbaren Ideale wahrer Gerechtigkeit und Menschlichkeit erfährt der König, dem den Worten seines Lobredners zufolge ein »übermenschliches Geschick« zugeteilt ist, die Tragik des Lebens (Wagner GS 8/18f).

Gewiss ist Wagner nie ein bedingungsloser Anhänger der 48er Revolution, geschweige einer sozialistischen Umwälzung der Gesellschaft, gewesen[12]. Die mit dem Aufsatz *Über Staat und Religion* vorgelegte Selbstdarstellung freilich unterschlägt, wie ernst es ihm 1848/49 trotz aller politischen Naivität mit bestimmten Anliegen der Revolution gewesen ist. Die Pariser Februarrevolution kommt für ihn überraschend, glaubt er doch zu jener Zeit nicht »an einen bevorstehenden oder überhaupt nur möglichen Umsturz der politischen Welt« (Wagner L/373). Der Dresdener Hofkapellmeister ist zwar keineswegs ein Verteidiger der bestehenden Verhältnisse, die der Verwirklichung seiner künstlerischen Ideale im Weg stehen, aber er ist königstreu. Er begrüsst die im März 1848 von Friedrich August II. herbeigeführte »unerlässliche politische Wendung«[13], d.h. die Einsetzung eines liberalen Ministeriums und die Gewährung einiger Reformen. Durch seinen Freund August Röckel kommt er mit dem republikanischen »Vaterlands-Verein« in Kontakt; seine royalistische Gesinnung gerät dadurch freilich nicht ins Wanken. Die »unglaubliche Trivialität«, die die in diesem Kreis geführten Debatten über die ideale Staatsform, über Republik und Monarchie beherrscht, bewegt ihn, seinerseits zum Thema Stellung zu nehmen. In einer am 14.Juni vor dem »Vaterlands-Verein« gehaltenen Rede sucht er Antwort auf die Frage, wie sich republikanische Bestrebungen zum Königtum verhalten. Wagner fordert die Aufhebung der Standesunterschiede und die Erlösung der Menschheit von der Herrschaft des Geldes[14]. Nur auf diesem Wege sei der Sieg des Kommunismus, der »abgeschmacktesten und sinnlosesten Lehre«, zu verhindern. Kernstück der Rede ist ein Lobgesang auf den sächsischen König sowie ein Aufruf zur »Emanzipation des Königtums«. Einen künftigen Freistaat soll der König als »Erster des Volkes« und »Freiester der Freien« führen (Wagner GS 1/113-116)[15]. Mit dieser Stellungnahme hat Wagner zwischen den feindlichen Lagern vermitteln wollen, begreiflicherweise hat er sich aber bei Hof vor allem Feinde gemacht und auch in republikanischen Kreisen eher Misstrauen eingehandelt. Mit Plänen für eine Theaterreform reist er im Juli nach Wien; auch dieses Projekt schlägt fehl. Nach Dresden zurückgekehrt, lässt er sich von Röckel über die Ziele der sozialen Umgestaltung belehren[16]. Im März 1849 macht er die Bekanntschaft Bakunins. Die Gespräche mit Röckel und Bakunin wie die desillusionierende politische Entwicklung bewirken eine Radikalisierung seiner Ansichten[17]. Aktiv nimmt er am Dresdener Mai-Aufstand teil, wird nach dessen Scheitern geächtet und flieht nach Zürich.

Eine Untersuchung der theoretischen Grundlagen von Wagners Revolutionsbegeisterung zeigt hauptsächlich Einflüsse Proudhons und Feuerbachs. Mit Hegels Geschichtsphilosophie hat er sich auseinandergesetzt, wenn auch wohl nur oberflächlich[18]. Von Marx hat er zu jener Zeit mit grosser Wahrscheinlichkeit nichts gewusst. Durchaus plausibel ist Gregor-Dellins Vermutung, in den Gesprächen mit Georg Herwegh, den er zu Beginn der 50er Jahre in Zürich kennengelernt hat, müsse er von dessen Freund Marx erfahren haben (Gregor-Dellin 1980/356f). Seine eigenen politischen Wunschvorstellungen erinnern zuweilen an jenen »wahren Sozialismus«, über den sich Marx und Engels im zweiten Band der *Deutschen Ideologie* mokiert haben[19].

Im Sommer 1849 verfasst Wagner in Zürich die Abhandlung *Die Kunst und die Revolution*. Er verfolgt darin die Absicht, die Kunst als soziales Produkt und im Rahmen ihrer historischen Entwicklung zu begreifen, insbesondere das Verhältnis von antiker griechischer und moderner bürgerlicher Kunst darzustellen. Der entsprechende Vergleich fällt zunächst für das tragische Kunstwerk, in dem der griechische Mensch »das edelste Teil seines Wesens, vereinigt mit den edelsten Teilen des Gesamtwesens der ganzen Nation« wiederfindet, und gegen die moderne Kunst aus, die sich der Industrie verkauft hat und deren Zweck der Gelderwerb und die »Unterhaltung der Gelangweilten« ist (Wagner GS 3/12; 19). Im historischen Überblick rechnet Wagner nebenbei mit dem Christentum ab, das, als Ausdruck der Selbstverneinung, der Sinnenfeindschaft und der Heuchelei, keine lebendige Kunst hervorzubringen vermag. Trotz seines Befundes, einzig im antiken Griechenland sei bisher wahres Kunstschaffen möglich gewesen, erstrebt er keine Rückkehr zu den Griechen. Die griechische Gesellschaft beruht auf der Sklavenarbeit; »der Sklave hat, durch sein blosses, als notwendig erachtetes Dasein als Sklave, die Nichtigkeit und Flüchtigkeit aller Schönheit und Stärke des griechischen Sondermenschentumes aufgedeckt und für alle Zeiten nachgewiesen, d a s s

Schönheit und Stärke, als Grundzüge des öffentlichen Lebens, nur dann beglückende Dauer haben können, wenn sie allen Menschen zu eigen sind.« (Wagner GS 3/26). In der Folgezeit ist, wie Wagner weiter ausführt, die Menschheit immer tiefer in die Sklaverei gesunken. Das Christentum als die Religion der allgemeinen Sklaverei begünstigt die Herausbildung der bürgerlichen Gesellschaft, in der die Gesamtheit der Menschen unter dem Diktat der modernen Produktionsbedingungen versklavt werden. Unter moderner Sklaverei versteht Wagner den Zwang, mit der eigenen Hände Arbeit sich sein Leben verdienen zu müssen. Das »vollendete Kunstwerk, der grosse, einige Ausdruck einer freien schönen Öffentlichkeit« kann nur dank der Überwindung des privatisierten und kommerzialisierten Kunstschaffens, dank einer künftigen Menschheitsrevolution wiedergeboren werden[20]. Nicht die Restauration des Griechentums, sondern der Ausbruch aus dem »entehrenden Sklavenjoche des allgemeinen Handwerkertums mit seiner bleichen Geldseele« und der Aufstieg zum »freien künstlerischen Menschtume« ist das Ziel (Wagner GS 3/29f). Wagners Utopie ist nicht die Verallgemeinerung des Loses der arbeitenden Klassen, die jede künstlerische Betätigung verunmöglichen würde, sondern eine brüderliche Menschheit, die nur noch aus Künstlern besteht, während die Arbeit von den »künstlichen Sklaven«, d.h. den Maschinen verrichtet wird[21]. In dieser Vision ergänzen sich die Kunst und die soziale Revolution in ihrem Kampf für den starken, freien und schönen Menschen der Zukunft.

In der zuerst Ludwig Feuerbach gewidmeten Schrift *Das Kunstwerk der Zukunft* hat Wagner seine Ideen in der Absicht weiterentwickelt, das Verhältnis der Kunstschaffenden zum Volk zu klären. Das Volk ist gemäss seiner Definition »der Inbegriff aller derjenigen, welche eine gemeinschaftliche Not empfinden.« Nur wer ein »wahres«, d.h. »gemeinsames« Bedürfnis empfindet, hat ein Recht auf dessen Befriedigung; diese ist notwendig und »nur das Volk handelt nach Notwendigkeit, daher unwiderstehlich, siegreich und einzig wahr.« Die Feinde des Volkes sind folglich jene, deren Bedürfnisse eingebildet und egoistisch sind und sich nicht »bis zur Kraft der Not« steigern. Die Befriedigung solcher Bedürfnisse ist »der Luxus, welcher nur im Gegensatze und auf Kosten der Entbehrung des Notwendigen von der anderen Seite erzeugt und unterhalten werden kann.« Im überflüssigen und unersättlichen Bedürfnis erkennt Wagner die Seele der Industrie und des Staates sowie die Bedingung der modernen Kunst. Aus dem »unseligsten Zustande«, aus der »Hölle des Luxus« können die Menschen nur errettet werden, wenn sie zurückfinden zum schlichten Bedürfnis des »rein menschlichsinnlichen Hungers und Durstes«, das die Natur alleine zu stillen vermag (Wagner GS 3/48-50). Erst kraft der Rückkehr zur Natur werden die Menschen zu wahren Menschen, die gemeinsam das Kunstwerk der Zukunft zu schaffen vermögen. In diesem Kunstwerk werden das Volk und die Künstler eins sein. Die Erlösungsphantasie impliziert eine Absage an die »Volksbelehrer«, d.h. an die Intellektuellen und an das Projekt der Aufklärung[22]: die »eigentliche Lebenskraft schlechtweg« ist »ihrer Natur nach eine unbewusste, unwillkürliche, und eben wo sie dies ist – im Volke –, ist sie auch einzig die wahre, entscheidende« (Wagner GS 3/52). *Das Kunstwerk der Zukunft* ist das Resultat von Wagners Beschäftigung mit der Philosophie Feuerbachs; die Rede vom »Aufgehen des Egoismus in den Kommunismus« (51) und der Rekurs auf die wahre menschliche Natur genügen allerdings nicht, der Schrift auch einen politischen Inhalt zu geben. Das Volk, auf das sich Wagner so gerne beruft, ist eine mythische Wesenheit, das Ergebnis einer Aussonderung der Intellektuellen und des Pöbels (Wagner GS 3/172ff). Mehr Aufschluss gibt in dieser Hinsicht die Abhandlung über *Oper und Drama* aus dem Jahr 1851. Wagner geht davon aus, dass die Politik das Geheimnis der modernen Zustände ist und dass es in einer rein politischen Welt keinem Menschen vergönnt ist, sich von ihr hinwegstehlen zu dürfen (Wagner GS 4/53). Nie jedoch, so präzisiert er, kann der Politiker zum Dichter werden; erst in einem nachpolitischen Zeitalter wird der Dichter wieder möglich. Diese Auffassung beruht auf der Entgegensetzung von willkürlicher politischer Herrschaft durch den Staat und freier Selbstbestimmung des Individuums, auf dem anarchischen Projekt der Vernichtung des Staates und auf der Erwartung einer künftigen, rein menschlichen Religion, wie sie Wagner von Feuerbach her geläufig ist[23].

In der ebenfalls 1851 verfassten *Mitteilung an meine Freunde* – es handelt sich um den Versuch einer nachträglichen Rechtfertigung seines früheren Engagements – ist Wagners Revolutionsbegriff weitgehend entpolitisiert. Zugleich gibt hier bereits die »instinktmässige« Abneigung gegen das »französische Wesen«, die in den späteren kulturpolitischen Versuchen eine gewichtige Rolle spielt, den Ton an. Wagners Revolution findet im geschützten Reich der Kunst statt, sie ist nicht das Werk des »kunstverneinenden, sozialistisch rechnenden, politischen Mathematikers« (Wagner GS 4/263). Auch die »Mitteilung« ist beherrscht von Erlösungssehnsüchten, doch richten sich die Hoffnungen jetzt nicht mehr auf das Volk, sondern auf das Weib als Sinnbild von Heimat und Geborgenheit. Mit der Gestalt der Elsa im *Lohengrin* hat Wagner nach eigenem Bekunden das Weib entdeckt, und zwar als die Verkörperung des Unbewussten, das dem männlichen Bewusstsein Rettung verspricht, als das »wahrhaft Weibliche«, das ihm »und aller Welt die Erlösung bringen soll«. »Elsa, das Weib [...] hat mich zum vollständigen Revolutionär gemacht. Sie war der Geist des Volkes, nach dem ich auch als künstlerischer Mensch zu meiner Erlösung verlangte« (Wagner GS 4/302). Der Musikdramatiker, der sich nach seinen eigenen Worten nie mit Politik befasst hat, wird auf dem Weg des Nachsinnens über die Möglichkeiten einer Theaterreform zur »Erkenntnis der Nichtswürdigkeit der politischen und sozialen Zustände hingetrieben, die aus sich gerade keine anderen öffentlichen Kunstzustände bedingen konnten, als eben die von mir angegriffenen.« Den »Erscheinungen der politischen Welt«, so unterstreicht er, hat er nur in dem Masse seine Aufmerksamkeit zugewendet, als in ihnen der »Geist der Revolution« sich kundgetan hat. Unter Revolution ist in diesem Kontext die Empörung der menschlichen Natur gegen den »politisch-juristischen Formalismus« zu verstehen. Dank der ihm gewährten Sicht auf das rein Menschliche, so deutet Wagner sein revolutionäres Abenteuer nachträglich, ist seine »Teilnahme an der politischen Erscheinungswelt [...] stets künstlerischer Natur gewesen«. Vom künstlerischen Standpunkt her hat er die Notwendigkeit der Revolution von 1848 erkannt; die fehlende Einsicht der streitenden Parteien in deren Wesen hat ihn indes dazu bewegt, sich öffentlich gegen die »bloss politisch formelle Auffassung der Revolution« auszusprechen (Wagner GS 4/308ff). Nachdem er sich unter dem Eindruck der Ahnungslosigkeit wie auch der Heuchelei der politischen Führer in die Einsamkeit künstlerischen Schaffens zurückgezogen hat, ist er in der Folge, dies ist seinem Rechenschaftsbericht im weiteren zu entnehmen, aus solcher Einsamkeit und aus den durch sie bedingten falschen Hoffnungen erst dank des Dresdener Aufstandes und der daran sich anschliessenden Ächtung und Flucht – kurz: dank der endgültigen Abrechnung mit der alten Welt befreit worden (Wagner GS 4/333ff).

Dem Überblick über Wagners frühes politisch-weltanschauliches Selbstverständnis fehlt noch ein wichtiges Element: zu den nachrevolutionären Publikationen gehört die 1850 erschienene Streitschrift *Das Judentum in der Musik*. Wagner will die »unbewusste Empfindung, die sich im Volke als innerlichste Abneigung gegen jüdisches Wesen kundgibt«, erklären; mit anderen Worten: er will dieser Empfindung zu deutlichem Ausdruck verhelfen. Das Pamphlet beginnt mit einer zweideutigen Selbstkritik: »Als wir für Emanzipation der Juden stritten, waren wir [...] mehr Kämpfer für ein abstraktes Prinzip als für den konkreten Fall: [...] bei allem Reden und Schreiben für Judenemanzipation fühlten wir uns bei wirklicher tätiger Berührung mit Juden von diesen stets unwillkürlich abgestossen.« Dieser »instinktmässigen Abneigung« sucht Wagner eine theoretische Legitimation zu geben. In der modernen Welt sind die Juden seinem Urteil zufolge längst emanzipiert, ja sie haben die Herrschaft errungen und werden solange herrschen, »als das Geld die Macht bleibt, vor welcher all unser Tun und Treiben seine Kraft verliert« (Wagner GS 5/ 66ff). Ein Kernstück der antisemitischen Ideologie – die Identifikation der Juden mit der »Macht des Geldes« – wird auf das Gebiet der Kunst übertragen. Jene Künstler, die zum modernen Kunstbetrieb in Opposition stehen, müssen sich gemäss Wagners Forderung vom »Drucke des Judentumes« emanzipieren. Was folgt, ist eine Anreihung primitivster rassistischer Vorurteile, die in der Behauptung gipfelt, die Juden seien, da sie ausserhalb jeder Volksgemeinschaft stünden, zu echter künstlerischer Leistung unfähig.

Nietzsches Auseinandersetzung mit Wagner, wie sie in den Nachlassnotizen vom Sommer 1875 und in der 1876 erschienenen vierten *Unzeitgemässen Betrachtung* verfolgt werden kann, enthält unter anderem den Versuch, Wagners Revolutionsprojekt zu rekonstruieren. Im Gegensatz zu Wagner, dem es in den betreffenden Schriften immer auch um eine nachträgliche Rechtfertigung und Verharmlosung seiner Teilnahme an den Umsturz-Versuchen von 1848/49 geht, ist Nietzsche völlig unbelastet. Während Wagner in den Jahren nach seiner Flucht die politische Realität zunehmend verdrängt und sich dafür der Idee einer rein menschlichen und rein künstlerischen Wandlung hingibt, sucht sich der politisch unerfahrene Basler Professor ein Vierteljahrhundert später neue Erkenntnisse über den geschichtlich-gesellschaftlichen Bereich mittels Wagnerscher Konzepte zu verschaffen.

Nietzsche ist nicht der Meinung, Wagner »sei es um die Kunst allein zu thun und er betrachte sie als das Heilpflaster für alle übrigen elenden Zustände« (KSA 8/205, 11[20]). In dessen Drama erkennt er den Kampf des Individuums gegen die Ananke, worunter er Gesetz, Herkommen, Vertrag, Macht und Geld subsumiert[24]. Der Kunst misst er nur einen Wert für die Ruhepausen in diesem Kampf zu, sie wirkt gleichsam als »der erquickende Traum für den erquickenden Schlaf des Kämpfers«[25]. Als »höchste Weltbeglückerin« tritt sie im Zeitalter des Aussterbens der Religionen als eine edlere, geläuterte Möglichkeit von Religion an ihre Stelle[26]. Mit seinem Versuch über *Richard Wagner in Bayreuth* hat Nietzsche die Absicht verfolgt, den Lebensweg des Meisters nachzuzeichnen und damit zum Verständnis der »grossen That«, nämlich der Bayreuther Grundsteinlegung vom Mai 1872 beizutragen und deren »Fruchtbarkeit zu verbürgen« (WB 1). Zu dem Zweck ist es auch für ihn unvermeidlich, über die Umwälzung der gesellschaftlichen Verhältnisse nachzudenken[27]. Es scheint ihm geradezu »die wichtigste Frage aller Philosophie zu sein, wie weit die Dinge eine unabänderliche Artung und Gestalt haben: um dann, wenn diese Frage beantwortet ist, mit der rücksichtslosesten Tapferkeit auf die Verbesserung der als veränderlich erkannten Seite der Welt loszugehen« (KSA 1/445, WB 3)[28]. Die Reform des Theaters ist mithin kein Selbstzweck. Weil nämlich, wie Nietzsche darlegt, in der modernen Welt künstlerische Neuerungen und gesellschaftliche Veränderungen sich gegenseitig bedingen, kann eine solche Reform nur im Rahmen einer allgemeinen Regeneration von Sitte und Staat gelingen und wird ihrerseits den modernen Menschen verbessern (WB 4)[29]. Bayreuth – die »Morgen-Weihe am Tage des Kampfes« – symbolisiert für ihn eine Alternative zur herrschenden Kultur, die auf der Pflichtvergessenheit seiner Zeitgenossen beruht und sich damit begnügt, den bestehenden Mächten, der Gewalt und der Ungerechtigkeit den ideologischen Segen zu erteilen. Gegenüber den Apologeten dieser korrumpierten Kultur beharrt er darauf, dass die Einzelnen in einer leidenden Welt nicht glücklich sein können[30], in einer ungerechten Welt nicht sittlich, ja nicht einmal weise, »so lange nicht die ganze Menschheit im Wetteifer um Weisheit gerungen hat«. Nur dank des tragischen Kunstwerks, dank der Darstellung der Schönheit eines Lebens, das im Kampf um Gerechtigkeit und Liebe geopfert wird, ist die Welt auszuhalten. »Es giebt nur Eine Hoffnung und Eine Gewähr für die Zukunft des Menschlichen: sie liegt darin, dass die tragische Gesinnung nicht absterbe« (KSA 1/453, WB 4).

Nietzsche, der sich während kurzer Zeit zum Propagandisten einer kulturrevolutionären Initiative berufen fühlt, spricht mit einem angesichts seines früher bekundeten elitären Kulturverständnisses höchst ungewohnten Pathos: »Nieder mit der Kunst, welche nicht in sich zur Revolution der Gesellschaft, zur Erneuerung und Einigung des Volkes drängt!« (KSA 8/218, 11[28]). Dass die Kunst nicht das Resultat der gesellschaftlichen Arbeitsteilung ist, sondern ihre Entstehung einer vom Luxus befreiten Gesellschaft verdankt, ist für ihn in der Tat ein neuer Gedanke (KSA 8/220, 11[31]), der seinen eigenen Ansichten zum Thema zutiefst widerstrebt. Seine verbale Radikalität und sein Aufruf zur gesellschaftlichen Veränderung dürfen indes nicht darüber hinwegtäuschen, dass die Kritik an der bestehenden Gesellschaft unverbindlich bleibt. Er stellt fest, dass jene Menschen, die mit Geld handeln, »in der Seele der modernen Menschheit, als der begehrlichste Theil derselben«, die »herrschende

Macht« geworden sind (KSA 1/462, WB 6). Damit wiederholt er die verhängnisvolle Verwechslung zwischen einer Gruppe von Menschen und
einem als Bedrohung empfundenen gesellschaftlichen Verhältnis, die für
die Enstehungsgeschichte des Antisemitismus charakteristisch ist. Den
Gelehrten hält er vor, sie beschränkten sich darauf, das politische und
wirtschaftliche Treiben der Gegenwart in seiner barbarischen Gewaltsamkeit vor dem eigenen schlechten Gewissen zu rechtfertigen. Weiter wagt
er sich nicht vor mit seiner Sozialkritik, schliesslich ist der Gegenstand seiner Untersuchung die Persönlichkeit eines Künstlers. Er berichtet, wie
Wagner aus Ekel und Wut über die bestehende Gesellschaft und die in
ihrem Dienste stehende Kunst aufspringt und aus Mitleid mit dem Volk
zum Revolutionär wird; er übernimmt dessen Definition des Volkes als
einer Notgemeinschaft, aber er sucht sie psychologisch zu deuten: die
Not, die das ideale Volk leidet, ist in seinen Augen die Not Wagners; weil
niemand seine Not empfunden und weil »sein« Volk sich als Hirngespinst
erwiesen hat, ist er zum Umstürzler geworden. Auch wenn es den Anschein erweckt, als teile Nietzsche die Wagnersche Sorge um das künftige
Volk, um die »wahrhaft menschliche Gesellschaft« (KSA 1/480, WB 8)[31],
bleibt doch völlig unklar, welchen Inhalt er dem durch Wagner vermittel-
ten Feuerbachschen Humanismus geben will. Er spricht im gleichen Kontext vom »grossen Krieg der Deutschen«, der Wagner habe aufblicken lassen, von dessen Hoffnung auf ein tapferes deutsches Volk, das dereinst als
gewaltige Macht seinem Werk zur Seite stehen werde[32]. Doch auch diesen
Gedankengang verfolgt er nicht weiter und kehrt gegen Ende seines Essais
nochmals zum Problem der Revolution zurück. Im Hinblick auf eine
Kunst, die nur von einer utopischen Zukunft belebt wird und folglich
durch die »unheimliche sociale Unsicherheit« der Gegenwart gefährdet
ist, formuliert er die Frage: »Wie retten wir diese heimathlose Kunst hindurch bis zu jener Zukunft, wie dämmen wir die Fluth der überall unvermeidlich scheinenden Revolution so ein, dass mit dem Vielen, was dem
Untergange geweiht ist und ihn verdient, nicht auch die beseligende An-
ticipation und Bürgschaft einer besseren Zukunft, einer freieren Menschheit weggeschwemmt wird?« (KSA 1/504, WB 10). Auf der Suche nach
jenen Mächten, die »in den Zeiten der Erdbeben und Umstürze« fähig
sind, die Kunst zu beschützen, hat Wagner »dem deutschen Geiste auch
in seinen politischen Zielen« Vertrauen geschenkt. Mit anderen Worten:
er hat dem »Volke der Reformation« die Kraft zugetraut, die Gesellschaft
vor der chaotischen Auflösung zu bewahren und die Revolution in kon-
trollierbare Bahnen zu lenken.
Unvermittelt verwendet Nietzsche an dieser Stelle nicht mehr

Wagners emphatischen und wertpositiven Revolutionsbegriff, sondern einen anderen, den Wagner von Carlyle übernommen hat und der ihm selbst vertraut ist. Revolution wird verstanden als quasi naturnotwendiger Prozess, der nicht in Kategorien von Gut und Böse zu beurteilen ist. Weil dieser Prozess unaufhaltsam und zugleich bedrohlich ist, gilt es dafür Sorge zu tragen, dass die Anliegen der künstlerischen und möglicherweise auch politischen Utopie nicht aus dem Blick geraten. Die Revolution, die nicht das Werk bewusst handelnder und eingreifender Menschen ist, vermag die Erfüllung dieser Anliegen nicht zu garantieren. Zum Schluss seiner Betrachtungen entwirft Nietzsche seine eigene »revolutionäre« Vision. In Wagners Siegfried-Gestalt erkennt er das Urbild des freien und furchtlosen Menschen, der, im Widerspruch gegen alles Herkommen entstanden, den Kampf wider die göttliche Ordnung aufnimmt und schliesslich die Mächtigen von ihrer Schuld, von der bösen Macht erlöst. Wagners Auslegung des Nibelungen-Mythos enthält für Nietzsche die Antizipation einer künftigen Menschheit, die auf die Macht verzichtet und sich in einer heroischen Anstrengung die Freiheit erobert. Der zukünftige freie Mensch, der an keine Verträge und an keine Sittlichkeit gebunden ist, wird, wie Nietzsche antönt, auch offener, ehrlicher und damit sogar böser sein als der Mensch des 19. Jahrhunderts. Dies ist freilich, wie Montinari unterstrichen hat, »Nietzsches Vision der Zukunft, nicht die Wagners« (Montinari 1982/51).

Wagners Gedanken sind, so hält Nietzsche fest, »wie die jedes guten und grossen Deutschen ü b e r d e u t s c h und die Sprache seiner Kunst redet nicht zu Völkern, sondern zu Menschen. Aber zu M e n s c h e n d e r Z u k u n f t« (KSA 1/505, WB 10). Doch Nietzsche ist in diesem Punkt von Zweifeln nicht frei. Bayreuth stellt eine Revolution dar, die Konstitution einer neuen Macht, so notiert er im Sommer 1875, fährt aber fort: »Für den tieferen Blick ist es nichts Revolutionäres: sondern der F o r t - g a n g des deutschen Geistes in seinen Genien: in besonders schrecklicher ja verwirrender Beleuchtung durch das politische Prunken mit dem Nationalen« (KSA 8/249, 12[9]). Bereits zu jener Zeit weist Nietzsche auf den schädlichen Einfluss von Wagners politisch-philosophischen Absichten auf seine Kunst hin, und zwar denkt er hier weniger an die revolutionären als an die späteren religiösen Anschauungen (12 [31]). Die vierte *Unzeitgemässe Betrachtung* ist zur Hauptsache eine Deutung von Wagners um 1850 herum entstandenen Schriften[33], spätere werden nur am Rande herbeigezogen. In der 1871 geschriebenen *Einleitung zum dritten und vierten Bande* seiner Werke hat Wagner endgültig von seinen Revolutionsidealen Abschied genommen. An die Revolution habe er 1849 nur

geglaubt wie Thomas Carlyle, nämlich an ihre Notwendigkeit und Unaufhaltsamkeit. Als seine eigene Aufgabe habe er es angesehen, sein
Kunstwerk »dem Leben selbst als prophetischen Spiegel seiner Zukunft
vorzuhalten« und derart beizutragen »zu dem Werke der Abdämmung des
Meeres der Revolution in das Bette des ruhig fliessenden Stromes der
Menschheit« (Wagner GS 3/2)[34]. Diese Klarstellung wird ergänzt durch
den Bescheid, dem deutschen Volk als dem Volk der Reformation sei
»eine Nötigung zur Teilnahme an der Revolution erspart«; in den Deutschen dürfe man jene »heroischen Weisen« erblicken, die Carlyle aufgerufen hat, das Zeitalter der Anarchie abzukürzen. Um Wagners weitere Entwicklung zu verstehen, muss Nietzsches Charakterisierung, die er in *Ecce
homo* gibt, umgekehrt werden: Wagner läuft vor der Revolution davon,
um sich mit der deutschen Politik und der deutschen Ideologie auszusöh-
nen.

In der 1867/68 entstandenen Artikelserie über *Deutsche Kunst und
deutsche Politik* zeigt sich Wagner als gelehriger Schüler des »europäischen
Föderalisten«, konservativen Bismarck-Gegners und Antisemiten Constantin Frantz[35]. Der Herrschaft der französischen materialistischen Zivilisation setzt er den deutschen Geist entgegen, der im Krieg gegen das na-
poleonische Frankreich wiedergeboren und zu Unrecht »mit dem Geiste
der bekämpften französischen Revolution« verwechselt worden sei
(Wagner GS 8/39)[36]. Nicht die »Einmischung in die eigentliche Politik
[...] sondern die Erneuung und Kräftigung der persönlichen und gesellschaftlichen Sittlichkeit« sei damals das Ziel des diesen Geist repräsentie-
renden »deutschen Jünglings« gewesen. Im 1870 verfassten Aufsatz über
Beethoven – es handelt sich um das ästhetische Hauptwerk der späteren
Zeit – wird das Thema eingehender abgehandelt. Wagner versteht es als
die »Eigentümlichkeit der deutschen Natur«, »dass sie jeder Form ihr
Wesen einzuprägen weiss, indem sie diese von innen neu umbildet und
dadurch von der Nötigung zu ihrem äusserlichen Umsturz bewahrt wird«
(Wagner GS 9/85). Derart ist in seinen Augen »der Deutsche nicht revolutionär, sondern reformatorisch«, im Gegensatz zum Franzosen, der zur
Zerstörung der Formen neigt. Das Beethoven-Buch ist eine besonders
aufschlussreiche Illustration von Wagners Bemühung, die Elemente seiner Metaphysik in der Interpretation von Nationalcharakteren zu erpro-
ben. Wagner sieht Beethovens Verdienst darin, dass er die Melodie »von
dem Einflusse der Mode und des wechselnden Geschmackes emanzipiert«
und »zum ewig gültigen rein menschlichen Typus erhoben« hat (Wagner
GS 9/102). Die Deutschen werden sich von der Herrschaft der französischen Zivilisation erst befreien können, wenn sie sich von der Herrschaft

der französischen Mode bzw. von der Mode überhaupt emanzipieren.
Nach dem Ende der Renaissance ist Frankreich zwar zur führenden Kul-
turnation geworden, hat aber, wie Wagner in einem historischen Exkurs
ausführt, unfähig zu echter künstlerischer Schöpfung, den Franzosen
selbst zu einem künstlichen Menschen gemacht (Wagner GS 9/117). Als
»Kunstprodukt« ist der Franzose durch und durch modern. Unter moderner Kunst versteht Wagner das Fehlen der Originalität, die wahllose Anhäufung der diversesten Stilformen; sie hat ihren Siegeszug angetreten,
seit im Gefolge der Revolution die »vornehmeren Klassen« die Initiative
in Fragen des Geschmacks verloren haben. Die moderne Zivilisation wird
als blosse Erscheinungswelt gedeutet, die Musik stellt dagegen das Wesen
der Dinge dar. Zum Schluss überträgt Wagner die metaphysische Opposition von Schein und Sein, Mode und Authentizität auf die Tagespolitik:
während »in diesem wundervollen Jahre 1870« deutsche Waffen siegreich
bis zum Zentrum der französischen Zivilisation, bis zum »Ursitze« der
»frechen Mode« vorgedrungen sind, verspricht die deutsche Musik der
Welt Erlösung (Wagner GS 9/113; 125f).

Paris ist für Wagner bereits während seiner revolutionären Phase Inbegriff der Korruption der modernen Zivilisation gewesen. Nietzsche hat
sich später bekanntlich ein besonderes Vergnügen daraus gemacht,
Wagner als Künstler der Modernität und der Pariser décadence zuzuordnen, während er ihm auf der anderen Seite nie vergeben hat, dass er
»reichsdeutsch« geworden ist (EH Warum ich so klug bin 5)[37]. Nietzsches
Ablösung von Wagner stellt eine komplexe Geschichte dar, in der persönliche und ideologiekritische, künstlerische und philosophische Motive zu-
sammentreffen. Im Herbst 1854 ist Wagner von Georg Herwegh auf
Schopenhauers Werk *Die Welt als Wille und Vorstellung* hingewiesen worden[38] und versteht sich fortan als Schüler dieses Philosophen. Nietzsche
seinerseits wendet sich im Laufe der 70er Jahre von seinem ersten philosophischen Lehrmeister ab. Im Dezember 1876 gesteht er Cosima Wagner
gegenüber »eine allmählich entstandene, mir fast plötzlich in's Bewusstsein getretene Differenz mit Schopenhauer's Lehre« ein (KSB 5/210).
Künftig wird die Opposition gegen Schopenhauers und Wagners Weltauffassung sein Denken mitbestimmen[39]. Besonders schwer wiegt in seinen Augen Wagners »Bekehrung« zum Christentum[40]; allgemeiner seine
»Umkehr zu christlich-krankhaften und obskurantistischen Idealen«
(GM III 3)[41], seine »intellektuelle Charakterlosigkeit«[42]. Auf die Nachricht von Wagners Tod schreibt er an Malwida von Meysenbug, es sei
hart gewesen für ihn, »sechs Jahre lang Jemandem Gegner sein zu müssen,
den man so verehrt und geliebt hat«. Trotzdem fühlt er sich erleichtert:

»W<agner> hat mich auf eine t ö d t l i c h e Weise beleidigt [...] sein lang-
sames Zurückgehn und -Schleichen zum Christenthum und zur Kirche
habe ich als einen persönlichen Schimpf für mich empfunden: meine ganze Jugend und ihre Richtung schien mir befleckt, insofern ich einem Geiste, der d i e s e s Schrittes fähig war, gehuldigt hatte« (KSB 6/335)[43].
Nietzsche hat den Bruch mit Wagner als wohltätige Emanzipation erlebt,
wie er im November 1878 an Reinhart von Seydlitz schreibt (KSB 5/
364), nichtsdestoweniger hat er Jahre lang schwer darunter gelitten[44].
Noch im Oktober 1886 schreibt er an Overbeck, nach wie vor glaube er
an Wagners ursprüngliches Ideal (KSB 7/273). Um welches Ideal es sich
dabei handelt, ist einem Nachlassfragment vom Frühsommer 1885 zu
entnehmen: »ich liebte nur den Wagner, den ich kannte, d.h. einen recht-
schaffnen Atheisten und Immoralisten, der die Figur Siegfrieds, eines sehr
freien Menschen erfunden hat« (KSA 11/491, 34[205]).
  Im Mittelpunkt von Nietzsches später Auseinandersetzung mit
Wagner steht das Problem der décadence. Nietzsche versteht sich selbst so
gut wie Wagner als décadent, als décadent allerdings, der den Niedergang
als Krankheit erkannt hat und sich dagegen wehrt (WA Vorwort). Noch
einmal erinnert er sich im Jahr 1888 an den Wagner, der »sein halbes Leben lang [...] wie nur irgend ein Franzose« an die Revolution geglaubt und
mit der Gestalt des Siegfried den Typus des Revolutionärs geschaffen hat,
der den »alten Verträgen«, auf denen die Gesellschaft gegründet ist, den
Krieg erklärt und es unternimmt, »d a s W e i b z u e m a n c i p i r e n«.
»Wagner's Schiff lief lange Zeit lustig auf d i e s e r Bahn. Kein Zweifel,
Wagner suchte auf ihr s e i n höchstes Ziel« (WA 4). Später jedoch, so
fährt Nietzsche in seiner Rekonstruktion von Wagners geistiger Entwicklung fort, ist das Schiff auf das Riff der Schopenhauerschen Philosophie
aufgelaufen. Wagner schämt sich fortan seines Optimismus; er wird erlöst
durch den Philosophen der décadence. Schopenhauer und Wagner – mit
diesen Namen bezeichnet Nietzsche im Rückblick die Irrtümer, denen er
im ersten Versuch, die moderne Welt zu verstehen, erlegen ist. Die tragische Erkenntnis hat er damals, wie er im fünften Buch der *Fröhlichen Wissenschaft* bekennt, für den erlaubten Luxus der zeitgenössischen Kultur gehalten und in Wagners Kunst das Erdbeben zu hören vermeint, mit dem
die Urkraft des Lebens ausbricht und die Kultur der Gegenwart ins Wanken bringt. Später repräsentieren Schopenhauer und Wagner für ihn die
Romantik, verstanden als Heilmittel für die an der Verarmung des Lebens
Leidenden. Ihr hält er den dionysischen Pessimismus entgegen als Ausdruck der Überfülle von Leben[45]. In Schopenhauer und Wagner erkennt
er seine eigentlichen Antipoden, die in der Kunst und in der Erkenntnis

der Ruhe und des Friedens oder aber des Rausches und des Wahnsinns bedürfen. Er stellt ihnen den dionysischen Gott und Menschen gegenüber, der sich die furchtbare Tat und »jeden Luxus von Zerstörung, Zersetzung, Verneinung« erlauben darf, da er über einen Überschuss an zeugenden und wiederherstellenden Kräften verfügt. Die für Nietzsche massgebliche Unterscheidung im Hinblick auf ästhetische Werte bezieht sich folglich nicht auf die Frage, »ob das Verlangen nach Starrmachen, Verewigen, nach S e i n die Ursache des Schaffens ist, oder aber das Verlangen nach Zerstörung, nach Wechsel, nach Neuem, nach Zukunft, nach W e r d e n«, sondern auf jene, ob »der Hunger oder der Ueberfluss schöpferisch geworden« ist (FW 370). Das Bedürfnis nach Zerstörung kann Ausdruck dionysischer Kraft oder Ausdruck des Ressentiments sein. Nietzsches Einwand gegen Wagner, so darf gefolgert werden, betrifft nicht dessen revolutionäres Engagement, vielmehr die verborgenen Motive des Engagements.

Wichtige Kennzeichen der Dekadenz sind in Nietzsches Augen die »Disgregation des Willens«, die Auflösung des lebendigen Ganzen in einer Anarchie der Atome[46] sowie die Verwandlung der Kunst in das Schauspiel. Wagner wird nicht vom Gewissen des Musikers dominiert, sondern vom Genie des Schauspielers (WA 8), er zielt ausschliesslich auf die Wirkung, auf den Erfolg bei den Massen. Wo diesen »die Entscheidung in die Hände fällt«, wird die »Echtheit überflüssig, nachtheilig, zurücksetzend« (WA 11). Das Resultat der von Wagner initiierten Bewegung ist der Glaube an das Genie – Nietzsche versteht darunter den »frechen Dilettantismus« –, sowie die »Theatrokratie«[47], die Herrschaft des Theaters über die Kunst (WA Nachschrift). Gemäss Nietzsches Auffassung stellt das Theater bloss »etwas für die Massen Zurechtgebogenes, Zurechtgelogenes« dar, eine Vergötzung des Volkes und einen Massenaufstand, der den guten Geschmack verdirbt. Im Theater wird man »Volk, Publikum, Heerde, Weib, Pharisäer, Stimmvieh, Demokrat, Nächster, Mitmensch, da unterliegt noch das persönlichste Gewissen dem nivellirenden Zauber der ›grössten Zahl‹, da wirkt die Dummheit als Lüsternheit und Contagion, da regiert der ›Nachbar‹, da wird man Nachbar« (FW 368)[48]. Zur décadence gehört schliesslich das Interesse für die Probleme der Grossstadt. Wagner scheint sich »für keine andern Probleme interessirt zu haben, als die, welche heute die kleinen Pariser décadents interessiren« (WA 9), wie Nietzsche in ironischer Umkehrung von Wagners Selbstdeutung behauptet. Wagner gehört für ihn nach Frankreich, zu den spätromantischen Pariser Künstlern und Dichtern; in Deutschland ist er »bloss ein Missverständniss« (NW Wohin Wagner gehört)[49]. Doch diese Zuordnung ist als Ehrenrettung zu verstehen und als Protest gegen Wagners ideologische Vereinnahmung durch seine deutschen Jünger. Im Vergleich zur Anbiederung an die kirchlichen und staatlichen Mächte stellt die Bejahung des Verfalls in Nietzsches Wertskala allemal einen achtenswerten Standpunkt dar.

Dass Wagner selbst die Vereinnahmung ermöglicht hat, ist Nietzsche durchaus bewusst. Nicht nur Wagners pessimistische Wende und das Niedersinken vor dem christlichen Kreuz, sondern die Affinitäten zum deutschen Reich und der Antisemitismus haben seine Distanzierung vom Meister und seine Entfremdung von Bayreuth bewirkt[50]. 1885 weist er auf das »Volkstribunenhafte und Demagogische an Wagner« hin, auf die Gefahren seiner Verführungskünste. Bayreuth stellt in seinen Augen den Tiefstand der europäischen Kultur dar, einen Sumpf unredlicher Ideologien, ein Amalgam von Antisemitismus, Deutschtümelei und Hass auf die Wissenschaften[51]. So problematisch und vieldeutig Nietzsches eigene Philosophie sein mag, sobald sie auf ihre ideologischen Implikationen hin befragt wird – in der Polemik gegen Bayreuth zeigt sich ideologiekritisches Gespür[52].

Nietzsches Entscheidung für die Aufklärung, wie sie mit *Menschliches, Allzumenschliches* gefallen ist, hat das Ehepaar Wagner heftig provoziert. Richard Wagners 1878 verfasster Traktat *Publikum und Popularität* enthält eine Abrechnung mit dem nicht genannten ehemaligen Verbündeten und neuen Feind[53]. Sie ist eingebettet in eine Polemik gegen die Widersacher des »wahren« Christentums, gegen Aufklärung, historische Wissenschaft und Judentum. Wagners Hass gegen die Juden, der zuweilen in Verfolgungswahn umschlägt[54], ist ein konstituierendes Element seiner Ideologie[55]. Weitere Elemente sind die Identifikation seines Kunstschaffens mit dem echten deutschen Wesen und sein oft aggressiver Nationalismus. Wagners Begeisterung für Bismarck, die in der Zeit des deutsch-französischen Krieges und der Reichsgründung ihren Höhepunkt erreicht, weicht seit Mitte der 70er Jahre einer zunehmend kritischen Einstellung zum deutschen Reich. Doch die Opposition gegen Bismarck und die reichsdeutsche Politik und Kultur ist nicht zu verwechseln mit jener Nietzsches, obwohl sie sicher nicht ausschliesslich durch gekränkte Eitelkeit und fehlende staatliche Unterstützung für Bayreuth motiviert ist[56]. Vielmehr handelt es sich um eine Opposition von rechts, die wie beim Bismarck-Gegner Constantin Frantz, der in den späten 70er Jahren erneut zum politischen Lehrmeister Wagners wird, im Antisemitismus ihre ideologische Grundlage hat[57]. Die seit 1878 erscheinenden *Bayreuther Blätter*, über die sich Nietzsche nur mit grösster Verachtung geäussert hat[58], werden zum Organ dieser Opposition.

Die Wirkungsgeschichte Wagners und Bayreuths ist bekannt[59]. Der »Bayreuther Idealismus«, ein Konglomerat von konservativer Zivilisations-, Aufklärungs- und Demokratiekritik, völkisch-kulturellem Nationalismus und Antisemitismus, gehört in die Entstehungsgeschichte der nationalsozialistischen Weltanschauung[60]. Beachtung verdient die Tatsache, dass Nietzsche den »ersten adäquaten Entmythisierungsversuch« (Zelinsky 1976/278) von Wagner-Kult und Wagnerschem Gedankengut unternommen hat. Wichtig ist überdies, dass seine Antipathie gegen revolutionäre Hoffnungen zu einem guten Teil eine Konsequenz aus seiner Auseinandersetzung mit Wagner ist. Die Idee der Revolution wird beim späten Wagner durch jene der Regeneration[61], der sittlichen Wiedergeburt der Menschheit verdrängt. Nietzsche hat übrigens auch diese Konzeption aus der Lektüre des 1880 erschienenen Aufsatzes *Religion und Kunst* kennen gelernt. Bereits Wagners früher Revolutionsbegriff hat wenig mit Umsturz von Machtverhältnissen, dafür umsomehr mit Erlösung und moralischer Läuterung, mit der konservativen Sehnsucht nach einer ursprünglichen Volksgemeinschaft zu tun. Mit einem solchen Verständnis von Revolution reproduziert er die seit dem deutschen Idealismus und der Romantik behauptete Dichotomie von französischer und deutscher, politischer und geistiger, bloss äusserlicher und wahrer innerlicher Revolution[62], eine Entgegensetzung, die im Laufe des 19. Jahrhunderts vor allem als Opposition zwischen »französisch-jüdischer«, materialistischer Zivilisation und deutscher, idealistischer Kultur gedeutet wird. Rückblickend lässt sich die Sehnsucht nach Katharsis, nach geistig-sittlicher Erneuerung als Ausdruck der politischen Ohnmacht, als Verdrängung der eigenen Unfähigkeit, einen Wandel der Verhältnisse herbeizuführen, erklären[63]. Die Propagierung entsprechender Ideen hat freilich politische Folgen gehabt; mächtig sind sie erst in diesem Jahrhundert geworden, nachdem sie sich im Programm der »konservativen Revolution« konkretisiert haben.

Für Nietzsches überwiegend negative Bewertung revolutionärer Theorie und Praxis sind Wagners Revolutionsphantasien mitverantwortlich. Bei Wagner findet er jene quasi religiöse Vorstellung einer Umwälzung, deren Ziel die Erlösung der Menschen von der Macht des Bösen, personifiziert von den Juden als Inkarnation der Herrschaft des Geldes, und die Rückkehr zur ursprünglichen, naturgegebenen Güte ist. Bei Wagner findet er ebenfalls jenen Zusammenhang von Heilserwartung, Volksverführung, Berauschung und Theater, der für seine eigene Absage an die Französische Revolution ausschlaggebend ist.

Richard Wagner ist sicher der wichtigste, aber nicht der einzige Zeuge der 48er Revolution gewesen, den Nietzsche gekannt hat. Beider Freundin Malwida von Meysenbug, die 1848 auf der Seite der demokratischen Linken gestanden und später zu manchen Akteuren der Revolution freundschaftliche Kontakte gepflegt hat, dürfte ihm wertvolle Erfahrungen über die Ereignisse von 1848 und ihre psychologischen Auswirkungen auf die Beteiligten vermittelt haben. Nietzsche hat Malwida von Meysenbugs mütterliche Freundschaft in Anspruch genommen und im Winter 1876/77 in Sorrent einen regen Gedankenaustausch mit ihr gepflegt. 1872 hat er sie anlässlich der Bayreuther Grundsteinlegung kennengelernt; vier Jahre später schreibt er ihr unter dem Eindruck der Lektüre ihrer Memoiren, er erkenne in ihr ein höheres Selbst und messe sein Leben an ihrem Vorbild[64]. In einem Brief an Erwin Rohde bekennt er, lange Zeit habe er nichts gelesen, was ihn innerlich derart gewandelt und der Gesundheit näher gebracht habe (KSB 5/150)[65]. Woraus erklärt sich der Enthusiasmus? Die Frage ist nicht eindeutig zu beantworten; der Inhalt der Memoiren sei hier kurz resümiert. Malwida von Meysenbug erinnert sich in ihren *Memoiren einer Idealistin* an die revolutionären Ereignisse von 1848[66], sie berichtet über ihren Kampf für die Demokratie, die Emanzipation der Frauen und die soziale Besserstellung der Arbeiter, über die Diskussionen mit Protagonisten wie Alexander Herzen und Giuseppe Mazzini. Doch ihre Lebensgeschichte zeigt auch, wie die revolutionäre Begeisterung immer mehr einem romantischen und zuweilen elitären Pessimismus weicht. In den 50er Jahren lernt sie im Londoner Exil die soziale Not der Arbeiterklasse kennen. Die »eingehende Beschäftigung mit diesen Dingen« bringt sie zur Einsicht, »dass das Dasein selbst das Übel sei, von dem wir uns zu erlösen suchen müssten« (Meysenbug 1876 III/73f). In die Revolution setzt sie keine Hoffnungen mehr, hat doch »die grosse, französische Revolution sattsam gezeigt, welche Früchte die entfesselte Roheit und die blinde Leidenschaft des Nivellirens bringt.« Nichts Gutes kann daraus keimen, weil im »Sturm der Vernichtung [...] die theuersten Güter der Menschheit, die Summe ihrer idealen Existenz« fortgefegt werden[67]. Das Volk, so urteilt sie im Rückblick, ist für die Revolutionäre von 1848 die neue Gottheit gewesen. Es geht aber, wie sie mittlerweile erfahren hat, nicht darum, »die rohe Masse [...] zur Herrschaft zu erheben«, sondern darum, »in die dumpfe Öde der Lastthierexistenz« den »beglückenden Strahl wahrer Bildung« zu bringen (Meysenbug 1876 III/76)[68]. In der Vorrede zum zweiten und dritten Band der Memoiren erzählt sie, wie sie nach den Jahren des Exils mit dem deutschen Vaterland sich versöhnt hat, weil das Geschick ihm »einen jener grossartigen Menschen, wie sie zu Lenkern von Staaten berufen sind«, geschenkt hat. »Er konnte, was Jene von 48 nicht gekonnt« (Meysenbug

1876 II/V). Schon früh liest sie Wagners Revolutionsschriften und erkennt darin »das Evangelium der Zukunft Deutschlands«. In Paris hat sie 1859 Wagner näher kennengelernt und wird künftig zu seiner unbedingten und völlig unkritischen Anhängerin[69]. Bereits in ihrer Jugend, so erinnert sie sich, hat sie über das Theater als Bildungsmittel nachgedacht, in welchem die Kunst sich zur Religion erheben und das Volk veredeln kann. In Wagners Schriften hat sie die »vollendete Theorie« ihrer unbestimmten Empfindungen gefunden. Anlässlich ihres ersten Zusammentreffens mit Wagner – 1855 in London – wird sie auf Arthur Schopenhauer aufmerksam gemacht[70]. Als eifrige Schülerin des Meisters ist sie später bestrebt, Schopenhauers Philosophie kennen- und verstehen zu lernen. Durch sie findet sie den »wahren geistigen Schlüssel« für »Alles, was sich seit Jahren in mir vorbereitet und durchgekämpft hatte« (Meysenbug 1876 III/288). Endlich vermag sie das ihr früher unverständliche Wort von der Verneinung des Willens zum Leben zu verstehen und zu akzeptieren[71]. Dank Wagners Kunst erkennt sie überdies, »dass das höchste Kunstwerk allein uns den Schmerz des Lebens verklären kann«. Wagners Streben hat sie schliesslich in der Ahnung bestätigt, dass das »Reich des Ideals« in der Kunst, nicht in der Politik zu finden ist und dass »vornehmlich der deutsche Geist ewig die Vollendung seines Wesens in einer idealen Welt suchen müsse« (Meysenbug 1876 III/291; 301f).

Nietzsche hat sich mit seiner langjährigen Freundin überworfen, weil sie seinen Feldzug gegen Wagner nicht gutgeheissen hat. Allerdings hat Malwida von Meysenbug, die sich laut eigener Auskunft vom Materialismus und Positivismus zum Idealismus bekehrt hat, bereits 1877 Nietzsches gegenläufige philosophische Entwicklung missbilligend verfolgt[72]. Nietzsche hat sich damals immer entschiedener von den Ideen Schopenhauers und Wagners emanzipiert. Wenn er zur gleichen Zeit mit Meysenbugs Memoiren Gesundheit und Freigeisterei assoziiert, wird er wohl kaum an ihre Konversion gedacht haben, sondern an ihre früheren Versuche, sich von den familiären, sittlichen und politischen Konventionen zu befreien. In dem Falle jedoch darf davon ausgegangen werden, dass das Lob für die Memoiren auch von seinem Interesse für die darin beschriebenen politischen Strömungen motiviert ist. Am Beispiel Meysenbugs wie an jenem Wagners kann er überdies lernen, wie revolutionärer Enthusiasmus in schwärmerischen Konservatismus, in pessimistisch-romantische Religiosität oder gar in die blosse Apologie der Bismarckschen Politik und des deutschen Reiches umschlagen kann.

Dank Malwida von Meysenbug hat Nietzsche die Reflexionen eines weiteren 48er Revolutionärs kennengelernt. Im Sommer 1872 liest er die Memoiren von Alexander Herzen, dessen Tochter Olga, Malwida von Meysenbugs Pflegetochter, er kurz zuvor begegnet ist (KSB 4/40). Seinen Freunden Gersdorff und Rohde empfiehlt er die Lektüre dieses Werkes, das er als »höchst lehrreich und schrecklich« qualifiziert (KSB 4/41). Malwida von Meysenbug, der Übersetzerin, gesteht er, er habe daraus gelernt, »über eine Menge negativer Tendenzen viel sympathischer zu denken als ich bisjetzt vermochte: und selbst negativ sollte ich sie nicht nennen. Denn eine so edel-feurige und ausharrende Seele hätte sich nicht allein vom Verneinen und Hassen ernähren können«(KSB 4/49). Aus der Äusserung spricht die Macht des Vorurteils: bis zu diesem Zeitpunkt hat sich Nietzsche unter radikalem politischem Engagement offensichtlich nur Ressentiment und Zerstörung vorstellen können; mit den »negativen Tendenzen« ist zweifellos gemeint, was die Zeitgenossen als Nihilismus und Anarchismus perhorreszieren. Herzen hat zwischen 1855 und 1859 vier Bände seiner Memoiren in der Übersetzung Meysenbugs erscheinen lassen[73]. Die ersten drei Bände geben Aufschluss über die Stimmung und die politischen Ideale der jungen russischen Intelligenz in den Jahren zwischen dem Dekabristen-Aufstand und der europäischen Revolution von 1848. Sie vermitteln einen Eindruck von den damaligen Zuständen in Russland; sie schildern die Willkür, mit der die Behörden echte oder vermeintliche Oppositionelle verfolgt und bestraft haben; sie werfen ein Licht auf die Korruption, auf Brutalität und Dummheit der Provinzverwaltungen und zeichnen das Bild des Beamtenstandes als einer Menschenklasse von sklavischer Gesinnung, die zum perfekten Instrument despotischer Machtausübung geworden ist. Herzens sowohl aristokratisch wie revolutionär motivierter Hass gegen das Spiessbürgertum prägt die Berichte. Erst in der vierten Folge der Memoiren wird die europäische Revolution zum Thema.

Nietzsche gibt keine Auskunft darüber, ob er Herzens Erinnerungen vollständig gelesen hat bzw. welche Abschnitte ihn zu seinem kurzen Urteil veranlasst haben. Nicht auszuschliessen ist, dass er auch die in Deutschland vielbeachtete Schrift *Vom andern Ufer* gekannt hat, die 1850 erschienen ist und die ihm Malwida von Meysenbug im August 1872 empfiehlt (KGB II 4/64). Auf jeden Fall hat er die Stellen gekannt, die Meysenbug in ihren Memoiren zitiert[74]. Selbst wenn wir davon ausgehen, dass er das Buch nicht zu Gesicht bekommen hat, lohnt sich ein kurzer Blick auf seinen Inhalt, zeigt doch die Gesellschaftskritik, die darin geübt wird, stellenweise überraschende Parallelen zu Nietzsches ganz anders motivierter Absage an sein Zeitalter[75].

Herzen hat mit seinem Rechenschaftsbericht *Vom andern Ufer* die ethischen und politischen Konsequenzen aus seinen 48er Erfahrungen gezogen. Im Gegensatz zu manchen seiner Zeitgenossen hat er das Ungeheuerliche, das in Paris im Juni geschehen ist, nicht verschwiegen und nicht verdrängt[76]. Er ist zutiefst erschüttert von der Brutalität, mit der der Arbeiteraufstand niedergeschlagen worden ist, und angeekelt von der Arroganz der bürgerlichen Macht[77]. Mit dem Juni 1848 hat sich die politische Kultur der Bourgeoisie sechzig Jahre nach ihrer ersten Manifestation bereits unwiderruflich disqualifiziert. *Vom andern Ufer* enthält indes nicht nur Anklagen gegen die bürgerliche Republik in Frankreich; das Werk ist ein einmaliges Dokument der Selbstkritik eines Revolutionärs, der mit den Illusionen und Halbherzigkeiten der revolutionären Programme abrechnen möchte[78]. Gesucht werden die Gründe für das Scheitern der 48er Revolution. Nicht die Aussicht auf eine radikale Veränderung der sozialen Verhältnisse ist in Herzens Augen illusionär. Ursache der Niederlage ist vielmehr die Inkonsequenz der führenden Politiker, die, von edlen Gefühlen getrieben, die Menschen befreien wollen ohne zuerst sich selbst befreit zu haben. Die Republik, die ihren Forderungen entspricht, erweist sich im Rückblick als blosse Apotheose der bestehenden Staatsordnung, als letzter Traum der alten Welt[79]. Ihr Blick schreckt zurück vor dem Abgrund und vor der Freiheit, die jenseits dieser Welt beginnen. Die radikale, sowohl wünschbare wie unausweichliche Revolution, die Herzen prophezeit, wird zum Aufbau des Sozialismus führen. Dessen Notwendigkeit ist freilich keineswegs in Moralforderungen begründet. Der Proletarier, der nur die negativen Auswirkungen der modernen Wirtschaftsform erfährt und dem ihre Früchte vorenthalten bleiben, ist der einzige wahre Feind der bestehenden Ordnung. Gegen diese hat Herzen keine moralischen Einwände anzumelden, ja er kann ihr eine Träne nicht versagen. Die herrschende Zivilisation beruht auf ungleicher Verteilung der Arbeit. Herzen gesteht, kein Moralist und nicht sentimental veranlagt zu sein: »wenn die Minderheit wirklich gut und behaglich gelebt und wenn die Mehrheit geschwiegen hat, so ist diese Form in der Vergangenheit berechtigt gewesen.« Gegen die durchaus naturgemässen Variationen der »gebildeten Menschenfresserei«, von der Sklavenarbeit über das Feudalsystem bis zum industriellen Kapitalismus, lässt sich solange nichts einwenden, als die Betroffenen diese Ordnung akzeptieren. »Die Menschen nehmen ein Vorurteil, eine Gewohnheit häufig für die Wahrheit und dann fühlen sie sich von ihr nicht bedrückt; wenn sie aber einmal erfahren haben, dass ihre Wahrheit Unsinn ist, dann ist es aus: dann kann man nur mit Gewalt erzwingen, was der Mensch für absurd hält.« Sobald die Arbeiter ihre Kräfte richtig einschätzen und einsetzen, hat es mit der alten Welt ein Ende, denn sie hat ihre Autorität, ihre Selbstsicherheit und ihr gutes Gewissen verloren. »Ein Gefühl der Schwüle, der Bedrücktheit, der Müdigkeit, des Lebensüberdrusses breitet sich aus, trotz allen krampfhaften Bemühungen, irgendeinen Ausweg zu finden. Es ist allen schwer geworden, in dieser Welt zu leben, das ist ein bedeutsames Merkmal.« Willens- und Schöpferkraft, Schönheit und Anmut, die einst die alte aristokratische Welt, das Zeitalter der Aufklärung und der ersten Revolution ausgezeichnet haben, sind der Angst und der Unsicherheit gewichen; »die Sitten des Kleinbürgertums sind zu allgemeinen Sitten geworden, niemand lässt sich auf die Dauer nieder: alles ist auf Zeit, ist zu mieten, ist schwankend«[80]. Die Bourgeoisie verkörpert den dreisten und doch halbherzigen Angriff auf die Vergangenheit, doch da ihr »moralisches Prinzip« schwächer ist als jenes der Vergangenheit, wird sich, so schätzt Herzen, ihre Welt rasch erschöpfen.

Herzen wendet sich gegen jede Art moralisierender Deutung von Natur und Geschichte, insbesondere gegen den Begriff der Schuld. Die bisher herrschende Minderheit ist nicht dafür verantwortlich zu machen, dass sie die Nutzniesserin des Zivilisationsprozesses ist. »Hier ist keine Schuld – hier ist die tragische, schicksalhafte Seite der Geschichte; weder ist der Reiche verantwortlich für den Reichtum, den er in der Wiege vorgefunden hat, noch der Arme für seine Armut« (Herzen VU/209). Die moralische Beurteilung des Geschehens ist nicht geeignet, die Welt zu verstehen[81]. Auch die teleologische Betrachtungsweise, die dem menschlichen Leben eine Bestimmung zuschreibt, muss überwunden werden. Das Leben ist ziellos, es ist reine Bewegung, so lässt Herzen seinen aufgeklärten Gesprächspartner sagen[82]. Rousseau und seinen jakobinischen Jüngern wirft der sozialistische Revolutionär eine naive Idealisierung des Volkes vor. Die Menge vermag ihm zufolge nur jene Lehren zu verstehen, die das Gewissen fesseln, nicht jene, die die Menschen befreien. Die Revolution hat sie nur als blutige Abrechnung, als Guillotine, als Rache verstehen können; »was bittere historische Notwendigkeit war, wurde zum Triumphgeschrei«[83]. Auch die bei einigen Jakobinern zuweilen durchbrechende Aufklärungsfeindschaft widerstrebt Herzen[84]. Weil die Mehrzahl der Menschen sich den Traditionen unterwirft, bleibt die Wahrheit ein Privileg der Minderheit; dies ist kein Grund, sie gering zu schätzen. Wie Heine, den er schätzt, und wie später Nietzsche gibt er schliesslich dem »Egoisten Voltaire« gegenüber Rousseau den Vorzug[85].

Bemerkenswert ist, dass Herzen, eine der führenden Gestalten der radikalen Linken in der Zeit um 1848, in seiner Sorge um den freien Menschen kaum weniger elitär erscheint als Nietzsche. Die Massen, so gibt er zu bedenken, ziehen der Freiheit und Unabhängigkeit den »beleidigenden

Glanz der Macht« vor, sie »verstehen unter Gleichheit eine gleichmässige Verteilung des Jochs; aus Angst vor Monopolen und Privilegien blicken sie das Talent schief an und erlauben nicht, dass ein Mensch etwas andres tut, als was sie tun« (Herzen VU/293). Aus diesem Grund stehen nach Herzens Überzeugung die »Befreier der Menschheit«, die neuen Jakobiner, den modernen Revolutionen näher als die wirklich freien Menschen, die in gewisser Hinsicht überflüssig sind[86]. Herzen, der die Revolution, die Abrechnung mit der »alten Welt« vorbereiten will, indem er sein eigenes Wissen und Gewissen von den Rückständen dieser alten Welt reinigt, hat die epochale Bedeutung des Pariser Juni so klar erkannt wie Marx und er teilt mit ihm die Einsicht in die historische Notwendigkeit der sozialistischen Revolution. Aber im Gegensatz zu Marx, der kein direkter Zeuge der Pariser Metzeleien gewesen ist und mit einer bevorstehenden revolutionären Eskalation rechnet[87], zieht sich Herzen zurück in die Einsamkeit des freien Geistes. *Vom andern Ufer* ist nicht nur ein Manifest für die sozialistische Revolution; Herzen glaubt nicht mehr so recht daran, dass Europa noch fähig ist, sich zu regenerieren. Die Zukunft gehört ihm zufolge einem kommunistischen Russland, das sein Fundament in den Dorfgemeinschaften besitzt.

Herzen hat das Buch *Vom anderen Ufer* in der zweiten, russischen Auflage seinem Sohn gewidmet. In der Widmung fordert er ihn dazu auf, darin keine Lösungen zu suchen, da die Gegenwart keine anzubieten habe. »Das, was gelöst ist, ist abgeschlossen, aber die kommende Umwälzung beginnt eben erst.« Nicht die Verkündung einer neuen Offenbarung, sondern das Wegräumen alter Lügen ist das Ziel. »Der Mensch unserer Zeit baut als trauriger pontifex maximus nur die Brücke – ein anderer, unbekannter, ein Mensch der Zukunft wird über sie hinschreiten.« Der Sohn wird ermahnt, nicht am alten Ufer stehen zu bleiben. »Es ist besser, mit diesem Menschen unterzugehen als sich in das Versorgungsheim der Reaktion zu retten.« (Herzen VU/127). Diese Worte hat Nietzsche mit Bestimmtheit gekannt; Malwida von Meysenbug zitiert sie in ihren Memoiren (Meysenbug 1876 II/263f). Dass er sich später, zur Zeit der Komposition des *Zarathustra*, an die darin auftauchenden Bilder erinnert hat, ist nicht auszuschliessen[88]. Nietzsche, der im Frühjahr 1877 den Gedanken erwägt, Natalie Herzen zu heiraten[89], hat ihren Vater, der 1870 in Paris gestorben ist, nie persönlich kennengelernt; trotzdem scheint der russische Revolutionär eine rätselhafte Faszination auf ihn ausgeübt zu haben. Davon zeugen noch die mysteriösen Bekenntnisse im Wahnsinnsbrief an Malwida von Meysenbug: »Ich verehre alle diese ausgesuchten Seelen um Malvida in Natalie lebt ihr Vater und der war ich auch« (KSB

8/575). Keine Hinweise gibt es indes für die Annahme, dass Herzen, der als einer der Väter des russischen Nihilismus gilt, Nietzsche in dieser Qualität beschäftigt hat.

Neben Herzen hat Nietzsche andere Protagonisten der 48er Revolution hochgeschätzt; in erster Linie ist hier an Giuseppe Mazzini zu denken, den er im Februar 1871 auf einer Reise nach Lugano kennengelernt hat[90]. Was der kleine Nietzsche 1848 an revolutionären Umtrieben mitbekommen hat, sollte im Hinblick auf seine späteren politischen Ansichten nicht überbewertet werden. Dem vierjährigen Kind bleiben die politischen Aspekte des Ereignisses verborgen. Erst dem Basler Professor wird die gescheiterte Revolution zum Problem, freilich nicht zur Herausforderung, die ihn zur politischen Stellungnahme zwingen würde. Seine Aufmerksamkeit gilt einzig ihren Auswirkungen auf Geist und Gemüt deutscher Intellektueller, die die Niederlage zur Selbstverleugnung und zur Flucht vor der Realität verleitet hat. Weil Richard Wagner in seinen Augen auf ideale Weise den psychologischen Typus des Revolutionärs darstellt, neigt er dazu, Revolution als blosse Verneinung zu deuten und der revolutionären Verneinung als Vorstufe zur asketischen Verneinung einen untergeordneten Wert beizumessen[91]. Die Zeugen, die ihn über die politischen Inhalte der 48er Bewegung hätten aufklären können, haben sich in den 70er Jahren längst von diesen Inhalten ab- und einem romantischen Pessimismus sowie in verfänglicher Weise dem »deutschen Geist« zugewandt. Dies mag der Grund sein, weshalb Nietzsche in der Revolution von 1848 bloss ein deutsches Ereignis erblickt: »Ich wäre nicht möglich ohne eine Gegensatz-Art von Rasse, ohne Deutsche, ohne diese Deutschen, ohne Bismarck, ohne 1848, ohne ›Freiheitskriege‹, ohne Kant, ohne Luther selbst ...« (KSA 13/641, 25[7]). Freilich hat er zur selben Zeit – dies belegt die eingangs zitierte Stelle aus »Ecce homo« – von einer antideutschen, modernen Revolution geträumt.

Über den Inhalt dieses Traums lässt sich leider nur rätseln. Zu vermuten ist, dass Nietzsche, der »gar nichts Anderes« sein kann als Revolutionär, mit dieser überraschenden Selbsteinschätzung ganz einfach auf seinen Widerwillen gegen nationalistische Vorurteile und auf seine Parteinahme für Frankreich und gegen Deutschland anspielt. Deutschland steht für den Mucker, d.h. für Bigotterie, Intoleranz, spiessige Selbstgerechtigkeit[92], Frankreich dagegen für psychologische délicatesse. Obgleich es sich nicht um eine Parteinahme zwischen zwei politischen Systemen handelt, ist die Entscheidung in politischer Hinsicht doch nicht ganz harmlos. Nietzsche kehrt nämlich die für einen grossen Teil der reichsdeutschen Intelligenz massgebliche Ideologie von der Überlegenheit der deutschen Kultur über die französische Zivilisation gerade um, wenn er feststellt, Deutschland verderbe die Kultur. Dass Wagner selbst einer der namhaften Propagandisten dieser Ideologie geworden ist, vergibt ihm Nietzsche nicht. Sein Lob für Wagners Musik bleibt zweideutig: sie ist, ähnlich vielleicht wie die unheilbar kranke und doch der deutschen Kunst überlegene französische Spätromantik, ein Rauschgift, das hilft, das Leben unter Deutschen erträglich zu gestalten. Ein berauschendes Gift ist für Nietzsche bekanntlich auch die revolutionäre, von Rousseau inspirierte Hoffnung. Tatsächlich lässt sich Wagner mit Rousseau vergleichen, sowohl in seinem Glauben an eine ursprüngliche Unschuld wie auch in seiner Vorliebe für eine die Massen integrierende Theater-Inszenierung. Erstaunlicherweise verwendet Nietzsche den Begriff des Revolutionärs hier jedoch in einem positiven Sinn. Da er den Schöpfer der Figur Siegfrieds auch in späteren Jahren noch hochschätzt, könnte sich der Begriff auf den freien, gottlosen Menschen beziehen, der den alten Sitten und Verträgen den Krieg erklärt. Der Revolutionär Siegfried »wirft alles Ueberlieferte, alle Ehrfurcht, alle Furcht über den Haufen« und »rennt alten Gottheiten unehrerbietig wider den Leib« (WA 4). Hat Nietzsche mit seiner Philosophie nicht eben dieses Ziel verfolgt und ist nicht jeder freie Mensch mit Notwendigkeit ein Revolutionär? Nietzsche verdrängt die Frage; der ihm sympathische Typus des Revolutionärs, den er in Siegfried erkennt, weist mit den »Revolutions-Ideologen«, mit den politischen Revolutionären mehr gemeinsame Züge auf, als dem unpolitischen Gelehrten lieb sein kann. Auch sie führen ja Krieg gegen »alte Verträge«, für neue Verfassungen. Für diesen Aspekt der Revolutionsversuche von 1848/49 bleibt Nietzsche jedoch blind. Als Gegentypus zu Wagner, für den die revolutionäre Hoffnung stets nur Religionsersatz war, könnte Herzen gelten, der Revolutionär, der in seinem Denken frei bleibt, der sich engagiert, ohne zu moralisieren. Zu Herzens politischen Ideen hat sich Nietzsche nicht geäussert und es bleibt ungewiss, ob er sie überhaupt gekannt hat. Allenfalls kann man aus seiner mysteriösen Verehrung für Herzen schliessen, dass er ihm die Achtung nicht versagt hätte.

VI

DIE SOZIALE REVOLUTION UND DIE SOZIALISTISCHE BEWEGUNG

Die zahlreichen Versuche, Nietzsche für die Sache des Sozialismus zu vereinnahmen oder ihn umgekehrt als Ideologen des Klassenfeindes zur Rechenschaft zu ziehen[1], sind nicht Thema dieses Kapitels. Vielmehr wird gefragt, worauf seine Sozialismus-Kritik zielt und welche Kenntnisse er von den sozialistischen Ideen und Programmen seiner Zeit gehabt hat. Der französische Sozialist Charles Andler hat in seiner umfangreichen Nietzsche-Monographie festgehalten: »On peut légitimement appeler le système de Nietzsche un socialisme« (Andler N V/321)[2]. Dagegen erklärt Horst Althaus in seiner 1985 erschienenen Biographie kurz und bündig: »Auf das, was Nietzsche zum ›Sozialismus‹ und zur ›Arbeiterfrage‹ in seinem Jahrhundert zu sagen hat, lässt sich verzichten. Hier treten bei ihm lange Augenblicke temporärer Blindheit auf.« (Althaus 1985/21). Dass hier kein Widerspruch vorliegt, dass beide Urteile bis zu einem gewissen Grad zutreffen, sollen die folgenden Ausführungen zeigen.

Theodor Mundt widmet in seinem Buch *Geschichte der Gesellschaft* den Bestrebungen des vierten Standes mehrere Seiten. Der Gymnasiast Nietzsche hat das Buch gekannt und im Januar 1862 Exzerpte von den Anfangskapiteln erstellt (BAW 2/431-435). Im April des gleichen Jahres kommt er in seinem Aufsatz *Fatum und Geschichte* kurz auf die »socialen und communistischen Ideen« zu sprechen. Deren Irrtum sieht er darin, »der ganzen Menschheit irgend eine spezielle Form des Staates oder der Gesellschaft gleichsam mit Stereotypen aufdrucken zu wollen«(BAW 2/ 58). Die halbherzigen Versuche des Studenten, sich bezüglich der »socialen Frage« ins Bild zu setzen, sind bereits erwähnt worden. Dank der Lektüre von Joergs *Geschichte der social-politischen Parteien in Deutschland* lernt er einige Argumente von Ferdinand Lassalle kennen. Joerg zitiert und kommentiert diverse Stellen aus dessen Streitschrift gegen Schulze-Delitzsch[3], die ja auch Gersdorff gelesen und die ihn tief beeindruckt hat. Nietzsche erfährt auf diesem Weg von der »entmenschten« Physiognomie des bürgerlichen Zeitalters, von der Herrschaft der Konkurrenz und der durch sie bedingten Verwandlung des Arbeiters in eine Sache bzw. in eine Ware, vom Hass der liberalen Bourgeoisie auf den Staat und von den

Hoffnungen, die die Arbeiterbewegung in den Staat setzt. Er lernt das Geheimnis der Kapitalbildung kennen, das laut Lassalle in der Aufhäufung fremder Arbeitserträge liegt. Schliesslich kann er bei Joerg lesen, dass vom Standpunkt des Sozialismus her beurteilt die Revolution von 1789 den Unterschichten eine zweideutige Freiheit gebracht hat, dass also die liberale Bourgeoisie die Gleichheit und die Solidarität einem bedenkenlosen Individualismus geopfert hat[4]. Es gibt freilich kaum Hinweise für die Annahme, Nietzsche habe sich 1868 ernsthaft mit Lassalles Ökonomiekritik auseinandergesetzt. Einzig aus dessen Polemik gegen die Propagierung asketischer Ideale hat er ein Argument gegen den Sozialismus gewonnen[5].

Während der Leipziger Studienjahre 1865-67 hat Nietzsche Vorlesungen beim Nationalökonomen Wilhelm Roscher gehört. Roscher gehört zu einer Schule der deutschen Nationalökonomie, der in der Vorgeschichte des »Kathedersozialismus« eine gewisse Bedeutung zukommt. Nietzsche hat von ihm nicht allzuviel gehalten[6] und wohl auch nicht gelernt. Erst die Aufnahme in die bessere Gesellschaft Basels, die Bekanntschaft mit dem ehemaligen Revolutionär Wagner sowie die Pariser Kommune vermitteln ihm die Erfahrungen, die seine Einstellung zum Sozialismus entscheidend geprägt haben. Wie naiv, ja geradezu bizarr sein diesbezügliches Verständnis im Jahre 1869 ist, belegt ein Brief an Gersdorff vom 28. September des Jahres. Es geht um die vegetarische Ernährungsweise, zu der sich Nietzsche entschlossen hat, die er aber weltanschaulich bereits nicht mehr rechtfertigen kann. Eine bedenkliche Marotte sei der Verzicht auf tierische Kost, so hat ihn Wagner aufgeklärt. Ausschlaggebend ist für ihn die Einsicht, dass die Pflanzenkostlehre sogut wie der Sozialismus eine jener wunderlichen Formen ist, unter denen der Optimismus auftritt. Es handelt sich um den illusionären Glauben, dass mit der »Beseitigung einer sündhaft-unnatürlichen Erscheinung das Glück und die Harmonie hergestellt sei. Während doch unsre erhabne Philosophie lehrt, dass wo wir hingreifen, wir überall in das volle Verderben, in den reinen Willen zum Leben fassen und hier alle Palliativkuren unsinnig sind« (KSB 3/58). Der junge Nietzsche rechnet die Ausbeutung menschlicher Arbeitskraft sogut wie die fehlende Achtung vor den Tieren zu den Manifestationen des Bösen im Menschen; die Hoffnung auf Verbesserung der entsprechenden Zustände freilich verbietet sich ihm aufgrund seiner pessimistischen Weltauffassung. Wer für Pflanzenkost reif ist, so ermahnt Nietzsche den Freund, ist es »meist auch für socialistisches ›Allerlei‹.«[7]

Zu den ersten Basler Bekanntschaften des jungen Professors gehört der nur wenig ältere Nationalökonom Gustav Friedrich Schönberg. Nietzsche pflegt mit ihm 1869 regelmässigen Umgang und bezeichnet ihn in einem Brief an Deussen als den Kollegen, der ihm nächst Burckhardt am nächsten steht (KSB 3/22). Ob Schönberg Nietzsche seine eigenen Auffassungen von der »socialen Frage« erläutert hat, ist nicht zu eruieren; es ist immerhin möglich, dass in den Gesprächen zwischen den zwei Kollegen auch davon die Rede gewesen ist. Schönberg hat sich später einen Namen gemacht als Vertreter des von seinen Gegnern sogenannten Kathedersozialismus. Er ist jener sozialreformerischen Richtung zuzurechnen, die sowohl dem »Individualismus«, d.h. dem Manchesterliberalismus, wie auch dem Sozialismus in Gestalt der revolutionären Sozialdemokratie den Krieg erklärt hat. In der sozialen Frage sieht er hauptsächlich ein sittlich-religiöses Problem und wirft wie Nietzsche der Sozialdemokratie vor, sie vermehre mit ihrer Agitation und mit ihren radikal-utopischen Zukunftsvisionen nur die Zahl der Unzufriedenen[8].

Wie die Joerg-Lektüre werden dergleichen Gespräche Nietzsches Urteil über die sozialistischen Bestrebungen kaum entscheidend geprägt haben. Primär stellt der Sozialismus für ihn, ähnlich wie für seine konservativ-bürgerlich gesinnten Basler Bekannten, eine Bedrohung der bestehenden und mehr noch der wünschbaren Gesellschaftsordnung dar[9]. Aufschluss über die Motive solcher Ängste gibt seine Reaktion auf die Pariser Kommune. Am 18.März 1871 steht die Pariser Nationalgarde gegen die Truppen der Regierung Thiers auf; wenige Tage danach wird die Kommune gewählt. Nietzsche erfährt von den Ereignissen wohl zuerst durch einen Brief Gersdorffs, der zwischen Ende März und Anfang April von Saint-Denis abgeschickt worden ist. Gersdorff, der unter dem Eindruck eines unter neuen Vorzeichen wieder aufgeflammten Krieges steht, berichtet dem Freund von der »Schreckensherrschaft der Commune, die von Tag zu Tag grausamere Gestalt annimmt«. Zugleich mokiert er sich über die Pariser Bevölkerung, die diese Herrschaft flieht; er macht seinem Hass auf Paris Luft, »dieser Stadt des raffinierten Wohllebens, des geschmackvollsten Luxus der tiefsten sittlichen Entartung, die sich das Gehirn der Menschheit zu nennen liebt, aber den Namen eines siphilitischen Geschwürs viel eher verdient« (KGB II 2/349). Was ihn besonders ängstigt, ist das Fehlen eines Mannes »der That, der Wissen und Mittel hat der über die ganze civilisierte Welt verbreiteten Bewegung der Rothen, hier, wo sie mit toller Dreistigkeit zur Macht strebt, dauernd Einhalt zu thun.« Cosima Wagner, Tochter einer Französin und Schwägerin eines französischen Politikers[10], klärt Nietzsche in einem Brief vom 2.April auf über die bejammernswerte Situation der »guten« Franzosen: ihnen ist nicht zu helfen, sie müssen die »Auflösung ihres Landes« wie ein Naturereignis akzeptieren

(KGB II 2/351). Am 7.April erhält Nietzsche erneut einen Brief von Gersdorff, der von seiner Stellung in Saint-Denis aus dem Pariser Bürgerkrieg zuschaut und hofft, das »Eitergeschwür Frankreichs« möge »durch seine eigene Gluth aufbrechen« (KGB II 2/354f).

Die Pariser Kämpfe scheinen Nietzsche nicht sonderlich beunruhigt zu haben, dies ist zumindest aus den Briefen zu schliessen. Erst am 27.Mai erwähnt er Wilhelm Vischer gegenüber das »Erdbeben der Cultur«. Er fühlt sich »atomistisch«. »Sein ganzes Leben und seine beste Kraft benutzt man, eine Periode der Cultur besser zu verstehen und besser zu erklären; wie erscheint dieser Beruf, wenn ein einziger unseliger Tag die kostbarsten Documente solcher Perioden zu Asche verbrennt!« (KSB 3/195). Für den jungen Basler Philologen ist es der schlimmste Tag seines Lebens. Doch hier ist nicht die Rede von der Commune als einem politischen Ereignis, als einer sozialen Revolution, sondern von der Zerstörung des Louvre durch die Communards. Am 24. Mai werden die Tuilerien in Brand gesetzt; die Nachricht, dabei sei auch der Louvre zerstört worden, wird sich bald als Falschmeldung herausstellen. Sie hat Nietzsche tief erschüttert und Anlass gegeben zu grundlegenden Gesprächen, die er Ende Mai in Tribschen mit den Wagners führt[12].

Zweifellos ahnt Nietzsche die »kommende Barbarei« sogut wie Rohde, der ihm gegenüber die Befürchtung äussert, Deutschland könne möglicherweise, trotz seiner Königstreue, »einem plötzlichen Losbruch« kaum besser widerstehen als Frankreich (KGB II 2/376f). Doch seine einzige zusammenhängende Stellungnahme zur Kommune hebt sich ab von all den hasserfüllten Tiraden gegen die als trunkene und wahnsinnige Bestie gezeichnete aufständische Bevölkerung von Paris. Es handelt sich um den Brief, den er am 21. Juni an Gersdorff schreibt und der sich stellenweise wie eine Belehrung und Zurechtweisung des Freundes liest, dessen hemmungslose Hassausbrüche nicht geeignet sind, die Ereignisse zu begreifen. Nachdem Nietzsche in bekannter Manier der »französisch-jüdischen Verflachung« und dem »gierigen Treiben der ›Jetztzeit‹« deutsche Tapferkeit und germanische Gesundheit gegenübergestellt hat, kommt er auf den »internationalen Hydrakopf« zu sprechen, der in seinen Augen ganz andere Zukunftskämpfe als jene zwischen den Nationen anzeigt. In der Pariser Kommune, so legt er dar, verraten das moderne Leben und die »jetzt überall herrschende romanische ›Civilisation‹ den ungeheuren Schaden [...], der unserer Welt anhaftet«. Da ihm zufolge alle mit ihrer Vergangenheit schuld sind an solchen Schrecken, ist es unstatthaft, »mit hohem Selbstgefühl das Verbrechen eines Kampfes gegen die Cultur nur jenen Unglücklichen zu imputiren.« Hier bestätigt sich, dass Nietzsche nicht das politische Ereignis im Sinne hat, sondern die Gefahr, die ein solches Ereignis für die Kultur bedeuten kann. Nicht der Aufstand, sondern der »Pariser Brand« hat ihn »für einige Tage völlig vernichtet und aufgelöst in Thränen und Zweifeln«. Die Zerstörung von Kunstwerken lässt ihm die »ganze wissenschaftliche und philosophisch-künstlerische Existenz« als eine Absurdität erscheinen. Doch auch in seinem höchsten Schmerz, so gesteht er dem Freund und es liest sich wie ein leiser Vorwurf, ist er nicht im Stande gewesen, »einen Stein auf jene Frevler zu werfen, die mir nur Träger einer allgemeinen Schuld waren, über die viel zu denken ist!« (KSB 3/203f)

Marc Sautet hat den möglichen Beziehungen zwischen der Commune und der Philosophie des jungen Nietzsche ein ganzes Buch gewidmet und dabei weitere Zusammenhänge aufgedeckt. So weist er auf den Textilarbeiterstreik hin, der im Winter 1868/69 in Basel stattgefunden hat, vor allem aber auf den Basler Kongress der Internationalen Arbeiter-Assoziation vom September 1869. Aufgrund der engen Verbindungen zwischen der Basler Professorenschaft und den wirtschaftlich und politisch führenden Kreisen der Stadt hat Nietzsche von diesen Ereignissen Kenntnis nehmen müssen, so mutmasst Sautet[13]. Gewiss ist, dass beide Gruppen, wenn auch nicht immer aus den gleichen Motiven, den Sozialismus als Bedrohung wahrnehmen. Die konservativen Intellektuellen, die Burckhardt repräsentiert, führen indes den kulturellen Zerfall nicht zuletzt auf die als Zweckentfremdung empfundene Demokratisierung der Bildung zurück. Die Mediokrität, die auf diesem Weg zur Herrschaft gelangt[14], ist in ihren Augen nicht nur das Merkmal einer künftigen sozialistischen, sondern schon der bestehenden bürgerlichen Gesellschaftsordnung. Nietzsche kann jedenfalls damit rechnen, mit seinen bildungspolitischen Reflexionen beim Basler Publikum auf Interesse zu stossen.

In der Vortragsreihe *Ueber die Zukunft unserer Bildungsanstalten*, die Nietzsche von Januar bis März 1872 in Basel hält, lässt er den alten Philosophen die »sociale Frage« in Zusammenhang bringen mit dem Anspruch der grossen Masse auf das »Erdenglück«, zu dessen Mittel die Bildung herabgesunken sei. Demokratisierte Bildung wird mit Barbarei gleichgesetzt. Im späteren Verlauf des Gesprächs schildert der Philosoph seinen Zuhörern zwei konkurrierende Auffassungen vom Zweck der Bildungsanstalten. Die von ihm bekämpfte Auffassung führt zum allgemeinen Konformismus und zum Verzicht auf alle höheren Kulturziele. Prunkende Worte von der allseitigen Persönlichkeitsentwicklung, von sittlich-geistiger Freiheit und von einem auf Bildung ruhenden Volksstaat[15] vermögen daran nichts zu ändern. Dagegen stellt er sein eigenes Ideal einer Bildungsanstalt als Schutzwehr, in welcher die Sorge allein der Erkenntnis des ewigen und unveränderlichen Wesens der Dinge und der Zucht des Genius gilt (KSA 1/668, BA I; 728f; BA IV). Die soziale Frage beschäftigt den jungen Nietzsche fast ausschliesslich im Kontext von Kultur und Bildung. In der allgemeinen Bildung erkennt er die Voraussetzung des »Communismus« (KSA 7/243, 8[57]). Er widerspricht damit jenen Zeitgenossen, die Bildung als Schutzvorrichtung gegen den Kommunismus propagieren. Das betreffende Nachlassfragment verrät, welch undeutliche Vorstellung von Kommunismus er zu Beginn der 70er Jahre hat. Als barbarisch bezeichnet er primär die Degradierung der Bildung, die als blosses Mittel zum Zweck des Erwerbs und des sozialen Aufstiegs beansprucht wird. Bedauernd stellt er fest, dass nicht mehr die Kultur die Aufgabe der Völker sei, sondern der Luxus und die Mode. Der Sozialismus[16] und die Nationalökonomie gehören für ihn zusammen, weil er als ihr gemeinsames Ziel die Erzeugung von durch materiellen Reichtum zu befriedigenden Bedürfnissen entdeckt hat. Der Sozialismus ist eine Folge dieser allgemeinen Bildung bzw. Unbildung, eine Folge von »abstrakter Erziehung« und »Gemüthsroheit« (KSA 7/299, 9[69]). Er erscheint dem jungen Nietzsche hauptsächlich als Ausdruck des mangelnden Verständnisses für kulturelle Werte, deshalb hat er mit seinen Bildungsvorträgen zur Abwehr des Sozialismus beitragen wollen[17]. Zweifellos hat er sich damit den Applaus des Basler Publikums gesichert. Eine aufmerksame Lektüre der Vorträge zeigt jedoch, dass er den Kampf gegen den Sozialismus nur vorschiebt, um gegen die bürgerliche Bildungspolitik zu polemisieren, die sich an den Kriterien des ökonomischen Nutzens orientiert. Der Sozialismus, vor dem die Gesellschaft zu erretten er sich berufen fühlt, ist ein recht seltsames Schreckgespenst. Nicht vor den politischen Emanzipationsbestrebungen des Volkes, sondern vor der Ausbreitung der ursprünglich nur den reichen Leuten gestatteten Begehrlichkeit in den unteren Volksschichten, vor der Verallgemeinerung des Egoismus wird gewarnt. Die höchste Bildung, die es zu verteidigen gilt, ist vom Standpunkt des Egoismus her beurteilt eine nutzlose Bildung. Der tragische Mensch, nicht der kluge oder reiche Egoist, muss als Lehrer der Menschen und als Norm von Bildung und Erziehung Anerkennung finden – hierin liegt für Nietzsche die Lösung der sozialen Frage (KSA 7/ 121, 5[105])[18].

Die vom Standpunkt der tragischen Weltanschauung her gegen den Sozialismus vorgebrachten Einwände lassen indes auf weit brutalere Lösungen schliessen. Das Verhängnis im optimistischen Glauben an das »Erdenglück Aller« besteht für Nietzsche in der Leugnung der Notwendigkeit eines Sklavenstandes für die Existenz der Kultur. Die moderne Gesellschaft, deren höchstes Ideal die wissenschaftliche Erkenntnis ist, geht wie einst die alexandrinische einer »grauenvollen Vernichtung« entgegen, sobald der Rausch der Schlagworte von der Würde des Menschen und von der Würde der Arbeit verflogen ist. »Es giebt nichts Furchtbareres als einen barbarischen Sclavenstand, der seine Existenz als ein Unrecht zu betrachten gelernt hat und sich anschickt, nicht nur für sich, sondern für alle Generationen Rache zu nehmen.« (KSA 1/117; GT 18). Der Begriff »Sklavenstand« bezeichnet beim jungen Nietzsche zuweilen die Arbeiterklasse, den vierten Stand[19]. Das heisst nicht, dass für ihn die Begriffe »Sklave« und »Arbeiter« identisch sind, da nämlich sklavische Gesinnung, die Unfähigkeit, sich über den Standpunkt der blossen »Noth« zu erheben, auch in den anderen Ständen anzutreffen ist. Die moderne Zeit ist eine »des sich vor sich selbst versteckenden Sklaventhums« (KSA 1/765). Die »furchtbare Noth« eines elenden Lebens zwingt zu »verzehrender Arbeit«; während eine optimistische Weltbetrachtung dieser Arbeit vergeblich etwas Würdevolles andichten will, teilt Nietzsche den griechischen Standpunkt von der Schmach der Arbeit. Die Entschädigung für den Zwang zur Arbeit, der Gegenbegriff zur Notwendigkeit ist für ihn – darin erweist sich seine Aneignung der griechischen Antike als allzu selektiv – nicht die Freiheit der politischen Praxis, sondern lediglich die künstlerische Tätigkeit[20]. Einzelne nur vermögen sich über den »entsetzlichen Existenz-Kampf« zu erheben und Künstler zu werden. Die Reden von den Menschenrechten und von der Würde der Arbeit – diese »durchsichtigen Lügen« – lassen die Tatsache vergessen, dass Arbeit blosses Mittel zum Zweck des Daseins ist und dass dieses wiederum keinen Wert an sich besitzt. Das Urteil, zum Wesen der Kultur gehöre das Sklaventum (KSA 1/767)[21], impliziert streng genommen keine Parteinahme im realen Konflikt zwischen Arbeiter und Kapital, ist doch gemäss Nietzsches Auffassung eine »ungeheure Mehrzahl« der Menschen zum Sklavendasein verdammt, um durch ihre Mehrarbeit das künstlerische Schaffen einer Minderheit von Privilegierten zu gewährleisten. Allerdings fällt er sogleich in verbreitete ideologische Vorurteile zurück, wenn er »die Kommunisten und Socialisten und auch ihre blasseren Abkömmlinge, die weisse Race der ›Liberalen‹« als Feinde der Kunst wie des klassischen Altertums bezeichnet. Trotzdem ist es nicht der Aufstand gegen eine politische und ökonomische Ordnung, den Nietzsche fürchtet, sondern die Infragestellung der Kultur. Eine solche Auflehnung wäre in seinen Augen sogar berechtigt, wenn »wirklich die Kultur im Belieben eines Volkes stünde, wenn hier nicht unentrinnbare Mächte walteten, die dem Einzelnen Gesetz und Schranke sind« (KSA 1/768). So wie die Macht immer böse ist, liegt Grausamkeit nach Nietzsche jeder Kultur zugrunde. Die kulturellen Schöpfungen sind gleichsam »Thränen des Mitleidens mit dem Sklaven und mit dem Sklavenelende«. Die »ungeheuren socialen Nothstände« dagegen sind, so erklärt der junge Philologe, nicht aus echtem Erbarmen entstanden, sondern aus der »Verzärtelung des neueren Menschen« (KSA 1/769).

Die politischen Implikationen des Textes – es handelt sich um die Vorrede zum ungeschriebenen Buch über den griechischen Staat – sind nicht ganz eindeutig. Nietzsche geht es um eine Rehabilitation der Platonischen Staatsidee und insbesondere um die »Geheimlehre« vom Zusammenhang zwischen Staat und Genius, um den Hinweis auf dem menschlichen Bewusstsein verborgene Naturabsichten. Der »Mensch an sich« besitzt ihm zufolge weder Würde, noch Rechte, noch Pflichten. Würde hat er nur insofern, als er »bewusst oder unbewusst, Werkzeug des Genius ist« (KSA 1/776). Als kulturfeindlich erscheint in dieser Perspektive weniger eine zu erwartende sozialistische Zukunft, als die kapitalistische Gegenwart; mit deutlich antisemitischen Untertönen wird die Unterwerfung der »Staatstendenz« unter die »Geldtendenz« beklagt. Unvermeidlich gerät auch die »sociale Frage« in diese Erörterung, doch sie steht nicht im Zentrum. Der Text wird beherrscht von einer pessimistischen Metaphysik, aber zugleich kommt darin die Sehnsucht nach der guten alten Zeit der mittelalterlichen Hörigkeit zum Ausdruck und damit die Angst vor der Gegenwart, in der jede Autorität und jede Einbindung des Individuums in ein hierarchisches Ganzes zerstört oder verunmöglicht wird[22]. Als Prinzip des modern-barbarischen Sklaventums hat Nietzsche den Individualismus der Neuzeit begriffen. Das neuzeitliche »Barbarenthum« beruht auf der Arbeitsteilung und auf der Herrschaft des Mechanismus, auf der Atomisierung der Gesellschaft, auf der Vereinzelung und damit Schwächung des Menschen, der unweigerlich in Sklavenbande gerät, sei es auch nur gegenüber einer Wissenschaft, einem Begriff oder einem Laster (KSA 7/73, 3[44]). Mit solchen Ideen erscheint Nietzsche eher als Vertreter der romantisch-konservativen Kulturkritik denn eines dezidierten Antisozialismus.

Nietzsches Einstellung zum Problem der Sklavenarbeit ist zu Beginn der 70er Jahre ambivalent; einerseits spricht er, vor allem Kraft seines Berufs als Altphilologe und unter Berufung auf seinen »grossen Vorgänger« Friedrich August Wolf[23], von der ewigen Notwendigkeit der Sklavenarbeit, andererseits beklagt er, dass die Menschen seiner Zeit in ihrer Haltung zur Arbeit und zum Gelderwerb nicht mehr als Sklaven sind und sich dies nicht einmal eingestehen können. Die Themen des Sklaven, der Sklavenarbeit und der sklavischen Gesinnung werden ihn zeit seines Schaffens beschäftigen, die Bedeutung der entsprechenden Begriffe indes variiert beträchtlich. Seit der Mitte der 70er Jahre denkt er hauptsächlich über die Versklavung der Menschen einerseits durch die Maschine, andererseits durch den Besitz, überhaupt durch ökonomische Interessen nach, später dient der Begriff fast ausschliesslich der Kennzeichnung eines psychologischen Typus.

Ausschlaggebend für Nietzsches frühe Abneigung gegen sozialistische Utopien ist wie eingangs erwähnt die Zuordnung zur Weltanschauung des Optimismus, die von den nationalökonomischen Theorien ebenfalls verfochten wird[24]. Folgerichtig verspricht die »ernste Weltbetrachtung« die einzige Rettung vor dem Sozialismus (KSA 7/259, 8[93]). Doch die Rettung, die Nietzsche anbietet, ist nur möglich aufgrund einer radikalen Kritik zwar nicht der bestehenden Ordnung, aber doch der Ideologie, die diese Ordnung verklärt. Ist die Nationalökonomie in Nietzsches Augen eine blosse Apologie der »begehrlichsten Selbstsucht«, so begreift er den Optimismus generell als Flucht vor dem menschlichen Leiden. Die »ernste Weltbetrachtung« fordert die Menschen dazu auf, ihrem Schicksal nicht auszuweichen, um nach Möglichkeit den Sinn des Leidens, das »dahinten-Liegende«, das Dasein selbst zu verstehen; keineswegs leugnet sie, dass die Gesetze von Arbeit und Eigentum böse und grausam sind[25].

Mit der allmählichen Überwindung des Schopenhauerschen Pessimismus gewinnt Nietzsches Auseinandersetzung mit dem Sozialismus eine neue Qualität. Zwar zählt er ihn 1876 wie die Grossstaaten, das Geld und die Wissenschaften zu den kulturfeindlichen Mächten[26], doch der Vorwurf steht nicht mehr im Zentrum, sondern macht einer nüchternen Beurteilung Platz. 1876/77 notiert er sich: »Der Socialismus beruht auf dem Entschluss die Menschen gleich zu setzen und gerecht gegen jeden zu sein: es ist die höchste Moralität.« (KSA 8/373, 21[43])[27]. Zu Unrecht, so führt er aus, wird dem Sozialismus vorgeworfen, er übersehe die tatsächliche Ungleichheit zwischen den Menschen. Die Sozialisten haben sich dafür entschieden, alle Menschen als gleich mächtig und gleich wertvoll zu setzen und die bestehenden Unterschiede zu vernachlässigen oder als veränderbar zu betrachten. Nietzsche gibt der Entscheidung sogar Recht, da nach seinem Dafürhalten die Menschen des 19. Jahrhunderts tatsächlich im wesentlichen gleich sind (KSA 8/412, 23[25]). Aus dem Herbst 1877 stammt der umfangreichste zusammenhängende Text zum Sozialismus, den Nietzsche hinterlassen hat. Das »Socialismus« betitelte Fragment enthält in acht Punkten seine Einwände gegen die Bewegung und ihr Programm (KSA 8/481ff, 25[1]). Sie sollen im folgenden aufgelistet und unter Herbeiziehung weiterer Stellen aus jenen Jahren ergänzt werden.

1. Die unteren Volksschichten leiden nicht in dem Masse, wie es sich sensible Zuschauer vorstellen. Viele Leiden und Entbehrungen werden nur von Menschen empfunden, die auf einem höheren kulturellen Niveau stehen. Die Lage der unterprivilegierten sozialen Schichten verbessern heisst demnach auch, ihnen ihr Leiden bewusst zu machen. Nietzsche hat zu jener Zeit eine Utopie entworfen, die Vision einer »besseren Ordnung der Gesellschaft«, in der die »schwere Arbeit und Noth des Lebens Dem zugemessen sein« wird, »welcher am wenigsten durch sie leidet, also dem Stumpfesten«. Von der lebensnotwendigen Arbeit befreit wird mithin derjenige sein, »welcher für die höchsten sublimirtesten Gattungen des Leidens am empfindlichsten ist und desshalb selbst noch bei der grössten Erleichterung des Lebens leidet« (MA I 462). Unschwer erkennt man im zweiten Typus den Philosophen, der an der Erkenntnis leidet. Nietzsches Utopie ist, konsequent weiter gedacht, äusserst radikal, besagt sie doch, dass die Lage jener Arbeiter, die sich ihres Geschicks bewusst werden und daran zu leiden beginnen, durch nichts mehr zu rechtfertigen ist. Dieser Konsequenz freilich ist Nietzsche ausgewichen[28].

2. Grosse Menschen und grosse Werke wachsen nur in der »Freiheit der Wildniss« auf, nicht in den geordneten Zuständen, die die Sozialisten herbeiführen wollen. Bereits zwei Jahre zuvor hat Nietzsche festgehalten, der von den Sozialisten erträumte Idealstaat zerstöre das »F u n d a m e n t der grossen Intelligenzen, die starke Energie« (KSA 8/93, 5[188]). Eingehender wird dieser Gedanke in *Menschliches, Allzumenschliches* (MA I 235) erörtert. Wäre der sozialistische Staat, der möglichst vielen Menschen ein angenehmes Leben gestattet, verwirklicht, würde die Menschheit »zu matt geworden sein [...], um den Genius noch erzeugen zu können.« Es ist mithin wünschenswert, dass das Leben seinen gewaltsamen Charakter behält, denn nur ihm verdankt sich die starke Energie, auf dessen Boden der »grosse Intellect« und das mächtige Individuum wachsen[29]. Getreu der Tradition der neuzeitlichen Staatstheorie versteht Nietzsche den Staat als eine »kluge Veranstaltung zum Schutz der Individuen gegen einander«. Wird auf seine »Veredelung« allzu grosses Gewicht gelegt, droht die Schwächung, ja Auflösung der Individuen.

3. Harte und grobe Arbeit muss, sofern Maschinen sie nicht ersparen können, auch künftig geleistet werden. Folglich ist es geboten, Menschen zu erhalten, die sich ihr unterziehen. Der Arbeiterklasse ist sie jedoch, sobald sie Zugang zur Kultur gefunden hat, nicht mehr zuzumuten. Höhere

Bildung weckt das Bedürfnis nach Befreiung von der Arbeit, nicht nach Erleichterung derselben. Das Los der zu »aufreibender mechanischer Arbeit« gezwungenen Arbeiter, die sich in bezug auf ihr kulturelles Niveau von den Unternehmern nicht mehr unterscheiden, ruft ein Gefühl der Empörung hervor. Auf dieser Stufe der Argumentation angelangt und in Ermangelung einer revolutionären Perspektive bleibt Nietzsche nur ein Ausweg: »Nicht-Cultur« muss als Verpflichtung zum Frondienst betrachtet werden. Den Raum der »Nichtkultur« meint er in den Ländern Asiens und Afrikas gefunden zu haben. »Vielleicht« liesse sich das Problem der Arbeitszuteilung durch die »massenhafte Einführung barbarischer Völkerschaften« lösen. Auf diese »Lösung« wird Nietzsche zurückkommen.

4. Wenn die Sozialisten den Umsturz der Gesellschaft ins Auge fassen, appellieren sie an die Macht. Zu Unrecht berufen sie sich dabei auf das Prinzip der Gerechtigkeit. Sie ist das Resultat von Verträgen, die wiederum erst zwischen gleichmächtigen Partnern geschlossen werden können. Das Argument stellt genau besehen keinen Einwand dar gegen die sozialistische Machtergreifung. Wir finden es ebenfalls in *Menschliches, Allzumenschliches* (MA I 446). Hier geht Nietzsche einen Schritt weiter. Beim Sozialismus, »falls er w i r k l i c h die Erhebung der Jahrtausende lang Gedrückten, Niedergehaltenen gegen ihre Unterdrücker ist«, sollte, von der Warte des höheren Nutzens aus gesehen, bedacht werden, ob man ihn nicht gleich der Dampfkraft einsetzen kann. Es gilt zu prüfen, wie stark er ist, »in welcher Modification er noch als mächtiger Hebel innerhalb des jetzigen politischen Kräftespiels benutzt werden kann; unter Umständen müsste man selbst Alles thun, ihn zu kräftigen.«

5. Der Arbeiter, der dem reichen Fabrikanten vorhält, er verdiene sein Glück nicht, hat recht. Doch daraus lässt sich nichts ableiten; niemand verdient sein Glück, noch sein Unglück. In *Menschliches, Allzumenschliches* (MA I 81) stellt Nietzsche eine andere Überlegung an: zwischen Armen und Reichen wie überhaupt zwischen Leidenden und Tätern kann es zu keiner Übereinkunft bezüglich des moralischen Werts bestimmter Handlungen kommen, weil die beiden Seiten nicht gleich denken und empfinden, weil die Schuld des Täters nicht am Schmerz des Opfers gemessen werden kann.

6. Nicht die Veränderung der Institutionen oder die Stiftung einer neuen Ordnung vermehrt das Glück auf Erden. Stattdessen soll das »finstere, schwächliche, grüblerische, gallichte Temperament« ausgerottet werden. In Nietzsches Augen besitzen die meisten Sozialisten solch üble Charaktereigenschaften, deshalb »verringern sie unter allen Umständen das Glück auf der Erde«. Kaum eine Äusserung legt so sehr wie diese die

Frage nahe, ob Nietzsche überhaupt sozialistische Politiker persönlich kennengelernt hat. Seine späteren Urteile über die Sozialisten sind zwar überwiegend psychologischer Natur, basieren aber doch wohl in erster Linie auf Leseeindrücken.

7. Wohlbehagen ist nur möglich im Rahmen des Herkommens, der festen Sitte und der Beschränkung. Die Sozialisten sind »mit allen Mächten verbündet«, die diese Ordnungen zerstören. Die Fähigkeit, etwas Neues aufzubauen, haben sie noch nicht bewiesen. Es überrascht, ein solches Argument aus Nietzsches Mund zu vernehmen, gilt doch seit den späteren 70er Jahren seine eigene Sorge dem freien Geist, der sich den moralischen und sozialen Konventionen nicht mehr unterwirft. Die Ironie der Geschichte will es, dass sich eben deshalb manche Sozialisten seine moralkritischen Ideen angeeignet haben.

8. Der Sozialismus ist eine »Kraftquelle des Geistes«, weil er bis in die »niedersten Schichten eine Art von praktisch-philosophischem Gespräch« bringt. Dass er weite Kreise der Gesellschaft, also nicht nur die Intellektuellen und Kulturschaffenden zur Reflexion anregt, hält ihm Nietzsche zugute.

Soweit Nietzsches Argumente gegen den Sozialismus, wie er sie im Herbst 1877 zusammengefasst hat. Ich knüpfe beim letzten Punkt an. Manche Äusserungen Nietzsches verraten erstaunliche Sympathien zur arbeitenden Bevölkerung. Zweifellos haben diesbezüglich der Umgang mit Wagner und die Auseinandersetzung mit dessen schwärmerischem Volks-Ideal eine Rolle gespielt[30]. Wichtiger ist wahrscheinlich Nietzsches eigenes, aus epikureischen und kynischen Quellen genährtes Ideal des bescheiden-glücklichen Lebens. Albern ist es, so notiert er 1880, den Arbeitern Sparsamkeit zu empfehlen. Vielmehr soll man sie lehren, »das Leben zu geniessen, wenig zu brauchen, vergnügt zu sein, sich so gering wie möglich zu belasten (mit Weib und Kind), nicht zu trinken, kurz philosophisch zu sein und die Arbeit so weit reduziren als sie unterhält, über alles zu spotten, cynisch und epikurisch zu sein« (KSA 9/337, 7[97]). Die Philosophie gehört in die Arbeiterkreise, so beschliesst Nietzsche seine Ratschläge. Vom sozialistischen Standpunkt her gesehen handelt es sich bei seinem Vorschlag um einen blossen Aufruf zum Verzicht auf politisches Eingreifen und zum Rückzug ins private Glück. Überdies wird stillschweigend vorausgesetzt, dass die Arbeiter ohnehin immer mehr verdienen, als sie für ihren Lebensunterhalt benötigen. In Nietzsches Konzeption des privaten Glücks sind indes wiederum gesellschaftskritische Momente enthalten. Die epikureisch-kynischen Ideale von Autarkie und Ataraxie schliessen die Aufforderung ein, Arbeit und Konsum auf ein Minimum zu reduzieren. Nietzsche versteht diese Aufforderung durchaus als Kritik an der herrschenden ökonomischen Logik, die »die Zufriedenheit und die idyllische Philosophie als Schädiger des National-Reichthums und der -Arbeitskraft« fürchtet, die von allen Menschen erwartet, dass sie nach Reichtum streben, und derart die Konkurrenz – Nietzsche versteht darunter Neid und Unlust – zu einem positiven Wert erhebt (KSA 9/509, 11[180]). Nicht die Arbeiter werden kritisiert, sondern das bestehende Wirtschaftssystem, weil es nur funktionieren kann, indem es die Nichtprivilegierten mit der Vorspiegelung von Reichtum und Glück verführt und ihnen den eigenen Status und Besitz als ungenügend erscheinen lässt (KSA 9/535, 11[246]). Natürlich steckt hinter solchen Überlegungen die lapidare Feststellung, dass Reichtum nicht glücklich mache[31]. Doch Nietzsche geht einen Schritt weiter, wenn er den »Lobrednern der Arbeit« vorhält, hinter ihren unermüdlichen Reden vom Segen der Arbeit verberge sich die Furcht vor dem Individuellen. In der modernen Gesellschaft nimmt die Arbeit die Funktion einer Polizei wahr, die »Jeden im Zaume hält und die Entwickelung der Vernunft, der Begehrlichkeit, des Unabhängigkeitsgelüstes kräftig zu hindern versteht.« Arbeit diszipliniert die Menschen und hält sie vom Denken und Träumen, vom Lieben und Hassen ab, derart stützt sie eine Gesellschaftsordnung, die die Sicherheit als ihre oberste Gottheit anbetet. Dieser Ordnung droht der Arbeiter gefährlich zu werden, weil er sich als Individuum entfalten will (M 173). Die Stelle aus der *Morgenröthe* zeigt besonders deutlich, wie sich Nietzsches politische Perspektive zwischen 1870 und 1880 gewandelt hat. Während er früher die Ausbreitung des Egoismus in den Unterschichten als Verhängnis empfunden hat, billigt er jetzt den Arbeitern das Anrecht auf individuelle Selbstverwirklichung zu, ja er setzt Hoffnungen in diesen Prozess der Bewusstwerdung und der Infragestellung sozialer Werte.

Nietzsches Sympathien für die Arbeiter passen gut zu seiner immer wieder geäusserten Verachtung des Reichtums. Besitz macht die Menschen, wie er oft beteuert, nicht frei, sondern versklavt sie. Er bindet sie an den Staat, an einen festen Ort, an unliebsame Gesellschaft. Das Streben nach Besitz zeugt von der Unfähigkeit, die freie Zeit zu nutzen. Im Reichtum erkennt Nietzsche das Resultat geistiger Inferiorität und zugleich das Vermögen, sie mit Hilfe der Bildung zu maskieren (KSA 8/550f, 30[162]; VM 317)[32]. In den Händen geistloser Menschen wird Besitz gemeingefährlich, da diese ihre freie Zeit nur zu nutzen wissen, um weiteren Reichtum zu akkumulieren. Reichtum ist zwar nichts weiteres als »das gleissende Ergebniss geistiger Unselbständigkeit und Armuth«, da er sich aber mit Kunst und Bildung maskiert, erregt er den Neid der Armen und Ungebildeten, die sich von der Maskerade täuschen lassen. Weil die Illusion wächst, Kultur und Kulturgenuss seien mit Geld zu erkaufen und weil der Respekt vor der geistigen Grösse sinkt, konstatiert Nietzsche eine »sociale Umwälzung«, für die er den Reichtum verantwortlich erklärt (VM 310). Nur in einem mässigen und genügsamen Leben sieht er die Chance, den Sozialismus zu verhindern; in diesem Kontext schlägt er die Besteuerung des überflüssigen Luxus vor. Doch er weiss nur zu gut, dass die sich liberal nennenden reichen Bürgerlichen von solchen Massnahmen nichts halten. Ihre eigene Gesinnung, so hat er erkannt, ist es, welche sie bei den Sozialisten bedrohlich finden, bei sich selbst hingegen akzeptieren. Nur der Besitz, nicht sittliche Qualitäten unterscheiden sie von ihren sozialistischen Gegnern. Weil Nietzsche den Sozialismus häufig mit Neid und Begehrlichkeit identifiziert, sieht er das Mittel zu seiner Bekämpfung oder Entschärfung in der moralisch-geistigen Läuterung der Besitzenden. Es ist indes kaum anzunehmen, dass er an den Willen der ökonomisch Mächtigen, sich einer solchen Katharsis zu unterziehen, geglaubt hat; er hat erfahren, dass sie weder zu autonomer Lebensgestaltung fähig sind noch sich durch vornehme Umgangsformen auszeichnen (VM 304; FW 40)[33].

Wie der Reichtum fällt die Arbeit Nietzsches Geringschätzung anheim, ohne dass damit ein Urteil zugunsten einer bestimmten Klasse gefällt wird: alle Klassen sind überarbeitet, Arbeiter, Kaufleute, Gelehrte, Beamte, Militärs, so wird in einem Nachlassfragment vom Herbst 1876 festgehalten (KSA 8/335, 19[21]). Nur eine privilegierte Gruppe von »müssigen Olympiern« ist offen für den echten Kunstgenuss; Nietzsche scheint an dieser Stelle (KSA 8/337, 19[27]) nicht von den Künstlern, von den Produzenten zu sprechen, sondern von den idealen Kunstkonsumenten, die dank ihrer Musse den Künstlern die grösste Aufmerksamkeit und den höchsten Ernst schenken können. Für ihre Existenz haben die »Thätigen (seien sie Arbeiter oder Banquiers oder Beamte) mit ihrer Überarbeit zu sorgen«. Höhere Kultur setzt die Teilung der Gesellschaft in zwei Kasten voraus, in jene der »Zwangs-Arbeit« und jene der »Frei-Arbeit«. Die Kastenordnung darf gemäss Nietzsches Vorstellungen nicht erstarren: die »stumpferen, ungeistigeren Familien und Einzelnen aus der oberen Kaste« sollten »in die niedere herabgesetzt werden«; die freieren und leidensfähigeren Menschen aus den unteren Schichten hingegen aufsteigen (MA I 439). Zweifellos hat Nietzsche mit dem Bild des Sklaven hauptsächlich die moderne Arbeits- und Konsumgesellschaft anklagen wollen, doch darf nicht vergessen werden, dass er an der Überzeugung von der Notwendigkeit eines Sklavenstandes, der mit seiner Mehrarbeit die Existenz des sinngebenden »Luxus-Überschusses« gewährleistet, stets festgehalten hat.

»Wie kann man die Alten nur h u m a n finden!« ruft Nietzsche 1875 anlässlich seiner Burckhardt- und Schopenhauer-Lektüre aus (KSA 8/60, 5[72]). Für ihn, der in den späten 70er Jahren beginnt, sich mit der Demokratisierung abzufinden und ihre positiven Aspekte zu würdigen, liegt in der Frage eines der Probleme, mit denen er sich auseinanderzusetzen hat: wie steht es um die angebliche Humanität einer streng hierarchisch aufgebauten Gesellschaft und wie lässt sich umgekehrt in einer Gesellschaft, in der die Menschen weitgehend gleich sind, ein Zustand rechtfertigen, in dem die einen zugunsten der anderen zu arbeiten gezwungen sind, ohne diesen Zustand nach dem Vorbild der Nationalökonomie zu verklären? Dem technischen Fortschritt traut er die Macht nicht zu, das Problem zu lösen. Die Automatisierung der Arbeit bedeutet für ihn primär die Unterwerfung der Menschen unter die Maschine. Er verachtet die Heuchelei der Gesellschaft, die die Aufhebung der Sklaverei propagiert und vor der realen Situation ihrer eigenen Arbeiter, die weder sicherer noch glücklicher sind als die antiken Sklaven, die Augen verschliesst (MA I 457). Die Maschine besitzt zwar pädagogische Qualitäten, sie lehrt den Nutzen der Koordination und der Zentralisation, aber sie ist der Entfaltung menschlicher Autonomie abträglich, sie setzt nur »die niederen gedankenlosen Kräfte in Bewegung« und gibt keine positiven Antriebe moralischer oder künstlerischer Art; das Resultat ihrer Herrschaft ist eine »verzweifelte Langeweile der Seele« (WS 218; 220)[34]. Die Maschine demütigt die Menschen und entzieht »dem Stück Arbeit seinen Stolz, sein individuell G u t e s und F e h l e r h a f t e s, was an jeder Nicht-Maschinenarbeit klebt, – also sein Bisschen Humanität.« Die Enthumanisierung, die Entwertung menschlicher Arbeit bewirkt, dass »wir jetzt nur inmitten anonymen und unpersönlichen Sclaventhums zu leben scheinen« (WS 288).

Der Protest gegen die Versklavung der Menschen durch Markt und Maschine wird vom Standpunkt eines konservativen Antikapitalismus aus formuliert[35]. Der modernen kapitalistischen Wirtschaftsordnung weist Nietzsche die Schuld für die Ausbeutung des Arbeiters zu. Sie stellt in seinen Augen eine Dummheit und eine Gefährdung der Zukunft der Gesellschaft dar. Er plädiert für eine Ordnung, die sich um das leibliche und seelische Wohl der Arbeiter sorgt und damit die Fortexistenz einer dienenden Klasse gewährleistet (WS 286). Doch die Sehnsucht nach besseren alten Zeiten[36] kann nicht das letzte Wort bleiben. Ungleich radikaler ist das in der *Morgenröthe* gefällte Urteil über die Unmöglichkeit des Arbeiterstandes. Die »Schande der Sclaverei« kann niemals, etwa durch bessere Entlöhnung der Arbeit, zur Tugend gemacht werden. Dass Menschen »als Schrauben einer Maschine und gleichsam als Lückenbüsser der

menschlichen Erfindungskunst v e r b r a u c h t« werden, empfindet Nietzsche als Skandal. Die Arbeiter sollen nicht mehr länger »Mitverschwore-
ne« sein »in der jetzigen Narrheit der Nationen, welche vor Allem möglichst Viel produciren und möglichst reich sein wollen«. Doch wie ist der
Ausstieg, die Verweigerung praktisch zu bewerkstelligen? Die Revolution
ist für Nietzsche kein gangbarer Weg; ob die Arbeiter Sklaven der Maschine, des Kapitals und des Staates sind oder Sklaven der »Umsturz-Partei«,
läuft in seinen Augen auf das gleiche hinaus. Die Sozialisten tituliert er als
Rattenfänger, die die Arbeiter »mit tollen Hoffnungen brünstig machen
wollen« und sie auf den Tag der Abrechnung, der »bestia triumphans« zu
warten heissen[37], ohne ihr Leben zu verändern. In der »unpersönlichen
Verknechtung« hat er die wesentliche Ursache des Arbeiterelends erkannt
und fordert: »die Arbeiter in Europa sollten sich als S t a n d fürderhin für
eine Menschen-Unmöglichkeit [...] erklären.« Er ruft sie dazu auf, der kapitalistischen Betriebsamkeit die »Gegenrechnung« vorzuhalten und zu
zeigen, »wie grosse Summen i n n e r e n Werthes für ein solch äusserliches
Ziel weggeworfen werden«. Nicht länger dürfen sie sich ins System von
Neid und Begehrlichkeit integrieren lassen. Einen möglichen Ausweg aus
dem Elend sieht er im Konsumverzicht und in der Besinnung auf die Philosophie der Bedürfnislosigkeit. In seiner konservativ-moralisierenden
Sprache lautet das: »freiwillige idyllische Armuth, Berufs- und Ehelosig-
keit«. Der andere Ausweg, zu dem er den Arbeitern rät, ist die Auswanderung: Europa, den Boden der Knechtschaft, sollen sie verlassen und in der
Wildnis anderer Kontinente die Freiheit und das heroische Lebensgefühl
kennenlernen. Der aufgrund einer massenhaften Auswanderung in Europa eintretende Arbeitskräftemangel beunruhigt Nietzsche nicht sonderlich; die Europäer, so hofft er, werden erkennen, dass manche Bedürfnisse
überflüssig sind. »Vielleicht auch«, so besänftigt er Befürchtungen, die
trotzdem entstehen könnten, »wird man dann C h i n e s e n hereinholen:
und diese würden die Denk- und Lebensweise mitbringen, welche sich für
arbeitsame Ameisen schickt« (M 206)
    Nietzsche lebt in einem für ihn selbst schwer erträglichen Wider-
spruch: einerseits hat er erkannt, dass die Lebensbedingungen der europäischen Arbeiter unzumutbar sind, andererseits vermag er seinen Glauben an die ewige Notwendigkeit der Sklavenarbeit nicht zu revidieren[38].
Als »guter Europäer« weiss er den Widerspruch nur zu lösen mit Hilfe von
Kolonialphantasien. Europa soll fremde Regionen besiedeln und fremde
Arbeitskraft ausbeuten. In einer im Sommer 1880 niedergeschriebenen
Zukunftsvision beschreibt er eine kommende Zivilisation, die die Natur-
beherrschung perfektionieren und die Naturverschönerung zum Ziel des

Kunstschaffens erheben wird. In der strahlenden Zukunft wird man »die zurückgebliebenen Völkerschaften Asiens Afrikas usw. als Arbeiter verwenden«; Nietzsche fügt immerhin bei: »die Bevölkerungen des Erdbodens werden anfangen sich zu mischen« (KSA 9/135, 4[136]). Nietzsche steht, wenn auch nicht aus wirtschaftlichen Motiven, dem europäischen Imperialismus wohlwollend gegenüber. Aber seine eigenen imperialistischen und kolonialistischen Phantasien sind eher als leichtfertige Gedankenspiele zu bewerten denn als ernsthafte Antworten auf das Problem entfremdeter Arbeit. Die Spannweite seiner Ansichten zum Problem ist beträchtlich. »Sklaven-Arbeit« definiert er einmal als Arbeit, »die nicht um unserer selber willen gethan wird und die keine Befriedigung in sich hat«. Noch viel Geist ist zu finden, so ergänzt er, damit alle ihre Arbeit befriedigend gestalten können (KSA 9/508, 11[176]). Die Bemerkung impliziert offenbar, dass dereinst, sobald genügend Geist gefunden ist, Sklavenarbeit bzw. fremdbestimmte Arbeit überflüssig wird. Andere Bemerkungen lassen jedoch diese Deutung nicht zu. Sklaventum wird auch in Zukunft notwendig sein, dies bleibt Nietzsches Ansicht; freilich drängt sich in der Regel der Eindruck auf, er subsumiere unter den Begriff jede Art von wirtschaftlicher Tätigkeit, die gesamte »Maschinerie« der Weltökonomie oder die »ungeheure Masse von politisch-commerciellen Kräften«[39]. Nutzniesser der universellen Sklaverei sind nicht bestimmte soziale Klassen, sondern die wenigen »Selbsteigenen«, »Selbstherrlichen«, »Überschüssigen«. Für sie arbeiten »jene Ungezählten Unzähligen«, deren »Wesen die Zugehörigkeit ist«, seien sie nun Fürsten, Kaufleute, Beamte, Ackerbauern oder Soldaten. Sie alle werden als Sklaven bezeichnet, weil sie »mit einer ewigen Nothwendigkeit nicht für sich selber« arbeiten, mögen sie sich auch als Herrscher und Mächtige fühlen. Die wahren Herren sind allein jene, die sich selber gehören, nur sie sind »der Sinn und die Apologie des ganzen Treibens« (KSA 9/664f, 16[23]).

Es muss »Sklaven« geben, so hält Nietzsche 1883 fest, wobei er aus unerfindlichen Gründen den Begriff in Anführungszeichen setzt; aber zugleich weiss er, dass die Sklaverei der Gegenwart eine Barbarei ist (KSA 10/235, 7[1]; 296, 7[167]). Der Befund ist mit der Einsicht in die »Menschen-Unmöglichkeit« des Arbeiterstandes nicht zu verwechseln: barbarisch ist die moderne Sklaverei allein deswegen, weil die Menschen, für die zu arbeiten sinnvoll wäre, fehlen. Notwendig ist sie hingegen, weil nur durch »Herunterdrückung« eines niederen Typus auf eine Funktion, also nur in einer arbeitsteiligen Gesellschaft der höhere Typus sich entfalten kann (KSA 12/96, 2[76]). Ohne den höheren Typus, ohne einen »erlösenden Stand« ist Sklaverei nicht zu rechtfertigen (KSA 12/130, 2[131]).

Die masslos gesteigerte Ausbeutung der Menschen ist an sich sinnlos, wie Nietzsche gegen die Nationalökonomie einwendet; sie bewirkt bloss die Wertverringerung des Typus Mensch. Zum »immer ökonomischeren Verbrauch von Mensch und Menschheit, zu einer immer fester in einander verschlungenen ›Maschinerie‹ der Interessen und Leistungen« gehört eine Gegenbewegung, nämlich die »Ausscheidung eines Luxus-Überschusses der Menschheit«, für den Nietzsche den Begriff »Übermensch« geprägt hat (KSA 12/462, 10[17]). Sein spätes Interesse für Kastenordnungen steht mit der Apologie der Arbeitsteilung im engsten Zusammenhang (KSA 13/385, 14[201]; 394f, 14[221]).

Nietzsche hat vereinzelt die Arbeiterklasse mit dem Sklavenstand schlichtweg identifiziert; der Aphorismus über die »Dummheit«, die darin liegt, »dass es eine Arbeiter-Frage giebt« (GD Streifzüge eines Unzeitgemässen 40)[40], stellt ein anschauliches Beispiel dar. Trotz solcher, in ihrem Zynismus kaum zu überbietender Provokationen sollte nicht vergessen werden, dass jene Stellen, in denen einer solchen Identifikation widersprochen wird, zahlreicher sind. Bereits in *Menschliches, Allzumenschliches* (MA I 283) wird die Definition des Sklaven geliefert: »wer von seinem Tage nicht zwei Drittel für sich hat, ist ein Sclave, er sei übrigens wer er wolle: Staatsmann, Kaufmann, Beamter, Gelehrter«. Abschätzige Äusserungen über die Arbeiter finden sich selten bei Nietzsche. Wahrscheinlich hat er ihnen nicht verziehen, dass sie sich, anstatt zur ›idyllischen‹ Philosophie der Bedürfnislosigkeit bekehren zu lassen und derart dem System zu verweigern, in die bürgerliche Gesellschaft integriert und deren Werte übernommen haben. Wenn er prophezeit, die Arbeiter würden einmal leben wie jetzt die Bürger, so konstatiert er, dass es keinen Grund mehr gibt, sie vom materiellen Wohlstand auszuschliessen, zugleich überträgt er das Ideal der Bedürfnislosigkeit von ihnen auf die »höhere Kaste«, die im Besitz der Macht, aber nicht reich ist (KSA 10/361, 9[47]). Die später erhobene Forderung, Arbeiter sollten wie Soldaten empfinden lernen und ein Honorar, keine Bezahlung erhalten (KSA 12/350, 9[34]), verrät wiederum Phantasien eines romantischen Antikapitalismus: Arbeit, die lebensnotwendige Tätigkeit zur Aufrechterhaltung der Gesellschaft, darf nicht als Ware Arbeitskraft auf dem Markt getauscht werden[41]. Insofern Nietzsche nach antikem Vorbild die arbeitende Bevölkerung dem Lebensprozess zuordnet, identifiziert er sie tatsächlich mit den Sklaven; auf die Gegenwart übertragen bezieht sich der Begriff dagegen keineswegs primär auf die Arbeiterklasse. Jede ökonomische Tätigkeit und jeder Staatsdienst versklavt die Menschen, jede Art des Gelderwerbs ist verächtlich (KSA 9/196, 6[11]). Wichtigstes Charakteristikum des Sklaven ist der Mangel an

Musse und Leidenschaft; der typische moderne Sklave ist deshalb der reiche Kaufmann. Seine Klasse nennt Nietzsche, um die Verwirrung vollkommen zu machen, »Arbeiterstand« und rechnet ihm die Künstler und Gelehrten zu (KSA 9/248, 6[200]). Ein weiteres Merkmal der modernen Sklavenseele ist die Herrschsucht; wirkliche Kraft hat Nietzsche nur bei »einfachen milden und gefälligen M<enschen> ohne den geringsten Hang zum Herrschen« gefunden; doch gerade sie üben eine von den Zeitgenossen kaum wahrgenommene Herrschaft aus (KSA 9/252, 6[206]). Sklaverei, so lautet seine Antwort auf die »radikale Frage«, wird es immer geben, zur Illustration der Behauptung werden der preussische Beamte, der Gelehrte und der Mönch herangezogen (KSA 11/72f, 25[225]). Da überdies das Kriterium des Nutzens zur Signatur des Sklaven gerechnet wird, sind alle Utilitarier dieser Kategorie zuzuordnen (KSA 11/75, 25[242])[42]. Akteure des grossen »Pöbel- und Sklavenaufstandes« sind folgerichtig für Nietzsche eher die Bürgerlichen denn die Arbeiter (KSA 11/235, 26[324]). Damit ist keinesfalls gesagt, dass er den sozialpolitischen Anliegen der Arbeiterbewegung Sympathien entgegenbringt. Obwohl er immer wieder darauf zu sprechen kommt, erklärt er 1884, die Arbeiterfrage interessiere ihn nicht, »weil der Arbeiter selber nur ein Zwischenakt« sei (KSA 11/243, 26[352]).

Überragende Bedeutung gewinnt der Begriff des Sklaven in Nietzsches Spätwerk als psychologische Kategorie. Sklavenmoral ist der Name für den Standpunkt des Ressentiments und Sklavenaufstände bezeichnen jene Bewegungen, in denen das Ressentiment obsiegt. Zu den Menschentypen, die sich in ihrem Handeln und Wertsetzen vom Ressentiment leiten lassen, zählt Nietzsche neben vielen anderen auch die Sozialisten. Ein Vergleich seiner sämtlichen Urteile über die Sozialisten ergibt ein verwirrendes Bild. So kann er zur gleichen Zeit, in der er den Sozialismus mit der höchsten Moralität gleichsetzt, den »Socialisten der unterworfenen Kaste« vorwerfen, ihr Kampf um gleiche Rechte sei nicht Ausdruck des Willens zur Gerechtigkeit, sondern der Begehrlichkeit (MA I 451). Unter Gerechtigkeit versteht er das Resultat der Verständigung unter Gleichmächtigen, die durch egoistische Motive zustandekommt. Austausch, Vergeltung, Rache und Dankbarkeit gehören in die Genealogie der Gerechtigkeit (MA I 92). Eine sozialistische »Denkungsweise«, die auf Gerechtigkeit beruht, ist folgerichtig nur innerhalb der herrschenden Klasse möglich (MA I 451). Dies ist freilich ein hypothetischer Gedankengang, der Nietzsches Einstellung zum Sozialismus als politischer Bewegung nicht betrifft.

In seiner Demokratie-freundlichen Periode sucht Nietzsche die Vor- und Nachteile des Sozialismus im Hinblick auf die Demokratie gegeneinander abzuwägen. Das Ergebnis lautet zuungunsten des Sozialismus; er wird als »der phantastische jüngere Bruder des fast abgelebten Despotismus« entlarvt, der die Allmacht des Staates und die »förmliche Vernichtung des Individuums« anstrebt. Zu diesem Zweck unterstützt er nicht nur den »cäsarischen Gewaltstaat«, sondern bereitet einen unerbittlichen Terrorismus vor. Als Zeuge wird der »alte typische Socialist Plato« mit seinen sizilianischen Plänen aufgerufen (MA I 473)[43]. Eine vergleichbare Sorge um die Demokratie spricht aus der Befürchtung, die »socialistischen Regungen« böten den dynastischen Regierungen einen guten Vorwand für die Unterdrückung demokratischer Bestrebungen (VM 316). Nietzsche schreibt dies 1878, also im Jahr, in welchem das Sozialistengesetz erlassen wird. Das Parteiverbot ist indes für ihn kein Thema, auf das er explizit zu sprechen kommt[44]. Immerhin distanziert er sich implizit von Bismarcks repressiver Politik, ohne für die Sozialdemokraten Partei zu ergreifen. Seine »demokratische« Antwort auf die sozialistische Herausforderung besteht in einer Strategie der Stärkung des Mittelstandes. Die Abschaffung des Privateigentums hält er für gefährlich, weil dadurch die Eitelkeit als Beweggrund der wirtschaftlichen Tätigkeit nicht mehr zum Zuge kommt. Den sozialistischen Programmen, die dieses Ziel anstreben, steht das Volk ohnehin ablehnend gegenüber, so glaubt er zu wissen. Wenn das Volk erst einmal im Rahmen einer parlamentarischen Demokratie »die Steuerschraube in den Händen hat, [...] wird es mit der Progressivsteuer dem Capitalisten-, Kaufmanns- und Börsenfürstenthum an den Leib gehen«. Die Reichen stellen sogut wie die Habenichtse »gemeingefährliche Wesen« dar; diesen zwei »unerlaubten Menschenclassen« muss in einer künftigen Demokratie das Recht auf Partizipation an der politischen Gemeinschaft abgesprochen werden. Wirtschaftspolitisch handelt es sich darum, das kleine Vermögen zu fördern, unter anderem durch Verstaatlichungen im Bereich des Transports und des Handels, namentlich des Geldhandels. Die Zukunft der Demokratie liegt in der Herrschaft eines Mittelstandes, »der den Socialismus wie eine überstandene Krankheit v e r g e s s e n darf« (WS 285; 292; 293). Aus der gleichen Zeit stammt übrigens, leider ohne jede Erläuterung, die Nachlassnotiz: »Socialisten hülfen zum Siege der D e m o k r a t i e« (KSA 8/ 585, 41[9]). Möglicherweise gehört der Gedanke in den Zusammenhang der Einschätzung, letztlich profitiere allein die Demokratie von der von allen politischen Mächten betriebenen Mobilisierung gegen den Sozialismus (WS 292)[45].

Derlei strategische und wirtschaftspolitische Überlegungen spielen im Vergleich zu psychologisch-moralischen Erwägungen für Nietzsches Bewertung des Sozialismus eine untergeordnete Rolle. Neid und Faulheit wirft er in *Menschliches, Allzumenschliches* (MA I 480) den »beiden gegnerischen Parteien« vor, die sich in Europas Ländern gegenüberstehen, der sozialistischen und der nationalen: während die zweite die Anstrengung des Denkens und den Ausbruch aus der Konformität hasst, möchte sich die erste vor der körperlichen Arbeit drücken und beneidet die »bessere, äusserlich günstiger gestellte Kaste der Gesellschaft«. Die Rechtfertigung der Privilegien dieser höheren Kaste ist Nietzsches ständiges Anliegen. Wie mehrfach erwähnt, handelt es sich bei ihr nicht um eine soziale Klasse wie jene der Unternehmer oder der Grossgrundbesitzer, sondern um die Elite der Kulturschaffenden, deren Privilegien in Nietzsches Augen kaum die mit ihren Aufgaben verknüpften Seelenleiden aufwiegen. Ob es politische Naivität oder ideologische Verblendung ist, die ihn dazu bringt, den Kreis der ökonomisch und politisch Mächtigen mit der intellektuellen Elite zu verwechseln, ist hier nicht zu entscheiden. Immerhin räumt er ein, die »socialistischen Schaaren« seien mit ihren Forderungen im Recht, sobald die konformistischen Tendenzen die höheren Klassen erfasst haben; genau dies aber ist ja, wie er glaubt, längst eingetreten.

Ein derart idealisierendes und realitätsfernes Gesellschaftsmodell, wie es Nietzsche vor Augen hat, lässt eine vorurteilslose Auseinandersetzung mit dem Sozialismus kaum zu. Wenigen Menschen wäre Musse zu gönnen im höheren Interesse der Kultur, dagegen fallen »gemeine Naturen« wie Beamte, Kaufleute und Soldaten, sobald ihnen der Müssiggang erlaubt ist, »sich und der Welt zur Last« (KSA 9/221, 6[106]). Aus dem Argument gewinnt Nietzsche 1880 seinen Haupteinwand gegen den Sozialismus. Ganz im Sinn der Kathedersozialisten vertritt er die Auffassung, der Alkoholismus sei »viel verhängnissvoller als irgend ein socialer Druck« (KSA 9/221, 6[109]). Ein durchgehendes Grundmotiv seiner moralisierenden Sozialismus-Kritik ist das Plädoyer für die Bedürfnislosigkeit: »Freisinnige kühne neue Ansichten halte ich für Schwindel oder eine widerliche Art Luxus, wenn sie nicht zur Armut und zur Niedrigkeit drängen« (KSA 9/283, 6[341])[46]. Armut wird zur Voraussetzung für geistigen Reichtum, Unabhängigkeit, wirkliche Macht erklärt. Der gleichen Zielsetzung dient die Devise »so wenig als möglich Staat«. Die Forderung, die bereits in *Menschliches, Allzumenschliches* (MA I 473) erhoben worden ist, hat nichts zu tun mit den Prinzipien des ökonomischen Liberalismus. Gerade dessen damals radikalster Verkünder, Herbert Spencer, wird von Nietzsche attackiert. Der Sozialismus ist für ihn bloss die logische Konsequenz aus der alle Welt beherrschenden Philosophie der Kaufleute (KSA 9/294, 6[377]). Die Opposition zwischen liberalem und sozialistischem

Staatsverständnis scheint ihm in ihrem ganzen Umfang nicht bewusst geworden zu sein. Zwar lässt die Wortschöpfung »Ohne-Sorgenstuhl Staat« an eine vom Staat garantierte soziale Sicherheit denken, aber das von Nietzsche ersehnte kriegerische und asketische Leben hat selbstverständlich nichts mit dem liberalen Wunschbild ungehemmter wirtschaftlicher Initiative zu tun.

Die »socialistischen Systeme« gehören für Nietzsche in die Geschichte des altruistischen Missverständnisses in der europäischen Moral, ihr wirkliches Ziel sieht er in der »Schwächung und Aufhebung« des Individuums (M 132)[47], in der Unterwerfung des Menschen unter unbedingte Pflichten (FW 5), in der Propagierung eines schmerzlosen, sicheren, letztlich aber langweiligen und freudlosen Lebens (FW 12), kurz: im »chinesischen« Glück wunschloser Zufriedenheit (FW 24). Dem modernen Menschen hält er vor, nicht mehr wie der Mensch früherer Zeiten als Material für den Aufbau einer Gesellschaft zu taugen. Die »freie Gesellschaft«, von der die »kurzsichtigste, vielleicht ehrlichste, jedenfalls lärmendste Art Mensch, die es heute giebt, unsre Herrn Socialisten« träumt, stellt keine Alternative zu den untergegangenen hierarchischen Ordnungen dar. Wie das »Reich der Gerechtigkeit und Eintracht auf Erden«, die Abschaffung der Trennung zwischen Herren und Knechten, ist sie für Nietzsche kein erstrebenswertes Ziel, sondern ein Auswuchs der Vermittelmässigung und Schwächung der Menschen. Nur auf der Basis einer »neuen Art Versklavung« ist die Erhöhung und Stärkung des Typus Mensch ins Auge zu fassen (FW 356; 377).

Nivellierungsgelüste und Staatshörigkeit wirft Nietzsche den Sozialisten vor. In ihrer Doktrin erkennt er einen Religionsersatz. Zusammen mit dem Christentum[48] deutet er die »socialistische Phantasterei« als ein Trostmittel, ausgedacht in den kranken und überreizten Gehirnen von Sklaven und Bettlern (KSA 9/66, 3[74]). Der Sozialismus ist nach dem Verlust des Glaubens an Gott zu einem Wert geworden, an dem die Unbefriedigten Halt finden (KSA 9/591, 12[81])[49]. Das sozialistische Evangelium, das Nietzsche bereits 1881 mit seiner Wiederkunftslehre konfrontiert (KSA 9/504f, 11[163]), verspricht dem »flüchtigen« Menschen, dem die Gewissheit seiner Unsterblichkeit genommen ist, diesseitiges Wohlbefinden. »Dürftige« Menschen sollen nicht verewigt werden, sondern zugrunde gehen, so hält er später den Sozialisten entgegen (KSA 10/159, 4[159])[50]. Im Sozialismus erblickt er eine Spielart des Jesuitismus, dessen höchster Gesichtspunkt die Beherrschung der Menschheit zum Zweck ihrer Beglückung ist (KSA 10/315, 7[238])[51]. 1884 kommt er zurück auf den Vorwurf, die Sozialisten huldigten dem »albernen Optimismus vom ›guten Menschen‹«. Allerdings erscheint ihm die Gegenpartei, die den jeder Autorität notwendig zugrundeliegenden gewalttätigen Egoismus nicht zugestehen will, ebenso lächerlich (KSA 11/245, 26[360]). In den letzten Jahren seines Schaffens werden die Attacken heftiger. Die sozialistischen Bestrebungen werden identifiziert mit den Bedürfnissen der Herde (KSA 11/443, 34[75]; 480, 34[177]). Als die »zu Ende gedachte Tyrannei der Geringsten und Dümmsten, der Oberflächlichen, der Neidischen und der Dreiviertels-Schauspieler« bedeutet der Sozialismus die »Schlussfolgerung der modernen Ideen und ihres latenten Anarchismus«. In seiner Lehre, welche sich nur »missrathene Menschen oder Raçen« ausdenken können, verbirgt sich ein Wille zur Verneinung des Lebens (KSA 11/586f, 37[11]).

Mitleid mit der »socialen ›Noth‹, mit der ›Gesellschaft‹ und ihren Kranken und Verunglückten, mit Lasterhaften und Zerbrochnen von Anbeginn, [...] mit murrenden gedrückten aufrührerischen Sklavenschichten« vermag Nietzsche nicht zu verspüren (JGB 225). All jene Menschen, die nach Freiheit und Gleichheit streben, repräsentieren in seiner Spätphilosophie bloss noch Dekadenz und Lebensverneinung. Das Leben bejahen setzt ihm zufolge voraus, jede Form der Überwältigung des Fremden und Schwächeren, der Unterdrückung und Ausbeutung als lebensnotwendig zu akzeptieren (JGB 259). Sein Hass gegen die egalitären Bewegungen seiner Zeit geht soweit, dass er, vielleicht von Gobineau inspiriert, selbst Rassenideologien bemüht. Die moderne Demokratie, der moderne Anarchismus und »namentlich jener Hang zur ›Commune‹, zur primitivsten Gesellschafts-Form, der allen Socialisten Europa's jetzt gemeinsam ist« sind möglicherweise, so mutmasst er, Manifestationen des Wiedererstarkens der ehemals unterworfenen vorarischen Rassen und ihrer intellektuellen und sozialen Instinkte (GM I 5).

In den letzten Jahren seines Schaffens kommt der Sozialismus bei Nietzsche primär in Betracht als spätes Produkt christlicher Wertung und als Erscheinungsform des Nihilismus. Das sozialistische Ideal ist »nichts als ein tölpelhaftes Missverständniss« des christlichen Moral-Ideals, so notiert er im Herbst 1887 (KSA 12/558, 10[170]). Noch ganz dem christlichen Ziel der Seelenläuterung und der Erlösung entspricht der vollkommene Mensch der Zukunft, von dem die Sozialisten träumen, nur die Ankunft des Reichs Gottes ist in die irdische Zukunft verlegt (KSA 13/88f, 11[226])[52]. Dass die Sozialisten an christliche Instinkte appellieren, ist nach Nietzsche »noch ihre feinste Klugheit« (KSA 13/424, 15[30]). Freilich traut er der Vorstellungskraft seiner Zeitgenossen gar nicht zu, ein anderes Menschenbild zu entwerfen als das christliche, nämlich das Bild eines fleissigen, bescheidenen, mässigen, friedliebenden und freundlichen Menschen, kurz: den Typus des vollkommenen Sozialisten (KSA 13/486, 16[13]). So wie die christliche Hoffnung auf ein besseres Jenseits dazu dient, die reale diesseitige Welt zu verleumden und zu beschmutzen, ist die Hoffnung auf die Revolution, die »der socialistische Arbeiter« hegt, der Ausdruck der Rachegelüste und des Bedürfnisses, die bestehende Gesellschaft mit Schuldzuweisungen zu diskreditieren (GD Streifzüge eines Unzeitgemässen 34)[53]. Sämtliche Sozialisten und »Umsturz-Politiker« gehören im Rahmen von Nietzsches Typologie in die Kategorie der »Ressentiments-Menschen« (KSA 13/608, 23[5]).

Soziale Notstände lässt Nietzsche sowenig wie physiologische Entartungen als Ursachen des Nihilismus gelten, dieser ist allein als Folge der christlich-moralischen Weltauslegung zu verstehen (KSA 12/125, 2[127]). Die »typische Socialisten-Lehre«, die er bereits in der Heraufkunft des Christentums am Werk sieht, geht von der Hypothese aus, den »Niedrigen und Armen« sei der Zugang zum Glück eröffnet, sobald die Herrschaft der oberen Stände, die Macht der Institutionen und Traditionen gebrochen ist; in dieser Lehre kommt seinem Verdikt zufolge die nihilistische Logik zum Zuge (KSA 13/178, 11[379]). Die Sozialisten verurteilen das Leben, wenn sie sich »gesellschaftliche Combinationen« ausmalen, unter denen das Laster, die Krankheit, das Verbrechen, die Prostitution und die Not nicht mehr wachsen (KSA 13/256, 14[75]). Vom Standpunkt der »grossen Ökonomie des Ganzen« betrachtet ist es ein »wahres Unheil«, die Notstände aller Art abschaffen zu wollen, da die »Furchtbarkeiten der Realität [...] in einem unausrechenbaren Maasse nothwendiger« sind als das kleine Glück (EH Warum ich ein Schicksal bin 4). Die soziale Frage ist mithin nichts weiter als eine Folge der décadence, der fehlenden Lebensenergie (KSA 13/165, 14[86]).

Die Auflistung der diversen Äusserungen aus den Jahren 1885 bis 1888, die vielfältigen Zuordnungen des Sozialismus zum Christentum, zum Nihilismus und zur décadence lassen Nietzsche als militanten Antisozialisten erscheinen. Das Bild ist indes zumindest unvollständig. In einem 1885 oder 1886 niedergeschriebenen Nachlassfragment findet sich das folgende Bekenntnis: »Es giebt viele Dinge, gegen welche ich nicht nöthig gefunden habe, zu reden: es versteht sich von selbst, [...] dass mir alle politischen Parteien von heute widerlich sind, dass der Sozialist von mir nicht nur mit Mitleiden behandelt wird.« (KSA 12/156, 2[180]). Das Wort »nicht nur« lässt aufhorchen, wird doch der Sozialist in Nietzsches Publikationen und Notizen nirgends mit Nachsicht verwöhnt. Wichtiger ist seine Versicherung, er habe es nicht für nötig befunden, über das The-

ma zu sprechen. Seine Schriften zeugen vom Gegenteil. Liegt hier eine
ihm selbst nicht bewusste Inkonsequenz vor oder handelt es sich um die
aus *Ecce homo* bekannte Attitüde des heroischen Einzelkämpfers, der nur
angreift, wo er keine Bundesgenossen findet? Möglicherweise hat Nietzsche tatsächlich den politischen Zeitgeist verdrängt und nicht sehen wollen, dass es ihm im Feldzug gegen den Sozialismus an Bundesgenossen
nicht gefehlt hätte. Immerhin ist eine ganz andere Hypothese zu erwägen.
Vielleicht sind sämtliche späten Urteile über den Sozialismus nicht als
Stellungnahmen zu einem politischen Projekt zu lesen, als Kritik einer
Partei, die seit 1878 ohnehin in Deutschland einer verschärften Repression ausgesetzt ist, sondern als Verallgemeinerungen psychologischer Beobachtungen, die sich auf die Mentalität aller Zeitgenossen ungeachtet ihrer
Klassenherkunft beziehen. Obgleich das vorliegende Material nicht aus-
reicht, um eine entsprechende Interpretation zu verifizieren, steht zumindest fest, dass Nietzsche den Sozialismus als Oppositionsbewegung nie
ausschliesslich mit Lebensverneinung gleichgesetzt hat. In einem Nachlassfragment vom Herbst 1887 ordnet er ihn in einer Hierarchie der diversen Erscheinungsformen des Willens zur Macht ein (KSA 12/503,
10[82]). Sozialismus wird hier begriffen als Agitationsmittel des Individualismus. Ziel der Individualisten ist es, sich als Einzelne und in Solidarität mit allen übrigen Einzelnen von der Übermacht der Gesellschaft, des
Staats und der Kirche zu befreien. Das Ziel des »Socialism« ist nicht die
»Societät als Zweck des Einzelnen, sondern die Societät als Mittel zur
Ermöglichung vieler Einzelnen«. Der Anarchismus wiederum ist
ein Agitationsmittel des Sozialismus, »er zieht die Muthigen, die Gewag-
ten auf seine Seite, selbst noch im Geiste:« »Trotzalledem« ist der Individualismus erst die bescheidenste Stufe des Willens zur Macht. Auf die Befreiung folgt eine Übereinkunft, eine Form von Gerechtigkeit. Später entdecken die Einzelnen ihre Besonderheit, sie bilden Gruppen mit ihresgleichen, die wiederum, wenn auch in sublimierter Form, nach Übermacht
streben. In dieser Perspektive erscheint der Sozialismus als notwendige
Übergangsstufe im Prozess der Verwirklichung menschlicher Autonomie.

Nietzsche ist fraglos in dem Masse ein Gegner des Sozialismus, als er in
ihm alles wiedererkennt, wogegen er ankämpft. Doch all die christlich-nihilistischen Krankheitsformen findet er bereits in der bestehenden Gesellschaft vor, die zu erhalten und gegen den Sozialismus zu verteidigen deshalb nicht sein eigentliches Anliegen sein kann. Im Gegenteil: an ihn
knüpfen sich zuweilen auch seine eigenen Zukunftserwartungen. Die Sozialisten repräsentieren »wirkliche Triebe und Willenskraft«, notiert er
1880. Ein »unerhörter Einfluss Einzelner« wie auch das »Ideal des armen

Weisen« werden durch ihre Agitation begünstigt. »Feurige Verschwörer und Phantasten ebenso wie die grossen Seelen finden ihres Gleichen. – Es kommt eine Zeit der Wildheit und Kraftverjüngung.«Die»kaufmännische kalte Klugheit« wird herausgefordert durch Verhaltensweisen, die bestimmt sind von Grossmut, aber auch von Narrheit (KSA 9/340f, 7[111]). Mehr noch als Kriege vermag die »sociale Revolution« die Phantasie der Menschen anzuregen; sie ist »vielleicht etwas noch Grösseres [als die Kriege UM], deshalb kommt sie.« Ihr Erfolg allerdings wird geringer sein als zu erwarten wäre, weil die Macht der Menschen mit ihrem Willen nicht Schritt hält, wie ja bereits die Französische Revolution bewiesen hat (KSA 9/161f, 4[250]). Die Heraufkunft des Sozialismus ist in Nietzsches Augen unvermeidlich, doch er bezieht die bevorstehende Umwälzung nur auf den ökonomischen Unterbau der Gesellschaft: die »socialistischen Körper« bilden den »zukünftigen Sklavenstand«. Es gilt dafür zu sorgen, »dass auch die K ö p f e für diese K ö r p e r anfangen zu keimen« (KSA 9/ 359, 7[205])[54]. Dem Sozialismus wird zugutegehalten, dass er als eine »Gährung [...] eine Unzahl von Staats-experimenten ankündigt, also auch von Staats-Untergängen und neuen Eiern« (KSA 9/527, 11[222])[55]. Einige Jahre später erblickt er in ihm die letzte Konsequenz aus den modernen Ideen, eine Konsequenz allerdings, die seine eigene, energielose Zeit gar nicht mehr zu ziehen vermag. Zwar prognostiziert er für das kommende Jahrhundert Umwälzungen und Kämpfe, an welchen gemessen die Pariser Corunune »nur eine leichtere Unverdaulichkeit« gewesen ist, doch zugleich versichert er, der Sozialismus werde nie mehr bedeuten als einen »Krankheits-Anfall«, da der »älteste und gesündeste aller Instinkte«, der Wunsch, zu besitzen und Besitz zu erweitern, immer genügend Vertreter finde. Dass »in einer socialistischen Gesellschaft das Leben sich selber verneint«, möchte er indes durch grossangelegte Experimente bestätigt wissen. Auch in diesen Gedankengängen vom Sommer 1885 billigt er dem Sozialismus zu, er könne »als unruhiger Maulwurf unter dem Boden einer in die Dummheit rollenden Gesellschaft« von Nutzen sein, da er »die gänzliche Vergutmüthigung des demokratischen Heerdenthieres« verzögere und die Europäer dazu zwinge, Geist und kriegerische Tugenden zu entfalten (KSA 11/586f, 37[11]). Noch im Winter 1887/88 prophezeit er »ungeheure socialistische Krisen«, in deren Verlauf erst wieder stärkere Typen, die »B a r b a r e n des 20. Jahrhunderts« wachsen können. Der Europäer der unmittelbaren Zukunft wird dagegen geschildert als das »intelligenteste Sklaventhier, sehr arbeitsam, im Grunde sehr bescheiden, bis zum Excess neugierig, vielfach, verzärtelt, willensschwach – ein kosmopolitisches Affekt- und Intelligenzen-Chaos.« Nur die Herausforderung durch die bevorstehenden sozialen Konflikte vermag jene Situation herbeizuführen, in der Entscheidungen unumgänglich werden, in der die Menschen entweder zum Untergang verurteilt sind oder sich als willensstarke Naturen von klassischer Einfachheit behaupten müssen (KSA 13/ 17f, 11[31]).

Der Überblick über Nietzsches gesammelte Ansichten zum Thema Sozialismus und soziale Revolution ergibt ein widersprüchliches und verwirrendes Bild. Unreflektierte Vorurteile, konservative Ängste, ein elitärer Kulturanspruch, psychologische Beobachtungen und gewagte Zukunftsvisionen überlagern sich; das Produkt ist als Grundlage für ein abschliessendes Urteil über Nietzsches sozialpolitische Einstellung wenig geeignet. In der Forschung bestehen in dieser Hinsicht noch erhebliche Lücken[56]. Nötig ist vorerst eine Rekonstruktion von Nietzsches Kenntnissen der theoretischen Grundlagen der sozialistischen Bewegung. Sein politisches Weltbild verrät mehrere Einflüsse. Die Verachtung für jede Form der politischen Partizipation lässt an Schopenhauers antidemokratischen Liberalismus denken. Auf Hartmann und Dühring, die beide über die soziale Frage geschrieben haben, ist Nietzsche übrigens deshalb aufmerksam geworden, weil sie sich mit der Philosophie Schopenhauers auseinandergesetzt haben. Er selbst ist überzeugt davon, dass der Sozialismus Teil ist eines umfassenden Verhängnisses, Ausdruck einer moralischen Degenerierung, die von der Entfaltung kapitalistischer Produktionsverhältnisse und Konsumgewohnheiten verantwortet wird. Ähnliche Auffassungen finden sich bei Burckhardt[57] und Wagner, bei Joerg und Schönberg. Wie sie hat sich Nietzsche mit dem rein wirtschaftlich motivierten Antisozialismus nicht anfreunden können. Diesbezüglich sind die Abrechnungen mit Strauss und Hartmann aufschlussreich. Obgleich sich Nietzsche zu Bismarcks Politik von Integration und Repression nicht eindeutig geäussert hat, darf man vermuten, dass er sie zumindest nicht vorbehaltlos unterstützt hat. Von den massgeblichen Führern und Theoretikern der deutschen Sozialdemokratie kennt Nietzsche dank der Joerg-Lektüre und mit grosser Wahrscheinlichkeit auch dank der Gespräche mit den Wagners Lassalle. Dass er zu jener Zeit auch von Marx gehört hat oder zumindest auf dessen Namen gestossen ist, lässt sich nicht ausschliessen[58]. Von Bakunin[59] und Herzen hat er zwar durch die Berichte Wagners und Meysenbugs erfahren, ihre politischen Doktrinen haben ihn jedoch nicht beeinflusst.

Der romantisch-konservative Protest gegen Kapitalismus und Sozialismus hat auf das politische Bewusstsein des jungen Nietzsche den nachhaltigsten Einfluss ausgeübt und insbesondere seine Polemik gegen jeden

Versuch einer Apologie des Bestehenden mitbestimmt. Als Geschichtsphilosoph und als Apologet der Jetztzeit wird in der zweiten *Unzeitgemässen Betrachtung* Eduard von Hartmann zur Rechenschaft gezogen. Trotz seines Bekenntnisses zu einer pessimistischen Metaphysik, trotz seines Schlusses, dass das Nichtsein der Welt ihrem Sein vorzuziehen wäre, trachtet der Autor der *Philosophie des Unbewussten,* wie Nietzsche in seiner ironischen Darstellung nachzuweisen versucht, lediglich danach, die Menschen mit der Geschichte zu versöhnen. Das Resultat der Geschichte, d.h. der Abfolge menschlicher Glücksillusionen, ist, wie Hartmann versichert, trostlos; nichtsdestoweniger postuliert er als Voraussetzung einer praktischen Philosophie einen »positiven Standpunct«, nämlich »die volle Hingabe der Persönlichkeit an den Weltprocess um seines Zieles, der allgemeinen Welterlösung willen« (Hartmann 1872/748)[60]. Damit der Weltprozess zum Ziel gelangt, wird die Bejahung des Willens zum Leben »als das vorläufig allein Richtige« proklamiert. Gefordert wird letztlich die Versöhnung mit dem Bestehenden; Nietzsche drückt es so aus: für den modernen Fanatiker des Prozesses gibt es nur eine Sünde: »anders zu leben als er gelebt hat« (HL 9, KSA 1/316).

Zweimal im Verlauf seiner Abhandlung kommt Hartmann auf die soziale Entwicklung zu sprechen, im Kapitel über das »Unbewusste in der Geschichte« sowie in der Schilderung des dritten Stadiums der menschlichen Glücksillusion. Nietzsches Auseinandersetzung mit Hartmann[61] konzentriert sich weitgehend auf diese beiden Abschnitte und auf das Kapitel über das Ziel des Weltprozesses, aus dem oben zitiert worden ist. Derart erscheint Hartmann in Nietzsches Kritik als Sozial- und Geschichtsphilosoph, obgleich die entsprechenden Stellen in der *Philosophie des Unbewussten* nur einen unbedeutenden Raum einnehmen[62]. In der Beschreibung des dritten Stadiums der Illusion, des Fortschrittsglaubens und der Hoffnung auf ein zukünftiges vollkommenes Menschheitsglück[63], unterstreicht Hartmann die Vereinbarkeit seines metaphysischen Pessimismus mit einem politischen und sozialen Optimismus. Die menschlichen Glückserwartungen werden zwar von ihm als Illusionen durchschaut, dennoch hält er den »Weltfortschritt« für ein dringendes Erfordernis, weil durch ihn die Menschheit zum pessimistischen Bewusstsein finden wird. Die Verbesserung der menschlichen Lebensbedingungen bedeutet im Grossen gerechnet nie einen Glücksgewinn; zwar kann kurzfristig die Lust wachsen, in grösserem Umfang wird aber gleichzeitig die Unlust zunehmen. In der Erörterung der sozialen Frage wird die eigentümliche, fast rousseauistische Dialektik einsichtig. Die Lage der Ar-

beiter hat sich im Laufe der letzten zwei Jahrhunderte verbessert, doch mit
erwachtem Bewusstsein beginnen sie, das Elend ihrer Lage zu erkennen
und zu verwünschen. Im Fortschritt des Zivilisationsprozesses wächst also
die Unzufriedenheit der Menschen.

In einem früheren Kapitel hat Hartmann die vier Hauptphasen der
gesellschaftlichen Entwicklung dargestellt: den Phasen des freien Naturzustands, der persönlichen Herrschaft und der Kapitalsherrschaft folgt als
letzte Phase jene der freien Assoziation. Sklaverei und Kapitalsherrschaft
haben ihre historische Berechtigung gehabt, insofern sie »eine Arbeitstheilung, und dadurch Arbeitsersparniss« ermöglichten. Diese »höchst unvoll-
kommenen Zwangsmittel der Geschichte« werden überflüssig, »sobald
Character und Verstand des Arbeiters bis zu dem Grade der Bildung entwickelt sind, um durch freies, bewusstes Übereinkommen einen ihm an-
gemessenen Theil der Arbeit in der allgemeinen Arbeitstheilung zu übernehmen.« Um die Arbeiter zu dieser Reife zu erziehen, sind »Schultze-
Delitzsch'sche Vereine, bessere Schulbildung, Arbeiterbildungsvereine«
vonnöten. Die freie Assoziation wird sich bezüglich ihrer wirtschaftlichen
Leistungsfähigkeit dem Kapitalismus gegenüber als überlegen erweisen.
Endziel der Entwicklung ist ein Zustand, in dem »Jeder bei einer Arbeitszeit, die ihm für seine intellectuelle Ausbildung genügende Musse lässt,
ein comfortables, [...] ein menschenwürdiges Dasein führe« (Hartmann
1872/351f). Die ideologische Vermengung von bürgerlichen Reformpro-
jekten und Zukunftsvisionen, die auf sozialistische Programme anspielen,
darf zu keinen Missverständnissen führen: Hartmann denkt preussisch-
konservativ, er ist ein dezidierter Antidemokrat und Antisozialist. Nietzsche greift ihn zweifellos auch nicht als Fürsprecher des Sozialismus an,
sondern als Apologeten der bestehenden Gesellschaft mit ihren Nivellie-
rungstendenzen, wenn er ausruft: »Schalk aller Schalke, du sprichst das
Sehnen der jetzigen Menschheit aus« (HL 9, KSA 1/315).

Nach der Auseinandersetzung mit der *Philosophie des Unbewussten* im
Jahre 1873 hat Nietzsche zehn Jahre später Hartmanns zweites Hauptwerk, die 1879 erschienene *Phänomenologie des sittlichen Bewusstseins*,
gründlich studiert. Hartmann spricht darin seine politischen Ansichten
klarer aus als in der *Philosophie des Unbewussten*. Besonders die Polemiken
gegen die Prinzipien der Französischen Revolution[64] und der Sozialdemokratie sind von Interesse. Nietzsches Notizen zur *Phänomenologie des sittlichen Bewusstseins* beziehen sich indes nur vereinzelt auf Hartmanns Diskussion politischer Programme. Von Hartmann übernimmt er die These,
das konsequent durchdachte sozialdemokratische Projekt stimme mit jenem des Jesuitismus überein[65]; auch Hartmanns Überzeugung von der

kulturschädigenden Wirkung des sozial-eudaimonistischen Ideals ist ganz in seinem Sinn[66]. Laut Hartmann hat »das Princip des grösstmöglichen Glückes der grösstmöglichsten Zahl die möglichste Gleichheit der Gütervertheilung zur unausweichlichen Consequenz« (Hartmann 1879/633). Die Ziele der Sozialdemokratie sind vom Standpunkt einer sozial-eudaimonistischen Moral her zu bejahen. Die langfristige Folge der sozialen Gleichheit ist freilich der völlige Zerfall der Kultur, ja die »Verthierung« der Menschheit. Dem Sozial-Eudaimonismus stellt Hartmann ein sozialdarwinistisch inspiriertes evolutionistisches Moralprinzip entgegen[67]. Als sittliche Aufgabe der Menschen bezeichnet er den Kampf um die Erhaltung und Steigerung der Kultur. Das Glück der meisten Menschen muss dem Kulturfortschritt geopfert werden; insbesondere den modernen Emanzipationsbestrebungen der Frauen und der Arbeiter wird in diesem Kontext eine Absage erteilt[68]. Die *Phänomenologie des sittlichen Bewusstseins* ist über weite Stellen hinweg ein Pamphlet gegen sozialdemokratische Ideen, ein Plädoyer für soziale Hierarchien, für die Herrschaft und die Privilegien aristokratischer Minderheiten, die die Kulturentwicklung garantieren sollen. In seinen politischen Wertvorstellungen ist Nietzsche nicht allzuweit von Hartmann entfernt[69].

Das Interesse für die Diskussionen über Pessimismus und Optimismus hat Nietzsches Aufmerksamkeit auch auf Eugen Dühring gelenkt. Bereits im Februar 1868 erwähnt er in einem Brief an Gersdorff »Eugen Dühring in Berlin, der immer schöne Collegien gelesen hat zB. über Schopenhauer und Byron, über Pessimismus etc.« (KSB 2/258). Er betrachtet ihn offenbar als Kandidaten für den von ihm geplanten Kreis der philosophischen Freunde, dessen Aufgabe die Pflege der Schopenhauerschen Philosophie wäre. Doch erst sieben Jahre später setzt er sich eingehend mit einem seiner Werke auseinander; es handelt sich um *Der Werth des Lebens*, 1865 in erster Auflage erschienen. Im Sommer 1875 nimmt er sich vor, »Dühring, als den Versuch einer Beseitigung Schopenhauer's durchzustudiren und zu sehen, was ich an Schopenhauer habe, was nicht« (KSA 8/129, 8[4]). Nachdem Aldo Venturelli ausführlich über Nietzsches Dühring-Lektüre berichtet hat[70], beschränke ich mich auf die Frage, in welchem Ausmass Dühring Nietzsches Sozialismus-Verständnis geprägt hat. In *Der Werth des Lebens* wird bereits jene Theorie der Gerechtigkeit vorgestellt, die für Nietzsches Polemik mit Dühring den wichtigsten Anlass gegeben hat. Laut Dühring besteht Gerechtigkeit in der Vergeltung, sie erwächst aus dem Wunsch, für einen erlittenen Schaden Rache zu nehmen; das Rechtsgefühl deutet er als Ressentiment[71]. Dem »Sozialisten« Dühring wirft Nietzsche vor, er wolle in seiner Malthus-Kritik den positiven Wert der (proletarischen) Keuschheit sowenig wie den irgendeiner Art von Askese zugestehen und glaube letztlich an den guten, altruistischen Menschen (KSA 8/169; 174f, 9[1]). Gleichzeitig mit der Lektüre von *Der Werth des Lebens* hat sich Nietzsche jene des 1875 erschienenen *Cursus der Philosophie als streng wissenschaftlicher Weltanschauung und Lebensgestaltung* vorgenommen. Dieses Buch hat er weniger gründlich studiert; die Lesespuren in seinem Exemplar verraten lediglich für die Einleitung grösseres Interesse[72]. Dühring legt darin die zwei Aufgaben der Philosophie dar; er versteht sie nicht nur als Wissenschaft, theoretische Welterkenntnis, sondern zugleich als Gesinnung, Lebensgestaltung, praktisch eingreifende Macht. Der »reformatorische Beruf« wird als »unablegbares Kennzeichen ihres tieferen Wesens« erkannt. Als Gesinnung hegt sie »die grossen Conceptionen, in denen das höchste Wollen der Menschheit gipfelt«. Die praktisch-reformerische Tätigkeit bezieht sich nicht primär auf die »isolirte Privatmoral individualistischer Art«, sondern auf den »socialitären und politischen Zusammenhang des allseitigen und insbesondere des geistigen Verkehrs«. Sie bedarf folglich eines »gesellschaftlichen Zusammenwirkens«, welches »schliesslich die Form des Staates selbst annehmen muss« (Dühring 1875/2-6). Nietzsches Randbemerkungen ist zu entnehmen, dass ihn vorab die Bestimmung der Philosophie als Kollektivunternehmen und die damit implizierte Abwendung vom Individuellen zum Widerspruch gereizt hat.

Zwar wird die Gerechtigkeitstheorie, die für Nietzsches Aversion gegen den Sozialismus ausschlaggebend ist, in den beiden erwähnten Büchern abgehandelt, sonst jedoch enthalten sie nur spärliches Material, das einer ernsthaften Auseinandersetzung mit dem Sozialismus als Grundlage hätte dienen können. Im *Cursus* sind allenfalls zwei Kapitel relevant, in welchen Dühring seine Theorie der »freien Gesellschaft« entwickelt und die materiellen Grundlagen der Sozialisierung angibt[73]. Hier zeigt sich übrigens bereits die überragende Rolle, die der Antisemitismus für Dührings soziale Utopie spielt. Die Französische Revolution markiert in seiner Geschichtskonstruktion das Ende einer Aera und die »prophetische Einleitung eines später umzuschaffenden Daseins«, die »Ankündigung einer Abrechnung mit der alten Überlieferung«. Sein Jahrhundert gilt ihm zwar in geistiger Hinsicht und im Vergleich mit dem 18. Jahrhundert als »noch wesentlich reactionär [...]; aber es trägt trotz aller Rückwirkungen gegen die Aufraffung von 1793 dennoch in seinem Schoosse die Keime einer gewaltigeren Umschaffung, als sie von den Vorläufern und den Heroen der Französischen Revolution erdacht wurde.« Das »weltgeschichtliche Programm« ist von nun an der »communitäre Socialismus«. Dühring entwirft seine Vision einer künftigen geistigen, politischen und ökonomischen Emanzipation. »Der Gewalt- und Unterdrückungsstaat ist als mit dem edleren Menschenthum unverträglich erkannt«, an seine Stelle wird die freie Gesellschaft bzw. der »Gerechtigkeitsstaat« treten; was sich abzeichnet, ist eine »wurzelhafte Umschaffung« von solchen Ausmassen, wie sie die Geschichte noch nicht gekannt hat. Der Übergang von der Sklaverei zur Lohnarbeit erscheint verglichen mit der »Abschaffung des Ablohnungssystems selbst und der damit verbundenen Ausmerzung des Unterdrückungseigenthums« als eine Kleinigkeit. In geistiger Hinsicht bedeutet die grosse Umwälzung den »Schluss der Aera der Religionen«, auf der politischen Ebene die »Ersetzung der angemaassten Herrschaft durch die auf freier Wahl beruhende Leitung« (Dühring 1875/301f).

Ein weiteres Buch von Dühring, das Nietzsche gelesen hat, die 1871 in erster, 1875 in zweiter Auflage erschienene *Kritische Geschichte der Nationalökonomie und des Socialismus*, vermittelt ein Bild von den diversen sozialistischen Schulen. Wie intensiv die Lektüre war, ist wiederum schwer zu eruieren; die Anstreichungen verraten lediglich ein gewisses Interesse für ökonomische Zusammenhänge. Schliesslich ist auf ein letztes Werk Dührings hinzuweisen, auf die zuerst 1882 erschienene Autobiographie *Sache, Leben und Feinde*, die im Untertitel als *Hauptwerk und Schlüssel zu seinen sämmtlichen Schriften* vorgestellt wird. Sie enthält etliche Stellen, die im Hinblick auf Dührings politischen Standpunkt aufschlussreich sind; in erster Linie ist an die Abrechnung mit dem Hauptfeind, mit der in seinen Augen jüdisch dominierten marxistischen Sozialdemokratie und mit ihrem geistigen Führer, dem »jüdischen Hauptmacher Herr Marx« zu denken[74]. Nietzsche hat auch in diesem Buch kaum politisch belangvolle Stellen angestrichen; ethische und metaphysische Probleme scheinen ihn stärker beschäftigt zu haben.

Nietzsches Polemik gegen den Sozialismus ist, wie im Anschluss an Mazzino Montinari besonders Aldo Venturelli gezeigt hat, zur Hauptsache eine Polemik gegen die Lehren Dührings, d.h. gegen eine Ideologie, die bis in die Sozialdemokratie hinein zeitweise beträchtlichen Widerhall gefunden hat und von Marx und Engels kompromisslos bekämpft worden ist. Dass Nietzsche gleich dem überwiegenden Teil seiner gelehrten Zeitgenossen Kultur und Sozialismus als unvereinbare Gegensätze betrachtet, darf nicht zu voreiligen Schlüssen führen; das entscheidende Motiv seiner Opposition gegen den Sozialismus ist nicht die Apologie der herrschenden Wirtschaftsordnung, sondern die Verachtung einer als unvornehm empfundenen Denkungsart, die in Dührings »natürlicher Auffassung des Rechts«[75] am reinsten zum Ausdruck kommt. Laut Dühring

ist die Rache der »wahre Naturgrund« jeder Rechtsordnung und »aller
ahndenden Gerechtigkeit« (Dühring 1875/224; 230); sie ist gleichsam
das erste Menschenrecht und wird dereinst vom zukünftigen »freien Ver-
einsstaat« als unveräusserlich anerkannt werden[76]. In *Zur Genealogie der
Moral*[77] entwickelt Nietzsche eine alternative Theorie der Gerechtigkeit.
Dühring wirft er nicht vor, dass er auf die Bedeutung reaktiver Affekte
hingewiesen hat, sondern dass seine ganze Argumentation vom »Geist des
Ressentiment« gegen die viel wertvolleren aktiven Affekte getragen ist,
deren Herrschaft überhaupt erst eine nüchterne Einschätzung von Kon-
fliktsituationen erlaubt und dadurch Gerechtigkeit ermöglicht. Aufgabe
der Rechtsordnung ist es laut Nietzsche, »dem unsinnigen Wüthen des
Ressentiment ein Ende zu machen«. Gerechtigkeit im strengen Sinn des
Wortes ist für ihn ein positives Verhalten, das sich vom Willen zur Objektivität, also letztlich vom Willen zum Verständnis für die Motive des Geg-
ners leiten lässt[78]. Sie bleibt »das Vorrecht der Mächtigsten« und ist »ein
Stück Vollendung und höchster Meisterschaft auf Erden, – sogar Etwas,
das man hier kluger Weise nicht erwarten, woran man jedenfalls nicht gàr
zu leicht g l a u b e n soll« (GM II 10; 11). Der Feldzug gegen den »Sozialismus« Dühringscher Prägung wird im Namen einer für Nietzsche un-
verzichtbaren Utopie geführt[79].

Für Nietzsches Widerwillen gegen Dühring gibt es noch einen ganz
anderen Grund. Zu seinem Leidwesen neigt die interessierte Öffentlich-
keit, neigen seine eigenen Schüler dazu, seine Anliegen mit denjenigen
Dührings zu verwechseln. Er spürt die Gefahr, missverstanden und einem
Lager zugeordnet zu werden, dem er den Krieg angesagt hat und deren
populärste Repräsentanten die Antisemiten Wagner und Dühring sind[80].
Sein Student Paul Heinrich Widemann, ein Freund von Köselitz und
Schmeitzner, sendet ihm im Sommer 1885 seine Schrift *Erkennen und
Sein*. Dühring und Nietzsche spricht er im gleichen Zug das höchste Lob
aus. Nietzsche bedankt sich höflich beim Autor (KSB 7/74f), obwohl er
über dessen Eklektizismus höchst verärgert ist. Köselitz gegenüber hält er
sich zwar zurück und spricht lediglich von einem »kleinen Malheur«, dem
»noch viele solche Quidproquo's [...] und b ö s e r e« folgen werden (KSB
7/76). Im Brief an Schwester und Schwager heisst es dagegen knapp:
»Widemann's Standpunkt, welcher im Grunde der Eugen Dühring's ist
[...] ist für mich bereits ad acta gelegt« (KSB 7/71). Nietzsche leidet darunter, dass seine Bücher vom Publikum zur antisemitischen Literatur gerechnet werden und er ist sich bewusst, dass Widemanns Elaborat solchem Fehlurteil neue Nahrung gibt. Er beklagt sich darüber in einem
Brief an Overbeck vom Dezember 1885 (KSB 7/117f)[81]. Im Jahr zuvor

hat er in einen anderen Dühring-Schüler die kühnsten Hoffnungen gesetzt. Begeistert berichtet er im September 1884 an Overbeck über Heinrich von Stein, der ihn kurz zuvor in Sils besucht hat: »Das ist ein prachtvolles Stück Mensch und Mann und mir wegen seiner heroischen Grundstimmung durch und durch verständlich und sympathisch. Endlich, endlich ein neuer Mensch, der zu mir gehört und instinktiv vor mir Ehrfurcht hat!« Dass der 27-jährige Privatdozent zum engsten Bayreuther Kreis gehört, beeinträchtigt Nietzsches hochgespannte Erwartungen vorderhand nicht. Stein ist zwar »einstweilen noch trop wagnetisé, aber durch die rationale Zucht, die er in der Nähe Dührings erhalten hat, doch sehr zu mir vorbereitet!« (KSB 6/531)[82]. Nietzsche sträubt sich offenbar 1884 noch nicht dagegen, mit dem Berliner »Wirklichkeitsphilosophen« in Beziehung gebracht zu werden, ja er rechnet ihn gar zu den »höheren Menschen«[83]. Die Freude darüber, in Heinrich von Stein einen Jünger gefunden zu haben, ist indes nicht von Dauer; Stein bleibt Wagner treu, Nietzsche wendet sich bald enttäuscht von ihm ab[84].

Eugen Dühring, in Nietzsches Augen der reinste Typus des Anarchisten, des Sozialisten, des Kommunisten, ja des Proletariers[85], hat sich in der Geschichte der politischen Ideen einen unrühmlichen Namen gemacht als einer der fanatischsten Agitatoren des Antisemitismus[86]. Er ist, was Nietzsche aus der Lektüre der Autobiographie hätte wissen können, ein erbitterter Gegner der Sozialdemokratie. Ähnlich wie Adolf Stöcker wirft er ihr vor, nicht die Interessen der Arbeiter, sondern jene der jüdischen Intellektuellen zu vertreten. 1881 erscheint *Die Judenfrage als Frage der Racenschädlichkeit für Existenz, Sitte und Cultur der Völker* in erster Auflage. Mit dem Pamphlet wird Dühring zu einem der geistigen Führer jener Partei, deren verhängnisvolle Rolle Nietzsche in den späten 80er Jahren immer klarer durchschaut[87]. Freilich bleibt Nietzsches ideologiekritischer Blick selektiv; nicht die rassistischen und sozialdarwinistischen Grundlagen von Dührings Lehren interessieren ihn, sondern die psychologischen Beweggründe des Verfassers, die paranoiden Stimmungen, die immer wieder durchbrechen. In Dühring erkennt er den Rousseau des 19. Jahrhunderts[88]. Während er den Schlüssel zum Verständnis der Französischen Revolution in Rousseaus Autobiographie zu finden meint, identifiziert er den Sozialismus mit der Doktrin Dührings und macht dessen Lebensbericht als Einwand gegen die politische Bewegung geltend[89]. Dühring ist gemeint, wenn von den Taranteln, von den Predigern der Gleichheit, von den »Gleichheits-Socialisten« die Rede ist. Zarathustra will, dass der Mensch von der Rache erlöst wird, weil dann erst die Hoffnung auf den Übermenschen erlaubt ist; er will »nicht vermischt und verwechselt werden« mit den Predigern der Gleichheit, die die Gerechtigkeit mit der Rache gleichsetzen (Za II Von den Taranteln)[90]. Dühring, ein »ewig kläffender und beisslustiger Kettenhund« (KSA 10/581, 18[55]), hat Nietzsche wahrscheinlich auch zur Gestalt des Feuerhundes – Sinnbild aller »Umsturz- und Auswurf-Teufel« – angeregt (Za II Von grossen Ereignissen). Im Berliner Philosophen entdeckt er seinen eigentlichen Antipoden; er repräsentiert die Nivellierung der Menschheit, von der sich seine eigene Sehnsucht nach Überwindung abhebt[91]. Noch in *Zur Genealogie der Moral* wird deutlich, wie wichtig der Widerspruch gegen den »Rache-Apostel« für die Definition seines eigenen Anliegens ist[92]. Die Begegnung mit Dührings Schriften enthebt Nietzsche weitgehend der Verpflichtung, sich ernsthaft mit der sozialistischen Kritik der Gesellschaft auseinanderzusetzen.

Angenommen, was aber nicht zu belegen ist, Nietzsche hat sich die *Kritische Geschichte der Nationalökonomie und des Sozialismus* systematisch angeeignet, so hat er Kenntnis gewonnen von sechs sozialistischen Theoretikern, von Babeuf, Saint-Simon, Blanc, Proudhon, Marx und Lassalle[93]. Dühring stellt diese Namen in den Vordergrund; bei Nietzsche tauchen jene von Babeuf, Blanc und Marx nie auf. Von Lassalle hingegen hat er schon früher gehört, im Rahmen seiner Polemik mit Strauss auch von Proudhon[94]. Im April 1875 lernt er in Basel einen Freund Proudhons kennen, einen geheimnisvollen Herrn Cook, dessen Identität allerdings bis heute nicht hat ermittelt werden können[95]. Saint-Simon, dessen religiös gefärbte Lehre Dühring diskutiert, wird im *Antichrist* (54) zusammen mit Savonarola, Luther, Rousseau und Robespierre genannt, um den Typus des Fanatikers zu illustrieren. Bei der Lektüre von Dührings Buch scheint Nietzsches Aufmerksamkeit den jüngeren volkswirtschaftlichen Debatten gegolten zu haben. Insbesondere Henry Charles Carey, zusammen mit List Dührings wichtigster Lehrmeister, hat sein Interesse geweckt. Careys *Lehrbuch der Volkswirtschaft und Sozialwissenschaft* bestellt er sich im Sommer 1879; es stellt wahrscheinlich mit den darauf aufbauenden Dühringschen Lehren die wichtigste Grundlage seiner ökonomischen Kenntnisse dar[96].

Im Frühsommer 1880 liest Nietzsche mehrere Schriften von John Stuart Mill; dessen von Theodor Gomperz in deutscher Übersetzung herausgegebenen *Gesammelte Werke* finden sich in seiner Bibliothek. Im zwölften Band der Ausgabe sind zwei Artikel enthalten, die sozialpolitischen Themen gewidmet sind[97]. *Die Arbeiterfrage*, im Mai 1869 erschienen, ist die Rezension eines Werkes von W.Th. Thornton über die rechtlichen Ansprüche der Arbeiterbewegung. Mill konfrontiert Thorntons

Gerechtigkeitskonzept mit einer Theorie der sozialen Gerechtigkeit, die er Rousseau und Proudhon zuschreibt. Laut Thornton »lässt sich nicht behaupten, dass die Gesellschaft den Armen mehr schuldet, als was sie ihnen fortwährend und regelmässig bezahlt.« Die Verpflichtung zur Unterstützung der Armen lasse sich nicht aus einem Recht, sondern lediglich aus dem Gebot der Nächstenliebe herleiten. Niemand sei für ein Übel verantwortlich, »das er nicht durch einen Betrug, durch eine Gewaltthat oder Vertragsverletzung selbst herbeigeführt hat«; niemand dürfe überdies »in seinem irdischen Loos einen Grund zur Anklage gegen diejenigen erblicken [...], welche an seinem Dasein unschuldig sind«. Thornton tritt jenen Theorien entgegen, die ein Recht der Arbeiter auf das Volksvermögen postulieren (Mill GW XII/132-142). Wichtiger als die Thornton-Besprechung ist der zehn Jahre später erschienene Artikel *Der Socialismus*. Es handelt sich um ein Fragment, das auf das Jahr 1869 zurückgeht. Als sozialistisch werden jene Bestrebungen definiert, die die Gesellschaft zugunsten der arbeitenden Klassen zu reformieren trachten und zu diesem Zweck das Privateigentum umzuwandeln bzw. abzuschaffen gedenken. Zu Wort kommen bei Mill drei massgebliche sozialistische Theoretiker: Robert Owen, der Fourier-Schüler Victor Considérant sowie Louis Blanc. Mill, der kritische Liberale, erhebt den Anspruch, als neutraler Richter, frei von den Ideologien des Bestehenden wie von den »Übertreibungen der Socialisten« ein objektives Urteil über die bestehende und über die geforderte Gesellschaft abgeben zu können; er bleibt freilich weitgehend herkömmlichen Ansichten verpflichtet. Im Kommunismus erblickt er wie die konservativen Kulturdiagnostiker eine Steigerung des bereits in der bürgerlichen Gesellschaft mächtigen, individualitätsgefährdenden Konformismus. Immerhin billigt er ihm zu, er könne bei einer hohen Stufe der sittlichen und intellektuellen Bildung Erfolg haben. Er weist ihm die Aufgabe zu, »seine sittenbildende Gewalt mittelst des praktischen Versuches zu erweisen. Versuche allein können darthun, ob bereits jetzt irgend ein Theil der Bevölkerung ein hinlänglich hohes Niveau sittlicher Bildung erreicht hat, damit der Communismus gedeihen [...] könne« (Mill GW XII/216). Weil sich, wie er verlangt, neue Formen der sozialen und wirtschaftlichen Organisation im Rahmen beschränkter Experimente vorerst bewähren müssen, ist Mill dem revolutionären Sozialismus, als dessen innerste Triebfeder er den Hass ausmacht, gänzlich abgeneigt. Überdies steht für ihn ausser Zweifel, dass die Institution des Privateigentums für lange Zeit noch unverzichtbar sein wird. Was Nietzsches Kenntnis des Sozialismus betrifft, so scheint er durch Mill nichts entscheidend Neues erfahren zu haben.

Im Herbst 1887 liest Nietzsche Emanuel Herrmanns damals in zweiter Auflage erschienene Schrift *Cultur und Natur. Studien im Gebiete der Wirthschaft*[98]. Herrmann geht von der Grundannahme aus, dass alles in der Welt ökonomischen Gesetzen gehorcht. In seiner auf der »reinen Ökonomik« beruhenden wissenschaftlichen Weltanschauung ist der Wirtschaft die Aufgabe zugedacht, die Menschheit von der kulturhemmenden Herrschaft des Zufalls zu erlösen. Dem Sozialismus wird eine Absage erteilt und die Integration der Arbeiterklasse als wichtigste Kulturmission der modernen Gesellschaft bezeichnet. Opportunismus und Rücksichtslosigkeit gegenüber ausserwirtschaftlichen Lebensbereichen werden als vorherrschende Verhaltensweisen in der modernen Marktwirtschaft bezeichnet. Herrmann kritisiert das Prinzip der freien Konkurrenz und befürwortet Verstaatlichungsmassnahmen. Sein Ziel ist die »Centraldirection der Weltwirthschaft«[99]. Wie stark Nietzsche von Herrmanns Zukunftsvisionen beeindruckt gewesen ist, belegt ein Fragment vom Herbst 1887. Er betont die Notwendigkeit einer Gegenbewegung »zu einem immer ökonomischeren Verbrauch von Mensch und Menschheit« und führt aus: »Haben wir erst jene unvermeidlich bevorstehende Wirthschaftsgesammtverwaltung der Erde, dann k a n n die Menschheit als Maschinerie in deren Diensten ihren besten Sinn finden: als ein ungeheures Räderwerk von immer kleineren, immer feiner ›angepassten‹ Rädern; als ein immer wachsendes Überflüssig-werden aller dominirenden und commandirenden Elemente; als ein Ganzes von ungeheurer Kraft, dessen einzelne Faktoren M i n i m a l - K r ä f t e , M i n i m a l - W e r t h e darstellen.« Bei dieser »Maschinerie« handelt es sich nur um das »Untergestell«, auf dem eine höhere Form, ein rechtfertigender Mensch »sich erfinden kann«. »Moralisch geredet, stellt jene Gesammt-Maschinerie, die Solidarität aller Räder, ein maximum in der A u s b e u t u n g d e s M e n - s c h e n dar: aber sie setzt solche voraus, derentwegen diese Ausbeutung S i n n hat. Im anderen Falle wäre sie thatsächlich bloss die Gesammt-Verringerung, W e r t h - Verringerung d e s T y p u s Mensch, – ein R ü c k g a n g s - P h ä n o m e n im grössten Stile« (KSA 12/462f, 10[17])[100]. In einem Ende 1880 notierten Fragment hat Nietzsche von den sozialistischen Körpern gesprochen, denen noch die Köpfe fehlen (KSA 9/359, 7[205]). Vergleicht man die Bilder von Untergestell und Körper, so drängt sich die Vermutung auf, dass Nietzsche Sozialismus nicht nur mit der Herrschaft des Ressentiments und der durch sie provozierten gesellschaftlichen Nivellierung identifiziert, sondern merkwürdigerweise den Begriff auch dort braucht, wo er von der Unterwerfung der Menschen unter ökonomische Zwänge im allgemeinen spricht.

Nietzsche hat sich nicht nur mit der sozialistischen Bewegung, sondern auch mit der »condition ouvrière« befasst, und zwar wahrscheinlich ernsthafter, als seine mehr oder weniger zynischen Bemerkungen vermuten lassen. In Michelets Studie *Le peuple*, deren deutsche Übersetzung sich in seiner Bibliothek findet, ist ein Kapitel der Misere der französischen Fabrikarbeiter gewidmet; Nietzsche hat es mit besonderer Aufmerksamkeit gelesen[101]. Michelet weist auf die Auswirkungen der Industrialisierung hin, auf die massenhafte Steigerung der Nachfrage und die materielle Besserstellung grosser Bevölkerungsgruppen, aber auch auf die brutale Unterwerfung der Arbeiter unter die Anforderungen der Maschine und den dadurch bedingten moralischen und physischen Niedergang. Als überzeugter Patriot ruft er nicht zum Klassenkampf auf, sondern strebt die Versöhnung aller Klassen an. Nicht das Arbeiterelend stellt er in den Vordergrund, vielmehr die Herrschaft der Maschine (»Machinisme«) über alle Klassen der Gesellschaft[102]. Gemeint sind sowohl die Verwaltungsbürokratie wie die industriellen Maschinen. Diese Herrschaft, so beklagt Michelet, verkleinert und entwertet die Menschen, macht sie berechenbar und in mancher Hinsicht überflüssig, vor allem aber zerstört sie den sozialen Zusammenhalt, den nur die Liebe gewährleisten kann[103]. Es ist gut möglich, dass sich Nietzsche in seinen Reflexionen über die »Maschinen-Cultur« von Michelet hat anregen lassen, wobei freilich seine Kritik in eine andere Richtung zielt als jene des französischen Historikers[104].

Weitaus weniger bekannt als Michelet ist der Schriftsteller Astolphe de Custine, den Nietzsche im Frühjahr 1884 entdeckt. Der 1790 geborene Marquis de Custine ist vor allem dank seines vielzitierten Reiseberichts über Russland nicht ganz in Vergessenheit geraten. Sein Grossvater, der berühmte Revolutionsgeneral Adam-Philippe de Custine, wie sein Vater, der als Diplomat im Dienst der Republik gestanden hat, sind beide dem Misstrauen der Jakobiner zum Opfer gefallen und 1793 bzw. 1794 hingerichtet worden. Astolphe de Custine hat sich seit 1814 für die Wiederherstellung der Monarchie eingesetzt, ist jedoch in der Folgezeit nie zu einem politischen Führer der Restauration geworden. Es ist ihm nie gelungen, sich in die französische Gesellschaft zu integrieren, da seine Homosexualität deren Normen verletzt hat[105]. 1830 veröffentlicht er die *Mémoires et voyages*, Berichte der Reisen, die er 1811/12 durch die Schweiz und Italien, 1822 nach England und Schottland unternommen hat. Die Memoiren sind ein wertvolles Dokument für den romantisch-konservativen Protest gegen die neue Zeit, gegen Demokratie und industriellen Fortschritt. Der erste Bericht aus dem Jahr 1812 verrät darüberhinaus eine seelische Verzweiflung, die die negative Bewertung der Zeit noch verschärft. Revolutionen, so konstatiert Custine, vermögen zwar altehrwürdige Institutionen umzustürzen, im alltäglichen Leben jedoch, in den Gewohnheiten, in der Suche nach Lust und Vergnügen haben sie kaum etwas verändert. Die Italienreise ist auch eine Flucht aus dem »despotisme militaire« des napoleonischen Frankreich und die Suche nach einer Welt, die ursprünglicher, echter ist als die nachrevolutionäre Gesellschaft Frankreichs. Als Vollendung der Tyrannei empfindet Custine die Unterwerfung der gesellschaftlichen Vielfalt unter abstrakte Muster, die Uniformisierung des Denkens. In einer zuweilen an Stendhal erinnernden Weise lobt er die massvollen Tugenden und den guten Geschmack des einfachen italienischen Volkes. Ihm stellt er die sozialen Unterschichten Frankreichs gegenüber, die seit der Revolution ihre Ansprüche erhöht und ihre Eitelkeit entfaltet haben, ohne ihre Unruhe besänftigen zu können. Die Kulturkritik, die der knapp über zwanzigjährige Autor formuliert, ist Ausdruck der Heimatlosigkeit und der Sehnsucht nach einer einfacheren und geordneteren Welt, die er als Reisender verspürt. Um sein Leben zu meistern, so erklärt Custine, braucht der Mensch nicht die spitzfindigen Vergnügen eines überzivilisierten Geistes, sondern einfache Zuneigungen und festumschriebene Pflichten; der »paysan citoyen« ist dem »cosmopolite désoeuvré« bei weitem überlegen[106].

Politisch interessanter ist der zweite Band von Custines Reiseerinnerungen. Beherrschendes Thema sind die Eindrücke, die der englische Kapitalismus und der technische Fortschritt im Jahre 1822 dem französischen Besucher vermitteln. Custine erwähnt zwar einmal die Vorteile der Marktfreiheit, im übrigen aber vertritt er einen romantischen Antikapitalismus. Er beklagt, dass der menschliche Erfindungsreichtum sich ausschliesslich in den Dienst der Suche nach materiellem Wohlbefinden gestellt hat; der Einsatz von Dampfmaschinen ist ihm unheimlich[107]. Die Maschinen sind für England unentbehrlich geworden, so räumt er ein, aber dieses Bedürfnis vergleicht er mit demjenigen des geschwächten Körpers nach der Medizin. Die Kohlebergwerke von Newcastle, die er besichtigt, kommen ihm wie ein neues Reich der Finsternis vor. Die moderne Welt, das Resultat der Französischen Revolution und des Kapitalismus, empfindet er als Barbarei und er vertraut auf die Kraft einer künftigen, geläuterten katholischen Religiosität, die die neuen »Vandalen«, d.h. die Kräfte des Umsturzes, zähmen wird. Nicht die Revolte und die »démocratie désorganisatrice«, sondern wohlüberlegter Widerstand und die Besinnung auf die alte aristokratische Freiheit werden eine kommende europäische Revolution einleiten, so hofft er. Dem revolutionären Geist, der masslos ist und in einer aus dem Gleichgewicht geratenen Welt keinen

Halt zu geben vermag, stellt er den konservativen Geist entgegen als die Vorahnung einer höheren, besseren Welt. Custines politische Wertungen verraten den Anhänger der alten Ordnung. Sein Reisebericht über England und Schottland enthält aber auch eine luzide Kritik des aufsteigenden Kapitalismus und der Industrialisierung. Er nimmt die soziale Realität in einer Weise wahr, die sich mit der Marxschen Ideologiekritik vergleichen lässt: er unterscheidet, ohne die betreffenden Begriffe zu verwenden, zwischen Überbau und Unterbau. Revolutionen vermögen den Überbau einer Gesellschaft zu verwandeln, aber nicht die für die Menschen viel wichtigeren Dinge des alltäglichen Lebens. Unter dem Überbau ist zu verstehen der Bereich der Politik und insbesondere die öffentlich garantierte Freiheit. Angesichts der realeren, fühlbaren Macht von geheimnisvollen und unsichtbaren Wesen erweist sich die Freiheit indes als Illusion. Es handelt sich bei diesen Kräften, bei diesen determinierenden Faktoren um die öffentliche Meinung und um die Dampfkraft; beide zusammen konstituieren die politische Maschine Englands. Der wohltuende Charme der Ignoranz ist in diesem Land der Überwachung durch die Öffentlichkeit zum Opfer gefallen und die öffentliche Freiheit beruht auf privater Sklaverei, wie der kritische Beobachter festgestellt hat. Im Respekt vor der sozialen Hierarchie, in der Herrschaft der Gewohnheit und der Etikette erkennt Custine Formen der Sklaverei. Die Kunst des Regierens besteht ihm zufolge darin, im Bewusstsein der Menschen die Individuen verschwinden und an ihre Stelle Gesetze treten zu lassen, Gesetze, denen sich dem Anschein nach auch die Herrschenden unterwerfen; die Macht muss überall fühlbar, aber nirgends erkennbar sein, sie muss anonym bleiben. Jedes Regierungssystem ist theokratisch, so versichert Custine. Dies gilt für das repräsentative System mehr als für jedes andere: die Dinge (les choses) sind mächtiger als die Menschen, sie sind an Gottes Stelle getreten. Custine scheint mit dieser Formulierung die Herrschaft der Sachzwänge antönen zu wollen, die die den Menschen gewährten Freiheitsrechte ausser Kraft zu setzen imstande ist.

Zum Unterbau rechnet Custine die infernalische Unterwelt der Produktionsstätten. Dort herrschen Dampfkraft und Maschinen, das Leben ist nahezu verschwunden; die künstliche Natur der Fabriken lässt den Beobachter an die Eingeweide eines Ungeheuers denken. Die grauenvolle Wirklichkeit der Produktion versteht Custine als das Ergebnis einer neuen Wirtschaftsordnung, die sich in England durchgesetzt hat; als »zweite Epoche der Industrie« bezeichnet er jene des kapitalistischen Weltmarktes, der alle geographischen und sozialen Grenzen überschreitet und alle Differenzen in der Produktion von Gütern in der »Demokratie des Reichtums« zum Verschwinden bringt. Die Wissenschaften sind degradiert und dienen nur noch dem Hunger nach Reichtum. Ziel der wirtschaftlichen Anstrengung ist es nicht allein, bestehende Bedürfnisse zu befriedigen, sondern neue zu schaffen; alle Laster der Menschen sind für die Profitsucht zur unerschöpflichen Quelle geworden. Die strengen Sitten der alten Zeit haben keinen Bestand mehr in einer Gesellschaft, in der alles dem Wandel unterliegt und in der sie sich gegen die materiellen Interessen behaupten müssen. Doch Custine beklagt nicht nur die moralische Dekadenz, er entdeckt den Widerspruch zwischen der illusionären politischen Freiheit und der tatsächlichen Versklavung der Arbeiter, der »hommes machines«, durch die Fabrikanten[108]. Er weist darauf hin, dass die moderne Sklaverei für die Betroffenen kaum vorteilhafter ist als die antike. »Nos îlotes sont forcés de vouloir leur mal.« (Custine 1830 II/291)[109]. Weil sie formell frei sind, leben sie im quälenden Bewusstsein, ihre Versklavung freiwillig auf sich genommen zu haben. Ein mürrischer Philosoph, so schliesst Custine seine Betrachtung, wird eines Tages sagen, die moderne Freiheit bestehe in der doppelten Fähigkeit, die anderen und sich selber zu belügen[110].

Nietzsche notiert sich im Frühjahr 1884 eine ganze Reihe der Gedanken, die Custine in seinen Reisememoiren niedergeschrieben hat[111]. Angesprochen hat ihn der französische Schriftsteller sicher deshalb, weil er in ihm den aristokratischen Aussenseiter erkannt hat. Die Fragmentnotizen beziehen sich zu einem grossen Teil auf psychologische Aperçus und auf die abschätzigen Urteile über die englische Gesellschaft. Aber auch Custines Reflexionen über das moderne Sklaventum haben Nietzsches Beachtung gefunden[112]. Wie Custine ist er überzeugt davon, dass die modernen Gesellschaften zu Unrecht stolz sind auf die Abschaffung der Sklaverei. Aber er verweilt nicht beim Los der Fabrikarbeiter. Das notabene, das er auf die Custine-Zitate folgen lässt, zeigt recht deutlich, zu welcher Idee ihn dessen Sozialkritik angeregt hat: »Das Überhandnehmen der s k l a v i - s c h e n Gesinnung in Europa: der grosse Sklaven-Aufstand. (ego)« (KSA 11/7, 25[70]). Custines Abneigung gegen die englische Gesellschaft des frühen 19. Jahrhunderts ist motiviert durch das Elend der Arbeiter sowie durch den unvornehmen Geschmack, die konformistische und gewinnsüchtige Mentalität der Bourgeoisie. Wenn Nietzsche der sklavischen Gesinnung den Krieg erklärt, dann hat er zweifellos das zweite Motiv im Sinn[113].

Nicht restlos geklärt ist bis heute die Frage, ob Nietzsche Marx gekannt hat. Zwar herrscht nahezu Konsens darüber, dass die Antwort negativ ausfallen muss; möglicherweise ist aber das letzte Urteil in der Angelegenheit noch nicht gefallen. Es versteht sich, dass die zahlreichen Untersuchungen, die die Lehren von Marx und Nietzsche miteinander in Beziehung bringen, hier nicht berücksichtigt werden können[114]. Einen der wenigen Versuche, der Frage auf den Grund zu gehen, stellt George J. Stacks 1983 erschienener Aufsatz *Marx and Nietzsche: a Point of Affinity* dar. Stack ist überzeugt davon, dass Nietzsche dank der Lektüre von Langes *Geschichte des Materialismus* und Dührings Schriften Marxsche Konzepte kennengelernt und sich angeeignet hat. Dass Nietzsche den Begriff des sozialen Atoms via Lange von Marx übernommen hat (Stack 1983a/252), ist allerdings wenig wahrscheinlich, weil der Begriff ohnehin verbreitet und insbesondere für die konservative Kulturkritik von grundlegender Bedeutung gewesen ist[115]. Aus Dührings Schriften hat Nietzsche zwar reichlich geschöpft, doch haben ihn dabei nicht jene ökonomischen Lehren interessiert, die Dühring offenbar bei Marx abgeschrieben hat[116].

Ob Nietzsche tatsächlich in den Schriften Langes und Dührings die Grundkonzepte der Marxschen Kritik der politischen Ökonomie entdeckt hat, ist schwer zu entscheiden. Hingegen wäre es geradezu erstaunlich, wenn dem fleissigen Dühring-Leser der Name von dessen Erzfeind nicht haften geblieben wäre. Selbstverständlich lässt sich aus dem Umstand, dass der Name Marx in einem Werk auftaucht, welches Nietzsche gekannt hat, nichts schliessen[117]. Für Dühring allerdings hat Marx eine bedeutsame Rolle gespielt und dies kommt in seinen Büchern, insbesondere in seiner Autobiographie auch gebührend zum Ausdruck. In der *Kritischen Geschichte der Nationalökonomie und des Socialismus* ist Dühring bemüht, den Gegner als einen theoretisch wie politisch zweitrangigen Scholastiker abzutun. Die Besprechung des *Capital* erschöpft sich in einer billigen Polemik gegen die dialektische Methode, gegen die Werttheorie sowie gegen die Definition der kapitalistischen Produktionsweise[118]. In der Rechtfertigungsschrift *Sache, Leben und Feinde* hat der Angriff auf das Werk einer giftigen Hasstirade gegen die Person und die von ihm mitgetragene Bewegung Platz gemacht. Der von Verfolgungswahn geplagte einsame Gelehrte sieht sich als Opfer einer Konspiration, die von der »jüdischen Socialdemokratie« und ihrem geistigen Führer geleitet wird. Die Verschwörung richtet sich nicht gegen ihn allein: das geheime Ziel der marxistischen Partei ist in seinen Augen die Unterwerfung des gesamten Volkes unter jüdische Geschäftsinteressen. Er selbst propagiert als Bollwerk gegen die Bedrohung einen antirevolutionären, rassistischen und nationalistischen Sozialismus[119].

Ein weiterer Ideologe des Antisemitismus in Deutschland, Constantin Frantz, hat in seinem 1879 erschienenen Buch über den Föderalismus

eine Kritik der Marxschen Theorie unternommen, die etwas differenzierter als jene von Dühring ausgefallen ist. Das Buch ist in Nietzsches Bibliothek vorhanden, weist allerdings keine Lesespuren auf. Obwohl der Name
des Autors in den schriftlichen Äusserungen nirgends auftaucht, ist zu
vermuten, dass Nietzsche von Constantin Frantz, dem geistigen Mitstreiter Wagners und Mitarbeiter der *Bayreuther Blätter,* gehört hat. Marx, so
lautet der Vorwurf von Frantz, verschliesst sich in seiner Werttheorie der
Einsicht, dass neben der menschlichen Arbeit auch die Natur und der
Geist als produktive Faktoren wirken. Frantz fordert ein Bündnis zwischen Grundbesitz, Intelligenz und Arbeiterschaft mit dem Ziel einer
ökonomischen Reform. Seine eigentliche Argumentationsstrategie zielt
indes in eine andere Richtung: Marx konzentriere sich in seiner Analyse
ausschliesslich auf das Industriekapital und sehe nicht, dass dieses vom
Handelskapital beherrscht werde. Er selbst hingegen hat in der Börse den
Schlüssel zum Verständnis des Kapitalismus gefunden[120] und er kennt
auch die Ursache von Marx' theoretischer Blindheit. Er erinnert an dessen
Herkunft und gibt zu bedenken, »kein jüdischer Weltverbesserer« dürfe
die Börse, »als das Heiligthum«, antasten (Frantz 1879/45).

Im Frühsommer 1885 hat Nietzsche wahrscheinlich in Venedig zusammen mit Köselitz die 1883 erschienene zweite Auflage von August
Bebels Schrift *Die Frau und der Sozialismus* gelesen, sich aber nicht für
den marxistischen Hintergrund von Bebels Darstellung interessiert[121].
Eine weitere Abhandlung, die marxistisch beeinflusst ist, findet sich in seiner Bibliothek: Leopold Jacobys *Die Idee der Entwickelung,* 1886/87 in
zweiter Auflage erschienen. Der Arzt und Dichter Jacoby ist einer der ersten Intellektuellen in Deutschland, der sich seit den frühen 70er Jahren
zum Programm der Sozialdemokratie und zum Historischen Materialismus bekennt. Vom Darwinismus geprägt, hat er in seinem 1874/76 erstmals veröffentlichten Buch versucht, die Marxsche Kritik der politischen
Ökonomie in ein darwinistisches Entwicklungsmodell zu integrieren[122]
und ist dabei zu einer Reihe von recht sonderbaren Ergebnissen gelangt;
sein idealistisch gefärbter Evolutionismus wird weder Darwin noch Marx
gerecht. Er zitiert jedoch ausgiebig Stellen aus dem *Kapital* und aus Engels' *Lage der arbeitenden Klasse in England.* Wenn Nietzsche das Buch
studiert hat, dann hat er tatsächlich einige Zeilen von Marx gelesen und
etwas von seiner Theorie über den Wert und die Konsumtion der Arbeitskraft mitbekommen; überdies hat er dank Jacoby erfahren, dass gemäss
marxistischer Lesart nicht der Sozialismus, sondern der Kapitalismus der
unerbittliche Gleichmacher ist[123]. Leider trägt auch dieses Buch sogut wie
keine Lesespuren[124].

Eine Erörterung der Möglichkeiten und Grenzen marxistischer Nietzsche-Kritik würde den Rahmen der Arbeit sprengen[125]. Eine kurze Anmerkung sei dennoch erlaubt. Die von Georg Lukács und seinen zahlreichen Nachfolgern praktizierte Reduktion philosophischer Lehren auf die Apologie bestimmter Klasseninteressen wird, wie man im Rückblick sagen kann, den Anforderungen nicht gerecht, die an eine marxistische Kritik der Philosophie zu stellen wären. Marx selbst hat bekanntlich vorwiegend staatsrechtliche und ökonomische Doktrinen auf ihren ideologischen Gehalt hin geprüft. Louis Althusser hat versucht, die Methode, die Marx für die Kritik der politischen Ökonomie ausgearbeitet hat, in der Kritik erkenntnistheoretischer Systeme anzuwenden. Ideologiekritik hat ihm zufolge die Aufgabe, die Bedingungen, die das um Erkenntnis bemühte Subjekt zur Realitätsverkennung zwingen, zu rekonstruieren[126]. Der Aphorismus 204 der *Morgenröthe* bietet sich für eine solche Analyse an. Die Rede ist von den verbrecherischen Seiten des modernen Wirtschaftslebens. »Drei Viertel der höheren Gesellschaft«, so gibt Nietzsche zu bedenken, hängen »dem erlaubten Betruge« nach und haben »am schlechten Gewissen der Börse und der Speculation zu tragen«. Nicht die Not treibt sie dazu, sondern masslose Geldgier. In der »Liebe zu gehäuftem Gelde« kommt jener »Fanatismus des Machtgelüstes« zum Vorschein, der dem christlichen Europa eigentümlich gewesen ist und es den Menschen erlaubt hat, »mit gutem Gewissen unmenschlich zu sein (Juden, Ketzer und gute Bücher zu verbrennen und ganze höhere Culturen wie die von Peru und Mexiko auszurotten).«[127] Unter den »schönen Namen«, mit denen sich das christliche wie das nationalökonomische Evangelium schmücken, entlarvt der Psychologe den der hemmungslosen Lust nach Macht und Geld inhärenten Fanatismus und beweist damit beachtliches »ideologiekritisches« Gespür; »ideologisch« im Sinne einer selektiven Wahrnehmung der sozialen Realität ist an Nietzsches Zeitkritik dennoch die Fixierung des Blicks auf den Bereich des Handels[128] und der Börse, die Blindheit für den Bereich der Produktion. Die Verwechslung von Produktions- und Zirkulationssphäre spielt bekanntlich in modernen antisemitischen Strömungen eine Schlüssel-Rolle[129]. Dass sich Nietzsche von diesem folgenreichen Vorurteil befreit hat, verleiht seiner Philosophie aller »Blindheit« zum Trotz ihren Wert. Bewahrt hat ihn davor seine Theorie des Ressentiments und eben sie hat ihn zum Gegner jener Bewegung gemacht, die er als die sozialistische versteht.

Hier liesse sich allerdings einwenden, dass Nietzsche für die Realität der Produktion oder zumindest der entfremdeten Arbeit nicht unempfindlich gewesen sei. Man könnte sogar einen Schritt weiter gehen und behaupten, er habe ähnlich wie Marx die »Ideologie« der Menschenrechte gerade deshalb kritisiert, weil sie den entwürdigenden Aspekt der Arbeit verschweigt. Tatsächlich steht er dem ihm durch Autoren wie Custine und Joerg vertrauten romantischen und konservativen Antikapitalismus, der die Entzauberung der Welt beklagt und angesichts des Elends der Fabrikarbeit die Empörung nicht zurückhält, näher als dem ökonomischen Optimismus. Der junge Nietzsche teilt mit dem überwiegenden Teil des Bildungsbürgertums die Furcht vor dem Sozialismus. Aber diese Furcht, so wird seit den Basler Bildungsvorträgen deutlich, beruht zum Teil auf einem Missverständnis: was Nietzsche perhorresziert, ist der Siegeszug einer profit- und konsumorientierten Mentalität in allen Lebensbereichen. Diese Einstellung bleibt ein tragendes Element seiner Gesellschaftskritik. Nicht im Namen der bestehenden Wirtschaftsordnung, sondern im Namen eines heroisch-asketischen Ideals protestiert er gegen den Sozialismus. Die Kritik der sozialistischen Bewegung beschränkt sich daher weitgehend auf moralisierende Einwände und psychologische Aperçus, überdies zielt sie vorwiegend auf einzelne Vordenker wie Dühring, die »eine ihm – verständlicherweise! – besonders unappetitliche Variante des Sozialismus« (Montinari 1982/202) repräsentieren.

Motive des romantischen Antikapitalismus, so erklärt Lukács in der *Zerstörung der Vernunft* (Lukács W IX/300), tauchen zwar in Nietzsches Denken auf, doch sollte man sie nicht überschätzen. Lukács zufolge ist der romantische Antikapitalismus eine Ideologie, der nach 1848 und erst recht nach 1871 keine Bedeutung mehr zukommt. Die Intellektuellen konnten sich, so glaubt er, seit dem späten 19. Jahrhundert letztlich nur entscheiden zwischen der Apologie des imperialistischen Kapitalismus und der Solidarität mit dem revolutionären Sozialismus. Als Verfechter des romantischen Protestes gegen den Kapitalismus erwähnt Lukács den jungen Carlyle. Das Grundmotiv von Carlyles Kulturkritik ist die Diskrepanz zwischen ökonomischem Fortschritt und moralischem Zerfall. Er ist überzeugt davon, dass eine Gesellschaft, die den Profit zum höchsten Wert erhoben hat, dem Chaos anheimfallen muss. Als Alternativen zu Demokratie und liberaler Ökonomie propagiert er die autoritäre Regierung durch die charismatische Führerpersönlichkeit und die moralisch-religiöse Regeneration. In seinem 1843 veröffentlichten Werk *Past and Present* konfrontiert er die zeitgenössischen Verhältnisse mit der harmonischen Ordnung des mittelalterlichen Klosterlebens.

Nietzsche steht zwar seit den späten 70er Jahren den Erscheinungen der modernen Wirtschaft und Gesellschaft bei weitem aufgeschlossener gegenüber als die politischen Romantiker, was ihn aber mit ihnen verbindet, ist die Vorliebe für autoritäre Lösungen, die Sehnsucht nach neuen Eliten.

Hilfreich für das Verständnis der romantisierenden Kapitalismuskritik ist auch heute noch die Lektüre des Abschnitts über den reaktionären Sozialismus im *Kommunistischen Manifest.* Marx und Engels kennzeichnen den feudalen Sozialismus mit folgenden Worten: »halb Klagelied, halb Pasquill, halb Rückhall der Vergangenheit, halb Dräuen der Zukunft, mitunter die Bourgeoisie ins Herz treffend durch bitteres, geistreich zerreissendes Urteil, stets komisch wirkend durch gänzliche Unfähigkeit, den Gang der modernen Geschichte zu begreifen.« Seine Vertreter, so Marx und Engels weiter, »werfen der Bourgeoisie mehr noch vor, dass sie ein revolutionäres Proletariat, als dass sie überhaupt ein Proletariat erzeugt.« Den deutschen »wahren« Sozialisten weisen sie nach, ihre Polemik gegen die Bourgeoisie beinhalte eine Absage an die liberalen und demokratischen Inhalte der bürgerlichen Revolution und entspreche den Interessen sowohl der monarchischen Regierungen wie des Kleinbürgertums (MEW 4/483ff).

Auf Autoren wie Wagner oder Joerg trifft die Kritik, die Marx und Engels hier formulieren, in wichtigen Punkten zu. Wie aber steht es mit Nietzsche? Auch er, so scheint es, wirft der Bourgeoisie mehr noch vor, dass sie ein revolutionäres Proletariat, als dass sie überhaupt ein Proletariat hervorbringt. Der Aphorismus über die »Arbeiter-Frage« in der *Götzen-Dämmerung* (GD Streifzüge eines Unzeitgemässen 40) lässt sich tatsächlich in diesem Sinne deuten. Die Dummheit des Zeitalters liegt laut Nietzsche darin, dass sich anstelle eines selbstgenügsamen Sklavenstandes ein politisch bewusster Arbeiterstand herausgebildet hat. Bereits der junge Nietzsche hat das Bürgertum für die Ausbreitung des Egoismus, der Begehrlichkeit bei den Arbeitern verantwortlich gemacht. Er wirft ihm also vor, ein »revolutionäres«, d.h. unzufriedenes, masslos forderndes Proletariat erzeugt zu haben.

Hat Lukács in dem Fall doch recht, wenn er Nietzsche zum besonders raffinierten und radikalen Apologeten der imperialistischen Bourgeoisie erklärt? Zweifellos sind Nietzsches »kulturimperialistische« Phantasien, von denen noch die Rede sein wird, im Sinne einer solchen Apologie verwendbar. Dennoch ist Lukács' Anklage in ihrer undifferenzierten Weise unhaltbar. Die »sozialistischen« Vorschläge, die sich bei Nietzsche ja auch finden, wie bereits Andler gezeigt hat, dürfen nicht einfach übergangen werden. Allerdings sollte man diesen »Sozialismus« auch wiederum nicht überbewerten; wenn Nietzsche die Besitzlosen und die »eigentlich Reichen« als die »unerlaubten Menschenclassen« bezeichnet (WS 293), so macht er sich eine Grundüberzeugung der vorliberalen politischen Philosophie zu eigen. Die Ansicht, der Reichtum einzelner Bürger gefährde den Bestand der Gemeinschaft und eine Republik sei auf einen homogenen Gesellschaftskörper angewiesen, findet sich etwa auch bei Machiavelli und Rousseau. Nietzsches Gedanken zur Wirtschafts- und Sozialpolitik sind zu fragmentarisch, als dass man daraus ein veritables Reformprogramm rekonstruieren könnte. Sie deuten lediglich darauf hin, dass er, seiner abschätzigen Urteile über den Staat ungeachtet, der Tradition der politischen Philosophie näher steht als dem antietatistischen Liberalismus Spencerscher Prägung. Zwar betrachtet er die Abschaffung des Privateigentums als unsinnig, aber er plädiert offenbar für eine staatliche Kontrolle der Wirtschaft, für staatliche Massnahmen, die eine masslose Anhäufung privaten Reichtums verhindern. Zuweilen geht er freilich noch einen Schritt weiter und spielt mit dem Gedanken der politischen Herrschaft der Arbeiterklasse (KSA 9/200f, 6[31]). Da die Bourgeoisie in seinen Augen ohnehin moralisch disqualifiziert ist, hat er gegen diese Herrschaft nichts einzuwenden. Spätestens seit 1880 ist er von der Unvermeidbarkeit der sozialen Revolution überzeugt; allerdings lässt er offen, was er darunter versteht. Nicht deren Verhinderung ist sein Anliegen, sondern die Sorge um einen neuen, den Prozess rechtfertigenden Menschentypus. Wie die Nationalstaaten ist das bestehende Wirtschaftssystem in seinen Augen dem Untergang geweiht[130]. Dass die Arbeiterklasse dereinst herrschen wird, heisst indes nicht, dass sie auch zur kulturellen Hegemonie und zur Wertsetzung berufen ist[131]. Nur als »Unterbau« (KSA 12/339, 9[1]) wird die sich ankündigende Wirtschafts- und Gesellschaftsordnung von Nietzsche akzeptiert, als notwendige Voraussetzung für die Entfaltung höherer Formen der menschlichen Existenz.

Wenn Nietzsche die Errichtung einer weltweiten Wirtschaftsverwaltung in Aussicht stellt (KSA 12/462, 10[17]), so lässt sich daraus schliessen, dass er kein Anhänger des ökonomischen Liberalismus gewesen ist. Es ist jedoch problematisch, aus wenigen verstreuten Anmerkungen die Entscheidung für ein Wirtschaftssystem herleiten zu wollen. Letztlich orientiert sich Nietzsche weder am Kriterium ökonomischer Effizienz noch an jenem der sozialen Gerechtigkeit, sondern einzig an der reichlich verschwommenen Vorstellung des kulturellen Nutzens. Sein Wirtschafts- und Gesellschaftsmodell ist keine Klassen-, eher eine Kastenordnung; die Elite wird nicht nur die Arbeiter, sondern auch die Unternehmer für sich arbeiten lassen und der Unterschied zwischen den Lebens- und Arbeitsbedingungen der beiden Klassen fällt in ihrer Perspektive nicht ins Gewicht. Wozu aber ist dieser wirtschaftliche Unterbau, diese weltweit arbeitsteilig organisierte Produktion von Reichtum nötig, wenn die kulturelle und geistige Elite gerade in ihrem asketischen Lebensstil Vorbild sein soll? Auf diese entscheidende Frage bleibt Nietzsche die Antwort schuldig.

VII
Aspekte der Demokratisierung

Auch in diesem Kapitel werde ich zunächst anhand eines möglichst vollständigen Überblicks über die relevanten Textstellen versuchen, Nietzsches Demokratie-Verständnis, wie es sich seit der Zeit von *Menschliches, Allzumenschliches* entwickelt hat, zu rekonstruieren. Anschliessend möchte ich die Aufmerksamkeit auf einige demokratiekritische Schriften soziologischer und literarischer Art richten, die Nietzsche beeinflusst haben oder mit seinem Ansatz vergleichbar sind. Dass dabei vorwiegend französische Autoren zu Wort kommen, hat zwei Gründe. Das demokratische Experiment ist in Frankreich weiter vorangeschritten als anderswo und verschafft Schriftstellern wie Soziologen reiches Anschauungsmaterial. Überdies wird die französische Kultur für Nietzsche in den 80er Jahren immer ausgeprägter zur selbstgewählten geistigen Heimat.

Der junge Basler Gelehrte, der dem Geheimnis der Tragödie auf der Spur ist und der tragischen Weltanschauung zu neuer Würde verhelfen will, sieht in der Demokratie vorab ein Phänomen des kulturellen Niedergangs sowie ein Korrelat rationalistischer und optimistischer Anschauungen[1]. Euripides, der den Alltag auf der Bühne inszeniert, kämpft laut Nietzsche den Todeskampf der Tragödie; sie geht zugrunde, weil das Volk – besser: die»bürgerliche Mittelmässigkeit« und die»Heiterkeit des Sclaven« – zu Wort kommt; sie wird das Opfer der kulturellen Demokratisierung (GT 11). Nietzsches frühe Demokratiekritik ist in hohem Mass von antiken Autoren inspiriert und noch diese werden selektiv rezipiert. Plato ist der wichtigere Gewährsmann als Aristoteles; Demokratie wird weniger als politische denn als moralische Verfassung begriffen. Unter Demokratie versteht Plato eine Ordnung, die von der unterschiedlichen Qualität der Menschen absieht und sie als gleich anerkennt, unter einem Demokraten einen Mann, der den Wertunterschied zwischen notwendigen und überflüssigen Begierden nicht gelten lässt (*Politeia* 558c-562a)[2]. Die Definition hat möglicherweise noch Nietzsches spätere Demokratiekritik mitbestimmt. In den frühen 70er Jahren ist es ihm indes nicht vordringlich ums Verständnis der politischen Ordnungen der griechischen Antike zu tun. Sein Ziel ist vielmehr, wie er noch im März 1875 notiert, die»volle Feindschaft zwischen unserer jetzigen ›Cultur‹ und dem Alterthum zu erzeugen« (KSA 8/33, 3[68]). In der hellenischen Gesellschaft sieht er den Egoismus durch den politischen Trieb entmachtet, das politische Gemeinwesen als Mittel dem Zweck des künstlerischen und geistigen Schaffens untergeordnet sowie die »natürlichen« Rangordnungen gewährleistet, also sowohl den Vorrang des Genius vor der Masse wie auch den Ausschluss der Frauen aus dem politischen und kulturellen Leben und die Notwendigkeit des Sklaventums bejaht[3]. Was er an seiner Gegenwart am meisten hasst, ist die Zerstörung der für die Entfaltung einer geistig-kulturellen Aristokratie notwendigen Grundlagen[4]. Der Protest gegen die als Nivellierung erlebte gesellschaftliche Entwicklung trägt nicht nur elitäre, sondern auch romantisch-konservative Züge; polemisiert wird gegen das »abstrakte« Staatsverständnis, gegen Parlamentarismus und Pressefreiheit, gegen englische und französische Ideen, gegen das »amerikanische-politische Getreibe«[5]. Mit der Entwertung der Politik wird auch die Kritik an den konkreten Formen politischer Praxis für sinnlos erklärt: »was weiss man schliesslich von der Schwierigkeit der Aufgabe, Menschen zu regieren d.h. unter vielen Millionen eines, der grossen Mehrzahl nach, gränzenlos egoistischen ungerechten unbilligen unredlichen neidischen boshaften und dabei sehr beschränkten und querköpfigen Geschlechtes Gesetz Ordnung Ruhe und Frieden aufrecht zu erhalten und dabei das Wenige, was der Staat selbst als Besitz erworben, fortwährend gegen begehrliche Nachbarn und tückische Räuber zu schützen?« (KSA 1/710f, BA III). Die »glücklichste und behaglichste Gestaltung der politisch-socialen Lage« (KSA 8/33, 3[65]) ist für Nietzsche ein falsches Ziel[6], weil sie das künstlerische und intellektuelle Schaffen verunmöglicht. Er sieht die Aufgabe der Philosophen im Widerspruch gegen Glückserwartungen und politische Illusionen (KSA 7/812, 35[12]).

In den Jahren 1875/76 gewinnt die Auseinandersetzung mit der Demokratie eine neue Qualität. Erst jetzt wird Nietzsche aufgrund seiner Fragestellung zu einem Denker, den man mit Recht zu den geheimen Wegbereitern der Demokratie gerechnet hat. Aufschlussreich ist ein Abschnitt aus der im Wintersemester 1875/76 gehaltenen Vorlesung über die Geschichte der griechischen Literatur, auf dessen Bedeutung Andler hingewiesen hat (Andler N I/314-320). Der Basler Professor weist sein Publikum darauf hin, dass wider Erwarten die Poesie als konservative Macht nicht vom Adel und umgekehrt die eher fortschrittsfreudige Prosaliteratur nicht von der Mittelschicht gefördert wird. Am Beispiel zahlreicher Gesetzgeber, Philosophen, Historiker und Redner wird belegt, dass die grossen Neuerer der griechischen Geistesgeschichte in der Regel vornehmer Abkunft gewesen sind. Wie erklärt sich die paradoxe »Thatsache, dass die Gattungen der geister- und volkbefreienden Prosalitteratur fast ausschliesslich durch den höchsten Adel gehoben sind?« Nietzsche erkennt den Grund im Ehrgeiz; wenn sich die Mitglieder der Oberschicht erst einmal von der Beschränktheit ihrer Standesgesinnung befreit haben, trachten sie danach, alle Schranken zu überschreiten. »Alle die genannten vornehmen Philosophen stellen sich in Widerspruch zu ihrer Kaste, zum Theil in den feindseligsten; indem sie Aristokraten des Geistes werden, ergreifen sie die vorwärtstreibenden Mächte der Vernunft, der Kritik, der Wissenschaft, sie lösen sich aus der Verehrung des Herkömmlichen, damit auch aus dem Zauber der Poesie, die dem Herkommen dient«. Die Dichter hingegen entstammen eher bescheidenen Verhältnissen, ihre Kunstwerke verdanken sich dem Fleiss, der harten Arbeit. Sie werden dem Adel unentbehrlich, weil sie ihm jene geistige Nahrung verschaffen, die er benötigt, selbst aber nicht zu erzeugen vermag (GA XVIII/190ff).

Ein Gesinnungswandel kündigt sich an: Nietzsche wird Demokratie künftig nicht mehr mit bürgerlicher Mittelmässigkeit gleichsetzen, sondern in einem wertneutralen Sinn als Herrschaft der Mittelschichten begreifen; er identifiziert sie nicht mehr abschätzig mit Rationalismus und Optimismus, sondern beifällig mit der Emanzipation von Denken und Handeln aus den Zwängen der Tradition. Die Wende führt indes nicht zu einer Neubewertung des politischen Engagements. Das zweite der im Herbst 1876 niedergeschriebenen *10 Gebote des Freigeistes* lautet: »Du sollst keine Politik treiben.« Nicht nur geistige, sondern auch politische und materielle Unabhängigkeit sind zu erstreben, insbesondere soll der Freigeist »Völker weder lieben noch hassen« und sein »Weib aus einem anderen Volke als dem eignen nehmen« (KSA 8/348, 19[77]). Politische Praxis, die keine Identifikation mit der nationalen Gemeinschaft voraussetzt, vermag sich Nietzsche nicht vorzustellen[7]. Die Aufteilung Europas in Nationalstaaten ist in seinen Augen zu einem Anachronismus geworden. Schon 1873 hat er erkannt, dass nationale Ideologien ohne den Glauben der Menschen an Mythen und Mysterien kaum mehr aufrechtzuerhalten sind. »Im Grunde muss der Kosmopolitismus um sich greifen.« (KSA 7/693, 29[141]). Seit Mitte der 70er Jahre prophezeit er die Aufhebung der Nationen und die Heraufkunft des europäischen Menschen (KSA 8/345, 19[65])[8]. Ihm, d.h. einem Menschen, der die verschiedensten Erfahrungen gesammelt hat und dem die verschiedensten Möglichkeiten offenstehen, gehört die Zukunft; die Nachahmung des Altertums ist dagegen »eine falsche Tendenz« (KSA 8/43f, 5[15]). Das griechische Altertum ist lehrreich als Erziehungs- oder Züchtungsexperiment[9], doch seine politische Niederlage ist der »grösste Misserfolg der Cultur«, hat sie doch die »grässliche Theorie« aufkommen lassen, Kultur könne sich nur dank Gewalt und »roher Macht« behaupten (KSA 8/64, 5[91]).

Die Kenntnis des Griechentums ist nur insofern sinnvoll, als sie dazu anregt, mit ihm zu wetteifern, es »durch die That zu überwinden« (KSA 8/88f, 5[167])[10]. Die griechische Kultur ist untergegangen und kann nicht wieder auferstehen; genausowenig wie das Christentum, wie irgend eine religiöse Weltdeutung kann sie als Fundament einer politischen und sozialen Ordnung dienen; dies zu lehren, versteht Nietzsche als seine neue Aufgabe[11]. Die »Alterthumsstudien« haben ihren pädagogischen Wert verloren; die Wissenschaft der Geschichte ist überflüssig geworden, an »ihre Stelle muss die Wissenschaft um die Zukunft treten« (KSA 8/84, 5[158]).

Die Uniformierung und Atomisierung der Menschen stellt für Nietzsche einen gewichtigen Einwand gegen die moderne Zivilisation dar[12]; in diesem Punkt bleibt er der konservativen Demokratiekritik treu. Dennoch weiss er dem »Fortschritt« auch bessere Seiten abzugewinnen. Die Kantsche Hoffnung auf eine republikanische Zukunft teilt er nicht, hingegen begrüsst er die Emanzipation der Politik von der Religion, wobei er Politik wie viele seiner Zeitgenossen mit Machtpolitik gleichsetzt. Er weiss, dass in Europa eine bedenkenlose »Realpolitik« sich durchsetzt und dass gewaltsame Experimente die Autorität der Traditionen untergraben werden; in diesem Kontext spricht er von der Züchtung besserer Rassen[13]. Allerdings widerspricht er einem auf die Geschichte der menschlichen Gesellschaften übertragenen Darwinismus und macht geltend, dass Fortschritt nur dank »Entartung« möglich wird, dass die schwächeren Individuen immer zugleich die edleren und freieren sind (KSA 8/257ff, 12[22]).

Die fehlende Unterscheidung zwischen Züchtung, Erzeugung und Erziehung[14] trägt zur Ambivalenz von Nietzsches Denkens bei. Seine eigenen Erziehungspläne scheinen Mitte der 70er ganz dem Programm der Aufklärung verpflichtet zu sein[15]. Erziehung ist ihm zufolge zunächst die Lehre vom Notwendigen[16], dann die Lehre vom Veränderlichen; er aktualisiert mit der Definition den Gegensatz von physis und nomos. Junge Leute sollen lernen, wie Gesellschaften entstanden sind, damit aber auch, dass und wie sie verändert werden können. »Wie viel Macht über die Dinge hat der Mensch? dies ist die Frage bei aller Erziehung.« (KSA 8/59, 5[64]). Die Unvernunft in den menschlichen Dingen muss ans Licht gebracht werden, dann lässt sich prüfen, was verbessert werden kann. »Es wird irgendwann einmal gar keinen Gedanken geben als Erziehung« (KSA 8/45, 5[20]), so glaubt Nietzsche und er sieht die Mission des Frei-

geistes darin, »neue Möglichkeiten des Lebens« zu erfinden, die alten abzuwägen und alle Schranken hinwegzuheben, »welche einer Verschmel-
zung der Menschen im Wege stehen: Religionen Staaten monarchische
Instinkte Reichthums- und Armutsillusionen, Gesundheits- und Rassen-
vorurtheile – usw.« (KSA 8/304ff, 17[44; 55])[17]. Die Freigeister der Gegenwart sind mit ihrem Widerwillen gegen Zwang und Autorität selbst
die Kinder einer revolutionierten Gesellschaft, in welcher die »geistigen
Mächte der alten gebundenen Welt« ihre Autorität eingebüsst haben.
Nachdem die Aufklärung, »dieser grösste Umschwung in der Geschichte«, gesiegt hat, sind sie zufrieden damit, frei und furchtlos über »Menschen, Sitten, Gesetzen und den herkömmlichen Schätzungen der Dinge«
zu schweben (KSA 8/483f, 25[2])[18]. Sie haben, so könnte man sagen, im
Kleinen zu fördern, was der Prozess der Demokratisierung im Grossen
bewirkt: die Auflösung der ständischen Ordnung. Ihre Aufgabe beschränkt sich indes auf den geistig-moralischen Bereich, auf die Befreiung
von gruppenspezifischen Vorurteilen. Um die entscheidende Frage, die
sich den Aufklärern gestellt und die noch den jungen Marx beunruhigt
hat, kommt auch Nietzsche nicht herum: wer erzieht die Erzieher? Die
ersten Erzieher müssen sich selbst erziehen, wie er zu bedenken gibt; für
sie will er schreiben (KSA 8/47, 5[25]). Ihm ist freilich klar, dass er eine
kaum zu bewältigende Aufgabe formuliert; er wünscht sich ein internationales Erziehungsministerium, ein Kulturtribunal, das sich um die »geistige Wohlfahrt des ganzen Menschengeschlechts« zu kümmern hätte (KSA
8/452, 23[136])[19].
Das neuentdeckte Aufklärungsideal ist nicht nur kosmopolitisch, es
steht auch in Beziehung zur Demokratisierung der europäischen Gesellschaften: »Demokratische aufrichtige Staaten haben die höchste Erziehung um jeden Preis Allen zu gewähren«, so hält Nietzsche fest (KSA 8/
308, 17[67]). Politische Gleichheit setzt also für ihn voraus, dass alle
Menschen die gleiche, und zwar eine höchst anspruchsvolle Erziehung
geniessen, dass überdies Ethik und Moral nicht Privatsache sind, sondern
in den Aufgabenbereich der Öffentlichkeit gehören. Es wäre voreilig, aus
einer so knappen Bemerkung ein uneingeschränktes Bekenntnis zur Demokratie herauslesen zu wollen. Nietzsches Zustimmung findet die Entwicklung zur Demokratie in dem Masse, als es sich dabei um die Emanzipation der Politik von der Religion handelt[20]. Verfassungen, rechtliche
und moralische Normen, die als Menschenwerk begriffen werden, verdienen höhere Achtung als jene, die für Gotteswerk ausgegeben worden sind,
so notiert er sich im Herbst 1878 (KSA 8/566, 33[10]). Die Fürsten des
19. Jahrhunderts empfindet er längst schon als Karikaturen[21] und von den

freien Geistern erwartet er nicht zuletzt, dass sie Anleitung geben zum »regierungsweisen Umgestalten der Institutionen« (KSA 8/370, 21[17]). Als Alternative zur Monarchie scheint er zwar einer reinen Herrschaft der Experten den Vorzug vor einer demokratisch gewählten Regierung zu geben, jene bleibt indes auf die demokratische Legitimation angewiesen[22]. Die Emanzipation der Politik von der Religion vermittelt den Menschen die Erfahrung ihrer eigenen Macht, sie lässt sie ihre Fähigkeit erkennen, die Regeln des Regierens ohne Rücksichtnahme auf das Herkommen zu definieren. »Je mehr die Herrschaft der Religionen und aller Kunst der Narkose abnimmt, um so strenger fassen die Menschen die wirkliche Beseitigung der Uebel in's Auge,« umso kleiner wird »das Reich des unerbittlichen, unbezwinglichen Schicksals« (MA I 108)[23]. Kein »Wink eines Gottes« vermag mehr die Frage zu beantworten, wie die gesellschaftliche Ordnung einzurichten sei. »Die Erdregierung des Menschen im Grossen hat der Mensch selber in die Hand zu nehmen, seine ›Allwissenheit‹ muss über dem weiteren Schicksal der Cultur mit scharfem Auge wachen« (MA I 245). Trotz der Anführungszeichen ist der Hinweis auf die menschliche Allwissenheit nicht nur ironisch gemeint. Nietzsche glaubt in jener Zeit tatsächlich daran, dass nur eine umfassende Wissenschaft von den »Bedingungen der Cultur« einer künftigen »Gesammtregierung« als Entscheidungsgrundlage wird dienen können; weder dem ökonomischen Liberalismus noch einer von Kant ausgehenden Morallehre traut er die Kompetenz zu, ökumenische Ziele setzen zu können (MA I 25)[24]. In ihrer Aufgabe lässt sich die anzustrebende Weltregierung mit der katholischen Kirche im Mittelalter vergleichen, sie muss die Interessen der gesamten Menschheit zum Massstab nehmen; im Gegensatz zur Kirche, die nur eingebildete oder von ihr selbst hervorgebrachte Bedürfnisse wahrgenommen hat, muss sie jedoch »wirklichen Nothzuständen« abhelfen und den »gemeinsamen wahren Bedürfnissen aller Menschen« dienen (MA I 476)[25].

Eine Politik, die sich bei ihren Entscheidungen auf wissenschaftliche Erkenntnisse beruft, steht nicht selten im Widerspruch zur demokratischen Idee, wie ein Blick auf die Geschichte des französischen Positivismus von Comte bis Renan und Taine zeigt. Nietzsche steht erstaunlicherweise der Demokratie wohlwollender gegenüber als die französischen Positivisten. Wenn »es sich nun einmal bei aller Politik darum handelt, möglichst Vielen das Leben erträglich zu machen,« so räumt er ein, »so mögen immerhin diese Möglichst-Vielen auch bestimmen, was sie unter einem erträglichen Leben verstehen; trauen sie sich den Intellect zu, auch die richtigen Mittel zu diesem Ziele zu finden, was hülfe es, daran zu zweifeln?« Lediglich für die freigeistige Elite fordert er das Recht auf politische Abstinenz (MA I 438)[26]. Politik scheint sich hier im wesentlichen auf ökonomische Interessenvertretung zu beschränken; in diesem Rahmen billigt Nietzsche der Majorität Regierungskompetenz zu. Wenn der demokratische Staat, der der Religion zu Regierungszwekken nicht mehr bedarf, weil er sich als Ausführungsorgan des souveränen Volkes legitimiert weiss, jene zur Privatsache erklärt, ruft er damit unweigerlich die Opposition religiöser Parteien hervor und bietet sich seinerseits als Ersatzobjekt für quasi-religiöse Verehrungs- und Unterwerfungsbedürfnisse an. Dieser Gedankengang zeigt, wie aufmerksam Nietzsche den Kulturkampf verfolgt, der in jenen Jahren im deutschen Reich und in der Schweiz die Gemüter bewegt. Ist der Streit zwischen dem religiösen und dem laizistischen Lager dereinst zugunsten des letzteren entschieden, so führt er seine Überlegungen fort, wird der Staat immer stärker zum kurzfristig nutzbaren Instrument von Gruppeninteressen degradiert und verliert seine Autorität. Angesichts unaufhörlich wechselnder Majoritäten und Regierungen »muss das Misstrauen gegen alles Regierende, die Einsicht in das Nutzlose und Aufreibende dieser kurzathmigen Kämpfe die Menschen zu einem ganz neuen Entschlusse drängen: zur Abschaffung des Staatsbegriffs, zur Aufhebung des Gegensatzes ›privat und öffentlich‹.«[27] Im Absterben des Staates, in der Privatisierung des öffentlichen Bereichs, in der »Entfesselung der Privatperson« erblickt Nietzsche die Konsequenz, ja die Mission des »demokratischen Staatsbegriffes«. Die Grundlage des Staates wird bereits erschüttert, sobald der »Glaube an eine göttliche Ordnung der politischen Dinge« verloren geht. Wenn Nietzsche die moderne Demokratie als »die historische Form vom Verfall des Staates« kennzeichnet, spricht er nicht eine Warnung oder eine Anklage aus, sondern einen nüchternen Befund. Er setzt sein Vertrauen in die Klugheit und den Eigennutz der Menschen: »wenn den Anforderungen dieser Kräfte der Staat nicht mehr entspricht, so wird am wenigsten das Chaos eintreten, sondern eine noch zweckmässigere Erfindung, als der Staat es war, zum Siege über den Staat kommen.« Nietzsche schaut diesem Prozess mit Gelassenheit entgegen, lediglich gegen eine gewaltsame Abkürzung erhebt er Einspruch (MA I 472).

Nietzsches »Blick auf den Staat«, sein Versuch, das liberale Prinzip konsequent weiterzudenken, zeugt von der Überwindung des romantischen Antiliberalismus früherer Jahre. Ein Verfechter des politischen und ökonomischen Liberalismus ist Nietzsche jedoch nicht geworden. Die früher mit Sorge beobachtete Atomisierung der Gesellschaft wird jetzt als »Entfesselung der Privatperson« bezeichnet und wesentlich nüchterner beurteilt, aber sie wird nicht als Ziel der Geschichte begriffen. Sie darf nicht mit der Befreiung des Individuums verwechselt werden. Nicht der Verfall des Staates, erst die Erziehung schafft die freien Menschen der Zukunft. Nötig ist die Erziehung, weil im Zuge der Säkularisierung der Staat jede geistige, moralische Autorität verlieren wird. Die Idee der Volkssouveränität, der demokratischen Politik ist, wie Nietzsche erkannt hat, noch gar nicht radikal genug durchdacht worden. Im herkömmlichen Wortsinn wird unter Regierung eine vormundschaftliche Instanz verstanden, der eine unmündige Bevölkerung anvertraut ist; Regierung und Volk werden als zwei verschieden mächtige Sphären einander gegenübergestellt und diese »politische Empfindung« entspricht in den meisten Staaten für die zweite Hälfte des 19. Jahrhunderts noch weitgehend den Realitäten, wie Nietzsche konstatiert. Angesichts einer Revolution, die noch kaum begonnen hat, wird eine neue Begriffsbestimmung nötig, auf deren weitreichende Implikationen er aufmerksam machen will. Die Lehre von der Volkssouveränität ist, obwohl willkürlich und unhistorisch, zwar rationaler als die alte Auffassung, aber sie taugt in Gegensatz zu dieser nicht als Leitbild für die diversen, auf Legitimation bedachten sozialen Hierarchien. In einer teilweise demokratischen Ordnung wird »der Verkehr zwischen Lehrer und Schüler, Hausherrn und Dienerschaft, Vater und Familie, Heerführer und Soldat, Meister und Lehrling«[28] zunehmend in Frage gestellt. Solche Verhältnisse werden in dem Sinne zu Kompromissen, in dem die Verfassung des deutschen Reiches für Bismarck einen Kompromiss darstellt; für Nietzsche heisst das: sie können nicht von Dauer sein. Die Demokratisierung ist unaufhaltsam und wird alle Bereiche der Gesellschaft erfassen. Trotz der Mahnung zu Geduld und Vorsicht akzeptiert Nietzsche auch diese Entwicklung (MA I 450)[29].

Für ein weiteres bedeutendes Merkmal der Demokratisierung hält Nietzsche die Heraufkunft eines nomadischen und übernationalen Menschentypus. Die kulturellen, wirtschaftlichen und verkehrstechnischen Fortschritte werden zur Schwächung und zuletzt zur Vernichtung der europäischen Staaten führen, so prophezeit er und glaubt, der Mobilisierung nationalistischer Reaktionen werde langfristig kein Erfolg beschieden sein. Die Schuld an der Verbreitung nationaler Ressentiments weist er nicht den Völkern, sondern den politisch und wirtschaftlich Mächtigen zu[30]. In diesem Kontext formuliert er erstmals eine deutliche Absage an den Antisemitismus, an die »litterarische Unart [...], die Juden als Sündenböcke aller möglichen öffentlichen und inneren Uebelstände zur Schlachtbank zu führen« (MA I 475). Der »langen Leidensschule« schreibt er die ungewöhnliche Tatkraft und Intelligenz der Juden zu, jene

Qualitäten, mit welchen sie Neid und Hass erwecken. Er erinnert an ihre Verdienste um die Aufklärung in Europa und gibt dem Wunsch Ausdruck, sie möchten ihren Beitrag leisten zur »Erzeugung einer möglichst kräftigen europäischen Mischrasse«[31]. Was im Vokabular des Antisemitismus ein Schimpfwort ist, scheint bei Nietzsche zum Inbegriff eines neuen Adels zu werden: Heimatlosigkeit.

Die Demokratie-Theorie, die Nietzsche in Ansätzen im ersten Band von *Menschliches, Allzumenschliches* entwickelt, wird er später nicht mehr grundlegend revidieren; die zunehmende Heftigkeit seines antidemokratischen Affekts darf darüber nicht hinwegtäuschen. Zielscheibe seiner Invektiven ist in der Regel nicht die Demokratie als politisches System, als Resultat der Aufklärung und als Aufhebung ständischer Trennungen, sondern die demokratische Ideologie als Wertsystem. Diese Unterscheidung drängt sich im Interesse einer sorgfältigen Interpretation von Nietzsches politischem Denken auch dann auf, wenn er selbst sie kaum je explizit vornimmt. Für Fragen der Verfassung vermag er sich selten zu begeistern; offenbar gehören sie für ihn zu jenem Bereich der Alltagspolitik, der für die geistig kreativen Menschen ohne Reiz ist. Wenn er, wie schon angedeutet, gegen Ende der 70er Jahre zu technokratischen oder expertokratischen Lösungen neigt[32], so handelt es sich bei den entsprechenden Abschnitten um Aperçus zu einem Thema, das für ihn nebensächlich bleibt. Die Legislative soll aus einem Kreis von Sachverständigen heraus gewählt werden, an deren ethischer Integrität nicht zu zweifeln ist; die Entscheidung über jedes einzelne Gesetz soll einzig bei den zuständigen Spezialisten liegen[33], so postuliert Nietzsche. Er macht sich indes keine Illusionen über die Realisierbarkeit eines solchen Modells: »keine Macht der Welt ist jetzt stark genug, das Bessere zu verwirklichen, – es sei denn, dass der Glaube an die höchste Nützlichkeit der Wissenschaft und der Wissenden endlich auch dem Böswilligsten einleuchte und dem jetzt herrschenden Glauben an die Zahl vorgezogen werde.« Obwohl hier das Prinzip der Wissenschaftlichkeit gegen dasjenige der Mehrheit ausgespielt wird, ist nicht die Demokratie, sondern das Parteienwesen die eigentliche Zielscheibe der Kritik. Die Empörung angesichts der Inkompetenz der Parteien lässt Nietzsche die Losung aussprechen: »Mehr Ehrfurcht vor dem Wissenden! Und nieder mit allen Parteien!« (VM 318)[34]. Solche Gedankenspiele hat er nicht weiter verfolgt; man erkennt jedoch bereits ein Motiv, das er einige Jahre später vertiefen wird: die Demokratie als Herrschaft der Mehrheit bietet keine Gewähr dafür, dass das Bessere sich behauptet.

Der Ruf nach Führung durch intellektuelle Eliten ist damals in verschiedenen politischen Lagern populär gewesen. Bei Nietzsche steht er genaubesehen nicht im Widerspruch zur Bejahung der Demokratie[35]. Die Demokratisierung Europas ist für ihn unaufhaltsam und notwendig; sie ist dennoch nicht das Ziel der geschichtlichen Entwicklung; eine solche Ansicht hält er für ein angesichts der Grösse der Aufgabe verzeihliches Missverständnis. Vielmehr stellt sie eine prophylaktische Massnahme dar, die Errichtung von »Cyklopenbauten«, von sicheren Fundamenten künftiger Kultur, von »Steindämmen und Schutzmauern [...] gegen leibliche und geistige Verknechtung« (WS 275). Dies ist, wie Nietzsche präzisiert, »zunächst wörtlich und gröblich, aber allmählich immer höher und geistiger« zu verstehen. Die demokratischen Einrichtungen wirken als eine langweilige, aber nützliche Quarantäne gegen tyrannenhafte, despotische, gewalttätige, autokratische Gelüste (WS 289; KSA 8/ 620, 47[10]). Die Emanzipation der Politik von Religion und Tradition, d.h. von jedem rational nicht begründbaren Herrschaftsanspruch, ist unauflöslich verknüpft mit dem Untergang dynastischer, aristokratischer und korporativer Strukturen.

So entschieden Nietzsche in *Der Wanderer und sein Schatten* für die Demokratie plädiert, so unbestimmt bleibt, was er darunter versteht. Die Rede ist von der Überwindung barbarischer, mittelalterlicher Zustände, vom zivilisatorischen Fortschritt der europäischen Menschen, aber nur am Rande von der öffentlichen Ordnung, die diesen Fortschritt garantieren könnte. Zwar spricht sich Nietzsche nicht direkt gegen das allgemeine Stimmrecht aus, aber er macht im Sinne eines konservativen Rousseauismus geltend, dass dieses Recht nur aufgrund der Einstimmigkeit aller Stimmberechtigten legitimiert sein kann und dass die ungenügende Stimmbeteiligung einem Votum dagegen gleichkommt (WS 276). Die Entstehung eines europäischen Völkerbundes ist dagegen das erste positive Resultat der Demokratisierung, mit dem er rechnet (WS 292). Folgerichtig zählt er zu den antidemokratischen Kräften und Institutionen die nationalistischen Bewegungen, den Wehrdienst als Mittel, die Bevölkerung zu disziplinieren und in nationale Ziele zu integrieren, das gesamte Militärwesen als »Hemmschuh der Cultur« sowie die Monarchie, insofern sie sich nicht ausschliesslich mit der Repräsentationsfunktion begnügt, sondern sich als kriegführende Macht zu profilieren sucht[36]. Die sozialistischen und anarchistischen »Umsturzgeister« rechnet er ebenfalls zu den Gegnern der Demokratie[37]. Das unmittelbare Ziel der Demokratie sieht er darin, »Unabhängigkeit der Meinungen, der Lebensart und des Erwerbs« möglichst vielen Menschen zu gewähren. Voraussetzung, dieses Ziel zu erreichen, ist eine gewisse Nivellierung: den Besitzlosen und den

Reichen ist das »politische Stimmrecht abzusprechen«; an der »Beseitigung« dieser »zwei unerlaubten Menschenclassen« muss gearbeitet werden. Schliesslich möchte Nietzsche auch die Parteien abgeschafft wissen. Doch dieses Modell ist seine Utopie, seine Zukunftshoffnung. Was von seinen Zeitgenossen als Demokratie ausgegeben wird, »unterscheidet sich von den älteren Regierungsformen allein dadurch, dass es mit n e u e n P f e r d e n fährt: die Strassen sind noch die alten, und die Räder sind auch noch die alten.« (WS 293) Als Antwort auf die politische Krise, die das deutsche Reich in jener Zeit erlebt, ist Nietzsches Utopie freilich denkbar ungeeignet. Auf Bismarcks konservative Wende, auf das Sozialistengesetz und auf die Gründung einer antisemitischen, konservativ-populistischen Partei reagiert er mit dem Rückgriff auf klassische staatsphilosophische Konzepte; er begreift das Volk als Gemeinschaft von Kleineigentümern. Zugleich sieht er im Parlament das Instrument, die Macht des Grosskapitals zu brechen. Zeitgemäss ist an dieser Vision allenfalls die Hinwendung zum Mittelstand; gerade diese soziale Schicht hat sich freilich damals zunehmend vom Liberalismus abgewandt und für konservative Interessen mobilisieren lassen[38].

Zu Beginn der 80er Jahre lässt das Interesse für die Problematik der Demokratie nach. Nietzsche ist unverändert überzeugt davon, dass die politischen und wirtschaftlichen Verhältnisse es nicht wert sind, dass »andere als die geringen Köpfe« sich um sie kümmern. Das angestrebte Ziel ökonomischer und sozialer Sicherheit ist in seinen Augen durchaus entbehrlich; ja sogar den Untergang der gesellschaftlichen Ordnung würde er in Kauf nehmen, wenn dafür die »begabtesten Geister« nicht durch zweitrangige Tätigkeiten absorbiert werden (M 179)[39]. Politik erscheint ihm als ein Reich des Betrugs, der Verführung, der Unehrlichkeit und des Rausches. Darf man, so lautet seine Frage, die politischen Angelegenheiten dem Volk anvertrauen, solange es den Rausch der Ernährung, die glänzenden Eroberer und prunkhaften Fürsten den sachkundigen Politikern vorzieht (M 188)? Als »das grösste Leiden der Menschheit« bezeichnet er die »Falschmünzerei des Machtgefühls« (KSA 9/161, 4[249]). Der Rausch entsteht, wenn Massen von Menschen, die von der Macht ausgeschlossen sind, sich mit der Regierung oder mit einer nationalistischen Politik identifizieren, um in den Genuss des Machtgefühls zu gelangen (M 189)[40]. Der »pöbelhafte Geschmack« freilich, die Bereitschaft, sich berauschen zu lassen, hat »von den höchsten Intelligenzen her seinen Ursprung« genommen und »Jahrtausende lang in ihnen geblüht« (M 188). Besondere Verachtung hat Nietzsche für seine gebildeten Zeitgenossen übrig, die, durch »Politik und Geldgier« verdummt, sich in neue Religiosität, Mystizismus und antisemitische Hassgefühle stürzen (KSA 9/213, 6[71]). Als unvornehme Tätigkeit empfindet er die Politik im bürgerlichen Zeitalter und er hält es für möglich, »dass man sie eines Tages so gemein fände, um sie, gleich aller Partei- und Tageslitteratur, unter die Rubrik ›Prostitution des Geistes‹ zu bringen« (FW 31)⁴¹. Gegenstand seines Spottes bleiben die Parteien, die sich eine Autorität anmassen, die ihnen nicht zusteht (M 183), sowie der parlamentarische Betrieb, der die Illusion einer Wahl- und Meinungsfreiheit aufkommen lässt (FW 174).

Was Nietzsche in der Zeit der *Morgenröthe* und der *Fröhlichen Wissenschaft* beschäftigt, ist die Bedrohung der Individuen durch den Konformismus der Gemeinschaft. Seine Zeitgenossen sind sich, so glaubt er, ungeachtet ihrer politischen Differenzen einig darin, dass »eine gründliche Umbildung, ja Schwächung und Aufhebung des I n d i v i d u u m s« anzustreben ist (M 132)⁴². Er hingegen freut sich über die »Corruption« der Gesellschaft, das heisst über den Verfall der Sitten und der religiösen und sozialen Autoritäten eben deshalb, weil sie der Entfaltung der Individuen bzw. der Tyrannen als ihren »Vorläufern« Raum gibt (FW 23)⁴³. Das sich ankündigende Zeitalter der Anarchie ist ihm willkommen als das »Zeitalter der geistigsten und freiesten Individuen« (KSA 9/452, 11[27])⁴⁴. Das Prinzip der Gleichheit weist er zurück; aus der Ablehnung spricht indes weniger die Sehnsucht nach einer ständisch aufgebauten Gesellschaft als die Freude am Individuellen und Fremdartigen, der Protest gegen den überhandnehmenden Konformismus. »Erst die Fabel-Menschheit, wie sie in den Köpfen spukt, ist gleichheitlich und bildet die wirklichen Menschen zur Gleichheit (jeden nach ihrem Bilde) Diese ›Fabel‹ zu beseitigen!«, notiert er in diesem Kontext (KSA 9/36, 2[17])⁴⁵ und konstatiert damit einen Widerspruch zwischen Realität und Ideologie: einerseits hat er erkannt, dass die individuellen Differenzen in seinem »demokratischen« Jahrhundert grösser geworden sind als in allen früheren Gesellschaften (KSA 9/124, 4[100]), andrerseits klagt er Christentum und Demokratie an, die Menschen einer moralischen Uniformität zu unterwerfen und zu winzigen, langweiligen und nicht mehr unterscheidbaren Sandkörnern zu degradieren (KSA 9/73, 3[98]). Es ist wichtig, die Implikationen dieser widersprüchlichen Diagnose zu bedenken; wenn Nietzsche »den neuen Kanon an alle Einzelnen richten« will: »sei anders, als alle Übrigen und freue dich, wenn Jeder anders ist, als der Andere«, wenn er überdies daran erinnert, dass »die gröbsten Unthiere [...] unter dem Regimente der bisherigen Moral ausgetilgt worden« sind, dann will er nicht die Demokratisierung rückgängig machen, sondern als deren Konsequenz ein Recht auf individuelle Entfaltung einfordern. Wenn sich die Menschen nicht mehr den Geboten der Gemeinschaft unterwerfen müssen, werden sie im Rahmen der demokratischen Gesellschaft ihre Einzigartigkeit entdecken, so könnte man es in Anlehnung an die Begriffsbestimmung von Tönnies formulieren.

Die Instabilität der Demokratie zählt für Nietzsche zu ihren Vorzügen, auch in diesem Punkt erweist er sich im Gegensatz zu Rousseau und seinen romantischen Nachfolgern als moderner Denker. Von den noch fehlenden »grossen überzeugenden Menschen« abgesehen, so heisst es in einem Nachlassfragment vom Winter 1880/81, »ist alles zu einer völligen Veränderung vorbereitet, Principien, Misstrauen, Auflösung aller Verträge, die Gewöhnung, ja das Bedürfniss der Erschütterung, die Unzufriedenheit« (KSA 9/402, 8[93])[46]. Der Widerstreit zwischen Sittlichkeit und Freiheit sowie die Revolte gegen die herkömmliche Moral sind zentrale Themen in der *Morgenröthe*. Nietzsche nimmt seine Gegenwart als eine Zeit des Aufbruchs wahr; sie ist geprägt durch die ersten Versuche, die Opposition gegen bestehende Sitten und Gesetze zu organisieren. Er plädiert dafür, die »Abweichenden, welche so häufig die Erfinderischen und Fruchtbaren sind,« nicht mehr zu opfern. Es »sollen zahlreiche neue Versuche des Lebens und der Gemeinschaft gemacht werden; es soll eine ungeheure Last von schlechtem Gewissen aus der Welt geschafft werden« (M 164). Mit solchen Forderungen steht Nietzsche, wie er selbst glaubt, dem demokratischen Prinzip, dessen Herrschaft er als neuerungssüchtig und versuchslüstern bezeichnet (WS 292), näher als den romantisch-konservativen Ideologien. Allerdings gibt er zu verstehen, dass die Kräfte der Neuerung, mit denen er sich solidarisiert, »unter allerhand falschen irreführenden Namen« auftreten, dass sie also bezüglich der Ziele des Emanzipationsprozesses in Missverständnissen befangen sind. Leider gibt er seinerseits über diese Ziele nur spärliche Auskunft. Aus Andeutungen lässt sich die Vision eines Imperiums rekonstruieren, das »demokratisch« im Sinne der Überwindung von geographischen und ständischen Grenzen ist. Nietzsche prophezeit den im Namen philosophischer Grundlehren geführten Kampf um die Erdherrschaft sowie die Heraufkunft eines »allgemeinen Erdenmenschen«, eines »überklimatischen Kunstmenschen« (KSA 9/546f, 11[273; 274]). Die Gleichheitsparole versteht er bloss als beschönigende Umschreibung des Willens zu diesem neuen Typus.

Trotz offenkundiger Sympathien für bestimmte Resultate der Demokratisierung teilt Nietzsche die Bedenken der Konservativen, sobald er den Blick auf die bürgerlich-kapitalistische Wertordnung richtet. Er bedauert, dass »das eigentliche Laster der neuen Welt«, gemeint ist die Glorifizierung der Arbeit, die endlose Jagd nach Gewinn und die Unterwerfung des Alltags unter das Prinzip der Zeitökonomie, Europa angesteckt hat (FW 329). Die Finanzwirtschaft möchte er der Leitung der Intellektuellen anvertrauen[47]. Kulturkritik im Sinne des romantischen Antikapitalismus wird auch im *Zarathustra* geübt; mit mehr oder weniger durchsichtigen Metaphern polemisiert Nietzsche durch den Mund Zarathustras gegen den usurpatorischen Staat und die nur an materiellen Werten sich orientierende Gesellschaft. »Wo es noch Volk giebt,« so spricht Zarathustra, »da versteht es den Staat nicht und hasst ihn als bösen Blick und Sünde an Sitten und Rechten.« Die Vertreter der Staatsgewalt hingegen »hängen ein Schwert und hundert Begierden« über das Volk. In dieser Rede klingen Motive jener Doktrinen an, die die »natürliche« Volksgemeinschaft dem »künstlichen«, zentralistischen, militaristischen und kapitalistischen Staat entgegenhalten und letzterem das Repräsentationsrecht absprechen. Als überflüssig gelten Zarathustra jene Menschen, die Reichtümer erwerben, die »Macht wollen« und »zuerst das Brecheisen der Macht, viel Geld«, die den Staat, den neuen Götzen, das »kalte Unthier« anbeten (Za I, Vom neuen Götzen). Die Herrschenden sind nicht mehr würdig, sie »schachern und markten um Macht – mit dem Gesindel!« (Za I, Vom Gesindel). Der Markt, die Stadt, der Hof – dies sind Sinnbilder für das unechte, fremdbestimmte Leben. Der Markt ist der Ort des Pöbels, hier glaubt niemand an den höheren Menschen, hier gelten alle Menschen als gleich (Za IV, Vom höheren Menschen 1). Wer ist der Pöbel, oder besser: was bedeutet der »Pöbel- und Sklaven-Aufstand« (Za IV, Der freiwillige Bettler)[48]? Es ist der Siegeszug der »kleinen Leute«, die ihr Handeln den Kriterien von Ergebung und Bescheidung und zugleich von Nützlichkeit, Klugheit und Fleiss unterwerfen (Za IV, Vom höheren Menschen 3), die nach Genuss streben, ohne ihrerseits zu geniessen zu geben (Za III, Von alten und neuen Tafeln 5). Der Pöbel hat keine Erinnerung, unter seiner Herrschaft wird das Vergangene preisgegeben[49]. Es bedarf eines neuen Adels, eines Adels freilich, der sich nicht durch seine Herkunft, durch die Kreuzzüge der Vorfahren in »gelobte Länder«, den Dienst an Fürsten, die Treue zum Bestehenden, die Rolle bei Hof oder den Reichtum, sondern allein durch seine Zukunft auszeichnet (Za III, Von alten und neuen Tafel 11; 12). Die Reichen gehören so gut zum Pöbel wie die Armen, auch sie sind von niederen Instinkten geleitet (Za IV, Der freiwillige Bettler). Unterwürfig ist der Pöbel gegenüber den Fürsten, doch diese sind abhängig vom Gold der Krämer (Za III, Vom Vorübergehen). »Es ist die Zeit der Könige nicht mehr: was sich heute Volk heisst, verdient keine Könige.« Die »Krämer« herrschen und das Volk hat ihre Werte angenommen (Za III, Von alten und neuen Tafeln 21). Nietzsches *Zarathustra* ist von einem untergründigen Rousseauismus geprägt. Besonders der König zur Rechten erinnert von ferne an Rousseau. Auf die Feststellung des Königs zur Linken, die Einsamkeit verderbe die guten Sitten, reagiert er »unwillig und bitter«. Er mag nichts hören von guten Sitten und guter Gesellschaft, denkt dabei bloss an »vergoldeten falschen überschminkten Pöbel«. Nur den Bauern billigt er noch eine gewisse Vornehmheit zu[50]. Ihre Art sollte Herr sein, so wünscht er; sie repräsentieren im Gegensatz zum »Pöbel-Mischmasch« das Echte. Der König zur Rechten leidet darunter, dass alles »falsch und faul« ist, dass die Könige selbst falsch geworden, dass sie nicht die Ersten sind und es doch bedeuten müssen (Za IV, Gespräch mit den Königen).

Dass Nietzsche das Gleichheitsbedürfnis des Pöbels als Rationalisierung der Rachsucht deutet und mit dieser Demaskierung die Lehren Dührings treffen will, ist im letzten Kapitel erwähnt worden[51]. Die Zarathustra-Schrift ist voll des Widerspruchs gegen die demokratischen Tugenden, dennoch ist sie nicht nur Ausdruck konservativer Demokratie-Feindschaft, sondern auch ein Versuch, die Folgen der individuellen Emanzipation im Zeitalter der Demokratisierung zu bedenken. »Was fällt, das soll man auch noch stossen!«, so lautet Zarathustras Ratschlag (Za III Von alten und neuen Tafeln 20). Es ist in erster Linie die Gemeinschaft, die »Heerde« mit ihren Wertmassstäben, die zerfällt. Waren es früher die Völker, die Werte gesetzt haben, so sind jetzt deren jüngste Schöpfungen, nämlich die Einzelnen, zu Schöpfern geworden (Za I, Von tausend und Einem Ziele)[52]. Sie sollen künftig ihre eigenen Wege gehen und »Volk und Völker die ihren gehn« lassen (Za III, Von alten und neuen Tafeln 21); allerdings ist ihre Suche nach einem neuen Ziel auch die Suche nach einer neuen Menschheit (Za I, Von tausend und Einem Ziele). Der Begriff Volk ist mehrdeutig; er bezeichnet sowohl die Gemeinschaft der Vergangenheit und die Macht des Herkommens als auch den modernen Pöbel, der von den »Krämern« beherrscht wird. Überdies ist die Rede von künftigen Völkern und von neuen Quellen, die im Erdbeben alter Völker ausbrechen (Za III, Von alten und neuen Tafeln 25). Quellen sind Ursprünge von Wertsetzungen, Erdbeben von Völkern sind Revolutionen[53]. In Revolutionen werden neue Werte geschaffen, so verheisst Zarathustra und erst jetzt gibt er dem Wort Volk einen positiven Inhalt: »ein Volk, das ist: viel Versuchende.« Die Gesellschaft ist kein Vertrag, sondern ein Versuch, so lautet seine Lehre, wobei unter Versuch die Suche nach den Befehlenden, unter Befehlen und Herrschen wohl vor allem Schätzen zu verstehen ist. Zarathustra ruft seinen Jüngern zu: »das Beste soll herrschen, das Beste will auch herrschen! Und wo die Lehre anders lautet, da – fehlt es am Besten.« (Za III, Von alten und neuen Tafeln 21). In diesem auf den ersten Blick von leerem Pathos getragenen Ausruf verbirgt sich eine der drängendsten Fragen Nietzsches: ist die Demokratie fähig, eine ethische Rangordnung aufzustellen? Er weiss, dass die »Auflösung der Moral [...] in der praktischen Consequenz zum atomistischen Individuum und dann noch zur Zerteilung des Individuums in Mehrheiten« führt (KSA 10/138, 4[83]). Die Forderung, der höhere Mensch solle die gesetzgebende Kraft sein und an der Spitze des Staats stehen (KSA 10/ 476, 14[3]), stellt den Versuch einer Antwort auf diese moralische Krise dar[54].

Obgleich manche Predigten Zarathustras revolutionäres Pathos verraten, die Lust an der Zerstörung und den Willen, Neues zu schaffen, ist auch dieses Buch nicht frei von Seitenhieben gegen den Geist Rousseaus, dessen verderbliche Auswirkungen Nietzsche sowohl in der Französischen Revolution wie in der demokratischen Politik zu erkennen glaubt. Der Markt ist nicht nur der Ort des Pöbels, hier ist auch der Lärm zu vernehmen, den die grossen Schauspieler verursachen, hier wird Politik inszeniert. Das Volk lässt sich berauschen, es ist nicht verständig und nicht sensibel genug, die tatsächlich stattfindende Umwälzung wahrzunehmen. »Um die Erfinder von neuen Werthen dreht sich die Welt: – unsichtbar dreht sie sich. Doch um die Schauspieler dreht sich das Volk und der Ruhm: so ist es der Welt Lauf« (Za I, Von den Fliegen des Marktes). In diesen Worten ist die Kritik, die Nietzsche an der politischen Kultur der Demokratie unablässig übt, kurz und bündig formuliert. Das Volk lässt sich verführen von »feierlichen Possenreissern«, die – wie einst Protagoras? – »umwerfen« statt zu beweisen, toll machen statt zu überzeugen, die das Blut als Argument anführen und ein unbedingtes Ja oder Nein fordern. Für eine Posse hält Nietzsche bekanntlich die Französische Revolution (JGB 38). »Ich liebe auch eure Feste nicht«, spricht Zarathustra, »zu viel Schauspieler fand ich dabei, und auch die Zuschauer gebärdeten sich oft gleich Schauspielern.« (Za I, Von der Nächstenliebe) Im Nachlass findet sich dazu folgende Notiz: »Bei patriotischen Festen gehören auch noch die Zuschauer zu den Schauspielern« (KSA 10/105, 3[1]434). Der Satz liest sich wie ein Resümee der letzten Abschnitte von Rousseaus *Lettre à d'Alembert.* Leider fehlen weitere Hinweise, die belegen könnten, dass Nietzsche diese Schrift gekannt hat.

»Suffrage universel« – das Wort wird für Nietzsche 1884 zum Inbegriff der negativen Aspekte der Demokratie. Er versteht darunter das System, »vermöge dessen die niedrigsten Naturen sich als Gesetz den höheren vorschreiben.« Wie die Lehre von der Gleichheit ist es eine »Sklaven-Theorie«. Beim »Zeitalter des suffrage universel« handelt es sich um einen Zustand, »wo Jeder über Jeden und Jedes zu Gericht sitzen darf«. Dabei ist grösste Zurückhaltung, ja Schamhaftigkeit geboten, sobald es um Urteile über die Qualität von Menschen geht. Nietzsche stösst sich besonders daran, dass im Zeitalter des suffrage universel den Philosophen der nötige Respekt verweigert wird. Die »schreckliche Consequenz der ›Gleichheit‹« liegt darin, dass jeder das Recht zu haben glaubt zu jedem Problem[55].

Vom allgemeinen Wahlrecht – das Wort nicht im Sinne der Ausübung politischer Rechte, sondern der Anmassung moralischer Urteile verstanden – profitieren die sogenannt »niederen« Menschen. Es sind die Mittelmässigen, die Dummen, aber auch die Verbrecher, die »Unbedenklichen«, wie sie Nietzsche apostrophiert, d.h. die skrupellosen Machtpolitiker; die Rede ist in diesem Kontext explizit von Bismarck. Genaubesehen klagt Nietzsche das demokratische Zeitalter zur Hauptsache einer Sünde an: der »Verlogenheit in moralischen Dingen [...]. Ein solches Zeitalter nämlich, welches die grosse Lüge ›Gleichheit der Menschen‹ zum Wahlspruch genommen hat, ist flach, eilig, und auf den Anschein bedacht, dass es mit den Menschen gut stehe, und dass ›gut‹ und ›böse‹ kein Problem mehr sei« (KSA 11/246, 26[364]).

Die abschätzigen Äusserungen über die Erscheinungsformen des demokratischen Geistes sind nur vor dem Hintergrund dieser Diagnose einer ethischen Gleichgültigkeit verständlich. Freilich ist die Sprache mit ihren zahlreichen reaktionären, imperialistischen, romantisch-heroischen und misogynen Untertönen dazu angetan, diesen Zusammenhang zu verschleiern. »Herrschen und dem höchsten Gedanken zum Siege zu verhelfen« (KSA 11/238, 26[335]), nur diese Absicht vermag in Nietzsches Augen eine Politik, ein imperiales Projekt zu rechtfertigen. An diesem Kriterium gemessen erweisen sich sowohl christliche und monarchische Doktrinen als auch der englische und der amerikanische Liberalismus als inadäquate Mittel[56]. Nietzsche verachtet die Unterwürfigkeit des Volkes seinen Fürsten gegenüber[57]. Doch gelten ihm Konstitutionalismus und Parlamentarismus, der »Zahlen-Blödsinn und der Aberglaube an Majoritäten« nicht als Alternativen zur alten Ordnung. Als abschreckendes Beispiel wird England angeführt; die Engländer »bekommen auf die Dauer immer mehr die homines novi ans Ruder und zuletzt die Weiber ins Parlament« (KSA 11/456f, 34[109; 110]). Dass sich Nietzsches Unwille gegen England, nicht gegen Frankreich richtet, hat übrigens einen ganz einfachen Grund: nicht die politische Ordnung, sondern die philosophische Kultur ist Hauptgegenstand der Polemik. Während Frankreichs führende Positivisten mit aristokratischen Utopien sympathisieren, neigen ihre englischen Kollegen, allen voran John Stuart Mill, zum Liberalismus; schlimmer noch für Nietzsche: sie befürworten die Emanzipation der Frauen, während er um Europas bedrohte Männlichkeit besorgt ist. Als auffälliges Merkmal nimmt er ja an den demokratischen Ideen ihre Weichlichkeit und Weiblichkeit wahr; sie verkleinern und schwächen die Menschen. In seiner Sprache heisst dies, dass sich die Mittelmässigen mit ihren Wertmassstäben durchsetzen gegen jene, die zu grossen Wagnissen bereit und mächtig genug sind, Verantwortung zu übernehmen (KSA 11/ 557, 36[16])[58]. Nur zum kleinsten Teil ist die europäische Demokratie eine Entfesselung von Kräften, vielmehr begünstigt sie Faulheiten, Müdigkeiten und Schwächen, so empfindet er es (KSA 11/475f, 34[163; 164]). Die »Pflanze Mensch« gedeiht schlecht unter Bedingungen, die den Zielsetzungen der »Heerdenthier-Moral«, also der »Gleichheit der Rechte« und dem »Mitgefühl für alles Leidende« entsprechen (KSA 11/ 581, 37[8]). 1885 hat Nietzsche »endlich« eingesehen, dass der Widerspruch zwischen dem wachsenden Individualismus und der Forderung nach gleichen Rechten nur ein scheinbarer ist, dass das Individuum als eine »äusserst verwundbare Eitelkeit« auf die Gleichstellung aller Mitmenschen angewiesen ist und die vornehmen Einzelgänger fürchtet (KSA 11/642, 40[26]).

Die neuen Aristokraten zeichnen sich vor der »demokratischen Heerde« durch ihre Kraft aus, Werte zu schaffen. Eine neue Aufklärung muss diese »herrschenden Naturen« ihren pädagogischen Auftrag, ihre moralischen Sonderrechte und -pflichten lehren.

Wenn auch Nietzsche mit Vorliebe von der Erdregierung, von der Züchtung einer regierenden Kaste und von den Herren der Erde spricht, so wird doch im allgemeinen deutlich, dass er dabei von einer Herrschaft der Philosophen träumt[59]. Zwar ist er keineswegs ein Gegner der Kolonisation aussereuropäischer Länder, aber bei seinen Visionen handelt es sich gemeinhin weniger um wirtschaftliche, politische und militärische Überwältigung denn um kulturelle Hegemonie. Mag das Zentrum der politischen Gewalt in England oder in Russland liegen, die geistige Initiative muss bei jenen Intellektuellen sein, die eine Synthese der europäischen Vergangenheit darstellen, dies ist sein Anliegen. Die Herrschaft über die Erde muss als Mittel zur Erzeugung eines höheren Typus aufgefasst werden, erst im Rahmen ihrer Verwirklichung kann die Rangordnung des Geistes festgeschrieben werden[60]. Im Herbst 1883 nimmt sich Nietzsche als Thema des dritten Teils des *Zarathustra* den Übergang vom Freigeist und Einsiedler zum »Herrschen-Müssen« vor (KSA 10/516, 16[51]). Im Winter 1884/85 schreibt er im Hinblick auf Zarathustra: »du lehrst einen

206

neuen Adel zu züchten/ du lehrst Colonien gründen und die Staaten-Krä-
mer-Politik verachten« (KSA 11/399, 32[2]). Höchst selten freilich konfrontiert er seine Phantasien mit der politischen Realität. Ein Nachlassfragment vom Sommer 1885 stellt diesbezüglich eines der wenigen Beispiele dar. Die Aufspaltung Europas in viele »Kleinstaaten«, so hält Nietzsche fest, steht nicht nur im Widerspruch zu den Einheitsbedürfnissen
solcher Menschen wie Napoleon, Goethe, Stendhal, Heine oder Schopenhauer, sondern muss auch »bei dem unbedingten Drange des grossen
Verkehrs und Handels nach einer letzten Gränze, nach Weltverkehr und
Welthandel, in kurzer Zeit wirthschaftlich unhaltbar werden.« Will Europa am Kampf um die Erdregierung teilnehmen, so muss es sich mit England verständigen. Die wichtigste Kolonialmacht zählt für Nietzsche
nicht zu Europa, sie findet bei ihm meist nur Erwähnung als Ort der politischen und philosophischen Dekadenz. »Für die Aufgaben der nächsten
Jahrhunderte«, so beschliesst er seine Überlegung, »sind die Arten ›Öffentlichkeit‹ und Parlamentarismus die unzweckmässigsten Organisationen« (KSA 11/583f, 37[9]). Solche Passagen können den Eindruck erwecken, als wolle Nietzsche das deutsche Reich gegen das britische ausspielen; er sieht freilich auch in dessen Entstehung bloss »einen Schritt
weiter in der Demokratisirung Europas – nichts mehr, nichts
Neues«(KSA 11/469, 34[146])[61]. Der Wunsch, Europa möge bald einen
grossen Staatsmann hervorbringen (KSA 11/353, 30[1]), enthält einen
Seitenhieb gegen Bismarck und seine Realpolitik[62].

Nietzsche erlebt das 19. Jahrhundert als ein »Zeitalter ungeheurer
Kriege, Umstürze, Explosionen« und zugleich als das »Zeitalter der grössten Dummheit, Brutalität und Erbärmlichkeit der Massen und der
höchsten Individuen« (KSA 10/659, 24[25]), auch als die »Zeit eines grossen immer schlimmeren Verfallens und Auseinanderfallens« (KSA
11/12, 25[9]). Europas Unruhe, seine »inneren anarchistischen Zustände« erfüllen ihn mit Befriedigung, weil er auf »schöne Männer«, d.h. auf
eine neue Entfaltung männlicher Leibes- und Kriegstüchtigkeit hofft
(KSA 11/263, 26[417]). Er hat nicht nur der europäischen Moral den
Krieg erklärt, sondern will überdies die »zeitweilige Völker- und Staaten-
Ordnung Europa's zertrümmern« (KSA 11/557, 36[16])[63]. Der Demokratie, insofern er sie als Umsturz und Auflösung begreift, hält er auch
noch Mitte der 80er Jahre gewisse Verdienste zugute. Er bejaht sie zwar
nicht als Selbstzweck, als ideale soziale Organisationsform, aber doch immerhin als Experimentierfeld. Auch diese Unterscheidung ist aber wahrscheinlich angesichts der verwirrlichen Vielfalt von Werturteilen zu ungenau. Folgende Beispiele zeigen, wie mehrdeutig und widersprüchlich die-

se ausfallen können. Die Einsicht, dass die Demokratie die Verfalls-Form des Staates ist, hat Nietzsche in *Menschliches, Allzumenschliches* gewonnen. In einem Nachlassfragment aus dem Jahr 1884 ruft er sie sich in Erinnerung und schliesst sie an die Beobachtung an, dass Europa eine untergehende Welt ist. Eine untergehende Welt aber, so die Leitidee des Fragments, ist für den Betrachter wie für den Vernichter ein Genuss (KSA 11/ 266f, 26[434]). Ein Jahr darauf hingegen bringt er die Demokratie als Verfalls-Form des Staates mit der »Entartung der Rassen« und mit dem »Übergewicht der Missrathenden« in Zusammenhang (KSA 11/469, 34[146]). Als Aufgabe der Aufklärung bestimmt er, »den Fürsten und Staatsmännern ihr ganzes Gebahren zur absichtlichen Lüge zu machen, sie um das gute Gewissen zu bringen« (KSA 11/86, 25[294])[64]. Später ist die Rede von einer »geistigen Aufklärung«; sie ist ein »unfehlbares Mittel, um die Menschen unsicher, willensschwächer, anschluss- und stütze-bedürftiger zu machen, kurz das Heerdenthier im Menschen zu entwickeln«. Die »grossen Regierungs-Künstler« bedienen sich dieses Mittels und das Volk lässt sich täuschen. Dass dies gelingt, dass die »Verkleinerung und Regierbarkeit des Menschen« als Fortschritt erstrebt wird, hält Nietzsche für »äusserst werthvoll« und bekundet doch seine »Feindschaft gegen alles Litteratenhafte und Volks-Aufklärerische« (KSA 11/ 570, 36[48]). Er weist auf die Gefährdung ausgezeichneter Geister in demokratischen Zeitaltern hin (KSA 11/173, 26[89]). Zarathustra indes ist »glücklich darüber, dass der Kampf der Stände vorüber ist, und jetzt endlich Zeit ist für eine Rangordnung der Individuen.« Sein »Hass auf das demokratische Nivellirungs-system« ist nur vordergründig gewesen, er weiss, dass er jetzt erst seine Aufgabe lösen kann (KSA 11/620, 39[3]). Nietzsche nimmt die demokratische Bewegung als etwas Unvermeidliches hin und rechnet lediglich mit möglichen Verzögerungen (KSA 11/ 456, 34[108]). Er geht noch weiter, wenn er im Namen der »guten Europäer« erklärt: »Wir unterstützen wahrscheinlich die Entwicklung und Ausreifung des demokratischen Wesens: es bildet die Willens-Schwäche aus« (KSA 11/512, 35[9]). Den Vorzug dieses Prozesses erblickt er darin, dass die »Dressirbarkeit« der Menschen zugenommen hat (KSA 11/270, 26[449]). Es ist deshalb nicht verwunderlich, wenn er im Gegensatz zu vielen Zeitgenossen sich nicht für den nationalen Staat interessiert, weil er ihn als »etwas Ephemeres gegenüber der demokratischen Gesamtbewegung« einschätzt (KSA 11/242, 26[352]). Es ist unmöglich, die zahlreichen Widersprüche aufzulösen, selbst wenn berücksichtigt wird, dass der Wert der Demokratie in den Augen der »Heerde« ja nicht der gleiche sein kann wie in den Augen der Führer. Sind nämlich die Massen mit ihren naiven Illusionen glücklich und zufrieden, die neuen Diktatoren mächtiger als ihre monarchischen Vorgänger und die Philosophen mit lauter faszinierenden Zukunftsperspektiven konfrontiert, dann ist nicht recht einzusehen, weshalb Nietzsche überhaupt noch Einwände gegen die Demokratie zu erheben hat.

Die späteren Werke bringen im Hinblick auf solche Probleme keine Klärung. Nietzsche kommt auf die Demokratie mit Vorliebe dann zu sprechen, wenn er seine Thesen von der décadence und vom europäischen Nihilismus illustrieren will. Die Anarchie in Europa ist die Folge des Verschwindens jeder ethischen Autorität, die Fürsten und die Staatsführungen sind moralisch diskreditiert – dies ist der Ausgangspunkt seiner Reflexionen. Im Gegensatz zu den Konservativen und den Romantikern weiss er, dass eine Rückkehr zu früheren Zuständen nicht möglich ist, dass die Menschen nicht mehr im Sinne der alten Tugenden erzogen werden können[65]. Nichtsdestoweniger betrachtet er die Demokratie als das Resultat des Niedergangs, als Symptom des absinkenden Lebens. Dass sich die Menschen immer ähnlicher werden hat zur Folge, dass die Distanz »zwischen Mensch und Mensch, Stand und Stand«, die Vielfalt von Typen und der Wille zur Originalität verschwinden[66]. Nur eine Gesellschaft, die »an eine lange Leiter der Rangordnung und Werthverschiedenheit von Mensch und Mensch glaubt und Sklaverei in irgend einem Sinne nöthig hat«, ist fähig, den Typus zu erhöhen; nur auf der Grundlage einer von Allen akzeptierten Ständehierarchie, einer beständigen Übung im Befehlen und Gehorchen kann das Pathos der Distanz einschliesslich jenes geheimnisvollen Verlangens »nach immer neuer Distanz-Erweiterung innerhalb der Seele selbst« wachsen (JGB 257)[67]. Die Demokratie hingegen ist eine Gemeinschaft von Gehorchenden, der es an Befehlshabern mangelt. Fürsten, die im Namen des Volkswohls zu handeln vorgeben, wie Regierungen und Parlamente, die sich aus den klügsten »Heerdenmenschen« zusammensetzen, wissen ihr Befehlen nur noch als Gehorsam gegenüber imaginären Autoritäten zu rechtfertigen[68]. Nietzsche sieht in der Zivilisation eine lange Schule des Gehorsams, in der die Kunst des Befehlens langsam verloren geht (JGB 199).

Die düstere Aussicht wird durch andere Beobachtungen, die Nietzsche in den Jahren 1885-88 niedergeschrieben hat, relativiert und korrigiert. Eine zeitweilige Vorherrschaft sozialer Wertgefühle hält er für nützlich und glaubt, dass die »Verkleinerung« des Menschen für lange Zeit als einziges Ziel gelten muss, weil nur auf diesem Weg der »Unterbau«, das Fundament für künftige Ziele erstellt werden kann (KSA 12/339ff, 9[1; 17]). »Die décadence selbst ist nichts, w a s z u b e k ä m p f e n w ä r e: sie ist absolut nothwendig und jeder Zeit und jedem Volk eigen«, so notiert er im Frühjahr 1888 (KSA 13/427, 15[31]). Er fragt sich sogar, ob seine Diagnose zutrifft, ob eine Welt, »wo die Nachwirkung der Schwachen, ihre Feinheit, Rücksicht, Geistigkeit, Biegsamkeit fehlte«, überhaupt wünschenswert ist (KSA 13/324, 14[140]). »Stark« und »schwach« sind bei ihm ganz schillernde, vieldeutige Begriffe und seine Züchtungsmetaphern führen ihn immer wieder auf neue Wege und Abwege. In einer aristokratischen Gemeinschaft, die sich gegen äussere Feinde oder gegen die eigenen Untertanen verteidigen muss, ist die Variation des Typus gar nicht möglich, wie er in einem Aphorismus von *Jenseits von Gut und Böse* (262) festhält. Erst in einem friedlicheren und genussreicheren Leben kann der Typus sich weiter entwickeln, erst jetzt emanzipieren sich die Individuen von den strengen Gesetzen der Gemeinschaft und treten untereinander in einen unerbittlichen Wettkampf. »Der gefährliche und unheimliche Punkt ist erreicht, wo das grössere, vielfachere, umfänglichere Leben über die alte Moral hinweg lebt; das ›Individuum‹ steht da, genöthigt zu einer eigenen Gesetzgebung, zu eigenen Künsten und Listen der Selbst-Erhaltung, Selbst-Erhöhung, Selbst-Erlösung.« Während diese Individuen ihr gefährliches Leben leben und mit einem raschen Untergang rechnen müssen, etabliert sich als neue herrschende Moral jene der Mittelmässigkeit[69]. Das Europa des 19. Jahrhunderts stellt eine Chance für die Entfaltung von Individuen dar, es ist auch »der Schauplatz eines unsinnig plötzlichen Versuchs von radikaler Stände- und folglich Rassenmischung« (JGB 208). Dank der »bezaubernden und tollen Halbbarbarei«, in die es durch die demokratische Vermengung gestürzt worden ist, hat es Zugang gefunden zu den verschiedensten Kulturen der Vergangenheit (JGB 224)[70]. Unter den Begriff der demokratischen Bewegung Europas fasst Nietzsche »ohne zu loben und zu tadeln« – alles zusammen, was gemeinhin dem Fortschritt der Zivilisation zugerechnet wird. Es handelt sich um einen physiologischen Prozess, um die »Anähnlichung der Europäer, ihre wachsende Loslösung von den Bedingungen, unter denen klimatisch und ständisch gebundene Rassen entstehen, ihre zunehmende Unabhängigkeit von jedem bestimmten milieu, das Jahrhunderte lang sich mit gleichen Forderungen in Seele und Leib einschreiben möchte, – also [um] die langsame Heraufkunft einer wesentlich übernationalen und nomadischen Art Mensch, welche, physiologisch geredet, ein Maximum von Anpassungskunst und -kraft als ihre typische Auszeichnung besitzt.« Das Produkt ist ein »nützliches arbeitsames, vielfach brauchbares und anstelliges Heerdenthier Mensch« (JGB 242)[71]. Auf das Thema der zunehmenden Mobilität des europäischen

Menschen kommt Nietzsche auch im fünften Buch der *Fröhlichen Wissenschaft* zu sprechen. Im Gegensatz zu den alten Ständeordnungen, die den Menschen eine festumschriebene Tätigkeit zugewiesen haben, vermittelt die liberale Gesellschaft den Menschen den Glauben, sie seien frei, jeden möglichen Beruf wählen zu können. Wenn auch dieser Glaube im allgemeinen nicht der Realität entspricht, so ist er doch das Merkmal der »eigentlich demokratischen« Zeitalter. Für Nietzsche ist es der »Amerikaner-Glaube von heute, der immer mehr auch Europäer-Glaube werden will: wo der Einzelne überzeugt ist, ungefähr Alles zu können, ungefähr j e d e r R o l l e g e w a c h s e n zu sein, wo Jeder mit sich versucht, improvisirt, neu versucht, mit Lust versucht, wo alle Natur aufhört und Kunst wird«[72]. Die Wahl eines bestimmten Berufes bedeutet die Übernahme einer Rolle; eine demokratische Gesellschaft ist dadurch gekennzeichnet, dass in ihr die Schauspieler die Herren sind. Demokratische Gesellschaften wie das perikleische Athen und das amerikanisch-europäische 19. Jahrhundert stellen für Nietzsche die »interessantesten und tollsten Zeitalter der Geschichte« dar; eine »Gesellschaft im alten Verstande des Wortes« freilich vermögen Schauspieler nicht aufzubauen. Es fehlen die »Baumeister«, der Wille und die Kraft, langfristige Pläne zu entwerfen und auszuführen. »Wir alle«, so schliesst Nietzsche, »sind kein Material mehr für eine Gesellschaft« (FW 356)[73]. Wie aufrichtig sein Bedauern ist, bleibt schwer zu entscheiden.

Im Herbst 1887 notiert Nietzsche: »die vier grossen Demokraten Sokrates Christus Luther Rousseau« (KSA 12/348, 9[25]). Angesichts seines philosophischen Anliegens ist dieses Urteil durchaus verständlich, es zeigt aber auch, dass die demokratische Denkungsart ihm zufolge in ganz verschiedenen Epochen und Kulturen zuhause ist. Doch in den unermüdlich wiederholten Warnungen vor der Verkleinerung des Menschen und in der Distanzierung von jenen Freigeistern, die unter die »Nivellirer« gehören, verrät sich immer wieder der Protest gegen die eigene Zeit, gegen Konformismus, Opportunismus und Intoleranz, gegen Ängstlichkeit, Verantwortungslosigkeit, Denk- und Entscheidungsfaulheit, gegen das Streben nach einem unbeschwerten Leben, nach materieller und moralischer Sicherheit[74]. Oft wird die Demokratie überdies mit dem »Krämerregiment« gleichgesetzt, mit der bürgerlich-industriellen Gesellschaft[75]. Die Moral der Gleichheit, die »Tendenz, immer mehr Menschen als Menschen g l e i c h zu s e t z e n«, steht nicht nur im Dienst der christlichen Kirche, auch »die grossen Begierden Herrschsucht und Habsucht« werden zu ihren »Protectoren«. Staat und Wirtschaft haben ein Interesse an der Nivellierung; die »Geschäftsmänner« sehen sich gezwungen, »auf gleichen Charakter und gleichen Werthbegriff zu dringen« (KSA 12/438, 9[173]). Die anarchistische Parole »ni dieu ni maître« ist für Nietzsche absurd, weil er nicht die Sprache der Revolte heraushört, sondern bloss die Negation jeder individuellen Verantwortung. Menschen, die sich gleich fühlen und entschlossen alle Privilegien bekämpfen, sind, wie er vermutet, im allgemeinen brave und willige Untertanen. Der Staat, diese »organisirte Gewaltthätigkeit« und »Unmoralität«, dieser »ungeheure Wahnsinn«, versteht es, mittels einer raffinierten Arbeits- und Verantwortlichkeitsteilung die Menschen zu Handlungen zu bewegen, die sie auf eigene Initiative nie tun würden (KSA 13/97, 11[252]; 187, [407])[76]. Laut Nietzsches Vorwurf sind die Europäer seines Jahrhunderts willensschwach. Es braucht folglich willensstarke Menschen. Von ihnen ein einheitliches Bild zu zeichnen, fällt angesichts der zahlreichen Zukunftsvisionen nicht leicht. Oft ist die Rede von den guten Europäern. Sie sind Heimatlose, sie lieben die Einsamkeit, Nationalismus und Rassenhass sind ihnen fremd, über konservative und liberale Ideologien fühlen sie sich erhaben und verachten, was dem Zeitgeist lieb ist. Sie wissen, dass sie in einer »zerbrechlichen zerbrochnen Uebergangszeit« leben und kommen sich selbst vor wie der »Thauwind«, der »Eis und andre allzudünne ›Realitäten‹ aufbricht« (FW 377). Unter den künftigen Führern stellt sich Nietzsche offenbar vor allem Philosophen vor, er spricht indes mit Vorliebe von Tyrannen, von einer kommandierenden oder von einer Herren-Rasse. Die Demokratisierung Europas läuft »auf die Erzeugung eines zur Sklaverei im feinsten Sinne vorbereiteten Typus« hinaus, aber sie ist auch »eine unfreiwillige Veranstaltung zur Züchtung von Tyrannen« von »Ausnahme-Menschen«; dank ihr wird, »im Einzel- und Ausnahmefall, der starke Mensch stärker und reicher gerathen müssen, als er vielleicht jemals bisher gerathen ist«. Unter Demokratie ist hier die Vorurteilslosigkeit der Schulung und die ungeheure Vielfältigkeit von Übung, Kunst und Maske zu verstehen (JGB 242). Die neuen Führer verdanken ihre Geburt der Demokratie und sind dazu berufen, ihr nachträglich einen Sinn zu geben[77]. Nietzsche sagt »die Entstehung von internationalen Geschlechts-Verbänden« voraus; deren Aufgabe wird es sein, »eine Herren-Rasse heraufzuzüchten, die zukünftigen ›Herren der Erde‹; – eine neue, ungeheure, auf der härtesten Selbst-Gesetzgebung aufgebaute Aristokratie, in der dem Willen philosophischer Gewaltmenschen und Künstler-Tyrannen Dauer über Jahrtausende gegeben wird«. Diese »höhere Art Menschen« wird sich, »Dank ihrem Übergewicht von Wollen, Wissen, Reichthum und Einfluss, des demokratischen Europas« bedienen »als ihres gefügigsten und beweglichsten Werkzeugs, um die Schicksale der Erde in die Hand zu bekommen, um am ›Menschen‹ selbst als Künstler zu gestalten« (KSA 12/87f, 2[57]). Die neuen Philosophen werden Züchter und Befehlshaber sein, das Bedürfnis nach ihnen leitet sich von der Gewissheit her, dass der Mensch noch unausgeschöpft für die grössten Möglichkeiten ist, dass er höher gezüchtet werden kann und soll (JGB 203). Allein diese Hoffnung ist das Motiv für Nietzsches heftige Opposition gegen Demokratie und Liberalismus, allein sie erklärt seine Sympathien für kriegerische Heroen und Tyrannen, für Tradition, Autorität und dauerhafte Institutionen, ja zuweilen selbst für den modernen Militärstaat[78]. Auch das späte Interesse für die Ordnung der Kasten gehört hierhin[79]. Die Umwertung der Werte impliziert indes auch eine Umkehrung der Rangordnung. Die bislang verrufenen Menschenklassen, »die Gotteslästerer, die Immoralisten, die Freizügigen jeder Art, die Artisten, die Juden, die Spielleute« – sie begründen die neue Vornehmheit (KSA 13/438, 15[44]). Ein Gesetzbuch, das die Kastenordnung legitimiert, »resümirt die Erfahrung, Klugheit und experimentelle Moral von langen Jahrhunderten: es schliesst ab, es beendet eine Epoche, es schafft Nichts mehr« (KSA 13/390, 14[213]). Gesetzt hingegen, »man denkt als Tschandala über die Dinge, so findet man vielleicht die ganze Kette von Erfahrungen und Schlüssen wieder zusammen, die jenen Alten zur Voraussetzung diente, ihre Hypothesen zu machen: [...] man findet die ›Wahrheit‹, – aber genau in der Auflösung aller Autorität, alles Respekts aller Traditionen, aller moralischen Vorurtheile« (KSA 13/397, 14[225]). Die »Degenerirten aller Kasten«, die »Auswurfstoffe«, die die Desintegration bzw. die Erkrankung des Gesellschaftskörpers anzeigen, sind mithin zugleich die Träger der sensibelsten Intelligenz und die Initiatoren des Neuen[80].

Um ein Verständnis der politischen Demokratie hat sich Nietzsche in den späten Jahren seines Schaffens nicht mehr bemüht. Beim Christentum, so schreibt er im Herbst 1887, handelt es sich um eine »Entnatürlichung der Heerden-Thier-Moral«, bei der Demokratie dagegen um deren natürlichere, weniger verlogene Gestalt. Nietzsche unterscheidet im Christentum drei Elemente: den Kampf der »Unterdrückten aller Art« gegen die »politisch Vornehmen und deren Ideal«; den Kampf der »Mittelmässigen aller Art« gegen die »Ausnahmen und Privilegirten (geistig, sinnlich –) jeder Art« sowie den Kampf der »Unbefriedigten und Kranken aller Art« gegen den »Natur-Instinkt der Gesunden und Glücklichen«. Sobald das Christentum gesiegt hat, tritt das zweite Element in den Vordergrund, weil sowohl die Mächtigen wie die Gesunden und Reichen ihr Interesse an der Zusammenarbeit mit der neuen religiös-moralischen

Führung entdecken. Die »in jedem Betracht werthvolle [...] Mittelmass-Natur kommt endlich so weit sich zum Bewusstsein (– gewinnt den Muth zu sich –), dass sie auch politisch sich die Macht zugesteht« (KSA 12/499f, 10[77]). Die Stelle lässt vermuten, dass Nietzsche, wenn er der Demokratie den Prozess macht, nicht in erster Linie an den Sieg der Unterdrückten oder der Unzufriedenen denkt, sondern an den Sieg der Mittelmässigen[81].

Demokratie ist eine Metapher für die geistige Herrschaft der Mittelmässigkeit; die Formen der politischen Verfassung sind für den Diagnostiker des Nihilismus von geringem Interesse. Offen bleibt die Frage, wo die Demokratie in Nietzsches europäischer Geographie zuhause ist. In der Schweiz bringt die Totalrevision der Bundesverfassung im Jahr 1874 den Übergang zur Referendumsdemokratie. Den Basler Professor, der zu Beginn seiner Karriere sein Gastland gelegentlich mit bissigen Bemerkungen bedacht hat, berührt das Ereignis genausowenig[82] wie die Proklamation der dritten französischen Republik im Jahr darauf. Später werden ihn die demokratischen Verfassungen der beiden Länder nicht davon abhalten, seine Hochachtung vor ihren kulturellen Leistungen zu bekennen. Dagegen weist er England die Verantwortung für die »europäische Gemeinheit«, für den »Plebejismus der modernen Ideen« zu (JGB 253). Die Engländer sind »keine philosophische Rasse« (JGB 252); dieses Verdikt bestimmt sein Bild der englischen Kultur und seine wenigen Kommentare zur britischen Politik. Keines der drei Länder kann jedoch als das eigentliche Zentrum der »Demokratie« bezeichnet werden. Als Land der geistigen Verflachung erscheint Nietzsche vielmehr das deutsche Reich, also eine autoritäre, scheinkonstitutionelle Monarchie mit deutlich diktatorialen Zügen. Die Herrschaft Bismarcks erlebt er als die »aera der deutschen Verdummung« (KSA 12/164, 2[198]). Bismarcks dem deutschen Geschmack »durch eine alterthümliche Verbrämung mit Royalismus und Christenthum« akzeptabel gemachte »kühne rücksichtenlose Augenblicks-Politik« trifft der Vorwurf, unphilosophisch zu sein (KSA 12/68ff, 2[5; 10])[83]. Es fällt nicht schwer, die »unphilosophischen« Kräfte zu identifizieren, die die Politik im allgemeinen und die deutsche Politik im besonderen beherrschen: Nietzsche denkt in erster Linie an Nationalismus und Patriotismus[84], überdies an Militarismus, an das Gewicht ökonomischer Interessen, an Parlamentarismus und Pressewesen[85]. In seinen Augen gehören diese Kräfte zusammen, weil sie alle verantwortlich sind für Europas Unfähigkeit, »Einen Willen zu bekommen [...] einen langen furchtbaren eigenen Willen, der sich über Jahrtausende hin Ziele setzen könnte« (JGB 208). Ob die »Vielwollerei« dynastischen Erwägungen oder demokratischen Rücksichten entspringt, ist unerheblich. Am Fall des politischen und kulturellen Lebens des deutschen Reiches beobachtet Nietzsche jenen geistig-moralischen Niedergang, den er mit der Demokratisierung in Verbindung bringt. Was indes die literarischen und wissenschaftlichen Quellen seines Demokratieverständnisses betrifft, so erhält er die entscheidenden Impulse nicht von deutschen, sondern von englischen und französischen Autoren. Bereits 1873 oder 1874[86] stösst er auf ein Buch des englischen Publizisten Walter Bagehot. Bagehot, der sich vor allem als Verfassungstheoretiker einen Namen gemacht hat, vertritt einen vorsichtigen Liberalismus. In Opposition zu John Stuart Mill plädiert er für ein parlamentarisches Regierungssystem, das die Herrschaft des Bildungs- und Besitzbürgertums gewährleistet. Sein Buch über den Ursprung der Nationen, das 1874 in deutscher Übersetzung erscheint, enthält eine Reihe von Gedanken, die in Nietzsches Soziologie fortwirken. In den *Betrachtungen über den Einfluss der natürlichen Zuchtwahl und der Vererbung auf die Bildung politischer Gemeinwesen*, wie der Untertitel des Buches lautet, sucht Bagehot den Nachweis zu erbringen, dass freiheitliche Gesellschaftsformen nur dank der durch hierarchische Gesellschaftsformen geleisteten Vorarbeit haben entstehen können. Die Leitung der Gemeinschaft durch eine aristokratische Minderheit, die Ungleichheit vor dem Gesetz, die unbedingte Autorität des Herkommens sowie das umfassende und bindende Gesetz, »das alles Leben zu einer Übungssache macht« – dies alles ist nötig, weil nur aufgrund dieser Ordnung die ersten sozialen Aufgaben gelöst werden können. Die Revolutionäre von 1789 sind im Unrecht, wenn sie in der Vergangenheit einen einzigen grossen Irrtum erblicken; ihre Energie und ihre Fähigkeit, Neues aufzubauen, sind eben die Resultate dieser langweiligen und langwierigen Vorbereitungsperiode. »Die Zeitalter der Einförmigkeit waren von Nutzen, denn sie erzogen Menschen für Zeiten, in welchen sie nicht einförmig zu sein brauchten.« (Bagehot 1874/36f). Die Gesellschaft ist für Bagehot ursprünglich eine Zuchtanstalt[87]. Die Berechtigung der alten Oligarchien liegt darin, »der menschlichen Natur ein erziehendes Joch« auferlegt zu haben, »das diese für ihre spätern Zwecke tauglich machte« (Bagehot 1874/47). Die Reinerhaltung des Typus und die Abwehr alles Fremden sind notwendig gewesen, um das Erziehungswerk auszuführen. Der Fortschritt der Zivilisation ist indes nur möglich, wenn der Konformitätsdruck nicht zu stark ist. In dieser Hinsicht kommt der belebenden Wirkung der Rassenmischung eine besondere Bedeutung zu[88]. Der Fortschritt besteht für Bagehot darin, dass sich »die Nationen vom Joch des Herkommens befreien und sich für den Gebrauch des freien Willens vorbereiten.« Ein solches Joch ist freilich auch in den höheren Stufen der Zivilisation nie ganz überflüssig. In diesem Kontext greift Bagehot auf die Atavismus-Lehre zurück, die in der zeitgenössischen Revolutionskritik eine wichtige Rolle spielt[89]. Die Grausamkeiten und Schrecken, die in der Französischen Revolution und »bei jeder grossen Umwälzung« geschehen sind, »enthüllen immer eine geheime, unterdrückte Seite der menschlichen Natur; wir wissen jetzt, dass sie der Ausbruch ererbter Leidenschaften sind, die lange Zeit durch feststehende Gewohnheit unterdrückt worden waren, die aber lebendig werden, sobald der Druck plötzlich entfernt wird und ihnen ein Ausweg offen bleibt« (Bagehot 1874/177)[90].

Der »Übergang vom Zeitalter des Stillstandes zu dem der Wahl« kann erst stattfinden, wenn die Macht im Staate einer »Regierung der Erörterung« gehört, wenn also über die gemeinsamen Belange zwischen mehreren Personen öffentlich debattiert wird und wenn abstrakte Prinzipien Gegenstand dieser Debatten sind (Bagehot 1874/180f). Die Regierung der Erörterung, wie sie in der athenischen Republik zuerst zur Herrschaft gelangt ist, vermag die »Fesseln der Jahrtausende« zu sprengen und »das ursprüngliche Wesen der Menschheit in Freiheit« zu setzen. Jetzt endlich »beginnt in jeder mechanischen Kunst das Streben nach Vervollkommnung mächtig zu werden, weil nun endlich dem Künstler erlaubt ist, Vervollkommnung zu suchen, nachdem er durch undenkliche Zeiten gezwungen war, in den engen Schranken eines hergebrachten Verfahrens zu bleiben« (Bagehot 1874/250f).

Einen weiteren Theoretiker des englischen Liberalismus, Herbert Spencer, lernt Nietzsche 1880 kennen. Die Entdeckung verdankt sich der Freundschaft zu Paul Rée und dem durch sie genährten Interesse für darwinistische Erklärungsmodelle in Philosophie und Ethik. In einem Brief an Schmeitzner vom November 1879 zeigt sich Nietzsche ganz begeistert von dem englischen Denker; er lobt ihn als »hochberühmt« und »höchst lehrreich für uns« und empfiehlt die Übersetzung der *Data of ethics* (KSB 5/466). Die Begeisterung hält selbstverständlich nicht lange an. Nachdem er im Frühjahr 1880 *Die Tatsachen der Ethik* gelesen hat, weist er in der Folgezeit Spencers evolutionistische Morallehre als naiv zurück und polemisiert insbesondere gegen sein Altruismus-Verständnis[91]. Fünf Jahre später nennt er das Buch nur noch verächtlich eine »Vereinigung von bêtise und Darwinismus« (KSA 11/525, 35[34]). In *Zur Genealogie der Moral* wird Spencer des Nihilismus angeklagt, weil er mit seiner Adaptionslehre die demokratische Vorliebe für reaktive Erklärungsprinzipien zum Ausdruck bringe und den Willen zur Macht, den Vorrang spontaner Kräfte leugne (GM II 12). Er ist, wie es in der *Götzen-Dämmerung* (Streifzüge eines Unzeitgemässen 37) heisst, ein décadent, weil er den Sieg des Altruismus für wünschenswert hält[92]. Auf Spencers politische Wertvorstellungen und auf seinen ökonomischen Liberalismus kommt Nietzsche indes nur am Rande zu sprechen. Ich habe bereits darauf hingewiesen, dass er mit seiner Parole »so wenig als möglich Staat« ausgerechnet Spencer, einen der schärfsten Kritiker der Staatsintervention, attackiert: »Der ›industrielle‹ Staat ist nicht meine Wahl, wie er die Wahl Spencer's ist« (KSA 9/294, 6[377]). Spencer hat in seinen Schriften die soziale Gesetzgebung als Verfälschung des »natürlichen« Wirtschaftsgeschehens vehement bekämpft. Nietzsche, der in ganz anderen Zusammenhängen denkt, wirft ihm vor, er setze immer die Gleichheit der Menschen voraus (KSA 9/27, 1[98]). Er unterstellt ihm, er wolle die Individuen der Gemeinschaft zum Opfer bringen und verwechselt offenbar seine soziologische Doktrin gelegentlich mit derjenigen von Comte (KSA 9/426, 10[D60]). Die »allergrösste Ähnlichkeit« aller Menschen« ist ihm zufolge die Spencer selbst verborgene Voraussetzung seines Zukunftsideals (KSA 9/455, 11[40]). In Nachlass der späten 80er Jahre findet Spencer nur noch Erwähnung als Verfechter der »Krämer-Philosophie« und der Mittelmässigkeit, als Anwalt der »industriellen Massen«[93].

Darwin, Spencer und John Stuart Mill gehören, wie Nietzsche in *Jenseits von Gut und Böse* (253) festhält, zu jenen achtbaren, wenn auch mittelmässigen Engländern, deren wissenschaftliche Anstrengungen zwar Anerkennung verdienen, die aber unfähig sind, neue Werte aufzustellen. Mill, der als Theoretiker des politischen Liberalismus weitaus wichtiger ist als Spencer, beschäftigt Nietzsche ausschliesslich als Moralphilosoph. Die diversen Beleidigungen, mit denen Mill bedacht wird, gelten dem Vertreter des Altruismus[94] und selbstverständlich dem Fürsprecher der Frauenemanzipation. Über die grundlegenden politischen Ideen von Mill hat sich Nietzsche nicht geäussert, obwohl er einige der relevanten Texte gekannt hat[95]. In seiner Bibliothek sind die Bände 1 sowie 9 bis 12 der von Theodor Gomperz herausgegebenen *Gesammelten Werke* vorhanden; Nietzsche hat demnach die Essays über die Freiheit und über den Utilitarismus, das Buch über die Comtesche Philosophie sowie eine Reihe kleinerer Aufsätze zur Verfügung gehabt.

Innerhalb der liberalen Strömung des 19. Jahrhunderts neigt Mill zum linken Flügel. Er befürwortet die politische Demokratie, die Beteiligung eines möglichst grossen Teils des Volkes an der politischen Verantwortung. Seine progressive Einstellung verdient hier deshalb Erwähnung, weil er sich als Kritiker der demokratischen Ideologie von Nietzsche nicht allzustark unterscheidet. Er sieht die Freiheit des Individuums durch den

Konformismus der Gesellschaft in Frage gestellt. Diese Bedrohung ist das Leitmotiv des 1859 veröffentlichten Essays *On Liberty*. Er plädiert darin für Individualität und Selbstbestimmung, für die Vielfalt der Meinungen und Lebensarten, er erinnert an den Wert starker Triebregungen, die der Macht der Gemeinschaft zuwiderlaufen. Die Morallehrer und Reformer klagt er an, unter dem Vorwand der Menschenliebe jeder Abweichung vom herrschenden Denken und Handeln mit Misstrauen und Eifersucht zu begegnen[96]. Nachdem die Gemeinschaft über das Individuum gesiegt hat, ist »die Gefahr, welche der menschlichen Natur jetzt droht, [...] nicht das Uebermass, sondern der Mangel an persönlichen Trieben und Neigungen« (Mill GW I/62). Die Mittelmässigkeit ist zur überlegenen Macht geworden; der »Despotismus der Gewohnheit« stellt ein Hindernis für den menschlichen Fortschritt dar, weil dieser sich der Initiative von »Ausnahmsindividualitäten«, von Menschen, die sich durch einen starken und unabhängigen Geist auszeichnen, verdankt. Die öffentliche Meinung im England des 19. Jahrhunderts repräsentiert den Durchschnittsmenschen und seine Intoleranz gegenüber dem Aussergewöhnlichen. Dieser Mensch ist nicht nur bescheiden an Verstand, er kennt auch die starken Gefühle und Energien nicht und sieht in der Übereinstimmung mit der Mehrheit die höchste Tugend[97]. Mill ruft auf zur Opposition gegen den Zwang zur Gleichheit, gegen die moralische Nivellierung. »Wenn der Widerstand so lange auf sich warten lässt, bis das Leben auf einen nahezu gleichförmigen Typus zurückgeführt ist, dann werden alle Abweichungen von diesem Typus bereits auch als ruchlos, unmoralisch, ja sogar als ungeheuerlich und naturwidrig erscheinen.« (Mill GW I/77). Die Menschen, so fürchtet Mill, werden bald nicht mehr imstande sein, die Verschiedenartigkeit zu begreifen. Es drängt sich die Frage auf, weshalb Nietzsche dieses Anliegen Mills, das seinem eigenen doch recht nahe kommt, nicht zur Kenntnis nimmt. Der Grund liegt wahrscheinlich darin, dass Mill, wenn er an die sozialen Verpflichtungen der Individuen erinnert, auf moralische Voraussetzungen zurückgreift, die Nietzsche nicht akzeptieren will.

Bereits in einem 1836 publizierten Aufsatz hat Mill dargelegt, es sei sinnlos, sich der Demokratisierung widersetzen zu wollen, dagegen durchaus geboten, Strategien zur Bekämpfung ihrer Defizite zu entwickeln[98]. Wesentliche Impulse verdankt er Alexis de Tocqueville, dessen Untersuchung über die Demokratie in Amerika[99] er 1840 eine ausführliche Rezension widmet. Dieser Text ist wahrscheinlich die wichtigste Quelle von Nietzsches Tocqueville-Kenntnis. Die *Demokratie in Amerika* ist laut Mills Urteil »das erste philosophische Buch [...], das jemals über die Demokratie, wie sie in der modernen Gesellschaft auftritt, geschrie-

ben wurde« (Mill GW XI/3). Der Sieg der Demokratie, so fasst er das Ergebnis von Tocquevilles Werk zusammen, ist unvermeidlich und im allgemeinen auch wünschenswert. Die Demokratisierung ist gleichsam eine
Naturkraft; die entscheidende Frage ist, ob es gelingt, in den Lauf der
Dinge einzugreifen, die verderblichen Auswirkungen der Naturkraft ein-
zudämmen und die heilsamen zu fördern. Tocqueville versteht unter Demokratie nicht eine bestimmte Regierungsform, sondern die Gleichheit
der Bedingungen, also den gleichen Zugang zu den verschiedenen wirtschaftlichen und gesellschaftlichen Bereichen. Eine demokratische Gesellschaftsform verträgt sich durchaus mit einer monarchischen oder diktatorischen Regierungsform. Volkserziehung, demokratische Institutionen
und die politische Aktivität möglichst breiter Teile des Volkes sind freilich, wie Tocqueville meint, am besten geeignet, den Gefahren der Nivellierung entgegenzutreten. In einer Demokratie bzw. in einer Gesellschaft,
in der die Mittelklasse die Werte definiert (Mill GW XI/17), wird das
Streben nach materiellem Wohlstand immer ausgeprägter zum wichtigsten Lebensinhalt. Diesen Wertwandel akzeptiert Tocqueville im Prinzip;
er weist auf die positiven Folgen hin, auf den Umstand, dass die Menschen in der Verfolgung ihrer eigenen Interessen immer mehr zu Zusammenarbeit und gegenseitiger Rücksichtnahme verpflichtet werden. Je
mehr sich allerdings die Menschen auf ihre wirtschaftlichen Bedürfnisse
konzentrieren, desto mehr wird das soziale Leben entpolitisiert. Der Staat
wird als blosse Ordnungsinstanz, nicht als Ort der öffentlichen Auseinandersetzung begriffen; die Bereitschaft, sich dieser Instanz zu unterwerfen,
wächst, und damit die Bedrohung durch den Despotismus. Eine weitere
Gefahr ist mit dem Stichwort »Tyrannei der Majorität« zu bezeichnen.
Auch hier handelt es sich nicht um die Herrschaft des demokratisch er-
mittelten Volkswillens, sondern um die Macht des Konformismus in der
modernen Gesellschaft. Diese Macht ist nicht gesetzlich abgestützt, sie
wirkt mittels allgemeiner Denk- und Verhaltensmuster, die von einer
Mehrheit nicht hinterfragt werden. Die Minderheit, die sich nicht an die
Konventionen hält, wird diskriminiert. Mill fasst Tocquevilles Angst mit
folgenden Worten zusammen: dieser fürchtet von der allgemeinen
Gleichheit »sowohl in Bezug auf Regierung als auf Intelligenz und Moral
nicht ein Uebermass von Freiheit, sondern von allzu bereitwilliger Füg-
samkeit, nicht die Anarchie, sondern die Servilität, nicht den allzu jähen
Wechsel, sondern eine chinesische Erstarrung« (Mill GW XI/46). Mill
pflichtet Tocquevilles Diagnose bei, er widerspricht ihm nur in einem
Punkt: Tocqueville verwechselt, so glaubt er, die Auswirkungen der Demokratie mit denjenigen der Zivilisation. Der Verfall der Autoritäten, die

Abnahme der Achtung vor dem Herkommen, die Auflösung der ständischen Bindungen, die zunehmende Ohnmacht des Individuums gegenüber dem Kollektiv, die Jagd nach Reichtum und der masslose Ehrgeiz – all dies sind Erscheinungen, die in England genauso anzutreffen sind wie in Amerika. Die Differenz ist freilich von geringem Gewicht; Mill ist sich mit Tocqueville im Prinzip einig über die tiefreichende Bedeutung der soziologischen und moralischen Nivellierung. Möglicherweise hat Nietzsche im Aphorismus 242 von *Jenseits von Gut und Böse* auf diesen Streit um Worte angespielt.

Mill hat mit seiner Besprechung klargestellt, dass Tocqueville kein Gegner der Demokratie ist. Spätere Interpreten werden, geleitet von ihrer Angst vor einer kulturfeindlichen Massenherrschaft oder von ihrem Widerwillen gegen rationalistische Konzepte in der Politik, diesen Umstand verdrängen[100]. Tocqueville beschäftigt die Frage, unter welchen Bedingungen sich der Anspruch auf Freiheit mit der zunehmenden sozialen Gleichheit und mit dem Primat der Ökonomie über die übrigen Lebensbereiche versöhnen lässt. Während seiner Reise durch die Vereinigten Staaten von Amerika hat er neben den zahlreichen Vorzügen auch die bedenklichen Seiten der Demokratie wahrgenommen; er hat festgestellt, dass geistige Unabhängigkeit und wahrhafte Diskussions- und Gedankenfreiheit in den Staaten Europas viel häufiger anzutreffen sind als in Amerika[101]. Nicht nur die Gefahr des moralischen »Despotismus« droht demokratischen Gesellschaften, sondern auch jene der diktatorischen Regierung. Wird nämlich das Streben nach materiellem Reichtum zur einzigen Leidenschaft der Menschen, so erblicken sie in der Freiheit, in der Ausübung politischer Rechte nur noch eine Gefährdung des Wohlstands und heissen jede Führung gut, die Ruhe und Ordnung verspricht. »Une nation qui ne demande à son gouvernement que le maintien de l'ordre est déjà esclave au fond du coeur; elle est esclave de son bien-être, et l'homme qui doit l'enchaîner peut paraître« (Tocqueville OC I,2/148). Für künftige Generationen fürchtet Tocqueville nicht Revolutionen, sondern die ängstliche und konservative Haltung der Menschen, ihr mangelndes Interesse für die Zukunft und ihren Widerstand gegen jeden Fortschritt[102]. Er ist Zeuge einer tiefgreifenden Umwälzung und weiss, dass der Ausgang noch ungewiss ist, obwohl sich manches schon deutlich abzeichnet: die Gesellschaft wird beherrscht von einer Mittelklasse, deren Ideologie eine moralische Nivellierung gefördert hat. Die Sitten und die Gesetze sind mild, Gewalttätigkeit und Grausamkeit sind selten geworden, freilich auch hohe Tugend und starker Wille. Reichtum und Armut vermögen die gesellschaftliche Harmonie nicht mehr zu stören; die Mehrzahl der

Menschen lebt in relativem Wohlstand. Die Einebnung wirkt sich auf die übrigen Lebensbereiche aus: die Gegensätze verschwinden, alles Hervorragende weicht dem Mittelmass und der Einförmigkeit. Doch Tocqueville ist kein Nostalgiker, er sehnt sich nicht zurück nach den Zeiten der Ungleichheit; er fordert hingegen jene Zeitgenossen, die die Demokratie akzeptiert haben, dazu auf, der Umwälzung nicht bloss als passive Zuschauer beizuwohnen: »Les nations de nos jours ne sauraient faire que dans leur sein les conditions ne soient pas égales; mais il dépend d'elles que l'égalité les conduise à la servitude ou à la liberté, aux lumières ou à la barbarie, à la prospérité ou aux misères.« (Tocqueville OC I,2/339).

Nietzsche hat mit grosser Wahrscheinlichkeit dank seiner Mill-Lektüre wichtige Gedankengänge von Tocqueville kennengelernt. Auch er erkennt in der hohen sozialen Mobilität ein Merkmal der neuen Zeit; auch er blickt befremdet auf die wachsende Unrast, deren Ursache die endlose Jagd nach Reichtum ist[103]. Auch er schenkt schliesslich den geistig-moralischen Aspekten der Demokratisierung grösste Aufmerksamkeit. Es ist bemerkenswert, wie nahe er mit seinen Warnungen vor der Herrschaft der Mittelmässigkeit liberalen Denkern wie Tocqueville und Mill kommt. Die Übereinstimmung bezieht sich freilich nur auf die Diagnose des Übels, nicht auf die Rezepte zur Heilung. Während Tocqueville und Mill, die beide neben ihrer gelehrten Tätigkeit politische Ämter besetzt haben, den Konformismus mit der politischen Verantwortungslosigkeit in Beziehung bringen und mit der Aktivierung der politischen Kultur bekämpfen wollen, verabsolutiert Nietzsche den Gegensatz zwischen Mittelmass und Originalität und weist den neuen Herren und Wertgebern ihren Ort jenseits der politischen Öffentlichkeit zu. Tocqueville wäre, wie bereits erwähnt, kaum auf die Idee gekommen, die Aristokratie als Sinn und höchste Rechtfertigung des Gemeinwesens (JGB 258) zu bezeichnen. Eine weitere Lieblingsidee von Nietzsche, jene der Verkleinerung des modernen Menschen, findet sich ebenfalls bei Tocqueville und Mill. Je mehr die Einzelnen in der Menge untertauchen, desto unbescheidener werden die Ansprüche der Macht, so fürchtet Tocqueville und stellt die Frage: »Que peut l'opinion publique elle-même, [...] quand chaque citoyen étant également impuissant, également pauvre, également isolé, ne peut opposer que sa faiblesse individuelle à la force organisée du gouvernement« (Tocqueville OC I,1/328). Mill drückt diesen Tatbestand mit den folgenden Worten aus: »Die Mitglieder eines demokratischen Gemeinwesens gleichen den Sandkörnern am Meeresufer, deren jedes sehr klein ist und an keinem andern haftet.« (Mill GW XI/37). Nietzsche greift oft auf die Sand-Metapher zurück, wobei freilich das von Tocqueville und Mill angesprochene Problem der sozialen Atomisierung, das ihn selbst in der dritten *Unzeitgemässen Betrachtung* beschäftigt hat, aus dem Blick gerät[104].

Tocqueville sieht übrigens in der Demokratie die einzige Chance, den auf der sozialen Gleichheit sich erhebenden politischen Despotismus zu verhindern: »s'il fallait enfin en arriver à une complète égalité, ne vaudrait-il pas mieux se laisser niveler par la liberté que par un despote?« (Tocqueville OC I,1/329).

Charles-Augustin Sainte-Beuve, der französische Literaturkritiker, den Nietzsche zuerst geschätzt, dem er später jedoch seinen plebejischen Geschmack, seine Willensschwäche und seinen Mangel an philosophischer Sensibilität vorgeworfen hat[105], hat in den *Causeries du lundi* auch Tocqueville einige Seiten gewidmet. Er sieht im Autor der *Démocratie en Amérique* einen Mann von 1789, einen leidenschaftlichen Verfechter der Freiheit und des Fortschritts, mehr noch allerdings einen Aristokraten, der von den harten Bedingungen des arbeitenden Volkes wenig weiss und, von edlen Motiven und abstraktem Denken geleitet, die nüchterne Realität des Alltags verdrängt (Sainte-Beuve CdL XV/95; 100f). Nietzsche hat diese Polemik wahrscheinlich nicht gekannt, jedenfalls ist sie in Ida Overbecks deutscher Auswahl nicht enthalten. 1884 stösst er hingegen auf ein Buch, das in der liberalen Tradition Tocquevilles steht. Der Publizist und Politiker Lucien-Anatole Prévost-Paradol hat in seiner Schrift *La France nouvelle* (1868) versucht, den Begriff der Demokratie zu klären. Er weist zunächst auf die Notwendigkeit hin, zwischen demokratischer Gesellschaft und demokratischer Regierung zu unterscheiden. Die gesellschaftliche Demokratisierung ist auch für ihn ein unvermeidliches Resultat der Zivilisation. Die aristokratische Gesellschaftsordnung geht unter, weil das Gefühl für die Auszeichnung verschwindet. Die Vollendung des demokratisches Geistes ist laut Prévost-Paradol erreicht, wenn der vornehmen Herkunft mit Misstrauen und Feindschaft begegnet wird. Dass die Menschen allein nach ihrem persönlichen Verdienst geschätzt werden, ist der erste Grundsatz der Gleichheit, ihr teuerster aber, dass alle Bürger gleich sind vor dem Gesetz und ihm in gleichem Mass verantwortlich (Prévost-Paradol 1868/41f). Was die verfassungsmässigen Grundlagen der neuen Ordnung betrifft, so erachtet Prévost-Paradol die Gewährung des allgemeinen Wahlrechts als Nachteil, wenn nicht alle Bürger aufgeklärt und wirtschaftlich unabhängig sind.

»[...] la Révolution française a fondé une société, elle cherche encore son gouvernement« (Prévost-Paradol 1868/295). Diesen Befund von Prévost-Paradol hat sich Nietzsche notiert[106] und damit ein Problem berührt, das im französischen Denken des letzten Jahrhunderts zu zahlreichen Gedanken-Experimenten Anlass gegeben hat. Der radikalste Lösungsvorschlag stammt wahrscheinlich von Auguste Comte. Der Begründer des Positivismus ist einer der entschiedensten Gegner der Demokratie gewesen[107]. Er hat davon geträumt, die von Aufklärung und Revolution verantwortete Anarchie zu beenden. In seiner Spätphilosophie, ansatzweise bereits in seinem früheren Hauptwerk, dem *Cours de philosophie positive*, werden in gigantischen Visionen die vollständige Entmündigung der Individuen und die kompromisslose Entpolitisierung der Gesellschaft beschrieben: die Menschheit soll der wirtschaftlich-politischen Leitung einer kleinen Zahl von Bankiers und der moralischen Führung der positivistischen Kirche unterworfen werden[108]. Nietzsche hat Comte nur oberflächlich gekannt; zwar findet sich in seiner Bibliothek die *Einleitung in die positive Philosophie*, seine Kenntnisse verdankt er aber auch in diesem Fall zur Hauptsache Mill. Eingehend studiert hat er offenbar den zweiten Teil von Mills Buch, der Comtes Spätphilosophie gewidmet ist. Mill diskutiert darin die unzumutbaren ethischen und politischen Konsequenzen, die sich aus Comtes Altruismus ergeben. Mit der Devise »vivre pour autrui« kann sich Nietzsche genausowenig anfreunden wie Mill, freilich aus anderen Gründen[109]. In Comtes Herrschaftsutopie, die sich am Modell der katholischen Kirche orientiert, ist für den Übermenschen kein Platz. Nietzsche stellt dagegen den »Hauptgesichtspunkt: dass man nicht die Aufgabe der höheren species in der Leitung der niederen sieht (wie es z.B. Comte macht –) sondern die niedere als Basis, auf der eine höhere species ihrer eigenen Aufgabe lebt, – auf der sie erst stehen kann« (KSA 12/357, 9[44])[110].

Comte hat auf das Denken des 19. Jahrhunderts einen rätselhaften und im Einzelnen schwer zu bestimmenden Einfluss ausgeübt[111]. Zu seinen Schülern ist beispielsweise Henry Thomas Buckle gezählt worden. Buckle, der die Geschichte auf das Niveau einer Naturwissenschaft heben möchte, beruft sich zwar in der Einleitung zu seiner *Geschichte der Civilisation in England* auf Comte (Buckle 1860/5), er weist jedoch dessen politische Phantasien entschieden zurück[112]. Dem Liberalismus und der Aufklärung verpflichtet, geht er davon aus, dass die Französische Revolution das Resultat einer geistigen Emanzipation gewesen ist: die Fortschritte der Wissenschaften und der Diskussionskultur, die Frankreich im 18. Jahrhundert erlebt hat, haben den Umsturz vorbereitet. »Die Halle der Wissenschaft ist der Tempel der Demokratie«, so lautet sein Urteil (Buckle 1860/371). Nietzsche, der im Frühling 1887 in Chur die *Geschichte der Civilisation in England* entdeckt, erkennt im englischen Historiker einen Demokraten, einen seiner »stärksten Antagonisten« (KSB

8/79). Was ihm am »pöbelhaften Agitator der Menge« missfällt, ist die mangelnde Sensibilität für das Problem der »höheren Natur« (KSA 13/ 497f, 16[39])[113].

Ernest Renan und Hippolyte Taine, zwei geistige Wegbereiter der antidemokratischen Opposition in der ersten Zeit der dritten Republik[114], auf die sich später die nationalistische Rechte berufen wird, gelten ebenfalls – ob zu Recht oder nicht, ist hier nicht zu erörtern – als Vertreter der Comteschen Schule. Während Taine in einem konservativen Pessimismus verharrt, ist Renan moderner und radikaler zugleich[115]. Die moderne demokratische Gesellschaft will er der Herrschaft einer intellektuellen Elite unterwerfen. In seinen 1871 geschriebenen und 1876 veröffentlichten *Dialogues philosophiques*, die Nietzsche in der 1877 erschienenen deutschen Übersetzung gelesen hat, lässt er seinen Phantasien freien Lauf. Ausgangspunkt der politischen Betrachtungen ist die Angst, dass Europa einer »Volks-Nivellirung« entgegengeht, »bei welcher die niedrigsten Elemente vermöge ihrer Menge die Oberhand gewinnen«. Es droht ein »unheilbarer Verfall der Menschengattung.« Demokratie ist für Renan gleichbedeutend mit der Vorherrschaft egoistischer und materialistischer Gesinnungen. In der Lehre von der Ungleichheit sieht er dagegen den »Peitschenhieb, welcher die Welt vorwärts treibt, indem sie der Gesellschaft einen zu verfolgenden Zweck vorsetzt« (Renan 1877/48f). In einem demokratischen Zeitalter muss die Ungleichheit allerdings neu hervorgebracht werden; die Instanz, die dies zu bewerkstelligen hat, ist die Wissenschaft. Von ihrer Regierung ist nicht die allgemeine Volksaufklärung zu erwarten; eine solche Zielsetzung ist in Renans Augen geradezu naturwidrig. Die Erkenntnis der Wahrheit wird seiner Überzeugung gemäss immer das Privileg einer kleinen Minorität bleiben. Das Verdienst der Demokratie liegt lediglich darin, dass sie im Gegensatz zu den monarchischen Regierungsformen die Aufklärung begünstigt hat. Doch sie widerspricht dem Zweck der Menschheit, nämlich der Erzeugung höherer Wesen, denen die Menge dienen kann. Die von Renan erträumte Gelehrten-Aristokratie verkörpert zwar die Vernunft, ihre Entscheidungen sind unfehlbar und ihre Macht ist ausschliesslich wohltätiger Natur, ihre Herrschaft indes ist absolut und beruht auf der wissenschaftlichen und technischen Fähigkeit, alles Leben und den Planeten selbst zu zerstören. Die neuen Herren werden Göttern gleich sein und diese künftigen Götter sind das Werk der Wissenschaft. »Eine ausgedehnte Anwendung der Entdeckungen auf dem Gebiete der Physiologie und des Principes der natürlichen Zuchtwahl, könnte zu der Schöpfung einer höher stehenden Race führen, deren Recht zu regieren nicht nur in ihrem Wissen, sondern selbst in dem Vorzuge ihres Blutes, ihres Gehirnes und ihrer Nerven begründet wäre« (Renan 1877/86). Die Fürsprecher der Demokratie leugnen die Ungleichheit der Rassen und die daraus abgeleiteten Vorrechte bestimmter Rassen; sie streben, so wirft ihnen Renan vor, danach, die Rasse zu erniedrigen anstatt sie zu heben. Er bringt ihnen insofern Verständnis entgegen, als die traditionellen Eliten ihre Privilegien längst nicht mehr einem »Racen-Vorzuge« verdanken. Nur durch die planmässige Menschen-Züchtung kann die »Thatsache des Adels wissenschaftlich wahr« werden. Eine solche Lösung ist übrigens, wie Renan beifügt, nicht vom liberalen Frankreich, sondern vom autoritären Deutschland, das sich »um die Gleichheit und selbst um die Würde der Individuen augenscheinlich wenig kümmert, und vor Allem die Vermehrung der intellectuellen Kräfte der Art als Zweck vor Augen hat«, zu erwarten (Renan 1877/89f).

Die Züchtungs- und Herrschaftsphantasien, die Nietzsche in seinen späteren Schriften entwickelt, sind zum grössten Teil bei Renan vorweggenommen; gleiches gilt von seiner zweideutigen Bejahung der Demokratie, vom Vergleich dieser Gesellschaftsform mit einer gigantischen Maschinerie, deren Betrieb erst einem sinnvollen Zweck untergeordnet werden muss[116]. Trotz der Affinitäten hat Nietzsche Renan, dessen religionsgeschichtliche Arbeiten er eingehend studiert hat, in den 80er Jahren kaum geschätzt und ihn einmal gar als seinen Antipoden bezeichnet (JGB 48). Die Ablehnung hat diverse Gründe; Sandro Barbera und Giuliano Campioni haben sie in ihrem Aufsatz über Renan und Nietzsche dargelegt und ich beschränke mich auf zwei Stichworte. Die gemäss Renan zur künftigen Führung berufenen Gelehrten unterziehen sich der strengsten Askese und Nietzsche hat deutlich gesehen, dass Renan ganz ähnlich wie Comte eine Priesterherrschaft im Sinn hat; er bezeichnet ihn mit Vorliebe als Priester. Die positivistischen Priester und Tyrannen stellen keinen »Luxus-Überschuss« dar[117], sie sind, wenn sie Leitungsfunktionen wahrnehmen, vollständig in die gesellschaftliche Maschinerie integriert[118]. Ihr Wirken verleiht dem demokratischen Despotismus, der Versklavung der Menschen keinen Sinn. Nietzsche widerspricht überdies Renans Gleichsetzung von Adel und Wissenschaft; laut seiner Überzeugung ist die wissenschaftliche Tätigkeit niederer bzw. bürgerlicher Herkunft und vermag keine vornehmen Werte hervorzubringen: »la science gehört zur Demokratie, das greift sich doch mit Händen.« (GD Streifzüge eines Unzeitgemässen 2)[119].

Nicht nur Sozialphilosophen wie Tocqueville, Mill und Renan haben Nietzsche zu seinen Betrachtungen über die europäische Demokratie angeregt, sondern vielleicht mehr noch namhafte Vertreter der französischen Literatur. Am 10. November 1887 teilt er Köselitz die ersten Eindrücke seiner Lektüre des *Journal des Goncourt* mit, dessen zweiter Band damals erschienen ist. Sie betreffen die Berichte über die »dîners chez Magny [...], welche zwei Mal monatlich die damalige geistreichste und skeptischste Bande der Pariser Geister zusammenbrachten (Sainte-Beuve, Flaubert, Th<éophile> Gautier, Taine, Rénan, les Goncourts, Schérer, Gavarni, gelegentlich Turgenjew usw).« (KSB 8/192). Die im Intellektuellen-Zirkel vorherrschenden Stimmungen umschreibt er mit folgenden Worten: »Exasperirter Pessimismus, Cynismus, Nihilismus, mit viel Ausgelassenheit und gutem Humor abwechselnd«. In die Runde würde er selbst »gar nicht übel« hineingehören, so glaubt er: »ich kenne diese Herrn auswendig, so sehr dass ich sie eigentlich bereits satt habe. Man muss radikaler sein: im Grunde fehlt es bei Allen an der Hauptsache – ›la force‹.« Frankreich ist, so heisst es in *Jenseits von Gut und Böse* (254), noch immer »der Sitz der geistigsten und raffinirtesten Cultur Europa's und die hohe Schule des Geschmacks«. Repräsentiert wird diese Kultur freilich von einer kleinen Zahl, von Menschen zudem, die an ihrer Zeit leiden und sich verborgen halten. »Etwas ist Allen gemein: sie halten sich die Ohren zu vor der rasenden Dummheit und dem lärmenden Maulwerk des demokratischen bourgeois.«[120] Der Hass gegen die Demokratie ist bei manchen französischen Intellektuellen zur Hauptsache ein Hass gegen die Bourgeoisie, ein Protest nicht sosehr gegen ihre wirtschaftliche Macht als vielmehr gegen den darauf beruhenden Einfluss auf die Kultur.

Im programmatischen Vorwort zum 1835/36 veröffentlichten Briefroman *Mademoiselle de Maupin* beklagt Théophile Gautier die Phantasielosigkeit der Epoche und die Tyrannei des bourgeoisen Geschmacks, der mit der Juli-Monarchie zur Macht gekommen ist. Ganz besonders mokiert er sich über den moralischen Bekehrungseifer der Bourgeoisie, über ihren utilitaristischen Wertmassstab und ihren Fortschrittsglauben. Wie kann man von der Perfektibilität des Menschengeschlechts sprechen, so ruft er aus, solange kein neues Vergnügen, keine neue Sünde erfunden wird? Die Begeisterung für die parlamentarische Regierungsform vermag er nicht zu teilen[121] und für die Presse hat er nur Verachtung übrig. Einzig den Utopien von Charles Fourier gilt sein Beifall. Der primär ästhetisch motivierte Bourgeois-Hass, dem Gautier hier Ausdruck verleiht und der sich in unzähligen weiteren Werken findet, bleibt in der Regel politisch unverbindlich. Zuweilen jedoch ist die Stimmung auch das Resultat einer Auseinandersetzung mit politischen Konflikten. Flauberts *Éducation sentimentale* kommt diesbezüglich eine Schlüsselstellung zu. Dolf Oehler hat gezeigt, in welchem Ausmass die anti-bourgeoise Moderne eine späte Reaktion auf den gescheiterten Pariser Juni-Aufstand von 1848 darstellt[122].

Der Triumph der Bourgeoisie über die Arbeiterklasse ist von den Zeitgenossen als beispielloses Blutbad wahrgenommen, bald jedoch aus dem Bewusstsein verdrängt worden. In den 60er Jahren unternimmt es Flaubert, den Typus des siegreichen Bourgeois zu analysieren. Von den polemischen Intentionen seines Romans hat er in den Briefen an George Sand berichtet, es ist deshalb anzunehmen, dass auch Nietzsche in seiner Lektüre des Briefwechsels davon Kenntnis genommen hat. Der Hass auf den Bourgeois ist die erste Voraussetzung der Tugend, dieses »Axiom« stellt Flaubert 1867 in einem Brief an Sand auf (Flaubert Correspondance 5/300). Er präzisiert, dass er »les bourgeois en blouse« sogut wie »les bourgeois en redingote« meint und ist überdies überzeugt davon, dass einzig die Intellektuellen das Volk und die humanitären Traditionen repräsentieren. Unter Demokratie versteht er den Konformismus und die Intoleranz der »gens d'ordre«; deren Hass gilt den Ketzern und Nomaden, den Philosophen und Einsiedlern (Flaubert Correspondance 5/308f). Flaubert hat in diesem Ressentiment, hinter dem sich Furcht verbirgt, ein Element der bürgerlichen Psyche entdeckt[123]. Die konservative Bourgeoisie an ihre Schuld, an ihre Verbrechen vom Juni 1848 zu erinnern, ist ihm bei der Abfassung der *Éducation sentimentale* ein Anliegen gewesen[124] und er hat die hasserfüllten Reaktionen auf das Erscheinen des Romans eher gelassen zur Kenntnis genommen. Doch er hat nicht die Partei der Demokratie oder des Sozialismus ergriffen. Im Sozialismus erblickt er nur eine Abwandlung der christlichen Lehre[125] und das Prinzip des allgemeinen Wahlrechts hält er für ebenso dumm wie die Lehre von der göttlichen Herkunft des Rechts. Er ist überzeugt davon, dass das Zeitalter der Politik bereits 1815 seinen Abschluss gefunden hat und dass seither bloss ein sinnloser Streit um die äussere Form des Staats – »l'être fantastique et odieux appelé l'État« – im Gange ist. Ähnlich wie Renan hofft er, dass die Verwaltung der Gesellschaft künftig der Wissenschaft anvertraut wird[126].

Unter dem Eindruck des deutsch-französischen Krieges gerät Flaubert in höchste Verzweiflung; er sieht eine neues Zeitalter der Barbarei und des Militarismus anbrechen. Die Kommune interpretiert er als Rückfall ins christliche Mittelalter. Obwohl er für sie nicht die geringste Sympathie aufbringt, hält er im Gegensatz zu manchen seiner Freunde und Zeitgenossen den Aufstand für weit weniger schlimm als die preussische Invasion[127]. Als einziger Ausweg aus der tiefen Krise, als einzige Alternative sowohl zum Sozialismus wie zur Reaktion erscheint ihm jetzt erst recht die Regierung der Wissenschaft oder der »mandarins«, die »aristocratie légitime« von geistigen Kapazitäten wie Renan und Littré (Flaubert Correspondance 6/228). Die Briefe, die er im Herbst 1871 an George Sand schreibt und die der vom Lauf der Dinge deprimierten Adressatin zum Trost gereichen sollen, enthalten in knappen Ausführungen sein politisches Credo. Die Herde, so heisst es darin, ist immer hassenswert. Die Revolution, die der französischen Politik noch immer als Leitbild dient, ist missraten, weil sie als Vorbilder das Mittelalter und das Christentum gewählt hat. »L'idée d'égalité (qui est toute la démocratie moderne) est une idée essentiellement chrétienne et qui s'oppose à celle de justice« (Flaubert Correspondance 6/281). Das 19. Jahrhundert stellt in moralischer Hinsicht keinen Fortschritt gegenüber früheren Epochen dar und die Volksbildung wird lediglich dazu führen, dass künftig alle Welt es dem Bourgeois gleichtut und nur noch Zeitungen liest. Aus dieser Überlegung gewinnt Flaubert sein stärkstes Argument gegen die Demokratie: »Tout le rêve de la démocratie est d'élever le prolétaire au niveau de bêtise du bourgeois« (Flaubert Correspondance 6/287). Völlig unbrauchbar ist daher das Prinzip des suffrage universel: »Tel qu'il est constitué, un seul élément prévaut au détriment de tous les autres: le nombre domine l'esprit, l'instruction, la race et même l'argent, qui vaut mieux que le nombre« (Flaubert Correspondance 6/282)[128].

Nietzsche hat sich die Auseinandersetzung mit Flaubert erspart und sich damit begnügt, dessen Hass auf den Bourgeois als Selbsthass zu deuten[129]. Dieser Befund verdankt sich möglicherweise der Lektüre von Brunetières Studie *Le roman naturaliste*. Nietzsche findet zwar für Flaubert einige wohlwollende Worte, er lobt seinen Charakter, sein »tiefes Bedürfniss zur Analyse und sogar zur Gelehrsamkeit« sowie seinen »instinktiven Pessimismus«, aber in der Reihe der geistigen Führer des »verborgenen« Frankreich gibt er Stendhal und dessen »Schülern« Mérimée und Taine den Vorzug. Prosper Mérimée gilt ihm als »Verächter jener schwammmichten Gefühle, welche ein demokratisches Zeitalter als seine ›edelsten Gefühle‹ preist« (KSA 11/598ff, 38[5]). Auf die politischen Ansichten des Novellisten spielt er nur einmal kurz an (MA I 453). Mérimée, der im zweiten Empire zum Senator ernannt wird und ein enger Vertrauter des kaiserlichen Paares ist, misstraut den republikanischen Ideen[130]. Die Charakterisierung der Republik als »désordre organisé« (Mérimée 1874 II/372), die Nietzsche übernimmt, stammt aus einem Brief, den er kurz vor seinem Tod geschrieben hat und aus dem die Erschütterung angesichts des deutsch-französischen Krieges und die Angst vor dem kommenden sozialen Chaos spricht.

Neben dem Salon der Prinzessin Mathilde Bonaparte sind die seit 1862 stattfindenden dîners chez Magny ein beliebter Treffpunkt der literarischen Kreise gewesen. Welch tiefes Niveau die Attacken gegen den

Zeitgeist zuweilen angenommen haben, zeigt sich besonders deutlich bei den Chronisten des Debattierclubs. Wie ihre Kollegen bekunden die Brüder Goncourt ihren Missmut angesichts der Nivellierung und des Konformismus in der modernen Gesellschaft, angesichts der Feigheit, der Anpassungsfähigkeit und der emotionalen Kälte der Bourgeoisie; auch sie erklären ihre entschiedene Opposition gegen die Ideen von 1789, gegen Liberalismus und Fortschrittsglauben, gegen Zentralisierung und Staatsallmacht; auch sie sehnen sich nach einer aristokratischen Ordnung. In ihren Tagebuchaufzeichnungen finden sich überdies zahlreiche Zeugnisse von penetranter Misogynie und aggressivem Antisemitismus. Die folgende Notiz vom 12.Juli 1861 mag das intellektuelle Niveau dieser Polemiken illustrieren: »Ne discutez jamais un préjugé. Acceptez-les purement et simplement, sans bénéfice d'inventaire. Ils sont l'expérience des nations. [...] La tradition de l'opinion ne se trompe pas.« (Goncourt Journal IV/ 221)[131]. Hier schlägt der esprit, der exasperierte Pessimismus ins vulgäre Ressentiment um, was Nietzsche offenbar nicht gebührend zur Kenntnis genommen hat.

Im Rahmen des kurzen und notwendig selektiven Überblicks über den aristokratischen Pessimismus der französischen Intelligenz und seine Wirkung auf Nietzsche möchte ich noch zwei Autoren erwähnen, denen in der Geschichte der literarischen décadence besondere Bedeutung zukommt: Baudelaire und Huysmans. Aus Baudelaires 1887 von Eugène Crépet herausgegebenen *Oeuvres posthumes* hat Nietzsche reichlich exzerpiert[132]. Charles Baudelaire, der 1848 mit der Revolution sympathisiert hat, entwirft in diesen Aufzeichnungen ein düsteres Bild von der Zukunft der menschlichen Zivilisation. »La mécanique nous aura tellement américanisés, le progrès aura si bien atrophié en nous toute la partie spirituelle, que rien, parmi les rêveries sanguinaires, sacrilèges ou anti-naturelles des utopistes, ne pourra être comparé à ses résultats positifs« (Baudelaire OC II/640). Den Fortschritt erlebt Baudelaire als lebensfeindlich. Keine Religion, kein Eigentum und keine revolutionäre Hoffnung wird ihm widerstehen. Die Politik wird jede Würde verlieren und sich in blossen Repressionsmassnahmen erschöpfen. Die Gefühle werden sich erhärten; die Tugenden werden der Lächerlichkeit preisgegeben und als Werte nur noch Geld und Reichtum anerkannt sein. Inbegriff des Bösen ist auch für Baudelaire der Bourgeois. Der 1848 geborene Joris-Karl Huysmans veröffentlicht 1884 seinen Roman *A rebours*. Er gilt als Manifest der décadence und ist darüberhinaus ein besonders eindrückliches Dokument des abgrundtiefen Widerwillens, den die Intellektuellen gegenüber der bürgerlichen Gesellschaft und ihrem Kunstbetrieb empfunden haben[133].

Zweifellos ist sich Nietzsche der Affinitäten zwischen seinem Denken und der tendenziell konservativen Kulturkritik der französischen Intelligenz in der Periode des zweiten Empire und der dritten Republik bewusst gewesen, er spricht indes mit Vorliebe von unüberwindlichen Differenzen. Psychologisch ist das zu begreifen. Er traut sich eine Radikalität und eine Kraft zu, die er andern abspricht. Im Rückblick drängt sich jedoch der Eindruck auf, dass er wie seine französichen Zeitgenossen ein ausgezeichneter Beobachter der Dekadenz und des Nihilismus gewesen ist, aber gewiss nicht ihr Überwinder. Die Verbindung von verzweifeltem Pessimismus und zynischer Ausgelassenheit charakterisiert seine eigene Stimmung. Was ihn von Menschen wie Renan oder Flaubert unterscheidet, etwa der Gestus des einsamen Kämpfers und die im Laufe der Jahre zunehmenden Omnipotenz-Phantasien, lässt sich bis zu einem gewissen Grad psychologisch deuten, als Folge seiner gesellschaftlichen und wissenschaftlichen Isolation; keine Zeitung, kein Salon, keine Gesprächsrunde ist ihm offengestanden[134].

Die Verachtung für Pöbel und Bourgeoisie ist kein exklusives Merkmal konservativen Denkens. Das Unbehagen angesichts des wachsenden Konformismus, angesichts kultureller und moralischer Nivellierung haben in der ersten Hälfte des Jahrhunderts auch Sympathisanten der Revolution wie Stendhal und Heine bekundet. Bezüglich Heine sei hier an einen Abschnitt aus dem Börne-Buch erinnert, in dem der Autor eine Episode rassistischer Lynchjustiz in Nordamerika schildert und zum bitteren Fazit gelangt:»0 Freyheit! du bist ein böser Traum!«[135] Stendhal hat die Auswirkungen sozialer Umwälzungen auf die künstlerische und literarische Produktion analysiert und seine ambivalente Einstellung zur nachrevolutionären Gesellschaft entspringt nicht zuletzt dem Verdacht, in einer solchen Gesellschaft müsse die Fähigkeit zum Kunstgenuss langsam absterben. In der 1823 und 1825 veröffentlichten Streitschrift *Racine et Shakspeare* untersucht er das Problem am Fall der Komödie. Anlass zur Heiterkeit gibt in der Komödie des 17. Jahrhunderts das Scheitern im Bemühen, ein Vorbild zu imitieren. Das einzig massgebliche Vorbild richtigen Verhaltens gibt der Hof und jede Ähnlichkeit mit dem Bourgeois wird zur Quelle der Komik. Der Bourgeois hingegen, der seit Beginn des 18. Jahrhunderts an gesellschaftlichem Einfluss gewinnt, ist vom Ernst seiner eigenen Geschäfte derart erfüllt, dass er über sich und seinesgleichen nicht zu lachen vermag. Die Republik widerspricht dem Lachen, so urteilt Stendhal und assoziiert die Idee der Republik mit der protestantischen Ethik, mit den strengen Sitten und dem prosaischen Alltag einer nordamerikanischen Stadt. *Racine et Shakspeare* stellt einen veritablen

»Anti-Rousseau« dar. Stendhal bekennt, dass er seiner politischen Ideale ungeachtet die Langeweile in der künftigen gerechten Ordnung fürchtet[136].

Im Gegensatz zum romantischen Manifest *Racine et Shakspeare*, das Nietzsche 1880 gelesen hat[137], ist ihm eine andere, ebenfalls 1825 erschienene Polemik unbekannt geblieben. Bei der kleinen Schrift *D'un nouveau complot contre les industriels* (Stendhal OC 45/269-285) handelt es sich um eine ironische Abrechnung mit einem Lieblingsmotiv der Saint-Simonisten; sie gewährt einen guten Einblick in Stendhals politische Ideen. Im Sommer 1825, wenige Tage nach Saint-Simons Tod, haben seine Schüler zusammen mit liberalen Politikern und Unternehmern die Zeitschrift *Le producteur* gegründet. Erklärte Absicht des Organs ist es, das Bewusstsein von der sozialen Verantwortung der Industriellen und der Bankiers sowie vom unschätzbaren Nutzen ihres Berufs in der Öffentlichkeit zu verankern. Stendhal mokiert sich über solche Ansprüche, er ist nicht geneigt, der Tätigkeit eines Unternehmers grösseren Wert beizumessen als den übrigen Beschäftigungen und erhebt Einspruch gegen die Gleichsetzung von Eigennutz und Gemeinwohl. Geradezu lächerlich findet er die saint-simonistische Doktrin dort, wo sie die intellektuelle und moralische Höherwertigkeit der Kapitalisten behauptet. Die Jagd nach Reichtum ist eine schlechte Voraussetzung für die Entfaltung öffentlicher Tugenden, so wendet er ein: es mag verdienstvoll sein, eine Regierung finanziell zu unterstützen, doch die Industriellen kümmern sich nie um den Sinn und die Berechtigung der von ihnen finanzierten Politik. Stendhals Broschüre stellt einen frühen Protest gegen jene Ideologie dar, die man heute als »Produktivismus« bezeichnet. Es geht dem Autor um die Verantwortung der Intellektuellen, die zwischen den feindlichen Lagern des Adels und der Bourgeoisie, der Privilegien und der Industrie stehen und von beiden Parteien Anfeindungen erdulden müssen, sobald sie dem Wert des Geldes jenen der Tugend entgegenhalten[138].

Ein weiteres Werk von Stendhal, das Nietzsche gekannt hat, sind die 1838 erschienenen *Mémoires d'un touriste*. Die Reisetagebücher vermitteln ein aufschlussreiches Bild von der im Umbruch befindlichen Gesellschaft. Das Interesse des Touristen, der 1837 Frankreich bereist, gilt der Politik des *juste milieu*, den Konflikten zwischen Tradition und Industrialisierung sowie den ersten Arbeiterkämpfen mindestens ebensosehr wie den lokalen Sehenswürdigkeiten. Zu den Lehrmeistern Stendhals, der durch die Schule der französischen Aufklärung, der Idéologues und des Liberalismus gegangen ist, gehört der Revolutionspolitiker und Historiker Antoine-Pierre-Joseph-Marie Barnave, der als Vorläufer des Historischen Materialismus gilt. Barnave hat in seiner *Introduction à la Révoluti-on française* die These aufgestellt, die politischen Strukturen seien durch die Formen der Produktion und des Eigentums bedingt. Auch der Autor des *Lucien Leuwen* und der *Mémoires d'un touriste* hat sein Augenmerk auf die ökonomischen Grundlagen der Gesellschaft und auf die Konflikte zwischen den Klassen gerichtet. Dass Nietzsche ihn bewundert hat, heisst selbstverständlich nicht, er habe seine materialistische Sicht der Dinge übernommen oder überhaupt nur gewürdigt. Er schätzt am französischen Schriftsteller die Willensstärke, den illusionslosen Blick auf die Realität und die psychologische Sensibilität. Er sieht in ihm den Freigeist, der sich von allen Mächten, von Kirchen und Höfen, von nationalen Gefühlen und ökonomischen Interessen gelöst hat, den Wanderer, der nirgends hei-misch ist, den Vereinzelten und Posthumen, dessen Botschaft nur schwer zu verstehen ist – kurz: den guten Europäer[139]. Dass auch die von ihm als demokratisch und sozialistisch disqualifizierte Solidarität mit den Unter-privilegierten Stendhals literarisches Schaffen kennzeichnet, verschweigt er. Stendhal unternimmt in den *Mémoires* eine psychologische Typologie der sozialen Klassen. Sein Begriff des Volkes umfasst verschiedene Bedeu-tungen. Einerseits sind die reichgewordenen bzw. nach Reichtum stre-benden Leute gemeint. Ihre Herrschaft ist zu fürchten, denn sie bedeutet den Triumph der vulgären Gesinnung. Stendhal denkt hier in der Regel an Amerika[140], aber auch von der französischen Bourgeoisie zeichnet er ein wenig schmeichelhaftes Bild; er beklagt ihren kleinlichen Egoismus, ihren Mangel an Energie und an politischer Intelligenz[141]. Die untersten gesellschaftlichen Klassen hingegen sind weniger korrumpiert, sie kennen noch edle Leidenschaften. Stendhal kommt im Verlauf seines Berichts mehrmals auf die Lyoner Arbeiterrevolten von 1831 und 1834 zu spre-chen; er attestiert den Aufständischen übermenschliche Tapferkeit (Stendhal OC 15/225f). Was ihn von Nietzsches pessimistischen Zeitge-nossen trennt, ist die Überzeugung, dass die modernen Gesellschaften neue Revolutionen erleben werden und dass die herrschende Ideologie, die Weltanschauung des konservativen Bürgertums nicht von Dauer sein kann[142]. Überdies setzt er sein Vertrauen in die innovativen Kräfte der unteren Gesellschaftsklassen[143]. Der von Nietzsche geschätzte psychologi-sche Blick ist bei ihm auch ein soziologischer Blick.

Stendhal, Heine, Tocqueville, Mill, Herzen, Renan, Flaubert, Baude-laire, Hartmann, Nietzsche – es ist unmöglich, im Schaffen dieser Dichter und Soziologen ein gemeinsames politisches Projekt auszumachen. Die Anwälte der vergangenen und der bevorstehenden Revolution bewerten die Chancen der Republik anders als die Liberalen oder gar als die den

»Massen« wie dem Bürgertum feindlich gesinnten Dissidenten der 60er, 70er und 80er Jahre. Doch sie alle scheinen die geistig-kulturellen Auswirkungen der Demokratisierung mit einem skeptischen Blick zu verfolgen und setzen wenig Vertrauen in die gemäss demokratischen Regeln zur Herrschaft berufene Mehrheit. Ihr wird moralische Integrität, Sinn für politische Verantwortung und Bereitschaft zur Verteidigung und Förderung der Kultur mehr oder weniger kategorisch abgesprochen. Stellt nicht der moderne Mensch das Endresultat einer unheilvollen Entwicklung dar, weil ihm die Energie, die geistige und künstlerische Schaffenskraft fehlt, weil er, ausschliesslich auf seinen materiellen Vorteil bedacht, bloss danach trachtet, sich seiner Umgebung anzupassen? Mit dem Ruf nach dem höheren Typus steht Nietzsche in seinem Jahrhundert keineswegs, wie manche Kommentatoren bis heute glauben[144], allein da. Auch die Klage über den »letzten Menschen«, der »das Glück erfunden« hat (Za I, Vorrede 5), fasst nur in neue Worte, was die kritischen Beobachter des Zeitalters längst schon beschäftigt. Bekanntlich ist die Klage auch in diesem Jahrhundert nicht verstummt. Die moderne, als Kapitalismus, Industriegesellschaft oder Massendemokratie definierte Zivilisation bringt einen Menschentypus hervor, der in seiner Selbstzufriedenheit und Anpassungsfähigkeit, in seiner »Verkleinerung« und »mechanisierten Versteinerung« weder seine vielfältigen Möglichkeiten noch seine Verantwortung wahrnimmt; Max Weber, Herbert Marcuse oder Leo Strauss, Autoren also, die ganz gegensätzliche politische Richtungen repräsentieren, haben in ihrer Kritik Motive übernommen, die sich bei Nietzsche, aber eben bereits bei seinen Vorgängern und Zeitgenossen finden[145].

Die Forschung muss sich wohl oder übel damit abfinden, dass Nietzsche die Frage, ob die kommende Aristokratie die politische Herrschaft ausüben oder in einer politischen Demokratie als erzieherische Elite, als moralische Autorität wirken wird, nicht eindeutig beantwortet hat. Das demokratische Regierungssystem ist bei ihm nur ein Aspekt der Demokratisierung und offenbar nicht der wichtigste. Zwar spricht er von »suffrage universel« und »Volksvertretung«, doch die Problematik der politischen Rechte und der repräsentativen Demokratie interessiert ihn allenfalls am Rande; er verwendet die Worte zur Umschreibung eines moralischen Zustandes, den er bekämpft. Damit knüpft er sowohl an Plato wie an die von Tocqueville begründete Soziologie der Demokratie an. Als demokratisch definiert Plato eine Verfassung, die Menschen als Gleiche anerkennt, welche im Hinblick auf ihre Verdienste und Tugenden ungleich sind (Politeia 558c). Schon seine Aufmerksamkeit gilt jedoch mehr der Seele des Menschen als den Verfassungen; diese widerspiegeln ja nur die

Sitten und Seelenzustände der Menschen (544de). Demokratie entsteht, wenn unersättliche Habgier die gesamte Gesellschaft korrumpiert (555b-557a). Nietzsche verbindet die platonische Kritik mit der Tocqueville-schen Diagnose des demokratischen Konformismus, ohne allerdings Tocquevilles politische Schlussfolgerungen zu berücksichtigen. Die »Absicht auf gleiche Rechte und endlich auf gleiche Bedürfnisse« ist laut Nietzsche die »beinahe unvermeidliche Consequenz unserer Art Civilisation des Handels und der politischen Stimmen–Gleichwerthigkeit« (KSA 13/75, 11[157]). Die Anklage gegen eine Wirtschaftsordnung, die alle Menschen dazu verführt, gleiche Bedürfnisse anzumelden, verweist zwar auf Platons Demokratiekritik, allerdings prägt die Überzeugung, der ökonomisch angeblich nützliche Erwerbstrieb wirke sich auf die öffentliche Moral verhängnisvoll aus, wiederum die gesamte vorliberale politische Philosophie bis hin zu Rousseau. In Nietzsches Urteil steckt jedoch noch eine andere Überlegung. Wenn die Forderung nach gleichen Rechten nur das Resultat der politischen Stimmen-Gleichwertigkeit, also der Demokratie ist, kann es sich bei diesen Rechten selbst nicht um politische handeln. Offenbar denkt Nietzsche hier gar nicht an verfassungsmässig veranker te Rechte; bereits die Kritik am Prinzip des suffrage universel zielt ja auf den ihm zufolge falschen Glauben an eine moralische Gleichwertigkeit aller Menschen. Der Zweifel an der angeblichen Vernunft und moralischen Kompetenz der Mehrheit entspricht einem Unbehagen, das Intellektuelle in der Regel ungeachtet ihres politischen Standorts bekunden. Trotz des offenkundigen Gewichts ideologischer Vorurteile darf man den ethischen Aspekt von Nietzsches Demokratiekritik nicht übersehen. Der Denker, der »jenseits von Gut und Böse« zu stehen vorgibt, klagt sein Zeitalter an, zwischen gut und böse nicht unterscheiden zu wollen, unter dem Vorwand demokratischer Gleichberechtigung ethische Kriterien schlicht für unerheblich zu erklären.

Der Anspruch auf gleiche Rechte und Bedürfnisse bringt, wie Nietzsche im oben zitierten Fragment weiter ausführt, »den Ausschluss und das langsame Aussterben der höheren, gefährlicheren, absonderlicheren und in summa neueren Menschen mit sich«. Demokratie steht hier für Stillstand; Experimente werden nicht mehr geduldet. Wie wir wissen, hat Nietzsche aber gerade das demokratische Prinzip als neuerungssüchtig und versuchslüstern gekennzeichnet (WS 292), das demokratische Zeitalter als eines der Improvisation beschrieben (FW 356). Anders als Plato (Politeia 558c) fasziniert ihn die bunte und anarchische Anmut der demokratischen Verfassung. Erst dank ihr vermag sich das Individuum zu emanzipieren und folglich auch der höhere Typus zu entfalten. Wie ist der Widerspruch aufzulösen? Vielleicht darf man davon ausgehen, dass Nietzsche tatsächlich zwei verschiedene Begriffe verwendet, ohne sie klar genug voneinander zu trennen. Die im europäischen 19. Jahrhundert bereits existierende oder von der Mehrzahl angestrebte Demokratie, in der Politik ausschliesslich der Ökonomie dient und die Menschen das Nützliche mit dem Guten verwechseln, wäre von einer künftigen, radikalen Demokratie zu unterscheiden, in der ökonomische Interessen zur Nebensache werden, in der die Menschen wahrhaft unabhängig werden und ihr Leben frei gestalten können, in der eben deshalb Reichtum und Armut verboten sind (WS 293). Tatsächlich denkt Nietzsche – zumindest in seiner »mittleren« Periode – über die Utopie einer Gesellschaft nach, in der jede Autorität, auch die staatliche, jede Hierarchie zwischen den Menschen verschwunden ist, in der alle Menschen frei und verantwortlich sind. Eben deshalb finden wir bei ihm keine Theorie des demokratischen Staates. Dass sich die Freigeister wohl fühlen im »Frieden der Auflösung« (KSA 8/484, 25[2]), heisst nichts anderes, als dass sie die »Atomisierung« der sozialen Ordnung gutheissen. Der Zerfall der Traditionen, Bindungen und Autoritäten setzt nicht nur egoistische Individuen frei; der Prozess ermöglicht überhaupt erst die Heraufkunft unabhängiger, mündiger, autonomer Menschen. Die künftige Demokratie wird nicht als Regierungssystem definiert, sondern als Ordnung, die der menschlichen Experimentierlust keine Grenzen setzt. Leider hat Nietzsche die anarchische Utopie der gesellschaftlichen »Auflösung« nicht weiterverfolgt und sich in späteren Jahren zunehmend auf die Definition der Gesellschaft als Zuchtanstalt besonnen. Freilich sucht man schon in *Menschliches, Allzumenschliches* vergeblich eine Antwort auf die Frage, welches politische Fundament die Freiheit des Experimentierens vor »tyrannenhaften Gelüsten« zu beschützen vermag, welche kollektiven Anstrengungen die mit sich experimentierenden Individuen unternehmen müssen.

VIII

DER HÖHERE MENSCH UND
SEINE DEMOKRATISCHE HERKUNFT

Nietzsches Hass auf Gleichheit und Demokratie hat seinen Niederschlag in einer Reihe von Begriffen gefunden, die die soziale Rangordnung, die Differenz zwischen Menschen umschreiben; dazu gehört der Begriff des höheren Menschen. Dieser wird zwar in den vielfältigsten Bedeutungen verwendet und es fällt nicht leicht, den Typus zu definieren, er ist aber immerhin bei weitem nicht so rätselhaft wie jener des Übermenschen[1]. Mit dem vierten Teil des *Zarathustra* liegt ein längerer zusammenhängender Text vor, der den höheren Menschen und seine Not, zu der Zarathustra verführt werden soll, zum Inhalt hat. Im Nachlass vom Herbst 1887 findet sich sogar eine präzise Definition: »Der Mensch ist das Unthier und Überthier; der höhere Mensch ist der Unmensch und Übermensch: so gehört es zusammen. Mit jedem Wachsthum des Menschen in die Grösse und Höhe wächst er auch in das Tiefe und Furchtbare: man soll das Eine nicht wollen, ohne das andere – oder vielmehr: je gründlicher man das Eine will, um so gründlicher erreicht man gerade das Andere« (KSA 12/ 426, 9[154]). Aus weiteren Äusserungen jener Zeit ist zu erfahren, wer dieses Problem der Synthese am reinsten personifiziert: Napoleon Bonaparte. Für den »unpolitischen« Nietzsche ist der französische Kaiser als psychologischer Typus von höchstem Interesse.

Im Bemühen, die Tragik der Französischen Revolution zu verstehen, hat der junge Marx einen Gegensatz aufgedeckt zwischen der Gesellschaft des »emanzipierten Sklaventums« und dem Terrorismus der Jakobiner, die diese Gesellschaft dem antiken Ideal der athenischen Demokratie opfern wollen. Napoleon verkörpert für Marx das letzte Gefecht des revolutionären Terrorismus gegen die bürgerlich-kapitalistische Gesellschaft, weil er an die Stelle der permanenten Revolution den permanenten Krieg gesetzt hat. Einige Jahrzehnte später weist Nietzsche in einer ganz anderen Sprache nochmals auf diesen Gegensatz hin. Napoleon ist es zu verdanken, »dass wir in's klassische Zeitalter des Kriegs getreten sind, [...] dass der Mann in Europa wieder Herr über den Kaufmann und Philister geworden ist« (FW 362). Selbstverständlich ist es abwegig,

Nietzsche jakobinische Motive unterstellen zu wollen; die Gegenüberstellung von heroisch-kriegerischem Ideal und bürgerlicher, vom »Kaufmann und Philister« beherrschter Gesellschaft erinnert weit mehr an Themen des romantisch-konservativen Antikapitalismus. Aus Nietzsches Plädoyer für die heroischen Ideale der Vergangenheit spricht indes mehr als Nostalgie. Der Versuch, Napoleons Charakter zu erraten, gehört in das umfassende Projekt einer Soziologie der Epoche. Nietzsche will jene Kräfte bestimmen, die dem »demokratischen« 19. Jahrhundert, seinem Konformitätszwang und seiner Entscheidungsschwäche Widerstand zu leisten vermögen.

Napoleon ist in Nietzsches Augen ein Gegner der modernen Zivilisation, ein Erbe der Renaissance und der Antike. Mit ihm tritt das antike Ideal »leibhaft und mit unerhörter Pracht vor Auge und Gewissen der Menschheit« und es erschallt die Losung »vom Vorrecht der Wenigsten«. Napoleon erscheint »wie ein letzter Fingerzeig zum andren Wege [...] und in ihm das fleischge-wordne Problem des vornehmen Ideals an sich«. Nietzsche fügt bei: »man überlege wohl, was es für ein Problem ist: Napoleon, diese Synthesis von Unmensch und Übermensch ...« (GM I 16). Das Problem hat Nietzsche 1887 stark beschäftigt. Im Juli schreibt er an Hippolyte Taine und dankt ihm für die »unvergleichlich starke und einfache Charakteristik Napoleon's«. Er erwähnt einen Aufsatz Barbey d'Aurevillys, der wie ein »langer Schrei des Verlangens« klinge »nach einer solchen Erklärung und Auflösung jenes ungeheuren Problems von Unmensch und Uebermensch, wie Sie sie uns gegeben haben« (KSB 8/106).

Taine gesteht in seiner Antwort, er habe den Artikel von Barbey nicht gekannt. Nietzsches Provokation, denn darum handelt es sich bei der Erwähnung Barbeys, stösst damit ins Leere. Jules Barbey d'Aurevilly, dem katholischen Monarchisten, geht es in seinen Rezensionen neuerer Napoleon-Literatur nicht, wie Nietzsche unterstellt, um das Problem von Unmensch und Übermensch, sondern um einen Protest gegen die liberale und positivistische Geschichtsschreibung, die er des Königsmords an der grossen Persönlichkeit anklagt (Barbey d'Aurevilly 1887/426). Die besprochenen Autoren – Stendhal, Michelet und Th. Jung – sind als Verfechter liberaler und revolutionärer Ideen seinem Verdikt zufolge unfähig, den Zugang zur geheimen Seelengrösse Napoleons zu finden. Auch Nietzsche hat bekanntlich Michelet und Thiers ihren Mangel an Respekt und ihre unverschämte Zudringlichkeit vorgehalten[2]; es ist daher gut zu verstehen, wenn er Barbey d'Aurevilly seiner Unabhängigkeit wegen lobt[3]. Die Einmaligkeit Napoleons verdankt sich, wie Barbey argumentiert, seinem Widerstand gegen die Revolution, deren Produkt er doch gewesen ist, sowie der Gabe, kommandieren zu können; »la gloire de Napoléon est d'avoir essayé – fût-ce en vain – de rapprendre aux hommes l'autorité qu'il ne connaissaient plus; [...] c'est d'avoir montré à tous les hommes la puissance d'un homme« (Barbey d'Aurevilly 1887/391). Das Verdienst des Diktators ist letztlich die Rehabilitation des »génie monarchique«. Sieht man von den religiösen Hintergedanken in Barbeys Huldigung ab, so erscheint er als ein Streiter für jene Ziele, denen sich Nietzsche verschrieben hat. Auch er feiert den rücksichtslosen Despoten, der nur nach eignem Gutdünken handelt, die Ausnahmenatur, die, um zu befehlen, sich nicht mit ihrer Abstammung legitimieren muss; »la supériorité des hommes se marque surtout par leur résistance au milieu qui les entoure, et qui n'entame que ceux-là qui manquent de substance et de solidité«, so hält Barbey, übrigens gegen Stendhal gerichtet, fest (Barbey d'Aurevilly 1887/387). Nietzsche dürfte kaum entgangen sein, dass Barbey in seinem entschiedenen Antiegalitarismus noch den konservativen Positivismus Taines und Renans dem Geist der Revolution zurechnet. Die moderne Geschichtsschreibung wird angeklagt, jede individuelle Höherwertigkeit zugunsten der Rasse zu leugnen und selbst noch die Rasse zugunsten des Milieus abzuwerten (Barbey d'Aurevilly 1887/426; 466ff). Die Anspielung auf Taine ist nicht zu überhören.

Auf Nietzsche Brief antwortet Taine höflich aber unverbindlich: »Je suis très heureux que mes articles sur Napoléon vous aient paru vrais, et rien ne peut résumer plus exactement mon impression que les deux mots allemands dont vous vous servez: Unmensch und Uebermensch« (KGB III 6/59). Der kurze Austausch von Dankes- und Höflichkeitsbezeugungen erweckt den Eindruck, Taine und Nietzsche seien sich in der Beurteilung Napoleons einig gewesen; doch das Gegenteil trifft zu[4]. Taines Hass auf die Revolution erstreckt sich auch auf Napoleon, da dieser das Werk der Revolution, die Zerstörung der alten Sozialstrukturen und die Zentralisation, fortgesetzt hat. Angesichts der grenzenlosen Immoralität von Napoleons Politik versucht Taine den im Grunde verabscheuungswürdigen Typus historisch einzuordnen und stellt fest: »Manifestement, ce n'est ni un Français ni un homme du XVIIIe siècle; il appartient à une autre race et à un autre âge« (Taine OFC V/5). Er sieht in ihm einen Nachfahren der italienischen Tyrannen des 14. und 15. Jahrhunderts; als letzter seiner Art, befreit von der Konkurrenz Gleichmächtiger, kann er sich in einem vom revolutionären Gewitter erschütterten Frankreich und Europa hemmungslos entfalten. Wie die Italiener jener vergangenen Zeiten besitzt er »l'intégrité de son instrument mental« (Taine OFC V/23), die der moder-

ne Mensch mit seinem spezialisierten, abgestumpften, verwöhnten und
zugleich überforderten Geist längst verloren hat. Als Politiker ist Napoleon ein Künstler, ein Schaffender, ein posthumer Bruder von Dante und
Michelangelo; »il est un des trois esprits souverains de la Renaissance ita-
lienne«, allerdings ist der Stoff, den er bearbeitet, der lebendige, fühlende
und leidende Mensch (Taine OFC V/49f). Nietzsche hat sich die Charakterisierung gemerkt[5]. Sein Interesse erklärt sich hauptsächlich aus der
Überzeugung, der Mensch der Renaissance sei dem modernen Menschen
überlegen. Taine hat für seinen Vergleich ein anderes Motiv gehabt. Der
Befund, bei Napoleon sei die Kraft der ursprünglichen Leidenschaften
nicht wie bei der Mehrzahl der modernen Menschen durch den Zwang
der Zivilisation gebrochen (Taine OFC V/52), ist frei von aller geheimen
Bewunderung. Schrankenloser Egoismus und Machtbesessenheit sind in
seinen Augen nicht die erforderlichen Voraussetzungen für politisches
Handeln. Napoleon, so urteilt der konservative Historiker, ist ein Verhängnis für Frankreich gewesen, seine grössenwahnsinnigen Abenteuer
haben unzählige Menschenleben gekostet und schliesslich eine territorial
geschwächte Nation den Rachegelüsten ihrer Nachbarn ausgeliefert.
Überdies sind seine Massnahmen im Bereich der Verwaltung verderblich
gewesen für die Organisation der französischen Gesellschaft: fortan steht
ein desintegrierter und ohnmächtiger sozialer Körper einem allgewaltigen
Staat gegenüber.

Nietzsche hat nur den Anfang von Taines Napoleon-Studien gekannt,
jene Kapitel, die 1887/88 in der *Revue des deux mondes* erschienen sind[6].
Der Napoleon-Aphorismus in der *Götzen-Dämmerung* (Streifzüge eines
Unzeitgemässen 44) liest sich wie eine Entgegnung auf Taine und eine
Bestätigung von Barbeys Einwänden. Ist für Taine Napoleon ein Relikt
aus vergangenen Zeiten und ein Unglück für seine Gegenwart, begreift
Nietzsche ihn als Genie, auf das lange hin gesammelt worden ist und das
stärker ist als seine Zeit. Grosse Menschen sind notwendig, die Zeiten, in
denen sie erscheinen, hingegen zufällig, erst recht die Umgebung, die öffentliche Meinung, der »Zeitgeist«, dies ist Nietzsches Überzeugung und
er bedauert, »dass man hierüber in Frankreich heute s e h r a n d e r s
denkt [...], dass dort die Theorie vom milieu, eine wahre Neurotiker-
Theorie, sakrosankt und beinahe wissenschaftlich geworden ist und bis
unter die Physiologen Glauben findet«. So lautet Nietzsches wirkliche
Meinung über einen Grundbegriff der Literaturtheorie des von ihm um-
worbenen Taine. Dessen *Histoire de la littérature anglaise* hat er bereits
1878 in der deutschen Übersetzung gelesen. In der programmatischen
Einleitung zur Literaturgeschichte, die naturwissenschaftliche oder ge-

nauer evolutionistische Erklärungsmodelle zum Verständnis der geistigen Produktionsbedingungen bereitstellen will, spricht Taine von den drei »forces primordiales« – »la race«, »le milieu«, »le moment« – , d.h. von den ursprünglichen Faktoren, die einen kulturellen Überbau bedingen (Taine HLA I/XXIIff). Taine gehört, so vermutet Nietzsche, zu jenen Psychologen, die »immer nur die Aussen-Welt wirken und das ego geformt« sehen (KSA 11/63, 25[182]). Er weiss im Grunde, dass der von Darwin und Spencer inspirierte französische Gelehrte[7] nicht zu den Philosophen, sondern zu den wissenschaftlichen Menschen gehört, die sich vor den »Facten« niederwerfen, die »die Autorität von sich ablehnen und in die Umstände setzen« (KSA 11/531, 35[44])[8]. Dennoch bleibt er in seinem Urteil gespalten und findet manch lobendes Wort für den »geistigen Zuchtmeister« der Franzosen (KSA 11/599, 38[5]). Was ihn an Taines Napoleon-Charakteristik am meisten fasziniert hat, ist zweifellos der Hinweis auf die politische Kultur der Renaissance. In der *Götzen-Dämmerung* wird der Gegensatz zwischen Ancien régime und Revolution von jenem zwischen der Renaissance und der Dekadenz des Ancien régime überlagert. Als »grosse Zeit« ist die Renaissance mit den »grossen Menschen« vergleichbar; beide stellen ein Ende dar, einen unberechenbaren Ausbruch ungeheurer Kräfte, auf den sogleich die Sterilität folgt.

Der Vergleich Napoleons mit den Renaissance-Fürsten Italiens ist indes keine Entdeckung Taines; er ist in den 80er Jahren des letzten Jahrhunderts längst zum Gemeinplatz geworden und geht auf Germaine de Staël, Stendhal und Edgar Quinet zurück. Auch Nietzsches Idee einer »Synthesis von Unmensch und Übermensch« ist nicht originell. Unter Berufung auf de Staël erklärt Jacob Burckhardt in seiner Vorlesung über die Geschichte des Revolutionszeitalters: »Diese Person glich keiner anderen; [...] Er war etwas mehr oder weniger als ein Mensch« (Burckhardt/ Ziegler 306). Germaine de Staël hat es mit knappen Worten formuliert: »C'étoit plus ou moins qu'un homme« (de Staël 1818 II/197)[9]. Sie drückt damit die unbegreifliche Fremdartigkeit eines Menschen aus, der an den herkömmlichen Wertmassstäben von Gut und Böse nicht gemessen werden kann; was Napoleon vor allen anderen Menschen auszeichnet, ist sein kaltberechnender Egoismus, sein prinzipienloser Machthunger. Er hat sich berauscht am »schlechten Wein des Machiavellismus«; in diesem Zusammenhang vergleicht ihn seine Kritikerin mit den italienischen Tyrannen des 14. und 15. Jahrhunderts.

Jacob Burckhardt hat die Renaissance als einen Emanzipationsprozess beschrieben, als Triumph von Individualismus und Kosmopolitismus über die herkömmliche Gemeinschaftsmoral und als Abbau der Hierarchie der Stände und der Geschlechter. Der Dynamisierung der Gesellschaft entspricht die Befreiung intellektueller Kräfte. In einem anderen Kontext hat Burckhardt von der Reflexion gesprochen, die »als Schöpferin neuer politischer Formen« auftritt, »tatsächlich aber als Allzersetzerin« wirkt (Burckhardt GW VII/98). In den Italienern der Renaissance erkennt er die »ersten neuern Europäer«, welche sich »schrankenlos dem Nachdenken über Freiheit und Notwendigkeit« hingeben, dies »unter gewaltsamen, rechtlosen politischen Verhältnissen, die oft einem glänzenden und dauernden Siege des Bösen ähnlich« sehen (Burckhardt GW V/ 357). Die Entfesselung des Individuellen bringt die Selbstsucht und damit das Böse zur Geltung[10]. In solcher Bedrohung suchen die Menschen nach einer sittlichen Kraft, die dem Bösen zu widerstehen vermag, und glauben sie im Ehrgefühl zu finden. Burckhardt erinnert bei dieser Gelegenheit an eine Stelle aus Rabelais' Utopie des Thelemitenklosters. Das Ehrgefühl wird hier als ein naturgegebener moralischer Instinkt definiert und Burckhardt meint im Anschluss: »Es ist derselbe Glaube an die Güte der menschlichen Natur, welcher auch die zweite Hälfte des 18. Jahrhunderts beseelte und der französischen Revolution die Wege bereiten half« (Burckhardt GW V/311). Nietzsche hat sich 1871 den gleichen Gedanken notiert: »Die französische Revolution ist aus dem Glauben an die Güte der Natur entstanden: sie ist die Consequenz der Renaissance« (KSA 7/280, 9[26]). Er formuliert damit zwar nur jene Anklage gegen die optimistische Weltbetrachtung, die im Denken von Schopenhauer und Burckhardt bereits ausgesprochen ist, aber die Pointe von Burckhardts Aussage geht verloren. In seiner Darlegung ist das Vertrauen in die Güte der Natur die Voraussetzung für den Gewinn der sittlichen Autonomie. Der Individualismus ist in Burckhardts Augen sowohl Grundmangel wie Bedingung der Grösse des Renaissance-Charakters und das Ehrgefühl verträgt sich sowohl mit dem Egoismus des modernen Menschen wie auch mit dem Edlen, dessen er fähig ist; es ist »für die heutigen individuell entwickelten Europäer eine entscheidende Richtschnur des Handelns geworden« (Burckhardt GW V/310). Der konservative Kulturhistoriker verfolgt den Emanzipations- und Zersetzungsprozess[11] mit gemischten Gefühlen. Der Blick auf die italienische Renaissance erweckt den Eindruck, die kulturellen Leistungen und die Immoralität der Epoche gehörten unauflöslich zusammen. Was aber Burckhardt nur vorsichtig andeutet, wird sein Basler Zuhörer zum Axiom seiner eigenen Geschichtsdeutung erheben. In der unheimlichen Zweideutigkeit der Renaissance ist für ihn das Schicksal des höheren Menschen vorgezeichnet[12].

Die Opposition zwischen Burckhardts konservativer Einstellung und

Nietzsches Modernität ist ein Motiv, das in der Literatur oft angesprochen worden ist. Karl Löwith hat Burckhardts kontemplatives Ideal, seine weise und friedfertige Resignation, seinen »menschlichen Gleichmut« Nietzsches »übermenschlichem Übermut« entgegengehalten (Löwith SS 7/80ff). Die Einsicht in den auflösenden Charakter des Willens zur Macht hat den Basler Historiker zum Gegner sowohl von Nietzsche wie von Bismarck gemacht; die Befreiung des individuellen Wollens in der Renaissance wird von ihm im Gegensatz zu Nietzsche als zutiefst fragwürdig empfunden, wie Löwith zeigt (Löwith SS 7/259; 301). Edgar Salin, der Nietzsche günstiger gesonnen ist, hat die schwierige Beziehung zwischen dem »Verwalter und Mehrer eines grossen Erbes« und dem »Künder des neuen Menschen« untersucht. Er weist auf Nietzsches Heimatlosigkeit hin, auf die das ganze spätere Werk prägende Erfahrung, die Burckhardt fremd geblieben ist (Salin 1948/167; 176). Von einer konservativen Position her streicht Alfred von Martin die Unterschiede zwischen den geistigen Welten Burckhardts und Nietzsches heraus. Nietzsche repräsentiert für ihn den »freischwebenden Literatenhumanismus«, er ist der »Typ der völlig entwurzelten Intelligenz, mit der für diesen Typ charakteristischen Vorliebe für intelligente und geistreiche Juden«, während Burckhardt einen »bodenständigen Bürgerhumanismus« vertritt und für seine »konservative Art die strenge Reserve gegenüber der von dieser [jüdischen UM] Seite drohenden Gefahr einer Zersetzung der Kultur in blosse Zivilisation charakteristisch ist« (Martin 1945/32f)[13]. Die klassisch-gesunde, kontemplative und traditionsbewusste Natur Burckhardts wird mit Nietzsches romantisch-kranker Natur und mit seinem aktivistisch-revolutionären Drang konfrontiert[14]. Burckhardt, so führt Martin aus, betrachtet Napoleon als einen Sohn der Revolution und lehnt jede Revolution ab, auch wenn sie von oben kommt (Martin 1945/148ff). Nietzsche dagegen, der Bewunderer Napoleons, ist, wie mehrfach betont wird, selbst ein Revolutionär; er hasst »nur die Revolution, die nicht seinem Geiste entspringt« (Martin 1945/146). Vor dem Hintergrund des konservativen Feindbildes, das der Autor zeichnet, erscheint Nietzsche tatsächlich als revolutionärer Denker. Gelobt wird die Abwehrhaltung gegenüber der Moderne; als bedrohliche Kräfte gelten Aufklärung und Revolution, Auflösung und jüdischer Geist. Verkörpert ist die »typische âme moderne«, wie Martin meint, in Stendhal, Heine und Nietzsche[15].

Die italienische Kultur des ausgehenden Mittelalters, die seit Michelet und Burckhardt als Renaissance bezeichnet wird, ist auch für Stendhal ein bevorzugtes Studienobjekt gewesen. In den einführenden Erläuterungen zur Novelle *L'abbesse de Castro* klärt er das Publikum auf über die Bedeutung des Brigantenwesens im Italien des 16. Jahrhunderts: »On peut dire en général que ces brigands furent l'opposition contre les gouvernements atroces qui, en Italie, succédèrent aux républiques du Moyen Age« (Stendhal RN II/561). Wenn sich die Herrschenden nur durch Verbrechen an der Macht halten können, wird die Gesetzlosigkeit ihrer politischen Gegner zu einer Form der politischen Auseinandersetzung. In den Augen der unteren Bevölkerungsklassen erscheinen die Briganten als Helden, die der Willkür der Tyrannen und ihrer Statthalter trotzen. Stendhal erkennt in ihnen die letzten Zeugen einer glorreichen Vergangenheit. Nur in einer Atmosphäre der permanenten politischen und intellektuellen Herausforderung, so glaubt er, haben die starken Leidenschaften, der Mut und das Genie der italienischen Menschen gedeihen können. In der Einleitung zur *Histoire de la peinture en Italie* sowie in den italienischen Reisetagebüchern *Rome, Naples et Florence* – es handelt sich um zwei Werke, die Nietzsche gekannt hat – kommt er häufig auf den Zusammenhang von Tyrannei, Republik und künstlerischem Schaffen zu sprechen. Die schöpferischen Energien, die die kulturelle Blüte Italiens bewirkt haben, begreift er als Resultate eines unbändigen Freiheitsdrangs[16]. Die Epoche zwischen dem ausgehenden Mittelalter und der Französischen Revolution stellt er dagegen dar als eine Zeit der zunehmenden Entpolitisierung, des Despotismus, der religiösen Intoleranz, kurz: der Herrschaft der Dummheit. Napoleon schreibt er das Verdienst zu, Italien die Befreiung gebracht zu haben. Ohne es zu beabsichtigen, bereitet der aufgeklärte Despot das Land auf die moderne Republik vor (Stendhal VI/298).

Stendhals Einstellung zu Napoleon ist ambivalent gewesen. Der erste Konsul und spätere Kaiser wird als Tyrann des 19. Jahrhunderts beschrieben, als »esprit supérieur«, dem freilich das Verständnis für die Idee der Republik gänzlich gefehlt hat. Er ist, wie sein Biograph meint, das vollendete Produkt der bisherigen, aristokratisch-monarchischen Zivilisation; doch diese Staatsform selbst hat sich überlebt, sie muss der repräsentativen Regierung weichen, dieser »invention sublime«. In diesem Kontext stellt Stendhal den Vergleich an mit Castruccio Castracani (Stendhal OC 39/345ff). In Napoleons Seele spielt sich ein Kampf ab zwischen dem Genie des Tyrannen und der tiefen Vernunft des grossen Menschen. Der ehemalige Offizier der napoleonischen Armee hat seinen Kaiser einzig deshalb geschätzt, weil er die Revolution gerettet, nicht weil er sie beendet hat[17]. Er ist überzeugt von der Notwendigkeit revolutionärer Umwälzungen, weil nur sie die erforderlichen Energien freizusetzen vermögen, die es braucht, »pour remuer la masse énorme des habitudes.« (Stendhal OC 39/75f)[18]. Wie gross indes auch die Begeisterung für Napoleon als Werkzeug der Revolution ist, für die monarchischen und aristokratischen Allüren des Diktators hat Stendhal nur Verachtung übrig. Er kritisiert die angestrebte Restauration des dynastischen Prinzips sowie die Unterdrückung der politischen Freiheit, während er für die Psychologie des Emporkömmlings einen untrüglichen Blick besitzt: »Napoléon eut le défaut de tous les parvenus: celui de trop estimer la classe à laquelle ils sont arrivés.« (Stendhal OC 39/252). Ein derart differenziertes Urteil findet sich übrigens auch bei Heine. Seine Bewunderung gilt dem Genie eines Mannes, in dem sich die neue Zeit von ihrer prächtigsten Seite zeigt; sie gilt nicht den Handlungen des Politikers, der aus geheimer Vorliebe für das aristokratische Prinzip die Freiheit verraten hat[19].

Auch Nietzsches Napoleon-Bewunderung ist, selbst wenn sie zuweilen wie unreflektierter Heroenkult anmutet, bei genauerer Betrachtung keineswegs unkritisch. Dass der Eindruck antiker Grösse[20] und die Erinnerung an Goethes Begegnung mit dem Kaiser sein Urteil geprägt haben, hat bereits Ernst Bertram in seinem *Versuch einer Mythologie* gezeigt[21]. Doch das Problem ist vielschichtiger. Der Glaube an sich und die »aus ihm fliessende Verachtung der Menschen« haben das Wesen Napoleons zu einer mächtigen Einheit zusammenwachsen lassen, so schreibt Nietzsche in *Menschliches, Allzumenschliches;* später jedoch geht der Glaube in einen »fast wahnsinnigen Fatalismus« über, beraubt ihn seines »Schnell- und Scharfblickes« und wird zur Ursache seines Untergangs (MA I 164). Als ein »vollkommen zu Ende gedachter und ausgearbeiteter Typus Eines Triebes« gehört Napoleon zur antiken Menschheit, deren Merkmale »der einfache Aufbau und das erfinderische Ausbilden und Ausdichten Eines Motivs oder weniger Motive« sind (M 245). Zugleich ist ihm der »gemischte u n r e i n e Charakter der Künstler« eigen: »ehrgeizig und rücksichtslos, in wüthender Rivalität gegen alles, was Ansehen hat, ja selber gegen alles, was tüchtig und achtungswerth ist, und in den Mitteln ohne Bedenken, verleumderisch tückisch« (KSA 9/115, 4[66]). Schon seine Gangart beweist, dass er von niederer Herkunft ist (FW 282), so stellt Nietzsche fest.

Die zahlreichen Notizen, die sich Nietzsche anlässlich der Lektüre von Mme de Rémusats Memoiren gemacht hat, belegen, dass ihn vorwiegend die Psychologie des Emporkömmlings interessiert hat[22]. In einem Streitgespräch über die Hinrichtung des Duc d'Enghien hält Napoleon M. de Rémusat entgegen: »vous autres, vous avez vos souvenirs, vous avez vu d'autres temps. Moi, je ne date que de celui où j'ai commencé à être quelque chose« (Rémusat I/387)[23]. Die Äusserung liest sich wie eine Herausforderung an den Adel, vorgebracht von einem Menschen, der weiss, dass er seine Stellung nur der eigenen Leistung verdankt und auf die Verhaltensnormen seiner Vorfahren nicht Rücksicht nehmen muss. Da Napoleon den Rangunterschied von Adel und niederer Herkunft leugnet, scheut er sich nicht, eine nach herkömmlichem Massstab entehrende Handlung, eine Feigheit zu begehen, sofern sie ihm nützt[24]. Mme de Rémusat schildert ihn als Parvenu, der seine Herkunft verbergen will und seine Umgebung verführt, um sie zu täuschen (Rémusat I/407)[25]. Ein weiterer Wesenszug Bonapartes, den sie hervorhebt, ist sein Frauenhass. Dass Napoleon »in der Civilisation Etwas wie eine persönliche Feindin sah« (FW 362), muss Nietzsche sympathisch erscheinen. Zivilisation steht für Napoleon in einem engen Zusammenhang mit der Macht der Frauen. »L'empereur méprise les femmes; [...] Leur faiblesse lui apparaît une preuve sans réplique de leur infériorité, et le pouvoir qu'elles ont acquis dans la société lui semble une usurpation insupportable, suite et abus des progrès de cette civilisation, toujours un peu son ennemie personnelle« (Rémusat I/112). Der Kaiser ist überzeugt gewesen, so berichtet Mme de Rémusat an anderer Stelle, dass die Herrschaft der Frauen die französischen Könige geschwächt hat. »Il s'était persuadé [...] qu'en France, elles ont plus d'esprit que les hommes [...] et que l'éducation qu'on leur donne les dispose à une certaine adresse dont il faut se défendre. Il les craignait donc un peu, et les tint à l'écart pour cette raison« (Rémusat II/303)[26]. Im Gegensatz zu Nietzsche hat übrigens Stendhal Napoleons Frauenhass keineswegs gebilligt und als Folge fehlender Selbstsicherheit gedeutet (Stendhal OC 39/213). Seine Diagnose der Kultur ist von misogynen Untertönen frei; er ist auch weit davon entfernt, den Wert der Zivilisation gering zu veranschlagen; zu deren Vollendung gehört in seinen Augen die Gleichheit der Geschlechter[27].

Der Wert von Menschen wie Napoleon liegt nach Nietzsche darin, dass sie den »Glauben an die Selbstherrlichkeit des Einzelnen« befestigen (KSA 10/251, 7[27]). Napoleon selbst hat die »noblesse des Charakters« verloren, der Kampf um die Macht hat ihn korrumpiert (KSA 10/257, 7[46]). Doch weil er eine »organisirende Gewalt ersten Ranges« ist, kommt es nicht darauf an, ob er noble Gefühle hat; er muss das schätzen, »was an den Vielen das Stärkste und Bestimmendste ist« (KSA 10/ 476, 14[2]). Er hat zu befehlen in einem demokratischen Zeitalter, in dem die »Dressirbarkeit« der Menschen gross geworden ist, in dem »das Heerdenthier, sogar höchst intelligent [...] präparirt« ist (KSA 11/270, 26[449]). Der Gegensatz zwischen den grossen Menschen und ihrer Zeit, den Nietzsche im zitierten Aphorismus der *Götzen-Dämmerung* konstruiert hat, darf folglich nicht verabsolutiert werden. Auch Nietzsche ist letztlich klar, dass die Französische Revolution, Napoleon und die Demokratie zusammengehören[28], obwohl er diese Einsicht mit Vorliebe verdrängt. In seiner Begeisterung für den Triumph des Genies kommt übrigens auch die Verachtung für das monarchische Prinzip zum Ausdruck[29]. Im Frühjahr 1884 liest Nietzsche Napoleons Rechenschaftsbericht, den Emmanuel de Las Cases nach dem Tod des Kaisers unter dem Titel *Mémorial de Sainte-Hélène* veröffentlicht hat und der eine eigentliche Napoleon-Legende hat aufkommen lassen[30]. Es scheint indes, dass ihn differenziertere Studien mehr angesprochen haben als diese Apologie. Die Lektüre der Memoiren von Mme de Rémusat hat ihm den widersprüchlichen Charakter des Staatsmannes nähergebracht[31]. Der französische Publizist und Politiker Lucien-Anatole Prévost-Paradol, dessen Buch *La France Nouvelle* Nietzsche ebenfalls im Frühjahr 1884 gelesen hat, konfrontiert Napoleons Führungsqualitäten mit dem vollständigen Mangel an moralischem Unterscheidungsvermögen und wahrer Seelengrösse, mit dem blinden Egoismus und der monarchistischen Nostalgie, die seine Herrschaft prägen[32]. Nietzsche konstatiert einen Widerspruch in der welthistorischen Bedeutung Napoleons. Einerseits ist »das Wunder von Sinn in der Existenz Napoleon's« die Einheit Europas (EH/WA 2)[33], andrerseits hat der Monarch als unvollendetes Genie, als Herrscher, der sich auf die Macht von Heeren und Beamten stützt, ein falsches Bild des mächtigsten Menschen gegeben und die Frage »wozu?« entstehen lassen (KSA 11/ 83, 25[278]). Stendhals Überzeugung, jeder mächtige Mensch neige zur Lüge, hat Nietzsche stark beschäftigt. Lüge, Verstellung und Schauspielerei sind für ihn weitere Attribute Napoleons. Er bewertet sie unterschiedlich und assoziiert sie oft mit dem demokratischen Zeitalter. Der Schauspielerei gegen sich selbst, dem Selbstbetrug, den er verabscheut, stellt er die »Schauspielerei nach aussen« entgegen; als Werkzeug der Mächtigen erscheint sie gerechtfertigt; die höchsten Menschen sind Meister der Verstellung, freilich dürfen sie den Sinn für die Realität nicht verlieren[34].

Napoleons Beispiel beweist in Nietzsches Augen die notwendige Zusammengehörigkeit des höheren und des furchtbaren Menschen, der den mächtigsten Instinkt des Lebens, die Herrschsucht, bejaht (KSA 12/456f, 10[15]). Die höchsten Menschen müssen stark genug sein, die umfassendste Verantwortung zu tragen und nicht daran zu zerbrechen, selbst wenn sie mit Menschen arbeiten und Menschen opfern müssen (KSA 12/24, 1[56]). Der Typus des cäsarischen Tyrannen, den Nietzsche im französischen Kaiser auf ideale Weise verkörpert sieht, erhebt sich über die moralischen Konventionen[35] und insbesondere über die »moralische Heuchelei der Befehlenden«; nur er vermag unbedingt zu befehlen (JGB 199). In der

Fröhlichen Wissenschaft steht indes zu lesen, dass die »Tyrannen« letztlich nur die Vorläufer der Individuen sind und dass die »höchsten Cultur-Menschen« eine wichtigere Aufgabe haben als die Cäsaren[36]; freilich wird hier das Individuum wiederum definiert als »Samenträger der Zukunft«, als »Urheber der geistigen Colonisation und Neubildung von Staats- und Gesellschaftsverbänden« (FW 23). Napoleon repräsentiert jenen höheren Menschen, dessen Aufgabe es ist, Staaten zu leiten und eine sich selbst beweisende Autorität darzustellen (KSA 10/476, 14[3]). Allerdings wird Nietzsche später gegen Buckle einwenden, der Wert von höheren Menschen liege nicht in ihrer Wirkung auf die Massen, sondern in ihrem Anderssein (KSA 13/498, 16[39])[37]. Immerhin sind Napoleon »fast alle höheren Hoffnungen dieses Jahrhunderts« zu verdanken (KSA 12/357, 9[44]). Der Glaube an Heroen und an Willensstärke ist für Nietzsche geradezu ein Merkmal der napoleonischen Zeit. Alfred de Vignys Behauptung, es gäbe keine Heroen und Monstra, bezeichnet er daher als antinapoleonisch (KSA 11/63, 25[183]). Die Interpretation lässt darauf schliessen, dass er den betreffenden Text allenfalls oberflächlich gelesen hat. In Vignys Roman *Stello* erklärt der Psychiater Docteur Noir seinem Patienten, dem melancholischen Dichter Stello: »C'est une doctrine qui m'est particulière, monsieur, qu'il n'y a ni héros ni monstre« (Vigny 1832, chap.XX)[38]. Damit spricht er sich gegen eine Theorie aus, die die Mitglieder des Wohlfahrtsausschusses als Monstra mystifiziert. Bei Robespierre und seinen Mitstreitern handelt es sich, wie Docteur Noir erklärt, lediglich um mittelmässige Menschen, die von niederen Instinkten beherrscht werden und die ihr Scheitern in der Gesellschaft durch die Brutalität ihrer Machtausübung zu kompensieren suchen. Nietzsches Einwand gegen Vigny liesst sich vor diesem Hintergrund paradoxerweise wie eine Rehabilitation der Jakobiner, was wohl nicht seine Absicht gewesen ist.

Nietzsche hat jedoch einen anderen französischen Schriftsteller hochgeschätzt, der seine Sympathien für die Jakobiner nicht verheimlicht hat[39]. Stendhal gilt ihm als »einer der schönsten Zufälle« seines Lebens[40]. Das kriegerische Zeitalter, das der weitgereiste frühere Offizier Napoleons in seinen Romanen festhält, ist vor allem ein revolutionäres Zeitalter. Der Einzug der französischen Armee in Mailand beispielsweise, der zu Beginn von *La chartreuse de Parme* geschildert wird, gibt Anlass zu Festfreuden, die die Langeweile der alten Ordnung vergessen lassen. In den Jahren der Restauration wirkt die Erinnerung an die napoleonischen Armeen auf ehrgeizige junge Menschen der unteren Klassen wie ein Versprechen besserer und gerechterer Zeiten. Julien Sorel, der Romanheld von *Le Rouge et le Noir*, ein Jüngling von bescheidener Herkunft, ungeliebt von seiner Familie und unzufrieden mit seinem Schicksal, träumt von einer militärischen Laufbahn; Napoleon, der ebenfalls einfachen Verhältnissen entstammt, wird sein Vorbild. Sobald Julien indes merkt, dass unter dem neuen Régime die Kirche weitaus mächtiger ist als die Armee, beschliesst er, Priester zu werden und seine Ideen künftig zu verbergen. Sein Hass gilt der Gesellschaft der Reichen und der Mächtigen, nichtsdestoweniger weiss er, dass sich sein Wunsch, den beschränkten Verhältnissen seines Standes zu entrinnen, nur durch den sozialen Aufstieg in die verachteten Kreise erfüllen kann. Stolz, sensibel und intelligent, leidet er unter den Demütigungen, die mit seiner Stellung als Hauslehrer verbunden sind. Er sinnt auf Rache[41] und erklärt der Gesellschaft, von der er sich ausgeschlossen weiss, den Krieg. Sein Lebensalltag ist von strategischen Erwägungen beherrscht, seine Erfolge interpretiert er als siegreiche Schlachten und selbst seine erotischen Abenteuer weiss er zuerst nicht anders zu betrachten denn als heroische Erfüllung einer selbstgewählten Pflicht[42]. Unfähig, sich anzupassen oder unterzuordnen, ist er dennoch ein Meister der Verstellung. Er unterscheidet sich von seinen autoritätsgläubigen Mitschülern im Priesterseminar mit ihrem Respekt vor Macht und Reichtum und muss erkennen: »différence engendre haine« (Stendhal RN I/393). Später tritt er in Paris in die Dienste des Marquis de la Mole. Dessen Tochter Mathilde glaubt in ihm einen potentiellen Jakobiner und künftigen Danton zu erkennen. Sie bewundert die Energie, die in diesem »plébéien révolté« steckt und die sie bei ihren adligen Freunden vergeblich sucht. Julien wird in ihren Augen zum »homme supérieur«. Er seinerseits träumt von einer Konspiration, dank der sich der wahre Wert der Menschen gegen die Vorrechte des Adels durchsetzen wird[43].

Dank der Liebe von Mathilde de la Mole gelingt es Julien beinahe, das selbstgesetzte Ziel zu erreichen und die eigene Herkunft zu überwinden. Mit dem Mordanschlag auf die erste Geliebte bereitet er seiner Karriere jedoch ein abruptes Ende. Anlässlich des Prozesses bekennt er sich zur Schwere des Verbrechens; er begreift freilich auch, dass in den Augen der Richter nicht die Tat selbst, sondern die unbescheidenen Ambitionen von Menschen seiner Klasse strafwürdig sind[44]. Der Hass auf die oberen Schichten der Gesellschaft wie auch die Verachtung der eigenen Familie sind bestimmende Kräfte in Julien Sorels Leben gewesen. Im Angesicht des Todes überwindet er die Ressentiments; sie weichen der traurigen Einsicht in die Regeln, die die Gesellschaft beherrschen. Julien bringt Verständnis auf für jene, die Verbrechen begehen aus Hunger und Armut. Er erkennt, dass die Mächtigen vergleichbare Verbrechen begehen, sobald es darum geht, ihre Macht zu erweitern[45].

Die Gestalt des Julien Sorel hat reale Vorbilder gehabt; zu ihnen gehört neben Antoine Berthet der Möbelschreiner Adrien Lafargue, der
1829 aus Eifersucht oder gekränktem Stolz seine Geliebte ermordet
hat. Was Stendhal an solchen Fällen interessiert, ist die soziale Herkunft des
Täters[46]. In den *Promenades dans Rome* – auch dieses Buch findet sich in
Nietzsches Bibliothek – kommt er mehrmals auf Lafargue zu sprechen.
Der Handwerker repräsentiert in seinen Augen jene »classe ouvrière« bzw.
jene »petite bourgeoisie«, in der alleine noch Geist und starke Leidenschaften, Energie und Seelengrösse anzutreffen sind. Künftig, so mutmasst Stendhal, werden möglicherweise alle grossen Menschen aus der arbeitenden Klasse kommen; er erinnert an Napoleon, bei dem die notwendigen Bedingungen vereint gewesen sind: eine gute Erziehung, eine feurige Vorstellungskraft sowie extreme Armut[47]. Stendhal verachtet die Bourgeoisie, ihre Konventionen, ihren Geldhunger; er teilt indes keineswegs
die Ideologie des romantisch-konservativen Antikapitalismus, die manche
seiner Zeitgenossen und späteren Bewunderer vertreten haben. Aus seinen Stellungnahmen sind hingegen häufig vorsichtige Sympathien mit
sozialistischen, insurrektionellen und klassenkämpferischen Bewegungen
herauszuhören[48]. »Voyez quelle suite de beaux drames«, so ruft der Autor
der *Mémoires d'un touriste* aus angesichts der Arbeiteraufstände von Lyon
und Paris, die mit grösster Brutalität unterdrückt worden sind, sowie angesichts eines gescheiterten Attentats auf Louis-Philippe. Mit einem ironischen Unterton fügt er bei: »Les têtes prirent feu à cause de cette malheureuse soif de jouissance et de fortune rapide qui est la folie de tous les jeunes Français. [...] Toute cette malheureuse jeunesse française est donc
trompée par la gloire de Napoléon et tourmentée par des désirs absurdes«
(Stendhal OC 16/289-91). Nachträglich – die *Mémoires d'un touriste* erscheinen acht Jahre nach *Le Rouge et le Noir* – soll somit nochmals daran
erinnert werden, dass das Schicksal von Julien Sorel für dasjenige einer
ganzen Klasse steht.

Der stendhalsche Typus des höheren Menschen lässt sich nicht rekonstruieren, ohne dass das klassenkämpferische Element berücksichtigt
wird. Der »beylisme« ist verstanden worden als eine Philosophie der Revolte gegen Gott, gegen die gesellschaftlichen Konventionen und gegen
die Gesetze des Marktes, als ein Anarchismus des souveränen Ich, das keine äussere Autorität anerkennt[49]. Das Kriterium der Überlegenheit gewisser Menschen ist ihre Fähigkeit, sich selbst zu verwirklichen und sich
nicht von einer korrumpierten Gesellschaft korrumpieren zu lassen. Armut und soziale Benachteiligung sind in Stendhals Augen gute Voraussetzungen, die notwendige Energie zu entwickeln. Die Merkmale des höhe-

ren Menschen – Willensstärke, Zivilcourage, kritische Intelligenz, Einbildungskraft und Widerstand gegen den Konformitätszwang – findet er am ehesten in den gesellschaftlichen Unterschichten.

Die Gestalt des Julien Sorel steht für jene jungen, ehrgeizigen und gebildeten Menschen, die von den Privilegien der Restaurationsgesellschaft ausgeschlossen sind und auf eine neue Revolution sinnen. Sie trägt überdies die Züge ihres Schöpfers, eines hochsensiblen, leicht verletzlichen Menschen, der sich den geltenden Umgangsformen nicht unterwerfen will. »L'homme soi-disant supérieur, ou, pour mieux dire, différent« (Stendhal Correspondance I/701), wie es bereits 1813 in einem Brief an Félix Faure heisst, fühlt sich in der Gesellschaft anderer Menschen rasch unglücklich. Es wäre indes falsch, den »homme supérieur« einfach mit dem Typus des romantischen Rebellen gleichzusetzen. Stendhal verwendet den Begriff in den vielfältigsten Bedeutungen[50]. Ein Charaktermerkmal des Typus ist sein »ideologiekritisches« Vermögen. Figuren wie Julien Sorel oder Lucien Leuwen sind ihren Zeitgenossen überlegen, weil sie sich nicht täuschen lassen, weil sie hinter den moralischen Ansprüchen einer Gesellschaft die Heuchelei, hinter den politischen Diskursen die Machtspiele und die ökonomischen Interessen erkennen.

Zu den Bewunderern von Stendhal gehört der bereits erwähnte Astolphe de Custine. Er schreibt, den politischen Differenzen zum Trotz, dem Autor von *Le Rouge et le Noir* im November 1830 einen enthusiastischen Dankesbrief. Stendhal, so sein Argument, protestiert gegen den Missbrauch der Autorität und erhofft das Glück für die Zukunft des Menschengeschlechts. Ihm selbst dagegen erscheinen die Unannehmlichkeiten der Revolte bedenklicher und er setzt seine Hoffnung in eine religiöse Besinnung. In der Verachtung der vulgären Interessen, die dem Egoismus zugrundeliegen, glaubt er indes das verbindende Motiv gefunden zu haben. Er plädiert für eine Verknüpfung von Katholizismus und Sozialreform. Er weiss, dass er in einer Zeit der Umwälzung lebt, dass das Mittelalter seinen endgültigen Abschluss gefunden hat und dass Experimente grossen Ausmasses bevorstehen: »Peut-être tout ceci va-t-il devenir le chef-d'oeuvre du genre humain!« (Stendhal Correspondance II/855f)

Le monde comme il est – der Titel des 1835 erschienenen Romans, der das Vorbild von *Le Rouge et le Noir* erahnen lässt, enthält bereits eine Anklage. Die Welt ist nicht, wie sie sein sollte, sondern ein Abgrund von Machtspielen und Intrigen. Edmond d'Offlize, ein junger Dandy, will nach manchen Liebesabenteuern die reiche Jacqueline de Senaer ihres Geldes wegen heiraten. Doch er verliebt sich in sie und seine reine Liebe bewirkt eine moralische Läuterung. Jacqueline indes gibt Edmonds

Freund Adolphe de Mérande den Vorzug, obwohl sie im Grunde ihres Herzens Edmond liebt. Die Ränkespiele Adolphes und seiner mächtigen Beschützer aus der Kongregation verhindern erfolgreich, dass die Liebenden zueinanderfinden. Das wenig schmeichelhafte Bild, das Custine von Adel und Klerus zeichnet, ist der Kritik aufgefallen. Die Zielscheibe seines Tadels ist freilich nicht die soziale Hierarchie, sondern der materialistische Lebensstil der Oberschichten. Custine will den liberalen und reformerischen Kräften nicht mehr Redlichkeit zubilligen als den konservativen; die Moral der Liberalen ist ihm zufolge nichts als der Ausdruck einer wachsamen, aber dummen Eigenliebe, ihr Hass gegen den alten Adel führt sie zur politischen Heuchelei. Zwar gesteht Custine der repräsentativen Regierung zu, dass sie die Ehrgeizigen dazu zwingt, die Maske von Moral und Humanität anzuziehen, doch dieses Verdienst kann die klerikale Macht ebenso für sich in Anspruch nehmen. Die Opposition zwischen zurückgebliebenen und fortgeschrittenen Geistern ist für ihn nicht relevant, da beide ihre persönlichen Ziele hinter Ideologien verbergen. Die einzig sinnvolle Unterscheidung, die zwischen Menschen gezogen werden kann, ist jene zwischen den »gens médiocres« und den »esprits supérieurs«. Die höheren Geister vermögen nicht bloss wie die mittelmässigen Leute die Lügen ihrer Ahnen zu entlarven, sondern auch die Sprache ihrer Gegenwart und damit ihre eigenen Ideale zu durchschauen (Custine 1835 II/65-67).

Custine verachtet seine Zeit, weil sie die Habenichtse zum Neid gegenüber den Reichen aufstachelt. Er denkt dabei nicht an die arbeitende Klasse, sondern an eine Minderheit von krankhaft Ehrgeizigen, an die Emporkömmlinge – »parvenants« –, die er als die schlimmste Sorte von Wirrköpfen, als Schädlinge der »sociétés industrielles« tituliert (Custine 1835 II/ 207). Das Grundmotiv der konservativen Gesellschaftskritik findet sich bereits bei ihm: Länder, die mit ihrem Erziehungssystem den Ehrgeiz ihrer Jugend zu stark fördern und nicht befriedigen können, werden keinen sozialen Frieden finden. Custines Abneigung richtet sich ganz besonders gegen die Intellektuellen, gegen die hommes de lettres. Der Romanheld versucht in einer letzten Anstrengung, Dichterruhm zu erringen, um Jacquelines Zuneigung zu gewinnen. Doch auch dieses Unternehmen bleibt erfolglos: er wird bestohlen und seine Ideen eignen sich andere Dichter an. Ohnehin ist es ihm nicht gelungen, sich ins literarische Milieu zu integrieren. Die Intellektuellen, so lautet die Anklage, sind sich ihrer Schuld der Gesellschaft gegenüber nicht bewusst, sie betreiben, von blinder Zerstörungswut getrieben, deren Untergang; sie sind »septembriseurs de la pensée«, die das soziale Gefühl überhaupt in Frage stellen. Custine lässt keine

Alternative zur christlichen Ordnung mit ihrem Prinzip der Selbstaufopferung gelten. Die Französische Revolution ist für ihn ein blosser Rückfall in die Barbarei, weil sie den Geist der Barmherzigkeit durch die Selbstliebe ersetzt hat (Custine 1835 II/221-24). Doch die menschliche Freiheit ist die Hölle und das Ich ein Dämon, so fühlt Edmond in seiner ausweglosen Lage. Ihm fehlt die Religion der Vorfahren, die mehr ist als ein Gefühl, nämlich eine äussere Autorität, ein verpflichtendes Gesetz, das die Menschen vor sich selbst zu retten imstande ist (Custine 1835 II/399f). Custine schwankt zwischen seinem Glauben und einer in seiner gesellschaftlichen Situation begründeten Verzweiflung. Gut und Böse sind für ihn keine Werte, die in der Gesellschaft sinnvoll definiert werden können; hier gelten nur die Kriterien von reaktionär und progressiv; über sie fühlt er sich erhaben. Freiheit wird für künftige Menschen ein ebenso leerer Begriff sein, wie es die religiösen Inhalte für viele seiner Zeitgenossen bereits geworden sind; davon ist er überzeugt. Nietzsche hat aus Custines Roman, den er im Frühjahr 1884 gelesen hat, längere Auszüge gemacht. Er hat sich allerdings zum Autor nicht geäussert und es bleibt daher ungewiss, ob er dessen katholischen Nihilismus durchschaut hat. Zweifellos hat ihn der aristokratische Gestus des Misanthropen angesprochen[51]. Doch Custines Held ist ein romantischer Aussenseiter, der sein Leben nicht zu meistern weiss und sich zurücksehnt in den Schoss der Kirche. Der Atheist Stendhal dagegen setzt seine Hoffnungen in eine revolutionäre Umgestaltung, in eine mögliche Befreiung von den bedrückenden Verhältnissen; sein »homme supérieur« ist kein Ersatz für die überlebte Figur des Adligen, sondern eine komplizierte Synthese zwischen dem revoltierenden Plebejer mit seinen Ressentiments, dem weitsichtigen, unabhängigen Intellektuellen und dem souveränen Individuum.

Generationen von Stendhal-Lesern haben nur die bösen Züge in Julien Sorels Charakter sehen wollen. Stendhals Aristokratismus und der Anspruch auf Differenz, der seinen Heldinnen und Helden eigen ist, werden beim erklärten Fürsprecher der Französischen Revolution nie zum Vorwand, bestehende soziale Hierarchien zu legitimieren. Seine späteren Bewunderer schätzen zwar seinen psychologischen Scharfblick, teilen aber keineswegs seine politischen Überzeugungen. Diese Kritiker begegnen Julien Sorel mit wenig Sympathie. Bereits Prosper Mérimée hat Stendhal vorgehalten, es sei nicht das Ziel der Kunst, die hassenswerten Seiten des menschlichen Wesens zu enthüllen: »Il y a dans le caractère de Julien des traits atroces dont tout le monde sent la vérité, mais qui font horreur« (Stendhal Correspondance II/858f). Ein Vierteljahrhundert später wird Sainte-Beuve Stendhal umgekehrt seine Unfähigkeit, lebendige Menschen

zu zeichnen, vorwerfen. Er sieht in seinen Figuren nur Automaten, konstruiert aus abstrakten Ideen. »Julien [...] ne paraît plus bientôt qu'un petit
monstre odieux, impossible, un scélérat qui ressemble à un Robespierre
jeté dans la vie civile et dans l'intrigue domestique« (Sainte-Beuve CdL IX/
330). Zehn Jahre darauf, 1864, schlägt Hippolyte Taine eine grundlegende Korrektur des einseitig negativen Bildes vor. Nur ein Wort, so scheint
ihm, wird Beyle gerecht: »esprit supérieur«. Ein solcher Geist lebt einsam,
fern von der Menge und unerreichbar für sie. Die Überlegenheit des Autors überträgt sich auf seine Romanfiguren. Julien Sorel ist kein Held, der
zum Vorbild werden könnte; er ist ein bemerkenswerter Mensch, weil er,
unerbittlich gegen sich, ein von ihm selbst definiertes Ideal anstrebt und
darin Stärke beweist; weil er im Gegensatz zur »foule moutonnière«, die
nur zu imitieren weiss, sein Verhalten erfindet[52]. 1886, also nach der konservativen Wende, hat sich Taines Urteil gewandelt; knapp formuliert er
in einem Brief: »Julien Sorel est trop odieux; tant pis pour ceux qui pren-
nent ce roman pour le chef-d'oeuvre de Beyle« (Taine VC IV/217f).
Adressat des Briefes ist Eugène-Melchior de Vogüé, der in seiner 1886 veröffentlichten Studie *Le roman russe* festhält, Stendhal habe die Seele Sorels
mit dem Inhalt seiner eigenen gefüllt; »c'est une âme méchante, très-in-
férieure à la moyenne«. *Le Rouge et le Noir* empfindet de Vogüé als »livre
haineux et triste« (de Vogüé 1886/XXIX). In den 90er Jahren endlich entdeckt Emile Faguet in Julien Sorel den typischen Repräsentanten einer
Epoche und einer Klasse: in ihm vereinigt sich der plebejische Ehrgeiz, alle
sozialen Positionen erreichen zu können, mit einer überragenden Intelligenz, einer leidenschaftlichen Seele und einer vollständigen Immoralität.
Juliens Seele, so sieht es Faguet, ist weder böse noch vulgär, sie ist verderbt.
Stendhals Held will um jeden Preis aufsteigen und hasst jene, die ihm im
Wege stehen, so wie er die Gesellschaftsordnung hasst, die ihn zur Heu-
chelei zwingt. Mit all diesen Zügen ist er für Faguet ein zutiefst wahrer
Charakter, weil er den Seelenzustand der Menschen in einem demokrati-
schen Zeitalter enthüllt (Faguet 1900/46ff).

Faguets Analyse ist in den 90er Jahren nicht mehr originell. Das Thema des demokratischen Ausnahmemenschen steht bereits im Zentrum
von Bourgets Stendhal-Essai aus dem Jahr 1882. Der Begriff des »homme
supérieur« taucht in Bourgets *Essais de psychologie contemporaine* – es handelt sich um eine wichtige Quelle für Nietzsches Kenntnisse der französischen Literatur – in zwei Bedeutungen auf. Gemäss der ersten Bedeutung
zeichnet sich der höhere Mensch durch umfassende Intelligenz und
schöpferische Kraft aus; Cäsar, Leonardo und Goethe werden als Beispiele
genannt. Er ist »une des machines les plus précieuses que la société ait à

son service« (Bourget EPC I/88). Dieser Typus kann sich im Zeitalter des allgemeinen Wahlrechts nicht durchsetzen, das Milieu der Demokratie steht seiner Entfaltung im Weg[53]. Bourget spricht in diesem Kontext von Ernest Renan und seinem Ideal einer Gelehrten-Republik[54]. Er behauptet im Anschluss an Renan einen fundamentalen Gegensatz zwischen Demokratie und Wissenschaft. In den Lehren von Darwin und Spencer glaubt er die wissenschaftliche Widerlegung der Demokratie und ihrer theoretischen Grundlage, des cartesischen Rationalismus, gefunden zu haben[55].

Der zweite Typus des »homme supérieur« steht nicht in Opposition zur demokratischen Gesellschaftsform, er ist vielmehr ihr Produkt. Taine hat in seinem Werk *Le régime moderne* die Entfesselung der Ambitionen in den nicht-privilegierten Gesellschaftsschichten als das Hauptergebnis der Französischen Revolution bezeichnet[56]. Sein Schüler begreift die Geschichte des Julien Sorel vor dem Hintergrund dieser Analyse. Er glaubt, dass vom stolzen Bewusstsein des Andersseins und von der Verachtung der öffentlichen Normen ein direkter Weg zur Aufkündigung des sozialen Pakts und zur offenen Revolte führt. Beyle selbst, so präzisiert er, hat dank seines nüchternen Verstandes den entscheidenden Schritt zwar nicht getan, stattdessen hat seine Einbildungskraft die Gestalt des Julien Sorel geschaffen. Bourget sieht im Helden von *Le Rouge et le Noir* ein Produkt der demokratischen Gesellschaft und zugleich ihr Opfer. Auf den ersten Blick ist das ein erstaunlicher Befund, spielt doch der Roman in der Zeit der Restauration. Unter Demokratie versteht Bourget allerdings nicht primär ein Regierungssystem, sondern eine soziologische Realität: sie ist eine auf dem Prinzip der Gleichheit beruhende Ordnung, die dem Egoismus und dem Wettkampf der Ambitionen alle Schranken aus dem Weg räumt. Jeder begabte junge Mensch hat das Recht und die Möglichkeit, seine intellektuellen Fähigkeiten auszubilden. Doch am Ende seiner Ausbildung muss er erkennen, dass die Plätze schon vergeben sind. Die Erziehung hat eine Vielfalt von Ansprüchen in ihm geweckt; aber ihm fehlen die Mittel, sie zu befriedigen. Die Grossartigkeit seiner Wünsche kontrastiert mit seiner tatsächlichen Ohnmacht. Er klagt die soziale Ordnung, die ihn nicht zum Zuge kommen lässt, an und wird zum Revolutionär. In dem Kontext zitiert Bourget die Stelle aus dem Roman, wo Julien als »l'homme malheureux en guerre avec toute la société« beschrieben wird[57]. Sicher ist der Krieg gegen die Gesellschaft ein Leitmotiv des Romans; Bourget will aber aufgrund seines konservativen Weltbildes dessen geheime Logik nicht verstehen. Das von ihm angeführte Zitat steht in einem besonderen Zusammenhang, den er verschweigt: Julien weiss in seiner quälenden Unsicherheit und in seinem Misstrauen gegenüber den jungen Adligen nicht, wie er Mathildes Liebeserklärung deuten soll. Bourget hingegen zeichnet den jungen Krieger als beutelüsternes Raubtier, das, gerüstet mit den Waffen der Zivilisation, mit List und Maske, auf die Jagd geht; da es nicht befehlen kann wie Bonaparte, wird es wie Tartuffe zum Heuchler. In einer Welt ohne Traditionen, in der jeder Mensch seines eigenen Glückes Schmied ist und in der das Gesetz unerbittlicher Konkurrenz herrscht, wird nach Bourget gerade die starke, unabhängige, stolze und energische Persönlichkeit fast unvermeidlich zum Missbrauch ihrer Kraft verführt. Der Ehrgeiz, aufzusteigen, diese »grausame und kalte Leidenschaft« (Bourget EPC I/327), lässt Julien schliesslich zum Verbrecher werden. Wer das Ereignis der Pariser Kommune verstehen will, muss den Roman von Beyle zur Hand nehmen, so empfiehlt Bourget; dabei denkt er insbesondere an Juliens Reflexionen zum Naturrecht. Sie sind ihm ein Beweis dafür, dass auch in der modernen Gesellschaft, unter der dünnen Hülle der Zivilisation und der Domestizierung, das Bestialische und Primitive, die ursprüngliche Wildheit der Menschen erneut hervorbrechen kann. Damit nimmt er ein verbreitetes Motiv konservativer Gesellschaftskritik auf: Revolutionen wie jene von 1789, 1792 oder 1871 sind zu verstehen als plötzliche und gewaltsame Eruptionen atavistischer Instinkte[58].

In der 1889 veröffentlichten Essai-Sammlung *Études et portraits* kommt Bourget erneut auf Julien Sorel zu sprechen. Stendhals Held wird nunmehr als ein soziales Monstrum gezeichnet, das ähnlich wie Jacques Vingtras und dessen Schöpfer Jules Vallès völlig vom Hass gegen die bestehende Ordnung geleitet wird. Der revoltierende Plebejer wird zum Nihilisten und schliesslich zum Revolutionär[59]. Die Beschäftigung mit dem »Fall« Julien Sorel wird im Laufe des letzten Jahrhunderts in der französischen Literaturkritik immer mehr zur Beschäftigung mit einem soziologischen Problem. In Juliens Geschichte projizieren die konservativen Intellektuellen alle ihre durch die Demokratisierung und den Abbau sozialer Hierarchien hervorgerufenen Angstvorstellungen hinein. Typisch für diese Haltung ist die Ansicht des bereits zitierten Emile Faguet, der den unlogischen Schluss von Stendhals Roman bemängelt. Stendhal hätte seiner Meinung nach zwischen zwei Lösungen wählen müssen: entweder Julien heiratet Mathilde mit der Einwilligung ihres Vaters und wird damit seinerseits zum unerbittlichen Aristokraten und Verächter der kleinen Leute, oder er heiratet sie ohne die Einwilligung ihres Vaters und zieht sie mit sich hinunter in die sozialen Niederungen und in die Unzufriedenheit der kleinen Leute. In beiden Fällen hätte der Roman laut Faguet eine tiefere Bedeutung erhalten[60]. Dies kann wohl nur so verstanden werden: in beiden Fällen wäre die Notwendigkeit einer sozialen Hierarchie nicht hinterfragt worden. Stendhal hat in der Tat eine andere Lösung gewählt: Julien, der sich im Gesellschaftsspiel seine eigenen Regeln gibt und fortwährend die sozialen Schranken überschreitet, wird durch die Aufstiegsmöglichkeiten dazu verführt, sich mit den Spielregeln der Klassengesellschaft abzufinden. Sein Verbrechen bedeutet dagegen »un refus absolu du jeu social«[61]. Es bleibt zu fragen, welche Bedeutung der »Fall« Julien Sorel für Nietzsche gehabt hat. Die Begegnung mit Stendhals Roman hat ihm ausserordentliche Freude bereitet[62]. Im März 1885 bittet er seine Freundin Resa von Schirnhofer, »Jagd« zu machen auf die »Rougistes«, auf die französischen Stendhal-Schwärmer, namentlich auf Léon Chapron und Paul Bourget. Letzterer ist in seinen Augen der »lebendste Schüler« von Stendhal (KSB 7/18). Nichts deutet darauf hin, dass Nietzsche Kenntnis genommen hat von den tiefgreifenden politisch-weltanschaulichen Differenzen, die Bourget von Stendhal getrennt haben. Er selbst ist von einigen Zeitgenossen und Kritikern mit Julien Sorel verglichen worden. Der Journalist und Schriftsteller Jean Bourdeau, in den Nietzsche kurz vor seinem Zusammenbruch noch so grosse Hoffnungen im Hinblick auf die künftige Verbreitung seines Werkes in Frankreich gesetzt hat, veröffentlicht 1913 sein Buch *Les maîtres de la pensée contemporaine*. Zu den Meistern zählt er Stendhal und Nietzsche, die er beide entschieden ablehnt. Auch er erblickt in Julien den ehrgeizigen Aufsteiger, der sich verschworen hat gegen Adel und Reichtum. Nietzsches Moral, das Prinzip, wonach nichts wahr und alles erlaubt ist, begreift er als »beylisme pur«. Seine Grausamkeit und sein Immoralismus erinnern Bourdeau an Schillers Karl Moor, an die satanischen Helden von Byron, an Balzacs Vautrin und an Julien Sorel[63].

Im Laufe dieses Jahrhunderts hat sich die Perspektive verändert. Immer weniger wird Nietzsche als gefährlicher Immoralist verstanden, stattdessen als ernstzunehmender Diagnostiker des europäischen Schicksals. Überdies wächst er über Stendhal hinaus, wie es Fritz Krökel formuliert hat, er gilt nicht mehr nur als dessen Schüler; er stellt den Willen zur Macht über die Jagd nach dem Glück. Trotzdem wird *Le Rouge et le Noir* heute zuweilen als ein Werk diskutiert, das auf ideale Weise die Prinzipien von Nietzsches Machtlehre zu illustrieren vermag. In der Erörterung der psychologischen Gesetze von Machtspielen allerdings wird dem klassenkämpferischen oder sozialrevolutionären Aspekt kaum mehr Beachtung geschenkt[64]. Die Umdeutung, die »Entpolitisierung« Stendhalscher Themen geht indes auf Nietzsche selbst zurück. Ein Beispiel gibt seine Verwendung des Stendhalschen Motivs »différence engendre haine«. Stendhal spricht damit den Konflikt zwischen Juliens unabhängigem und zugleich ehrgeizigem Wesen und dem Konformismus seiner Mitschüler aus. Nietzsche dagegen bringt das Diktum mit dem Instinkt der Ehrfurcht vor dem Kostbaren und Heiligen, mit dem Instinkt für den Rang in Zusammenhang (JGB 263).

Obgleich das Motiv der Rebellion oder gar dasjenige des revoltierenden Plebejers für Nietzsche nicht jenen Stellenwert haben kann, den es bei Stendhal einnimmt, spielt es doch in seiner späten Philosophie eine nicht unbedeutende Rolle. Im an Jacob Burckhardt adressierten Brief vom 6.Januar 1889 identifiziert sich Nietzsche mit Prado und Chambige, beide sind nach seinem Urteil »anständige Verbrecher« (KSB 8/578)[65]. Chambige wie Prado stehen in November 1888 im Mittelpunkt von Kriminalprozessen, die von einem grossen Publikum mit Spannung verfolgt werden. Das *Journal des débats* – es gehört in jener Zeit zu Nietzsches bevorzugter Lektüre – widmet beiden Prozessen ausführliche Berichte[66]. Prado alias Linska de Castillon, ein undurchsichtiger Abenteurer, steht im November 1888 wegen Raubmordes an einer Frau vor Gericht. Seine selbstsichere und kaltblütige Verteidigung beeindruckt das Publikum, das *Journal des débats* konstatiert seine ausserordentliche Gewandtheit und Eloquenz, seinen Geist und seine gewagte Ironie. Aber von einer wirklichen Überlegenheit des Angeklagten über seine Richter kann nicht die Rede sein. Prado ergeht sich in blossen Zynismen, die zudem in der Regel auf Kosten der mit ihm liierten Frauen gehen. Es fällt schwer, Nietzsches Begeisterung für Prado nachzuvollziehen[67].

Um einiges interessanter ist der Fall Chambige. Henri Chambige, ein junger Schriftsteller, der die Rechte studiert hat, erschiesst im Januar 1888 im nordafrikanischen Constantine eine Bekannte und versucht darauf, sich selbst zu töten. Er stellt die Tat als Ausführung eines aus Liebe motivierten gemeinsam geplanten Selbstmordes dar. Obwohl er das Gericht mit dieser Version nicht zu überzeugen vermag, wird er nur zu 7 Jahren Zwangsarbeit verurteilt. Chambige ist ein Intellektueller, der den Einfluss von Darwin und Spencer, von Comte, Mill und Taine, schliesslich auch von Schopenhauer erfahren hat. Im Verlauf des Prozesses taucht deshalb mehrmals die Frage auf nach der moralischen Verantwortung der modernen Philosophie und Literatur. Den Anklägern und Richtern, bis zu einem gewissen Grad auch sich selbst, erscheint Chambige als junger, ungefestigter Mensch, der durch seine Beschäftigung mit der Wissenschaft, mit materialistischen, skeptischen und pessimistischen Philosophien den Sinn für die moralischen Werte verloren hat. In den Augen seiner jungen Schriftsteller-Kollegen ist er ein Held, während der Zivilkläger ihn neben Julien Sorel und Raskolnikoff stellt.

Der höhere Mensch

Ein Vergleich zwischen den Fällen von Prado und Chambige und der Geschichte von Julien Sorel drängt sich auch deshalb auf, weil in allen drei Fällen die Angeklagten während der Verhandlung ihren Anklägern gegenüber eine gewisse Superiorität behaupten. Doch hier handelt es sich bloss um eine oberflächliche Analogie. Prado und Chambige leugnen ihre Tat bzw. deren Interpretation, Julien keineswegs. Im Gegensatz zu Julien geht es weder dem zynischen Abenteurer Prado noch dem intellektuellen décadent Chambige um eine Kritik an den bestehenden Verhältnissen. Ein zweiter Unterschied ist zu beachten: in allen drei Fällen sind die wirklichen Opfer Frauen. Doch sowohl im Chambige- wie im Prado-Prozess bleiben die Opfer im Hintergrund. Die Verletzung der öffentlichen Moral wird als ein mindestens ebenso schweres Verbrechen gewertet wie der Anschlag auf Leib und Leben der betroffenen Frauen. Bei Stendhal hingegen wird eben diese Moral in Frage gestellt, während umgekehrt das Opfer nicht in der Anonymität bleibt.

Der Fall Chambige hat auch Paul Bourget beschäftigt. Der Schriftsteller, der Chambige noch selbst gekannt hat und beim gleichen Lehrmeister in die Schule gegangen ist – bei Hippolyte Taine –, lässt sich vom Prozess zum Roman *Le disciple* inspirieren. Der 1889 erschienene Roman lässt das Vorbild von *Le Rouge et le Noir* erkennen, doch fehlt ihm die sozialkritisch-politische Dimension. Die Konfrontation des Adligen André de Jussat-Randon mit dem »plebejischen« Intellektuellen Robert Greslou wird nicht als Klassenantagonismus, sondern als Differenz zwischen der »race conquérante« und der »race conquise«, zwischen der kriegslüsternen Barbarei des Adels und der Zivilisiertheit der Intellektuellen problematisiert, letztlich als Gegensatz von Handeln und Denken (Bourget 1889a/128). Nicht um den Aufstieg von einer niederen zu einer höheren sozialen Stufe[68] geht es im Roman, sondern um eine Anklage gegen die moralische Verantwortungslosigkeit einer Wissenschaft, die mit der menschlichen Psyche Experimente anstellen will. Greslou erscheint als soziales Ungeheuer, weil er die Skrupellosigkeit der Intellektuellen personifiziert, nicht wie Julien Sorel die Revolte. Zur Immoralität ist er überdies durch die Schriften seines Lehrers Adrien Sixte angestiftet worden. Das reale Vorbild für diese Figur ist Taine, von dem sich Bourget in jener Zeit abgewandt hat. Taine, der ein Vierteljahrhundert zuvor die Gemüter mit seinem berühmten Diktum über Tugend und Laster erregt hat[69], wird jetzt indirekt angeklagt, aus der Erziehung ein psychologisches Experiment gemacht und die moralischen Werte zu Objekten der Naturwissenschaft herabgemindert zu haben.

Es ist kaum anzunehmen, dass sich Nietzsche, der von grosszügigen Experimenten im Bereich der Moral und der Politik geträumt hat, dieser

Kritik an Taine angeschlossen hätte. Sein Interesse für Bourget gilt dem Diagnostiker der décadence und dem Demokratieverächter. Bourget, der unter dem Eindruck der Commune und unter dem Einfluss von Renan und Taine zeitweilig zu einem Anhänger der »positiven Politik« geworden ist, bleibt zwar zeit seines Lebens ein erklärter Gegner der Demokratie, doch diese politische Orientierung ist in seinen späteren Jahren nicht mehr in einer positivistischen Weltauffassung begründet. Er plädiert für die Rückkehr zur Monarchie und wird zu einem der geistigen Führer des katholisch-traditionalistischen Lagers[70]. Für diesen Bourget dürfte sich Nietzsche schwerlich in dem Masse begeistert haben wie für den Autor der *Essais*.

Dass Bourgets Versuch über Charles Baudelaire eine wichtige Quelle von Nietzsches Verständnis der décadence und der darauf aufbauenden Wagner-Kritik ist, hat Wilhelm Weigand bereits 1893 gezeigt. Beachtung verdient in diesem Zusammenhang aber die Tatsache, dass Nietzsche Bourgets Wertung der sozialen décadence umkehrt. Die europäischen Gesellschaften des ausgehenden 19. Jahrhunderts zeigen übereinstimmende Symptome der Melancholie, des Lebensüberdrusses, so legt Bourget im Anschluss an Baudelaire dar. »La rage meurtrière des conspirateurs de Saint-Pétersbourg, les livres de Schopenhauer, les furieux incendies de la Commune et la misanthropie acharnée des romanciers naturalistes« – in diesen Formen manifestiert sich der Geist der Lebensverneinung (Bourget EPC I/13). Mit dem Begriff der décadence bezeichnet er den Zustand einer Gesellschaft, »qui produit un trop petit nombre d'individus propres aux travaux de la vie commune.« Die Gesellschaft wird als Organismus begriffen; ihr droht Zerfall, sobald sich die untergeordneten Verbände und die einzelnen Zellen verselbständigen. Einer solchen Entwicklung lassen sich durchaus positive Aspekte abgewinnen, wie Bourget einräumt. Es sind die unabhängigen Individuen, denen sich der kulturelle Reichtum einer Gesellschaft verdankt. »S'ils sont de mauvais reproducteurs de générations futures, n'est-ce point que l'abondance des sensations fines et l'exquisité des sentiments rares en ont fait des virtuoses, stérilisés mais raffinés, des voluptés et des douleurs?« Es lässt sich gegen die Dekadenz einwenden, dass die von ihr geschaffene Kultur keine Zukunft hat und einer neuen Barbarei zum Opfer fallen muss. »Mais n'est-ce pas le lot fatal de l'exquis et du rare d'avoir tort devant la brutalité?« Es sind dies Argumente, die sich auch bei Nietzsche finden, etwa in seiner antidarwinistischen Theorie des höheren Typus. Sie geben indes nicht Bourgets wahre Meinung wieder; er lässt den »psychologue pur« zu Wort kommen und hält ihm den Standpunkt des Moralisten und Politikers entgegen. Aus dem

Studium des Lebens und der Geschichte hat er gelernt, dass sich das Individuum der Gemeinschaft unterordnen muss (Bourget EPC I/19-24). Wie das Beispiel von Baudelaire immerhin zeigt, ist auch der décadent ein homme supérieur.

Die von Bourget angesprochenen Typen des höheren Menschen – Staatenlenker und Genie, Rebell und décadent – sind auch in Nietzsches Konzeption eingeflossen. Angesichts der Komplexität des Typus wird klar, weshalb sich Nietzsche mit der Helden-Doktrin von Thomas Carlyle nicht hat anfreunden können. Der schottische Publizist und Kulturkritiker hat ausgehend von einem christlich-romantisch motivierten Antikapitalismus und geleitet von einem tiefen Hass auf die Demokratie eine Elitetheorie entwickelt; 1840 veröffentlicht er eine Reihe von Vorträgen unter dem Titel *On Heroes and Hero-Worship*. Carlyle kennt nur die Geschichte grosser Menschen. Seine Helden – es kann sich um politische Führer handeln, um Religionsstifter oder Priester, um Schriftsteller oder Dichter, ja selbst um Erfinder oder Industriekapitäne – sind Träger einer göttlichen Botschaft, Verkünder einer überirdischen und zeitlosen Wahrheit. Auf Carlyle und seine Biographie Friedrichs des Grossen ist Nietzsche bereits in den 70er Jahren anlässlich seiner Beschäftigung mit Wagners Geschichtsverständnis gestossen. Der »Heroen-Cultus«, so heisst es in der *Morgenröthe* (298), ist das Ergebnis eines Selbstbetrugs: der Verehrende verneint seine eigene Herkunft und idealisiert, vergöttlicht sein Vorbild. Napoleon hat »die romantische [...] Prostration vor dem ›Genie‹ und dem ›Heros‹ unserem Jahrhundert in die Seele gegeben«; er selbst freilich, so weiss der Leser der Memoiren von Mme de Rémusat, hat sich als »Nicht-Gott und All-zu-sehr-Mensch« verraten. Carlyles Blick auf den »grossen Mann« wird durch religiöse und moralische Bedürfnisse verzerrt, so lautet Nietzsches Kritik. »Im g r o s s e n M e n s c h e n sind die spezifischen Eigenschaften des Lebens, Unrecht, Lüge, Ausbeutung am grössten.« Ihr Wesen wird jedoch von Historikern wie Carlyle »am besten missverstanden und ins Gute interpretirt« (KSA 12/202, 5[50]). Es ist ihm nicht gelungen, »höhere Typen« auszudenken, weil er ihnen die »höchsten Moralwerthe« zugeschrieben hat (KSA 12/358, 9[44])[71].

Anders als der »Halb-Schauspieler« und »abgeschmackte Wirrkopf« Carlyle (JGB 252) gehört der Amerikaner Ralph Waldo Emerson zur kleinen Gruppe der von Nietzsche wirklich geschätzten und bewunderten Denker. Er hält ihn für eine »herrliche grosse Natur, reich an Seele und Geist«; so schreibt er Ende 1884 an Overbeck, bedauert aber, dass er keine »wirkliche wissenschaftliche Cultur« besitzt: »So wie es steht, ist uns in Emerson ein Philosoph **verloren** gegangen!« (KSB 6/573)[72]. Emersons

Wirkung auf Nietzsche, insbesondere auf den *Zarathustra*, ist bereits Gegenstand mehrerer Untersuchungen gewesen[73]. Hier geht es nur um die Frage, inwiefern die Konzeption des höheren Menschen Einflüsse der Emerson-Lektüre vermuten lässt[74]. Im Gegensatz zu seinem Freund Carlyle ist Emerson liberal gesinnt; seine vergleichsweise moderaten Einwände gegen die Demokratie sind nicht Ausdruck einer fundamentalen politischen Opposition[75]. Auch seinem Bild des überlegenen Menschen liegt indes eine religiöse, kathartische Sehnsucht zugrunde. Die »höhere Seele« oder »Überseele«[76] korreliert mit einer »reinen Natur«, die als moralisches Richtmass wirkt; die »moralische Seligkeit« (Emerson 1858/203) ist das Merkmal der Höherwertigkeit einzelner Menschen. Diese Auffassung steht im Widerspruch zum Typus des höheren Menschen, den Nietzsche in den 80er Jahren definieren wird. Wenn Emerson erklärt: »Für den Verständigen verkehrt sich die Natur in ein ungeheures Versprechen, und will nicht vorschnell erklärt sein«, so korrigiert Nietzsche: »du selber bist Natur und versprichst mit ihr das Ungeheure und hütest dich wohl, dein eignes Geheimniss vorschnell auszukundschaften!« (KSA 10/ 294, 7[159])[77]. Lehrreich sind für Nietzsche Emersons Betrachtungen zur individuellen Autonomie[78]. Wer die Geschichte studieren will, muss sie »in eigner Person durchleben«, so fordert Emerson; er muss »Macht und Gewalt sich ganz zu eigen machen, sich weder vor Königen noch vor irgend einer andern Oberherrschaft beugen« (Emerson 1858/5). Gross und einmalig ist ein Mensch umgekehrt eben dann, wenn er selbst Ursache der Geschichte ist. Der vorbildliche Typus ist für Emerson der Mensch, der sich selbst seine Gesetze gibt. »Die freudige Anhänglichkeit, die die Menschen immer und überall dem König, dem Edlen oder dem Besitzer grossen Eigenthums bewiesen haben, der nach selbstgeschaffenen Gesetzen sich unter ihnen bewegte, sich seine eigene Scala von Menschen und Dingen machte, und die vorhandene umstiess, der [...] das Gesetz in seiner Person darstellte, – diese Anhänglichkeit war das sinnbildliche Zeichen, durch welches sie dunkel ihr Bewusstsein von ihrem eigenen Recht, ihrer eigenen Würde, und somit von dem Recht eines jeden Menschen kundgaben« (Emerson 1858/47). Diesen Gedanken von Emerson fasst Nietzsche in den folgenden Worten zusammen: »Es gab immer freudige Anhänglichkeit an den, der sich nach selbstgeschaffenen Gesetzen bewegte, sich seine Werthtafel von Menschen und Dingen machte und die vorhandene umstiess und das Gesetz in seiner Person darstellte« (KSA 9/671, 17[33]).

Tugend ist laut Emerson Stärke, es ist die Fähigkeit, andere Menschen und Mächte zu überwältigen und zu beherrschen; dies heisst indes für ihn

nichts anderes, als dass eine göttliche Macht, dass Wahrheit und Gerechtigkeit die menschlichen Angelegenheiten regeln (Emerson 1858/53)[79];
»die höchste Weisheit gibt sich nicht mit einzelnen Menschen ab, sondern mit dem Ideal des Menschen, der das Gesetz und die ewige Quelle
liebt« (Emerson 1876/286). So heisst es in den *Neuen Essays*, die Nietzsche ebenfalls gelesen hat[80]. Emersons moralischer Optimismus ist nicht
geeignet, das von Nietzsche entdeckte Problem des höheren Menschen zu
beleuchten. Sein idealer Mensch strebt nach moralisch-religiöser Läuterung. Die Komplexität des homme supérieur, die in der französischen Literatur zum Thema wird, rührt hingegen daher, dass dessen eigene Seele
der Schauplatz sozialer Konflikte ist.

Wie stark sich die französische Diskussion auf Nietzsches Konzeption
des höheren Menschen ausgewirkt hat, zeigt ein Text aus *Jenseits von Gut
und Böse*. Ausgehend von der Kritik des »Nationalitäts-Wahnsinns«, der
die europäischen Völker trennt, und der kurzsichtigen Politik, die darauf
gründet, kommt Nietzsche auf jene »tieferen und umfänglicheren Menschen dieses Jahrhunderts« zu sprechen, die »versuchsweise den Europäer
der Zukunft« vorweggenommen haben. Er nennt Napoleon, Goethe,
Beethoven, Stendhal und Heine, aber auch die Lehrmeister seiner jungen
Jahre, Schopenhauer und Wagner. Anschliessend unternimmt er eine
Charakterisierung jener Künstler und Suchenden – die Rede ist jetzt von
der französischen Spätromantik, der Wagner als ihr Verwandter zugeordnet wird –, in deren Schaffen die europäische Seele zum Ausdruck
kommt. Die grossen Entdecker im Reiche des Erhabenen wie des Hässlichen, die Schauspieler und Virtuosen mit ihrem Hang zum Fremden
und Verführerischen sind »als Menschen Tantalusse des Willens, heraufgekommene Plebejer, welche sich im Leben und Schaffen eines vornehmen tempo, eines lento unfähig wussten« – an dieser Stelle wird Balzac
genannt[81] – »zügellose Arbeiter, beinahe Selbst-Zerstörer durch Arbeit;
Antinomisten und Aufrührer in den Sitten, Ehrgeizige und Unersättliche
ohne Gleichgewicht und Genuss«. Selbst wenn sie nicht »tief und ursprünglich genug zu einer Philosophie des Antichrist gewesen« sind,
handelt es sich doch um eine »verwegen-wagende, prachtvoll-gewaltsame,
hochfliegende und hoch emporreissende Art höherer Menschen, welche
ihrem Jahrhundert – und es ist das Jahrhundert der Menge! – den Begriff ›höherer Mensch‹ erst zu lehren hatte« (JGB 256). Nietzsche stellt
hier selbst den Zusammenhang her zwischen dem heraufgekommenen
Plebejer und dem höheren Menschen. Es ist allerdings zu vermuten, dass
er dabei weniger an die Klassenherkunft als an den Arbeitsstil denkt. Unter plebejisch ist in dem Fall zu verstehen: arbeitsam, ehrgeizig, aufrühre-

risch, masslos – mit einem Wort: unvornehm[82]. Nietzsche wird das Thema andernorts nochmals aufgreifen; der höhere Mensch wird durch den Künstler ersetzt, die französische Romantik und Wagner werden als krank bezeichnet (NW Wohin Wagner gehört). Nietzsches Begriff des höheren Menschen ist das Ergebnis einer Synthese zwischen dem plebejisch-aufrührerischen und dem krankhaft-dekadenten Element.

In einem Nachlassfragment aus den Jahren 1886/87 (KSA 12/320, 7[66]) berichtet Nietzsche von einer Gegnerschaft, »deren Wehe« ihm selbst wehtut: »das sind die aus dem Pöbel Sich-mühsam-Emporarbeitenden, die Menschen des sittlichen Durstes, der kämpfenden Spannung, die nach dem Vornehmen leidenschaftlich Verlangenden.« Jenen Menschen muss es scheinen, als ob aus seinen Schriften ein ironisches Auge ihr kleines Heldentum und ihr kleines Elend, ihre Ermüdung und ihre Eitelkeit betrachte. Die Worte »Pöbel« und »Emporarbeiten« erinnern zwar an die Stichworte »plebejisch« und »sozialer Aufstieg«, doch steht zu vermuten, dass Nietzsche hier nicht an proletarische Unterschichten denkt, sondern an das bieder-kleinbürgerliche Milieu, dem er selbst entstammt. Auch das »Sich-mühsam-Emporarbeiten« ist wohl nicht im Sinne des Emporkommens zu verstehen, eher als Streben nach sittlicher Vollendung, als Sehnsucht nach vornehmen Idealen.

In einem anderen Nachlassfragment von Herbst 1887 ist dagegen explizit die Rede von den sozialen Unterschichten. Nietzsche fragt sich, »Wo man die stärkeren Naturen zu suchen hat« (KSA 12/493, 10[61]). Da der solitäre Typus den »Instinkt der Heerde« und die »Tradition der Werthe« gegen sich hat, da er weder über starke Verteidigungswerkzeuge noch über sichere Schutzinstinkte verfügt, geht er leicht zugrunde. Es gehört also »viel Gunst des Zufalls« dazu, dass er gedeiht. Nietzsche glaubt, dass er »in den niedrigsten und gesellschaftlich preisgegebensten Elementen am häufigsten« gedeiht; »wenn man nach Person sucht, dort findet man sie, um wie viel sicherer als in den mittleren Classen!« Zu den günstigen Bedingungen, die die Entfaltung der »Solitär-Person« erlauben, gehört die demokratische Gesellschaft, weil in ihr die »gröberen Vertheidigungs-Mittel« überflüssig geworden sind. Das Lob der Demokratie ist allerdings zweideutig; ist nämlich »der Stände- und Classenkampf, der auf ›Gleichheit der Rechte‹ abzielt [...] ungefähr erledigt, so geht der Kampf los gegen die Solitär-Person.« Unbestreitbar steht der Typus des höheren Menschen in Opposition zur Demokratie, zum System des suffrage universel, dieser »Herrschaft der niederen Menschen« (KSA 11/60, 25[174]). Es ist indes nochmals daran zu erinnern, dass Nietzsche, wenn er der Demokratie den Prozess macht, nicht primär ein

System politischer Gleichberechtigung und sozialer Gleichheit, sondern ein System des geistig-moralischen Konformismus vor Augen hat.

In der Auseinandersetzung mit dem Darwinismus hat Nietzsche den Begriff des »höheren Typus« wie folgt definiert: es handelt sich um die »reichsten und complexesten Formen«, die leicht zugrunde gehen. Der »höhere Typus stellt eine unvergleichlich grössere Complexität, – eine grössere Summe coordinirter Elemente dar: damit wird auch die Disgregation unvergleichlich wahrscheinlicher.« Das Genie ist zu verstehen als die sublimste und folglich auch zerbrechlichste Maschine (KSA 13/317, 14[133]). Es zeigt sich in diesem Kontext erneut, zu welch vielschichtigen Resultaten Nietzsches Versuche, soziale Rangordnungen zu konstruieren, führen. Die höheren Menschen sind keineswegs identisch mit den »Starken«, mit den Eroberern und Herrschsüchtigen, denn: »das Zufällige, das Gesetz des Unsinns im gesammten Haushalte der Menschheit zeigt sich am erschrecklichsten in seiner zerstörerischen Wirkung auf die höheren Menschen, deren Lebensbedingungen fein, vielfach und schwer auszurechnen sind« (JGB 62). Wenn der Mensch als das »unfestgestellte« Tier zugleich das kranke Tier ist (GM III 13), so gilt das Entsprechende für die höheren Menschen. Sie zeichnen sich nicht aus durch ihre Gesundheit oder ihren Heldenmut, sondern durch ihre Einsamkeit und ihre Weitsicht (KSA 12/321f, 7[70]). Der höhere Mensch ist zunächst ein »unausgerechneter Mensch«, dessen Wert im Zeitalter des Utilitarismus gar nicht gebührend geschätzt werden kann (KSA 12/362, 9[55]). Gilt für jeden Menschen, dass er »in jedem Sinne beinahe« die décadence darstellt (KSA 13/366, 14[182]), so sind die höheren Typen in besonderem Mass »jeder Art von décadence ausgesetzt« (KSA 13/317, 14[133]).

In den Zusammenhang gehört schliesslich Nietzsches Rehabilitierung des Verbrecher-Typus: in seinen Augen ist der Verbrecher ein »krank gemachter starker Mensch«. Seine Instinkte und seine Tugenden entsprechen dem freien und gefährlichen Leben in der Wildnis. Die zahme und mittelmässige Gesellschaft zwingt ihn zur Selbstverleugnung und lässt ihn zum Verbrecher werden, es sei denn, er ist stärker als sie, wie »der Corse Napoleon«. Der Fall des Verbrechers lässt sich verallgemeinern: alle höheren und wertvollen Existenzformen, insbesondere alle »Neuerer des Geistes« beginnen ihre Laufbahn als Verbrecher, Unterirdische, Ausgestossene, Tschandala. »Fast jedes Genie kennt als eine seiner Entwicklungen die ›catilinarische Existenz‹, ein Hass-, Rache- und Aufstands-Gefühl gegen Alles, was schon ist, was nicht mehr wird« (GD Streifzüge eines Unzeitgemässen 45). Das Verbrechen ist somit ein »Aufstand wider die gesellschaftliche Ordnung«: »Ein Aufständischer kann ein erbärmlicher und verächtlicher Mensch sein: an sich ist an einem Aufstande nichts zu verachten – und in Hinsicht auf unsere Art Gesellschaft aufständisch zu sein, erniedrigt an sich noch nicht den Werth eines Menschen.« Es ist die Regel, dass sich der Verbrecher selbst missversteht: »namentlich ist sein revoltirter Instinkt, die rancune des déclassé oft nicht sich zum Bewusstsein gelangt, faute de lecture« (KSA 12/478f, 10[50]). Der »revoltirende Plebejer« indes bleibt für Nietzsche ein negativ besetzter Begriff. Er steht für die »Verhässlichung« Europas (KSA 11/45, 25[121]). Nicht die Revolte, die der Rachsucht des sozial Benachteiligten entspringt, sondern die Tatkraft zeichnet den Verbrecher aus: »Wenn bei uns der Verbrecher eine schlecht ernährte und verkümmerte Pflanze ist, so gereicht dies unseren gesellschaftlichen Verhältnissen zur Unehre; in der Zeit der Renaissance gedieh der Verbrecher und erwarb sich seine eigne Art von Tugend, – Tugend im Renaissancestile freilich, virtù, moralinfreie Tugend« (KSA 12/480, 10[50]). Die Energie der italienischen Menschen hat Alfieri mit den folgenden Worten auf den Begriff gebracht, die Stendhal zitiert: »La pianta uomo nasce più robusta in Italia che in qualunque altra terra; gli stessi atroci delitti che vi si commettono ne sono una prova« (Stendhal VI/77)[83]. Nietzsche hat das Bild, in dem ja auch ein Leitmotiv von Stendhal zum Ausdruck kommt, geliebt[84]. In den letzten Jahren seines Schaffens wird sein Interesse dank der Entdeckung Dostojewskijs erneut auf die Psychologie des Verbrechers und des Aufständischen gelenkt.

Zu Beginn des Jahres 1887 stösst Nietzsche zum ersten Mal auf das Werk Dostojewskijs. In den Briefen an die Freunde kommt die Begeisterung über die Entdeckung zum Ausdruck. »Mit Dostoiewsky ist es mir gegangen wie früher mit Stendhal«, so schreibt er an Köselitz; »die zufälligste Berührung [...] und der plötzlich redende Instinkt, hier einem Verwandten begegnet zu sein« (KSB 8/41). Ihm ist aufgefallen, dass die Pariser Romanciers und besonders Bourget unter dem Einfluss Dostojewskijs stehen. So wichtig die Begegnung mit Dostojewskijs Romanen für seine Auseinandersetzung mit Christentum und Nihilismus ist, für unseren Zusammenhang zählt in erster Linie die Tatsache, dass er sich durch Dostojewskijs Sträflingsbilder in seiner Auffassung von der Kraft des Verbrechers bestätigt sieht. Dostojewskij orientiert sich jedoch an ganz anderen Wertvorstellungen als Nietzsche. Über den russischen Dichter heisst es in einem Brief, den Brandes im November 1888 an Nietzsche schreibt: »Er ist ein grosser Poet, aber ein abscheulicher Kerl, ganz christlich in seinem Gefühlsleben und zugleich ganz sadique. All seine Moral ist was Sie Sklavenmoral getauft haben« (KGB III 6/353). Nietzsches Antwort ist zu entnehmen, dass er Dostojewskij »als das werthvollste psychologische Material« schätzt, das er kennt (KSB 8/483). Vielleicht darf man ergänzend sagen, dass Dostojewskij aufgrund seines religiösen Anliegens nicht offen genug ist, den höheren Menschen zu zeichnen oder gar zu bejahen.

In Nietzsches Begriff des höheren Menschen überlagern sich zahlreiche Bedeutungen, die hier nicht alle berücksichtigt werden können. Ich habe auf die demokratische Herkunft besonderes Gewicht gelegt, weil dieser Aspekt gewöhnlich vernachlässigt wird. In der ersten Hälfte des letzten Jahrhunderts hat Stendhal einen Typus geprägt, der nur vor dem Hintergrund der von der Französischen Revolution bewirkten Umwälzungen und der durch sie geweckten Hoffnungen verstanden werden kann. Ein halbes Jahrhundert später wird das Motiv von der positivistischen und konservativen Kritik aufgenommen und umgedreht. Jetzt soll der Typus abschrecken und bezeugen, welche verheerenden Auswirkungen die Demokratisierung, die als Zerfall der gesellschaftlichen Ordnung und der Moral wahrgenommen wird, auf die Seele des Menschen hat. Nietzsche hat diese Debatten verfolgt, die politischen Hintergründe jedoch kaum zur Kenntnis genommen. Immerhin ist sein höherer Mensch nicht einfach ein besserer, idealer Mensch, vielmehr ein synthetischer Mensch[85], der die Widersprüche seiner Zeit in sich versammelt. Der Begriff des höheren Menschen setzt, wie Nietzsche während der Abfassung des vierten Teiles von *Also sprach Zarathustra* betont, das Leiden am Menschen voraus (KSA 11/338f, 29[8]). Mittelmässige Menschen hingegen verkennen die Realität nach Massgabe ihrer Wünsche und verdrängen alles Gefährliche und Fragwürdige. Nietzsche ist überzeugt davon, »dass der höchste Mensch, gesetzt dass ein solcher Begriff erlaubt ist, der Mensch wäre, welcher den Gegensatz-Charakter des Daseins am stärksten darstellte, als dessen Glorie und einzige Rechtfertigung« (KSA 12/519f, 10[111]).

In der französischen Literatur von Stendhal bis Bourget entdeckt Nietzsche die mehr oder weniger vergebliche Suche nach diesem höchsten Menschen. Wenn er beklagt, dass »die höchsten Typen am meisten missrathen« sind (KSA 11/338, 29[7])[86], denkt er zweifellos nicht an die »Mächtigen und Reichen« des 19. Jahrhunderts. Sie trifft der Vorwurf, »den Glauben an die höheren Menschen erschüttert« zu haben. Nietzsches französischen Geistesverwandten – man denke an Barbey d'Aurevilly, Gautier und Baudelaire – ist es aber offenbar nicht gelungen, diesem Glauben ein neues Fundament zu geben. Im Dandy meint Baudelaire den »homme supérieur« erkannt zu haben, den Repräsentanten einer aristokratischen Kaste, der gegen die Trivialität der Moderne revoltiert und seiner Zeit die perfekte Pflege eines eigenständigen Stils vorlebt. Doch der

»dandysme« als Versuch, in einer Periode des Übergangs eine neue Aristokratie zu begründen, ist letztlich doch nur der letzte Ausbruch von Heroismus in einer dekadenten Zivilisation[87]. Baudelaire blickt zurück und
sucht Antworten auf die Fragen seiner Gegenwart bei Joseph de Maistre.
Möglicherweise hat die Begegnung mit dem französischen »Litteratur-
Pessimismus« (KSA 13/75, 11[159]) Nietzsche in der Ansicht bestätigt,
die höchsten Typen seien missraten. Französische Künstler, Schriftsteller
und Psychologen haben zwar das demokratische Zeitalter den Begriff des
höheren Menschen gelehrt (JGB 256), doch den Anforderungen, die
Nietzsche an den Typus stellt, werden sie nicht gerecht. Gilt auch für sie,
dass sie nur an sich leiden, »noch nicht a m M e n s c h e n« (Za IV, Vom
höheren Menschen 6)? Offenbar fehlt ihnen die Kraft, den Nihilismus zu
überwinden. Stendhal hingegen, dieser unverschämte, zanksüchtige, ja
widerwärtige Geist, wie ihn Baudelaire einmal nennt (Baudelaire, O II/
327), blickt mit Zuversicht in eine Zukunft, die, so hofft er, seine Botschaft verstehen wird. Er gehört zu den wenigen Intellektuellen, die die
Demokratisierung gutheissen und nicht mit mehr oder weniger irrationa-
len Ängsten auf die sozialen und politischen Umwälzungen reagieren.
Den Typus des rebellischen und ehrgeizigen Plebejers, dessen Protest gegen die Ungerechtigkeit sowohl vom Anspruch auf Differenz wie vom
Wunsch nach Vergeltung geprägt ist, hat er dem Publikum mit viel Ein-
fühlungsvermögen und zugleich mit ironischer Distanz vorgeführt. Dieser »homme supérieur« sucht sich selbst sein Gesetz zu geben, aber er steht
vor der fast unlösbaren Aufgabe, sich von seiner gemeinen Herkunft zu
lösen. Ihm fehlt die Instinktsicherheit der Privilegierten; dass diese ihren
Rang dem Zufall, den »caprices sociaux« und nicht eigener Kraft verdanken, empört ihn. Im Sinne von Nietzsches Moraltypologie liesse sich seine
Sehnsucht nach einer neuen Wert- und Rangordnung als Ausdruck des
schöpferisch gewordenen Ressentiments, sein Kampf gegen die sozialen
Spielregeln als blosse Reaktion deuten. Doch seine Entschluss- und Tatkraft hebt sich ja gerade von der Passivität und Selbstzufriedenheit der
Nutzniesser der herrschenden Ordnung ab. Es scheint, dass Nietzsches
Genealogie der Moral vom »sozialen Krieg« des 19. Jahrhunderts ein allzu
einseitiges Bild gibt. Stendhals höherer Mensch ist, um nochmals Nietzsches Definition künftiger menschlicher Grösse aufzunehmen, sowohl
besser wie böser als seine Zeitgenossen: Seelengrösse und die Vision einer
besseren Zukunft verbindet sich bei ihm mit psychologischem Scharfblick, illusionslosem Realismus und der kalten Logik der Strategie.
Die Verbindung von masslosem Ehrgeiz und spekulativer Intelligenz
erscheint den Revolutionsgegnern von Burke bis Taine als prägendes

Merkmal der Französischen Revolution, als das unheimliche Gift, das ihre schlimmsten Auswüchse verschuldet. Doch die verborgenen Motive, Sorgen und Sehnsüchte der ehrgeizigen Rebellen kennt Stendhal besser als die konservativen Historiker. Als scharfer Beobachter der menschlichen Seele ist er zugleich für die Mängel der politischen und gesellschaftlichen Ordnung höchst sensibel. Hätte Nietzsche seine Bücher weniger selektiv gelesen, so wäre gewiss sein Urteil über die Revolution nüchterner und grosszügiger ausgefallen. Im Gegensatz zu seinen Nachfolgern, die sich in einem elitären Pessimismus gefallen, hält Stendhal den »Gegensatzcharakter des Daseins« aus; im Ehrgeiz des Plebejers erkennt er die Antizipation einer freieren und gerechteren Zukunft. Der Blick auf diese Zukunft freilich muss sich Nietzsche, dem unpolitischen »Geistesaristokraten«, verbieten.

IX
REVOLUTIONÄRE HOFFNUNGEN
EINES UNPOLITISCHEN MENSCHEN

Wie ein Blick in die Literatur zeigt, werden die Aussagen Nietzsches, die einen expliziten oder impliziten Bezug zur Politik haben, in der Regel zuerst »geläutert«, bevor sie ernsthaft diskutiert werden; sie erscheinen dann nicht mehr als politische Parteinahmen, sondern als Entscheidungen, die nur im Rahmen der Geschichte der Metaphysik nachvollziehbar sind[1]. Selten gerät der politische Alltag ins Blickfeld, zu dem Nietzsche immerhin auch Stellung bezogen hat. Angesichts seiner kategorischen Ablehnung der »Politik-Macherei« (KSA 11/338, 29[7]) scheint zwar eine solche Hermeneutik ihrem Gegenstand angemessen zu sein. Dennoch habe ich einen anderen Weg eingeschlagen und zu ergründen versucht, was denn Nietzsches Urteile überhaupt besagen, wenn man sie zunächst einmal wörtlich nimmt. Dabei hat sich gezeigt, dass er, seiner antimodernen Kulturkritik ungeachtet, in einzelnen Sachfragen einen gemässigten, im Rahmen des damaligen politischen Spektrums vielleicht sogar als »linksliberal« zu bezeichnenden Standpunkt vertritt. Zu ergänzen ist sogleich, dass er offenbar selbst von seinen Ausflügen in den Bereich der Politik nicht allzuviel gehalten hat. Im Sommer 1882 schreibt er dem ihm bisher unbekannten Theodor Curti, der in der *Züricher Post* Anfang April einige Abschnitte[2] aus dem ersten und zweiten Band von *Menschliches, Allzumenschliches* als *Sonntagsgedanken* abgedruckt hat, einen Brief, der – auf den ersten Blick zumindest – all jene Interpreten entmutigen muss, die sich ernsthaft mit seiner politischen Lehre befassen. Curti gilt die »Neugierde«, weil er Nietzsches Ansichten seine »Theilnahme« zugewandt hat. Nietzsche präzisiert zwar einleitend, dass er sich um seine »Wirkung« nie gekümmert habe. Aber er hält eine Ausnahme in diesem Fall für angebracht, weil ihm Jacob Burckhardt von Curti berichtet hat und weil er völlig überrascht ist, dass seine »politisch-sozialen Maienkäfer die e r n s t - h a f t e Theilnahme eines politisch-sozialen Denkers erregt haben.« Freimütig gesteht er, kein Mensch könne »in Bezug auf d i e s e Dinge m e h r ›im Winkel leben‹« als er und versichert, nie »von dergleichen« zu sprechen, »die bekanntesten Ereignisse« nicht zu kennen und nicht einmal die Zeitungen zu lesen. Er hat, wie er im weiteren beteuert, damit gerechnet, mit seinen Ansichten »Lachen und Heiterkeit« auszulösen und ist »gerade in diesem Punkte gar nicht böse«. Dass sie auf ernsthaftes Interesse stossen, erstaunt ihn so sehr, dass er über sich selber neugierig geworden ist, wie er Curti mitteilt (KSB 6/241f). Der Empfänger des Briefes, ein bekannter Schweizer Politiker und Publizist, war damals einer der massgeblichen Führer der demokratischen Linken[3].

Der offene und bescheidene Ton, der aus den Zeilen spricht, mutet beim Denker, der bald zum Propheten »grosser Politik« werden wird, doch eher überraschend an. Im Brief ist die Rede von der Tagespolitik; Nietzsche gibt zu, dass er davon nichts versteht, zugleich fühlt er sich geehrt, weil ein namhafter Politiker auf seine philosophischen Versuche aufmerksam geworden ist. Er weiss, dass ihm der Zugang zur politischen Öffentlichkeit sogut fehlt wie der politische Sachverstand; möglicherweise ist es aber immer sein geheimer Wunsch gewesen, als Erzieher zu wirken und auf diesem Weg auch auf Politiker Einfluss zu nehmen. Dass seine Ideen einem sozialdemokratisch gesinnten Publikum zugänglich gemacht werden, hat ihn wohl insgeheim gefreut.

Da Nietzsche in politischen Angelegenheiten nie öffentlich Stellung bezogen hat, mag es müssig erscheinen, darüber zu rätseln, für welche Seite er sich andernfalls entschieden hätte. Immerhin dürfte es von Interesse sein, kurz einen Blick auf einen Schriftsteller zu werfen, dessen geistige Biographie bemerkenswerte Parallelen zu jener Nietzsches aufweist. Anatole France, im gleichen Jahr wie Nietzsche geboren, engagiert sich in den letzten Jahren des Empire zunächst für die republikanische Opposition, nimmt dann aber 1869/70 wie viele gemässigte Republikaner Partei für den Kaiser und gegen das jakobinisch-sozialistische Lager. Für die Commune, die er aus nächster Nähe miterlebt, hat er nur Verachtung übrig, er nimmt sie wahr als Triumph des Verbrechens und der Mittelmässigkeit. Wichtige philosophische Anregungen empfängt er von Renan, den er 1883 oder 1884 persönlich kennenlernt, aber auch von Taine, Schopenhauer und Lange. Bekanntgeworden durch seine antiklerikalen Stellungnahmen und geprägt von positivistischen Anschauungen, neigt er bis in die Mitte der 80er Jahre politisch zum Konservatismus, wie der 1884 im *Journal des débats* veröffentlichte Roman *Les autels de la peur* belegt. Angeregt vom Schicksal André Chéniers zeichnet France ein einseitig antijakobinisches Bild von der Französischen Revolution. Wie sein Lehrmeister Renan zieht er der Demokratie eine intellektuelle Aristokratie vor. Ende der 80er Jahre sympathisiert er für kurze Zeit mit der von General Boulanger angeführten Bewegung, in welcher sich von der nationalistischen und royalistischen Rechten bis zur sozialistischen Linken die unterschiedlichsten politischen Kräfte zum Kampf gegen die parlamentarische Demokratie zusammengefunden haben. Dass er in der gleichen Zeit als Wortführer der Progressiven bekannt wird, hat mit der Tagespolitik vorerst nichts zu tun. In den philosophischen Debatten, die das gebildete Frankreich bewegen, profiliert er sich als Verteidiger der Aufklärung, als Streiter wider Obskurantismus und Traditionalismus. 1886 verurteilt er Edouard Drumonts antisemitisches Pamphlet *La France juive*. 1889 erscheint Paul Bourgets Roman *Le disciple*, dessen Motiv die verderblichen Einflüsse von Philosophie und Wissenschaft auf die Moral sind und der eine kaum verhüllte Polemik gegen Taine und andere Natur- und Seelenforscher darstellt. Bourget protestiert gegen die Freiheit der Wissenschaft im Namen der überlieferten Werte. France widmet dem literarisch eher mittelmässigen Werk eine in versöhnlichen Tönen gehaltene Rezension, die eine Replik von Brunetière provoziert. Der katholische Literaturkritiker will die Wissenschaft und die philosophische Spekulation den Bedürfnissen der bestehenden Gesellschaftsordnung unterwerfen. In einer zweiten Stellungnahme plädiert France für die Rechte der Intelligenz und der Phantasie. Er erinnert an die Wandelbarkeit der Moral und sieht in Philosophie und Wissenschaft die Fundamente einer künftigen Moral der Toleranz. Gegen Bourget und Brunetière macht er geltend, dass die Gesellschaft von einer tiefen Unruhe ergriffen ist und dass das Denken nie unschuldig sein kann. Die »Querelle du disciple« stösst in der Pariser Öffentlichkeit auf lebhaftes Interesse. Neue Fronten bilden sich; die politischen Auseinandersetzungen, die ein Jahrzehnt später Frankreich spalten, zeichnen sich ab; Bourget und Brunetière werden im Lager der Anti-Dreyfusards stehen[4].

1892/93 wird Frankreich vom Panama-Skandal erschüttert. Drumont nimmt die Korruptionsaffäre zum Anlass, die Regierung des linken Zentrums und die parlamentarische Demokratie insgesamt zu diskreditieren. Im Zeichen mächtiger antikapitalistischer Stimmungen entstehen seltsame Allianzen und Synthesen zwischen Nationalismus, Sozialismus und Antisemitismus. Rechte Intellektuelle wie Barrès und Drumont begeistern sich für den Sozialismus, Vertreter der extremen Linken polemisieren gegen die »bürgerliche« Französische Revolution. Der Antisemitismus ist im sozialistischen Lager seit Jahrzehnten schon populär[5]. Von der Politisierung der Intellektuellen wird auch France ergriffen; aus seinen Kommentaren zur Tagespolitik spricht neben der Kritik an der bürgerlichen Demokratie auch ein pessimistisches Geschichtsbild, ein tiefes Misstrauen gegenüber den Möglichkeiten der Politik und der Revolution. France denkt nach über die Ohnmacht des politischen Handelns angesichts der unaufhaltsamen Kraft des geschichtlichen Wandels; zugleich beginnt er, mit anarchistischen Utopien und sozialistischen Ideen zu sympathisieren. Auch sein Antikapitalismus ist zunächst nicht frei von antijüdischen Untertönen. Der Völkermord in Armenien wird für ihn zum Anlass, sich öffentlich zu engagieren und zusammen mit Clemenceau, Jaurès und Drumont gegen die Passivität der französischen Regierung zu protestieren[6]. In der Dreyfus-Affäre bricht diese Front auseinander; sie zieht die Grenze zwischen einer Politik, die sich von Nostalgien und Ressentiments nährt, und einer Politik, die auf rationalen, revolutionären Prinzipien aufbaut. Ende 1896, zwei Jahre nach der Verurteilung von Alfred Dreyfus, nimmt sich Bernard Lazare des Falls an und veröffentlicht eine Schrift über den Justizirrtum; ein Jahr darauf schliessen sich Clemenceau und Zola an; Anatole France folgt ihnen und wird einer der kompromisslosesten und aktivsten Verfechter der Sache[7]. Während sich in der Partei der Anti-Dreyfusards die konservativen und antirepublikanischen Mächte – Kirche und Armee – mit den antisemitischen Bewegungen, die starken Zulauf erhalten, zusammenschliessen, bleibt die Gegenpartei in der ersten Zeit minoritär; zu der Gruppe von Schriftstellern und Gelehrten, zu der auch Gabriel Monod und sein Schüler Charles Andler gehören, stossen unter der Führung von Jaurès Teile der sozialistischen Partei. Doch erst 1899 kommt es zu einer massenhaften Mobilisierung der Arbeiter auf Seiten der Dreyfusards.

Für die Definition linker Politik stellt die Affäre gleichsam ein neues Paradigma dar. Aufschlussreich ist die Einstellung von Clemenceau. Der führende Politiker der republikanischen Linken kämpft im Namen der Menschenrechte, der Prinzipien der Französischen Revolution, aber er misstraut zunehmend der Demokratie und zweifelt an der moralischen Integrität des Volkes, das er hauptsächlich in Gestalt des reaktionären und antisemitischen Massenterrors wahrnimmt[8]. France wird durch die Ereignisse zum entschiedenen Sozialisten. Er träumt von einem wissenschaftlichen Sozialismus, von einer Begegnung zwischen Aufklärung und Arbeiterbewegung, von einer gesellschaftlichen Umwandlung, die sich nicht an Rousseau orientiert, sondern an Voltaire, Diderot und Condorcet[9]. Das neue Paradigma besteht im Versuch, die Revolution an die Werte der Aufklärung zurückzubinden.

1912 erscheint der Revolutionsroman *Les dieux ont soif*, eines der bekanntesten Werke von France. Der Roman verbindet die leidenschaftliche Parteinahme für die Werte der Aufklärung mit heftigen Anklagen gegen Fanatismus, Naturschwärmerei und neue Religiosität, kurz: gegen den Rousseauismus in der Revolution, gegen den verderblichen Einfluss des Tugendapostels, der, wie ein Held der Geschichte einwendet, nicht bei der Natur, sondern bei Calvin in die Schule gegangen sei[10]. Doch France bleibt der Linken treu. Enthusiastisch begrüsst er die bolschewistische Revolution und steht in seinen letzten Lebensjahren der kommunistischen Bewegung nahe.

France als Nietzscheaner zu bezeichnen, wie es Geneviève Bianquis getan hat[11], ist unzulässig, obgleich die Affinitäten zwischen den beiden Denkern unübersehbar sind. Im 1913 erschienenen Roman *La révolte des anges* wird die Geschichte aus der Perspektive der revoltierenden Engel neu gedeutet; die griechisch-heidnische Antike, die Renaissance und die Aufklärung erscheinen als Erfolge der Revolte, während im Christentum, in der Reformation und in der Revolution der tugendsamen Leute der tyrannische Gott triumphiert. France, der Sensualist und Epikureer, steht zweifellos Heine näher als Nietzsche[12], dessen Schriften er wahrscheinlich erst spät kennengelernt hat; doch die Botschaft, die er seinem Zeitalter zu verkünden hat, lässt sich mit jener Nietzsches durchaus vergleichen. In der *Histoire contemporaine* hat er die politischen Debatten, die vor und während der Dreyfus-Affäre in den höheren Schichten der französischen Gesellschaft geführt worden sind, protokolliert. Die Absurdität von nationalistischen und antisemitischen Ideologien, so sein Leitgedanke, wird dann augenfällig, wenn man sich der Tatsache bewusst wird, dass jedes Volk in Europa eine Vielfalt, eine Mischung von verschiedenen Rassen darstellt[13].

Mit dem Hinweis auf die politische Entwicklung von France soll selbstverständlich nicht suggeriert werden, der Leninismus wäre die letzte Konsequenz aus Nietzsches Denkweg gewesen. Ein kleines Gedankenexperiment muss aber erlaubt sein. Gesetzt, Nietzsche hätte in geistiger Gesundheit die 90er Jahre erlebt, seine Aversionen gegen die Öffentlichkeit überwunden und in einer deutschen Dreyfus-Affäre Stellung beziehen müssen – gibt es Zweifel, wie er sich entschieden hätte, er, der erklärte Gegner von Christentum und Nationalismus, von Bismarck und Hohenzollern, von Wagner und Dühring, von Förster, Fritsch und Stöcker? Doch genug der Spekulation! Die Frage ist jetzt, ob überhaupt ein Weg aus dem Labyrinth von Nietzsches politischem Weltbild, aus dem Gewirr von reaktionären und aufgeklärten Gedanken hinausführt.

Nietzsche ist das Opfer der Kontraste gewesen, die die Epoche in ihm hervorgerufen hat, so das Urteil Mazzino Montinaris[14]. Geradezu hilflos steht er den zahlreichen Möglichkeiten politischer und gesellschaftlicher Experimente gegenüber, die die Zeit anzubieten hat; er ist kaum imstande, sie gegeneinander abzuwägen. In einem Punkt zumindest besteht

Klarheit: da die revolutionäre Gleichheitsidee nicht geeignet ist, die Hö-
herzüchtung des Typus Mensch zu fördern, erklärt sich Nietzsche zu ihrem unversöhnlichen Gegner. Mit dieser Überzeugung unterscheidet er
sich nicht grundsätzlich von der Mehrheit seiner Standeskollegen[15]. Immerhin akzeptiert er die Demokratisierung Europas, insofern sie aus dem
Zerfall der Ständegesellschaft resultiert und eine weltliche Regierungsform hervorgebracht hat[16]. Hingegen lehnt er das demokratische bzw.
egalitäre Prinzip ab, weil es den Einzelnen nicht besondere Rechte und
Pflichten zugestehen will. Die Kriterien, gemäss welchen bestimmten
Menschen solche Sonderrechte und -pflichten zustehen, sind persönliche
Qualitäten, nicht Klassenherkunft, Volkszugehörigkeit oder soziale Stellung. Freilich erinnern Nietzsches antiegalitäre Ausfälle häufig an konservative und reaktionäre Vorurteile. Seine unzähligen misogynen Anmerkungen entsprechen weitverbreiteten Ängsten und nehmen sich meist
recht bieder aus. Vereinzelt finden sich indes auch überraschend differen-
zierte Beobachtungen zur Situation der Frau[17]. Ob Nietzsche einen biologischen Rassismus vertreten hat oder ob der Begriff der Rasse ausschliesslich für psychologische Eigenschaften steht, ist eine schwer zu be-
antwortende Frage. Die Wortwahl zeugt jedenfalls in einer Zeit grassie-
render rassistischer Ideologien von wenig Sorgfalt. Die Polemik gegen den
Antisemitismus entspricht der Sorge um intellektuelle und moralische
Redlichkeit, doch darf nicht vergessen werden, dass Nietzsche den Antisemitismus seiner Jugend nie ganz überwunden hat[18]. Dass es sich bei der
angestrebten europäischen Erdherrschaft (JGB 208) »nur« um die »Herrschaft« einer philosophischen Idee handelt, braucht hier nicht erläutert zu
werden. Aber Nietzsche gibt nur andeutungsweise Auskunft darüber, wie
dieses Projekt zu realisieren wäre; es fällt daher wiederum schwer, den
Unterschied zwischen seinen Phantasien und dem von Europas Staaten
praktizierten ökonomisch-militärischen Imperialismus zu definieren. Immerhin hat er die katholische Expansionspolitik früherer Jahrhunderte
kritisiert (M 204) und den aggressiven, in Ausrottungsplänen kulminie-
renden Eurozentrismus mancher seiner Kollegen nicht geteilt[19].
Schliesslich beharrt er auf der Notwendigkeit der gesellschaftlichen Arbeitsteilung in Form der Sklaverei. Aus heutiger Sicht, angesichts der Ar-
beits- und Einkommensaufteilung zwischen Frauen und Männern, zwischen »dritter« und »erster« Welt, angesichts der nach wie vor beträchtlichen gesellschaftlichen Bedeutung nichtbezahlter Arbeit muss indes eingeräumt werden, dass die Demokratie im Weltmassstab die Sklaverei im
weiten Sinn, den Nietzsche dem Begriff gibt, nicht abgeschafft, sondern
allenfalls das Bewusstsein davon verdrängt hat. Dass in diesem weiten

Sinn auch jede Form der Lohnarbeit bereits als Sklavenarbeit begriffen wird, ist ohnehin klar. Die knappen Anmerkungen zeigen, wie heikel es ist, Nietzsches wütende Attacken gegen das Egalitätsprinzip an Ideologien zu messen, die mit der angeblichen Ungleichheit der Geschlechter, Rassen und Klassen eine Praxis der Unterdrückung und Diskriminierung rechtfertigen. Vorsicht ist ebenfalls geboten, wo Nietzsches Verantwortung für die verhängnisvolle Entwicklung der deutschen Ideologie zur Debatte steht[20]. Auf jeden Fall ist sein Antiegalitarismus mehr als blosser Ausdruck von Geniekult und elitärer Massenverachtung[21], er zielt direkt auf die christliche Lehre von der Seelengleichheit. Stets wird dabei unterstellt, allein das religiöse Dogma liege der Forderung nach politischer Gleichheit zugrunde. Die »Gleichheit der Seelen vor Gott« ist ein »V o r w a n d für die rancunes aller Niedriggesinnten; der »Sprengstoff von Begriff« wird »endlich Revolution, moderne Idee und Niedergangs-Princip der ganzen Gesellschafts-Ordnung« (AC 62).

Nietzsches Versuch, auf die vorchristliche Tradition zurückzugreifen, wird von manchen Kritikern als gescheitert beurteilt. Die Erneuerung der Antike in der nihilistischen Moderne ist zwar seine Absicht gewesen, doch mit seinem Willen, die Zukunft zu gestalten, bleibt er dem Modell der christlichen Erlösungshoffnung verpflichtet, so lautet die zentrale These, auf die Löwith immer wieder zurückgekommen ist[22]. Löwith erkennt im übermenschlichen Willen zum Umschaffen das Abbild des jüdisch-christlichen Schöpfergottes. Wo in der zeitgenössischen politischen Philosophie die Rückbesinnung auf die antiken Wurzeln der Politik gefordert wird, erscheint Nietzsche als typischer Vertreter der Moderne. Leo Strauss sieht in ihm den Initiator der auf die Entwürfe von Machiavelli und Hobbes bzw. Rousseau und Kant folgenden dritten Modernisierungswelle. Die Idee des Übermenschen impliziert ihm zufolge die Negation der natürlichen Ungleichheit der Menschen. Die Rangordnung ist bei Nietzsche einzig das Resultat des Willens, wobei die Berufung auf die Natur oder auf die Vergangenheit nur noch eine nachträgliche Rechtfertigung darstellt (Strauss 1975/97).

Der Gegenwart das Ideal der griechischen Polis in Erinnerung zu rufen, war nicht Nietzsches Anliegen[23]. Leitmotiv der Modernitätskritik ist im Frühwerk eine »sozialhygienische« Deutung der Politik schlechthin negierenden Dionysos-Feste. Mehr noch als für die romantische Revolutionsphantasie des jungen Wagner, die Nietzsche in den 70er Jahren aufgearbeitet hat, gilt für seine eigene Idee der dionysischen Revolte[24], dass sie nicht als Wunsch nach der sozialen und politischen Revolution verstanden werden darf. Das Fest, das alle »kastenmässigen Abgrenzungen« zwischen den Menschen niederreisst und sie mit der Natur versöhnt, das die Einzelnen aus ihrer sozialen Stellung befreit und das »Generell-Menschliche« und »Allgemein-Natürliche« über das Subjektive triumphieren lässt (KSA 1/554f), findet ausserhalb der politischen Ordnung statt und lässt diese unverändert[25]. Die »dionysische Lösung von den Fesseln des Individuums« macht sich »am allerersten in einer bis zur Gleichgültigkeit, ja Feindseligkeit gesteigerten Beeinträchtigung der politischen Instincte fühlbar« (KSA 1/133, GT 21). Der dionysische Mensch hat einen »wahren Blick in das Wesen der Dinge gethan«, er lässt sich nicht mehr verführen vom Wechsel der Erscheinungen und vom historischen Wandel. Weil er erkannt hat, ekelt es ihn zu handeln, denn seine Handlung »kann nichts am ewigen Wesen der Dinge ändern« (KSA 1/56f, GT 7).

Im Rückblick wird Nietzsche mit dem Namen Dionysos die Lehre der ewigen Wiederkunft bezeichnen. In den dionysischen Mysterien findet er den Schlüssel für das Verständnis der hellenischen Instinkte. »Was verbürgte sich der Hellene mit diesen Mysterien? Das ewige Leben, die ewige Wiederkehr des Lebens; die Zukunft in der Vergangenheit verheissen und geweiht; das triumphirende Ja zum Leben über Tod und Wandel hinaus; das wahre Leben als das Gesammt-Fortleben durch die Zeugung, durch die Mysterien der Geschlechtlichkeit« (GD Was ich den Alten verdanke 4). Dionysos bedeutet die höchste Bejahung des Lebens, der Ewigkeit des Lebens, des Schaffens wie des Leidens. Weil der Einzelne »ein Stück fatum« ist, weil man ihn nicht aus dem Ganzen der Welt herausheben kann, ist es vermessen, ihn ändern zu wollen (GD Moral als Widernatur 6). Der Gedanke der ewigen Wiederkunft lässt sich also mit der Idee der revolutionären Verbesserung des Menschen und der Welt nicht versöhnen. Zwar ist auch im Begriff der Revolution die Idee der Wiederkunft, der Rückkehr zu einem früheren Zustand noch gegenwärtig[26], doch im 19. Jahrhundert tritt das äternalistische Weltbild in Gegensatz zu den Revolutionserwartungen. Nicht selten ist die Idee der Wiederkunft ein Indiz für die Resignation angesichts einer ausgebliebenen oder gescheiterten Revolution. Büchners Danton beklagt in seiner zusehends ausweglosen Situation die ewige Wiederkehr der mühseligen Kleinigkeiten des Alltags. Der unermüdliche Revolutionär Louis-Auguste Blanqui schreibt nach einem Leben voll enttäuschter Hoffnungen sein Buch *L'éternité par les astres*. Selbst Engels' Naturdialektik, in der das Konzept einer ewigen Wiederholung ja ebenfalls kurz diskutiert wird, entspricht einer Ideologie, die mit dem baldigen Umsturz der Verhältnisse nicht mehr rechnet[27]. In diesem Kontext ist freilich auch daran zu erinnern, dass Nietzsche selbst an seinem Gedankenexperiment verzweifelt ist, dass er einen neuen Menschentypus hat erfinden müssen, um es überhaupt ertragen zu können[28].

Obgleich ich die vielschichtige Problematik von Nietzsches Philosophie im Rahmen dieser ideengeschichtlichen Untersuchung bewusst auf ihre politische Dimension reduziere, ist es nicht meine Absicht, auf diesem Weg eine neue Deutung der schwierigen und umstrittenen Grundbegriffe seiner Philosophie – des Willens zur Macht, der ewigen Wiederkehr des Gleichen und des Übermenschen – vorzuschlagen. Der Sinn solcher Gedankenexperimente lässt sich nicht angemessen erschliessen mit den Mitteln der Ideologiekritik. Hingegen kann es hilfreich sein, sich in der Diskussion von Nietzsches Revolutionskritik die betreffenden Interpretationsschwierigkeiten in Erinnerung zu rufen. Karl Löwith hat in seiner Studie *Nietzsches Philosophie der ewigen Wiederkehr des Gleichen* eine anthropologische Auslegung des Gleichnisses formuliert: die Lehre soll als züchtender Gedanke dem Leben ein neues Schwergewicht geben, nämlich die Verantwortlichkeit für die Zukunft. In jedem Augenblick soll der Mensch so leben, dass er ihn immer wieder zurückwollen könnte. Der ethische Imperativ lässt sich jedoch mit der kosmologischen Auslegung des Gleichnisses nicht in Einklang bringen[29]. Im Gegensatz zu Löwith sieht Wolfgang Müller-Lauter den fundamentalen Widerspruch in Nietzsches Konzeption des Willens zur Macht aufbrechen; er unterscheidet zwei gegensätzliche Typen des Übermenschen: den stärksten und den weisesten Menschen, den herrschenden und den synthetisierenden Übermenschen. Der zweite Typus zwar bejaht alles Vergangene, Gegenwärtige und Zukünftige, die Herrschaft des ersten Typus hingegen lässt sich nicht definitiv begründen, wenn alles Vergangene wiederkehrt. Die Lehre gerät in Widerstreit mit der Absicht der Züchtung und Planung (Müller-Lauter 1971/180ff).

Die angesprochenen Unvereinbarkeiten zwischen verschiedenen Elementen von Nietzsches Lehre sind auch im Hinblick auf die Frage der Veränderbarkeit von Menschen und Verhältnissen zu beachten. Karl Jaspers etwa hat die Idee des Übermenschen mit dem revolutionären Projekt des jungen Marx verglichen; in beiden Fällen stellt sich der Mensch als Planer über den Menschen (Jaspers 1949/235). Dagegen spricht Hannah Arendt in ihrem Spätwerk von Nietzsches Verwerfung des Willens; ihr zufolge liegt die Erfahrung von der Ohnmacht des Willens, von der Unveränderbarkeit des Vergangenen dem Experiment mit der ewigen Wiederkehr zugrunde; die übermenschliche Welt- und Lebensbejahung führt zur Negation des revolutionären Willens[30]. Die Möglichkeit der Revolution beruht, wie Arendt in früheren Werken gezeigt hat, auf der Natalität des Menschen, auf seiner Fähigkeit, als öffentlich handelndes Wesen Neues zu schaffen und den anscheinend streng determinierten und berechenbaren Lauf der Dinge zu unterbrechen[31]. Dass etwas Neues in die Welt komme, als Resultat der Erziehung oder der Züchtung, als Werk des schaffenden oder des wertsetzenden Menschen, ist offenbar Nietzsches Anliegen. Wie aber verträgt sich damit jenes »Ideal des übermüthigsten lebendigsten und weltbejahendsten Menschen, der sich nicht nur mit dem, was war und ist, abgefunden und vertragen gelernt hat, sondern es, so wie es war und ist, wieder haben will, in alle Ewigkeit hinaus, unersättlich da capo rufend« (JGB 56)? Einen Ausweg aus der Verlegenheit scheint nur die ethische Interpretation der Lehre zu zeigen. Wenn der Gedanke, dass dem Menschen in seinem Leben nichts Neues widerfahren wird[32], züchtend wirken soll, so ist es doch wohl das Ziel dieser Züchtung, ein Leben anzustreben, das in jedem seiner Momente bejaht werden kann, also ein neues, wertvolleres Leben. Paradoxerweise können folglich die Menschen ihr Leben erst akzeptieren, wenn sie es zuvor verändert haben; dabei kann es sich freilich um eine blosse Änderung der Einstellung handeln.

Die Französische Revolution ist erfüllt vom Geist der Rache; sie ist eine umfassende Strafaktion gegen alles Bisherige, so lautet Nietzsches Vorwurf. Zarathustra, dazu aufgefordert, die Welt zu verbessern, nämlich Krüppel zu heilen, erzählt von der Ohnmacht des Willens gegenüber der Vergangenheit und definiert die Rache als des Willens Widerwillen gegen die Zeit und ihr »Es war«. Dieses umzuschaffen in ein »So wollte ich es!« vermöchte erst den Willen zu befreien (Za II, Von der Erlösung). Ist darunter zu verstehen, dass sich der Wille in einer blossen Neubewertung des Vergangenen erschöpft? Anscheinend nicht, denn Zarathustra bekennt ja zunächst, dass das »Jetzt und das Ehemals auf Erden« sein »Unerträglichstes« ist und dass er das Leben nur erträgt mit dem Blick auf Künftiges. Seine Absicht ist es, das Bruchstückhafte und Zufällige, das die bisherigen Menschen kennzeichnet, zu überwinden und einen ganzen Menschen zu schaffen. Nur in dem Masse, wie der schaffende Wille die Vergangenheit als Vorarbeit zum eigenen Werk begreift, vermag er sie zu bejahen. Der Widerspruch zwischen der Forderung nach der Bejahung der Vergangenheit und dem Anspruch auf ihre Überwindung lässt sich freilich auch hier kaum lösen.

Die Hoffnung auf den neuen Menschen und auf die Perfektibilität der Menschheit, wie sie besonders deutlich bei Condorcet zum Ausdruck kommt, muss im Licht der Dialektik der Aufklärung und der Kritik der neuzeitlichen Metaphysik der Subjektivität als moderne Hybris erscheinen. In der dritten Abhandlung von *Zur Genealogie der Moral* bezeichnet Nietzsche das moderne Machtbewusstsein als Hybris und Gottlosigkeit: Hybris ist die Stellung des Menschen zur Natur, seine Stellung zu Gott sowie seine Stellung zu sich selbst (GM III 9). Was die erste Stufe der Hybris betrifft, so darf man zwar vermuten, dass Nietzsche davon Abstand nehmen möchte, spricht er doch von der »unbedenklichen Techniker- und Ingenieur-Erfindsamkeit«. Karl Löwith hat bei Nietzsche den Versuch gefunden, »den Menschen in die Natur und damit in das Leben der Welt zurückzuübersetzen« (Löwith SS 9/146). Neuerdings spricht Henning Ottmann von einer Kehre des Willens zur Macht, die »in der Abkehr vom Willen zur Verfügung und in der Wende zu einem Willen zum Vernehmen« besteht, sozusagen in der Verwandlung seiner aggressiven Tendenzen in erotische (Ottmann 1987/377). Berücksichtigt man aber den ganzen Aphorismus, so zeigt sich rasch, dass eine solche Interpretation zu kurz greift. Nietzsche will sich selbst keineswegs ausnehmen, wenn er von der modernen Hybris spricht. Gerade seine eigene Philosophie propagiert ja das Experiment mit sich selbst. »Wir vergewaltigen uns jetzt selbst, es ist kein Zweifel, wir Nussknacker der Seele, wir Fragenden und Fragwürdigen, wie als ob Leben nichts Anderes sei, als Nüsseknakken; ebendamit müssen wir nothwendig täglich immer noch fragwürdiger, w ü r d i g e r zu fragen werden, ebendamit vielleicht auch würdiger – zu leben?« Nietzsche hat zwar Bedenken angesichts der masslosen Ausbeutung und Zerstörung der Natur, es ist aber für ihn selbstverständlich, dass über die Seele des Menschen die philosophische Experimentierlust verfügen darf, dass sie blosses Material ist in den Händen neuer Erzieher, dass das »Geschöpf im Menschen« »geformt, gebrochen, geschmiedet, gerissen, gebrannt, geglüht, geläutert werden muss« (JGB 225). Unweigerlich denkt man hier an jene »Verstümmelung« der Verfassung des Menschen, die laut Rousseau erst ihre Verstärkung ermöglicht (Rousseau OC III/1462).

Kein Werk über Politik sei Platos *Politeia*, sondern der schönste Traktat über die Erziehung, so schreibt Rousseau zu Beginn seines *Émile* (Rousseau OC IV/58f; 250). Damit gibt er zwar dem Publikum zu verstehen, dass er selbst in der Nachfolge des griechischen Philosophen steht, doch spricht er seinem eigenen Zeitalter die Kraft ab, die Aufgabe der Erziehung des Menschen zum citoyen zu bewältigen. Er hat im *Émile* ein privates Erziehungsprogramm entworfen, dessen Zweck die moralische Aufrüstung des Menschen, und zwar primär des Mannes ist; nur der Tugendhafte ist gegen die Gefahren gewappnet, die die korrupte Gesellschaft birgt. In der Französischen Revolution hat Condorcet der Forderung nach

einer instruction publique, die die Menschen zu verantwortungsbewussten Bürgerinnen und Bürgern bilden soll, einen neuen Inhalt gegeben[33].
Nietzsche, der in jungen Jahren den *Émile* gelesen und offenbar geschätzt
hat, hat den einzigen namhaften Philosophen, der aktiv an der Revolution
teilgenommen hat, nicht zur Kenntnis genommen. Er selbst bestimmt
zunächst als Ziel von Platos Staat die »Zeugung und Vorbereitung des
Genius« (KSA 1/776, CV Der griechische Staat) und wird später die Aufgabe »grosser«, also nicht kleinlich-nationalistischer Politik in der Erzeugung des höheren Typus sehen; eine Untersuchung über seine Auseinandersetzung mit der Französischen Revolution müsste daher die Frage beantworten, ob vom höheren Typus überhaupt ein Weg zum citoyen führt.

Nietzsche, der Mitte der 70er Jahre ein Buch veröffentlicht, dessen
Titel besser lauten müsste: *Nietzsche als Erzieher* (EH Die Unzeitgemässen
3), der zur Einsicht gelangt ist, dass es künftig keinen Gedanken geben
wird als Erziehung (KSA 8/45, 5[20]), der von einer Schule der Erzieher,
ja von einem internationalen Erziehungsministerium träumt (KSA 8/452,
23[136]), sieht sich mit einem Grundproblem der Aufklärung konfrontiert. Kant hat es mit folgenden Worten umschrieben: »Der Mensch kann
nur Mensch werden durch Erziehung. Er ist nichts, als was die Erziehung
aus ihm macht. Es ist zu bemerken, dass der Mensch nur durch Menschen
erzogen wird, durch Menschen, die ebenfalls erzogen sind« (*Über Pädago-
gik* A 8). Nietzsche geht wie Marx von der Einsicht aus, dass die Erzieher
selbst erzogen werden oder sich selbst erziehen müssen. Anders als Marx
begreift er den Prozess der Selbsterziehung und Selbstveränderung nicht
als revolutionäre Praxis. Vielmehr tut er genau das, was Marx den älteren
Aufklärern vorwirft; er muss »die Gesellschaft in zwei Teile – von denen
der eine über ihr erhaben ist – sondieren« (MEW 3/6). Die »Sondierung«
folgt zunächst klassischen und christlichen Vorbildern. Schon bald nach
der Basler Berufung schlägt Nietzsche seinen Freunden die Gründung einer neuen griechischen Akademie oder einer klösterlichen Gemeinschaft
vor (KSB 3/165ff). Entsprechende Pläne beschäftigen ihn die ganzen
kommenden Jahre hindurch und scheinen im Sorrentiner Winter kon-
krete Gestalt anzunehmen. »Die ›Schule der Erzieher‹ (auch modernes
Kloster, Idealkolonie, université libre genannt) schwebt in der Luft, wer
weiss was geschieht!«, so schreibt er im Januar 1877 der Schwester (KSB
5/216). Gemeinsam ist den Projekten für neue Erziehungsanstalten ihr
privater Charakter. Freilich ist die Schule der Erzieher gerade deshalb nötig, weil ein internationales Kulturtribunal fehlt. Die Aufgabe, die ersten
Erzieher, die sich selbst erziehen müssen, auf den rechten Weg zu führen,
begreift Nietzsche als seine eigene. Zwar ist zunächst noch von Brüdern

und Genossen die Rede (KSA 8/45, 5[20]), doch deren Kreis wird im Lauf der Zeit immer enger. Die Klage, dass die Erzieher fehlen, zieht sich durch Nietzsches gesamtes Schaffen. »Erzieher thun noth, die s e l b s t e r - z o g e n sind«, so heisst es noch in der *Götzen-Dämmerung* (Was den Deutschen abgeht 5). »Die Erzieher f e h l e n , die Ausnahmen der Ausnahmen abgerechnet«. Zu diesen Wenigsten gehört Burckhardt[34]. Der »Teufelskreis« der Erziehung hat neben vielen anderen auch Michelet beschäftigt. In seinem Buch über das Volk, das Nietzsche gekannt hat, sucht er zu zeigen, wie die Revolution an ihm gescheitert ist. »Il fallait des hommes pour faire la Révolution; et, pour créer ces hommes, il eût fallu qu'elle fût faite« (Michelet 1846/255). Seiner Überzeugung zufolge sollte die Politik vollständig in der Erziehung aufgehen. Unter Revolution versteht er aber nicht die Verneinung der Vergangenheit, sondern ihre Aneignung als Voraussetzung für die Eroberung einer neuen Welt[35]. Nietzsche zieht die Revolution als Mittel zum Zweck der Erhöhung des Menschen immerhin in Betracht. In einem bereits erwähnten Nachlassfragment von 1883 wird deutlich, weshalb sie in seinen Augen weitaus weniger geeignet ist als Ernährung, Züchtung und »Ausscheidung bestimmter Versuchs-Gruppen« (KSA 10/286, 7[132]). Revolutionen werden mit Völkerkriegen assoziiert, mit einem furchtbaren Spiel; Nietzsche denkt offenbar an den Gegensatz zwischen chaotischen, gewaltsamen, unberechenbaren, von blinden Leidenschaften bestimmten Prozessen und einer planmässigen, mit den Instrumenten der Wissenschaft überprüfbaren Vorgehensweise. Später wird die Entscheidung zugunsten bewusster Eingriffe in den Lauf der Dinge klar ausgesprochen. »Nicht, was die Menschheit ablösen soll in der Reihenfolge der Wesen, ist das Problem, das ich hiermit stelle [...]: sondern welchen Typus Mensch man z ü c h t e n soll, w o l l e n soll, als den höherwerthigeren, lebenswürdigeren, zukunftsgewisseren« (AC 3)[36]. In die natürliche Evolution setzt Nietzsche kein Vertrauen.

Ob Züchtung auch im biologischen oder nur im pädagogischen Sinn zu verstehen ist, bleibt unklar. Karl Jaspers meint dazu: »die grenzenlos weite Idee einer hinauftreibenden Wirkung alles echten menschlichen Tuns verwandelt sich ihm [Nietzsche; UM] unversehens zu der biologischen Vorstellung einer Züchtung, bei der die Erwartung lenkt, es würde ein neues Wesen entstehen an der Grenze der gegenwärtigen Art des Menschen zu einer höheren Art« (Jaspers 1936/146). Tatsächlich drängt sich der Eindruck auf; schwierig zu beantworten ist deshalb die Frage, wie sich Nietzsches Züchtungsprojekte zu sozialdarwinistischen Vorstellungen einer bewussten Steuerung der Evolution verhalten. Nietzsche selbst hat sich mehrmals vom Darwinismus abgegrenzt. Wenn freilich die Physiologie im Rahmen der grossen Politik zum leitenden Gesichtspunkt werden soll, wird die menschliche Natur zum Objekt der Manipulation. »Es ist entscheidend über das Loos von Volk und Menschheit, dass man die Cultur an der rechten Stelle beginnt – nicht an der ›Seele‹ [...]: die rechte Stelle ist der Leib, die Gebärde, die Diät, die Physiologie, der Rest folgt daraus« (GD Streifzüge eines Unzeitgemässen 47). Die »blosse Zucht von Gefühlen und Gedanken«, wie sie das deutsche Bildungswesen angestrebt hat, ist völlig ungenügend, »man muss den Leib zuerst überreden«. Offensichtlich geht es hier nicht um eine medizinisch sich legitimierende Bevölkerungspolitik, sondern um eine Kultivierung des Verhaltens, um die Verinnerlichung eingeübter Gewohnheiten. Ist die Rede hingegen von einer grossen Politik, die die Menschheit als Ganzes züchten und »unerbittlich mit allem Entarteten und Parasitischen ein Ende« machen will (KSA 13/638, 25[1]), dann ist eine solche Sprache angesichts der jüngeren Geschichte unerträglich; immerhin muss präzisiert werden, dass Nietzsches Hass in seinem späten Kriegsruf hauptsächlich der christlichen Feindschaft gegen das Leben, also einer moralischen Einstellung gilt.

Unweigerlich stösst man in diesem Kontext auf die Frage nach der Identität der künftigen Führer, die ja in keiner der bestehenden Institutionen verankert sind. Heidegger hat in seinen Nietzsche-Vorlesungen auf die Ziellosigkeit in Nietzsches Lehre vom Willen zur Macht hingewiesen. »Wenn hier überhaupt von Ziel gesprochen werden kann, dann ist dieses ›Ziel‹ die Ziellosigkeit der unbedingten Herrschaft des Menschen über die Erde« (Heidegger N II/125). Die Bedingungen der Erdherrschaft sieht er in der vollständigen »Machinalisierung« der Dinge und in der Züchtung des Menschen gegeben. »Die Züchtung des Menschen aber ist nicht Zähmung als Niederhalten und Lahmlegen der Sinnlichkeit, sondern die Zucht ist die Aufspeicherung und Reinigung der Kräfte in die Eindeutigkeit des streng beherrschbaren ›Automatismus‹ allen Handelns« (Heidegger N II/309). Der Züchtungsgedanke hat, wie Heidegger betont, keinen biologistischen, sondern einen metaphysischen Sinn. In der späteren Auseinandersetzung mit Nietzsche ist er bekanntlich von dieser Sicht, die den Übermenschen als bedenkenlosen Technokraten begreift, abgerückt. Was ihn gemäss der neuen Lesart auszeichnet, ist das Bewusstsein von der hohen Verantwortung, die ihm angesichts der ins Ungeheure gestiegenen Machtmöglichkeiten unter den Bedingungen der modernen Technik zufällt. Die Überwindung des bisherigen Menschen erweist sich als notwendig, weil dieser auf die Übernahme der Erdherrschaft nicht vorbereitet ist[37]. Der Übermensch ist nicht zu verwechseln mit jenen Figuren, »die als

Hauptfunktionäre eines vordergründigen und missdeuteten Willens zur Macht in die Spitzen seiner verschiedenen Organisationsformen geschoben werden.« Er ist, wie Heidegger gerne betont, an den Orten der kulturellen und politischen Öffentlichkeit niemals zu finden (Heidegger WD/ 26; 69)[38].

Die Verlegenheit, in die man gerät, sobald man versucht, Nietzsches neue Herren der Erde zu identifizieren und den »Refrain« seiner praktischen Philosophie (KSA 11/76, 25[247]) richtig zu deuten, erklärt sich aus dem unbekümmerten Gebrauch, den er von mehrdeutigen Metaphern macht. Sie legen bei der ersten Lektüre den Schluss nahe, es handle sich um eroberungssüchtige Kolonialherren, um skrupellose Machtpolitiker in demokratischen Gesellschaften[39]. Allerdings ist die Rede von Gewaltmenschen und Tyrannen, freilich von philosophischen Gewaltmenschen und von Künstler-Tyrannen (KSA 12/37, 2[57]). In *Also sprach Zarathustra* wird die Forderung erhoben: »Die Reinsten sollen der Erde Herrn sein, die Unerkanntesten, Stärksten, die Mitternachts-Seelen, die heller und tiefer sind als jeder Tag« (Za IV Das Nachtwandler-Lied 7). Die herrschende Kaste soll die »umfänglichsten Seelen« besitzen, »fähig für die verschiedensten Aufgaben der Erdregierung« (KSA 11/72, 25[221]). Angedeutet sind überdies Differenzierungen zwischen dem Rang der neuen Herren und jenem der Übermenschen. Letzteren kommt es zu, befreit von den Aufgaben der Herrschaft und der Verwaltung, allein durch ihre Lebensweise dem Dasein eine neue Rechtfertigung zu geben. »Die Rangordnung durchgeführt in einem System der Erdregierung: die Herrn der Erde zuletzt, eine neue herrschende Kaste. Aus ihnen hier und da entspringend, ganz epicurischer Gott, der Übermensch, der Verklärer des Daseins« (KSA 11/541, 35[73])[40]. Bei all den Bemühungen, neue Typen zu zeichnen, bleibt indes der Verdacht bestehen, ihre Heimat liege in unerreichbarer Ferne. Horst Baier hat es so formuliert: »Inmitten der décadence, wie sie der Philosoph von Sils-Maria und Nizza verstanden hat, inmitten einer Welt aus Stahl, Beton, Elektronik und Majoritäten sind ›neue Menschen‹, die ›erlösenden und rechtfertigenden Eliten‹ nicht in Sicht« (Baier 1981/22)[41].

Die Frage nach den Zuchtmeistern, denen Nietzsche die Zukunft der Menschheit anvertrauen will, hängt aufs engste zusammen mit jener nach dem Zweck der Züchtung. An die Stelle des Begriffs der Erziehung, der ihm offenbar als zu wenig kraftvoll für sein Anliegen erscheint, hat Nietzsche jenen der Züchtung gesetzt. Der Wortwahl liegt die Einsicht zugrunde, dass die gesamte moralische Vergangenheit der Menschen, also der Prozess der Zivilisation, eine grossangelegte Züchtungsveranstaltung darstellt. Die Moralisierung oder die »Verbesserung« der Menschheit ist laut Nietzsche stets entweder die »Z ä h m u n g der Bestie Mensch« oder die »Z ü c h t u n g einer bestimmten Gattung Mensch« gewesen. In beiden Fällen sind die Mittel zum moralischen Zweck grausam und »unmoralisch«, in beiden Fällen werden Menschen geschwächt und krank gemacht (GD Die »Verbesserer« der Menschheit 2-5). Die Alternative zwischen christlicher Menschen-Dressur und »arischer Humanität«, die Nietzsche in der *Götzen-Dämmerung* anzubieten scheint, ist wenig geeignet, unsere Frage zu beantworten. Zweck der Züchtung ist im Fall der indischen Moral die Aufrichtung einer Kastenordnung. Ein Gesetzbuch, das sich darauf beschränkt, die Absonderung der Kasten festzulegen, schafft jedoch nichts Neues, wie Nietzsche weiss (KSA 13/390, 14[213]). Auf das Gesetz des Manu kommt er im *Antichrist* ausführlich zu sprechen[42]. Der Aphorismus 57 ist in zweifacher Hinsicht interessant. Zunächst fällt auf, wie heftig Nietzsche auf der Opposition von natürlicher und künstlicher Gesellschaftsordnung insistiert. Ein Volk kann einem Sittenkodex die höchste Perfektionierung der Lebenskunst verdanken, vorausgesetzt, er bleibt unbewusst und bezieht seine Autorität nur aus Religion und Tradition. Die Notwendigkeit der »heiligen Lüge« wird nicht ganz einsichtig; weshalb soll das Gesetz unbewusst bleiben, wenn es, wie Nietzsche versichert, durch die Erfahrung bewiesen ist und nur eine »Natur-Gesetzlichkeit ersten Ranges« sanktioniert? Woher soll ihm Widerspruch erwachsen, woher kommt jene Bewegung der »modernen Ideen«, die dem Willkürlichen, dem »Gemachten« den Vorzug gibt? Die Opposition zwischen natürlicher und künstlicher Ordnung ist ein Grundmotiv konservativer Gesellschaftskritik und Nietzsche weiss sie nicht anders zu erläutern denn als Gegensatz zwischen gesund und krank. »Es treten in jeder gesunden Gesellschaft, sich gegenseitig bedingend, drei physiologisch verschieden-gravitirende Typen auseinander, von denen jeder seine eigne Hygiene, sein eignes Reich von Arbeit, seine eigne Art Vollkommenheits-Gefühl und Meisterschaft hat.« Es handelt sich um die »vorwiegend Geistigen«, die »vorwiegend Muskel- und Temperaments-Starken« sowie die »Mittelmässigen«. Die in verschiedenen Kulturen überlieferte Mythologie von den drei Ständen dient Nietzsche als Vorwand, um erneut seine viel abstraktere Zweiteilung zwischen »Auswahl« und »grosser Zahl« zu propagieren. Überhaupt zeichnet sich seine Rekonstruktion der Kastenordnung nicht eben durch historische Genauigkeit aus. Unter den wertenden Begriff der Mittelmässigkeit subsumiert er Handwerk, Handel, Ackerbau, Wissenschaft, Kunst, den ganzen »Inbegriff der Berufsthätigkeit mit Einem Wort«. Die »grosse Zahl« hat er jedoch andernorts (GD Die »Verbesserer« der Menschheit 3) mit den Tschandala, mit den Ausgestossenen identifiziert. Die angeblich durch Natur und Erfahrung vorgegebene Dreiteilung schliesslich lässt sich offenbar durch irgendein System der Hierarchie ersetzen, ohne dass damit die Natur »zu Schanden gemacht« würde. In einem Nachlassfragment wird die Stufenfolge von »Lehrstand«, »Wehrstand« und »Nährstand« nach unten ergänzt durch eine »Dienstboten-Rasse«, die aus den unterworfenen »Eingeborenen« rekrutiert wird (KSA 13/394f, 14[221]). In der Liste fehlen wiederum die »Degenerirten aller Kasten« (KSA 13/397, 14[224], für die Nietzsche den Begriff Tschandala braucht und darunter folglich doch nicht die »grosse Zahl« versteht. Eine Apologie der Kasten- oder Ständeordnung kann sicher nicht Nietzsches letztes Wort sein; sie wäre eine konservative Utopie und auf ihre Affinitäten zu korporatistischen und faschistischen Ideologien hin zu prüfen. Doch zweifellos weiss Nietzsche, dass ein Ausweg aus der von ihm diagnostizierten Krise in dieser Richtung nicht zu finden ist. Eine Kastenordnung, so notiert er sich während seiner Jacolliot-Lektüre, ist eine Schule der Verdummung, eine »Theologen-Brutanstalt« und sichert in jedem Fall die Herrschaft der Priester; die Folge ist, dass »die Tschandala's die Intelligenz und selbst das Interessante für sich« haben (KSA 13/382ff, 14[199; 203; 204]). Stärker als die soziale Funktion des Bauern- oder des Kriegerstandes betrifft ihn die Situation der Intellektuellen.

Nietzsche will den Philosophen den höchsten Rang in der gesellschaftlichen Hierarchie zuweisen, er beschreibt eine Kaste, die mächtiger ist als Könige, Richter und Krieger und der es obliegt, »das Glück, die Schönheit, die Güte auf Erden darzustellen« (AC 57). Zugleich jedoch fühlt er sich selbst als Tschandala und vermag die Heimatlosigkeit der modernen kritischen Intelligenz nur durch diesen Vergleich zu charakterisieren. Damit komme ich zum zweiten Aspekt seiner Beschäftigung mit der Kastenmoral. Mit der Bestimmung der obersten Kaste wird ein Idealbild des Menschen gezeichnet, das über die Arbeitsteilung im Gemeinwesen hinausweist. Die Herrschaft der »geistigsten Menschen«, von der Nietzsche spricht, ist, mehr noch als bei Plato, nur in einem ganz sublimen Sinn zu verstehen. »Sie herrschen, nicht, weil sie wollen, sondern weil sie sind, es steht ihnen nicht frei, die Zweiten zu sein.« Als die ehrwürdigsten Menschen sind sie zugleich auch die heitersten und liebenswürdigsten. Ein pessimistischer Blick auf die Welt, gar eine »Entrüstung über den Gesammt-Aspekt der Dinge« kann ihnen nicht zugestanden werden. Ihre »Lust ist die Selbstbezwingung: der Asketismus wird bei ihnen Natur, Bedürfniss, Instinkt.« Sie haben »ein G l ü c k aufrecht zu erhalten, unter dem Preis, den unbedingten Gehorsam, jede Art von Härte, Selbstbezwingung und Strenge gegen sich darzustellen«(KSA 13/392, 14[215]). Was letztlich die soziale Pyramide rechtfertigt und ihr einen ethischen Sinn verleiht, ist die Erfahrung oder die Hoffnung, dass mit der steigenden Höhe die Verantwortlichkeit zunimmt. Erst in einer Welt, die die Erfahrung vom Tod Gottes zu verarbeiten sucht, kann die Verantwortung des Menschen zum einzigen Thema der ethischen Reflexion werden[43]. Gehören nicht die Königsmörder, die in der Person ihres Opfers das Prinzip der göttlichen Autorität getroffen haben, und die Zeugen von Gottes Tod in die gleiche Geschichte der europäischen Revolte, die Albert Camus geschrieben hat[44]? Nietzsche hat die Losung »Nichts ist wahr, Alles ist erlaubt« als die letzte Konsequenz aus dem Anspruch auf Freiheit des Geistes verstanden (GM III 24). Er ist freilich weder willens noch fähig gewesen, die Erlaubnis auf etwas anderes denn auf Gedankenexperimente zu beziehen. In den Nachlassnotizen vom Herbst 1881 findet sich das rührende Geständnis, schon die geringste Immoralität, die er sich zuschulden kommen liesse, würde er nicht aushalten; »langes oder kürzeres Siechthum und Untergang wäre mein Loos!« (KSA 9/650, 15[47]). Unter Freiheit versteht er vor allem anderen den »Willen zur Selbstverantwortlichkeit« (GD Streifzüge eines Unzeitgemässen 38).

Weil die Freiheit und die Autonomie des Menschen als Bedingung einer künftigen ethischen und politischen Wertgebung im Zentrum von Nietzsches Denken stehen, ist es sinnvoll, dieses Denken mit einem Ereignis in Beziehung zu bringen, dessen Ziel der Aufbau einer Gesellschaft von autonomen Individuen gewesen ist. Der Revolutionär, der sich vornimmt, die politische Welt oder die Menschen als moralische Wesen zu verändern, erhebt sich damit über die anderen Menschen, er tritt gleichsam an die Stelle des Schöpfergottes, so lautet der Grundtenor der konservativen Kritik. Die Hoffnung auf eine Zukunft, die neuen, verwandelten Menschen gehört, verbindet Nietzsche mit den revolutionären Denkern, so glaubt Löwith (Löwith SS 2/389f). Eric Voegelin vertritt den Standpunkt, dass sich die politische Theorie nicht über die in der klassischen Philosophie und im Christentum gesammelten Erfahrungen hinwegsetzen darf. Jede Revolte gegen dieses »Höchstmass an Differenzierung« in der modernen Geistesgeschichte führe unweigerlich in einen antichristlichen Nihilismus und zur Idee des Übermenschen, sei es in der Variante von Condorcet, Comte, Marx oder Nietzsche (Voegelin 1965/116f).

Nietzsche ist auf den Begriff der Züchtung gerade dann angewiesen, wenn er über die Autonomie des modernen Menschen nachdenkt. Die Aufgabe der »neuen Philosophen« ist es, dem »Menschen die Zukunft des

Menschen als seinen Willen, als abhängig von einem Menschen-Willen zu lehren und grosse Wagnisse und Gesammt-Versuche von Zucht und Züchtung vorzubereiten, um damit jener schauerlichen Herrschaft des Unsinns und Zufalls, die bisher ›Geschichte‹ hiess, ein Ende zu machen« (JGB 203). Die Vision mächtiger und freier Menschen, die der Geschichte eine neue Wendung zu geben vermögen und dem Lauf der Dinge ihren Plan aufzwingen, ist von einem Pathos getragen, das revolutionären Leidenschaften durchaus vergleichbar ist. Der Eindruck verstärkt sich bei der Lektüre der einleitenden Abschnitte der zweiten Abhandlung von *Zur Genealogie der Moral.* Thema der Erörterung ist »die lange Geschichte von der Herkunft der Verantwortlichkeit«. In geradezu kantischer Weise spricht Nietzsche von der Aufgabe, »welche sich die Natur in Hinsicht auf den Menschen gestellt hat«. Diese »paradoxe Aufgabe«, dieses »eigentliche Problem vom Menschen« besteht darin, »ein Thier heranzuzüchten, das versprechen darf«. Voraussetzung, dieses Ziel zu erreichen, ist, »den Menschen zuerst bis zu einem gewissen Grade nothwendig, einförmig, gleich unter Gleichen, regelmässig und folglich berechenbar zu machen«. Der Prozess der Zivilisation und der Moralisierung – zweifellos ist die Phase der Demokratisierung als dessen Abschluss mitgemeint –, diese »eigentliche Arbeit des Menschen an sich selber in der längsten Zeitdauer des Menschengeschlechts, seine ganze vorhistorische Arbeit hat hierin ihren Sinn, ihre grosse Rechtfertigung, wie viel ihr auch von Härte, Tyrannei, Stumpfsinn und Idiotismus innewohnt«. Die soziale und moralische »Zucht« des Menschen ist blosses Mittel zu einem ganz anderen Zweck; dieser Zweck ist das souveräne, das »autonome übersittliche Individuum«, der Mensch des »eignen unabhängigen langen Willens, der versprechen darf«, der »ein eigentliches Macht- und Freiheits-Bewusstsein, ein Vollendungs-Gefühl des Menschen überhaupt« besitzt. Dieser »Freigewordne«, dieser neue »Souverän«, dem die Herrschaft über sich und das Geschick, über die Umstände, über die Natur und über »alle willenskürzeren und unzuverlässigeren Creaturen« gegeben ist, darf versprechen, weil er stark genug ist, sein Versprechen einzulösen. Ihm wird das »stolze Wissen um das ausserordentliche Privilegium der Verantwortlichkeit [...] zum dominirenden Instinkt«, und diesen Instinkt wird er sein Gewissen heissen (GM II 1,2). Die These von der Überwindung einer langen Vorgeschichte der Fremdbestimmung und vom Beginn einer eigentlichen Geschichte der Selbstbestimmung ist ein Grundmotiv revolutionären Denkens, das in Marx' Geschichtsphilosophie eine wichtige Rolle spielt.

Der Anfang der zweiten Abhandlung von *Zur Genealogie der Moral* enthält einen der vielschichtigsten und rätselhaftesten Gedanken Nietzsches. Er bleibt im Rahmen der zweiten Abhandlung unausgeführt, da deren Thema nicht die Selbstverantwortlichkeit, sondern das schlechte Gewissen ist. Hannah Arendt hat in ihrem Buch *Vita activa* die Tragweite von Nietzsches Idee unterstrichen. Dem Vermögen, Versprechen zu geben und zu halten, kommt in ihrer Sicht die Aufgabe zu, eine Ordnung in die Angelegenheiten der Menschen zu bringen, die gerade nicht auf Selbstbeherrschung und Herrschaft über andere beruht. Kraft des Verzeihens und Versprechens vermag sich der Handelnde von der Last der Vergangenheit zu befreien und der Ungewissheit der Zukunft etwas Zuverlässiges entgegenzuhalten; ohne auf seine Freiheit zu verzichten, akzeptiert er die vertragliche Bindung an die politische Gemeinschaft. »Wenn wir unter Moral mehr verstehen dürfen als die Gesamtsumme der ›mores‹, der jeweils geltenden Sitten und Gebräuche, mitsamt der in ihnen enthaltenen Massstäbe für jeweiliges Verhalten, [...] so kann Moral sich jedenfalls im Feld des Politischen auf nichts anderes berufen als die Fähigkeit zum Versprechen und auf nichts anderes stützen als den guten Willen, den Risiken und Gefahren, denen Menschen als handelnde Wesen unabdingbar ausgesetzt sind, mit der Bereitschaft zu begegnen, zu vergeben und sich vergeben zu lassen, zu versprechen und Versprechen zu halten.« Obgleich Arendt politisches Handeln für grundsätzlich unberechenbar hält, attestiert sie in dem Kontext Nietzsche einen »grandiosen Spürsinn für die Wurzel moralischer Phänomene« (Arendt 1967 § 34).

Nietzsches autonomes Individuum gefällt sich freilich zu sehr in seiner Selbstherrlichkeit, als dass es die Aufmerksamkeit der politischen Gemeinschaft zuwenden könnte; es bleibt einsam, die Distanz zum gleichberechtigten Anderen scheint unüberwindlich. Zwar ist Nietzsche klar, dass es »v i e l e Übermenschen« geben muss, dass »alle Güte [...] sich nur unter seines Gleichen« entwickelt (KSA 11/541, 35[72]). Aber die »Gleichen« sind durch keinerlei Vertrag verbunden. Mächtig genug, zu versprechen, unterwerfen sie sich keiner Autorität, die sie zur Einhaltung des Versprechens verpflichten könnte. Fragen der Verfassung wie des Rechts überhaupt interessieren Nietzsche allenfalls in einer genealogischen und ethnologischen Perspektive[45]. Ein Versuch ist die Gesellschaft und kein Vertrag, so verkündet Zarathustra den Jüngern. Nietzsche hat über den Vertrag als Grundlage des politischen Gemeinwesens kaum nachgedacht[46]; Öffentlichkeit als Sphäre der Freiheit kommt bei ihm nicht in den Blick[47]. »Ich halte es für unmöglich, aus dem Studium der Politik noch herauszukommen als Handelnder«, so schreibt er 1874 (KSA 7/776, 32[63]). Beim Verzicht wird es bleiben. 1885 notiert er: »Für die Aufgaben der nächsten Jahrhunderte sind die Arten ›Öffentlichkeit‹ und Parlamentarismus die unzweckmässigsten Organisationen« (KSA 11/584, 37[9]). Heraklit, der dem Lärm der Politik und des Marktes aus dem Wege gegangen ist, erscheint als Vorbild; »wir Philosophen brauchen zu allererst vor Einem Ruhe: vor allem ›Heute‹ « (GM III 8). Doch die Praxis der Politik, des verantwortungsbewussten öffentlichen Handelns kennt Nietzsche nicht aus eigener Anschauung, er kennt allenfalls die deutsche Reichseuphorie. Öffentlichkeit nimmt er fast ausschliesslich als Konformitätszwang und Demagogie wahr. In dieser Hinsicht ist seine Kritik durchaus vergleichbar derjenigen von Tocqueville und Mill, mit dem Unterschied, dass er die Politik nicht als Heilmittel gegen solche Gefahren gelten lässt[48]. Öffentlichkeit assoziiert er vorzugsweise mit Markt, Lärm und Schauspiel, mit Presse, Publikum und Literatur; öffentlich heisst so viel wie oberflächlich, unanständig, unvornehm, unecht[49].

Nietzsches Misstrauen der Öffentlichkeit gegenüber bedarf jedoch einer genaueren Prüfung. Den deutschen Reichstag bezeichnet er in einem Brief an Mutter und Schwester einmal als das Publikum, das Bismarck braucht, »um über Alles und Jedes sein Herz a u s z u s c h ü t t e n « (KSB 7/4). Er gesteht, den Staatsmann um diese Chance zu beneiden. Das aggressive Pathos, mit dem er später seine grosse Politik verkünden wird, verrät das verzweifelte Bemühen, endlich in politischen Angelegenheiten mitzureden und Gehör zu finden. Die Schrift *Ecce homo* dient dem Zweck, dem Publikum einen Denker vorzustellen, von dem es bisher nicht gebührend Kenntnis genommen hat, obwohl er von der entscheidendsten Wendung in der Geschichte der Menschheit zu berichten, ja diese sogar herbeigeführt hat. An seinen Namen soll sich einmal »die Erinnerung an etwas Ungeheures anknüpfen, – an eine Krisis, wie es keine auf Erden gab, an die tiefste Gewissens-Collision, an eine Entscheidung heraufbeschworen g e g e n Alles, was bis dahin geglaubt, gefordert, geheiligt worden war.« Im Lichte seiner Prophezeiung erscheinen alle bisherigen Umwälzungen als harmlos; »wenn die Wahrheit mit der Lüge von Jahrtausenden in Kampf tritt, werden wir Erschütterungen haben, einen Krampf von Erdbeben, eine Versetzung von Berg und Thal, wie dergleichen nie geträumt worden ist. Der Begriff Politik ist dann gänzlich in einen Geisterkrieg aufgegangen, alle Machtgebilde der alten Gesellschaft sind in die Luft gesprengt – sie ruhen allesamt auf der Lüge: es wird Kriege geben, wie es noch keine auf Erden gegeben hat. Erst von mir an giebt es auf Erden g r o s s e   P o l i t i k.« (EH Warum ich ein Schicksal bin 1). Das katastrophale Ereignis, das die Geschichte der Menschheit in zwei Stücke bricht, ist die Aufklärung über die christliche Moral (EH Warum ich ein Schicksal bin 8). Erinnern wir daran, dass laut den Theoretikern der Restauration die Religionskritik der Aufklärung die Französische Revolution verschuldet hat. Auffällig an Nietzsches Sprache ist die revolutionäre Metaphorik, in welcher sich der Wille zur grossen Politik kundtut: der Triumph der Wahrheit über jahrtausendealte Lügen, das Erdbeben, das Sprengen alter Machtgebilde. Nietzsche will den Begriff der Politik selbst revolutionieren; seine Absicht ist die Gründung einer »Partei des Lebens«, er gedenkt die Entscheidung herbeizuführen zwischen Aufgang und Niedergang, zwischen dem Willen zum Leben und der Rachsucht gegen das Leben. Die Opposition zwischen dem Lebendigen und dem Absterbenden ist wiederum ein beliebtes Motiv revolutionärer Rhetorik. Schliesslich wendet sich Nietzsche, auf den ersten Blick zumindest, an die ganze Menschheit und erklärt alle herkömmlichen Unterteilungen für illegitim. »Ich bringe den Krieg quer durch alle absurden Zufälle von Volk, Stand, Rasse, Beruf, Erziehung, Bildung« (KSA 13/637f, 25[1]). Unmittelbar vor dem geistigen Zusammenbruch scheint der Feind des Christentums zum Königsmörder werden zu wollen, wie die Drohungen gegen den deutschen Kaiser suggerieren. Selbst der Plan einer neuen Zeitrechnung lässt an das Ereignis denken, das ein Jahrhundert früher die Welt erschüttert hat[50].

Solche Parallelen sind nicht unbemerkt geblieben. »Im Unterschied etwa von Haltungen in der Zeit der Französischen Revolution ist bei Nietzsche der Bruch zwar radikaler, jedoch der Wille zur verwandelten Tradition unverloren«, heisst es bei Jaspers (Jaspers 1936/395). Weil jedoch die Partizipation an der öffentlichen Sphäre von Nietzsche gar nicht in Erwägung gezogen wird, bleibt diese Radikalität unpolitisch. Raymond Polin hält fest: »Nietzsche ist, vielleicht mehr noch als Rousseau, der eigentliche Gegner der aristotelischen Theorie, die den Menschen als ›politisches Lebewesen‹ charakterisiert« (Polin 1974/28)[51]. In ihrem Buch *Über die Revolution* hat Hannah Arendt dargelegt, wie mit der Verbürgerlichung der Gesellschaft im 19. Jahrhundert, mit der Verwandlung des citoyen in den unpolitischen und konformistischen bourgeois die Weltabkehr der Intellektuellen einhergeht. Sie verlieren den Geschmack an der öffentlichen Freiheit und begeben sich auf die Suche nach einer imaginären inneren Freiheit, die für die reale Welt folgenlos bleibt[52]. Nietzsche gehört in die Reihe jener Denker, die die politische Welt geringgeschätzt und ihr die Radikalität einer privaten Revolte entgegengesetzt haben. Möglicherweise wirkt sein christliches Erbe auch hier nach; sein Wille zur Erneuerung des Menschen zielt ja letztlich auf eine seelische Läuterung. Die antichristliche Stossrichtung kommt zur Geltung, wenn »physiologische« Werturteile moralischen vorgezogen werden. Genauso wie die christliche Seelsorge findet jedoch auch die »Züchtung« nicht in der Dimension gemeinsamen öffentlichen Handelns statt[53].

In der Idealisierung der Einsamkeit schwankt Nietzsche zwischen zwei Möglichkeiten: zwar ist die Versuchung der Flucht in die Weltabgeschiedenheit des stillen Denker-Daseins gross, doch ist nicht zu übersehen, dass mit dem Lob der Einsamkeit immer auch die Forderung nach geistiger und materieller Unabhängigkeit verbunden ist. Der Philosoph, dessen Ethik Nietzsche neu formulieren möchte, muss sich von den korrumpierenden Einflüssen der Gesellschaft und des Bildungswesens befreien, damit sein kritischer Blick auf die Realität nicht getrübt wird. Aufschlussreich ist ein Brief, den Nietzsche 1886 an seine Schwester in Paraguay schreibt. Er legt ihr dar, weshalb er in Europa bleiben will und bezeichnet ihr Kolonialabenteuer als eine »Rückkehr zur Natur«, als eine Philosophie »für's liebe Vieh«. Man wird an Voltaires bissige Reaktion auf Rousseaus *Discours* erinnert. Nietzsche braucht Europa, »weil es der Sitz der Wissenschaft auf Erden ist« und fügt bei: »gerade jene grossen Bewegungen und Umstürze, welchen es wahrscheinlich in den nächsten 20 Jahren entgegengeht, finden in mir einen gut vorbereiteten und gründlichst betheiligten Zuschauer« (KSB 7/277f). Die Absonderung der Intellektuellen ist in seinen Augen deshalb erforderlich, weil erst aus einer gewissen Distanz die ganzen Ausmasse des moralischen und sozialen Umsturzes sichtbar werden.

Besondere Aufmerksamkeit verdient in diesem Zusammenhang ein Nachlassfragment vom Herbst 1880 (KSA 9/200f, 6[31]). Nietzsche beschreibt einleitend die Erschöpfung, die nach dem Niedergang der Metaphysik und nach der skeptischen Selbstzermalmung eingetreten ist. Diese Geschichte, in der die Menschen ihren Stolz verlieren, kommt nur den Wenigsten zum Bewusstsein. Der Verlust des Glaubens hingegen wird allgemein ruchbar. Er hat zur Folge: »das Aufhören der Furcht, der Autorität, des Vertrauens, das Leben nach dem Augenblick, nach dem gröbsten Ziele, nach dem Sichtbarsten.« Die Lust an der Anarchie, die Experimentierfreude und das Gefühl der Unverantwortlichkeit prägen das Zeitalter. Die Klugheit ist an die Stelle des Stolzes getreten und hat die Wissenschaft in ihren Dienst genommen. Das Regiment ist vom Adel und von der Priesterschaft an eine »gemeinere Gattung von Menschen« weitergereicht worden, an die Kaufleute; in absehbarer Zukunft werden es die Arbeiter übernehmen. Die Masse tritt als Herrscherin auf und die Individuen müssen sich »zur Masse lügen«. Immer noch werden solche geboren, »die in früheren Zeiten zu der herrschenden Klasse der Priester, Adels, Denker gehört hätten. Jetzt überschauen sie die Vernichtung der

Religion und Metaphysik, Noblesse und Individual-Bedeutung.« Als Nachgeborene müssen sie ihrem Leben einen neuen Sinn geben. »Lüge und heimliche Rückflucht zum Überwundenen, Dienst in nächtlichen Tempeltrümmern sei ferne! Dienst in den Markthallen ebenfalls!« Stattdessen widmen sie sich jener Erkenntnis, die durch das Interesse der Klugheit nicht gefördert wird, sowie jenen Künsten, »welchen der moderne Geist abhold ist«. Sie beobachten ihre Zeit aus kritischer Distanz und suchen sie zu verstehen »wie ein Adler, der darüber fliegt«. Sie sind auf ihre Unabhängigkeit bedacht und »wollen nicht Bürger und Politiker und Besitzer sein«. Ihnen liegt an der Erziehung der Individuen. In kommenden Zeiten, »wenn der gemeine Rausch der Anarchie vorüber ist«, wird die Menschheit sie vielleicht nötig haben.

Die neuen Philosophen, deren Auftrag Nietzsche umschreibt, werden sich weder den Massen noch den Nationen als »ihre Heilande« anbieten. Sie verstehen sich als Emigranten sowie als »das böse Gewissen für die Wissenschaft im Dienste der Klugen«. Ihren Standesgenossen, die »zur Verlogenheit Zuflucht nehmen und Reaktion wollen«, schwören sie Todfeindschaft. Nietzsche bezeichnet sich und seinesgleichen als Emigranten und Nachkommen von Adeligen und Priestern. Mit dem Wort »Emigrant« sind in der Zeit der Französischen Revolution Anhänger des Ancien Régime benannt worden, die vor der Revolution ins Ausland geflüchtet sind und von dort gegen sie konspiriert haben. Nietzsches Wortwahl impliziert aber offensichtlich keine entsprechende politische Parteinahme. Gleichwohl ist der Text voll von politisch vieldeutigen Anspielungen. Im Begriffspaar Stolz – Klugheit ist die Differenz zwischen zwei Gesellschaftsformen ausgesprochen, zwischen der alten Feudalgesellschaft und der modernen bürgerlichen Gesellschaft, deren höchster Wertmassstab der wirtschaftliche Nutzen ist. Nietzsche hat erkannt, dass sich die kapitalistische Wirtschafts- und Gesellschaftsform durchgesetzt hat, er rechnet überdies damit, dass sie dereinst von einer sozialistischen Form abgelöst wird. Schwieriger zu verstehen ist seine Berufung auf die Abstammung von höheren Ständen. Ist gemeint, dass immer noch Nachkommen der ehemals herrschenden Familien leben, oder dass gewisse Menschen von ihrer Geburt an zur Herrschaft berufen sind? Weshalb rechnet Nietzsche die Denker zusammen mit den Angehörigen des Adels und den Priestern zur herrschenden Klasse? Es ist anzunehmen, dass er weniger an politische Führung und gesellschaftliche Macht denkt, sondern an Wertsetzung und geistige Hegemonie. Weil er den »Kaufleuten« nicht die nötigen ethischen und kulturellen Führungsqualitäten zutraut, definiert er einen neuen Typus des Intellektuellen. Zugleich fordert er, dass sich die künftige

Elite von allen konservativen, reaktionären und restaurativen Bestrebungen lossagt. Den Fürsten und Priestern der Vergangenheit rechnet er als ihr höchstes Verdienst an, dass sie sich überwunden haben; die Fürsten und Priester der Gegenwart können ihm zufolge nur dank Selbstbetrug überleben. Die Absage an die Reaktion impliziert keine Apologie des Bestehenden. Verpönt ist auch jede intellektuelle Tätigkeit, die sich in den Dienst wirtschaftlicher Interessen stellt. Die Teilnahme am modernen politischen Betrieb mit seinen demagogischen und nationalistischen Aspekten fällt ebenso der Kritik anheim.

Die Vertreter der künftigen geistigen Elite, zu deren Bewusstwerdung Nietzsche beitragen will, wissen um den Tod Gottes und um die Unaufhaltsamkeit der Demokratisierung. Sie teilen mit ihrer Zeit indessen weder den ökonomischen Optimismus noch den positivistischen Wissenschaftsglauben. Gegenüber einem den Kriterien ökonomischer Rentabilität unterworfenen Wissenschaftsbetrieb wollen sie alternative Erkenntnisarten fördern. Der Begriff des Emigranten erhält jetzt einen neuen Sinn: nicht der Konterrevolutionär ist damit benannt, sondern der kritische Intellektuelle, der sich mit den Werten seiner Gesellschaft nicht identifiziert und sie mit dem distanzierten Blick eines Ethnologen der eigenen Kultur wahrnimmt.

Nietzsches Ideologiekritik, die gewiss in manchen Punkten ihre Aktualität nicht eingebüsst hat, findet ihre Grenzen in der unkritischen Gleichsetzung von »Bürger und Politiker und Besitzer«. Darin kommt ein romantisch anmutender Protest gegen die bestehenden Verhältnisse zum Ausdruck; über die Funktion und die Wirkungsmöglichkeiten der neuen Aufklärer ist nichts Bestimmtes zu erfahren. Monika Funke hat in ihrer Untersuchung zu Nietzsches Ideologiekritik diese Zusammenhänge überzeugend dargelegt. Sie ist zum Schluss gekommen, dass er die Funktionslosigkeit der Intellektuellen zum Ideal und Stilprinzip erhoben und sein eigenes Aussenseiterdasein ästhetisiert hat (Funke 1974/250)[54]. Im »Adlerflug« blickt der Aussenseiter auf Menschen, deren Lebensstil von einem geringen moralischen Ernst zeugt. Er stösst auf »Demokratismus«, d.h. auf Konformismus, auf fehlende Sensibilität für die ethische Rangordnung, auf kollektive Verantwortungslosigkeit. Er sieht die Herde, deren Mitglieder nur für den Augenblick leben, für ihr kleines, biederes Glück, das sie erfunden zu haben glauben. Niemand trägt Sorge für die Zukunft, für die unausgeschöpften Möglichkeiten der Menschheit. Nochmals sei das Nachlassfragment zitiert, das den Schlüssel zu Nietzsches Demokratie-Kritik enthält. »In der Hauptsache aber glaube ich, dass die Verlogenheit in moralischen Dingen zum Charakter dieses demokratischen Zeital-

ters gehört. Ein solches Zeitalter nämlich, welches die grosse Lüge
›Gleichheit der Menschen‹ zum Wahlspruch genommen hat, ist flach, eilig, und auf den Anschein bedacht, dass es mit dem Menschen gut stehe,
und dass ›gut‹ und ›böse‹ kein Problem mehr sei« (KSA 11/246, 26[364]).
Die Verlogenheit in moralischen Dingen ist freilich in nicht-demokrati-
schen Zeitaltern auch als Problem empfunden worden. Überdies ist zweifelhaft, ob auf den moralischen Massstab, den der Aussenseiter – ich spreche nicht von Nietzsche allein, sondern vom Typus des unpolitischen Intellektuellen – zu besitzen vorgibt, Verlass ist. Der Hass gegen die Herde,
das Volk, die Masse führt zu verhängnisvollen Verwechslungen. Nietzsche setzt die demokratische Revolution, den Versuch, die politische Welt
in kollektiver Verantwortung zu gestalten, die Ethik der Solidarität und
die Anerkennung gleicher Rechte mit der Sklavenmoral gleich. Verant-
wortungsbewusstsein billigt er alleine neuen Herren zu, die freilich den
alten Herren verdächtig ähnlich sehen. Der autonome Mensch der Zukunft, von dem er träumt, verbirgt sich lieber im Kostüm des mittelalterlichen Feudalherrn oder des selbstherrlichen Renaissance-Fürsten, als dass
er sich der Verantwortung des citoyen stellen würde. Trotz der Absage an
Restauration und Romantik, trotz der Verachtung für sämtliche bisherigen Eliten gelingt es Nietzsche nicht, sich von rückwärtsgewandten Utopien zu lösen. Mit seinem Glauben an die Veränderbarkeit der Menschen
scheint er hingegen den Revolutionären näher zu stehen als den Konservativen. Er sieht in den Menschen Produkte der sittlichen Ordnung und
ist überzeugt davon, dass neue Werttafeln, neue Satzungen sie verwandeln
und von der drückenden Last der Vergangenheit erlösen werden. Als ob er
den von den Traditionalisten den Aufklärern zur Last gelegten politischen
Rationalismus noch überbieten wollte, fordert er zu einer »grundsätzlichen künstlichen und bewussten Züchtung« eines dem »Heerdenthier« entgegengesetzten Typus auf (KSA 12/73, 2[13]) und hält die Arbeit der Natur oder der Evolution für wenig zuverlässig (AC 3; 4). Der
»schauerlichen Herrschaft des Unsinns und Zufalls« will er ein Ende machen (JGB 203). Im Gegensatz zum revolutionären Projekt der Erziehung
des citoyen bleibt jedoch in seiner Version der paideia, in der Ethik der
»Züchtung«, der Wert der politischen Praxis und des gesellschaftlichen
Vertrags unbeachtet; offen bleibt auch, wer kraft welcher Legitimation
und mit welchem Auftrag als Lehrer und Züchter wirken soll. Warum
schliesslich das »autonome übersittliche Individuum« in seinem verant-
wortungsvollen Leben kaum auf andere »souveraine« Menschen stösst,
sondern immer nur auf weniger wertvolle »Creaturen«, wird nicht einsichtig. Nietzsches antidemokratischer und antiegalitärer Affekt ist nicht

nur aus der Sicht der demokratischen Aufklärung ein Ärgernis; er belastet sein eigenes Vorhaben einer Aufklärung über die menschliche Seele.

SCHLUSS

Der Wille zum System ist in Nietzsches Augen bekanntlich nichts anderes als ein Mangel an Rechtschaffenheit (GD Sprüche und Pfeile 26). Ob der Verdacht berechtigt ist, ist hier nicht zu prüfen, doch es scheint, dass der »Wille zum System« all jene, die Nietzsches »politische Philosophie« erforschen und darstellen wollen, unweigerlich in die Irre führen muss. Wer sich mit seinen Streifzügen durch das politische Leben des 19. Jahrhunderts befasst, muss sich eingestehen, dass von einer systematischen Auseinandersetzung mit Politik nicht die Rede sein kann. Was in der Forschung als Nietzsches politische Philosophie bezeichnet wird, ist eine Ansammlung von Stimmungen, tiefen Ängsten, vorsichtigen Hoffnungen und realitätsfernen Zukunftsvisionen. Nietzsche war »vorwiegend Gefühlsmensch«, diesen Eindruck erhielt im Frühjahr 1884 Josef Paneth nach zahlreichen Gesprächen, die er mit dem Philosophen geführt hatte (KGW VII 4,2/25). Die Art und Weise, wie er die durch die politische Situation geweckten Gefühle in seinen Texten verarbeitet hat, gibt eher Aufschluss über spontane Reaktionen vieler Intellektueller auf die moralische Krise einer im Umbruch befindlichen Gesellschaft als über den Entwicklungsstand der Geschichte der politischen Philosophie. Deshalb kann und will die vorliegende Arbeit keine systematische Abhandlung zu Nietzsches politischer Philosophie sein.

Die von Plato und Nietzsche erhobene Forderung, die Besten sollten herrschen, entspricht noch keiner Entscheidung für eine politische Verfassung. In der parlamentarischen Demokratie wird vorausgesetzt, dass sich die Besten in freien Wahlen durchsetzen werden; selbst die rätedemokratische Vision von Hannah Arendt kennt ihre Aristokratie der politisch Aktivsten. Doch wer ist berufen, die Besten von den weniger Guten zu unterscheiden; welche Kriterien stehen zur Verfügung? Die Geschichte habe die Notwendigkeit von Aristokratien bewiesen, so wurden konservative Historiker nach der Französischen Revolution nicht müde zu betonen; bis heute sind die Stimmen nicht verstummt, die vor den Gefahren der »Massen-Demokratie« und der »Fundamental-Politisierung« warnen. Die Geschichte hält freilich noch ganz andere Lektionen bereit: beweist nicht die periodisch sich manifestierende Unzufriedenheit der »weniger Guten«, dass die Aristokraten auch nur Menschen sind und ihrem Führungs- und Erziehungsauftrag nicht gerecht werden können? Nicht die

Notwendigkeit, sondern das Versagen der Aristokratie ist der Ausgangspunkt der philosophischen Reflexion über das Politische. Wenn Grund-
besitzer oder Kriegsherren unfähig sind, die menschliche Seele zu veredeln, so stellt sich die Frage, wer an ihrer Stelle die Herrschaft ausüben
soll. Doch sie erweist sich rasch als eine rhetorische; für Philosophen zumindest versteht sich die Antwort von selbst, auch wenn sie sich wie
Nietzsche alle Mühe geben, nicht verstanden zu werden: »Es giebt nur
Geburtsadel, nur Geblütsadel. (Ich rede hier nicht vom Wörtchen ›von‹
und dem Gothaischen Kalender: Einschaltung für Esel.)« (KSA 11/678,
41[3]).

Es liegt nahe, Nietzsches Aristokratismus an antiken Vorbildern zu
messen. Doch auch hier fällt auf, wie eklektizistisch der Altphilologe vorgeht. Steht nicht sein philosophischer Adel Epikurs Göttern, die die »Niederungen« der Politik weit unter sich lassen, näher als Platos philosophischen Herrschern? Immerhin sollen die künftigen »Herren der Erde«
Gott ersetzen (KSA 11/620, 39[3]), d.h. mit Hilfe von Religionen regieren. Wer sich aber um die nivellierte Menschheit nicht kümmert, kann sie
auch nicht beherrschen. Nietzsche hat, wie mehrfach gezeigt, den Widerspruch nicht aufgelöst. Fest steht, dass es gerade nicht die politische Kompetenz ist, die den neuen Philosophen-Adel auszeichnet, sondern ein freies und wagemutiges Denken in moralischen Dingen. Trotz zahlreicher
Anleihen bei der griechischen Philosophie ist Nietzsches »aristokratischer
Radikalismus« ein reines Produkt des 19. Jahrhunderts. Unzulässig ist es
ebenfalls, ihn als Fortsetzung der politischen Lehre Machiavellis zu interpretieren. Der republikanische Theoretiker hat in seinen *Discorsi* (I, 9) erklärt, nur jene Verfassung könne von Dauer sein, deren Erhaltung der
Sorge vieler anvertraut ist. Selbst im *Principe* (IX), den Nietzsche so geschätzt hat, heisst es unmissverständlich, das Streben des Volks sei recht-
schaffener als das der grossen Herren.

Obgleich Nietzsche, wie er immer wieder betont, die politische Leidenschaft fehlt, ist er überzeugt davon, dass die Menschen in Zukunft
»über Politik umlernen« werden (KSA 12/88; 2[57; 58]). Um die richtige
Auslegung seiner Politik der Züchtung wird bis heute vor allem deshalb so
erbittert gestritten, weil sie in den Verdacht geraten ist, der nationalsozialistischen und faschistischen Ideologie als Vorbild gedient zu haben.
Doch der Streit dreht sich im Kreis und der jüngste Versuch, neue Argumente in die Diskussion zu bringen, muss wohl als gescheitert gelten.
Bernhard Taureck kommt zum Schluss, »Nietzsches politische Philosophie« sei »zum Faschismus hin geöffnet«. Die »Analogien seiner Äusserungen zum Faschismus« liessen sich aber nicht »in ein eindeutiges Ver-

hältnis von Theorie und Praxis, Denken und Tat, Konzeption und Ausführung bringen« (Taureck 1989/187). Das ist längst bekannt. Heute wäre die Frage zu stellen, ob der tendenziell apolitische Elitarismus, der bei unzähligen Dichtern und Gelehrten des letzten – und dieses – Jahrhunderts nachgewiesen werden kann, in die Entstehungsgeschichte rassistischer und totalitärer Herrschaftsideologien gehört. Im Falle Nietzsches ist sie von linken Denkern wie Bataille, Adorno oder Deleuze verneint worden. Doch selbst wenn man Nietzsches Psychologie im Sinne einer politisch engagierten Ideologiekritik weiterdenkt, wird man einräumen müssen, dass seine politisch relevanten Werturteile fast beliebig interpretierbar sind. Für zeitgenössische konservative Philosophen stellt Nietzsches Denken ebenso gut eine Fundgrube, eine Werkzeugkiste dar wie für die Vordenker der Subversion. Man kann sich auf seine Einsichten berufen, um in distanziert-philosophischer Form politische Stellungnahmen auszusprechen. »Es bleibt wahr, dass die Demokratie ihre Freiheit vernichtet, je mehr sie Gleichheit in Egalität und Nivellierung umkippen lässt«, meint Henning Ottmann (Ottmann 1987/311). Thomas Pangle ist überzeugt davon, dass Zarathustra in weiser Voraussicht mit seiner Rede von den Taranteln sich von künftigen linken, egalitären Nietzscheanern distanziert hat, die sich seine Lehre aneignen werden (Pangle 1987a/154). Pangle gibt zu verstehen, dass es sich beim Volk, das Zarathustra aufzurütteln versucht, um moderne liberale Intellektuelle, beim letzten Menschen um den »sozialdemokratischen Menschen« der kommenden klassenlosen Gesellschaft handeln muss (Pangle 1987/201ff). »The more deeply we penetrate Nietzsche's critique, the more irresistably we are compeled to reexamine, from a strange and startling perspective, the promises and the threats and the vices and the virtues of our democratic way of life and, indeed, of modern egalitarianism in all its forms« (Pangle 1987/208). Mit seiner Wut auf die »Lüge« von der Gleichheit der Menschen erscheint Nietzsche zwar im Zeitalter der liberalen Demokratie als ein Verrückter, wie es Richard Rorty ausdrückt (Rorty 1988/98), aber konservative Intellektuelle nehmen die von ihm gelieferten Stichworte gerne auf, um gegen ein diffuses Feindbild – »Egalitarismus« genannt – zu polemisieren, ohne dem Prinzip der politischen Demokratie zu widersprechen. Dass Nietzsche selbst, zumindest in seiner »mittleren Periode«, vorurteilslos auf die künftige Demokratie gleicher und freier Menschen geblickt hat, wird dabei gerne vergessen. Freilich haben ihn auch damals die individuellen Entfaltungsmöglichkeiten mehr beschäftigt als die politischen Organisationsformen. Erst einzelne Menschen, so glaubt er, verdienen die Freiheit des Geistes (WS 350).

Die Klage, Politik sei nicht von philosophischen Ideen inspiriert, von keinem »grossen Gedanken« getragen (JGB 241), der moderne Mensch kenne in seiner Selbstzufriedenheit keine weiteren Ziele als Wohlstand und soziale Anerkennung, zieht sich wie ein Refrain durch die gesamte Demokratiekritik des 19. Jahrhunderts. Verdrängt wird, dass die europäische Politik, wenn überhaupt, zwischen 1750 und 1850 philosophische Impulse empfangen hat, zwischen der von Tocqueville beschriebenen Eroberung des öffentlichen Raumes durch aufgeklärte Schriftsteller in Frankreich und der Revolution von 1848. In den Jahren unmittelbar vor und während der Französischen Revolution haben Philosophen tatsächlich politischen Einfluss erlangt, und zwar als Verteidiger egalitärer und universalistischer Prinzipien. Die Chance, philosophische Konzepte in die politische Realität umzusetzen, scheint nach 1848 vertan; die Realpolitik wird über die Idealpolitik triumphieren, das nationale Prinzip setzt sich gegen das rationale durch, die Vernunft der Aufklärung nimmt sich angesichts der gemeinschaftsstiftenden Mythen und Traditionen abstrakt aus. In der zweiten Jahrhunderthälfte scheinen indes die wenigsten Kritiker der politischen Kultur geneigt, diese Vorgeschichte zur Kenntnis zu nehmen, begreifen sie doch gerade Aufklärung und Revolution als die Ursachen einer verhängnisvollen Profanation. Der Hinweis auf die fehlende philosophische oder wissenschaftliche Begründung der Politik ist in vielen Fällen bloss Ausdruck elitärer Massenverachtung. Politisch besitzen die Kritiker kaum Einfluss; das bürgerliche Zeitalter scheint keinen Bedarf an philosophischen Lehrmeistern zu haben. Zahlreiche Intellektuelle reagieren auf diese Erfahrung der Ohnmacht mit Allmachtsphantasien. Sie verkünden Kulturrevolutionen und grosse Politik, rufen nach planmässiger Menschenzüchtung oder moralischer Läuterung. Der ökonomischen, diplomatischen, parlamentarischen und militärischen Betriebsamkeit muss, von diesem Gedanken sind sie erfüllt, etwas Reineres, Echteres entgegengestellt werden, eine Verbindung von Geist und Macht. Dabei vergessen sie in der Regel, dass jede geistige und moralische Fortentwicklung ein Fundament voraussetzt, eine politische Verfassung, eine Gemeinschaft freier und gleichberechtigter Menschen. Nietzsche scheint dies begriffen zu haben (WS 275), doch ist offenbar in seiner Version der sozialen und moralischen Evolution die »Entartung« wertvoller als Gleichheit und Gemeinsinn (MA I 224).

In der Französischen Revolution wird »zum ersten Male die politische Freiheit als Recht und damit das Selbsteinkönnen des Menschen universal und im Verhältnis zu allen Menschen zum Prinzip und zum Zweck der Gesellschaft und des Staates erhoben«, wie es Joachim Ritter im Hinblick auf Hegel formuliert hat (Ritter 1957/22). Nicht nur die politisch Mächtigen, auch die Intellektuellen haben in ihrer Mehrheit solchen Vorstellungen lange widersprochen. Insbesondere die Forderung nach gleichen Rechten für alle Menschen stösst gegen Ende des letzten Jahrhunderts in der gebildeten und gelehrten Welt Europas zunehmend auf Widerspruch. Der Wunsch, 1789 rückgängig zu machen, ist in vielen Fällen Ausdruck von Angst, Frustration oder Standesdünkel. Die »Revolte gegen die Revolution« (KSA 12/514, 10[105]) entspringt aber nicht immer und ausschliesslich reaktionären Motiven. Der Glaube an die Allmacht der Politik hat sich als naiv erwiesen, das Reich der Produktion ist kein Eden der Menschenrechte (MEW 23/189), so weist die linke Kritik nach. Doch nicht nur die Lobredner des Kapitalismus, auch konservative Kulturkritiker leugnen die »Existenz der Ungeheuer« (MEW 23/15), sie wenden den Blick ab vom Elend einer ganzen Menschenklasse, die dem wirtschaftlichen »Fortschritt« schutzlos ausgeliefert ist. Zuweilen entdecken sie indes andere Ungeheuer. Weil Nietzsche die Aufmerksamkeit auf die Abgründe der Seele und auf die monströse Genealogie der Moral gelenkt hat, bleibt sein Denken auch für jene philosophischen Bemühungen eine Herausforderung, die darin die ernsthafte Reflexion über das Politische vermissen.

Politische Relevanz, so scheint mir, kann man diesem Denken nur attestieren, wenn man es als Erforschung der »vorpolitischen Existenz« des Menschen interpretiert. Indem Nietzsche Kriterien bereitstellt, die es erlauben, ein gelungenes Leben von einem gescheiterten zu unterscheiden, zeigt er, über welche psychischen Kräfte der Mensch verfügen muss, um politische Verantwortung wahrzunehmen. Die Sorge um die seelische Verfassung und die moralische Qualifikation des Bürgers war der Staatsphilosophie von Plato bis Rousseau nicht fremd. In einer politischen Kultur, die sich den Bedürfnisses des ökonomischen Liberalismus unterwirft, ist jedoch kein Platz für den Arzt der Kultur oder gar für den Psychiater, der die politisch Verantwortlichen zu therapieren hätte.

Nietzsche hat sich als neuer Aufklärer und als Gesetzgeber vorgestellt, den Begriffen aber einen neuen, überpolitischen Sinn zu geben versucht. Im Entwurf zu einem *tractatus politicus* (KSA 13/25f, 11[54]) stellt er die Frage, wie man der Tugend zur Herrschaft verhilft. Er stellt sich damit bewusst in die Nachfolge sowohl Platos wie Machiavellis. Offenbar hat er wie Plato Politik durch Seelenführung bzw. durch Züchtung ersetzen wollen. Auch er hat der Versuchung nicht widerstehen können, die soziale Hierarchie als Abbild einer Rangordnung in der Seele zu rechtfertigen. Er spricht von einem sozialen Mischmasch als Folge der Revolution (KSA 13/ 367, 14[182]), wo er doch wohl eher an das den modernen Menschen quälende Chaos von Trieben und Instinkten denkt. Als hätten Aufklärung und demokratische Revolution nicht stattgefunden, entwirft er das Bild einer Gesellschaft, in der die »Allermeisten [...] zum Dienen und zum allgemeinen Nutzen dasind«, während über ihnen eine Klasse der politisch Herrschenden steht, die wiederum einer kleinen Elite kontemplativer Menschen gehorchen (JGB 61). Handelt es sich nur um Metaphern, die verschiedene Grade der Selbstbeherrschung bezeichnen? Weshalb soll, wenn im Menschen Schöpfer und Geschöpf vereint ist (JGB 225), »Hammer-Härte« und »Zuschauer-Göttlichkeit« das Privileg einer Minderheit bleiben? Wer darf das Recht beanspruchen, einem anderen Menschen zu verbieten, sich selbst zu erziehen, um über seine »Herkunft aus dem Pöbel Herr« zu werden? Obgleich Nietzsche genau weiss, dass Herren- und Sklavenmoral »im selben Menschen, innerhalb Einer Seele« vermischt sind (JGB 260), scheint seine Genealogie der Moral von den Kämpfen zwischen Herren- und Sklavenständen, zwischen verschieden wertvollen »Rassen« zu berichten. Auf diese Sprache konnte sich der nationalsozialistische Vernichtungswille berufen. Doch die Verwechslung von Rassen, Klassen, politischen Funktionen, Seelenzuständen und moralischen Qualitäten ist vielen anderen Schriftstellern und Wissenschaftern des 19.Jahrhunderts ebenfalls anzulasten.

Aus der Definition der Sklavenmoral lässt sich unschwer eine Analyse der herrschenden Mentalität im bürgerlich-industriellen Zeitalter herauslesen. Max Scheler hat Nietzsches Theorie des Ressentiments in dieser Richtung weiterentwickelt. Er sieht in der Französischen Revolution »die grösste Leistung des Ressentiment in der Neuzeit«, die jedoch nicht die christliche, sondern die bürgerliche Moral verschuldet habe. Das begriffliche Instrumentarium von Nietzsches Moraltypologie hat er in den Dienst seiner konservativ-antikapitalistischen Kulturkritik gestellt. Der »Sklavenaufstand in der Moral« wird zur Metapher für den Durchbruch des kapitalistischen Geistes, für die Ausbreitung des Industrialismus, für die Herrschaft des Utilitarismus und der mechanischen Weltanschauung. Die Französische Revolution beschränkt sich in dieser Sicht auf einen Konflikt zwischen verschiedenen bourgeoisen Fraktionen (Scheler GW 3/42; 70; 126-147; 343-395). Deutlicher als bei Nietzsche wird bei Scheler eine soziale Klasse mit einer krankhaften Seelenverfassung identifiziert und derart diskriminiert. Wie wohltuend nüchtern tönt es dagegen, wenn Marx über die Bourgeoisie spricht: »Weniger als jeder andere kann mein Standpunkt [...] den einzelnen verantwortlich machen für Verhältnisse, deren Geschöpf er sozial bleibt, sosehr er sich auch subjektiv über sie erheben mag.« (MEW 23/16).

Eher auf »unterirdische« Elemente denn auf philosophische Lehren sei der Totalitarismus des 20. Jahrhunderts zurückzuführen, so glaubt Hannah Arendt. Ob die demokratiefeindliche Philosophie oder die zynische Moral des Kapitalismus die vollständige Negation von Aufklärung und Revolution in diesem Jahrhundert zu verantworten hat, ist hier nicht zu entscheiden. Die kapitalistische Akkumulation, dies hat bereits Marx überzeugend nachgewiesen, bewirkt fortwährend Revolutionen, denen die Menschen hilflos ausgeliefert sind. Sie provoziert mehr oder weniger gewaltsame Veränderungen, die bis ins alltäglichste und verborgenste Leben hinein reichen. Der Wille zur revolutionären Veränderung ist keineswegs, wie Kritiker seit 200 Jahren behaupten, Ausdruck intellektueller Vermessenheit oder religiösen Sendungsbewusstseins. Eher zeugt er vom verständlichen Wunsch, die ökonomisch-sozialen Prozesse, die alle Lebensbereiche, alle menschlichen Beziehungen erschüttern und selbst vor der Seele nicht Halt machen, politisch und moralisch zu kontrollieren. Walter Benjamin hat das treffende Bild vom Griff der Menschheit nach der Notbremse im Zug der Weltgeschichte gewählt (Benjamin GS I,3/1232).

Der Kapitalismus hat die Menschen nicht nur von der Last des Herkommens befreit, er hat immer auch unzählige Opfer zurückgelassen. Wer sich um die Früchte des ökonomischen Fortschritts betrogen sieht, reagiert mit Ressentiments. Diese können sich zu politischen Strategien auswachsen, die noch die bescheidenen Errungenschaften von 1789 immer wieder in Frage stellen. Die Frage ist daher nicht, wie Nietzsche gemeint hat, ob die modernen Menschen als Material für eine Gesellschaft taugen (FW 356), sondern ob sie über die Kraft verfügen, eine politische Gemeinschaft zu begründen und zu verteidigen, die andere Werte kennt als Profit, Konsum und Stammesegoismus.

ANMERKUNGEN

Anmerkungen zur Einleitung:

1 Vgl. dazu Koselleck 1979/260ff.
2 Vgl. Warren 1988, 207ff; 246ff; Warren 1985.
3 So der Titel des ersten Teils von Furet 1980.
4 Vgl. dazu auch Furet/Ozouf 1988. Einen kritischen Überblick über Furets Arbeiten geben Bétourné/Hartig 1989.
5 Eine Ausnahme stellt Cioffi 1986 dar; Cioffi hat die wichtigsten Stellen zur Revolution und zu Napoleon zusammengetragen und kommentiert.
6 Es handelt sich um Äusserungen aus der dem geistigen Zusammenbruch unmittelbar vorhergehenden Zeit; EH Warum ich so klug bin 10; KSB 8/426.
7 Entsprechende Verharmlosungen sind in der Nietzsche-Forschung zahlreich. Ein typisches Beispiel gibt Kunnas 1982. Die Auflistung politisch relevanter Aussagen, die die Chronologie kaum und die allfälligen Beziehungen zur zeitgenössischen Diskussion überhaupt nicht berücksichtigt, dient bei Kunnas nur dem Zweck, Nietzsche als einsamen und politisch unschuldigen Denker hinzustellen, der begriffen hat, dass die Bedeutung des Politischen von den Menschen des 19.Jahrhunderts überbewertet wird. Kunnas' Ansichten sind in der Sekundärliteratur verbreitet. Selbst Walter Kaufmann, dessen Arbeiten über Nietzsche für die neuere Diskussion so wichtig sind, begnügt sich damit, Nietzsche als einen zutiefst unpolitischen Denker zu bezeichnen. Vgl. zur Kritik an Kaufmann: Sokel 1983.
8 Nicht eingehen werde ich auf die nach wie vor rege Diskussion um Nietzsches allfällige Verantwortung für den Nationalsozialismus und den Faschismus. Sie ist noch keineswegs abgeschlossen und der Beitrag, den jüngst Bernhard Taureck geliefert hat, wird sicher nicht das letzte Wort bleiben. Auf das Nietzsche-Bild von Georg Lukács werde ich nur am Rande eingehen. Es liegen bereits zahlreiche Arbeiten vor, die auf dessen Verzerrungen hingewiesen haben. Nötig wäre heute eine Antwort auf die Frage, wie eine marxistische Kritik an Nietzsche aussehen müsste. Wegweisend sind die Arbeiten von Montinari, ich erinnere besonders an seinen Aufsatz »Nietzsche zwischen Alfred Baeumler und Georg Lukács«. Diese Arbeit wäre weiterzuführen und zu systematisieren. Man darf nie aus den Augen verlieren, dass Marx selbst seine ideologiekritische Methode ja nur als Kritik der ökonomischen Lehrmeinungen ausgearbeitet hat, nicht im Hinblick auf die Philosophiegeschichte. Die Polemik gegen die philosophischen Entwürfe der Linkshegelianer hat bekanntlich nur der »Selbstverständigung« gedient (MEW 13/10).
9 Vgl. dazu Eden 1984 und Hennis 1987.
10 Schmitt 1933/9; 18; 21.
11 Vgl. dazu Henke 1989.

12 Eine gekürzte Fassung von Kapitel VIII ist unter dem Titel *Der Plebejer in der Revolte – Ein Beitrag zur Genealogie des ›höheren Menschen‹* in den Nietzsche-Studien 18, 1989 erschienen. Im Aufsatz *Nietzsches Kritik der Französischen Revolution* – erschienen in: Nietzsche-Studien 19, 1990 – habe ich einige Ergebnisse der Arbeit zusammengefasst.

Anmerkungen zu I:

1 Die Polemik gegen die Vorstellung eines paradiesischen Urzustandes dient in der Tragödienschrift der Charakterisierung der Opernkultur; vgl. GT 19. Hier wird der Zusammenhang zur Renaissance einsichtig; vgl. dazu auch KSA 7/271f, 9[5] und 7/314f, 9[107; 109]. In einer Textvorlage zu GT 19 ist die Rede vom guten Menschen Rousseaus, vgl. KSA 14/56. Im Rückblick sieht Nietzsche eine Qualität der Tragödienschrift darin, dass sie »Dinge, die noch nie einander ins Gesicht gesehn hatten, plötzlich gegenüber gestellt, aus einander beleuchtet und begriffen« habe: »Die Oper zum Beispiel und die Revolution« (EH Die Geburt der Tragödie 1). Er nennt seine frühe Schrift »politisch indifferent« und meint damit: »undeutsch«. Nichtsdestoweniger verrät sich bereits in solchen Zuordnungen jene eigenartige Sensibilität für politische Phänomene, die die Reflexionen des seinem Anspruch gemäss unpolitischen Gelehrten für die politische Ideengeschichte interessant machen.

2 Zu erwähnen ist an dieser Stelle eine Notiz vom Sommer-Herbst 1873, weil das zitierte Buch eine Auseinandersetzung mit der Französischen Revolution und ihren Folgen enthält: »Ausgezeichnete Schilderung der Deutschen und der Franzosen: Görres, Europa und die Revolution, p. 206.« KSA 7/700, 29[166]. Das französische Volk ist laut Görres das eigentlich irdische, das wie kein anderes über »Weltverstand« verfügt, sich in jeder Situation rasch zurechtfindet und sich die Umstände dienstbar zu machen weiss. Es ist nicht nur äusserst geschickt im Verfolgen seiner Zwecke, sondern auch gesellig und von fröhlichem Gemüt. Diesem »leichtgesinnten, beweglichen Vogelgeschlechte« stellt Görres die »Teutschen« gegenüber: »schwerfällig und ungelenk, als ob sie auf Vieren giengen«, in sich gekehrt, »unverständig bei starker Vernunft«, »lebend in der Zukunft oder der Vergangenheit, darum nie in der Gegenwart heimisch; strebend in allen Dingen nach dem Höchsten und dem Tiefsten, darum immer verlierend das Erreichbare«. Joseph Görres *Europa und die Revolution* Stuttgart 1821/206f.

3 Vgl. KSB 5/293. Brief an Schmeitzner vom 3.12.1877.

4 Es geht im Fragment um den moralischen und politischen Nutzen der Religion. Thematisch gehören die Notizen zu MA I 472, worin Nietzsche einen Beitrag zur Analyse der Demokratisierung vorlegt. Die nationale Idee, die Kriege und die »Entflammung der religiösen Interessen« werden in einem der gleichen Gruppe zugehörigen Fragment als »ausgezeichnete Gegenmittel« gegen die Revolution genannt; KSA 8/381f, 22[14]. Die Idee einer Re-

volution von oben spielt bei Kant und im deutschen Idealismus eine wichtige Rolle; auf diese Tradition nimmt Nietzsche nicht Bezug.

5 In seiner Ablehnung des revolutionären Prinzips beruft sich Nietzsche auf Byron und den späten Goethe; über ihn heisst es:»Gerade weil seine Natur ihn lange Zeit in der Bahn der poetischen Revolution festhielt, gerade weil er am gründlichsten auskostete, was Alles indirect durch jenen Abbruch der Tradition an neuen Funden, Aussichten, Hülfsmitteln entdeckt und gleichsam unter den Ruinen der Kunst ausgegraben worden war, so wiegt seine spätere Umwandelung und Bekehrung so viel: sie bedeutet, dass er das tiefste Verlangen empfand, die Tradition der Kunst wiederzugewinnen«.

6 In einer Textvariante ist deutlicher von der Französischen Revolution und dem englisch-amerikanischen Liberalismus die Rede; KSA 14/173.

7 Die Quelle ist John Stuart Mills Aufsatz über Coleridge, in: GW X/195. Vgl. zum Thema auch KSA 9/308, 6[428].

8 Mazzino Montinari hat die ganze Problematik in seinem Aufsatz *Aufklärung und Revolution: Nietzsche und der späte Goethe* (in: Montinari 1982) gründlich ausgeleuchtet.

9 In einem anderen Fragment vom Frühjahr 1880 werden Revolutionen und Kriege als »unsere groben Remeduren« bezeichnet, die im modernen Zeitalter zur Entfaltung neuer Energien anregen können; KSA 9/79, 3[112].

10 Offiziell galt Chamfort als Sohn einfacher Eltern. Das Geheimnis seiner Herkunft ist nie restlos geklärt worden. Gemäss neueren Nachforschungen war sein Vater Nicolas de Vichy-Chamrond, Mitglied einer alten Adelsfamilie; möglicherweise entstammte auch seine Mutter dem Adel; vgl. List-Marzolff 1966/10. Die Mutter, die Nietzsche erwähnt, ist also wahrscheinlich seine Pflegemutter gewesen. Nietzsches Quelle war P.-J. Stahl *Histoire de Chamfort* 1856.

11 Vgl. zu Mirabeau KSA 9/642, 15[17]; KSA 12/153, 2[171]; GM I 10. Zu Chamfort vgl. hier vorerst KSA 9/643, 15[22].

12 KSA 10/373, 10[28]:»Gespräch mit dem Feuer-Hund/ Hohn über sein Pathos/ gegen die Revolution«; 10[29]»Hohn über Revolutionen und Vesuve. Etwas von der Oberfläche«.

13 Vgl. dazu KSB 5/324; 334; 355, die Briefe an Schmeitzner vom 23.4.; 20.6. und 17.10.1878. KSA 8/577, 39[8].

14 Vgl. etwa KSA 11/39ff, 25[108-110], die Exzerpte aus Prévost-Paradols *La France Nouvelle*.

15 KSA 11/154, 26[21]: »In Beethoven die Luft von Frankreich her, die Schwärmereien, aus denen die Revolution entsprang: immer Nachklang, Ausklang.« KSA 11/539, 35[65]: »Beethoven gehört zu Rousseau und zu jener humanitären Strömung, welche der Revolution theils vorauslief, theils verklärend nachlief, noch mehr aber zu dem Hauptereigniss des letzten Jahrtausends, dem Erscheinen Napoleons.« In JGB 245 heisst es über Beethoven: »auf seiner Musik liegt jenes Zwielicht von ewigem Verlieren und ewigem ausschweifendem Hoffen, – das selbe Licht, in welchem Europa gebadet lag, als es mit Rousseau geträumt, als es um den Freiheitsbaum der Revo-

lution getanzt und endlich vor Napoleon beinahe angebetet hatte.« Bemerkenswert ist auch die Charakterisierung der Romantik: »eine, historisch gerechnet, noch kürzere, noch flüchtigere, noch oberflächlichere Bewegung,
als es jener grosse Zwischenakt, jener Übergang Europa's von Rousseau zu
Napoleon und zur Heraufkunft der Demokratie war«.

16 Von den Franzosen heisst es in einer Aufzeichnung vom April-Juni 1885,
dass sie »als die liebenswürdigsten Europäer, auch die heerdenmässigsten
sind: es wird ihnen nur wohl, wenn sie vor ihrem esprit es sich erlauben dürfen, einmal ›unbedingt zu gehorchen‹: wie vor dem Napoleon. Oder auch
vor den ›Ideen der französischen Revolution‹ – oder auch vor Victor Hugo«;
KSA 11/447, 34[85]. In JGB 253 wird der englische Ursprung der »modernen« bzw.«französischen Ideen« behauptet. »Die Franzosen sind nur die Af-
fen und Schauspieler dieser Ideen gewesen, auch ihre besten Soldaten, ins-
gleichen leider ihre ersten und gründlichsten Opfer«.

17 Von solchen Erschütterungen erhofft er, »dass alle Grundprobleme aufgedeckt werden«.

18 Vgl. KSA 11/492f, 34[210]: »Was ist denn Grosses geschehen, und geschaffen, was nicht vor 1800 geschehen und geschaffen ist? Obschon manche
Frucht, die im 18. Jahrhundert wuchs und reifte, erst in diesem vom Baum
gefallen ist. Nehmt die französische Revolution und Napoleon hinweg aus
der Politik – damit nehmt ihr die Demokratie [...].« Ergänzend ist zu verweisen auf KSA 11/501, 34[240]: »Das Problem – wohin? Es bedarf eines
neuen Terrorismus.« Der Begriff wird in der Regel zur Charakterisierung
der jakobinischen Politik verwendet.

19 Nietzsche braucht die Französische Revolution als Beispiel, um auf das Problem der Fehldeutung der Vergangenheit von seiten einer »edlen Nachwelt«
im allgemeinen aufmerksam zu machen. Goethe gehört nicht zu den
schwärmerischen Zuschauern; von ihm heisst es in JGB 244: »Gewiss ist,
dass es nicht ›die Freiheitskriege‹ waren, die ihn freudiger aufblicken liessen,
so wenig als die französische Revolution, – das Ereigniss, um dessentwillen
er seinen Faust, ja das ganze Problem ›Mensch‹ umgedacht hat, war das
Erscheinen Napoleon's.«

20 »[...] das Weib geht zurück. Seit der französischen Revolution ist in
Europa der Einfluss des Weibes in dem Maasse geringer geworden, als es
an Rechten und Ansprüchen zugenommen hat«.

21 Vgl. dazu die Vorstufe zu JGB 258, KSA 14/372, wo als Beispiele die »Privilegirten der französischen Revolution« und Dühring genannt werden.

22 Vgl. auch KSA 12/91, 2[66]: »Corruption, was ist das? [...] Z.B. der französische Aristokrat, vor der französischen Revolution.«

23 Die neue Ausgabe mit dem fünften Buch erscheint 1887.

24 Vgl. dazu KSA 12/402f, 9[116]: »Unsere Feindschaft gegen die révolution
bezieht sich nicht auf die blutige farce, ihre ›Immoralität‹, mit der sie sich
abspielte; vielmehr auf ihre Heerden-Moralität, auf ihre ›Wahrheiten‹,
mit denen sie immer noch wirkt und wirkt, auf ihre contagiöse Vorstellung
von ›Gerechtigkeit, Freiheit‹, mit der sie alle mittelmässigen Seelen bestrickt,

auf ihre Niederwerfung der Autoritäten h ö h e r e r S t ä n d e . Dass es um
sie herum so schrecklich und blutig zugieng, hat dieser Orgie der M i t t e l -
m ä s s i g k e i t einen A n s c h e i n v o n G r ö s s e gegeben, so dass sie als
Schauspiel auch die stolzesten Geister verführt hat.«

25 Vgl. zu Goethe auch GD Streifzüge eines Unzeitgemässen 49 sowie KSA 12/
443f, 9[178; 179]. Die Motive von Nietzsches Hochachtung für Goethe
sind komplex. Goethe fördert und bekämpft zugleich die »stärkste(n) Instinkte« des 18. Jahrhunderts, wozu »das Unpraktische und Unreale des Revolutionären« gehört.

26 M Vorrede 3; vgl. auch AC 54.

27 Vgl. dazu die folgenden Nachlassfragmente aus dem Jahr 1887: KSA 12/
266f, 7[4]; 340, 9[3]: »**Kant**: ein geringer Psycholog und Menschenken-
ner; grob fehlgreifend in Hinsicht auf grosse historische Werthe (franz. Re-
volut.); Moral-Fanatiker à la Rousseau mit unterirdischer Christlichkeit der
Werthe«; 442, 9[178]: »Kant, mit seiner ›praktischen Vernunft‹, mit seinem
M o r a l - F a n a t i s m ist ganz 18. Jahrhundert; noch völlig ausserhalb der historischen Bewegung; ohne jeden Blick für die Wirklichkeit seiner Zeit z.B.
Revolution«; 524f, 10[118] »K a n t [...] nichts Griechisches, absolut wider-
historisch (Stelle über die Französische Revolution)«.

28 Vgl. dazu auch JGB 191, wo Descartes als »Vater des Rationalismus (und
folglich Grossvater der Revolution)« vorgestellt wird. Hinzuweisen bleibt in
diesem Kontext auf die Vorstufe zu FW 40, wo es heisst: »Seit der französischen Revolution glaubt man an die I m p r o v i s a t i o n v o n S t a a t s v e r -
h ä l t n i s s e n «; KSA 14/243.

29 Vgl. auch KSA 13/514, 16[82].

30 Vgl. die Textvarianten KSA 14/443.

31 Vgl. besonders KSA 13/74, 11[156]; 318, 14[134]; 422f, 15[30]. In diesen
Nachlassfragmenten ist allerdings nirgends explizit die Rede von der Revolution.

32 Nietzsche schreibt weiter: »Napoleon ermöglichte den Nationalismus: das
ist dessen Einschränkung.« Vgl. auch KSA 13/494, 16[34]: »Der Versuch,
Neues zu t h u n : Revolution, Napoleon...«.

33 Zeugnisse dieses Studiums sind etwa die im Nachlass notierten Zitate aus
Sybel, KSA 12/200, 5[43]; Thierry bzw. Reynaud de Montlosier, 412,
9[134]; den Goncourts, KSA 13/123, 11[296]. Vgl. auch KSA 13/323,
14[138] »Geschichte der G e g e n b e w e g u n g e n :/ Renaissance/ Revoluti-
on/ Emancipation der Wissenschaft«.

34 Ein Beispiel: »ich finde absol<ute> Monarchie, göttl<iches> Recht, Kaste,
Sklaverei als d i c k e I r r t h ü m e r behandelt«; KSA 12/559, 10[171].

35 Vgl. KSA 13/463, 15[97].

Anmerkungen zu II:

1 Wenn Nietzsche vor der Gewaltsamkeit der Revolution warnt, spricht er
  weniger von der Form der Auseinandersetzung als von der Illusion der sofortigen Veränderbarkeit; vgl. WS 221.
2 Dies gilt primär für die Zeit von *Menschliches, Allzumenschliches*. Die Opposition zwischen Voltaire und Rousseau wird für Nietzsche nochmals wichtig
  anlässlich der Brunetière-Lektüre im Herbst 1887.
3 Vgl. dazu Hellers Aufsatz *Nietzsche in his relation to Voltaire and Rousseau* in:
  Heller 1980/51-88, speziell 65-71.
4 Theodor Mundt: *Die Geschichte der Gesellschaft in ihren neueren Entwickelungen und Problemen* 1844; Zweite, verbesserte und vermehrte Auflage,
  Leipzig 1856. Vgl. Nietzsches Auszug, BAW 2/431-35.
5 »Rousseau Du contrat social. L.I.Chap.6. Trouver une forme d'association,
  qui défende et protège de toute la force commune la personne et les biens de
  chaque associé, et par laquelle chacun s'unissant à tous n'obéisse pourtant
  qu'à lui-meme et reste aussi libre qu'auparavant.« Mundt 1856/11.
6 Vgl. BAW 2/432f: »In der Wirklichkeit bedingt das Volk den Menschen fast
  ausschliesslich; aber in den grossen Umwälzungsmomenten wird der
  Mensch Meister des traditionellen Volksgeistes. Für die revolutionaire Politik ist dieser speculative Begriff der Gesellschaft der Hauptanhalt. Als diesen
  Ausgangspunkt aller staatlichen und gesellschaftlichen Organisation erkennt
  Rouseau [sic] das dem Menschen sich ursprünglich aufdrängende Streben:
  eine Form der Association zu finden, die mit der ganzen Kraft der Gemeinschaft die Person und den Besitz eines jeden Vereinigten vertheidigt und in
  der jeder einzelne, indem er sich mit Allen vereinigt, doch nur sich selbst
  gehorcht und darin seine ganze ursprüngliche Freiheit bewahrt. Der moderne Staat aber begründet seine Einrichtungen auf eine praktische Unterord-
  nung des Einzelwillens, dem nur sein Recht geschieht so weit er gehorcht.«
  Nietzsches Exzerpte beziehen sich nur auf die Anfangskapitel von Mundts
  Buch. Mundt behandelt in späteren Kapiteln die Französische Revolution
  als Emanzipation des dritten Standes, die Entstehung des Klassengegensat-
  zes zwischen Bourgeoisie und Proletariat während der Revolution sowie
  Rousseaus Gedanken zur Gleichheit und zum Naturzustand. »Die Idee,
  dass der Mensch von Natur gut sei, welche Rousseau zuerst wie
  eine feurige Kohle in seine entsittlichte und entgöttlichte Zeit geschleudert,
  diese Idee ist die wahre Propaganda der neueren Menschheit, und in ihr
  schütteln sich die ersten Grundkeime aller politischen und socialen Revolution.« Mundt 1856/162.
7 Am 28.Juli 1862 schreibt er an Raimund Granier, er habe sich »mit dem
  Rousseauschen Emil« beschäftigt, »von dem Sie etwas Natürlichkeit und
  Bildung lernen könnten, auch, dass man seine Versprechen halten müsse.«
  KSB 1/216.
8 Vgl. GT 3 und 19; KSA 14/56; KSA 7/305, 9[85]: »Die germanische
  Ansicht von der Natur – nicht die aufklärerische des Romanismus,

mit seinem Emile.«

9 Vgl. ebenfalls ZA III/181 (*Die Welt als Wille und Vorstellung* I.Buch, Kap.16: »Hingegen trifft, dem Geiste der Sache nach, die Lebensansicht der Kyniker mit der des J.J.Rousseau, wie er sie im *Discours sur l'origine de l'inégalité* darlegt, zusammen; da auch er uns zum rohen Naturzustande zurückführen möchte und das Herabsetzen unserer Bedürfnisse auf ihr M i n i - m u m als den sichersten Weg zur Glücksäligkeit betrachtet.« In *Parerga und Paralipomena* (Kap. 15, §181, ZA 10/429) wird Rousseaus *Profession de foi du vicaire savoyard* als »Prototyp alles Rationalismus« bezeichnet und damit in Zusammenhang gebracht mit dem von Schopenhauer verachteten jüdischen Optimismus, dem er den christlichen Pessimismus, d.h. die Lehre vom Sündenfall, entgegenhält.

10 Vgl. Burckhardt GW VII/133f; 432 und vor allem 443, wo er die Merkmale der Rousseauschen Utopie aufzählt: die Ansicht von der Güte der menschlichen Natur, das Lob des Urmenschen, das »Räsonieren« im Namen der gesamten Menschheit, die Hypothese eines Urvertrages sowie die Unterscheidung zwischen der Volonté de tous und der Volonté générale. »Die Franzosen wurden vertraut mit dem Gedanken an einen Sprung ins Ungewisse hinein, wobei das allgemeine Emotionsbedürfnis seine Rolle spielte.« In seiner Vorlesung über die Geschichte des Revolutionszeitalters gibt er einen kurzen Überblick über Rousseaus Hauptwerke und konstatiert abschliessend: »Im jetzigen Frankreich ist Rousseau nicht sehr beliebt; er gilt als der Vater der poetischen Prosa und der weinerlichen Sentimentalität – was dem Franzosen gleichermassen beides verhasst ist! Doch wer will sein gewaltiges poetisches Vermögen leugnen? Tausend Falten des menschlichen Gemüts sind erst durch ihn aufgedeckt worden; er redet für ganz bestimmte Schatten des Gemüts.« Burckhardt/Ziegler 54.

11 Vgl. dazu auch die unter dem Eindruck der Stendhal-Lektüre notierte Bemerkung: »Lord Byron Rousseau Richard Wagner waren das einzige Objekt ihrer eigenen Aufmerksamkeit« KSA 9/348, 7[151].

12 Vgl. auch den Aphorismus 499 der *Morgenröthe.* »'Nur der Einsame ist böse', rief Diderot: und sogleich fühlte sich Rousseau tödtlich verletzt. Folglich gestand er sich zu, dass Diderot recht habe.« Rousseau schreibt im 9.Buch der *Confessions* über seine Lektüre von Diderots *Fils naturel:* »En lisant l'espèce de Poetique en dialogue qu'il y a jointe, je fus surpris et même un peu contristé d'y trouver parmi plusieurs choses desobligeantes mais tolérables contre les solitaires cette âpre et dure sentence sans aucun adoucissement. *Il n'y a que le méchant qui soit seul.*« Rousseau OC I/455. Nietzsches Übersetzung von Diderots Sentenz ist zwar falsch, entspricht aber Rousseaus Interpretation; dieser fühlt sich als einsamer Mensch von Diderot angegriffen. An Rousseau hat Nietzsche möglicherweise auch im Aphorismus 290 der *Fröhlichen Wissenschaft* gedacht.

13 Vgl. auch KSA 11/61, 25[178]. Dass Rousseau ein zutiefst misogyner Denker gewesen ist, scheint Nietzsche entgangen zu sein.

14 »[...] diese Missgeburt, welche sich an die Schwelle der neuen Zeit gelagert

hat«, wie Nietzsche ihn einmal nennt; GD Streifzüge eines Unzeitgemässen 48.

15 GD Streifzüge eines Unzeitgemässen 48; KSA 12/402f, 9[116]. Napoleon verkörpert für Nietzsche diese »Rückkehr zur Natur«.

16 Vgl. KSA 12/525, 10[118]: »Rousseaus Frage in Betreff der Civilisation ›wird durch sie der Mensch besser?‹ – eine komische Frage, da das Gegentheil auf der Hand liegt und eben das ist was zu G u n s t e n der Civilisation redet«. KSA 12/483f, 10[53]: »Natürlicher ist unsere Stellung zur N a t u r : wir lieben sie nicht mehr um ihrer ›Unschuld‹ ›Vernunft‹ ›Schönheit‹ willen, wir haben sie hübsch ›verteufelt‹ und ›verdummt‹. [...] Sie aspirirt n i c h t zur Tugend: wir achten sie deshalb. [...] Dies klingt in gewissen Ohren, wie als ob die C o r r u p t i o n fortgeschritten wäre: und gewiss ist, dass der Mensch sich nicht der ›N a t u r ‹ angenähert hat, von der Rousseau redet, sondern einen Schritt weiter in der Civilisation <gemacht hat>, welche er p e r h o r r e s z i r t e.« Dass Rousseau in die Geschichte des Pessimismus gehört, ist Nietzsche jetzt klar geworden; vgl. KSA 12/131, 2[131]; KSA 13/159, 11[362].

17 Vgl. KSA 12/409, 9[125]: »gegen Rousseau: der Zustand der Natur ist furchtbar, der Mensch ist Raubthier, unsre Civilisation ist ein unerhörter T r i u m p h über diese Raubthier-Natur: – so s c h l o s s V o l t a i r e.« 421, 9[146]: »G e g e n R o u s s e a u : der Mensch ist l e i d e r nicht mehr böse genug; die Gegner Rousseaus, welche sagen: ›der Mensch ist ein Raubthier‹ haben leider nicht Recht: nicht die Verderbniss des Menschen, sondern seine Verzärtlichung und Vermoralisirung ist der Fluch«. In diesem Nachlassfragment unternimmt Nietzsche nochmals eine Diagnose Rousseaus: »Rousseau ist ein Symptom der Selbstverachtung und der erhitzten Eitelkeit – beides Anzeichen, dass es am dominirenden Willen fehlt: er moralisirt und sucht die U r s a c h e seiner Miserabilität als Rancüne-Mensch in den h e r r - s c h e n d e n Ständen.«

18 Nietzsches von Brunetière angeregte Charakterisierung Voltaires – »Aristokrat, Vertreter der siegreichen herrschenden Stände und ihrer Werthungen« – wirkt angesichts von Voltaires Erfahrungen mit der französischen Ständeordnung beinahe zynisch; man denke an die Bastonnade durch die Lakaien des Chevalier de Rohan. An Köselitz schreibt Nietzsche im November 1887: »Bemerken Sie, wie Jemand sich zu V o l t a i r e und R o u s s e a u verhält: es macht den tiefsten Unterschied, ob er zum ersten Ja sagt oder zum zweiten.« KSB 8/203. Voltaire wird in diesem Brief als »prachtvolle geistreiche canaille« bezeichnet, die nur eine vornehme Kultur tolerieren kann. »Fragezeichenwürdig« ist für Nietzsche, wer Rousseau geschätzt hat; dazu gehören Schiller, »zum Theil Kant«, George Sand, Sainte-Beuve, George Eliot und vor allem Eugen Dühring. Die Urteile über George Sand und Sainte-Beuve – GD Streifzüge eines Unzeitgemässen 3; 6; KSA 13/11, 11[9] und 14, 11[24] – sind inspiriert vom *Journal des Goncourt* und, was George Sand betrifft, vielleicht auch von Bérard-Varagnacs *Portraits littéraires*.

19 In der Romantik kommen laut Nietzsche christliche und rousseauistische

Ideale mit der Sehnsucht nach den alten Zeiten der priesterlich-aristokrati-
schen Kultur, nach virtù und nach »starken Menschen« zusammen; KSA 12/
454, 10[2]. Im Brief an Köselitz heisst es: »ich argwöhne, dass auf dem
Grunde der Romantik selbst etwas von pöbelhaftem Ressentiment zu
finden ist«. KSB 8/203f.

20 »'Rückkehr zur Natur' immer entschiedener im umgekehrten Sinne verstanden als es Rousseau verstand. Weg vom Idyll und der Oper!« KSA
12/407, 9[121]. Damit greift Nietzsche auf ein Motiv seiner Tragödienschrift zurück.

21 In Nietzsches Bibliothek finden sich die *Bekenntnisse*, 3. Auflage, Leipzig
1870. Kramer zitiert in seiner Dissertation eine Mitteilung des Nietzsche-
Archivs vom 5.9.1927: »Wie sich die Schwester N.'s, Frau Dr. Elisab. Förster-Nietzsche, erinnert, hat N. noch mehr von Rousseau besessen; wahr-
scheinl. hat er die anderen Sachen gelegentl. verschenkt. Was es war und in
welchen Ausgaben, ist nicht mehr festzustellen.« Kramer 1928/34. Zur
Nouvelle Héloïse vgl. Anm. 45.

22 Taine OFC I/298 und 351ff. Schérer schreibt in seiner Taine-Kritik: »Rousseau est optimiste parce qu'il croit à un créateur sage et bon. La nature, oeuvre de Dieu, ne pouvant être mauvaise, il estime que les vices et les malheurs
proviennent de l'infidélité des hommes à la loi de nature, et qu'il faut les y
ramener en détruisant une civilisation corruptrice, en renversant les institutions artificielles introduites par la force ou l'abus, en rétablissant l'égalité
primitive et en replaçant l'État sur la base du contrat originel.« Schérer
1885/77f.

23 Brunetière 1887/259-290. Bei den Fragmenten handelt es sich um 9[124;
182; 183; 184]. Vgl. dazu Kuhn 1989. Elisabeth Kuhn hat auch eine Kon-
kordanz zu Nietzsches Exzerpten erstellt.

24 Brunetière betont zwar den unversöhnlichen Gegensatz zwischen den Prinzipien Voltaires und denjenigen Rousseaus, aber er ergreift nicht Partei in
diesem Streit. Sein Kapitel über Voltaire und Rousseau ist eine Kritik an Ga-
ston Maugras' Buch *Querelles de philosophes: Voltaire et J.-J. Rousseau*, Paris
1886. Maugras wirft er die einseitige Stellungnahme für Voltaire vor.

25 Vgl. dazu Krummel 1974/103 (Kurt Eisner); 117f (Ludwig Stein); 124
(Wilhelm Weigand); 184f (Georg Friedrich Fuchs); Krummel 1983/53
(Oswald Külpe); 233 (Ernest Seillière); 384 (Raoul Richter); 424 (J. Benru-
bi); Bludau 1979/22f; 42f.

26 Vgl. etwa Löwith SS 4/328f; Kaufmann 1982/196: »Was Nietzsche als
Rousseaus dionysische Rückkehr zur Natur ansah, das moralische Pathos
und die Entbindung elementarer Kräfte, die Revolutionen herbeiführen und
Staaten ruinieren können, das bezeichnet auch die Gefahren seiner eigenen
Philosophie. Das macht verständlich, warum er Rousseau in der Regel be-
schimpft hat.« Williams 1952/169ff; Ottmann 1987/158. Übereinstim-
mungen zwischen Nietzsches und Rousseaus Kritik der bürgerlichen Gesellschaft und der von ihr produzierten Gleichheit sieht Mario Cassa; Cassa
1982. Vgl. zum Thema noch Rosen 1985/241ff.

27 Vgl. dazu bereits Kramer 1928/55, der im Fall Nietzsches an den ersten Weltkrieg denkt.

28 Vgl. Arendt 1974/93-104, insbesondere 100f: »Wie immer man Rousseaus Lehren theoretisch beurteilen und ihre praktischen Folgen einschätzen mag, entscheidend bleibt, dass die eigentlichen Erfahrungen, die Rousseaus Selbstlosigkeit geprägt und Robespierres ›Schrecken der Tugend‹ entfesselt haben, nicht verstanden werden können, wenn man nicht der Rolle Rechnung trägt, welche das Mitleiden in den Herzen und Köpfen derer gespielt hat, welche dann in der Französischen Revolution die Handelnden wurden.«

29 Vgl. Furet 1980/43: »Rousseau verfügte wahrscheinlich über die am höchsten entwickelte antizipatorische Begabung der Geistesgeschichte; [...] Rousseau ist in keiner Weise für die Französische Revolution ›verantwortlich‹; aber es ist wahr, dass er unwissentlich die kulturellen Bausteine für das revolutionäre Bewusstsein und für die revolutionäre Praxis geliefert hat. Das Ironische an der Geschichte ist, dass die Revolution in dem Augenblick, als sie glaubte, die Ideen von Rousseau zu verwirklichen, im Gegenteil die Wahrheit seines Pessimismus bewies«. Furet 1980/43.

30 Vgl. dazu McDonald 1965/111f; 150f: »It will be evident that the most severe critics of Rousseau's political theory came from the ranks of the revolutionaries. [...] While the revolutionaries were prepared to use Rousseau's name when it was convenient, and to appeal to his authority in general terms, they clearly did not regard his theories as having any immediate or direct practical value in the development of their new political institutions.« »[...] it is possible to maintain not only that the anti-revolutionary interpretations of Rousseau's political theory were both more detailed and more accurate than those of the revolutionaries, but also that their interpretations expressed Rousseau's real intentions much more closely than the revolutionaries could do.« Joan McDonald zeigt ebenfalls, dass sich der vorrevolutionäre und revolutionäre Rousseau-Kult nicht auf den politischen Theoretiker, sondern auf den Dichter und moralischen Lehrmeister bezogen hat, dessen Popularität nicht auf ein politisches Lager beschränkt ist. Vgl. zum Thema auch Fetscher 1975/258-304 und Barny 1974. Roger Barny hat rousseauistische Elemente in den Programmen aller wichtigen politischen Parteien, die seit 1789 und noch nach dem Thermidor gewirkt haben, nachgewiesen. Vgl. schliesslich den Rousseau-Artikel von Bernard Manin in Furet/Ozouf 1988.

31 Entsprechende Deutungen wenden sich u.a. auch gegen die These vom »totalitären« Rousseau, wie sie J.L.Talmon vertreten hat.

32 Zur Optimismus-Kritik als Grundelement konservativer Gesellschaftstheorien vgl. Losurdo 1988.

33 Vgl. dazu Rousseaus Verteidigungsschrift, den Brief an Beaumont. Zum Problem der Erbsünde: Rousseau OC IV/937ff.

34 Rousseau sagt nicht, die Menschen seien früher tugendhafter gewesen. »La nature humaine, au fond, n'étoit pas meilleure; mais les hommes trouvoient

leur sécurité dans la facilité de se pénétrer reciproquement, et cet avantage [...] leur épargnoit bien des vices.« Rousseau OC III/8.

35 »Il paroît d'abord que les hommes dans cet état n'ayant entre eux aucune sorte de relation morale, ni de devoirs connus, ne pouvoient être ni bons ni méchans, et n'avoient ni vices ni vertus«. Rousseau OC III/152. Einschränkend ist selbstverständlich zu vermerken, dass Rousseau einen dem Menschen angeborenen Widerwillen, seinesgleichen leiden zu sehen, also das Mitleid als einzige natürliche Tugend voraussetzt.

36 Vgl. auch das Vorwort zur Komödie *Narcisse ou l'amant de lui-même*, Rousseau OC II/959-974. Rousseau attackiert hier in erster Linie die sich herausbildende Nationalökonomie. Er beklagt, dass die Philosophie die Bande der Gesellschaft, die auf Achtung und gegenseitigem Wohlwollen beruhen, zerstört hat und dass neue Bande nur durch das Eigeninteresse geknüpft werden können.

37 Dieser kommt besonders deutlich zum Ausdruck in M 166 und JGB 261, wo Nietzsche die Eitelkeit als Merkmal des Sklaven anführt: »Der Eitle freut sich über j e d e gute Meinung, die er über sich hört [...], ebenso wie er an jeder schlechten Meinung leidet: denn er unterwirft sich beiden«. Die Differenz zwischen Selbstliebe und Selbstsucht hat Rousseau stark beschäftigt. Sie wird u.a. auch im vierten Buch des *Emile* abgehandelt; vgl. Rousseau OC IV/493. Nietzsche hat sie also wahrscheinlich gekannt. Hier ist noch daran zu erinnern, dass der von Nietzsche bewunderte Stendhal von Rousseau beeinflusst gewesen ist. Auch für ihn ist der Gegensatz zwischen unmittelbarer Existenz und dem korrumpierenden Einfluss der Gesellschaft ein zentrales Thema. Einen guten Überblick über Stendhals Rousseauismus gibt Crouzet 1985.

38 Vgl. dazu Starobinski 1971/45: »Le pacte social ne s'accomplit pas dans la ligne d'évolution décrite par le second *Discours*, mais dans une autre dimension, purement normative et située hors du temps historique.«

39 Vgl. dazu Fetscher 1975, Kap. IV.

40 »Qu'on juge du danger d'émouvoir une fois les masses enormes qui composent la monarchie Françoise! qui pourra retenir l'ébranlement donné, ou prevoir tous les effets qu'il peut produire? Quand tous les avantages du nouveau plan seroient incontestables quel homme de sens oseroit entreprendre d'abolir les vieilles coutumes, de changer les vieilles maximes et de donner une autre forme à l'Etat que celle où l'a successivement amené une durée de treise cens ans?« Rousseau OC III/639.

41 Vgl. dazu Koselleck 1973/133ff; 221f. Koselleck bezieht sich vor allem auf eine Stelle im dritten Buch des *Emile*: »Nous approchons de l'état de crise et du siécle des révolutions.« Rousseau OC IV/468. Mit diesen Worten wird auf die Ungewissheit künftiger Zeiten hingewiesen, nicht hoffend, sondern warnend.

42 »En devenant sociable et Esclave, [l'homme] devient foible, craintif, rampant, et sa maniére de vivre molle et efféminée acheve d'énerver à la fois sa force et son courage.« Rousseau OC III/139.

43 »Il y a dans l'état de Nature une égalité de fait réelle et indestructible, parce qu'il est impossible dans cet état que la seule difference d'homme à homme soit assez grande, pour rendre l'un dépendant de l'autre.« Rousseau OC IV/ 524.

44 Vgl. dazu die entsprechende Stelle im *Emile:* Rousseau OC IV/840.

45 »Der Natur-Geschmack des vorigen Jahrhunderts erbärmlich. Voltaire Ferney. Caserta. Rousseau Clarens!« KSA 11/66, 25[197].

46 »Si de là naît un commun état de fête, non moins doux à ceux qui descendent qu'à ceux qui montent, ne s'ensuit-il pas que tous les états sont presque indifférens par eux-mêmes, pourvû qu'on puisse et qu'on veuille en sortir quelquefois? Les gueux sont malheureux parce qu'ils sont toujours gueux; les Rois sont malheureux parce qu'ils sont toujours Rois. Les états moyens, dont on sort plus aisément offrent des plaisirs au dessus et au dessous de soi; ils étendent aussi les lumieres de ceux qui les remplissent, en leur donnant plus de préjugés à connoître et plus de dégrés à comparer.« Rousseau OC II/608.

47 Vgl. Starobinski 1971/117. Rousseau ist nicht vom Bild der Dionysos-Feste inspiriert. »Ce jour de fête n'est il pas en même temps un jour de travail? Rien qui ressemble moins à la folle dépense de la fête archaïque, où l'on consomme les biens accumulés. Dans la description de Rousseau, la fête des vendanges est un jour d'accumulation des richesses, qu'accompagne une consommation raisonnable.« Starobinski 1971/110. Zur Bedeutung des Festes in der Revolution vgl. Ozouf 1976; Vovelle 1985/157-168.

48 Damit sind sie der Gefahr enthoben, die den Berufsschauspielern wie den Menschen in der Grossstadt droht: als etwas zu erscheinen, das sie nicht sind.

49 Dagegen taucht in einem Fragment vom Ende 1876–Sommer 1877 der Name C.Desmoulins auf; KSA 8/373, 21[42]. Der Name steht völlig isoliert da, doch lässt sich aus den restlichen Stichworten schliessen, dass Nietzsche an Desmoulins' Hinrichtung gedacht hat.

50 *Le Robespierre de M.Taine* in: Schérer 1885/73-84. Schérer zitiert Ausschnitte aus Robespierres Rede vom 5.6.1794. Laut Schérer ist Robespierre »un fanatique et un visionnaire, un fanatique de la vertu et un visionnaire qui a rêvé l'établissement du royaume de Dieu sur la terre.« Er ist nur zu verstehen, wenn man seine Verehrung für Rousseau in Betracht zieht. »Il doit tout à l'auteur du *Contrat social* et du *Vicaire Savoyard,* ses idées et son style, sa conception de la société et son goût pour la déclamation.« Robespierres revolutionäres Konzept wird für Schérer im Fest des höchsten Wesens erst wirklich nachvollziehbar; Schérer 1885/77; 81.

51 Vgl. KSA 9/419, 10[B32]. Zu Niebuhrs Urteil über Carnot vgl. Niebuhr 1845 I/334ff; allerdings handelt es sich hier nicht um Nietzsches Quelle. Ein anderes Fragment zu Carnot – 10[B30] – ist wahrscheinlich von Michelet angeregt; Michelet 1846/253; Carnot, der bis 1801 als Kriegsminister wirkt, spricht sich gegen das Konsulat auf Lebenszeit aus, stellt sich aber nach den französischen Niederlagen 1813 in den Dienst des Kaisers. Nietzsche zitiert seinen Ausspruch: »Ce qui importe, ce ne sont point les person-

nes: mais les choses« und kommentiert: »Dieser Spruch ist wie Der, welcher ihn sprach, gross, brav, einfach und schweigsam«.

52 »Ehe dieser letzte Schritt (nämlich die Staatenverbindung) geschehen, also fast nur auf der Hälfte ihrer Ausbildung, erduldet die menschliche Natur die härtesten Übel, unter dem betrüglichen Anschein äusserer Wohlfahrt; und Rousseau hatte so Unrecht nicht, wenn er den Zustand der Wilden vorzog, so bald man nämlich diese letzte Stufe, die unsere Gattung noch zu ersteigen hat, weglässt. Wir sind im hohen Grade durch Kunst und Wissenschaft kultiviert. Wir sind zivilisiert, bis zum Überlästigen, zu allerlei gesellschaftlicher Artigkeit und Anständigkeit. Aber, uns für schon moralisiert zu halten, daran fehlt noch sehr viel.« *Idee zu einer allgemeinen Geschichte ...* A 402.

53 Ernst Cassirer hat die Affinitäten zwischen Rousseau und Kant betont. Diese Auffassung ist später korrigiert worden. George Kelly hat die Differenzen zwischen dem Geschichtsverständnis Rousseaus und demjenigen Kants herausgearbeitet; vgl. Cassirer 1932, Derathé 1948, Kelly 1968.

54 Das negative Menschenbild der Politiker trifft bloss die Produkte ihrer eigenen Regierung. Nur durch »ungerechten Zwang« sind die Menschen so geworden, wie sie von den Herrschenden dargestellt werden.

55 Uneigennützigkeit und Allgemeingültigkeit zu Kriterien moralischer Handlungen zu erklären, entspricht laut Nietzsche dem Standpunkt der »Stuben-Moralistik«. »Man muss die Völker studiren und zusehn, was jedes Mal das Kriterium ist, und was sich darin ausdrückt.« KSA 12/260, 7[4].

56 Weil »aller Affekt, als ein solcher, Tadel verdient«, ist zwar auch der Enthusiasmus nicht ganz zu billigen; A 145f.

57 An dieser Stelle ist übrigens auch von den Akteuren der Revolution die Rede, von einem »Enthusiasm der Rechtsbehauptung«, der der »Seelengrösse« und der Kraft der Revolutionäre zugrundeliegt. Mit solcher »Exaltation« sympathisiert das »äussere zuschauende Publikum [...] ohne die mindeste Absicht der Mitwirkung«, wie Kant klarstellt.

58 Die »philosophische Vorhersagung« wird über die kurzsichtigen Interessen der Tagespolitik triumphieren, denn »jene Begebenheit ist zu gross, zu sehr mit dem Interesse der Menschheit verwebt, und, ihrem Einflusse nach, auf die Welt in allen ihren Teilen zu ausgebreitet, als dass sie nicht den Völkern, bei irgend einer Veranlassung günstiger Umstände, in Erinnerung gebracht und zu Wiederholung neuer Versuche dieser Art erweckt werden sollte«; A 150.

59 KSA 12/259ff, 7[4]. Zweites Buch: Herkunft der Werthe. Erstes Capitel. Die Metaphysiker. Vgl. den Plan KSA 13/537, 18[17].

60 Vgl. etwa Burg 1974/34; 71f. Dagegen Batscha 1981/77: »Der auf das Sollen gerichtete Teil vermeidet jede Rechtfertigung einer Revolution, da aber, wo Geschichte sich mit den Phänomenen als historischen Ereignissen beschäftigt, nimmt Kant im Sinne seiner Auffassung von der Differenzierung zwischen dem Beweggrund und der aus ihm zu ziehenden Konsequenz Revolution zur Kenntnis.«

61 Vgl. zum Problem des Gesellschaftsvertrags *Über den Gemeinspruch*... A 249f.

62 Vgl. auch *Die Metaphysik der Sitten, Rechtslehre* A 176f.

63 Vgl. Beck 1971; Axinn 1971; Burg 1974; Losurdo 1987; Burg 1988; Gerhardt 1988.

64 *Zum ewigen Frieden* A 72f; *Die Metaphysik der Sitten, Rechtslehre* A 181.

65 Einen guten Einblick in die Problematik gibt Zwi Batschas Aufsatz *Bürgerliche Republik und bürgerliche Revolution bei Immanuel Kant* in: Batscha 1981, v.a. 56ff.

66 »Unter dem Wort Volk (populus) versteht man die in einem Landstrich vereinigte M e n g e Menschen, in so fern sie ein G a n z e s ausmacht. Diejenige Menge oder auch der Teil derselben, welcher sich durch gemeinschaftliche Abstammung für vereinigt zu einem bürgerlichen Ganzen erkennt, heisst N a t i o n (gens); der Teil, der sich von diesen Gesetzen ausnimmt (die wilde Menge in diesem Volk), heisst P ö b e l (vulgus), dessen gesetzwidrige Vereinigung das R o t t i e r e n (agere per turbas) ist; ein Verhalten, welches ihn von der Qualität eines Staatsbürgers ausschliesst.« *Anthropologie in pragmatischer Hinsicht* A 297f. Vgl. im gleichen Werk die Stelle über den Wohlfahrtsausschuss; A 215f sowie die Anmerkung zur Hinrichtung Ludwigs XVI. in der *Metaphysik der Sitten, Rechtslehre* A 177ff. Zur zitierten Stelle aus der *Anthropologie* führt Losurdo aus: »es muss also hervorgehoben werden, dass das, was den ›Pöbel‹, den ›vulgus‹, dem ›populus‹ gegenüber auszeichnet, nicht der Rückgriff auf die Gewalt als solche ist; es ist vielmehr die Tatsache, dass er sich nicht wie Bürger innerhalb einer genau umrissenen Rechtsordnung bewegt, sondern in Form einfacher Privatmenschen, ohne irgendeinen rechtlichen Bezugspunkt, d.h. im Grunde genommen als Wesen im Naturzustand.« Losurdo 1987/65.

67 Vgl. dazu *Die Metaphysik der Sitten, Rechtslehre* A 178ff: »Eine Veränderung der (fehlerhaften) Staatsverfassung, die wohl bisweilen nötig sein mag – kann also nur vom Souverän selbst durch R e f o r m, aber nicht vom Volk, mithin durch R e v o l u t i o n verrichtet werden, und, wenn sie geschieht, so kann jene nur die a u s ü b e n d e G e w a l t, nicht die gesetzgebende, treffen.«

68 Nietzsche braucht die entsprechenden Metaphern schon vor seinem Kant-Studium. Wenn er von den »edlen und schwärmerischen Zuschauern« spricht (JGB 38), spielt er wahrscheinlich ganz allgemein auf die Revolutionsbegeisterung im Umkreis des deutschen Idealismus an.

69 Jacques Droz meint in seinem Werk über Deutschland und die Französische Revolution: »Par la doctrine du Rechtsstaat, Emmanuel Kant apparaît de tous les grands penseurs allemands celui qui s'est assimilé le plus profondément la Révolution française. Et cependant son éthique a provoqué chez ceux qui en ont subi l'influence une réaction critique à l'égard de la Révolution: réaction reposant sur une conception moraliste de la liberté et de l'état.« Droz 1949/155.

70 Vgl. dazu die Anmerkung zu § 65 der *Kritik der Urteilskraft*, A 290.

71 Zitiert bei Bruns 1974/649.

72 »Auf beiden Seiten des Rheines sehen wir denselben Bruch mit der Vergangenheit, der Tradizion wird alle Ehrfurcht aufgekündigt, wie hier in Frankreich jedes Recht, so muss dort in Deutschland jeder Gedanke sich justifiziren, und wie hier das Königthum, der Schlussstein der alten socialen Ordnung, so stürzt dort der Deismus, der Schlussstein des geistigen alten Regimes.« Heine DHA 8,1/77. Heines Bewunderung bezieht sich allerdings nur auf die *Kritik der reinen Vernunft*, nicht auf die *Kritik der praktischen Vernunft*, die er für eine Wiederbelebung des »Leichnams des Deismus« hält; Heine DHA 8,1/89.

73 Vgl. dazu Heine DHA 8,1/80ff über die unterschiedlichen Verdienste von Robespierre und Kant sowie über ihre gemeinsamen Charaktermerkmale; 117ff über die bevorstehende, philosophisch inspirierte deutsche Revolution.

74 Vgl. dazu Losurdo 1987/10f über Haym und Treitschke.

75 Hauptsächlich auf das Kapitel »Kritische Schlacht gegen die französische Revolution« in der *Heiligen Familie*, hier ist von Robespierres und Saint-Justs Illusionen die Rede; MEW 2/125-131.

76 »Wenn die Politik zum Bereich des Wahren und des Falschen, des Guten und des Bösen geworden ist, wenn sie die Trennungslinien zwischen guten und schlechten Menschen zieht, dann befinden wir uns in einem geschichtlichen Universum von gänzlich neuer Dynamik. [...] wie das mythische Denken stattet sie [die Revolution UM] das objektive Universum mit subjektiven Willensbestrebungen aus, das heisst, je nachdem, mit Verantwortlichen oder Sündenböcken.« Furet 1980/36f.

77 Der Begriff des Individuums ist nach Nietzsche unbrauchbar, weil die Menschen mit den Umständen, aus denen sie gewachsen sind, mit den »gesellschaftlichen, verwandtschaftlichen, historischen« Verhältnissen unauflöslich verbunden sind; KSA 13/74, 11[156]; 424, 15[30].

78 »Man soll nicht von einem Unrecht reden in Fällen, wo gar keine Vorbedingungen für Recht und Unrecht da sind.« KSA 13/74, 11[156]. »Hier wird der Anspruch gemacht, die Geschichte zu richten, sie ihrer Fatalität zu entkleiden, eine Verantwortlichkeit hinter ihr, Schuldige in ihr zu finden.« KSA 13/423, 15[30]. Vgl. auch KSA 12/409, 9[125].

79 Im Begriff der Gleichheit der Seelen vor Gott »ist das Prototyp aller Theorien der gleichen Rechte gegeben: man hat die Menschheit den Satz von der Gleichheit erst religiös stammeln gelehrt, man hat ihr später eine Moral daraus gemacht: und was Wunder, dass der Mensch damit endet, ihn ernst zu nehmen, ihn praktisch zu nehmen! will sagen politisch, demokratisch, socialistisch, entrüstungs-pessimistisch ...« KSA 13/424, 15[30].

80 Als Kritik an der Ideologie der Französischen Revolution, aber mehr noch als Kritik der dualistischen Moralphilosophie kann die folgende Nachlassstelle gelesen werden: »Gegensätze eingelegt an Stelle der natürlichen Grade und Ränge. Hass auf die Rangordnung. Die Gegensätze sind einem pöbelhaften Zeitalter gemäss, weil leichter fasslich«; KSA 12/397, 9[107]. Vgl. auch KSA 12/132, 2[131]: »Die übersehene Grundthatsache: Widerspruch zwischen dem ›Moralischer-werden‹ und der Erhöhung und Verstär-

kung des Typus Mensch«.

81 »Maximilian Robespierre heiligen Andenkens war die Incarnazion Rousseaus; er war tief religiös, er glaubte an Gott und Unsterblichkeit, er hasste die
voltaireschen Religionsspöttereyen, die unwürdigen Possen eines Gobels,
die Orgien der Atheisten, und das laxe Treiben der Esprits, und er hasste
vielleicht jeden, der witzig war und gern lachte.« Heine DHA 12,1/150.

82 Im Hinblick auf die Rousseau-Lektüre vermutet Wuthenow zu Recht, dass
Nietzsche »nur tradierte, Allgemeingut gewordene Hauptgedanken Rousseaus in Frage stellt. Argumente zu einzelnen Textstellen und Äusserungen hat
er nicht zur Hand.« Wuthenow 1989/73.

83 Vgl. dazu Nietzsches zusammenfassende Notizen; KSA 12/268, 7[4].

84 Der Philosoph stellt nach Bedarf die Religion in den Dienst seines Züch-
tungs- und Erziehungswerks. Nietzsche nimmt hier ein in der politischen
Philosophie beliebtes Motiv auf, das auch bei Machiavelli oder Rousseau zu
finden ist. Allerdings ist für ihn der Zweck der Religion die Aufrechterhaltung der Ständehierarchie, nicht der Zusammenhalt der Gemeinschaft.

85 Keith Ansell-Pearson hat in seiner gründlichen und höchst anregenden Studie *Nietzsche contra Rousseau* die geschichtsphilosophischen und politischen
Positionen der beiden Denker verglichen und insbesondere das unterschied-
liche Verständnis von Selbstgesetzgebung herausgearbeitet. Einzuwenden
wäre allenfalls, dass das Buch allzu stark den Eindruck vermittelt, Nietzsche
habe sich mit Rousseaus Lehre systematisch auseinandergesetzt. Da mein
Manuskript beim Erscheinen des Buches von Ansell-Pearson bereits abgeschlossen war, konnte es nicht mehr berücksichtigt werden.

Anmerkungen zu III:

1 Vgl. KSA 8/381, 22[12]; MA I 472; KSA 9/200f, 6[31].

2 Das Ereignis »ist viel zu gross, zu fern, zu abseits vom Fassungsvermögen
Vieler, als dass auch nur seine Kunde schon a n g e l a n g t heissen dürfte; geschweige denn, dass Viele bereits wüssten, w a s eigentlich sich damit begeben hat – und was Alles, nachdem dieser Glaube untergraben ist, nunmehr
einfallen muss, weil es auf ihm gebaut, an ihn gelehnt, in ihn hineingewach-
sen war«. Selbst für die wenigen aufmerksamen Beobachter, für die »gebore-
nen Räthselrather« bedeutet es vorläufig Erheiterung und Ermutigung,
Chance für neue Wagnisse im Bereich der Erkenntnis. »In der That, wir
Philosophen und ›freien Geister‹ fühlen uns bei der Nachricht, dass der ›alte
Gott todt‹ ist, wie von einer neuen Morgenröthe angestrahlt«.

3 Einen guten Überblick über die zahlreichen Parallelen im Werk der beiden
Denker hat Hanna Spencer im 1972 veröffentlichten Aufsatz über Heine
und Nietzsche gegeben; Spencer 1977/65-100. Vgl. auch Biser 1986. In
Nietzsches Bibliothek ist Stephan Borns Basler Heine-Vortrag von 1875
vorhanden.

4 Vgl. Spencer 1977/81.

5 »Ich spreche von jener Religion in deren ersten Dogmen eine Verdammniss
alles Fleisches enthalten ist, und die dem Geiste nicht bloss eine Obermacht
über das Fleisch zugesteht, sondern auch dieses abtödten will um den Geist
zu verherrlichen; ich spreche von jener Religion durch deren unnatürliche
Aufgabe ganz eigentlich die Sünde und die Hypokrisie in die Welt gekommen, indem eben, durch die Verdammniss des Fleisches, die unschuldigsten
Sinnenfreuden eine Sünde geworden und durch die Unmöglichkeit ganz
Geist zu seyn die Hypokrisie sich ausbilden musste; ich spreche von jener
Religion, die ebenfalls durch die Lehre von der Verwerflichkeit aller irdischen Güter, von der auferlegten Hundedemuth und Engelsgeduld, die er-
probteste Stütze des Despotismus geworden.« Heine DHA 8,1/126f.

6 Zwar hat auch Nietzsche in den 80er Jahren den Antisemitismus bekämpft.
Aber er schreibt seine Tiraden gegen die »jüdischen« Wurzeln der Revolution, nachdem er selbst in früheren Jahren die antisemitische Ideologie geteilt
hat und er schreibt in einer Sprache, die sich zum Teil kaum vom demokra-
tiefeindlichen Antisemitismus seiner Zeit unterscheidet.

7 »[...] die eigentliche Idee des Christenthums, hatte sich, unglaublich schnell,
über das ganze römische Reich verbreitet, wie eine ansteckende Krankheit,
das ganze Mittelalter hindurch dauerten die Leiden, manchmal Fieberwuth,
manchmal Abspannung, und wir Modernen fühlen noch immer Krämpfe
und Schwäche in den Gliedern. Ist auch mancher von uns schon genesen, so
kann er doch der allgemeinen Lazarethluft nicht entrinnen, und er fühlt sich
unglücklich als der einzig Gesunde unter lauter Siechen.« Heine erklärt im
gleichen Abschnitt: »Ja, ich sage es bestimmt, unsere Nachkommen werden
schöner und glücklicher seyn als wir.« Heine DHA 8,1/16f.

8 »In Paris selbst hat das Christenthum seit der Revoluzion nicht mehr existirt
und schon früher hatte es hier alle reelle Bedeutung verloren. [...] Die Religion die kurz vor jener Zeit« – d.h. vor der Restauration – »in Frankreich
herrschte, war die klassische Mythologie, und diese schöne Religion war
dem französischen Volke von seinen Schriftstellern, Dichtern und Künstlern mit solchem Erfolge gepredigt worden, dass die Franzosen zu Ende des
vorigen Jahrhunderts, im Handeln wie im Gedanken, ganz heidnisch kostu-
mirt waren. Während der Revoluzion blühte die klassische Religion in ihrer
gewaltigsten Herrlichkeit; es war nicht ein alexandrinisches Nachäffen, Paris
war eine natürliche Fortsetzung von Athen und Rom.« Heine DHA 8,1/
242f.

9 »Ich bin nicht tugendhaft genug, um jemals dieser Parthey mich anschliessen zu können; ich hasse aber zu sehr das Laster, als dass ich sie jemals bekämpfen würde.« Heine DHA 12,1/151.

10 Shakespeare ist in Heines Augen ein Mensch, in dem sich beide Elemente
»versöhnungsvoll durchdrungen« und »zu einem höheren Ganzen entfaltet«
haben. In diesem Kontext stellt Heine die Frage: »Ist vielleicht solche harmonische Vermischung der beiden Elemente die Aufgabe der ganzen europäischen Civilisazion?« Er fügt bei: »Wir sind noch sehr weit entfernt von
einem solchen Resultate.« Heine DHA 11/45.

11 »Ob aber bey Ludwig Börne nicht manchmal ein geheimer Neid im Spiele war? Er war ja ein Mensch und während er glaubte, er ruinire den guten Leumund eines Andersgesinnten nur im Interesse der Republik, während er sich vielleicht noch was darauf zu Gute that dieses Opfer gebracht zu haben, befriedigte er unbewusst die versteckten Gelüste der eignen bösen Natur, wie einst Maximilian Robespierre, glorreichen Andenkens«' Heine DHA 11/87f. Während Heines Börne-Schrift nach ihrem Erscheinen im Jahr 1840 auf heftige Ablehnung stösst – wobei nationale wie republikanische Motive ausschlaggebend sind –, solidarisiert sich Marx sechs Jahre später mit seinem Freund: »Eine tölpelhaftere Behandlung, als dies Buch von den christlich-germanischen Eseln erfahren hat, ist kaum in irgendeiner Literaturperiode aufzuweisen, und doch fehlt's keiner deutschen Periode an Tölpelei.« MEW 27/441.

12 »Richelieu, Robespierre und Rothschild sind für mich drey terroristische Namen, und sie bedeuten die graduelle Vernichtung der alten Aristokrazie. Richelieu, Robespierre und Rothschild sind die drey furchtbarsten Nivelleurs Europas.« Heine DHA 11/28: Die drei Namen, die Heine hier halb ernsthaft, halb ironisch als seine Vorbilder im Kampf gegen die Aristokratie nennt, stehen für die wichtigsten Feindbilder der konservativen Kulturkritik im 19. Jahrhundert: Zentralisierung, Revolution und »jüdisches« Kapital.

13 »Wenn die Geistesbildung und die daraus entstandenen Sitten und Bedürfnisse eines Volks nicht mehr im Einklange sind mit den alten Staatsinstituzionen, so tritt es mit diesen in einen Nothkampf, der die Umgestaltung derselben zur Folge hat und eine Revoluzion genannt wird.« Heine DHA 12,1/130.

14 »Wann wird die Harmonie wieder eintreten, wann wird die Welt wieder gesunden von dem einseitigen Streben nach Vergeistigung, dem tollen Irrthume, wodurch sowohl Seele wie Körper erkrankten! Ein grosses Heilmittel liegt in der politischen Bewegung und in der Kunst.« Heine DHA 11/40.

15 »Der Republikanismus eines Volks besteht, dem Wesen nach, darin: dass der Republikaner an keine Autorität glaubt [...]. Die alte Religion ist gründlich todt [...]. Die alte Moral ist ebenfalls todt«; Heine DHA 12,1/180f. Solche Befunde beziehen sich selbstverständlich auf die französische Gesellschaft.

16 Die bekannteste Stelle, die in diesem Zusammenhang meist angeführt wird, ist der Schluss des zweiten Buches von *Zur Geschichte der Religion und Philosophie in Deutschland* »Hört Ihr das Glöckchen klingeln? Kniet nieder – Man bringt die Sakramente einem sterbenden Gotte.« Heine DHA 8,1/78. Hanna Spencer vergleicht Heines Erzählung vom Niedergang Gottes mit derjenigen Nietzsches im Abschnitt »Ausser Dienst« aus dem vierten Teil von *Also sprach Zarathustra*; Spencer 1977/76f.

17 Heine ist überzeugt davon, dass die Philosophen der Aufklärung »den Ausbruch der Revoluzion am meisten befördert und deren Charakter bestimmt haben.« Er rühmt sie deshalb, »wie man den Arzt rühmt, der eine schnelle Crisis herbeygeführt und die Natur der Krankheit, die tödtlich werden

konnte, durch seine Kunst gemildert hat. Ohne das Wort der Gelehrten hätte der hinsiechende Zustand Frankreichs noch unerquicklich länger gedauert; und die Revoluzion, die doch am Ende ausbrechen musste, hätte sich minder edel gestaltet; sie wäre gemein und grausam geworden, statt dass sie jetzt nur tragisch und blutig ward«; Heine DHA 12,1/144f. Heine schätzt Voltaire; dieser gilt ihm im gleichen Mass wie Rousseau als geistiger Urheber der Revolution. »Voltaire und Rousseau sind zwey Schriftsteller, die mehr als alle andere der Revoluzion vorgearbeitet, die späteren Bahnen derselben bestimmt haben [...]. Dem Voltaire geschieht jedoch Unrecht, wenn man behauptet, er sey nicht so begeistert gewesen wie Rousseau; er war nur etwas klüger und gewandter.«

18 Wie Stendhal feiert Heine Napoleon als Repräsentanten, nicht als Verräter der Revolution; vgl. dazu unten Kap. IX.

19 »Nicht für sich, seit undenklicher Zeit, nicht für sich hat das Volk geblutet und gelitten, sondern für andre. Im Juli 1830 erfocht es den Sieg für jene Bourgeoisie, die eben so wenig taugt wie jene Noblesse, an deren Stelle sie trat [...], wenn wieder die Sturmglocke geläutet wird und das Volk zur Flinte greift, diesmal kämpft es für sich selber und verlangt den wohlverdienten Lohn.« Heine DHA 11/56.

20 Vgl. dazu etwa Heine DHA 11/83ff; 97 (*Ludwig Börne*); 159f; 164f (*Über den Denunzianten*).

21 »Das grosse Wort der Revoluzion, das Saint-Just ausgesprochen: le pain est le droit du peuple, lautet bey uns: le pain est le droit divin de l'homme. Wir kämpfen nicht für die Menschenrechte des Volks, sondern für die Gottesrechte des Menschen. [...] Wir wollen keine Sanskülotten seyn, keine frugale Bürger, keine wohlfeile Präsidenten: wir stiften eine Demokrazie gleichherrlicher, gleichheiliger, gleichbeseligter Götter.« Heine DHA 8,1/61.

22 Im Sommer 1868 gesteht er in einem Brief an Sophie Ritschl seine »Neigung für das pariser Feuilleton, für Heines Reisebilder usw.« KSB 2/299.

23 Vgl. dazu *Die Stadt Lucca*, Kap. V; VI; XIII; XIV.

24 Vgl. Montinari 1986/339. Über Heine hat der junge Nietzsche in einem Vortrag über die politischen Dichter der Neuzeit, gehalten am 3.7.1865 vor der Burschenschaft Franconia-Bonn, gesprochen; vgl. BAW 3/117; 402f; 410.

25 Er hat, wie Spencer schreibt, »mit keiner Silbe angedeutet, dass er sich der Inhalte bzw. der Tragweite der in Heines Werk behandelten Ideen und Probleme bewusst war; und schon gar nicht, dass sich Heines fundamentale Interessen mit seinen eigenen wichtigsten Anliegen vorwiegend decken.« Spencer 1977/69.

26 KSB 1/189f: »Barrau, Geschichte der französischen Revolution 1789-99, 2 Bände Brandenburg 1859.« Es handelt sich um die Übersetzung von Théodore Henri Barrau: *Histoire de la Révolution française 1789-1799*. Übersetzt von Eduard Doehler, Bde 1,2, Brandenburg 1858/59. »Arnd, Geschichte der französischen Revolution 1789-99. 6 Bände. Braunschweig. 1851.«

27 Pinder schreibt im Mai 1864 an Nietzsche: »Aber was Dir wohl den hiesigen

Aufenthalt annehmbar machen kann, sind Häussers Vorträge. Du hättest den Mann über Mirabeau reden hören sollen! Du hättest ihn hören sollen, wie er in kurzen scharfen Zügen das Bild dieses Heroen der Revolution zeichnete, wie er bald voll Begeisterung bei dem grossartigen Heldenmut dieses Opfers des alten Absolutismus verweilte, bald mit zerschmetternder Indignation diese ganze verrottete, verfaulte Wirtschaft in Frankreich einzeln vor unseren Blicken in Staub und Asche zertrümmerte!« KGB I,1/420. Krug schreibt eine Woche später:»Noch mehr interessirt aber die Geschichte der französ. Revolution bei Häusser. Er hat ein Auditorium von in der Regel mehr als 150 Zuhörern und weiss natürlich mit sich fortzureissen und zu begeistern.« KGB I,1/423.

28 Vgl. KSB 2/18. Im Februar 1866 berichtet ihm Deussen:»Endlich, Abends von 5-6 führt uns Sybel das grossartigste Drama: die Tragödie von der französischen Revolution, wie sie sich überstürzt, zur Tyrannei ausartet, mit Befreiung im dritten Akte endet, vor.« KGB I,3/74.

29 »Gestern Abend hatte ich einen Genuss, den ich Dir vor allem gegönnt hätte. Jacob Burckhardt hielt eine freie Rede über ›historische Grösse‹, und zwar völlig aus unserm Denk- und Gefühlskreise heraus. Dieser ältere, höchst eigenartige Mann ist zwar nicht zu Verfälschungen, aber wohl zu Verschweigungen der Wahrheit geneigt, aber in vertrauten Spaziergängen nennt er Schopenhauer ›unseren Philosophen‹. Ich höre bei ihm ein wöchentlich einstündiges Colleg über das Studium der Geschichte und glaube der Einzige seiner 60 Zuhörer zu sein, der die tiefen Gedankengänge mit ihren seltsamen Brechungen und Umbiegungen, wo die Sache an das Bedenkliche streift, begreift. Zum ersten Male habe ich ein Vergnügen an einer Vorlesung, dafür ist sie auch derart, dass ich sie, wenn ich älter wäre, halten könnte.« KSB 3/155; vgl. bereits den Brief an Rohde vom 29.5.1869:»Nähere Beziehungen habe ich von vorn herein zu dem geistvollen Sonderling Jakob Burckhardt bekommen; worüber ich mich aufrichtig freue, da wir eine wunderbare Congruenz unsrer aesthetischen Paradoxien entdecken.« KSB 3/13. Vgl. auch Janz B 1/387f. Die Vorlesungen *Über das Studium der Geschichte* hat Jacob Oeri 1905 unter dem Titel *Weltgeschichtliche Betrachtungen* herausgegeben; vgl. dazu in Burckhardt/Ganz die Einleitung von Peter Ganz, besonders 13f; 30ff; 55ff. Vgl. auch das von Ernst Ziegler erstellte Verzeichnis von Burckhardts Vorlesungen in Burckhardt/ Ziegler/563ff.

30 Burckhardt bemüht sich zwar um eine allgemeine Charakteristik geschichtlicher Krisen, orientiert sich aber doch vor allem an der Erfahrung der Französischen Revolution; vgl. Burckhardt/Ganz/207; 346ff.

31 »Ein Blick auf die Dürftigkeit alles Irdischen, auf die Sparsamkeit der Natur in ihrem Haushalt ausserhalb des Menschenlebens, in ihrer Manier das Individuum aufzuopfern, sollte genügen. Man meint aber gewöhnlich, die Geschichte mache es anders als die Natur.« Burckhardt/Ganz/351.

32 »Speziell wir Schweizer und die Nordamerikaner sind Kinder der Revolution und können und dürfen unsere Mutter nicht verleugnen; wir haben die völlige Demokratie von ihr erhalten. Das Gefühl der Demokratie ist ein we-

sentlicher Bestandteil unseres Rechtsgefühls.« Burckhardt/Ziegler/14.

33 »Wer sind wir, die wir die Revolution beurteilen werden? Wir treiben ja noch auf den Wogen! Allein nichtsdestoweniger werden wir zu einem Urteil genötigt sein, dass es gute und böse Sachen, gute und böse Menschen gab – wir sind nicht dispensiert von einem Urteil!« Burckhardt/Ziegler/149. Im November 1871 schreibt Burckhardt: »Jetzt dagegen wissen wir, dass ein und derselbe Sturm, welcher seit 1789 die Menschheit fasste, auch uns weiter trägt. Wir können unsere Unparteilichkeit bona fide beteuern und dabei unbewusst in der stärksten Parteinahme stecken.« Burckhardt GW VII/427.

34 Vgl. Burckhardt GW VII/421; Burckhardt/Ziegler 13f; Burckhardt/Ganz/ 366.

35 Vgl. Burckhardt GW VII/421f; 437f; Burckhardt/Ganz/135: »In der ganzen französischen Revolution bleibt dann Eins fest und wankt nicht: der alte ererbte Staatsbegriff; ja seine Allmacht wird noch theoretisch gesteigert, und vermeintlich versittlicht: die Aufopferung des Einzelnen für das Allgemeine, bis zur absolutesten Rechtlosigkeit.«

36 Vgl. Burckhardt/Ganz/370f; 137: »Die Democratie hält sich für die Gesellschaft und für den Staat zugleich. Sehr unbändige Individuen verlangen die stärkste Bändigung des Individuums unter das Allgemeine.«

37 »Diese Menschenrechte waren ein wahres Unglück für die Nation: Sie brachten den Leuten das Unerreichbare als Erreichbares, das sich als künstliche Wohlfahrt der Nation in bestimmte Sätze der Philosophie auflösen liess, und das ging nun eben nicht!« Burckhardt/Ziegler/195; vgl. auch Burckhardt/Ganz/169f.

38 Vgl. Burckhardt GW VII/450 und Burckhardt/Ziegler/235: »die Rätsel unseres Daseins sind schmerzlich genug, so dass wir doch im Einzelnen nachrechnen dürfen, woher sie kommen«. Mit diesen Worten leitet Burckhardt die erste Vorlesung des Jahres 1868 ein; unter den schmerzlichen Rätseln des Daseins versteht er offensichtlich die Steigerung des Militarismus und die krisenhafte ökonomische Entwicklung.

39 Vgl. Burckhardt GW VII/424; 475f.

40 Burckhardt GW VII/424ff; vgl. auch 379f. Zu Burckhardts Kritik des technisch-industriellen Zeitalters vgl. Hardtwig 1974/273ff.

41 In diesem Kontext kommentiert Burckhardt Eduard von Hartmanns politische und soziale Zukunftsvisionen mit scharfer Ironie; Burckhardt GW VII/ 436f.

42 Vgl. Burckhardt GW VII/429; Burckhardt/Ziegler 455f sowie zum vorrevolutionären Machtstaat Burckhardt/Ganz/300ff.

43 Vgl. dazu Hardtwig 1974/279f; 316ff; Kaegi B V/255f; 292ff; 326f; 401f. In späteren Jahren hat Burckhardt auch die Arbeit Taines herangezogen; vgl. Kaegi B V/332ff.

44 »In alles politische und soziale Pro und Contra hinein redet Schopenhauer vom Leiden dieser Welt, welche besser überhaupt nicht wäre.« Burckhardt GW VII/432. Zu Burckhardts SchopenhauerVerehrung vgl. Kaegi B VI/ 110ff.

45 Vgl. dazu Burckhardt/Ganz/228f; 239ff; 259f; 300ff, besonders 302: »Und nun ist die Macht an sich böse, gleichviel wer sie ausübe. Sie ist kein Beharren, sondern eine Gier und eo ipso unerfüllbar, daher in sich unglücklich und muss Andere unglücklich machen.« Vgl. zum Thema Hardtwig 1974/ 132ff; 140ff.

46 Vgl. hier etwa JGB 199. Das revolutionäre Element in der Herrschaft des Despoten bzw. des »unbedingt Befehlenden« liegt darin, dass er sich nicht als »Ausführer älterer oder höherer Befehle« gebärdet.

47 In der Vorrede über den griechischen Staat heisst es: »dieselbe Grausamkeit, die wir im Wesen jeder Kultur fanden, liegt auch im Wesen jeder mächtigen Religion und überhaupt in der Natur der Macht, die immer böse ist; so dass wir ebenso gut es verstehen werden, wenn eine Kultur mit dem Schrei nach Freiheit oder mindestens Gerechtigkeit ein allzuhochgethürmtes Bollwerk religiöser Ansprüche zerbricht.« KSA 1/768. Vgl. WB 11: »Wer von euch will auf Macht verzichten, wissend und erfahrend, dass die Macht böse ist?«

48 Vgl. KSA 7/780, 32[72]: »Gegen die Gedanken der Revolution. [...] Gegen die Überschätzung des Staates, des Nationalen. J<acob> B<urckhardt>.«

49 »[...] wo sind Historiker, die nicht von allgemeinen Flausen beherrscht die Dinge ansehn? Ich sehe nur einen – Burckhardt. Überall der breite Optimismus in der Wissenschaft. Die Frage: ›was wäre geschehn, wenn das und das nicht eingetreten wäre‹ wird fast einstimmig abgelehnt, und doch ist sie gerade die kardinale Frage, wodurch alles zu einem ironischen Dinge wird.« KSA 8/56, 5[58].

50 Vgl. dazu Janz B 1/653-667.

51 Vgl. dazu unten Kap. IV.

52 Nach dem Abschluss seiner Studien in Frankreich und nachdem er 1860 französischer Staatsbürger geworden ist, etabliert er sich als Literaturhistoriker und Publizist. Nach dem Ausbruch des deutsch-französischen Krieges verlässt er Frankreich und lässt sich in Florenz nieder, wo er bis zu seinem Tod im Jahr 1884 lebt.

53 Das Folgende bezieht sich, wenn nicht anders belegt, auf den ersten Abschnitt von *Das Ideal und seine Verwirklichung* ZVM I/173-184. Die betreffenden Seiten sind in Nietzsches Exemplar stark angestrichen.

54 Vgl. Hillebrand ZVM I/XIf; 11f; 56f; 152.

55 In einer Giosue Carducci gewidmeten Besprechung bekennt Hillebrand, er vermöge nicht zu begreifen, »wie ein Denker, ein Historiker oder ein Künstler, der den Namen verdient, allen Ernstes Jacobiner sein kann. [...] umsonst suche ich in dem Ideal von 1793 irgend etwas, das einem tieferen Gedanken oder einem berechtigten, dauernden, realen Interesse entspräche, das auf Selbstvergessen als auf eine Pflicht hinwiese.« Die Verwirklichung dieses »prosaisch nüchternen Ideals« würde laut Hillebrand die »unumschränkte Herrschaft der Mittelmässigkeit stabilisiren« sowie Kunst, Geschichte, ja überhaupt das organische Leben verneinen. Hillebrand ZVM II/107ff.

56 Vgl. Hillebrand ZVM I/196; II/193.

57 Vgl. Hillebrand ZVM IV/203-230. Wesentlich positiver fällt das Urteil

über den zweiten Band aus. Ein wichtiges Motiv von Nietzsches Interesse für Taine ist in den folgenden Zeilen angesprochen: »Wer bis jetzt die Nothwendigkeit oder gar die Nützlichkeit des grossen Umsturzes bestritt, pflegte, wie die Bonald und J. de Maistre zur Zeit der Reaction, ein Wortführer der Umkehr zu sein, ein Eiferer für die Wiederherstellung der Autorität in Staat, Kirche und Wissenschaft. Heute tritt ein Mann unseres Jahrhunderts auf, ein Philosoph der positiven Schule und offener Feind der gegebenen Religion, ein Anhänger der modernen Staatseinrichtungen, und erklärt nach eingehendem unparteiischem Prüfen der Thatsachen die grosse Revolution für eine Gruppe von historischen Thatsachen, in der die schlimmen Leidenschaften, die thörichten Gedanken und die unzweckmässigen Handlungen bei weitem den Edelmuth, die Tiefe und die Verständigkeit überwiegen. [...] Und zum ersten Male sind die Gegner der Demokratie Feinde der Kirche.« ZVM V/172; 174.

58 Vgl. KSB 5/324; 334: »Anbei den Wunsch, die Fortsetzung von Taine's ›Frankreich‹ zu erhalten«; 355.

59 Vgl. den Anfang des vierten Buches der *Histoire de la littérature anglaise* und den Abschnitt über die Französische Revolution in der *Philosophie de l'art.* Beide Werke sind in deutscher Übersetzung in Nietzsches Bibliothek vorhanden.

60 Vgl. dazu Giraud 1901/85ff; Weinstein 1972/22f; 123ff; Evans 1975/491-509; 522-541.

61 Noch während der Kommune fällt die Entscheidung. Am 4.April schreibt er seiner Frau: »Ma vie est bien vide, et j'ai le coeur triste. J'essaie en vain de travailler. J'ébauche en pensée mon futur livre sur la France contemporaine.« Taine VC III/90. Vgl. auch Aulard 1907/19ff.

62 »Dans l'organisation que la France s'est faite au commencement du siècle, toutes les lignes générales de son histoire contemporaine étaient tracées, révolutions politiques, utopies sociales, divisions des classes, rôle de l'Eglise, conduite de la noblesse, de la bourgeoisie et du peuple, développement, direction ou déviation de la philosophie, des lettres et des arts. C'est pourquoi, lorsque nous voulons comprendre notre situation présente, nos regards sont toujours ramenés vers la crise terrible et féconde par laquelle l'ancien régime a produit la Révolution, et la Révolution, le régime nouveau.« Taine OFC I/ V.

63 »Plus une aristocratie se polit, plus elle se désarme, et, quand il ne lui manque plus aucun attrait pour plaire, il ne lui reste plus aucune force pour lutter. – Et cependant, dans ce monde, on est tenu de lutter, si l'on veut vivre. L'empire est à la force dans l'humanité comme dans la nature.« Taine OFC I/215.

64 »Le préjugé héréditaire est une sorte de raison qui s'ignore. [...] on voit qu'il est, comme l'instinct, une forme aveugle de la raison. Et ce qui achève de le légitimer, c'est que, pour devenir efficace, la raison elle-même doit lui emprunter sa forme. Une doctrine ne devient active qu'en devenant aveugle.« Taine OFC I/270; 275.

65 »On suppose des hommes nés à vingt-et-un ans, sans parents, sans passé, sans tradition, sans obligations, sans patrie, et qui, assemblés pour la première fois, vont pour la première fois traiter entre eux.« Taine OFC I/305.

66 Zu Taines Rousseau-Bild vgl. Evans 1975/466ff. In Taines Darstellung wird der Romantiker Rousseau zum typischen Repräsentanten des klassischen Geistes. Der Widerspruch zwischen Klassik und Romantik beherrscht nach Evans Taines eigenes Denken; »c'est parce qu'il ressemble tellement à Rousseau qu'il s'acharne contre lui.« Zivilisationsflucht und Natursehnsucht bzw. die Sehnsucht nach dem einfachen Landleben sind, wie Evans zeigt, auch in Taines Werk gegenwärtig.

67 »[...] Montesquieu, Voltaire, Diderot et Rousseau. Il semble qu'il suffise de les nommer; l'Europe moderne n'a pas d'écrivains plus grands«; Taine OFC I/339.

68 Aufschlussreich für Taines Argumentationsweise ist folgende Stelle: »N'objectez pas qu'un peuple ainsi mutilé [d.h. seiner privilegierten Führer beraubt; UM] devient une foule, que des chefs ne s'improvisent pas, qu'on se passe difficilement de ses conducteurs naturels, qu'à tout prendre ce clergé et cette noblesse sont encore une élite, que les deux cinquièmes du sol sont dans leurs mains, que la moitié des hommes intelligents et instruits sont dans leur rangs, que leur bonne volonté est grande, et que ces vieux corps historiques ont toujours fourni aux constitutions libres leurs meilleurs soutiens. Selon le principe de Rousseau, il ne faut pas évaluer les hommes, mais les compter; en politique, le nombre seul est respectable; ni la naissance, ni la propriété, ni la fonction, ni la capacité ne sont des titres: grand ou petit, ignorant ou savant, général, soldat ou goujat, dans l'armée sociale, chaque individu n'est qu'une unité munie d'un vote; où vous voyez la majorité, là est le droit.« Taine OFC I/423f.

69 »La brute lâchée écrase tout en se blessant elle-même, et s'aheurte en mugissant contre l'obstacle qu'il fallait tourner.« Taine OFC I/495.

70 »Depuis cent cinquante ans, le pouvoir central a divisé pour régner. [...] La débandade est complète et sans remède. L'utopie des théoriciens s'est accomplie, l'état sauvage a recommencé. Il n'y a plus que des individus juxtaposés; chaque homme retombe dans sa faiblesse originelle [...]. Il ne reste en lui pour le conduire que l'habitude moutonnière d'être conduit [...] C'est à cela qu'aboutit la centralisation monarchique. Elle a ôté aux groupes leur consistance et à l'individu son ressort.« Taine OFC I/516f.

71 Vgl. Taine OFC II/3f; 51; 68f: »Si mauvais que soit un gouvernement, il y a quelque chose de pire, c'est la suppression du gouvernement. [...] Il sert dans une société, à peu près comme le cerveau dans une créature vivante.«

72 »Il n'y a plus de cadres et il n'y a plus de chefs. Il ne reste que des individus, vingt-six millions d'atomes égaux et disjoints. [...] Le chef-d'oeuvre de la raison spéculative et de la déraison pratique est accompli; en vertu de la Constitution, l'anarchie spontanée devient l'anarchie légale.« Taine OFC II/278f.

73 »Tout est philanthropie dans les mots et symétrie dans les lois; tout est violence dans les actes et désordre dans les choses. De loin, c'est le règne de la

philosophie, de près, c'est la dislocation carlovingienne.« Taine OFC II/292.

74 »Une grande expérience va se faire sur la société humaine: grâce au relâchement des freins réguliers qui la maintiennent, on pourra mesurer la force des instincts permanents qui l'attaquent. Ils sont toujours là, même en temps ordinaire; nous ne les remarquons point parce qu'ils sont refoulés; mais ils n'en sont pas moins actifs, efficaces, bien mieux indestructibles. Sitôt qu'ils cessent d'être réprimés, leur malfaisance se déclare comme celle de l'eau qui porte une barque et qui, à la première fissure, entre pour tout submerger.« Taine OFC II/322f.

75 »Au zèle religieux ou patriotique a succédé le besoin de bien-être, et le nouveau motif est aussi puissant que les autres; car, dans nos sociétés industrielles, démocratiques, utilitaires, c'est lui qui désormais gouverne presque toutes les vies et provoque presque tous les efforts.« Taine OFC II/386; vgl. zur »widernatürlichen« Umkehrung der Rangordnung II/414.

76 »Spectacle étrange et le plus instructif de tous; car on y voit le fonds de l'homme. Comme sur un radeau de naufragés sans vivres, il est retombé à l'état de nature; le mince tissu d'habitudes et d'idées raisonnables dans lequel la civilisation l'enveloppait s'est déchiré et flotte en lambeaux autour de lui; les bras nus du sauvage ont reparu, et il les agite. [...] Désormais ce qui règne en lui et par lui, c'est le besoin animal avec son cortège de suggestions violentes et bornées, tantôt sanguinaires et tantôt grotesques. Imbécile ou effaré, et toujours semblable à un roi nègre, ses seuls expédients politiques sont des procédés de boucherie ou des imaginations de carnaval.« Taine OFC II/350; vgl. auch das Bild des Betrunkenen II/459f.

77 »[...] ils suivent le procédé du siècle et les traces de Jean-Jacques Rousseau: leur cadre mental est le m o u l e c l a s s i q u e , et ce moule, déjà étroit chez les derniers philosophes, s'est encore étriqué chez eux, durci et raccorni jusqu'à l'excès. A cet égard, Condorcet parmi les Girondins, Robespierre parmi les Montagnards, tous les deux purs dogmatiques et simples logiciens, sont les meilleurs représentants du type«; Taine OFC III/22. Vgl. die ausführlichen Portraits von Marat, Danton und Robespierre: IV/159-220.

78 Zu den politischen und philosophischen Anschauungen sowie zur »Psychologie« der Girondisten vgl. Taine OFC III/382ff; 432f.

79 »Construction logique d'un type humain réduit, effort pour y adapter l'individu vivant, ingérence de l'autorité publique dans toutes les provinces de la vie privée, contrainte exercée sur le travail, les échanges et la propriété, sur la famille et l'éducation, sur la religion, les moeurs et les sentiments, sacrifice des particuliers à la communauté, omnipotence de l'État, telle est la conception jacobine.« Taine OFC IV/120f.

80 Vgl. Vovelle 1985/1Off.

81 Vgl. den Beitrag von Daniel Lindenberg in Vovelle 1988/519ff sowie denjenigen von Mona Ozouf in Furet/Ozouf 1988.

82 Eine minuziöse und vernichtende Kritik hat Alphonse Aulard verfasst; er kommt zum Schluss: »si les erreurs viennent d'une mauvaise méthode, si elles viennent d'un parti pris, si elles viennent de passions politiques ou philo-

sophiques, si elles sont presque toutes tendancieuses, s'il y en a à chaque page, presque à chaque phrase, n'ôtent-elles pas toute autorité à un livre d'histoire? Or c'est le cas du livre des *Origines de la France contemporaine*. On peut dire, après une vérification suivie et sans parti pris, qu'en ce livre une référence exacte, une transcription de texte exacte, une assertion exacte, c'est l'exception.« Aulard 1907/324; vgl. auch Evans 1975/481-490.

83 So der bereits erwähnte Hillebrand. Die Kritik von Edmond Schérer, vgl. Schérer 1882/230-47, hat Nietzsche wahrscheinlich nicht gekannt, wohl aber den Aufsatz über das Robespierre-Bild von Taine. Schérer holt darin zunächst nochmals zu einer grundsätzlichen Abrechnung mit Taines Methode aus:»Il y manque l'impartialité, parce qu'il y manque la philosophie. Le philosophe jugera peut-être la Révolution aussi rigoureusement que M.Taine; [...] mais il aura cherché à comprendre. M.Taine, lui, n'a songé qu'à enlever un grand morceau de rhétorique vitupérative. [...] N'y a-t-il pas quelque naïveté, en effet, dans le soin de déduire des leçons, quelque puérilité à s'emporter en des accès d'indignation, lorsqu'on a affaire à un cataclysme social tel qu'a été la ruine de l'ancienne France?« Schérer 1885/74f. Eine im Hinblick auf die politisch-weltanschauliche Botschaft Taines zustimmende Kritik hat Paul Bourget geschrieben.

84 Nimmt man die Anstreichungen in Nietzsches Exemplar zum Massstab, so hat er mit besonderer Aufmerksamkeit das dritte Buch und den Anfang des vierten Buches im ersten Teil gelesen, also jene Abschnitte, in denen von der philosophischen Vorbereitung der Revolution die Rede ist. Vom zweiten Teil der *Origines*, der das revolutionäre Frankreich behandelt, hat er eventuell den ersten Band gekannt. Zum dritten Teil – *Le Régime moderne* – vgl. unten Kap. VIII.

85 So heisst es in einem Brief an Rohde, in dem Nietzsche den Freund wegen offenbar respektloser Äusserungen über Taine scharf zurechtweist:»In der schmerzlichen Geschichte der modernen Seele, die in vielem Betrachte sogar eine tragische Geschichte ist, nimmt Taine seinen Platz ein als ein wohlgerathener und ehrwürdiger Typus mehrerer der nobelsten Qualitäten dieser Seele, ihres rücksichtslosen Muthes, ihrer unbedingten Lauterkeit des intellektuellen Gewissens, ihres rührenden und bescheidenen Stoicismus inmitten tiefer Entbehrung und Vereinsamung. Mit solchen Eigenschaften verdient ein Denker Ehrfurcht: er gehört zu den wenigen, die ihre Zeit verewigen.« KSB 8/76. Vgl. Bernoulli 1908 II/94; 478ff, insbesondere 480 zu Overbeck.

86 Vgl. KSA 11/63, 25[182]; 241, 26[348]; 253, 26[389]; 272, 26[458]; 531, 35[44]; GD Streifzüge eines Unzeitgemässen 44. Zur unterschiedlichen Bewertung Napoleons vgl. unten Kap. VIII.

87 In einem Brief an Köselitz erwähnt Nietzsche die »hübsche Wendung«, die Brandes in bezug auf Taines Revolutionsgeschichte braucht; KSB 8/226.

88 »Nun ist die Zeit erhitzt, Brand ist ihre Luft – nun gehen alle nackend, Gute und Böse! ein Fest des Erkennenden ist diese Welt ohne Kleider./ Staaten zerbersten/ Erdbeben/ alles wird sichtbar/ Taine/ Was macht die Erde

beben: die stillen Worte der Heiligen/ S t u r m - B o s h e i t ./ J a u c h z e n,
dass alles sichtbar wird und birst./ Es wird mir so wohl!/ Ende aller Sitten
und Heimlichkeiten./ Götterdämmer–/ Es giebt nichts Ewiges!« KSA 10/
373f, 10[31].

89 Mit dem Bild wird möglicherweise auf den astronomischen Begriff der Revolution angespielt. Der unhörbaren »Revolution« entsprechen im Fragment die »stillen Worte der Heiligen«, die ein Erdbeben, eine Revolution im
Taineschen Sinne auszulösen vermögen.

90 »Viel sprach mir Nietzsche von Taine, mit dem er in Briefwechsel stand und
dessen Origines de la France contemporaine er mir zu lesen anriet. Daraus
erzählte er mir mit dramatischer Lebendigkeit die erschütternde Szene, die
Taine, den Papieren La Harpe's entnommen, wieder gibt. Besonderen Eindruck machte mir die Steigerung in Nietzsche's Darstellungsweise, als er gegen Ende der Schilderung zum Gespräch Cazotte's mit der Duchesse de
Grammont kam und dasselbe sowie das Folgende langsam und zögernd vor-
brachte. [...] Nietzsche knüpfte weder spöttische noch ehrlich kritische Bemerkungen daran, drückte auch keinen Zweifel aus bezüglich der wahrheits-
gemässen Darstellungen dieser Szene in La Harpe's Papieren und unterliess
jeden Erklärungsversuch dieser Wahrprophezeiung. Wenn ich daran denke,
wie Nietzsche sich in seinen späteren Schriften manifestierte, die gerade in
Ton und Akzent mit den Äusserungen der Mitglieder ›jener akademischen
Gesellschaft‹ oft fatale Ähnlichkeit haben, wenn sie auch im Grad genialer
Geistigkeit hoch darüber stehen und mich dann jener Wiedererzählung aus
Taine erinnere, der eindrucksvollen Art, wie er es tat und der Betonung je-
ner Stelle, wo Cazotte zum Gelächter aller Anwesenden die Sinnesänderung
La Harpe's prophezeit, so fällt ein eigentümliches Licht von Pathos darauf.«
Gilman 1981/481f. Einige Monate später, im August 1884, kommt Nietz-
sche in einer neuen Begegnung mit Resa von Schirnhofer wieder auf Taines
Origines und insbesondere auf Cazottes Prophezeiung zu sprechen; Gilman
1981/490.

91 »Als Gegner und Verächter der französischen Revolution und aller in ihrem
Gefolge gehenden Begriffs- und Geschichtsfälschungen hat Nietzsche das
grosse Werk Taine's über das Ereigniss erleichterten und freudigen Herzens
begrüsst. Am gewaltigsten wirkte der Band über Napoleon.« Gilman 1981/
582f. Den Band über Napoleon, der 1891 erschienen ist, hat Nietzsche natürlich nicht gekannt, wohl aber Vorabdrucke einzelner Kapitel in der *Revue
des deux mondes.*

92 Vgl. dazu Mortier 1974.

93 Vgl. List-Marzolff 1966/16ff; 87ff. Chamfort hat nicht nur Mirabeau, sondern auch Sieyès beeinflusst. Von ihm soll die Losung »Guerre aux châteaux!
Paix aux chaumières!« stammen.

94 Im Widerspruch zu Nietzsches respektvollen Äusserungen über Chamfort
steht folgende Erinnerung Ida Overbecks aus den frühen 80er Jahren: »Er
nahm es Chamfort übel, sich in den Umgang mit Revolutionsmännern gebracht zu haben, und wollte nicht, dass sein eigener Name mit dem Cham-

forts zusammen je genannt werde.« Gilman 1981/390. Diese Aussage wird relativiert durch folgende Stellen aus der gleichen Zeit: KSB 6/145; KSA 9/643, 15[22]: »Chamfort – ein Mensch von grossem Charakter und tiefem Geiste – aber weder für seinen Charakter noch für seinen Geist ist die Stunde der Wiedererkennung gekommen.«

95 »In dem, was Zarathustra, Moses, Muhamed Jesus Plato Brutus Spinoza Mirabeau bewegte, lebe ich auch schon«; KSA 9/642, 15[17]. Mirabeaus Briefe an Chamfort hat Nietzsche dank P.-J. Stahls Chamfort-Ausgabe gekannt; vgl. KSA 14/250. Weitere Informationen hat er vielleicht Sainte-Beuves *Causeries du lundi* entnommen.

96 Vgl. KSA 12/153, 2[171].

97 Vgl. Furets Beitrag in Furet/Ozouf 1988.

98 Niebuhrs *Lebensnachrichten* scheint Nietzsche 1873 gelesen zu haben; darin findet sich Mirabeaus Ausspruch, den sich Nietzsche notiert hat; vgl. KSA 7/672, 29[93]; Niebuhr 1838 II/73. Mirabeau und Carnot sind in Niebuhrs Augen »die beiden einzigen grossen Männer der Revolution.« Vgl. auch Niebuhr 1838 III/273; Niebuhr 1845 I/160f; 198; 236ff.

99 Hillebrand hat einen Nachruf auf Michelet geschrieben; ZVM II/137-147.

100 Vgl. Stadler 1958/180f.

101 Die Einleitung endet mit den Worten: »Par-devant l'Europe, la France, sachez-le, n'aura jamais qu'un seul nom, inexpiable, qui est son vrai nom éternel: La Révolution!«

102 Vgl. KSA 11/256, 26[403]; 588, 37[13]; 602f, 38[6].

103 Vgl. dessen *Histoire du Consulat et de l'Empire* 1845-62. Über Thiers hat sich Nietzsche bei Hillebrand und Albert ins Bild setzen können.

104 *De la monarchie françoise depuis son établissement jusqu'à nos jours.*

105 »Race d'affranchis [...], race d'esclaves arrachés de nos mains, peuple tributaire, peuple nouveau, licence vous fut octroyée d'être libres, et non pas à nous d'être nobles; pour nous tout est de droit, pour vous tout est de grâce, nous ne sommes point de votre communauté; nous sommes un tout par nous-mêmes.« Albert 1885 II/17f. Vgl. KSA 12/412, 9[134]; zu Montlosier: Stadler 1958/71f.

106 Vgl. Albert 1885 II/20ff. »Cette idée des opprimés et des oppresseurs, cet éternel parallèle l'a parfois entraîné trop loin.« Nietzsche hat sich im gleichen Buch die von Albert zitierten Ausführungen Guizots über das siegreiche und das besiegte Volk angestrichen. »Le résultat de la Révolution n'était pas douteux. L'ancien peuple vaincu était devenu le peuple vainqueur.« Albert 1885 II/32. Bei Thierry ist der Begriff der Rasse eng verwandt mit jenem der sozialen Klasse.

107 Vgl. dazu Stadler 1958/26ff.

108 Vgl. Förster-Nietzsche 1914/512f; Andler 1928. Nietzsche kann seine Gobineau-Kenntnisse nicht Tocqueville verdanken, wie Ottmann vermutet; Ottmann 1987/247. Tocqueville ist zwar mit Gobineau befreundet gewesen, dessen Rassentheorien hat er aber abgelehnt. Nietzsche müsste schon seine Briefe an Gobineau gekannt haben, die jedoch erst 1909 von Ludwig

Schemann veröffentlicht worden sind.

109 Nietzsche zitiert französisch, vgl. auch KSA 12/200, 5[43]. Im Original lautet der Satz: »Nicht aus dem Sturze, sondern auf dem Boden des Feudalstaates ist die Habgier und Selbstsucht, die Gewaltthätigkeit und Rohheit erwachsen, welche von dem Jubel jener Augustnacht zu dem Jammer der Septembermorde geführt hat.« Sybel 1882 II/8.

110 »Ich glaube, d a s fühlt und weiss sich als ›Liberalismus;‹ gewiss ist, dass ein solcher zur Schau getragener Hass gegen die ganze Gesellschafts-Ordnung des Mittelalters sich vortrefflich mit der rücksichtsvollsten Behandlung der preussischen Geschichte verträgt.« Der Abschnitt beginnt mit dem Satz: »Lieber Freund, über das Deutschland, dessen Zeitgenossen wir sind, kein Wort!«

111 *Les Moines d'Occident depuis Saint Benoît jusqu'à Saint Bernard* 1860-67; vgl. Stadler 1958/289f.

112 In Leckys Geschichte der europäischen Aufklärung, die Nietzsche gründlich studiert hat, wird die Französische Revolution unter dem Stichwort der Säkularisierung der Politik abgehandelt. Lecky ist überzeugt davon »dass eine revolutionäre Bewegung irgend welcher Art das folgerichtige Ergebniss aus der Richtung des Zeitalters war, dass ihre Hauptursachen ganz und gar ausserhalb der Erörterungen von politischen Philosophen zu suchen sind, und dass das Auftreten der grossen republikanischen Schriftsteller, die von ihnen beleuchteten Grundsätze und der Sieg ihrer Argumente alle weit mehr die Folgen, als die Ursachen des demokratischen Geistes waren.« Lecky 1868 II/170; vgl. auch 175ff. Von der Französischen Revolution als einem universalen und moralischen Ereignis spricht John Stuart Mill: »Der Umsturz bestehender Einrichtungen ist nur eine von den Folgen eines vorausgegangenen Umsturzes bestehender Ansichten. Die politischen Revolutionen der letzten drei Jahrhunderte waren nur einige vereinzelte äussere Symptome einer moralischen Revolution, die von jener grossen Entjochung der menschlichen Fähigkeiten datirt, welche man gewöhnlich als das Wiederaufleben der Wissenschaften bezeichnet [...]; aber nur die seichteste Ansicht von der französischen Revolution kann in ihr jetzt noch etwas anderes erblicken als einen blossen Zwischenfall in einem grossen Umschwung, der sich in der Menschheit selbst, in ihrem Glauben, ihrer Moral und in Folge dessen auch in der äussern Ordnung der Gesellschaft vollzieht, ein Umschwung, der noch so weit entfernt ist vollendet zu sein, dass selbst vorgeschrittene Geister noch nicht klar zu erkennen vermögen, welchem Endziel er zustrebt.« Mill GW 9/192.

113 Als Beispiele seien hier nur Stendhals Schriften sowie diejenigen der Brüder Goncourt erwähnt. Von den Goncourts hat Nietzsche unter anderen Werken die *Histoire de la société française pendant le directoire* gekannt.

114 Vgl. Frary 1884/37ff; 53ff, besonders 56: »Les théories de la Révolution française sont le cartésianisme de la politique.« Vgl. JGB 191.

115 Nietzsche erwähnt Tocqueville höchst selten; vgl. KSA 11/442, 34[69]; KGW VII 4,2/452.

116 Hillebrand hat mit seiner 1877 erschienenen *Geschichte Frankreichs von der Thronbesteigung Louis Philippes bis zum Fall Napoleons III.* Tocquevilles Werk fortführen wollen.
117 Vgl. KSB 7/270; 275f; KSB 8/106f; 205.
118 Vgl. Mill GW 11/1-67. Möglicherweise hat Nietzsche auch durch Sainte-Beuves *Causeries du lundi* von Tocqueville erfahren.
119 Deren Programm besteht laut Tocqueville darin, den ökonomischen Liberalismus mit absoluter, zentralisierter Staatsgewalt sowie die Abschaffung der sozialen Hierarchien und die völlige Gleichstellung aller Individuen mit der politischen Ohnmacht und Unmündigkeit des Volkes zu verknüpfen.
120 Ähnlichen Gedanken begegnet man bei Nietzsche.»Nicht der Hunger erzeugt Revolutionen, sondern dass das Volk en mangeant Appetit bekommen hat«; KSA 13/179, 11[379]. Vgl. auch KSA 11/176, 26[99].
121 Vgl. dazu Krauss 1977 und Borchmeyer 1977/250-310.
122 Vgl. zum Thema Montinari 1982, 56-63; Heftrich 1987.

Anmerkungen zu IV:

1 » – Die Grundlage eines Staates ist die Religion. Sittenverfall haben eine allmähliche Erschlaffung zur Folge. Es giebt zwei Arten von Revolutionen; die erstere ist die Gährung des neuen Weines, das Zeichen eines noch nicht geordneten Volksthums, die zweite ist die unausbleibliche Folge des Sittenverfalls. -Je cultivirter und gebildeter ein Staat äusserlich ist, um so näher ist er seinem Ende.« BAW 1/155.
2 Mit Nachdruck vertritt Hermann Josef Schmidt die These,»dass die für Nietzsches gesamtes Denken und auch für seine tragische Philosophiesicht zentrale Ausbildung der denkerischen Motive und z.T. Inhalte bereits in seiner Schülerzeit erfolgt und seitdem Nietzsches Denken so monoton bestimmt, dass gegenüber der verwirrenden Vielfalt einzelner Thesen usw. Nietzsches denkerische Grundintentionen, Grundprobleme und Grundspannungen als relative Konstanten seines Denkens angesehen werden können«. Schmidt 1983/209.
3 Vgl. den Dramen-Entwurf und die beigefügten Notizen; BAW 1/62-73.
4 Vgl. besonders den Brief über den»Lieblingsdichter« Hölderlin vom Oktober 1861; BAW 2/1-5.
5 Aufschluss über die religiösen Ideen des jungen Nietzsche gibt folgende Stelle aus dem im April 1862 geschriebenen Aufsatz *Willensfreiheit und Fatum*: »Dass Gott Mensch geworden ist, weist nur darauf hin, dass der Mensch nicht im Unendlichen seine Seligkeit suchen soll, sondern auf der Erde seinen Himmel gründe; der Wahn einer überirdischen Welt hatte die Menschengeister in eine falsche Stellung zur irdischen Welt gebracht: er war das Erzeugniss einer Kindheit der Völker.« BAW 2/63. Im Hinblick auf Feuerbach vgl. BAW 1/251.
6 Bezugnehmend auf das Philotas-Fragment meint Rüdiger Schmidt jedoch,

dass Nietzsche »über die Bedingungen politischen Handelns ernsthaft nachdenkt«. Schmidt 1984/133; vgl. BAW 1/164f.

7 Vgl. BAW 1/37ff.

8 Im Aufsatz *Fatum und Geschichte* vom April 1862 schreibt er: »es stehen noch grosse Umwälzungen bevor, wenn die Menge erst begriffen hat, dass das ganze Christenthum sich auf Annahmen gründet; die Existenz Gottes, Unsterblichkeit Bibelautorität, Inspiration und anderes werden immer Probleme bleiben. Ich habe alles zu leugnen versucht: o, niederreissen ist leicht, aber aufbauen! Und selbst niederreissen scheint leichter, als es ist; wir sind durch die Eindrücke unsrer Kindheit, die Einflüsse unsrer Eltern, unsrer Erziehung so in unserm Innersten bestimmt, dass jene tief eingewurzelten Vorurtheile sich nicht so leicht durch Vernunftgründe oder blossen Willen herausreissen lassen. Die Macht der Gewohnheit, das Bedürfniss nach Höherem, der Bruch mit allem Bestehenden, Auflösung aller Formen der Gesellschaft, der Zweifel, ob nicht zweitausend Jahre schon die Menschheit durch ein Trugbild irre geleitet, das Gefühl der eignen Vermessenheit und Tollkühnheit: das alles kämpft einen unentschiedenen Kampf, bis endlich schmerzliche Erfahrungen, traurige Ereignisse unser Herz wieder zu dem alten Kinderglauben zurückführen. Den Eindruck aber zu beobachten, den solche Zweifel auf das Gemüth machen, das muss einem Jedem ein Beitrag zu seiner eignen Kulturgeschichte sein.« BAW 2/55f.

9 Vgl. Schmidt 1982, besonders das erste Kapitel, sowie Schmidt 1984. Vgl. ebenfalls Ottmann 1987/11-21. Zur politischen Stimmung in Pforta vgl. Blunck in Janz B I/67.

10 »Der Wille des Volkes macht den Herrscher; das Urbild eines freien Staates ist deshalb eine vom Volk bestimmte Praesidentur in der Mitte von Volksvertretungen. Ohne den Willen des Volkes ist eine Herrschaft unsicher und der Rache des erwachenden Volksgeistes ausgesetzt.« BAW 2/23f.

11 Zu den Aktivitäten im Gustav-Adolfsverein vgl. KSB 2/26; 40. Nietzsche referiert im März 1865 über »Die kirchlichen Zustände der Deutschen in Nordamerika«; BAW 3/84-97.

12 An Gersdorff schreibt er Ende Mai 1865: »Wer als Studirender seine Zeit und sein Volk kennen lernen will, muss Farbenstudent werden; die Verbindungen und ihre Richtungen stellen meist den Typus der nächsten Generation von Männern möglichst scharf dar. [...] Freilich müssen wir uns hüten, dass wir dabei nicht selbst zusehr beeinflusst werden. [...] Man hat schon sehr viel verloren, wenn man die sittliche Entrüstung über etwas Schlechtes verliert, das in unserm Kreise täglich geschieht.« KSB 2/54. Im Laufe des Sommers wächst die ablehnende Haltung; vgl. KSB 2/66; 80: »Ich bin keiner der unbedingten Parteigänger der Frankonia. [...] Ich halte ihre politische Urtheilsfähigkeit für sehr gering, nur im Kopfe einiger Weniger beruhend.« 83: »die politische Gesinnung war in einzelnen Köpfen, Corporationsgefühl war das Entsprechende bei den Meisten [...] Es sitzt ein Kern von unerhörter Philistrosität in dieser Masse, darin behält Börne ewig Recht.« Vgl. dazu Deussens Bericht: »Die patriotischen Simpeleien hatten für uns als

Kosmopoliten wenig Reiz«; Gilman 1981/57. Vgl. auch Ross 1980/99ff.

13 »Was meine Frankonia betrifft, so haben wir wieder einige Entwicklungsstadien hinter uns. Wir Pförtner haben jetzt eine wissenschaftliche Richtung durchgebracht [...] Neulich habe ich einen grösseren Vortrag gehalten über Deutschlands politische Dichter.« Zu diesem Vortrag vgl. BAW 3/117; 402f. Vgl. auch den Austrittsbrief an den Convent der Frankonia; KSB 2/88f.

14 »Eine abgeschnittene Crisis ersten Ranges. Ohne dieselbe wäre in Preussen das bisherige Staatswesen mit seinen starken Wurzeln wohl noch vorhanden, aber eingeengt und beängstigt durch die constitutionellen und negativen Kräfte des Innern; jetzt überwog die nationale Frage die constitutionelle bei Weitem.«

15 »Es gab eine Zeit, da die Ideen der französischen Demokratie die deutsche Welt beherrschten, und jene raschen, glücklichen Strassenschlachten, welche in der herrschenden Hauptstadt eines centralisirten Staates das Schicksal des Landes entschieden, bei uns als die Urbilder glorreicher Revolutionen galten. Das jüngste Jahrzehnt hat uns belehrt, dass die grossen Staatsumwälzungen gesitteter Völker sich in der Regel durch andere Mittel, durch geordnete militärische Kräfte vollziehen.« Treitschke 1866/3.

16 Vgl. etwa Frantz 1974/92; 160; 167.

17 »Das Jahr 1866 erhielt nachträglich in den Augen vieler Zeitgenossen etwa die gleiche Funktion wie ein naturwissenschaftliches Experiment. Wie solche Experimente in zunehmender Weise das überkommene Weltbild des Idealismus zerstörten, so schien der Erfolg von 1866 die Überlegenheit der theoretisch schon in den 50er Jahren begründeten ›Realpolitik‹ über die 1848/49 gescheiterte Idealpolitik zu beweisen.« Faber 1966/17. Vgl. zum ganzen Kapitel Bergmann 1987/30-58, besonders 46-50.

18 Auf welch bedenkliches Niveau der Hurrah-Patriotismus auch unter Nietzsches Bekannten damals gesunken ist, zeigt Pinders Antwort aus Berlin: »Das Revier, was ich täglich verschiedne Stunden abstreife, sind die Linden; gewahre ich eine von Plebs umstandene Littfasssäule, so wird eiligst darauf zu gestürzt und mit dürstenden Blicken die neuste amtliche Depesche vom Kriegsschauplatz – abgesogen. Dann lauscht man dem Eindruck, den die Neuigkeit auf die versammelte Menge macht, freut sich, wenn ein Jude, der auszusprechen wagt: das sei ja doch alles nicht wahr – gehörig mit Prügeln traktirt wird, und begibt sich schliesslich zu Sparngapani, wo man sich hinter einem Wall von Zeitungen verschanzt. So diene ich jetzt dem Vaterland, mein lieber Fritz.« KGB I 3/114.

19 »Es schadet aber gar nichts, wenn der Name ›conservativ‹ für unsre Regierungsform beibehalten wird.«

20 Er erhofft ihn sogar; angesichts von Frankreichs europäischen Aspirationen wird es »unsern nationalen Bestrebungen nicht erspart bleiben, europäische Zustände umzuwälzen.«

21 Als Parteigänger der sächsischen Nationalliberalen plädiert Nietzsche erneut für die Annexion durch Preussen. Vgl. zum Thema Ross 1980/141ff; Alt-

haus 1985/85-98.

22 Ritschl ist überzeugt vom Führungsanspruch der germanischen Rasse. Er wird indes angefeindet, da er 1853 Napoleon III. in dessen Forschungen zum Leben Cäsars beraten hat. Vgl. Ribbeck 1881/138ff; 157ff; 166ff; 247f; 395ff.

23 Vgl. auch KGB I 3/82ff; 102f.

24 »Im Herrenhause bildet sich oder hat sich schon gebildet eine Partei von Junkern, die es beklagen, dass es zum Bruch mit Oesterreich gekommen ist.«

25 Im ersten Wahlgang hat Nietzsche den Auftritt eines Lassalleaners erlebt.

26 Zu Gersdorffs politischer Stimmung vgl. auch KGB I 3/199; 202.

27 Die linksliberale Fortschrittspartei ist laut Gersdorff eine »volkswirthschaftliche«. Sie kämpft für die demokratische Republik, kann aber die Proletarier »nicht mit politischen Ideen« begeistern, sondern nur »mit der Vorspiegelung materieller Vortheile die sich nicht verwirklichen können«.

28 »Ich habe aus dieser Schrift einen Mann kennen gelernt, wie ihn unser Jahrhundert nur in wenigen Exemplaren aufzuweisen hat. Ich glaube, dass seit Lessing keiner wieder eine so scharfe, logische überführende Polemik losgelassen hat«.

29 Zu Gersdorffs weiteren Studien vgl. KGB I 3/261ff.

30 Ketteler ist ein Vorläufer der katholischen Soziallehre.

31 »Es ist ganz falsch, den Namen ›deutsches Bürgerthum‹ auf die fragliche sociale Classe anzuwenden; denn sie ist der gerade Gegensatz dieses Bürgerthums, welches im Mittelstande bestanden hat. Ja sie entsteht nur aus der Zerstörung des deutschen Bürgerthums und aus den verwesenden Resten desselben. Als Produkt des in Frankreich zuerst praktisch durchgeführten und in Deutschland damals noch anticipirten Systems des liberalen Oeconomismus kann man die fragliche Classe auch nur mit dem französischen Namen ›Bourgeoisie‹ richtig bezeichnen.« Joerg 1867/4.

32 Später zitiert Joerg einen Artikel der *Allgemeinen Zeitung,* der das gleiche Thema zum Inhalt hat: Kapital und Maschine haben eine neue »Menschenrace« geschaffen, die sich physisch wie geistig von der herrschenden Klasse unterscheidet. »Diese macht wirklich den Eindruck einer fremden Volksrace, die mit der herrschenden nichts gemein hat. Es ist ein trauriger Triumph der modernen Nationalöconomie, diesen kleinen, verkrüppelten und verkümmerten Menschenschlag [...] geschaffen zu haben.« Joerg 1867/46f.

33 Joerg übernimmt Formulierungen von Frantz und Ketteler.

34 Marx wird nur einmal kurz als Gegner Lassalles erwähnt; Joerg 1867/151.

35 Vgl. Joerg 1867/67.

36 Vgl. KSB 2/159f; 184: »Das bedeutendste philosophische Werk, was in den letzten Jahrzehnten erschienen ist, ist unzweifelhaft Lange, Geschichte des Materialismus, über das ich eine bogenlange Lobrede schreiben könnte. Kant, Schopenhauer und dies Buch von Lange – mehr brauche ich nicht.« 257f: »ein Buch, das unendlich mehr giebt als der Titel verspricht und das

man als einen wahren Schatz wieder und wieder anschauen und durchlesen mag.«

37 Nietzsche hat laut Salaquarda nur die Erstauflage von 1866 und die von Hermann Cohen herausgegebene und um die Anmerkungen gekürzte vierte Ausgabe gekannt, also nicht die erweiterte zweite Auflage von 1873/75, in der er selbst als Verfasser der Tragödienschrift in einer Anmerkung erwähnt wird; Lange 1873/138. Vgl. Salaquarda 1978/240, dagegen Stack 1983/13, Anm.9. Nietzsche hat sich 1868 vorgenommen, Langes Bekanntschaft zu suchen und ihm seine Demokritabhandlung als ein Zeichen der Dankbarkeit zu schicken. Lange ist ja für ihn nicht zuletzt wegen der Darstellung von Demokrits atomistischer Lehre wichtig gewesen.

38 »Es ist nicht etwa die väterliche Fürsorge, die in früheren Zeiten den Rang einnahm, den jetzt die freie Concurrenz einnimmt, sondern das Privilegium, die Ausbeutung, der Gegensatz von Herr und Knecht. [...] Man muss stets bedenken, dass wir eben bisher nur den Gegensatz herrschender Dynasten-Interessen gegen das freigegebne Privat-Interesse kennen, aber nicht einen reinen Gegensatz zwischen einem egoistischen Princip und dem des Gemeinsinns.« Lange 1866/517.

39 Der Gegensatz zwischen der Macht und dem Reichtum Weniger, die »alle Schranken der Gesetze und der Sitten« durchbrechen, sowie dem Proletariat muss zum »socialen Erdbeben« führen; Lange 1866/520.

40 Zum Bild der Atomisierung vgl. Lange 1866/503; 515f sowie Lange 1875/ 953: »Es fragt sich nun aber ferner, ob nicht die letzte Konsequenz des theoretischen Materialismus doch noch weiter führen und unter Verwerfung aller ethischen Ziele des Staates einen sozialen Atomismus anstreben müsste, in welchem jedes einzelne Atom der Gesellschaft schlechthin seinen Interessen folgte.« Zum Einfluss von Langes Ökonomiekritik auf Nietzsche vgl. Stack 1983/275ff.

41 Vgl. KSB 3/131ff.

42 Vgl. auch KSB 3/164: »Für den jetzigen deutschen Eroberungskrieg nehmen meine Sympathien allmählich ab. Die Zukunft unsrer deutschen Cultur scheint mir mehr als je gefährdet.« 171: »Die Nachwirkungen des Krieges sind mehr zu fürchten als der Krieg selbst mit seinen ungeheuren Verlusten.«

43 Hillebrand, der Monod den Willen zum unparteilichen Urteil attestiert, kann ihm diese Berufung auf die Prinzipien von 1789, auf den »politischen Rationalismus« nicht verzeihen; Hillebrand ZVM I/364-384.

44 Vgl. KSB 4/49; 58; 140 sowie Meysenbugs Brief vom Februar 1873, KGB II 4/218.

45 Vgl. dazu Kap. VII.

46 Die Tragödienschrift ist noch deutlich von dieser Mentalität geprägt, vgl. etwa GT 23.

47 Obwohl Strauss einen gewissen Zeitgeist repräsentiert, hat er in der Öffentlichkeit kaum Anerkennung gefunden. Seit der Publikation seines Hauptwerks – *Das Leben Jesu* 1835/36 – ist er wissenschaftlich isoliert und lebt

Anmerkungen

nach 1848 bis zu seinem Tod im Jahr 1874 vereinsamt.

48 Das »ganze Leben und Streben der gebildeten Völker unserer Zeit ist auf eine Weltanschauung gebaut, die der Weltanschauung Jesu schnurstracks entgegengesetzt ist. [...] gerade alles Beste und Erfreulichste, das wir vor uns gebracht haben, war nur auf dem Boden einer Weltansicht zu erreichen, der das Diesseits keineswegs verächtlich, vielmehr als das wahre Arbeitsfeld des Menschen, als Inbegriff der Ziele seines Strebens erschien.« Strauss 1872/ 74f.

49 »Darwin's ›Kampf um das Dasein‹ ist nichts andres, als dasjenige zum Naturprincip erweitert, was wir als sociales, industrielles Princip schon lange kennen.« Strauss 1872/185.

50 Vgl. DS 7; Strauss 1872/238f.

51 Strauss rät den Unternehmern unter anderem, sie sollten bei Streiks Arbeiter aus dem Ausland kommen lassen. Nietzsche wird später einen ähnlichen Vorschlag machen; vgl. M 206.

52 »Neben unsrem Berufe – denn wir gehören den verschiedensten Berufsarten an, sind keineswegs blos Gelehrte oder Künstler, sondern Beamte und Militärs, Gewerbetreibende und Gutsbesitzer, und noch einmal, wie schon gesagt, wir sind unsrer nicht wenige, sondern viele Tausend und nicht die schlechtesten in allen Landen – neben unsrem Berufe, sage ich, suchen wir uns den Sinn möglichst offen zu erhalten für alle höheren Interessen der Menschheit: wir haben während der letzten Jahre lebendigen Antheil genommen an dem grossen nationalen Krieg und der Aufrichtung des deutschen Staats, und wir finden uns durch diese so unerwartete als herrliche Wendung der Geschichte unsrer vielgeprüften Nation im Innersten erhoben. Dem Verständnis dieser Dinge helfen wir durch geschichtliche Studien nach, die jetzt mittelst einer Reihe anziehend und volksthümlich geschriebener Geschichswerke auch dem Nichtgelehrten leicht gemacht sind; dabei suchen wir unsre Naturkenntnisse zu erweitern, wozu es an gemeinverständlichen Hülfsmitteln gleichfalls nicht fehlt; und endlich finden wir in den Schriften unsrer grossen Dichter, bei den Aufführungen der Werke unsrer grossen Musiker eine Anregung für Geist und Gemüth, für Phantasie und Humor, die nichts zu wünschen übrig lässt.« Strauss 1872/294. Vgl. dazu Nietzsches Kommentar, DS 3.

53 Strauss' Antisozialismus etwa zeugt von einem Zynismus, der selbst Nietzsche irritiert, KSA 1/199f, DS 7. Nietzsche wirft Strauss an anderer Stelle den »Mangel aller wirklichen Erfahrung, alles ursprünglichen Hineinsehens in die Menschen« sowie ein blosses Abbeten der öffentlichen Meinung vor; 204, DS 8; 215, DS 9.

54 Beim Absender handelt es sich um Karl Lübeck, Redaktor der Berliner *Demokratischen Zeitung.* Vgl. KSB 4/266 und KSB 5/23. Interessant ist Nietzsches Reaktion auf eine Besprechung in den *Grenzboten:* »Alle Gewalten sind gegen mich angerufen, Polizei Behörden Collegen, ausdrückliche Erklärung, dass ich an jeder deutschen Universität in Verschiss gethan würde, Erwartung dass man das Gleiche in Basel thut. [...] ich selbst werde als Feind

337

Anmerkungen

des deutschen Reiches denuncirt, den Internationalen zugesellt usw.« KSB 4/173f.

55 Vgl. Hillebrand ZVM II/235; 262; 405.

56 Vgl. HL 4, KSA 1/278. Die deutsche Einheit ist eine geistige und künstlerische Aufgabe, sie besteht insbesondere in der Versöhnung von Form und Inhalt, von Innerlichkeit und Konvention.

57 Vgl. Bernoulli 1908 I/1-38; 81-99. Zu Bruno Bauers politischer Entwicklung und zu seinem Imperialismus-Konzept vgl. Löwith SS 4/137-143.

58 Eine solche Unterscheidung ist natürlich gewagt, schon deshalb, weil sich Nietzsche nach der Reichsgründung nur selten zu tagespolitischen Fragen geäussert hat. Immerhin lassen die wenigen Beispiele darauf schliessen, dass er bis zum Ende im politischen Wortsinn ein Liberaler bleibt. Noch im Juni 1888 äussert er seine Betroffenheit, nachdem Friedrich III., in den die deutschen Liberalen ihre Hoffnungen gesetzt haben, nach kurzer Regierungszeit gestorben ist; KSB 8/338f. Vgl. in diesem Zusammenhang auch die Erinnerungen Richard Reuters an ein Gespräch mit Nietzsche über den Konformismus der Nationalliberalen im Sommer 1876; Gilman 1981/278f. Vgl. auch Bergmann 1988; Losurdo 1988a.

59 Vgl. KSA 11/81, 25[268]; 256, 26[402]; 451, 34[93]; 481, 34[180]; KSA 12/444f, 9[180]:»Händel, Leibnitz, Goethe, Bismarck – für die deutsche starke Art charakteristisch. Unbedenklich zwischen Gegensätzen lebend, voll jener geschmeidigen Stärke, welche sich vor Überzeugungen und Doktrinen hütet, indem sie eine gegen die andere benutzt und sich selber die Freiheit vorbehält.« Bismarcks politische Qualitäten hat Nietzsche freilich nie vorbehaltlos anerkannt; vgl. KSA 9/383, 7[312].

60 Vgl. dazu auch KSA 11/353, 30[1]:»Möge Europa bald einen grossen Staatsmann hervorbringen, und der, welcher jetzt, in dem kleinlichen Zeitalter plebejischer Kurzsichtigkeit, als ›der grosse Realist‹ gefeiert wird, klein dastehen.« In den Tagen des Zusammenbruchs bezeichnet Nietzsche Bismarck, Wilhelm II. und Adolf Stöcker als seine eigentlichen Antipoden; Bismarck wird als »der Idiot par excellence unter allen Staatsmännern« tituliert; KSA 13/643, 25[13].

61 Ein Bild davon geben diverse briefliche Äusserungen: KSB 2/125; 127f; 326. Nietzsches früher Antisemitismus ist keineswegs, wie Ottmann meint – vgl. Ottmann 1987/101f – eine blosse Konzession Wagner gegenüber. Vielmehr verhelfen Wagners Ideen Nietzsche dazu, seinem eigenen unreflektierten Judenhass ein theoretisches Fundament zu geben.

62 Vgl. zum Thema Massing 1959, Kap. I-III, zu Treitschke 97f.

63 Vgl. KGB II 2/515; 568f. Gersdorff fürchtet, die »Bayreuther Sache« könnte in Berlin in jüdische Hände geraten. Vgl. weiter KGB II 4/129f; 160.

64 Vgl. dazu Kaegi B V/530ff.

65 Vgl. Löwith SS 7/257ff.

66 »Die bemerkenswerte Synthese des politischen Liberalismus gemässigter Richtung mit einer Art Kulturkonservativismus, wie sie sich in der zweiten Hälfte des Jahrhunderts im deutschen und französischen Bereich findet, ist

ein Produkt der ständigen Auseinandersetzung mit dem Problem der Revolution; Burckhardt ist vielleicht ihr klassischer Repräsentant.« Schieder
1950/241.
67 Vgl. dazu Löwith SS 7/173-180; Hardtwig 1974/290ff.
68 Vgl. dazu Lütkehaus in Ebeling/Lütkehaus 1980/193f.
69 Vgl. Münkler 1981. Ottmann schreibt in diesem Zusammenhang: »Es ist –
angesichts des liberalen Schopenhauer – schon verwunderlich, wie Nietzsche ihn partout als Bundesgenossen seiner antibürgerlichen Philosophie
verstehen wollte.« Ottmann 1987/90. In *Parerga und Paralipomena,* ZA IX/
276f, hält Schopenhauer fest: »Überhaupt aber ist die monarchische Regierungsform die dem Menschen natürliche; [...] Hingegen ist das republikanische System dem Menschen so widernatürlich, wie es dem höhern Geistesle-
ben, also Künsten und Wissenschaften, ungünstig ist.«
70 Vgl. Pisa 1980 und Lütkehaus 1980.
71 Vgl. dazu Mann 1945/378ff, besonders 382:» es ist um ihn die Luft einer
gewissen, nur zu vertrauten, nur zu heimatlich anmutenden deutschen Gei-
stesbürgerlichkeit, – deutsch eben, weil sie geistig ist, und weil ihre Innerlichkeit, ihr konservativer Radikalismus, ihre absolute Fremdheit gegen jeden demokratischen Pragmatismus, ihre ›reine Genialität‹, ihre verwegene
Unfreiheit, ihre tiefe Politiklosigkeit eine spezifisch deutsche Möglichkeit
und Gesetzmässigkeit ist.« Schopenhauers apolitische und konservative Haltung ist laut Mann Ausdruck einer »wahren Philisterei und Drückeberge-
rei«, sein Verhalten 1848 »von einer grimmigen Mesquinerie und Komik«.
72 »Zwischen Beiden ist der Fundamentalunterschied, dass Sklaven ihren Ursprung der Gewalt, Arme der List zuzuschreiben haben.« Schopenhauer ZA
IX/267.
73 Er spielt sogar kurz mit dem Gedanken einer künftigen Versöhnung:
»Wenn das Maschinenwesen seine Fortschritte in dem selben Maasse noch
eine Zeit hindurch weiter führt; so kann es dahin kommen, dass die Anstrengung der Menschenkräfte beinahe ganz erspart wird; wie die eines grossen Theils der Pferdekräfte schon jetzt. Dann freilich liesse sich an eine gewisse Allgemeinheit der Geisteskultur des Menschengeschlechts denken,
welche hingegen so lange unmöglich ist, als ein grosser Theil desselben
schwerer körperlicher Arbeit obliegen muss«. Schopenhauer ZA IX/268f.
74 Vgl. KSA 1/202, DS 8; 300f, HL 7 – die Worte »Fabrik, Arbeitsmarkt, Angebot, Nutzbarmachung« werden hier als »Hülfszeitwörter des Egoismus«
entlarvt –; 344, SE 2; KSA 7/425, 19[28].
75 »Ich halte es für unmöglich, aus dem Studium der Politik noch herauszukommen als Handelnder. Die greuliche Nichtigkeit der sämmtlichen Partei-
en, die kirchlichen mit eingeschlossen, ist mir deutlich. Heilung von der
Politik ersehne ich: und Ausübung der nächsten bürgerlichen Pflichten in
Gemeinden. In Preussen halte ich eine Repräsentativ-Verfassung für überflüssig: ja für grenzenlos schädlich. Sie impft das politische Fieber ein. Es
muss doch Kreise geben, wie die Mönchsorden waren, nur mit einem weiteren Inhalt. Oder wie die Philosophenklasse in Athen. Die Erziehung durch

die Staatserziehung ist zu verhöhnen.« KSA 7/776, 32[63].
76 Zu Burckhardt vgl. Hardtwig 1974/310-346.
77 »Wie erhebend wirkt auf uns die Betrachtung des mittelalterlichen Hörigen,
    mit dem innerlich kräftigen und zarten Rechts- und Sittenverhältnisse zu
    dem höher geordneten, mit der tiefsinnigen Umfriedung seines engen Da-
    seins – wie erhebend – und wie vorwurfsvoll!« KSA 1/769, CV Der griechi-
    sche Staat.
78 Auch dieser letzte Gedanke ist wahrscheinlich von Burckhardt inspiriert;
    vgl. Hardtwig 1974/370.
79 Vgl. auch KSA 7/784, 32[80].
80 Vgl. dazu auch KSA 7/718f, 29[222]; hier wird bezüglich der kommenden
    Barbarei präzisiert:»Da wir eigentlich nichts zu vertheidigen haben, und alle
    mit darin stehen – was ist zu machen?«713, 29[206]:»Zuletzt sind es die
    derbsten Kräfte, die fast allein noch alles bestimmen; der militärische Staat
    voran. Versuch des Staates alles aus sich zu organisiren und das Band zu sein
    für die feindseligen Kräfte. [...] Nun ist die Macht böse, und will das Nützli-
    che mehr als alles Andre.«
81 Zum Verhältnis von Langes und Nietzsches revolutionärer Perspektive vgl.
    Stack 1983/150f.

Anmerkungen zu V:

1 Vgl. Ross 1980/21-27 sowie Blunck in Janz B I/44.
2 »Zeitgenossen haben die Junitage 1848, jenen ersten massiven Aufeinander-
   prall der liberalen Republik mit dem aufständischen Proletariat in Paris, als
   sozialen Genozid aufgefasst, als beispiellosen Versuch der Ausrottung einer
   ganzen Klasse der Gesellschaft. Um seiner Ungeheuerlichkeit willen fiel jenes Ereignis rasch der Verdrängung anheim, und mit ihm die Literatur, die
   es noch irgend zur Sprache bringen wollte.« Oehler 1988/7. Im Vergleich zu
   den Pariser Ereignissen ist die militärische Repression in den deutschen Ländern moderat gewesen. Was die deutschen Intellektuellen verdrängen, ist
   vor allem ihre Ohnmacht, ihre politische Naivität und ihren Opportunismus; Richard Wagner ist ein typischer Repräsentant dieser Generation.
3 Neben Heine und Herzen sind Baudelaire und Flaubert die wichtigsten
   Zeugen, die Oehler zitiert. Sie betreiben»eine neuartige historische Gewis-
   senserforschung und Selbstbeschuldigung des Bürgers. Ihr Durchdringungs-
   vermögen verdankt sich nicht zuletzt der artistischen Subtilität als dem, was
   Nietzsche einmal den ›Pariser Ernst par excellence‹ nennt, einer nie da-
   gewesenen ›Leidenschaft in Fragen der Form‹. [...] So kann denn das im zivilisierten 19. Jahrhundert gänzlich unvorstellbar erscheinende Geschehen der
   Junitage als Paradigma des modernen Lebens, als die ebenso ungeheuerliche
   wie natürliche Ausgeburt des Bürgeralltags begriffen werden. Jedoch nicht
   von denen, die – übereinstimmend mit Geist und Ton des Zeitalters – unheilbar optimistisch bleiben.« Oehler 1988/19f.

4 »Mein lieber Granier, Du hast vollkommen recht, Menschen, die man lieben und achten kann, noch mehr, Menschen, die uns verstehen, sind lächerlich selten. Aber wir sind Schuld daran, wir sind um 20, 30 Jahre zu spät in die Welt gekommen – oder ist es auch wieder eine Täuschung, die uns jene geistesrege Zeit in hellem Lichte erscheinen lässt.« KSB 2/83f.

5 Vgl. KSB 2/57. Spielhagens Roman ist 1861 erschienen.

6 Zur ersten Begegnung vgl. KSB 2/337-341. Vom Überschwang der Gefühle und von der masslosen Bewunderung, die ihn nach den ersten Tribschener Besuchen beherrschen, zeugen folgende Briefstellen: KSB 3/13; 35f; 37f; 42.

7 Vgl. KSB 4/178ff, Nr.327; 330. KSA 15/52 (Chronik). C.Wagner T I/746, 31.10. 1873.

8 An Malwida von Meysenbug schreibt er im Februar 1874: »ein Leiden haben wir mit einander gemeinsam, welches schwerlich andere Menschen so stark empfinden, das Leiden um Bayreuth. Denn, ach, unsere Hoffnungen waren zu gross!« KSB 4/198f. Über die naheliegenden Gründe des drohenden Scheiterns, über die Finanzierungsprobleme, verliert Nietzsche kein Wort.

9 Vgl. KSA 7, besonders 32[63; 72; 77; 80; 83].

10 Vgl. KSB 3/36; 38; 42.

11 Vgl. auch Wagner GS 8/6: »Auch ich bildete mir daher eine mir möglich dünkende Welt, die, je reiner ich sie mir gestaltete, desto weiter von der Realität der mich umgebenden politischen Zeittendenzen abführte, so dass ich mir sagen konnte, meine Welt werde eben genau da erst eintreten, wo die gegenwärtige aufhörte; oder da, wo Politiker und Sozialisten zu Ende wären, würden wir anfangen.« Vgl. Gregor-Dellin 1980/532: »Seit Wagner datiert ein ›Edelkommunismus‹, mit dem alles zu bemänteln und nichts auszurichten ist.«

12 Vgl. dazu Krohn in Müller/Wapnewski 1986/86-100.

13 Vgl. dazu Wagner L/374: »Ich war von diesem Ausgang und namentlich von der herzlichen Freude, welche sich in der ganzen Bevölkerung darüber kundzugeben schien, wahrhaft gerührt: ich hätte viel darum gegeben, dem König auf irgendeine Weise mich nähern und von seinem mir so wünschenswert erscheinenden herzlichen Vertrauen in die aufrichtige Liebe des Volkes zu ihm mich persönlich überzeugen zu können.«

14 Vgl. Wagner GS 1/110f: »Es wird zu erörtern sein, ob diesem geprägten Stoffe die Eigenschaft zuzuerkennen sei, den König der Natur, das Ebenbild Gottes, sich dienst- und zinspflichtig zu machen, – ob dem Gelde die Kraft zu lassen sei, den schönen freien Willen des Menschen zur widerlichsten Leidenschaft, zu Geiz, Wucher und Gaunergelüste zu verkrüppeln. Dies wird der grosse Befreiungskampf der tief entwürdigten leidenden Menschheit sein. [...] Wir werden erkennen, dass die menschliche Gesellschaft durch die Tätigkeit ihrer Glieder, nicht aber durch die vermeinte Tätigkeit des Geldes erhalten wird [...] Gott wird uns erleuchten, das richtige Gesetz zu finden, durch das dieser Grundsatz in das Leben geführt wird, und wie ein böser nächtlicher Alp wird dieser dämonische Begriff des Geldes von uns

weichen mit all seinem scheusslichen Gefolge von öffentlichem und heimlichem Wucher, Papiergaunereien, Zinsen und Bankiersspekulationen. Das wird die volle Emanzipation des Menschengeschlechtes, das wird die Erfüllung der reinen Christuslehre sein«.

15 Diesen Aufsatz hat Nietzsche spät noch kennengelernt, vgl. KSB 8/368.

16 »Röckel war der entschiedenste Sozialist und Demokrat, der je in Wagners Lebenskreis trat, und da sich in Wagners Dresdner Bibliothek, die er sich ab 1843 zielbewusst aufbaute, nicht eine einzige politische Schrift fand, aus der er seine Meinungen gewonnen haben könnte, so hatte er alles von ihm.« Gregor-Dellin 1980/201. Zu Bakunin vgl. Wagner L/398ff.

17 In einem am 8.4.1849 publizierten Artikel lässt er die Revolution verkünden: »Ich will zerstören von Grund aus die Ordnung der Dinge, in der ihr lebt, denn sie ist entsprossen der Sünde, ihre Blüte ist das Elend und ihre Frucht das Verbrechen [...] Ich will zerstören die Herrschaft des einen über die andern, der Toten über die Lebendigen, des Stoffes über den Geist; ich will zerbrechen die Gewalt der Mächtigen, des Gesetzes und des Eigentums.« Wagner GS 1/121f. Typisch für Wagner ist die religiöse Begründung der anarchistischen Utopie.

18 Vgl. zu Wagners Inspirationsquellen Gregor-Dellin 1980/156; 166; 205f; 249f; 253. Zum Thema Hegel und Wagner vgl. Weinland 1988.

19 Vgl. dazu MEW 3/442f: Der wahre Sozialismus appelliert nicht »an den deutschen ›denkenden Geist‹, sondern an das deutsche ›Gemüt‹. Dies ist um so leichter, als der wahre Sozialismus, dem es nicht mehr um die wirklichen Menschen, sondern um ›den Menschen‹ zu tun ist, alle revolutionäre Leidenschaft verloren hat und an ihrer Stelle allgemeine Menschenliebe proklamiert.« Vgl. auch Montinari 1982/47.

20 »Zur Zeit ihrer Blüte war die Kunst bei den Griechen daher konservativ, weil sie dem öffentlichen Bewusstsein als ein gültiger und entsprechender Ausdruck vorhanden war: bei uns ist die echte Kunst revolutionär, weil sie nur im Gegensatze zur gültigen Allgemeinheit existiert.« Wagner GS 3/28.

21 Wagner spricht vom »künstlichen Sklaven des freien, schöpferischen Menschen, dem er bis jetzt diente wie der Fetischanbeter dem von seinen eigenen Händen verfertigten Götzen«; Wagner GS 3/33. Der Text ist auch deshalb von Interesse, weil sich Themen von Marx und Nietzsche in Wagners Vision harmonisch ergänzen: die Aufhebung der Arbeit sowie das tragische Gesamtkunstwerk, in dem sich eine politische Gemeinde wiedererkennt.

22 Vgl. Wagner GS 3/53: »ich wende mich [...] an euch, ihr Intelligenten und Klugen, um euch mit aller Gutherzigkeit des Volkes die Erlösung aus eurer egoistischen Verzauberung an dem klaren Quell der Natur, in der liebevollen Umarmung des Volkes [...] anzubieten.«

23 Vgl. Wagner GS 4/66-73. In der Autobiographie wird Feuerbach als »Repräsentant der rücksichtslos radikalen Befreiung des Individuums vom Drucke hemmender, dem Autoritätsglauben angehörender Vorstellungen« erwähnt; Wagner L/443. Auch Stirnersche Einflüsse sind nicht auszuschliessen.

24 Vgl. dazu KSA 8/189, 11[1]: »Der Kampf mit der ἀνάγκη; darin ruht aller Fortschritt, dass man verlernt, irgend etwas für Nothwendigkeit zu halten.« Vgl. KSA 1/451, WB 4: »Wir sehen im Bilde jenes tragischen Kunstwerkes von Bayreuth gerade den Kampf der Einzelnen mit Allem, was ihnen als scheinbar unbezwingliche Nothwendigkeit entgegentritt, mit Macht, Gesetz, Herkommen, Vertrag und ganzen Ordnungen der Dinge.«

25 Vgl. auch KSA 1/451, WB 4.

26 Vgl. dazu KSA 8/204, 11[18]: Wagner »ist der tragische Dichter am Schluss aller Religion«.

27 Bezüglich dem Interesse der Deutschen für historische Studien schreibt Nietzsche: »Im Ganzen ist es aber ein gefährliches Anzeichen, wenn das geistige Ringen eines Volkes vornehmlich der Vergangenheit gilt, ein Merkmal von Erschlaffung, von Rück- und Hinfälligkeit: so dass sie [die Deutschen UM] nun jedem um sich greifenden Fieber, zum Beispiel dem politischen, in gefährlichster Weise ausgesetzt sind.« Im Gegensatz zu den Reformations- und Revolutionsbewegungen repräsentieren die deutschen Gelehrten einen solchen Zustand der Schwäche; KSA 1/444, WB 3. Nietzsche übernimmt von Wagner den Wertgegensatz von Politik und Revolution, ohne ihn zu erklären. Die Historie bezeichnet er als »Opiat gegen alles Umwälzende und Erneuernde.« Wäre sie hingegen »mit mehr Gerechtigkeit und inbrünstigem Mitgefühl geschrieben, so würde sie zu einem furchtbaren Werkzeug der Revolution«; KSA 8/230, 11[38].

28: Vgl. auch KSA 8/230, 11[38]; 208, 11[21]: »Der Mensch hält das Gewohnte für das Rechte. Unser ganzes Leben und Wesen ist eigentlich höchst ungewöhnlich und nachdenkenswerth – corrupt!«

29 Vgl. dazu KSA 8/210f, 11[23]: Nietzsche möchte »allen den wirklich Leidenden Hoffnung machen [...], dass es noch Menschen giebt, welche für sie gegen die unterdrückenden Elemente eines luxusartigen Triebes kämpfen werden.« Lieber will er mit Handwerkern, Bauern und Arbeitern zusammenwohnen als mit Bildungsbürgern. Nietzsche kokettiert mit dem Wagnerschen Populismus. Wenn er von den »wirklich Leidenden« spricht, denkt er wohl an jene Intellektuellen, die sich vom optimistischen Geist der Gründerzeit nicht haben anstecken lassen. Er suggeriert aber eine Interessengemeinschaft zwischen ihnen und den unterprivilegierten Klassen.

30 Die Ursachen des Leidens sind »die Nichtgemeinsamkeit des Wissens bei allen Menschen, die Unsicherheit der letzten Einsichten und die Ungleichheit des Könnens« KSA 1/452, WB 4. Um die Vereinzelung und die Ungleichheit zu ertragen, brauchen die Menschen die Kunst.

31 Vgl. auch KSA 8/250ff, 12[14; 15]. Zum romantischen Volksbegriff vgl. KSA 1/475, WB 8: Die »Luxus-Gesellschaft« hat »durch die hartherzigste und klügste Benutzung ihrer Macht die Unmächtigen, das Volk, immer dienstbarer, niedriger und unvolksthümlicher« gemacht und »aus ihm den modernen ›Arbeiter‹« geschaffen.

32 Allerdings schränkt er ein: »Vielleicht, dass dieser Glaube sich nicht dauernd vor dem Zweifel schützen konnte, je mehr er sich besonders zu sofortigen

Hoffnungen zu steigern suchte«; KSA 1/481, WB 8.
33 Vgl. dazu Montinari 1982/45ff.
34 Vgl. KSA 1/504, WB 10.
35 Vgl. Wagner GS 8/30, wo Frantz als einer der »umfassendsten und originell-
    sten politischen Denker und Schriftsteller« Deutschlands vorgestellt wird.
36 Vgl. dazu Wagner GS 8/74f, die Assoziation von Französischer Revolution
    und »wilder Bestie«.
37 Vgl. zum Problem der Grossstadt bei Wagner und Nietzsche: Barbera 1984.
38 Gregor-Dellin 1980/388ff; Wagner L/521ff.
39 Vgl. dazu FW 99, wo von Wagners Missverständnis im Hinblick auf Scho-
    penhauer die Rede ist; vgl. auch den Brief an Köselitz vom 20.8.1882, KSB
    6/238; GM III 5.
40 Vgl. den Brief an Reinhart von Seydlitz vom 4.1.1878, KSB 5/300; sowie
    MA II Vorrede 3.
41 Damit ist auch die Abkehr von Feuerbachs »Sinnlichkeit« gemeint. Vgl.
    auch VM 171, wo vom »Kriegs- und Reactionszug [...] gegen den Geist der
    Aufklärung« die Rede ist; vgl. KSA 14/173. Aufschlussreich ist der Brief an
    Mathilde Maier vom 15. 7.1878, KSB 5/337ff.
42 Besonders deutlich: KSA 11/250, 26[377].
43 Zur »tödtlichen Beleidigung« vgl. Montinari 1985/20f.
44 Vgl. den Brief an Köselitz vom 20.8.1880; KSB 6/36.
45 Vgl. NW Wir Antipoden.
46 Was Nietzsche mit der Freiheit des Individuums und mit gleichen Rechten
    für Alle assoziiert; WA 7.
47 Der Gedanke taucht schon früh auf, vgl. KSA 7/775, 32[61].
48 Vgl. NW Wo ich Einwände mache. Die beiden Stellen vermitteln einen
    Eindruck von Nietzsches gesammelten Feindbildern.
49 Vgl. auch JGB 254; 256.
50 Vgl. EH Warum ich so gute Bücher schreibe MA: »Die Anfänge dieses
    Buchs gehören mitten in die Wochen der ersten Bayreuther Festspiele hin-
    ein; eine tiefe Fremdheit gegen Alles, was mich dort umgab, ist eine seiner
    Voraussetzungen. [...] Man hatte Wagner ins Deutsche übersetzt! Der Wag-
    nerianer war Herr über Wagner geworden!« KSA 6/323f. Vgl. auch NW
    Wie ich von Wagner loskam.
51 Vgl. KSA 11/674ff, 41[2]7; KSA 13/535, 18[10].
52 Montinari glaubt, man habe »noch nicht ganz die Tragweite und Bedeutung
    der Niederlage erfasst, welche diese antiwagnerische, nietzische Tendenz in
    der Geschichte der deutschen Kultur 1933 erlitt, als sich – wie Vertreter der
    nationalsozialistischen Ideologie behaupteten – das deutsche Volk für den
    Instinkt gegen die Vernunft, für den Mythos gegen die Geschichte, für das
    Deutschtum gegen das Europäertum entschloss«; Montinari 1982/53.
53 Vgl. dazu Montinari 1985 sowie die Eintragungen in Cosima Wagners Ta-
    gebüchern vom 25.April bis zum 25.Juli 1878; C.Wagner T II, insbesonde-
    re 125ff und 143ff.
54 Besonders deutlich im Aufsatz *Aufklärungen über das Judentum in der Musik*

in: Wagner GS 8.

55 An der Intensität dieses Hasses ändert nichts, dass Wagner zu Beginn der 80er Jahre zur antisemitischen Bewegung auf vorsichtige Distanz geht und die von Bernhard Förster und Max Liebermann von Sonnenberg initiierte antisemitische Petition an den Reichskanzler nicht unterzeichnet. Vgl. dazu Massing 1959/43 und Schüler 1971/246f. Wagner selbst hat sich zum Thema geäussert im 1881 unter dem Titel *Erkenne dich selbst* erschienenen Nachtrag zu *Religion und Kunst*; in dieser Schrift werden künftige Ausrottungspläne andeutungsweise vorweggenommen. Vgl. auch C. Wagner T II/ 564, 6.7.1880. Die diversen Aspekte von Wagners Einstellung zu den Juden beleuchtet Dieter Borchmeyer in: Müller/Wapnewski 1986/137-161; hinzuweisen ist ebenfalls auf Hartmut Zelinskys psychologische Deutung, Zelinsky 1976/19ff.

56 Vgl. dazu Schüler 1971/5ff; 20 sowie Zelinsky 1976/8: »Die historische Weichenstellung für die verstärkte nationale Einordnung Wagners erfolgte jedoch mit der Reichsgründung 1870/71, die aber keineswegs die erhoffte staatliche Unterstützung mit sich brachte, weshalb Wagner dem neuen Reich durchaus distanziert gegenüberstand.« In den Tagen von Nietzsches »Flucht« aus Bayreuth wird Karl Marx ein unfreiwilliger Zeuge der Bayreuther Festspiele. In einem Brief an Engels spricht er vom »Bayreuther Narrenfest des Staatsmusikanten Wagner«. In einem weiteren Brief an die Tochter Jenny Longuet ist die Rede vom »neudeutsch-preussischen Reichsmusikanten«; MEW 34/23; 193.

57 Im 1865 verfassten Aufsatz *Was ist deutsch?* stellt Wagner der »französisch-jüdisch-deutschen Demokratie« den echten deutschen Volksgeist gegenüber; Wagner GS 10/50. Im 1878 geschriebenen Nachtrag ruft er Constantin Frantz und Paul de Lagarde dazu auf, ihm bei der Beantwortung der Frage zu helfen; Wagner GS 10/53. Zu Wagners durch seine Bewunderung für Bismarck bedingte zeitweilige Entfremdung von Frantz und zur späteren Wiederannäherung vgl. C. Wagner T I/452-459; 866; T II/173; 178; 261; 339: »'Das ist der wahre Abgrund der Hölle', sagt er [Richard Wagner; UM] von diesem Übergewicht Israels, und wer wäre da, um dagegen anzukämpfen. 'C. Frantz in Blasewitz, ich in Bayreuth; ach!'« (30.4.1879); 380; 520; 596: »'Von solchen Menschen, die ernste Fragen ernstlich besprächen, gibt es nur zwei, C. Frantz und ich.'« (7.9.1880; Wagners Ausruf ist auch gegen Bismarck gerichtet); 639; 823. Hinzuweisen ist noch auf T II/374 (1.7.1879), da es sich bei den »jüdischen Sozialisten«, von denen Wagner in seiner Lektüre von Frantz' Föderalismus-Schrift erfährt, um Lassalle, den er gekannt hat, vor allem aber um Marx handelt.

58 Vgl. dazu KSA 8/510, 28[46]; 11/254, 26[394]; 12/55, 1[196], wo Wagner mit Fichte verglichen wird.

59 Vgl. den kurzen Überblick von Ernst Hanisch in: Müller/Wapnewski 1986/ 625-646. Hanisch weist darauf hin, dass Nietzsche eine linke Wagnerinterpretation ermöglicht hat.

60 Neben Wagner selbst ist Gobineau ein wichtiger Wegbereiter dieser Ideolo-

gie. Als führende Gestalten sind weiter zu nennen: Cosima Wagner, Hans von Wolzogen, Ludwig Schemann und Houston Stewart Chamberlain.

61 Die im Bayreuther Idealismus zum zentralen Konzept der antirevolutionären Weltanschauung wird, vgl. Schüler 1971/180ff. Vgl. auch Wagners Artikelserie über *Religion und Kunst* aus dem Jahre 1880 in: Wagner GS 10. Er propagiert darin eine von Schopenhauer inspirierte christlich-buddhistische Religiosität.

62 Im Rahmen seiner Wagner-Studien spricht Nietzsche im Sommer 1875 vom deutschen Wesen, »das immer reformiren, nicht revolviren kann«; KSA 8/231, 11[39].

63 Zelinsky sieht in Wagner einen Exponenten »jenes von der Beteiligung an der politischen Herrschaft ausgeschlossenen und auf seine eigene Innerlichkeit zurückgeworfenen Bürgertums«, das seinerseits »nach vergeblichem Kampf um politische Rechte willig und begierig Wagners musikalisch-dramatisches ›Erlösungs‹-Angebot annahm und seiner nun als Politik- und Religionsersatz fungierenden Weltanschauung anhing.« Zelinsky 1976/9.

64 Bereits 1872 liest Nietzsche die 1869 erschienenen *Mémoires d'une idéaliste. Entre deux révolutions. 1830-1848*, die mit dem ersten Band der 1876 in deutscher Sprache erschienenen Memoiren identisch sind; vgl. KSB 4/58 sowie KGB II 4/74, Malwida von Meysenbugs Brief an Nietzsche vom 4.9.1872. Im erwähnten Brief vom 14.4.1876 schreibt Nietzsche: »Ich danke Ihnen für sehr viel mehr als für ein Buch. Ich war krank und zweifelte an meinen Kräften und Zielen [...] Ich bin jetzt gesünder und freier, und die zu erfüllenden Aufgaben stehen wieder vor meinen Blicken, ohne mich zu quälen. Wie oft habe ich Sie in meine Nähe gewünscht, um Sie etwas zu fragen, worauf nur eine höhere Moralität und Wesenheit als ich bin Antwort geben kann! Aus Ihrem Buche entnehme ich mir jetzt Antworten auf sehr bestimmte mich betreffende Fragen«; KSB 5/148. Typisch für Nietzsche wie für die Zeit ist das bewundernde Staunen angesichts einer Frau, die sowohl »männliche Energie« als auch »mütterliche Liebe« besitzt.

65 Vgl. auch die Briefe an Gersdorff vom 15.4.1876 und an Rée vom 19.11.1877, worin Nietzsche Meysenbugs Memoiren zuoberst auf ein Bücherverzeichnis setzen will, welches »den ganzen Cursus der Freigeisterei« enthalten soll; KSB 5/151; 291.

66 Vgl. dazu den ersten Band, wo sie auch über ihre unerfüllte Liebe zum demokratischen Publizisten Theodor Althaus berichtet, die Nietzsche in der Zeit vor dem Zusammenbruch auf rätselhafte Weise fasziniert zu haben scheint. Vgl. KSB 8/379; 575: Malwida von Meysenbug wird hier »Viel verziehn, weil sie mich viel geliebt hat: siehe ersten Band der ›Memoiren‹...«.

67 Zur Französischen Revolution vgl. auch Meysenbug 1876 III/242ff.

68 Vgl. dazu Meysenbug 1876 III/173, die Reflexionen über die »edlere Menschheit« und die »höchsten Typen«, sowie III/217f.

69 Vgl. dazu auch Wagner L/620f.

70 Vgl. zur Begegnung mit Wagner Meysenbug 1876 II/87; 288f; 293ff.

71 Vgl. auch Meysenbug 1876 III/164-168.

72 Ihr Verhältnis zu Nietzsche beschreibt Meysenbug im 1898 erschienenen Nachtrag zu den Memoiren *Der Lebensabend einer Idealistin.*

73 *Aus den Memoiren eines Russen. Im Staatsgefängnis und in Sibirien* Hamburg 1855. *Aus den Memoiren eines Russen. Neue Folge. Petersburg und Nowgorod* Hamburg 1856. *Aus den Memoiren eines Russen. 3.Folge. Jugenderinnerungen* Hamburg 1856. *Aus den Memoiren eines Russen. 4.Folge. Gedachtes und Erlebtes* Hamburg 1859. Eberhard Reissner hat ein chronologisches Verzeichnis der deutsehen Übersetzungen von Herzens Werken erstellt; Reissner 1963/202f.

74 Meysenbugs Memoiren mit den betreffenden Zitaten im zweiten Band liest Nietzsche allerdings erst 1876.

75 *Vom andern Ufer* erscheint zuerst 1850 in Hamburg. Die neuen Ausgaben von Axel Matthes 1969 und Hans Magnus Enzensberger 1989 stützen sich auf die Übersetzung von Alfred Kurella; deren Vorlage ist die dritte bzw. die zweite russische Ausgabe von 1858, die gegenüber dem ursprünglichen deutschen Text erheblich erweitert ist; vgl. Oehler 1988/216. Hier wird nach der neusten Ausgabe von Enzensberger zitiert. Die fünf Kapitel der Erstausgabe von 1850 sowie der für Herzens Russlandbild wichtige Brief an Herwegh, der darin beigefügt ist, entsprechen in der zitierten Ausgabe den Seiten 140-273. Der in der Erstausgabe ebenfalls abgedruckte Brief an Mazzini fehlt. Die drei Schlusskapitel – VU/274-313 – sind Erweiterungen der Ausgabe 1855/58.

76 Aufschluss hierüber gibt Oehler 1988/212-238.

77 Einige Impressionen gibt das Kapitel *Nach dem Gewitter* wieder; Abschnitte daraus sind in Meysenbug 1876 II/95-99 abgedruckt.

78 Über die persönlich-familiären Hintergründe von Herzens Stimmung gibt Oehler 1988/220-230 Auskunft.

79 Mit Formulierungen, die zuweilen an Stirner erinnern, kritisiert Herzen, dass die Republik als quasi-monarchisches Prinzip mystifiziert wird.

80 Herzen vergleicht die künftigen Revolutionäre mit neuen Christen und neuen Barbaren; er spricht von der Lava, die sich im Innern der Erde rührt und »mit dem Gebrechlichen und Kraftlosen« dereinst ein Ende machen wird: »Das wird kein Gericht, keine Abrechnung, sondern ein Kataklysma, eine Umwälzung« Herzen VU/184f.

81 »Die moralische Beurteilung des Geschehens und das Schelten auf die Menschen gehören zu den allerniedrigsten Stufen des Vestehens.« Herzen VU/ 221. Es geht, wie Herzen am 15.1.1869 an Bakunin schreibt, nicht darum, den Kapitalisten zu beweisen, ihr Besitz sei etwas Sündhaftes; VU 391. Einen vergleichbaren Standpunkt hat bekanntlich Marx eingenommen; MEW 23/16.

82 Das *Consolatio* betitelte Kapitel enthält den Disput zwischen einer Idealistin und einem skeptischen Naturforscher, die möglicherweise Herzens Ansichten vor und nach 1848 repräsentieren.

83 Die Stelle – Herzen VU/229 – ist zitiert in Meysenbug 1876 II/95.

84 Vgl. den Kommentar zu Robespierres Ausspruch: »L'athéisme est aristocra-

te«. Herzen VU/232f.

85 Vgl. zum Thema Egoismus Herzen VU/297ff.

86 Als freier Mensch gilt Herzen im Jahre 1850 Proudhon. Die überflüssigen Menschen stehen zwischen der alten und neuen Welt und ausserhalb von Sitte und Milieu, sie sind auf sich selbst zurückgeworfen; Herzen VU/281; vgl. auch 300: »der freie Mensch s c h a f f t seine Sittlichkeit.«

87 »Erst in das Blut der *Juniinsurgenten* getaucht, wurde die Trikolore zur Fahne der europäischen Revolution – zur *roten Fahne*.« MEW 7/34; dagegen Herzen VU/171: »die dreifarbige Fahne des Kompromisses ist zu sehr beschmutzt – das Juniblut auf ihr wird lange nicht trocknen.« Der Juniaufstand ist für Marx die erste Infragestellung der bürgerlichen Klassenordnung; MEW 5/135.

88 Vgl. besonders ZA I Vorrede 4 und Vom neuen Götzen.

89 Vgl. KSB 5/227; 231.

90 Vgl. Gilman 1981/150f. Im April 1876 dankt Nietzsche Meysenbug für einen Brief von Mazzini; KSB 5/149. Nietzsches Leipziger Hauswirt Carl Biedermann hat 1848 eine führende Rolle gespielt. Nietzsches Bekannter General Simon ist wahrscheinlich ein Verwandter Ludwig Simons gewesen, eines Mitglieds der Frankfurter Nationalversammlung; »er gehörte zur Familie jener begabten Revolutionärs Simon« wie Nietzsche Overbeck mitteilt; KSB 8/94.

91 Zu Revolution und Askese als zwei Stufen der Verneinung vgl. KSA 8/261f, 12[24].

92 Zum Begriff »Mucker« vgl. Bohley 1989/378f.

Anmerkungen zu VI:

1 Hier müssen wenige Literaturhinweise genügen. Zur frühen Popularität Nietzsches in der französischen und deutschen Arbeiterbewegung vgl. Bianquis 1929a; Thomas 1983; Vivarelli 1984. Zur Darstellung und Kritik der orthodoxen, von Mehring und Lukács definierten marxistischen Position vgl. Montinari 1981/90103; Montinari 1982/189-206; Behler 1982; Behler 1984; Ottmann 1984; Müller-Lauter 1989; Jung 1990. »Linke« Nietzsche-Interpretationen der jüngeren Zeit, wie man sie im westlichen Denken häufig antrifft, kommen hier nicht in Betracht, weil es in der Regel nicht darum geht, Nietzsche für den Sozialismus zu reklamieren, sondern die subversiven Möglichkeiten seines Denkens aufzuzeigen.

2 Andler fährt fort: »parce qu'il enferme la concurrence dans des limites étroites. Il est socialiste aussi, parce qu'il limite les moyens de s'enrichir et qu'il tient la grande propriété pour un danger public.«

3 *Herr Bastiat-Schulze von Delitzsch, der ökonomische Julian, oder: Kapital und Arbeit* 1864.

4 Vgl. Joerg 1867/28ff; 34f; 126ff; 162ff.

5 »Keine Bedürfnisse haben ist für das Volk das grösste Unglück, erklärte ein-

mal Lassalle. [...] Für den Nationalökonomen stelle sich Christi Parabel vom reichen Prasser und vom armen Lazarus gerade umgekehrt: der Prasser verdient Abrahams Schooss.« KSA 7/243, 8[57]. Die Sätze sind fast wörtlich von Joerg abgeschrieben, der seinerseits eine Rede Lassalles wiedergibt; Joerg 1867/108. Während jedoch Joerg den ökonomischen Liberalismus kritisiert, polemisiert Nietzsche ausschliesslich gegen den »Communismus«.

6 Vgl. KSB 2/256f.

7 Die Überzeugung, solche »Absonderlichkeiten« entwickelten sich leicht zu einer neuen Religion, verdankt sich wohl ebenfalls Wagner, für den ja der Sozialismus nie etwas anderes gewesen ist als ein Religionsersatz. Gersdorff versichert dem Freund in der Antwort, nachdem er sich von den optimistischen Implikationen des »Vegetarianerthums« distanziert hat: »der Sozialismus ist mir ebenso widerwärtig – Massenherrschaft, Pöbeltyrannei, Gütergemeinschaft Unterdrückung alles geistig Bedeutenden: für solche Gaben tausche ich lieber einen orientalischen Despotismus ein.« KGB II 2/55f.

8 Vgl. Schönberg 1891 II/631-49; 677ff.

9 Vgl. dazu Bernoulli 1908 I/282ff.

10 Es handelt sich um Émile Ollivier, der 1870 das letzte Ministerium unter Napoleon III. geleitet hat.

11 Noch 1878 bringt er die Einsicht in die Gefährdung der Kultur mit dem tiefen Schmerz in Zusammenhang, der ihn beim angeblichen Brand des Louvre ergriffen hat; KSA 8/504, 28[1]; 552, 30[166].

12 Vgl. dazu die Briefe Cosima Wagners vom 2. und 18.Juni; KGB II 2/382; 391.

13 Nietzsches frühe Philosophie deutet Sautet als eine ästhetische Antwort auf die politische Bedrohung durch den internationalen Sozialismus. Im Gegensatz zu Lukács erkennt er im Basler Professor keinen Apologeten des Kapitalismus, sondern einen Wortführer der Grundbesitzer-Aristokratie, aus der sein Freund Gersdorff stammt. Vgl. Sautet 1981/16ff; 105-123; 146ff. Die Klassenzuordnung ist nicht nur für Nietzsche, sondern schon für Gersdorff problematisch; aus seinen Briefen ist die Angst vor der neuen Zeit und insbesondere vor der Grossstadt viel eher herauszuhören als die Selbstsicherheit des Grundbesitzers. Vgl. zum Thema auch Alfieri 1984/125ff.

14 Vgl. Burckhardt GW VII/48: »Viele Bildungsgelegenheit [...] schafft bloss heraufgeschraubte Mediokritäten.«

15 Vgl. die Zitate BA IV, KSA 1/728f, KSA 14/105.

16 Er wird repräsentiert durch Lassalle, vgl. Anm.5.

17 Vgl. KSA 7/298f, 9[63; 64; 69] – hier steht der merkwürdige Satz: »Die ›Bildung‹ muss als Entgelt und Busse die Schutzbehörde sein aller Unterdrückten« –; 378f, 14[11]; 411ff,18[2; 3]: Die »Organisation der intellektuellen Kasten« soll »Hebammendienste für die Geburt des Genius« leisten.

18 Im gleichen Fragment heisst es: »Ich sehe ungeheure Conglomerate an Stelle der vereinzelten Capitalisten treten. Ich sehe die Börse dem Fluche verfallen, dem jetzt die Spielbanken gefallen sind.«

19 Vgl. DS 8, KSA 1/202.

20 Die politische Praxis der Griechen ist für Nietzsche – er spricht von der »furchtbaren Entfesselung des politischen Triebes« – kein Wert an sich, sondern ein zerstörerisches und selbstzerstörerisches Prinzip, das nur dank der künstlerischen Produktion seine Rechtfertigung finden kann; KSA 1/771f.

21 Vgl. KSA 7/140, 7[16]; 336ff, 10[1].

22 Vgl. KSA 1/769.

23 »Wenn Friedrich August Wolf die Nothwendigkeit der Sklaven im Interesse einer Kultur behauptet hat, so ist dies eine der kräftigen Erkenntnisse meines grossen Vorgängers, zu deren Erfassung die Anderen zu weichlich sind.« KSA 7/156, 7[79].

24 Vgl. auch KSA 7/61f, 3[8; 10].

25 Vgl. KSA 7/799f, 34[23-25].

26 Vgl. KSA 8/300, 17[22].

27 »Man klagt dass socialistische Arbeiter denselben besitzsüchtigen bürgerlichen Sinn haben, sobald sie das Ziel erreichen. Falsch: Das ist das Richtige.« KSA 8/371, 21[32]. Hier kommt die Neubewertung des egoistischen Triebs zum Ausdruck, die eine partielle Loslösung vom konservativen Antikapitalismus verrät.

28 Im Gegensatz zu Alexander Herzen; vgl. das letzte Kapitel.

29 Dies ist ein Lieblingsmotiv Stendhals, den Nietzsche damals allerdings noch nicht entdeckt hat.

30 Vgl. KSA 7/715ff, 29[216; 220]; KSA 8/244, 11[59].

31 Vgl. auch KSA 9/596, 12[115]: »Die Mittelstände streben mit allem Eifer die Arbeiter in ihre Lage zu bringen: sind sie den glücklicher?«

32 Nietzsche leugnet nicht die Vorteile des Reichtums. Er sieht in ihm den Ursprung des aristokratischen Lebensstils; MA I 479. Unter Reichtum versteht er freilich in diesem Aphorismus lediglich die materielle Unabhängigkeit als Vorbedingung der geistigen Unabhängigkeit: »Dabei ist aber zu bedenken, dass der Reichthum fast die gleichen Wirkungen ausübt, wenn Einer dreihundert Thaler oder dreissigtausend jährlich verbrauchen darf: es giebt nachher keine wesentliche Progression der begünstigenden Umstände mehr.«

33 Im Mangel an aristokratischer Kultur, der die Kapitalisten auszeichnet, sieht Nietzsche eine wichtige Ursache des Sozialismus: »in dem Arbeitgeber sieht der Arbeiter gewöhnlich nur einen listigen, aussaugenden, auf alle Noth speculirenden Hund von Menschen, dessen Name, Gestalt, Sitte und Ruf ihm ganz gleichgültig sind. Den Fabricanten und Gross-Unternehmern des Handels fehlten bisher wahrscheinlich allzusehr alle jene Formen und Abzeichen der höheren Rasse, welche erst die Personen interessant werden lassen; hätten sie die Vornehmheit des Geburts-Adels im Blick und in der Gebärde, so gäbe es vielleicht keinen Socialismus der Massen. Denn diese sind im Grunde bereit zur Sclaverei jeder Art, vorausgesetzt, dass der Höhere über ihnen sich beständig als höher, als zum Befehlen geboren legitimirt – durch die vornehme Form!« Fehlt diese, so führen die Arbeiter die soziale Hierarchie auf Zufall und Glück zurück; FW 40. Die industrielle Kultur »in ihrer jetzigen Gestalt« erachtet Nietzsche als »die gemeinste Da-

seinsform, die es bisher gegeben hat.«

34 Vgl. dazu auch KSA 8/578f, 40[4]: »Die Maschine controlirt furchtbar, dass alles zur rechten Zeit und recht geschieht. Der Arbeiter gehorcht dem blinden Despoten, er ist mehr als sein Sklave. Die Maschine e r z i e h t n i c h t den Willen zur Selbstbeherrschung. Sie weckt Reaktionsgelüste gegen den Despotismus – die Ausschweifung, den Unsinn, den Rausch. Die Maschine ruft Saturnalien hervor.« In einem weiteren Fragment – 40[6] – empfiehlt Nietzsche als Heilmittel gegen die Schädlichkeit der Maschine den häufigen Wechsel der Funktionen sowie das Verständnis des Gesamtbaus; als Beispiel einer Maschine nennt er übrigens den demokratischen Staat.

35 Vgl. zum Problem des romantischen Antikapitalismus neben den bekannten Ausführungen von Lukács auch R.Schmidt 1982/52ff; 66; 90ff; 140f.

36 »An unseren politischen parvenus fehlt eben dies: man glaubt nicht an ihr n a t ü r l i c h e s e i n g e b o r e n e s Herrschen und Fürsorgen für Andere.« KSA 9/339, 7[104].

37 Vgl. auch KSA 8/579, 40[5]: »Die U n f r e i h e i t der Gesinnung und Person wird durch den revolutionären Hang b e w i e s e n. Die F r e i h e i t durch Zufriedenheit, Sich-e i n passen und persönliches B e s s e r machen.«

38 Die entsprechenden Äusserungen werden zunehmend mit biologischen Metaphern ausgeschmückt; vgl. etwa KSA 9/491, 11[134].

39 KSA 9/527, 11[221]. Nietzsche vergleicht hier seine Aufgabe mit derjenigen der Jesuiten. Die Sklaverei, modern ausgedrückt: das Wirtschaftsleben, will er beherrschen und zu einem ausserökonomischen Zweck benutzen. Angestrebt wird zunächst, dass es »Zuschauer« gibt, die sich am Spiel nicht mehr beteiligen, sich also von der herrschenden ökonomischen Wertschätzung nicht mehr verführen lassen.

40 Vgl. KSA 13/29f, 11[60]. Im Vergleich zum Aphorismus 206 der *Morgenröthe* hat sich die Perspektive entscheidend verändert. Die materielle Besserstellung und die bürgerliche Emanzipation haben jene Instinkte zerstört, die es einer Klasse von Menschen erlaubt haben, einer anderen Klasse zu dienen, ohne ihre Selbstachtung zu verlieren; »wenn man Sklaven will, – u n d man braucht sie! – muss man sie nicht zu Herren erziehen.« Nietzsche sagt damit implizit, dass das Stimm- und das Koalitionsrecht die Arbeiter zu Herren erhebt; das ist angesichts seiner sonstigen Verwendung der Begriffe eher erstaunlich.

41 Vgl. dazu wiederum FW 40. Vergleichbare Auffassungen hat Auguste Comte in seiner Spätphilosophie vertreten. In der positiv reformierten Gesellschaft soll der Lohn nur noch die Reproduktion der Arbeitskraft garantieren. Als obligatorischer Dienst an der Gemeinschaft, als Verpflichtung der Menschheit gegenüber muss die Arbeit im Prinzip gratis geleistet werden; Comte SPP II/409f.

42 »Menschen-**Bruchstücke** – das zeichnet die Sklaven.«

43 In der *Morgenröthe* werden Sozialisten und Anarchisten als ungebändigte Menschen dargestellt, die den Staat als Disziplinaranstalt nötig haben; M 184.

44 Vgl. in diesem Kontext auch VM 316; hier wird möglicherweise auf Bismarcks frühere Sympathien zu Lassalle angespielt.

45 Den Wert der neuen Institutionen sieht Nietzsche darin, dass sie als Schutzwehr und Bollw<erk> »gegen das Räuber- und Ausbeuterthum in Geist und Geld« wirken; KSA 8/613, 44[16].

46 Nietzsche gesteht, er habe »eine tiefe Verachtung gegen einen Banquier«. Die gleiche Verachtung trifft Lassalle. Weil Nietzsche aufgrund dürftiger Erfahrungen dazu neigt, die Sozialisten gesamthaft mit moralischen Versagern gleichzustellen, muten seine Einwände gegen sie zuweilen philiströs an.

47 Vgl. KSA 9/515, 11[188].

48 Vgl. dazu auch KSA 9/76, 3[105].

49 Im gleichen Fragment heisst es: »Ein Anlass zu grossartiger Aufopferung, und einer öffentlichen (weil sie disciplinirt und fest hält, auch Muth macht!) soll immer da sein! Hier ist zu erfinden!«

50 Sie sind offensichtlich nicht zu verwechseln mit den »idealen Sklaven«, die ja auch in Zukunft nicht fehlen dürfen; KSA 10/523, 16[67].

51 Vgl. auch KSA 11/80, 25[263].

52 Der »Utilitarismus (der Socialismus, der Demokratismus) kritisirt die Herkunft der moralischen Werthschätzungen, aber er glaubt an sie«; KSA 12/148, 2[165].

53 Vgl. auch KSA 13/220, 14[6]; 232f,14[29; 30]; AC 57.

54 Im gleichen Fragment wird angekündigt, dass der Sozialismus den Völker- und Dynastienhader überbrücken wird.

55 Hier ist noch an folgende Nachlassstelle zu erinnern: »Wir unterstützen wahrscheinlich die Entwicklung und Ausreifung des demokratischen Wesens: es bildet die Willens-Schwäche aus: wir sehen im ›Socialism‹ einen Stachel, der vor der Bequemlichkeit – – –«. KSA 11/512, 35[9].

56 Wie Henning Ottmann festgehalten hat, harrt das ganze Thema Nietzsche und der Sozialismus noch der ausführlichen Darstellung; Ottmann 1984/ 584. Sie muss davon ausgehen, dass Nietzsches gleichzeitige Opposition gegen Kapitalismus und Sozialismus, die Ottmann zurecht unterstreicht, keineswegs originell gewesen ist, sondern den Ansichten weiter Kreise der Gelehrtenwelt entsprochen hat.

57 Vgl. zu Burckhardt Hardtwig 1974/299ff.

58 Cosima Wagner hat neben Lassalle auch dessen Freund Lothar Bucher, den späteren Berater Bismarcks, gekannt. Marx wird von Joerg einmal genannt; möglich ist, dass Nietzsche in den Gesprächen mit Schönberg von ihm erfahren hat. Sautet erwähnt eine Reihe interessanter Details: in der Basler Presse wird Marx im Sommer/Herbst 1871 als Chef der Internationalen Arbeiter-Assoziation häufig erwähnt; im Leipziger *Literarischen Centralblatt*, dessen Mitarbeiter Nietzsche 1868 geworden ist, findet sich in der Nummer vom 4.Juli des gleichen Jahres eine Rezension des ersten Bandes des *Kapital*; vgl: auch MEW 16/312; in Basel findet im September 1869 der vierte Kongress der IAA statt; als Delegierter nimmt der Basler Ökonomie-Professor Jannasch teil; Sautet 1981/105ff; 142; 146ff; 151. Zu Nietzsches Phantasien

bezüglich einer von der Internationale ausgehenden »unheimlichen Machination« im Herbst 1873 vgl. Janz B I/547ff.

59 In einem Nachlassfragment vom Frühjahr 1873 äussert er sich kritisch zu Bakunins Vernichtungsplänen; KSA 7/580, 26[14].

60 Nietzsche hat die 1872 erschienene vierte Auflage gekannt. Vgl. Salaquarda 1984 und Gerratana 1988.

61 Vgl. vor allem HL 9 und KSA 7/658f, 29[66].

62 Vgl. Salaquarda 1984/40.

63 In diesem Kontext wird auch Stirner diskutiert; vgl. dazu Rahden 1984.

64 Vgl. dazu Hartmann 1879/367-396.

65 Hartmann 1879/643ff. Vgl. dazu KSA 10/315, 7[238]: »Der höchste Gesichtspunkt des Jesuitismus auch des socialistischen: Beherrschung der Menschheit zum Zweck ihrer Beglückung«; 601, 21[6].

66 Vgl. KSA 10/523, 16[67].

67 Er schlägt zwar im Anschluss eine Synthese vor, die aber zugunsten des evolutionistischen Prinzips ausfällt; besonders anschaulich ist die folgende Stelle: »Sonach werden wir uns das Verhältniss beider Principien im Kampf des Lebens etwa so denken dürfen, wie das Verhältniss von Mann und Weib in der Ehe, von Vater und Mutter in der Familie oder auch wie desjenige der Combattanten und des Sanitätspersonals in einer Armee; denn das letztere sucht die Wunden zu heilen, welche die ersteren schlagen, [...] wie das rothe Kreuz sich nicht unterfangen darf, die kriegerischen Organisationen zu hemmen und die taktischen Operationen zu behindern, so dürfen auch Humanität und Philanthropie dem harten Ringen um den Culturfortschritt nicht kreuzend in den Weg treten, sondern müssen sich mit der Benutzung des Spielraums begnügen, welche jenes ihnen zur Bethätigung übrig lässt.« Hartmann 1879/718f.

68 Zum möglichen künftigen Los der Arbeiter vgl. folgende Ausführungen: »Wenn es dem heutigen Lohnsystem gelingt, die arbeitenden Lohnsclaven zu einer solchen Gewöhnung an rationelle Arbeitstheilung zu erziehen, dass sie auch nach Fortfall jener Lohnsclaverei, bloss unter dem Druck staatlicher Anleitung ihre Stelle im Arbeitsorganismus der Menschheit ausfüllen, dann könnte die Zeit kommen, um auch über die Lohnknechtschaft hinweg zur staatlich geordneten Association fortzuschreiten. Dabei ist aber wohl zu beachten, dass von freier Association überhaupt keine Rede sein kann, dass die Arbeiter auch nach ihrer Befreiung von der Herrschaft der Privatcapitalisten nach wie vor Sclaven des Capitals bleiben, nur dass dieses in die Hände des Staates übergegangen ist«. Soll die Neuorganisation dem »Culturfortschritt« dienen, so muss der künftige Arbeiter mehr leisten als der Lohnarbeiter und die Hierarchisierung der Tätigkeiten zunehmen; Hartmann 1879/671f.

69 Im Hinblick auf Hartmanns antidemokratische Ethik meint Otto Braun: »Was Hartmann hier so sachlich und begrifflich ausführt, das hat sein grosser Zeitgenosse Nietzsche so leidenschaftlich der Welt vorgetragen.« Braun 1909/213. Im Gegensatz zu Hartmann geht es Nietzsche aber gerade nicht

um eine Legitimation der bestehenden sozialen Hierarchie.
70 Venturelli legt den Schwerpunkt in seiner Darstellung auf die Asketismusproblematik; Venturelli 1986.
71 Vgl. Dühring 1865/219-233 sowie KSA 8/151f; 176ff, 9[1].
72 Vgl. KSA 14/568f.
73 Dühring 1875/263-297; 386-401.
74 Vgl. Dühring 1882/170; 377.
75 Dühring 1875/219-243.
76 »Stets ist es die verletzte Person, welche am innigsten an der Ahndung betheiligt ist, und das sogenannte öffentliche Interesse kann erst in zweiter Linie und nur als Verallgemeinerung der natürlichen individuellen Bestrebung in Anschlag kommen. [...] Das einzige wahrhaft Souveraine ist alsdann der einzelne Mensch, der mit seinem natürlichen Rechtsbewusstsein Partei zu ergreifen und für das als Recht Gewollte und Erkannte thätig einzutreten hat.«»Auch die Socialisten haben zum Theil noch zu lernen, dass die Menschenrechte nicht von Gnaden irgend eines Staats existiren und auch künftig nicht auf irgend einer Gesellschaftsform, sondern umgekehrt solche Formen auf den Menschenrechten beruhen werden.« Dühring 1875/231; 237.
77 Nietzsches einziges systematisches Werk stellt zum Teil eine Auseinandersetzung mit Dühring dar; die erste »marxistische Enzyklopädie« trägt bekanntlich den Titel *Anti-Dühring*.
78 Nietzsche spricht in diesem Zusammenhang von der Selbstaufhebung der Gerechtigkeit. Dühring entwickelt freilich einen vergleichbaren Gedanken: »Die Erhebung über die Rache ist auch eine Erhabenheit über das geschehene Unrecht. [...] Die Grossmuth ist keine Gerechtigkeit, hat aber ebenfalls ihre naturgesetzlichen Vorbedingungen. So kann sie in echter und ungeheuchelter Weise nur eintreten, wo die verletzte Macht sich wirklich über die Verletzung erhaben weiss und in Folge dessen mit Ruhe über sie hinwegzusehen vermag.« Dühring 1875/233; 236.
79 »Die Untersuchung der Auseinandersetzung Nietzsches mit Dühring ist uns also dabei behilflich, die tiefgehenderen Motivierungen seiner Polemik gegen den Sozialismus zu verstehen: sie war nicht auf die Verteidigung einer bestehenden sozialen Ordnung ausgerichtet, sondern gehört in jenen komplexen Prozess der Selbstüberwindung, durch den das menschliche Geschlecht sich selbst hätte überwinden und zum Übermenschen gelangen sollen.« Venturelli 1986/135.
80 Sein Unbehagen verwandelt sich mit der Zeit in eine bewusste Opposition; vgl. KSB 6/93; KSB 8/51. Die Parallele zwischen Dühring und Wagner zieht übrigens auch Engels; er nennt Dühring den »philosophischen Richard Wagner«; MEW 20/108.
81 Vgl. auch KSB 7/120; KSB 8/218.
82 Vgl. auch KSB 6/535. Rée berichtet über den jungen Stein: »Seine Gedanken sind jetzt besonders auf den Zukunftsstaat gerichtet, der, nach ihm, sehr socialdemokratisch ausfallen dürfte.« KGB II 6,2/769. Meysenbug spricht im Zusammenhang der Begegnung mit Stein von ihrer grossen Sympathie

für Dührings Lehre; KGB II 6,2/846f.

83 »Zarathustra I alle Arten höherer Menschen und deren Bedrängniss und
Verkümmerung (einzelne Beispiele z.b. Dühring, zu Grunde gerichtet
durch Isolation)«; KSA 11/280, 27[23]. Eine halbwegs wohlwollende Erwähnung wird Dühring überraschenderweise in der dritten Abhandlung
von *Zur Genealogie der Moral* zuteil; GM III 26.

84 Vgl. Janz B II/325-336; KSB 7/26ff; KSA 6/270 EH Warum ich so weise
bin 4.

85 Vgl. als Beispiele in der Reihenfolge JGB 204; KSA 11/586, 37[11]; GM II
11; KSA 10/363, 9[50].

86 Vgl. den Beitrag von Heinz-Georg Marten in: Fetscher/Münkler 5/75-77.

87 Venturelli nennt als Dühring-Adepten neben den bereits Erwähnten Ernst
Schmeitzner und Bernhard Förster; Venturelli 1986/137.

88 KSB 8/203. Engels hat in Dührings Rechtslehre »eine schlechte Übersetzung der Rousseauschen Gleichheitstheorie ins Sozialistische« gesehen;
MEW 20/142. Vgl. zur Kritik an Dührings Gleichheitskonzeption MEW
20/88-100 sowie Montinari 1982/202f. Im Zusammenhang mit der Diskussion der Gleichwertigkeit der Arbeitszeit nennt Engels Dührings Standpunkt abschätzig einen »radikalen Gleichheitssozialismus«; MEW 20/185.

89 »Eugen Dühring hat neuerdings uns sein Leben erzählt: er hat keinen Ver-
druss vergessen, keine Kränkung von Kindesbeinen an, ich glaube, er kann
stundenlang schlechte kleine kleinliche Geschichtcen von seinen Lehrern
und Gegnern erzählen«; KSA 11/251, 26[382].

90 »Ein vergrämter Dünkel, ein verhaltener Neid: im Sohn kommt's als Flam-
me heraus und Wahnsinn der Rache./ Das heisse mir Gerechtigkeit – so sagt
dieser Wahnsinn – dass ich Rache übe und Beschimpfung an Allen, die mir
nicht gleich sind. [...] Dass der Mensch erlöst werde von der Rache – das,
wahrlich, ist der Regenbogen des Übermenschen und eine Brücke zur höchsten Hoffnung.« KSA 10/410ff, 12[43]. Über die Prediger der Gleichheit
sagt Zarathustra: »Aus jeder ihrer Klagen tönt Rache, in jedem ihrer Lob-
sprüche ist ein Wehethun; und Richter-sein scheint ihnen Seligkeit. [...]
Misstraut allen Denen, die viel von ihrer Gerechtigkeit reden! Wahrlich, ihren Seelen fehlt es nicht nur an Honig./ Und wenn sie sich selber ›die Guten
und Gerechten‹ nennen, so vergesst nicht, dass ihnen zum Pharisäer Nichts
fehlt als – Macht!« Za II Von den Taranteln; vgl. zum Thema auch Venturelli 1986/125ff.

91 Die von Dühring repräsentierte Bewegung, die Nivellierung der Menschheit, erzeugt den letzten Menschen, Nietzsches eigene den Übermenschen;
KSA 10/244, 7[21].

92 »Bis in die geweihten Räume der Wissenschaft hinein möchte es sich hörbar
machen, das heisere Entrüstungsgebell der krankhaften Hunde, die bissige
Verlogenheit und Wuth solcher ›edlen‹ Pharisäer (– ich erinnere Leser, die
Ohren haben, nochmals an jenen Berliner Rache-Apostel Eugen Dühring,
der im heutigen Deutschland den unanständigsten und widerlichsten Gebrauch vom moralischen Bumbum macht: Dühring, das erste Moral-Gross-

maul, das es jetzt giebt, selbst noch unter seines Gleichen, den Antisemiten).
Das sind alles Menschen des Ressentiment, diese physiologisch Verunglückten und Wurmstichigen, ein ganzes zitterndes Erdreich unterirdischer Rache, unerschöpflich, unersättlich in Ausbrüchen gegen die Glücklichen und
ebenso in Maskeraden der Rache, in Vorwänden zur Rache: wann würden
sie eigentlich zu ihrem letzten, feinsten, sublimsten Triumph der Rache
kommen?« GM III 14. Vgl. auch JGB 202; Nietzsche unterscheidet hier die
»Anarchisten-Hunde, welche jetzt durch die Gassen der europäischen Cultur schweifen« von den »friedlich-arbeitsamen Demokraten und Revolutions-Ideologen« sowie von den »tölpelhaften Philosophastern und Bruder-
schafts-Schwärmern, welche sich Socialisten nennen und die ›freie Gesellschaft‹ wollen«.

93 Dühring mokiert sich über Lassalles Pariser Wäsche; Dühring 1875a/516.
Nietzsche erklärt lapidar: »Mit einer Art von weisser Wäsche hat sich z.b.
Lassalle für mich widerlegt:« KSA 9/283, 6[341].

94 Vgl. KSA 7/588, 27[2].

95 »Am Samstag waren wir mit Herrn Cook, dem Freunde Proudhon's zusammen; es war toll. Übrigens ist er der Sohn eines vornehmen Oestreichers und
einer Spanierin von den Balearen. Viel Geheimnissvolles.« KSB 5/42.

96 Vgl. hierzu KSB 5/417; KSB 6/99; KSB 8/79; WS 22; KSA 8/587, 41[23].
Vgl. auch Marx' Kritik an Careys Harmonielehre; MEW 23/587.

97 Vgl. dazu Brose 1974. Karl Brose hat zurecht darauf hingewiesen, dass
Nietzsche trotz seiner diversen abfälligen Äusserungen über John Stuart Mill
in seiner Einschätzung der sozialen Probleme des 19. Jahrhunderts den Einsichten des englischen Philosophen zum Teil recht nahe kommt; er hat aber
die Gemeinsamkeiten überschätzt.

98 Vgl. KSA 12/424, 9[151]; 461f, 10[13; 15; 16].

99 Vgl. Herrmann 1887/143; 164f; 182; 241ff; 290ff, besonders 295f: »Die
Socialisten und Communisten fehlten hauptsächlich darin, dass sie nicht die
Wirthschaft allein, sondern das ganze menschliche Dasein einheitlich orga-
nisiren [...] wollten. [...] Die menschliche Natur fordert vor allem freie Entfaltung aller ihrer Richtungen und Talente. Socialismus und Communismus wären aber neue Formen der Sclaverei.« 300: »Die Wirthschaft soll den
Menschen nicht in ihrer Maschinerie aufgehen machen; im Gegentheile, sie
wird und muss dereinst durch dieselbe den Menschen ganz befreien, so dass
er sich ganz den übrigen rein menschlichen Culturzielen widmen kann. Die
Organisation der Weltwirthschaft soll und muss aber den Typus der einheitlichen Maschinerie erlangen«; 301-331, besonders 319: »So wird sich nach
und nach ein Centralkörper herausbilden, der das wirth-
schaftliche Haupt der Erde darstellt.«

100 Nietzsche bekämpft den ökonomischen Optimismus, er wendet also gegen
die herrschende Weltanschauung ein, dass die Wertverringerung des Menschen durch den ökonomischen Fortschritt nicht kompensiert wird. Freilich
hat auch er sich die ökonomische Betrachtungsweise angeeignet, vgl. KSA
12/458ff, 10[8; 10; 11]: »Ich versuche eine ökonomische Rechtfertigung der

Tugend. – Die Aufgabe ist, den Menschen möglichst nutzbar <zu> machen,
und ihn soweit es irgendwie angeht der unfehlbaren Maschine zu nähern.«
101 Dafür sprechen die Anstreichungen in seinem Exemplar.
102 Vgl. Michelet 1846/55-66; 125-129.
103 »Les machines [...] ont donné, à l'homme, parmi tant d'avantages, une malheureuse faculté, celle d'unir les forces sans avoir besoin d'unir les coeurs, de
coopérer sans aimer, d'agir et vivre ensemble, sans se connaître; la puissance
morale d'association a perdu tout ce que gagnait la concentration mécanique. [...] Le résultat n'est pas l'indifférence [...], mais l'antipathie et la haine,
non la simple négation de la société, mais son contraire, la société travaillant
activement à devenir insociable.« Michelet 1846/128f.
104 Vgl. WS 218; 220; 288; KSA 8/578f, 40[4; 6].
105 Vgl. de Luppé 1957.
106 Vgl. Custine 1830 I/157; 168; 277; 332f; 412.
107 «Ce génie de la mécanique, qui préside ici à la société humaine, a quelque
chose d'effrayant: il supplée la vie, mais il ne la donne pas. C'est l'homme
qui veut singer le Créateur«; Custine 1830 II/99.
108 »Les fabricans sont parvenus à créer au milieu d'une société qui se prétend
libre, tout un peuple d'esclaves; [...] lorsqu'enfin le nombre de ces hommes
machines [...] se sera accru outre mesure, l'Etat [...] s'écroulera sous leur
poids, et cette société si fière trouvera sa ruine dans ce qui faisait son orgueil.« Custine 1830 II/290.
109 »[...] l'homme qui consent à rester toute sa vie au-dessous de l'humanité, me
paraît doublement à plaindre, car il est dégradé jusque dans sa conscience; il
devient complice de son avilissement, et la soi-disant liberté d'un tel être
n'est q'une dérision. Les sociétés modernes me semblent trop fières de
l'abolition de l'esclavage. Dans le fait, cette réforme tant vantée, se borne
jusqu'à présent à des délicatesses oratoires; et si les langues diplomatiques de
l'Europe étaient moins perfidement polies, nous ne pourrions guère distin-
guer un forgeron de Horsley, un mineur de Newcastle, d'un esclave ro-
main.« Custine 1830 II/291f.
110 Vgl. Custine 1830 II/88ff; 132; 139; 168ff; 182; 207f; 240; 280-92; 303f;
411f; 419. Einen kurzen Bericht widmet Custine Owens Experiment von
Lanark; 265-269. Stendhal hat Custines Reisebericht eine lobende Rezension gewidmet und insbesondere den Band über die englischen Zustände zur
Lektüre empfohlen; Stendhal OC 46.
111 Vgl. KSA 11/22ff, 25[41-69].
112 KSA 11/24f, 25[54; 57].
113 Vgl. als Beispiel das Fragment 25[64]: »Der Fluch, der den Menschen zur
Arbeit verdammt, ist ihm auf der Stirn geschrieben. ›Les Anglais sont des
galériens opulens.‹« Im Original lautet die Stelle: »L'Angleterre n'est qu'une
grande boutique servie par des commis de mauvaise humeur! [...] Là, les individus n'ont en commun nul mouvement spontané, nul sentiment in-
volontaire; l'esprit de calcul révélé par les actions les plus insignifiantes en
apparence, ne vous permet pas d'oublier un instant les durs conditions de

l'existence: et la malédiction qui condamne l'homme au travail y est écrite sur tous les fronts. Les Anglais, avec leur fureur commerciale, sont des galériens opulens!« Custine 1830 II/464.

114 In der älteren Nietzsche-Forschung kommt dem französischen Sozialisten Charles Andler besondere Bedeutung zu; er hat Marx wie Nietzsche gut gekannt, vgl. Andler N 5/300ff und Tonnelat 1937. Von der neueren Literatur ist zu erwähnen: Lefebvre 1975, Grimm/Hermand 1978, Love 1986 sowie Myers 1986, letzteres ein witziger Versuch, ein fiktives Gespräch zwischen Marx und Nietzsche zu konstruieren.

115 Langes Marx-Lob steht erst in der zweiten Auflage, und zwar in den Anmerkungen, die wiederun in der vierten Auflage fehlen. Nietzsche hat aber offenbar nur die erste und die vierte Auflage gekannt; vgl. Salaquarda 1978/ 240.

116 »(...) when Nietzsche read Dühring he was not only reading the first serious critic of Marx, but, sometimes, he was absorbing the idea of Marx himself.« Stack 1983a/261. Im *Anti-Dühring* steht zu lesen: »die bodenloseste Verlästerung von Marx« dient »nur zur Verdeckung der Tatsache, dass alles noch einigermassen Rationelle, was sich im ›Cursus‹ über Kapital und Arbeit vorfindet, ebenfalls ein verseichtigendes Plagiat an Marx ist.« MEW 20/238; das betreffende Kapitel über die *Kritische Geschichte der Nationalökonomie und des Socialismus* hat übrigens Marx verfasst; vgl. MEW 20/9.

117 Erwähnt wird er auch bei Frary 1884/290. Carey hingegen erwähnt Marx nicht, wie auch schon vermutet worden ist; vgl. Gilman in *Nietzsche-Studien* 8/255. Dies wäre zeitlich schlecht möglich.

118 Bemerkenswert ist der folgende Vorwurf: »Herr Marx aber, dem der Gegensatz von Gut und Schlecht überhaupt sehr gleichgültig ist [...] kümmert sich natürlich nicht um das Schlimme, die Corruption und die Entartung, die mit dem Vorgang verbunden sein kann, sondern construirt ihn frischweg als sogenannte dialektische Nothwendigkeit.« Für Dühring ist nicht die Kapitalkonzentration, sondern die »parasitische Existenz« das Kennzeichen der »Bourgeoisiewirthschaft«; Dühring 1871/532-534.

119 Im Laufe der Jahre wird sein Standpunkt immer extremer. »Rassenreinheit« und »Ausmerzung« gehören zu seinen Lieblingsvokabeln. Er gehört durchaus in die geistige Vorgeschichte des Nationalsozialismus.

120 »Wer wüsste es nicht, dass es die Börsenmagnaten sind, welche heutzutage den Geldverkehr, und dadurch wieder nicht nur die ganze ökonomische Entwickelung beherrschen, sondern allmälig auch schon die Staatsgewalten mit ihren Netzen umstrickt, und selbst die Fäden der sogenannten hohen Politik in die Hände bekommen haben.« Frantz 1879/43.

121 Vgl. KSB 7/86f; 94. Aus Zensurumgehungsgründen trägt diese zweite Auflage den Titel *Die Frau in der Vergangenheit, Gegenwart und Zukunft*. Eventuell hat Nietzsche bei Bebel den Marxschen Gedanken von der wachsenden Freiheit in der Berufswahl gefunden, der ihn selbst ja auch beschäftigt hat; vgl. FW 356.

122 Leopold Jacoby (1840-1895) hat als freiwilliger Krankenpfleger am deutsch-

Anmerkungen

französischen Krieg teilgenommen und ist unter dem Eindruck der Pariser Kommune Sozialist geworden. Sein Buch hat wegen der darin behaupteten Affinitäten zwischen Darwinismus und Sozialismus unter deutschen Naturwissenschaftern lebhafte Debatten ausgelöst; vgl. dazu Häckel 1971, Einleitung.

123 »Die ausgeprägte Herrschaft des Kapitals macht Alles gleich niedrig, gleich platt, gleich gemein; die entwickelte Herrschaft der sozialen Idee macht Alles gleich hoch, gleich erhaben, gleich herrlich.« Der Kapitalismus wird durch die Haide symbolisiert, der Sozialismus durch den Palmenwald; vgl. Jacoby 1886/87 I/118ff; 15-23; 68-76 (Marx-Stellen); 32-37 (Engels-Stellen). Dass die bestehende Wirtschaftsordnung die Menschen nivelliert, weiss selbstverständlich auch Nietzsche; KSA 12/438, 9[173].

124 Auf Seite 15 im ersten Band ist der Name Karl Marx unterstrichen. Da es sich um die einzige Anstreichung im Buch handelt, lässt sich daraus nichts schliessen. Wenn die Markierung wirklich von Nietzsche stammt, liegt die Vermutung nahe, dass er hier Dührings Erzfeind »wiedererkannt« hat.

125 Zum orthodox-marxistischen Standpunkt vgl. Oduev 1977. Im Versuch, zwischen Marx und Nietzsche zu vermitteln, wie ihn jüngst noch Karl Brose unternommen hat, kommt das Problem in der Regel zu kurz; vgl. Brose 1990.

126 Vgl. dazu das Einführungskapitel in Althusser/Balibar 1968.

127 Vgl. dazu auch Za I Vom neuen Götzen: »Seht mir doch diese Überflüssigen! Reichthümer erwerben sie und werden ärmer damit. Macht wollen sie und zuerst das Brecheisen der Macht, viel Geld, – diese Unvermögenden.«

128 Vgl. WS 285.

129 Vgl. dazu Claussen 1987/113-147.

130 »Die sozialen Kriege sind namentlich Kriege gegen den Handelsgeist und Einschränkungen des nationalen Geistes.« Die Klassenproblematik wird in diesem Nachlassfragment aus dem Jahr 1881 von einer Rassenideologie und einer Klimalehre verdrängt, die »Arbeiternoth« aus dem Klima erklärt; KSA 9/546f, 11[273; 274].

131 »Die Arbeiter sollen einmal leben wie jetzt die Bürger: aber über ihnen die höhere Kaste, sich auszeichnend durch Bedürfnisslosigkeit! also ärmer und einfacher, doch im Besitz der Macht.« KSA 10/361, 9[47]; vgl. mit 244, 7[21]. Leider präzisiert Nietzsche in diesem Zusammenhang nicht, was er unter Macht und Herrschaft versteht. Thomas Pangle glaubt, dass sich »über ihnen« allein auf die Bürger bezieht. Nietzsches Kastenordnung sähe dann wie folgt aus: »At the bottom are to be the bourgeoisie, or the vast majority of men and women who need private property and money, who seek the ›easy life‹ [...]; above them, Nietzsche pictures a carefully selected, elite working class, regimented under the banner of moral ›principles‹ which their pride makes them believe govern even their superiors in the warrior class.« Pangle 1987a/159. Spätere Stellen wie GD Streifzüge eines Unzeitgemässen 40 oder AC 57 lassen sich freilich mit dieser Deutung kaum versöhnen.

359

Anmerkungen zu VII:

1 Vgl. KSA 7/45f, 2[1-3]; 544, 23[14]; 640, 29[37]; KSA 8/490, 27[19].
   Nietzsche bekämpft die seiner Ansicht nach von Euripides und Sokrates initiierte geistig-moralische Demokratisierung, nicht die Demokratie als
   Staatsform der Athener; vgl. auch KSA 7/31, 1[67]; 97, 5[21]; KSA 8/109,
   6[28].

2 Aus einer Nachlassnotiz geht hervor, dass sich Nietzsche die Stelle besonders
   gemerkt hat; KSA 7/127, 5[121]. Seine Einstellung zum platonischen
   Staatsideal ist ambivalent, ihm widerstrebt die Verbannung der Künstler.
   Um die »Gesammtconception« für seine Absichten zu retten, führt er diesen
   platonischen Gedanken auf Sokrates zurück; vgl. CV 3, KSA 1/776f; KSA
   7/140ff, 7[17; 23; 25]. Vgl. zum Thema auch Alfieri 1984/162ff.

3 Vgl. KSA 7/52, 2[19]; 142, 7[23]; 167ff, 7[121]; 379, 14[11]; BA III, KSA
   1/709.

4 Vgl. dazu besonders BA I, KSA 1/666ff.

5 Vgl. GT 23; KSA 7/423, 19[21]; 658, 29[66]; 690, 29[132].

6 In der *Geburt der Tragödie* protestiert er gegen jene Auffassungen, die den
   tragischen Chor als demokratisches Gewissen deuten; GT 7, KSA 1/52f.

7 »Es ist ein böses Symptom, dass man von der Vaterlandsliebe und der Politik ein solches Aufheben nacht. Es scheint dass nichts Höheres da ist, was
   man preisen kann.« KSA 8/305, 17[52]. Vgl. auch KSA 7/305, 17[49]:
   »Was ist das Ziel aller Sprachwissenschaft, wenn nicht einmal eine
   Universalsprache finden? Dann wäre der europäische Universalmensch
   da.« 534, 30[70]; 572, 36[2].

8 Neben der »Aufhebung der Nationen« und der »Enthaltung von Politik«
   notiert sich Nietzsche im gleichen Fragment: »Geringschätzung der gesellschaftlichen Unterschiede. Höheres Tribunal für die Wissenschaften. Befreiung der Frauen. [...] Organisation der Oekonomie des Geistes.« Vgl.
   auch KSA 8/348, 19[75]: »Die Verschiedenheit der Sprachen verhindert am
   meisten, das zu sehen was im Grunde vor sich geht – das Verschwinden des
   Nationalen und die Erzeugung des europäischen Menschen.« Nietzsche
   rechnet jedoch zugleich mit einer langen Periode von Kriegen; da nur noch
   »Gewalt (im physischen Sinn)« die zwischenstaatlichen Beziehungen in Europa bestimmt, werden die Kleinstaaten den Grossstaaten und diese dem
   »Monstrestaat« zum Opfer fallen; für eine spätere Zukunft ist die »Zersplit-
   terung in atomistische Staatengebilde« zu erwarten; KSA 8/344, 19[60]; vgl.
   auch 318f, 18[19].

9 »Wo etwas Grosses erscheint, mit etwas längerer Dauer, da können wir vor-
   her eine sorgfältige Züchtung wahrnehmen z.B. bei den Griechen. Wie er-
   langten so viele Menschen bei ihnen Freiheit?« KSA 8/46, 5[25]; vgl. auch
   91, 5[179].

10 Vgl. 5[169; 171; 172].

11 »Jetzt haben sich nun alle Fundamente, die mythischen und die politisch-
    socialen verändert; unsere angebliche Cultur hat keinen Bestand, weil sie

sich auf unhaltbare, fast schon verschwundene Zustände und Meinungen aufbaut. – Die griechische Cultur vollständig begreifend sehen wir also ein, dass es vorbei ist.« KSA 8/38, 3[76]. »Dies wäre eine Aufgabe, das Griechenthum als unwiederbringlich zu kennzeichnen und damit auch das Christenthum und die bisherigen Fundamente unsrer Societät und Politik.« KSA 8/83, 5[156]; vgl. auch 5[157].

12 »Der Glaube an die Individualität – ob man ihn wohl wegdenken könnte! Jedenfalls gehn wir Zeiten entgegen, in denen die menschlichen Meinungen sehr uniformirt werden möchten; aber damit werden die Individuen ähnlicher, doch immer getrennter. Die Feindseligkeit zeigt sich dann bei kleinen Differenzen um so schärfer.« KSA 8/41, 5[3].

13 »Zukunft in einigen Jahrhunderten. Ökonomie der Erde, Aussterbenlassen von schlechten Racen, Züchtung besserer, eine Sprache. Ganz neue Bedingungen für den Menschen, sogar für ein höheres Wesen? Jetzt ist es der Handelsstand, welcher ein völliges Zurücksinken in die Barbarei verhindert«; KSA 8/349, 19[79]; vgl. auch 64f, 5[92]: »Sicher steht im Ganzen Grossen das Wachsen der militärischen Kraft der Menschheit.« Nietzsche spricht im gleichen Zug vom »Sieg der kräftigeren Nation«.

14 Vgl. dazu KSA 8/36, 3[75]: »Eine Verbindung eines grossen Centrums von Menschen zur Erzeugung von besseren Menschen ist die Aufgabe der Zukunft. Der Einzelne muss an solche Ansprüche gewöhnt werden, dass, indem er sich selbst bejaht, er den Willen jenes Centrums bejaht z.B. in Bezug auf die Wahl, die er unter den Weibern trifft, über die Art, wie er sein Kind erzieht.« 46, 5[22]: »Erziehung ist Liebe zum Erzeugten«. 301, 17[28]: »Der Zweck der Kindererzeugung ist, freiere Menschen, als wir sind, in die Welt zu setzen.« 436, 23[94]: »Von nun an hat die Erziehung sich ökumenische Ziele zu stecken und den Zufall selbst im Schicksal von Völkern auszuschliessen«. 459, 23[151].

15 »Das einzige Vernünftige, was wir kennen, ist das Bischen Vernunft des Menschen [...] Das einzige Glück liegt in der Vernunft, die ganze übrige Welt ist triste.« KSA 8/36, 3[75]. »Wir haben in der Aufhellung der Welt die Griechen überholt, durch Natur- und Menschengeschichte, und unsere Kenntnisse sind viel grösser, unsere Urtheile mässiger und gerechter. Auch eine mildere Menschlichkeit ist verbreitet, dank der Aufklärungszeit, welche den Menschen geschwächt hat – aber diese Schwäche nimmt sich, in's Moralische umgewandelt, sehr gut aus und ehrt uns.« 37, 3[76].

16 »Ergebung in die Nothwendigkeit lehre ich nicht – denn man müsste sie erst als nothwendig kennen. Vielleicht giebt es vielfache Nothwendigkeiten; aber so im Allgemeinen ist es doch auch ein Faulbett.« KSA 8/45, 5[21].

17 In den Fragmenten 17[53-55] wird deutlich, dass die Freigeister der Zukunft nicht bloss die Vereinigung Europas, sondern eine Synthese der asiatischen, europäischen und amerikanischen Kultur vorantreiben müssen.

18 Nietzsche träumt von Vernichtern, die sich der Wahrheit opfern und nicht

vorzeitig etwas Neues aufbauen wollen. Das betreffende Nachlassfragment –
KSA 8/48, 5[30] – lässt an Herzens revolutionäres Pathos denken. Im hier zitierten Fragment vom Herbst 1877 spricht Nietzsche abschliessend vom »Bruder« des Freigeistes, »dem freien Menschen der That«. Vgl. auch MA I 34.

19 Vgl. dazu KSA 8/376, 21[63]; 419, 23[43]; VM 181 sowie zur Idee einer
internationalen Erziehungsinstanz KSA 8/381, 22[12].

20 Vgl. dazu KSA 8/46, 5[24]; 309, 17[76]; zum Thema Demokratie und Erziehung 383, 22[18]: »Unser Ziel muss sein: Eine Art der Bildungsschule
für das ganze Volk – und ausserdem Fachschulen.« Zum Thema Religion
und Erziehung MA I 242; 265: »Die Schule hat keine wichtigere Aufgabe,
als strenges Denken, vorsichtiges Urtheilen, consequentes Schliessen zu lehren: desshalb hat sie von allen Dingen abzusehen, die nicht für diese Operationen tauglich sind, zun Beispiel von der Religion.«

21 »Ein Fürst ist immer eine Karikatur, etwas Überladenes; und wenn ein Volk
den Fürsten noch nöthig hat, so ist es ein Beweis, dass der politische Trieb
des Einzelnen noch zu schwach ist.« KSA 8/82, 5[153].

22 »Wahrscheinlich: die Herrschaft der Sachverständigen und die Einbil-
dung der Masse, durch jene selber zu herrschen.« KSA 8/528, 30[39].

23 Vgl. auch MA I 148. Die Dichter halten Nietzsche zufolge die Menschen
davon ab, »an einer wirklichen Verbesserung ihrer Zustände zu arbeiten«.

24 Vgl. KSA 8/460f, 23[154].

25 Auch die neuen Institutionen haben offensichtlich vor allem moralisch-pä-
dagogische Aufgaben zu erfüllen. Im Gegensatz zu den Sozialisten glaubt
Nietzsche: »Nicht gewaltsame neue Vertheilungen, sondern allmähliche
Umschaffungen des Sinnes thun noth, die Gerechtigkeit muss in Allen grösser werden, der gewaltthätige Instinct schwächer.« MA I 452.

26 Nietzsche ist überzeugt davon, dass »jeder tüchtige, arbeitsame, geistvolle,
strebende Mensch« seiner Sache entfremdet wird, sobald er sich am politischen Leben beteiligt. Unter grosser Politik versteht er zu jener Zeit ausschliesslich Politik im Dienst und Interesse des Vaterlandes. Deren Erfolge
sind in seinen Augen ohnedies gering und kommen vornehmlich in den
feindseligen Emotionen zwischen den Nationen zum Ausdruck; vgl. MA I
481.

27 »Die Privatgesellschaften ziehen Schritt vor Schritt die Staatsgeschäfte in
sich hinein: selbst der zäheste Rest, welcher von der alten Arbeit des Regierens übrigbleibt (jene Thätigkeit zum Beispiel welche die Privaten gegen die
Privaten sicher stellen soll), wird zuallerletzt einmal durch Privatunterneh-
mer besorgt werden.« Heute scheinen sich Nietzsches Prophezeiungen zu erfüllen, wie ein Blick auf neoliberale Privatisierungsforderungen zeigt.

28 In der Reinschrift lautet die entsprechende Stelle: »Wer diese Trennung
nicht loswerden kann, wird in allen anderen Verhältnissen noch den alten
Sklavensinn gegen den Herrn haben; es ist ein vorbildliches Verhältnis, das
unwillkürlich übertragen wird, auf die Ehe, die Stellung zu den Dienstbo-
ten, den Arbeitern, den Parteigenossen, den Schülern eines Lehrers« KSA
14/147.

29 Vgl. auch MA I 440; 441. Die unvornehme Haltung der Unternehmer sowie die Infragestellung der Subordination im staatlichen und militärischen Bereich tragen ihrerseits dazu bei, dass Befehlen und Gehorchen ihre Bedeutung als gesellschaftliche Organisationsprinzipien zusehends verlieren.

30 Vgl. auch KSA 8/318f, 18[19].

31 »[...] In den dunkelsten Zeiten des Mittelalters, als sich die asiatische Wolkenschicht schwer über Europa gelagert hatte, waren es jüdische Freidenker, Gelehrte und Aerzte, welche das Banner der Aufklärung und der geistigen Unabhängigkeit unter dem härtesten persönlichen Zwange festhielten und Europa gegen Asien vertheidigten; ihren Bemühungen ist es nicht am wenigsten zu danken, dass eine natürlichere, vernunftgemässere und jedenfalls unmythische Erklärung der Welt endlich wieder zum Siege kommen konnte und dass der Ring der Cultur, welcher uns jetzt mit der Aufklärung des griechisch-römischen Alterthums zusammenknüpft, unzerbrochen blieb.«

32 Vgl. dazu auch Negri 1982. Negris eigener Begriff einer authentischen Demokratie ist stark von technokratischen Vorstellungen geprägt.

33 »Zuerst hätten die Redlichen und Vertrauenswürdigen eines Landes, welche zugleich irgendworin Meister und Sachkenner sind, sich auszuscheiden, durch gegenseitige Auswitterung und Anerkennung: aus ihnen wiederum müssten sich, in engerer Wahl, die in jeder Einzelart Sachverständigen und Wissenden ersten Ranges auswählen, gleichfalls durch gegenseitige Anerkennung und Gewährleistung. Bestünde aus ihnen die gesetzgebende Körperschaft, so müssten endlich für jeden einzelnen Fall nur die Stimmen und Urtheile der speciellsten Sachverständigen entscheiden, und die Ehrenhaftigkeit a l l e r Uebrigen gross genug und einfach zur Sache des Anstandes geworden sein, die Abstimmung dabei auch nur Jenen zu überlassen: so dass im strengsten Sinne das Gesetz aus dem Verstande der Verständigsten hervorgienge.« VM 318.

34 Vgl. in diesem Kontext auch WS 277: »nun ist klar, dass im grossen Welttreiben, in Sachen der Politik [...] eben dieses s c h l e c h t e S c h l i e s s e n entscheidet: denn Niemand ist völlig in dem zu Hause, was über Nacht neu gewachsen ist; alles Politisiren, auch bei den grössten Staatsmännern, ist Improvisiren auf gut Glück.«

35 Die Aufforderung zur Achtung vor den Wissenden – WS 280 – ist auch Ausdruck des Protestes gegen die qualitativen Mängel der marktwirtschaftlich geregelten Produktion.

36 Vgl. dazu VM 320, WS 279; 281. Aufschlussreich in Hinsicht auf Nietzsches allzuoft übersehene pazifistische Einstellung ist WS 284.

37 Vgl. WS 275; 292.

38 Dass Nietzsche von den wirtschaftlichen Krisen und den durch sie hervorgerufenen Ängsten als Ursachen politischer Entwicklungen keine Kenntnis nimmt, versteht sich von selbst.

39 In einer im Sommer 1880 niedergeschriebenen Zukunftsvision heisst es: »Die Politik so geordnet, dass mässige Intellekte ihr genügen und nicht Jedermann jeden Tag drum zu wissen braucht. Ebenso die wirthschaftlichen

Anmerkungen

Verhältnisse ohne die Gier ob leben oder sterben. Zeitalter der Feste.« KSA
9/135f, 4[136].

40 Vgl. KSA 9/149-162, 4[197; 237; 244-250].

41 Im gleichen Aphorismus entwirft Nietzsche eine seltsame Utopie. Er denkt
sich einen Zustand der Gesellschaft aus, in dem die Notwendigkeit des Kau-
fens und Verkaufens nicht mehr besteht.»Dann erst bekäme der Handel
Vornehmheit, und die Adeligen würden sich dann vielleicht ebenso gern
mit dem Handel abgeben, wie bisher mit dem Kriege und der Politik«.

42 Vgl. dazu auch M 174, KSA 9/238f, 6[163]; 426, 10[D60]. Zielscheiben
der Kritik sind insbesondere die Lehren von Comte und Spencer.

43 Solche Stellen sind vielleicht von Burckhardts Geschichte der Renaissance
inspiriert.

44 Vgl. auch KSA 9/209, 6[60]; 453, 11[29]. Hier hat Nietzsche offensichtlich
Comte im Auge.

45 Vgl. dazu KSA 9/11f, 1[16; 22; 25]; 94, 3[144]; 208, 6[58]:»soll alles altrui-
stisch zugehn, so müssen die Gegensätze der Individuen auf ein sublimes
Minimum reduzirt werden: so dass alle feindseligen Tendenzen und Span-
nungen, durch welche das Individuum sich als individuum erhält, kaum
mehr wahrgenommen werden können, das heisst: die Individuen müssen
auf den blassesten Ton des Individuellen reduzirt werden! Also die Gleichheit weitaus vorherrschend! Das ist die Euthanasie, völlig unproduktiv!«

46 Vgl. auch KSA 9/596, 12[109].»Ist nicht Alles Alles bereit für diese Revolution? Die Lage ist zu schildern.«

47 »Die Weisen müssen das Monopol des Geldmarktes sich erwerben: darüber erhaben durch ihre Lebensweise und Ziele und Richtung gebend für
den Reichthum – es ist absolut nöthig, dass die höchste Intelligenz ihm die
Richtung giebt.« KSA 9/472, 11[82].

48 Vgl. dazu auch KSA 11/235, 26[324].

49 Eine andere Gefahr stellt der »Gewalt-Herr« dar, der sich die Vergangenheit
in seinem Interesse umdeutet als »Brücke [...] und Vorzeichen und Herold
und Hahnenschrei.«

50 Vgl. dazu KSA 11/81, 25[268].

51 Vgl. besonders das Kapitel Von den Taranteln sowie KSA 10/456, 13[6];
619, 22[1].

52 Soziologisch interessant ist der folgende Abschnitt des Kapitels:»Wahrlich,
das schlaue Ich, das lieblose, das seinen Nutzen im Nutzen Vieler will: das ist
nicht der Heerde Ursprung, sondern ihr Untergang.« Vgl. auch KSA 10/
236, 7[1]; 316f, 7[240].

53 Vgl. dazu KSA 10/373, 10[28; 29; 31]; Za III, Die sieben Siegel 3: »Wenn
ich je am Göttertisch der Erde mit Göttern Würfel spielte, dass die Erde
bebte und brach und Feuerflüsse heraufschnob:–/ – denn ein Göttertisch ist
die Erde, und zitternd von schöpferischen neuen Worten und Götter-Wür-
fen: –«. Auch das Bild des Vulkans dient Nietzsche zur Umschreibung der
Revolution; vgl. Za II, Von grossen Ereignissen, sowie bereits SE 4: »denn
bei allen socialistischen Erzitterungen und Erdbeben ist es immer noch der

Mensch Rousseau's, welcher sich, wie der alte Typhon unter dem Aetna, bewegt.«

54 »Gründung einer Oligarchie über den Völkern und ihren Interessen: Erziehung zu einer allmenschlichen Politik.« KSA 10/645, 24[4].

55 KSA 11/69, 25[211]; 85ff, 25[287; 298]; 100, 25[337]; 138, 25[469]; 152, 26[9]. Vgl. auch KSA 10/659, 24[25]: »Eure Billigkeit, ihr höheren Naturen, treibt euch zum suffrage universel usw., eure ›Menschlichkeit‹ zur Milde gegen Verbrechen und Dummheit. Auf die **Dauer** bringt ihr damit die Dummheit und die Unbedenklichen zum Siege./ (Behagen und Dummheit – Mitte) (z.b. Bismarck –«; KSA 11/60, 25[174]: »Eine Kriegs-Erklärung der höheren Menschen an die Masse ist nöthig! Überall geht das Mittelmässige zusammen, um sich zum Herrn zu machen! Alles, was verweichlicht, sanft macht, das ›Volk‹ zur Geltung bringt oder das ›Weibliche‹, wirkt zugunsten des suffrage universel d.h. der Herrschaft der niederen Menschen. Aber wir wollen Repressalien üben und diese ganze Wirthschaft (die in Europa mit dem Christenthum anhebt) ans Licht und vor's Gericht bringen.«

56 Vgl. dazu etwa KSA 11/238f, 26[335; 336].

57 Vgl. zu diesem Thema KSA 11/458, 34[114].

58 Vgl. auch KSA 11/518, 35[22].

59 Auf folgende Nachlassfragmente ist in diesem Kontext zu verweisen: KSA 11/49, 25[134]; 217f, 26[258]; 239,26[340]: »Giebt es noch Philosophen? In Wahrheit ist viel Philosophisches in unserem Leben, namentlich bei allen wissenschaftlichen Menschen, aber Philosophen selber giebt es so wenig noch, als es ächten Adel giebt. Warum?« 295, 27[80]; 533, 35[47]: »Der neue Philosoph kann nur in Verbindung mit einer herrschenden Kaste entstehen, als deren höchste Vergeistigung.« 559, 36[17]: »Wir neuen Philosophen aber, wir beginnen nicht nur mit der Darstellung der thatsächlichen Rangordnung und Werth-Verschiedenheit der Menschen, sondern wir wollen auch gerade das Gegentheil einer Anähnlichung, einer Ausgleichung: wir lehren die Entfremdung in jedem Sinne, wir reissen Klüfte auf, wie es noch keine gegeben hat, wir wollen, dass der Mensch böser werde als er je war.« 582, 37[8]; 633, 40[12].

60 Vgl. dazu KSA 11/42, 25[112]; 61, 25[177]; 69, 25[211]; 90, 25[307]; 541, 35[73]. Zu vermerken ist bei dieser Gelegenheit Nietzsches merkwürdiges Interesse für Mexiko: KSA 9/546, 11[273] und KSA 11/42, 25[112].

61 Vgl. dazu auch GT, Versuch einer Selbstkritik, KSA 1/20.

62 Den Protestantismus klagt Nietzsche an, einen Pöbel-Aufstand ausgelöst und die Bereitschaft zu Knechtschaft und Unterwürfigkeit gelehrt zu haben; KSA 11/78, 25[253]; 679, 41[4].

63 Seine Freude an Umsturz und Anarchie darf indes nicht falsch verstanden werden:»Die Revolution, Verwirrung und Noth der Völker ist das Geringere in meiner Betrachtung, gegen die Noth der grossen Einzelnen in ihrer Entwicklung.« KSA 11/101, 25[342].

64 Vgl. auch KSA 11/80, 25[261]:»Die Feigheit und das schlechte Gewissen

der meisten Fürsten hat den Staat erfunden und die Phrase vom bien public.« Zum Problem der Religion vgl. 86, 25[294]; dagegen auch 511, 35[9].

65 GD Streifzüge eines Unzeitgemässen 43; KSA 13/463f, 15[97].

66 GM III 25; GD Streifzüge eines Unzeitgemässen 37; KSA 12/343, 9[8].

67 In diesem Zusammenhang stellt Nietzsche die Frage: »wäre es nicht an der Zeit, je mehr der Typus ›Heerdenthier‹ jetzt in Europa entwickelt wird, mit einer grundsätzlichen künstlichen und bewussten Züchtung des entgegengesetzten Typus und seiner Tugenden den Versuch zu machen? Und wäre es für die demokratische Bewegung nicht selber erst eine Art Ziel, Erlösung und Rechtfertigung, wenn Jemand käme, der sich ihrer bediente –, dadurch dass endlich sich zu ihrer neuen und sublimen Ausgestaltung der Sklaverei – als welche sich einmal die Vollendung der europäischen Demokratie darstellen wird, – jene höhere Art herrschaftlicher und cäsarischer Geister hinzufände, welche diese neue Sklaverei nun auch – nöthig hat?« KSA 12/73f, 2[13].

68 Nietzsches Kritik an der »moralischen Heuchelei der Befehlenden« richtet sich auch gegen Legitimationsideologien absolutistischer Herrscher und gegen die Idee der Monarchie überhaupt. Als »Ausführer älterer oder höherer Befehle« haben sich vor allem Monarchen gebärdet.

69 Zum Antagonismus vom »solitären« und »heerdenhaften« Typus vgl. auch KSA 12/492, 10[59].

70 Vgl. auch JGB 200.

71 Zum Sklavenaufstand der Mittelmässigen vgl. auch KSA 12/71ff, 2[13]. Als »kosmopolitisches Affekt- und Intelligenzen-Chaos« – KSA 13/17f, 11[31] – widerspricht der zukünftige Europäer einer stärkeren Art, die sich durch den Willen zur Vereinfachung und durch den Mut zur psychologischen Nacktheit auszeichnet. Dass Nietzsche trotz der im grossen und ganzen positiven Bewertung der Rassenmischung vereinzelt in eine an Gobineau erinnernde rassistische Sprache verfällt, wenn er gegen die Demokratie polemisiert, ist bereits erwähnt worden; vgl. GM I 5.

72 Mit solchen Analysen kommt er nicht nur Tocqueville, sondern auch Marx nahe; vgl. MEW 13/635f.

73 Zum Problem des Schauspielers vgl. besonders FW 361. Die romantisch geprägte Kritik des modernen Lebens mit seinen unzähligen »Zwischenpersonen«, die »fremde« Anliegen zu ihren eigenen machen, entspricht nicht diesem Niveau soziologischer Erkenntnis; vgl. KSA 11/475, 34[162].

74 KSA 11/557ff, 36[17]; JGB 44; 202; 203; 225; GD Streifzüge eines Unzeitgemässen 38; 39; KSA 13/66, 11[142].

75 JGB 239; KSA 13/379, 14[192].

76 Vgl. in diesem Zusanmenhang auch KSA 12/505, 10[84].

77 »[...] dass das demokratische Europa nur auf eine sublime Züchtung der Sklaverei hinausläuft, welche durch eine starke Rasse kommandirt werden muss, um sich selbst zu ertragen«; KSA 12/155, 2[179].

78 Vgl. dazu GD Streifzüge eines Unzeitgemässen 38; 39; KSA 13/188,

11[407].

79 Vgl. etwa AC 57; KSA 13/394f, 14[221].

80 Vgl. dazu KSA 13/365-398, 14[182; 203; 207; 224; 226]; 504, 16[53].

81 Vgl. dazu auch KSA 12/333, 8[4]. Vereinzelte Äusserungen verführen zwar zum Schluss, dank des wissenschaftlich-technischen Fortschritts könnten sich alle Menschen zu neuen Aristokraten ausbilden, Nietzsche beharrt aber auch in diesem Zusammenhang auf der Notwendigkeit eines Gegensatzes; vgl. KSA 12/207f, 5[61].

82 Zwei Jahre zuvor ist ein erster Entwurf in der Volksabstimmung knapp gescheitert. Nietzsche schreibt am Tag der Abstimmung, am 12.5.1872 an Rohde:»Tag der riforma federale in der Schweiz! Für selbige entweder Anfang vom Ende oder Ende vom Anfang.« KSB 3/323.

83 Erst die Gleichgültigkeit dem deutschen Reich gegenüber erlaubt es, die Aufmerksamkeit den wesentlichen Ereignissen zu schenken; zu diesen gehört die Heraufkunft des demokratischen Menschentypus; KSA 12/70f, 2[10]; vgl. auch KSA 13/92f, 11[235].

84 Nationalismus und Patriotismus sind die hauptsächlichen Erscheinungsformen der»modernen Schauspielerei«; KSA 12/127, 2[127]; 305ff, 7[27; 47]; KSA 13/431, 15[38].

85 GD Was den Deutschen abgeht 4; vgl. auch JGB 241; 244; 251. Nietzsches Züchtungsphantasien, in denen der preussische Offizier zu Ehren kommt, dürfen nicht im Sinn einer konservativen Parteinahme missverstanden werden. Die»echte rechte Junker- Philosophie« zu schreiben, ist ja gerade nicht sein Anliegen; KSA 13/544, 19[7].

86 Zwar ist als Erscheinungsjahr in Bagehots *Ursprung der Nationen* 1874 angegeben, Nietzsche notiert sich aber schon ein Jahr zuvor eine Stelle aus dem Buch; vgl. KSA 7/710, 29[197] mit Bagehot 1874/217.

87 »Ich kann, was auch die grössten Autoritäten dagegen einwenden mögen, nicht zugeben, dass bei der Erzeugung der Menschen nicht die ›unbewusste Zuchtwahl‹ mitgewirkt haben sollte. Wenn weder diese noch bewusste Zuchtwahl stattgefunden hat, woher sollten da jene zahlreichen Gattungen gekommen sein, die durch Züchtung entstanden sein müssen, obgleich wir sie mit den Namen Nationen belegen?« Bagehot 1874/167.

88 Vgl. Bagehot 1874/76ff; 126ff.

89 Vgl. zu Taine oben Kap. III; zu Bourget unten Kap. VIII.

90 Vgl. damit MA I 463.

91 Vgl. FW 373; GM I 3; KSA 9/231ff, 6[137; 145]; 316, 6[456]; 368f, 7[247]; 455ff, 11[37; 43]; KSA 11/522ff, 35[31; 34]; 630, 40[4].

92 Vgl. KSA 13/238, 14[40].

93 KSA 12/357, 9[44]; 525, 10[118]; KSA 13/475, 15[115]. In Nietzsches Bibliothek finden sich zwei Werke von Spencer: *Einleitung in das Studium der Sociologie* sowie *Die Tatsachen der Ethik*. Zur von Spencer behaupteten ethischen Qualität des industriellen Systems vgl. etwa die folgende Stelle:»wenn die Civilisation fortschreitet und Unterthanenverhältnisse in Vertragsverhältnisse übergehen, so sammeln sich täglich Erfahrungen an über die Bezie-

hungen zwischen aufgewendeter Arbeit und genossenen Vortheilen: das industrielle System erhält ja stets durch Angebot und Nachfrage eine angemessene Anpassung des einen an das andere aufrecht. Und diese Ausbildung des freiwilligen Zusammenwirkens – dieser Austausch von Dienstleistungen nach Übereinkunft ist nothwendig begleitet gewesen von einer Abnahme der Angriffe der Einzelnen auf einander und von einer Zunahme des Mitgefühls.« Spencer 1879/260. Vgl. auch Ottmann 1987/130ff.

94 Vgl. M 132; KSA 9/392, 8[46]; KSA 13/60f, 11[127].

95 Brose (1974) beschränkt sich in seinem Artikel über Mill und Nietzsche auf die Themen Frauenemanzipation und Sozialismus.

96 Grundlage der folgenden Ausführungen ist das dritte Kapitel von Mills Essay.

97 »[...] überall macht sich ein philanthropischer Geist bemerkbar, dem sich kein einladenderes Feld der Thätigkeit darbietet als die Sorge für die Hebung der Sittlichkeit und Verständigkeit unserer Mitmenschen.« Das neue Charakter-Ideal ist es, »keinen ausgesprochenen Charakter zu besitzen; jeder Theil unseres Wesens, der entschieden hervortritt und die Physiognomie eines Menschen von jener der Alltagsnaturen merklich unterscheidet, soll gleich einem chinesischen Damenfuss eingezwängt und verkrüppelt werden.« Mill GW I/72.

98 *Civilisation*; Mill GW X/1-39.

99 *De la Démocratie en Amérique*, I 1835, II 1840. Die Rezension trägt den Titel *Alexis de Tocqueville über die Demokratie in Amerika*; Mill GW XI/1-67.

100 Zu ihnen gehört Burckhardt. Theodor Eschenburg schreibt dazu: »Durch die Vermittlung Burckhardts wurde zwar nicht Tocqueville selbst, aber sein Gedankengut weiten Kreisen bekannt. Burckhardt konnte aber nur das weitergeben, was er selbst rezipierte: die Kritik an der Demokratie, vor allem an der Zentralisierung des Staatsapparates, an der Egalisierung sozialer Schichten, an der Schmälerung der individuellen Freiheitssphäre in den Fragen der Bildung, des Geschmacks und des Lebensstils. Die Vermittlung betraf also lediglich die Seite des Misstrauens und der Ablehnung gegenüber der Demokratie selbst.« Eschenburg 1959/LVIII.

101 Tocqueville OC I,1/266.

102 Tocqueville OC I,2/269.

103 Vgl. dazu Tocqueville OC I,2/142ff; Mill GW XI/45ff sowie bei Nietzsche besonders WS 287 und FW 329.

104 Vgl. etwa M 174 oder KSA 9/73, 3[98].

105 GD Streifzüge eines Unzeitgemässen 3; KSA 11/599f, 38[5]; KSA 13/11f, 11[9]. Sainte-Beuve hat in jungen Jahren mit dem Saint-Simonismus sympathisiert, später jedoch, vor allem nach 1848, einen eher konservativen Standpunkt vertreten.

106 KSA 11/39, 25[108]. Ein weiteres Exzerpt aus Prévost-Paradol, speziell der folgende Abschnitt:»eine noblesse, welche ihren Stolz hinein setzt, Privilegien fahren zu lassen, von der Philosoph<ie> entzückt, glühend für das öffentliche Wohl« 25[109] ist zu vergleichen mit JGB 258: »Wenn zum Beispiel

eine Aristokratie, wie die Frankreichs am Anfange der Revolution, mit einem sublimen Ekel ihre Privilegien wegwirft und sich selbst einer Ausschweifung ihres moralischen Gefühls zum Opfer bringt«.

107 Diesen Aspekt von Comtes Denken hat Karl Brose in seinem Beitrag zu
Nietzsches Auseinandersetzung mit Comte zuwenig berücksichtigt; Brose
1977.

108 Vgl. dazu Marti 1984.

109 Vgl. dazu Mill GW IX/98; M 132; JGB 48; GD Streifzüge eines Unzeitgemässen 4; KSA 12/360ff, 9[51; 55] – die entsprechenden Stellen bei Mill
finden sich auf den Seiten 103 und 134 – sowie 558, 10[170]. Im Anschluss
an Mill hat sich Nietzsche auch mit Comtes geistiger Entwicklung beschäftigt; M 542.

110 Vgl. dazu KSA 11/82, 25[270]; 210, 26[232]; 263, 26[417] sowie oben
Anmerkung 44.

111 Einen guten Überblick gibt Simon 1963.

112 Buckle 1867/31. Nietzsche hat den betreffenden Essay *Mill über die Freiheit*
gelesen.

113 Vgl. ebenfalls GM I 4 und GD Streifzüge eines Unzeitgemässen 44.

114 »[...] il ne fait pas de doute que c'est bien avec Renan et Taine que commen-
ce, dans la France contemporaine, la véritable réaction antidémocratique.
Plus que quiconque dans la France des années quatre-vingts, ces intellectuels
ont été les grands propagateurs de la double théorie selon laquelle la démocratie, c'est la médiocrité par le nivellement, et la Révolution française, le
début de la décadence française.« Sternhell 1978/83f. Alfred Fouillée hat
sich in *La science sociale contemporaine* kritisch mit den politischen Theorien
von Renan und Taine auseinandergesetzt; Nietzsche hat dieses Buch gekannt.

115 Politisch wichtig sind besonders *L'avenir de la science* und *La réforme intellectuelle et morale.* Die erste Schrift hat Renan unter dem Eindruck der 48er
Revolution verfasst, aber erst 1890 veröffentlicht, die zweite ist eine Reaktion auf die Niederlage gegen Deutschland und die Kommune.

116 »Bei Nietzsche und bei Renan soll also der demokratischen Tendenz zur
gleichmachenden Mittelmässigkeit, zum Amerikanismus, nicht entgegenge-
wirkt werden, sondern sie soll gelenkt und für den Plan der herrschaftlichen
Vernunft funktionalisiert werden«; Barbera/Campioni 1984/302.

117 Vgl. KSA 12/462f, 10[17].

118 »Die Renansche Ethik der Pflicht, der auch die ›positivistischen Tyrannen‹
gehorchen, fällt also wieder, für Nietzsche, in den Bereich des Chinesentums
zurück, gerade wegen ihres Charakters von theologischer Absolutheit; sie ist
Ausdruck der ›Sklavenmoral‹ der Unterworfenen, die, unfähig zu einer autonomen individuellen Gesetzgebung, eine Determination der Werte von aussen benötigen.« »Die Antithese zur aristokratischen Perspektive Renans ist
klar: gerade wo der Entwurf Nietzsches sich auf dem Gipfel seines herrschaftlichen Strebens nach Macht befindet, offenbart er auch eine nicht zu
verbergende Dimension von Befreiung und Entweichen aus den sklavischen

Netzen der Gesellschaft.« Barbera/Campioni 1984/313; 315. Zu Nietzsches
Ablehnung der Mandarinen-Herrschaft vgl. KSA 11/263, 26[417] und GM
III 25.

119 Vgl. auch KSA 12/347ff, 9[20; 29]; 13/245f, 14[58].

120 Den Begriff des Bourgeois mit seinen negativen Konnotationen übernimmt
Nietzsche aus dem zeitgenössischen Sprachgebrauch, ohne sich um ein ge-
naueres Verständnis zu bemühen. Der Bourgeois ist »in Folge des Geldes
parvenu«; KSA 11/61, 25[178]; vgl. auch 235, 26[324]. Repräsentant des
demokratischen bourgeois ist Victor Hugo. Dessen Begräbnis im Sommer
1885, das als Staatsakt inszeniert worden ist und über welches das *Journal
des débats* ausführlich berichtet hat – vgl. die Stellungnahmen von Renan
und Bourget vom 23. und 24.5. sowie die Berichte vom 1./2.6. –, gilt Nietzsche als »wahre Orgie des Ungeschmacks und zugleich der Selbstbewunderung«, die ein »verdummtes und vergröbertes Frankreich« gefeiert hat; JGB
254. Zu Nietzsches Hugo-Kritik vgl. besonders KSA 11/601f, 38[6].

121 »Je ne comprends guère l'utilité qu'il y a de parquer deux ou trois cents pro-
vinciaux dans une baraque de bois, avec un plafond peint par M.Fragonard,
pour leur faire tripoter et gâcher je ne sais combien de petites lois absurdes
ou atroces. – Qu'importe que ce soit un sabre, un goupillon ou un parapluie
qui vous gouverne! – C'est toujours un bâton«; Gautier 1835/26f.

122 Zur Entpolitisierung der französischen Literatur nach 1850 meint Oehler:
»Weil es den Schriftstellern nunmehr für lange Zeit verwehrt ist, Partei zu
ergreifen, die restaurative Gesellschaft und das neue Kaisertum offen zu at-
tackieren, ihre Trauer um die verlorene Freiheit, ihr Mitgefühl mit dem besiegten, elenden Volk noch offen zu äussern, sind sie [...] buchstäblich auf
sich selbst, auf die eigene Privatheit zurückgeworfen. Und nun entdecken
diese Bourgeois-Verächter, dass die Melancholie der Ohnmacht zur literarischen Produktivkraft werden kann, zum Movens eines ästhetischen und intellektuellen Rigorismus, der, sich ostentativ auf die Innenwelt isolierter
Subjekte konzentrierend, die geheimen Beziehungen oder Correspondances, die zwischen dem verschwiegen Persönlichen und dem zu verschweigen-
den Politischen obwalten, offenzulegen vermag. [...] So kann denn das im
zivilisierten 19. Jahrhundert gänzlich unvorstellbar erscheinende Geschehen
der Junitage als Paradigma des modernen Lebens, als die ebenso ungeheuerliche wie natürliche Ausgeburt des Bürgeralltags begriffen werden.« Oehler
1988/18ff; zu Flaubert vgl. 312-345.

123 Personifiziert ist die Bourgeoisie mit ihrer Dummheit und Beschränktheit
bei Flaubert durch Thiers; Flaubert Correspondance 5/346.

124 Flaubert Correspondance 5/397; 407f: »Je vous ai dit que je ne flattais pas
les démocrates dans mon bouquin. Mais je vous réponds que les conserva-
teurs ne sont pas ménagés. J'écris maintenant trois pages sur les abominati-
ons de la garde nationale en juin 1848, qui me feront très bien voir des bourgeois! Je leur écrase le nez dans leur turpitude, tant que je peux.« Alle hier
zitierten Briefe sind an George Sand gerichtet.

125 Flaubert Correspondance 5/385.

126 Flaubert Correspondance 6/31ff.
127 Flaubert Correspondance 6/202f; 215f; 224; 227.
128 Vgl. auch Flaubert Correspondance 6/297.
129 Vgl. JGB 218 und KSA 11/63, 25[181].
130 Vgl. auch seine Stellungnahmen zur Revolution von 1848; Mérimée 1874 I/282-305.
131 Zu Nietzsches Lektüre des *Journal* vgl. besonders die Exzerpte in KSA 13/117-123, 11[296]; sie beziehen sich auf den ersten Band des *Journal*.
132 Zu Nietzsches Baudelaire-Rezeption vgl. Pestalozzi 1978. Der im folgenden referierten Baudelaire-Stelle entspricht in Nietzsches Exzerpten KSA 13/91f, 11[234].
133 »Plus scélérate, plus vile que la noblesse dépouillée et que le clergé déchu, la bourgeoisie leur empruntait leur ostentation frivole, leur jactance caduque, qu'elle dégradait par son manque de savoir-vivre, leur volait leurs défauts qu'elle convertissait en d'hypocrites vices; et, autoritaire et sournoise, basse et couarde, elle mitraillait sans pitié son éternelle et nécessaire dupe, la populace, qu'elle avait elle-même démuselée et apostée pour sauter à la gorge des vieilles castes! [...] Une fois sa besogne terminée, la plèbe avait été, par mesure d'hygiène, saignée à blanc; le bourgeois, rassuré, trônait, jovial, de par la force de son argent et la contagion de sa sottise. Le résultat de son avènement avait été l'écrasement de toute intelligence, la négation de toute probité, la mort de tout art [...] c'était enfin, l'immense, la profonde, l'incommensurable goujaterie du financier et du parvenu, rayonnant, tel qu'un abject soleil, sur la ville idolâtre qui éjaculait, à plat ventre, d'impurs cantiques devant le tabernacle impie des banques!« Huysmans 1884, chap. XVI. Zum Thema Huysmans – Nietzsche vgl. Montinari 1986a.
134 Auf die Quellen von Nietzsches Kenntnissen und auf die Stossrichtung seiner Polemiken gehe ich hier nicht näher ein; zu diesem Zweck wäre vor allem ein Blick in die literaturgeschichtlichen Werke nötig, die er konsultiert hat. Als Auswahl sei verwiesen auf die Werke von Albert, Bérard-Varagnac, Bourget, Brunetière, Doudan und Schérer.
135 »Oder soll ich nach Amerika, nach diesem ungeheuren Freyheitsgefängniss, wo die unsichtbaren Ketten mich noch schmerzlicher drücken würden als zu Hause die sichtbaren, und wo der widerwärtigste aller Tyrannen, der Pöbel, seine rohe Herrschaft ausübt! [...] dort giebt es weder Fürsten noch Adel, alle Menschen sind dort gleich, gleiche Flegel ... mit Ausnahne freylich einiger Millionen, die eine schwarze oder braune Haut haben und wie die Hunde behandelt werden! [...] Freylich, manches edle Herz mag dort im Stillen die allgemeine Selbstsucht und Ungerechtigkeit bejammern. Will es aber gar dagegen ankämpfen, so harret seiner ein Martyrthum, das alle europäische Begriffe übersteigt.« Anschliessend wird der Fall einer rassistisch motivierten Lynch-Aktion beschrieben, deren Opfer die Tochter eines antirassistischen Predigers ist; Heine DHA 11/37f.
136 Stendhal OC 37/118f; 164ff; 191-99; 239f.
137 Vgl. vor allem die Fragmentgruppe 7 in KSA 9.

138 Zur *Querelle des industriels* vgl. Rude 1983/99-162.
139 Vgl. dazu FW 95; JGB 39; 254; 256; EH Warum ich so klug bin 3; KSA 9/
329, 7[59]; 11/254f, 26[394; 396]; 512, 35[9]; 583, 37[9]; 598f, 38[5]; 12/
375, 9[76]; 13/90, 11[230]. Angesprochen haben Nietzsche zweifellos auch
Balzacs Urteile über die *Chartreuse de Parme;* KSA 11/19, 25[29; 31].
140 Vgl. etwa Stendhal OC 15/20ff – die Stelle ist in Nietzsches Exemplar angestrichen: Stendhal 1877/22ff –; 15/236; 16/380f. Tocqueville hat Stendhal
wahrscheinlich 1833 kennengelernt, also kurz nach dessen Rückkehr aus
Amerika. Zu Stendhals Beschäftigung mit der amerikanischen Gesellschaft
vgl. noch OC 35/309-325 sowie OC 46/231-237. Von Interesse ist auch
folgende Stelle aus den *Mémoires,* die Nietzsche angestrichen hat:»Il n'en est
pas moins vrai que la c o n c u r r e n c e qui existe encore d'individu à individu finira par ne plus s'exercer désormais que de grande compagnie à grande
compagnie. Ce caractère futur de notre industrie se montre déjà.« Stendhal
OC 16/482 bzw. Stendhal 1877/364.
141 Deutlich ist die folgende Stelle:»j'avais pour compagnons de voyage des
bourgeois riches ou plutôt enrichis. Jamais je ne me suis trouvé en aussi
mauvaise compagnie [...] Jamais je ne vis l'espèce humaine sous un plus vi-
lain jour, ces gens triomphaient de leur bassesse à peu près comme un porc
qui se vautre dans la fange. Pour devenir député, faudra-t-il faire la cour à
des êtres tels que ceux-ci? Sont-ce là les rois de l'Amérique?« Stendhal OC
16/68ff.
142 Der Autor der Reisetagebücher weiss, dass Frankreich in raschem Wandel
begriffen ist, will aber die herrschende Meinung nicht unnötig schockieren.
»Ce qui me fait penser que cette opinion ne durera pas, c'est qu'elle n'est
qu'un intérêt; et le Français n'a pas la *prudence anglaise,* il peut *s'ennuyer
même de son intérêt.* Les âmes nobles seront les premières à se révolter contre
le genre hypocrite et ennuyeux.« Stendhal OC 15/264.
143 Vgl. dazu etwa Stendhal OC 16/209; 213; 216.
144 So etwa Detwiler 1990/189f. Als »aristokratischen Radikalismus« hat bekanntlich Brandes Nietzsches Position definiert; Nietzsche hält es für »das
gescheuteste Wort«, das er bisher über sich gelesen hat (KSB 8/206).
145 Den Geist Nietzsches verraten etwa folgende Stellen: Weber 1920/204 – es
handelt sich um den oft zitierten Abschnitt über die »Fachmenschen ohne
Geist« und »Genussmenschen ohne Herz«; Marcuse 1967/98; Strauss 1968/
4ff.

Anmerkungen zu VIII:

1 Vgl. zum Thema besonders Müller-Lauter 1971/117ff; 132f; 186ff; Haase
1984.
2 Vgl. KSA 11/588, 37[13]. Auch in der Ablehnung von Thiers' Napoleon-
Darstellung trifft sich Nietzsche mit Barbey; Barbey d'Aurevilly 1887/390
sowie zu Michelet 402ff.

3 Vgl. KSB 8/67.

4 Vgl. dazu Bernoulli 1908 II/478ff; Séillière 1909. Ernest Séillière kommentiert zwar Nietzsches Briefwechsel mit Rohde und Taine, setzt sich aber inhaltlich nicht mit den divergierenden Positionen von Taine und Nietzsche auseinander. Charles Andler hält im Hinblick auf Taines Briefe an Nietzsche treffend fest: »ils sont d'une banalité rare et ne témoignent d'aucun intérêt profond.« Andler N IV/476. Wie Meta von Salis berichtet, hat Nietzsche aus Taines Reaktion auf seine Charakterisierung Napoleons den Schluss gezogen, »der Ausdruck sei dem feinen Franzosen zu stark gewesen.« Gilman 1981/583. Dass Taine und Nietzsche sich in ihrer Einschätzung Napoleons keineswegs einig gewesen sind, hat jüngst noch Henning Ottmann übersehen; von einem »Ja zu Napoleon« kann natürlich bei Taine nicht die Rede sein; Ottmann 1987/273f. An Rohde schreibt Nietzsche im November 1887: »Über Ms. Taine bitte ich Dich zur Besinnung zu kommen. Solche groben Sachen, wie Du über ihn sagst und denkst, agaçiren mich. Dergleichen vergebe ich dem Prinzen Napoleon; nicht meinem Freunde Rohde.« KSB 8/194f. Napoléon Joseph Bonaparte hat 1887 unter dem Titel *Napoléon et ses détracteurs* ein Buch veröffentlicht, in dem er gegen Taine polemisiert. Es ist kaum anzunehmen, dass Nietzsche diese Schrift gekannt hat, hingegen hat er wahrscheinlich die ihr gewidmete Rezension von Ferdinand Brunetière in der *Revue des deux mondes* vom 1.10.1887 gelesen.

5 KSA 12/223f, 5[91].

6 Der erste Band von *Le régime moderne* ist erst 1891 erschienen, der zweite 1894. Im Winter 1880/81 schreibt Nietzsche: »Napoleon und das französische Volk nach der Revolution. Wer war mit der Organisation zufrieden?« KSA 9/393, 8[47]; ob er hier, wie später Taine, Napoleon für die soziale Nivellierung Frankreichs verantwortlich macht, wird nicht ganz klar.

7 Vgl. dazu Hoeges 1980/51-65.

8 Vgl. auch KSA 11/428, 34[22]; KSA 12/306, 7[33]; KSA 13/468, 15[105; 106]: »Die Theorie vom Milieu [...] ist selbst ein Beweis von einer verhängnissvollen Disgregation der Persönlichkeit: wenn das Milieu anfängt zu formen und es dem Thatbestand entspricht, die Vordergrunds-Talente als blosse Concrescenzen ihrer Umgebung verstehen zu dürfen, da ist die Zeit vorbei, wo noch gesammelt, gehäuft, geerntet werden kann – die Z u k u n f t ist vorbei.«

9 Vgl. de Staël 1818 II/387ff zu Bonaparte und Machiavelli.

10 »Wenn nun die Selbstsucht im weitern wie im engsten Sinne Wurzel und Hauptstamm alles Bösen ist, so wäre schon deshalb der entwickelte Italiener damals dem Bösen näher gewesen als andere Völker.« Burckhardt präzisiert jedoch: »Aber diese individuelle Entwicklung kam nicht durch seine Schuld über ihn, sondern durch einen weltgeschichtlichen Ratschluss; sie kam auch nicht über ihn allein, sondern wesentlich vermittelst der italienischen Kultur auch über alle andern Völker des Abendlandes und ist seitdem das höhere Medium in welchem dieselben leben. Sie ist an sich weder gut noch böse, sondern notwendig; innerhalb derselben entwickelt sich ein modernes Gu-

tes und Böses, eine sittliche Zurechnung, welche von der des Mittelalters wesentlich verschieden ist.« Burckhardt GW V/328f. Nietzsche bejaht die revolutionäre Kraft der Renaissance: »Die italiänische Renaissance barg in sich alle die positiven Gewalten, welchen man die moderne Cultur verdankt: also Befreiung des Gedankens, Missachtung der Autoritäten, Sieg der Bildung über den Dünkel der Abkunft, Begeisterung für die Wissenschaft und die wissenschaftliche Vergangenheit der Menschen, Entfesselung des Individuums, eine Gluth der Wahrhaftigkeit und Abneigung gegen Schein und blossen Effect [...]; ja, die Renaissance hatte positive Kräfte, welche in unserer bisherigen modernen Cultur noch nicht wieder so mächtig geworden sind.« MA I 237.

11 Vgl. dazu Löwith SS 7/237ff; 298ff; Janssen 1970/18f. Janssen weist auf den Zusammenhang von Reflexion und Subversion, von individueller Emanzipation und sozialer Desintegration hin.

12 Der Schlusssatz des eingangs zitierten Fragments über den höheren Menschen lässt sich dagegen auf Nietzsches Kritik der Französischen Revolution beziehen.

13 Zu Burckhardts »Abwehrhaltung gegenüber dem jüdischen Element« vgl. Martin 1945/76; 172.

14 Martin 1945/36; 49ff; 55.

15 Vgl. Martin 1945/119; 164; 172.

16 Vgl. Stendhal OC 26/6-15; Stendhal VI/292: »Ce feu divin fut allumé jadis par la liberté et par les moeurs grandioses des républiques du Moyen Âge.« Vgl. dagegen auch Stendhal VI/470, wo es bezüglich des Zweikammer-Systems heisst: »ce gouvernement *éminemment raisonnable* est probablement aussi éminemment défavorable à l'esprit et à l'originalité, et jamais aucune histoire n'égalera l'intérêt de celle du Moyen Âge.«

17 Deutlich ist die folgende Notiz: »Napoléon sauva la Révolution en 1796 et en 1798 au 18 brumaire. Bientôt il chercha à anéantir la Révolution et il eût mieux valu pour le bonheur de la France qu'il fût tué en 1805 après la paix.«

18 »Tout grand mouvement ne peut être désormais qu'à l'avantage de la morale, c'est-à-dire du bonheur du genre humain. Chaque choc qu'éprouvent toutes ces vieilleries les rapproche du véritable équilibre.« Stendhal OC 39/76.

19 Vgl. etwa Heine DHA 7,1/68.

20 »Napoleon, der in den modernen Ideen und geradewegs in der Civilisation Etwas wie eine persönliche Feindin sah, hat mit dieser Feindschaft sich als einer der grössten Fortsetzer der Renaissance bewährt: er hat ein ganzes Stück antiken Wesens, das entscheidende vielleicht, das Stück Granit, wieder heraufgebracht.« FW 362. In einer Nachlassnotiz vom Sommer 1885 wird das Erscheinen Napoleons als das »Hauptereigniss des letzten Jahrtausends« gefeiert; KSA 11/539, 35[65].

21 Bertram 1919/201-214.

22 Daneben begegnet ihm natürlich auch in dieser Lektüre das Motiv der Einmaligkeit; vgl. KSA 9/204, 6[43]; 415f, 10[A13].

23 Vgl. KSA 9/199, 6[26; 29].

24 »Une lâcheté? reprit Bonaparte; eh! que m'importe; sachez que je ne crain-
drais nullement d'en faire une, si elle m'était utile. Tenez, au fond, il n'y a
rien de noble ni de bas dans ce monde; j'ai dans mon caractère tout ce qui
peut contribuer à affermir le pouvoir, et à tromper ceux qui prétendent me
connaître. Franchement je suis lâche, moi, essentiellement lâche;
[...] Mes penchants secrets, qui sont après tout ceux de la nature, opposés à
certaines affectations de grandeur dont il faut que je me décore, me donnent
des ressources infinies pour déjouer les croyances de tout le monde.« Rémusat I/108. Vgl. KSA 9/405, 8[107-109].

25 Vgl. KSA 9/202, 6[35; 36].

26 Vgl. KSA 9/406, 8[113; 114].

27 »L'admission des femmes à l'égalité parfaite serait la marque la plus sûre de la
civilisation; elle doublerait les forces intellectuelles du genre humain et ses
probabilités de bonheur.« Stendhal VI/561.

28 »Was ist denn Grosses geschehen, und geschaffen, was nicht vor 1800 geschehen und geschaffen ist? Obschon manche Frucht, die im 18. Jahrhundert wuchs und reifte, erst in diesem vom Baum gefallen ist. Nehmt die französische Revolution und Napoleon hinweg aus der Politik – damit nehmt
ihr die Demokratie – – –« KSA 11/492f, 34[210]. Vgl. auch die Vorstufe zu
JGB 200, KSA 14/360. Herrscher wie Napoleon tragen ihrerseits zur Nivellierung bei. Mme de Rémusat zitiert seine Worte: »Qu'est-ce qui a fait la
Révolution? c'est la vanité. Qu'est-ce qui la terminera? encore la vanité. La
liberté est un prétexte. L'égalité, voilà votre marotte, et voilà le peuple con-
tent d'avoir pour roi un homme pris dans les rangs des soldats.« Rémusat I/
392; vgl. KSA 9/199, 6[24]; aber auch 415, 10[A13]: »Napoleon sagte oft,
er allein habe den Gang der Revolution aufgehalten, nach ihm werde sie ihn
fortsetzen.«

29 »[...] ein Wohlgefühl sonder Gleichen gieng durch Europa: das Genie soll
Herr sein, der blödsinnige ›Fürst‹ von ehedem erschien als Caricatur.« KSA
11/79f, 25[259].

30 Gemerkt hat sich Nietzsche besonders die folgende Rechtfertigung: »J'ai re-
fermé le gouffre anarchique et débrouillé le chaos. J'ai dessouillé la révolution, ennobli les peuples et raffermi les Rois. J'ai excité toutes les émulations,
récompensé tous les mérites, et reculé les limites de la gloire!« Las Cases III/
240; vgl. KSA 11/65, 25[190].

31 Zur Kritik von Napoleons politischer Einstellung vgl. Rémusat III/88f.

32 Prévost-Paradol 1868/302-309; vgl. KSA 11/40f, 25[110].

33 Vgl. auch KSA 11/43, 25[115]; 13/451, 15[68].

34 Vgl. zum Thema KSA 9/11, 1[13]; 149, 4[197]; 328, 7[53]; KSA 11/78,
25[254]; 251ff, 26[381; 393]; 630, 40[5]: »Die Zunahme der **Verstellung** in der Rangordnung der Wesen [...] die höchsten Menschen wie Caesar
Napoleon (Stendhals Wort über ihn) ebenso die höheren Rassen (Italiäner
usw.) Sollte man es nicht für möglich halten, dass die tausendfältigste Ver-
schlagenheit mit in das Wesen höherer Geschöpfe gehöre? Natürlich würde

der Sinn der Wahrheit (zu sehen, was ist) auch zunehmen müssen, als
Mittel, um scheinen zu können.« KSA 12/177, 4[2]; 550, 10[159]; KSA 13/
19, 11[33].

35 Vgl. dazu auch FW 23 und KSA 9/407, 8[116], die Quelle ist wiederum Rémusat.

36 Vgl. auch KSA 9/215, 6[78]; KSA 10/257, 7[44].

37 Bereits im Sommer 1883 notiert sich Nietzsche: »Höhere Menschen als Napoleon« KSA 10/413, 12[49].

38 Zu Wagner vgl. in diesem Zusammenhang KSA 11/63, 25[184].

39 Die Machtergreifung der Jakobiner im Sommer 1893 beschreibt Stendhal
in seiner Napoleon-Biographie mit folgenden Worten: »Ce moment est le
plus beau de l'histoire moderne. [...] cette Dictature n'est pas exercée par un
seul homme, mais par ce qu'il y a de plus énergique dans tous.« Stendhal OC
40/61.

40 Zu den wichtigsten Urteilen Nietzsches über Stendhal gehören JGB 254:
»jener merkwürdige vorwegnehmende und vorauslaufende Mensch, der mit
einem Napoleonischen Tempo durch sein Europa, durch mehrere Jahrhunderte der europäischen Seele lief, als ein Ausspürer und Entdecker dieser
Seele: – es hat zweier Geschlechter bedurft, um ihn irgendwie einzuho-
len, um einige der Räthsel nachzurathen, die ihn quälten und entzückten,
diesen wunderlichen Epicureer und Fragezeichen-Menschen, der Frankreichs letzter grosser Psycholog war«. KSA 11/598f, 38[5]; EH Warum ich
so klug bin 3: »Stendhal, einer der schönsten Zufälle meines Lebens [...] ist
ganz unschätzbar mit seinem vorwegnehmenden Psychologen-Auge, mit
seinem Thatsachen-Griff, der an die Nähe des grössten Thatsächlichen erinnert (ex ungue Napoleonem –); endlich nicht am Wenigsten als ehrlicher
Atheist«. Vgl. zum Verhältnis Stendhal-Nietzsche Guth 1983; er legt besonderes Gewicht auf den Gegensatz zwischen dem »homme fragmentaire« und
dem »homme supérieur« als dem synthetischen Menschen.

41 Aus Juliens Blick spricht »un espoir vague de la plus atroce vengeance. Ce
sont sans doute de tels moments d'humiliation qui ont fait les Robespierre.«
Stendhal RN I/270.

42 Vgl. besonders Stendhal RN I/296ff.

43 »Une conspiration anéantit tous les titres donnés par les caprices sociaux. Là,
un homme prend d'emblée le rang que lui assigne sa manière d'envisager la
mort.« Stendhal RN I/499.

44 »Messieurs, je n'ai point l'honneur d'appartenir à votre classe, vous voyez en
moi un paysan qui s'est révolté contre la bassesse de sa fortune. [...] quand je
serais moins coupable, je vois des hommes qui, sans s'arrêter à ce que ma jeunesse peut mériter de pitié, voudront punir en moi et décourager à jamais
cette classe de jeunes gens qui, nés dans une classe inférieure et en quelque
sorte opprimés par la pauvreté, ont le bonheur de se procurer une bonne
éducation, et l'audace de se mêler à ce que l'orgueil des gens riches appelle la
société. Voilà mon crime, messieurs, et il sera puni avec d'autant plus de
sévérité, que, dans le fait, je ne suis point jugé par mes pairs. Je ne vois point

sur les bancs des jurés quelque paysan enrichi, mais uniquement des bourgeois indignés...« Stendhal RN I/674f.

45 »Il n'y a point de *droit naturel :* ce mot n'est qu'une antique niaiserie bien digne de l'avocat général qui m'a donné chasse l'autre jour, et dont l'aïeul fut enrichi par une confiscation de Louis XIV. In n'y a de *droit* que lorsqu'il y a une loi pour défendre de faire telle chose, sous peine de punition. Avant la loi, il n'y a de *naturel* que la force du lion, ou le besoin de l'être qui a faim, qui a froid, le *besoin* en un mot« Stendhal RN I/689f.

46 Claude Liprandi hat den Fall Lafargue und dessen Bedeutung für die Entstehung von Stendhals Roman eingehend studiert. Vgl. Liprandi 1961, insbesondere die wenig schmeichelhafte Schilderung des Vorbilds; Liprandi 1961/110.

47 »L'an passé, les tribunaux nous ont appris plusieurs assasinats commis par amour; les accusés appartenaient tous à cette classe ouvrière qui, grâce à sa pauvreté, n'a pas le temps de songer à l'opinion du voisin et aux convenances.« Stendhal VI/910. »Tandis que les hautes classes de la société parisienne semblent perdre la faculté de sentir avec force et constance, les passions déploient une énergie effrayante dans la petite bourgeoisie, parmi ces jeunes gens qui, comme M. Lafargue, ont reçu une bonne éducation, mais que l'absence de fortune oblige au travail et met en lutte avec les vrais besoins. [...] ils conservent la force de vouloir, parce qu'ils sentent avec force. Probablement tous les grands hommes sortiront désormais de la classe à laquelle appartient M. Lafargue. Napoléon réunit autrefois les mêmes circonstances: bonne éducation, imagination ardente et pauvreté extrême.« Stendhal VI/1079f.

48 Vgl. dazu Rude 1983. Einen nachhaltigen Eindruck von der Situation der Arbeiter hat Stendhal während seiner Reisen durch England erhalten.

49 Vgl. dazu Crouzet 1985.

50 Beispielsweise in der *Histoire de la peinture en Italie,* wo er die Renaissance-Künstler als »hommes supérieurs« bezeichnet, aber auch sich selbst, insofern er vom Volksglauben nicht mehr berührt wird; Stendhal OC 27/182.

51 Vgl. KSA 11/27-32, besonders 25[71; 72; 75; 76; 79; 80; 82; 83; 90].

52 Vgl. Taine 1901/223; 229-32. Zur Geschichte von Stendhals Wiederentdeckung in Frankreich vgl. Blum 1947/123f; 202ff; 214ff.

53 »Il ne faut pas une grande vigueur d'analyse pour reconnaître qu'inévitablement aussi le suffrage universel est hostile à l'homme supérieur.« EPC I/89. Der Antagonismus von Demokratie und Genie ist in den 80er Jahren längst zu einem beliebten Thema der französischen Literaturkritik geworden; vgl. Brunetières Rede von der »envahissante démocratie«; Brunetière 1875/685f. Nietzsche hat Bourgets Essais in der ersten Auflage von 1883 gelesen; zu seiner Bewunderung für den französischen Kritiker vgl. KSB 7/18f; 59.

54 »L'auteur des *Dialogues philosophiques* est donc un personnage d'exception. Suivant un terme très fort dans sa simplicité, il est un homme supérieur, on pourrait presque dire qu'il est l'Homme Supérieur.« Bourget EPC I/85.

55 »[...] cet enseignement de la Science est la négation totale des faux dogmes de
   1789, et il faudra bien que le XXe siècle s'y conforme, mais il lui faudra,
   pour cela, lutter contre la démocratie et ranger définitivement cette forme
   inférieure des sociétés à son rang de régression mentale.« Bourget EPC I/94.
56 Taine OFC V/311-324.
57 Bourget EPC I/325; Stendhal RN I/526.
58 Dies ist ein zentrales Thema in Taines *Origines de la France contemporaine.*
   In einem späteren Vorwort zu Stendhals Roman liest Bourget aus Juliens
   Reflexionen über das Naturrecht »la meurtrière psychologie de la Terreur,
   de la Commune, du bolchévisme« heraus; Stendhal OC 1/XIII.
59 Bourget 1889/268ff.
60 Faguet 1900/54.
61 Sooby 1984; vgl. zum Thema auch Guérin 1982/18ff.
62 Vgl. KSB 8/27f sowie KSB 7/289 bzw. KSA 11/59, 25[169]. Auch mit seinem Mut zum schlechten Geschmack erscheint Julien als ein Verwandter
   des Emporkömmlings Napoleon.
63 Bourdeau 1913/26; 128. Unhaltbar ist die Ansicht von Léandre-René
   Guibert, Julien sei das Vorbild von Nietzsches Übermenschen; Guibert
   1930/109.
64 Vgl. Krökel 1929/56ff; 100ff; 117f; Williams 1952/133f; 178; Goetz 1981/
   449f – hier wird das Problem des Klassenkampfes erörtert – sowie Donnellan 1982/117ff.
65 Die Identifikation mit Prado und Chambige ist der erste der »zwei schlechten Witze«, die Burckhardt beweisen sollen, wie »harmlos« er sein kann. Vgl.
   auch KSB 8/508: »die Geschichte der Verbrecher-Familien, für die der Engländer Galton [...] das grösste Material gesammelt hat, führt immer auf einen zu starken Menschen für ein gewisses sociales niveau zurück. Der
   letzte grosse Pariser Criminalfall Prado gab den klassischen Typus: Prado
   war seinen Richtern, seinen Advokaten selbst durch Selbstbeherrschung,
   esprit und Übermuth überlegen; trotzdem hatte ihn der D r u c k der Anklage physiologisch schon so heruntergebracht, dass einige Zeugen ihn erst
   nach alten Porträts wiedererkannten.«
66 Vgl. das *Journal des débats* vom 6.- 15.November 1888 zum Prado-Prozess;
   vom 4.- 12.November 1888 zum Chambige-Prozess.
67 Vgl. zum »physiologischen« Interesse am Verbrecher-Typus und zur Gal-
   ton-Lektüre: Haase 1989/637ff.
68 Ein Thema, das Bourget sonst stark beschäftigt hat. Sorel, Rubempré und
   Vingtras verkörpern für ihn das Problem des sozialen Aufstiegs. Der Umstand, dass er die drei Romanfiguren immer wieder zusammenbringt, macht
   deutlich, dass in seiner konservativen Perspektive der Unterschied zwischen
   sozialer Revolte und Aufsteiger-Ehrgeiz nicht ins Gewicht fällt. Bourget
   selbst hat das Thema des raschen sozialen Aufstiegs in seinem 1902 erschienenen Roman *L'étape* behandelt.
69 »Le vice et le vertu sont des produits comme le vitriol et le sucre.« Taine
   HLA I/XV.

70 Vgl. dazu Giraud 1911 und Mansuy 1960.

71 Zu Nietzsches Beurteilung Carlyles vgl. auch JGB 252; GD Streifzüge eines Unzeitgemässen 44; EH Warum ich so gute Bücher schreibe 1; über seine Lehre vom Übermenschen schreibt Nietzsche hier: »selbst der von mir so boshaft abgelehnte ›Heroen-Cultus‹ jenes grossen Falschmünzers wider Wissen und Willen, Carlyle's, ist darin wiedererkannt worden.« Wie genau sich Nietzsche mit Carlyle befasst hat, ist schwer zu beurteilen. In der *Götzen-Dämmerung*, Streifzüge eines Unzeitgemässen 12, heisst es: »Ich las das Leben Thomas Carlyle's«. Nietzsche spricht von Carlyles Glaubensnot; möglicherweise hat er den *Sartor resartus* gekannt, der autobiographische Züge trägt. Vgl. auch KSA 13/21f, 11[45].

72 Vgl. auch KSB 6/463; KSA 9/588, 12[67]; GD Streifzüge eines Unzeitgemässen 13.

73 Hingewiesen sei auf Baumgartner 1957, Hubbard 1958, Gilman 1980, Campioni 1987 und Vivarelli 1987; vgl. auch KSA 14/279.

74 Ausgeklammert wird also die Frage nach dem Übermenschen; vgl. dazu Vivarelli 1987/255f.

75 Vgl. etwa Emerson 1858/348: »Und die Natur zeigt mir durch solche Menschen an, dass sie in dem demokratischen Amerika nicht demokratisirt sein will«; 413ff.

76 Emerson 1858/196-219. Fabricius übersetzt »Over-Soul« mit »höhere Seele«, Nietzsche mit »Überseele«; KSA 8/562, 32[13].

77 Vgl. Emerson 1858/410.

78 »Das was alle Dinge darstellen wollen, was Freiheit, Bildung, Verkehr, Revolution gestalten und äussern wollen, das ist der Charakter: es ist der Endzweck der Natur, diese Krönung ihrer Könige zu erlangen. Den weisen Mann zu erziehen, dazu existirt der Staat; und mit dem Erscheinen des Weisen ist das Ende des Staates da.« Emerson 1858/426.

79 Vgl. Nietzsches Exzerpte, KSA 9/666-672, Fragmentgruppe 17.

80 Vgl. besonders Emerson 1876/276-294. Wichtig ist folgende Stelle: »Geh' deinen eigenen Weg, mache dich nicht des lokalen, gesellschaftlichen oder nationalen Verbrechens schuldig, sondern verfolge die Bahn, die dir dein Genius gleich der Milchstrasse des Himmels vorgezeichnet hat.« 278. Zu Napoleon vgl. 288ff.

81 Vgl. dazu auch KSA 11/543, 35[76]; 591, 37[15].

82 Über die griechischen Moralisten heisst es in einer Notiz vom Frühjahr 1884: »sie sind Kinder ihrer Zeit – nicht mehr tragische Schauspieler, nicht Darsteller des Heroen-thums, sondern ›Olympier‹, oberflächlich. Viel plebejischer Ehrgeiz und Parvenu-thum ist darin. ›Rasse‹ soll nichts sein: das Individuum fängt mit sich an.« KSA 11/39, 25[106].

83 Vgl. auch Stendhal VI/113; in der von Nietzsche benutzten Ausgabe: Stendhal 1854/383.

84 Vgl. JGB 44; KSA 11/469; 479, 34[146; 176].

85 Vgl. hierzu besonders KSA 12/520, 10[111].

86 Dieser Zusammenhang wird näher erläutert in JGB 62.

87 Vgl. dazu Baudelaire OC II/351; 648; 652 sowie Nietzsches Auszüge; KSA 13/77ff, 11[169; 198; 203].

Anmerkungen zu IX:

1 Als Beispiele seien hier nur erwähnt: Strong 1975/187ff; Goyard-Fabre 1977/170f. Einer der wenigen Autoren, die Nietzsches Konfrontation mit der Tagespolitik ernst nehmen, ist Peter Bergmann.

2 MA I 463; 466; VM 179; 301; 304; 310; 316; 317.

3 Theodor Curti (1848-1914) war in den 70er Jahren Mitarbeiter der *Frankfurter Zeitung* und hat sich als Bismarck-Gegner exponiert. 1879 beteiligt er sich an der Gründung der *Züricher Post*, 1881 wird er in den Nationalrat gewählt. Er ist der führende Kopf der Demokraten, einer Bewegung, die in der damaligen Schweizer Parteienlandschaft die Linke repräsentiert und in ihrem Programm auch sozialistische Forderungen vertritt. Vgl. Ammann 1930; Bergmann 1987/150ff. Bergmann spricht von einer Annäherung Nietzsches an den Zürcher Liberalismus; hier ist natürlich vor allem an Nietzsches Sympathien für Gottfried Keller zu denken.

4 Vgl. zu France Levaillant 1965/287-313; Bancquart 1984/167-172.

5 Zum Antisemitismus der Linken vgl. Sternhell 1978/177-214; Oehler 1988/191-211. Drumont propagiert einen konservativen Sozialismus und preist die harmonische Gesellschaftsordnung des Ancien Régime. Die Juden sind in seiner Geschichtskonstruktion die Ursache aller Übel der Industrialisierung, sie sind verantwortlich für die Französische Revolution, für Kapitalismus und Klassenspaltung. Bei dieser Gelegenheit sei nochmals daran erinnert, dass Nietzsche vor allem das »klassenkämpferische« Element im deutschen Antisemitismus bemerkt hat; vgl. KSB 6/355f.

6 Levaillant 1965/484ff.

7 Levaillant 1965/501-542; Bancquart 1984/225-249.

8 Vgl. dazu Arendt 1955/187-197.

9 Levaillant 1965/542-550.

10 France 1912, chap. VI.

11 Bianquis 1929/8.

12 Besonders der Schluss von Néctaires Bericht – France 1913, chap. 21 – ist hier aufschlussreich.

13 »Ce n'est pas la race qui fait la patrie. Il n'y a pas de peuple, en Europe, qui ne soit formé d'une multitude de races confondues et mêlées.« Es sind die Worte von M. Bergeret, des Helden der Geschichte; France 1899, chap. 19.

14 Zitiert bei Campioni 1989/XVI.

15 Vgl. dazu auch Schmidt 1985 II/135ff.

16 Die Demokratie »allein kann den Boden liefern, aus dem die kommenden Gestalten wachsen müssen. Sie ist die nach der Französischen Revolution heraufkommende politische Wirklichkeit, wie sie zuerst Tocqueville im ganzen Umfang erkannte. [...] Was Demokratie sei, bleibt dabei in hohem Mas-

se unbestimmt.« So schreibt Jaspers, der aber doch zumindest folgende Definition findet: »Die Demokratie – das religionslose Regieren der europäischen Welt nach der Französischen Revolution«; Jaspers 1936/230ff.

17 Die Anerkennung des Menschen im Weib sei einer der grössten moralischen Schritte, so schreibt Nietzsche im November 1879 an Köselitz; KSB 5/461.

18 Vgl. Bernoulli 1908 I/360ff bzw. Gilman 1981/470ff; systematisch ist die Frage erörtert bei Golomb 1985 und Duffy/Mittelman 1988.

19 Ein besonders erschreckendes Beispiel gibt Ernst Laas. Der Zeitgenosse von Nietzsche gehört zu den frühen Vertretern des Positivismus in Deutschland. In seinem Entwurf einer positivistischen Ethik kommt er u.a. zum Schluss, dass die »culturfeindlichen, unzähmbaren Menschenracen« von der zivilisierten Menschheit vernichtet werden müssen; Laas 1882/256f. Will man Nietzsche gerecht werden, muss man seine Position auch mit solchen Ungeheuerlichkeiten vergleichen, die durchaus zeitgemäss gewesen sind. Er selbst notiert sich einmal: »Die Europäer bilden sich im Grunde ein, jetzt den höheren Menschen auf der Erde darzustellen.« KSA 11/234, 26[319].

20 Vgl. dazu Stern 1974; Thomas 1983; Bergmann 1987.

21 Zu den unterschiedlichen Aspekten der massenfeindlichen Kulturkritik vgl. Reschke 1989.

22 Vgl. Löwith SS 2/236ff; 4/250ff; 6/254ff; 460ff.

23 Wenn der junge Nietzsche vom politischen Trieb der Griechen spricht, denkt er nicht an gemeinsame öffentliche Praxis, sondern an eine »unbedingte Hinopferung«, nämlich an die Bereitschaft, im Namen des eigenen Staates gegen andere Staaten Krieg zu führen; KSA 1/771f, CV Der griechische Staat. Vgl. zu seiner späteren Haltung KSA 9/514f, 11[186]; 12/54, 1[191]. Eine gute Analyse von Nietzsches frühem Staatsbegriff gibt Barbara von Reibnitz; vgl. Reibnitz 1987.

24 Ernst Bloch erkennt allerdings in Nietzsches Dionysos-Bild das »feuerhaft-revolutionäre Element«, den Aufstand des fremdbestimmten Subjekts gegen die bürgerliche Ordnung; Bloch GA 4/365.

25 Eine politische Interpretation des Dionysischen hat Luigi Alfieri versucht; vgl. besonders Alfieri 1984/86-103.

26 Vgl. dazu Griewank 1969/143ff; Koselleck 1980/24ff.

27 MEW 20/503ff. Im Hinblick auf Baudelaire, Blanqui und Nietzsche schreibt Walter Benjamin: »Mit allem Nachdruck ist darzustellen, wie die Idee der ewigen Wiederkunft ungefähr gleichzeitig in die Welt Baudelaires, Blanquis und Nietzsches hineinrückt. Bei Baudelaire liegt der Akzent auf dem Neuen, das mit heroischer Anstrengung dem ›Immerwiedergleichen‹ abgewonnen wird, bei Nietzsche auf dem ›Immerwiedergleichen‹ dem der Mensch mit heroischer Fassung entgegensieht. Blanqui steht Nietzsche sehr viel näher als Baudelaire, aber die Resignation ist bei ihm vorwiegend. Bei Nietzsche projiziert sich diese Erfahrung kosmologisch in der These: es kommt nichts Neues mehr.« Benjamin GS I.2/673.

28 »Ich will das Leben nicht w i e d e r. Wie habe ich's ertragen? Schaffend. Was macht mich den Anblick aushalten? der Blick auf den Übermenschen, der

das Leben b e j a h t. Ich habe versucht, es s e l b e r zu bejahen – Ach!« KSA
10/137, 4[81]; vgl. auch EH Warum ich so weise bin 3.

29   Löwith SS 6/206-212.

30   Arendt 1979/150-164.

31   Arendt 1967, § 24; Arendt 1974/272ff.

32   Prägnant formuliert ist er in FW 341.

33   Vgl. dazu Kintzler 1984.

34   Zum Thema der Erziehung bei Nietzsche vgl. auch Löw 1984/147-189.

35   Zu ergänzen bleibt, dass Michelets Erziehungsideal religiös und patriotisch,
      nicht freigeistig und international ist.

36   Vgl. KSA 13/191f, 11[413; 414].

37   Nietzsches Frage lautet gemäss Heidegger: »ist der jetzige Mensch in seinem
      metaphysischen Wesen dafür vorbereitet, die Herrschaft über die Erde im
      Ganzen zu übernehmen? Hat der jetzige Mensch schon bedacht, unter wel-
      chen Wesensbedingungen eine solche Erdregierung überhaupt steht? Ist die
      Wesensart dieses Menschen dafür geeignet, diejenigen Mächte zu verwalten
      und diejenigen Machtmittel zu verwenden, die aus der Entfaltung des We-
      sens der modernen Technik frei werden und den Menschen zu bisher unge-
      wohnten Entschlüssen zwingen?« Heidegger WD/64.

38   Eine gründliche Auseinandersetzung mit Heideggers Verständnis des Über-
      menschen und dessen Wandlungen findet sich bei Müller-Lauter 1981, be-
      sonders 156-177.

39   Vgl. auch Robert Edens Vergleich zwischen Nietzsches und Webers Reflexi-
      on über die politisch-ideologische Führung unter der Bedingung von De-
      mokratie und Nihilismus sowie die Kritik von Horst Baier; Eden 1984; Bai-
      er 1987.

40   Vgl. KSA 10/244, 7[21].

41   Vgl. dazu auch Baier 1984.

42   Seine Kenntnisse verdankt er der Lektüre von Jacolliots Werk *Les législateurs
      religieux;* vgl. dazu vor allem KSB 8/325.

43   Simone de Beauvoir hat darauf hingewiesen, dass Dostojewskijs Schluss
      vom Tod Gottes auf den moralischen Nihilismus der Problematik der mo-
      dernen Ethik nicht gerecht wird. Wenn die Welt der Menschen eigenes
      Werk ist, tragen sie die Verantwortung für sie; Beauvoir 1947.

44   »Nietzsche n'a pas formé le projet de tuer Dieu. Il l'a trouvé mort dans l'âme
      de son temps. Il a, le premier, compris l'immensité de l'événement et décidé
      que cette révolte de l'homme ne pouvait mener à une renaissance si elle
      n'était pas dirigée. [...] Nietzsche n'a donc pas formulé une philosophie de la
      révolte, mais édifié une philosophie sur la révolte.« Camus 1951/90. Die
      Revolution von 1789 hat, wie Bruno Hillebrand festhält, nicht nur politi-
      sche Fundamente gesprengt. »Die alte normative Standeswelt war insgesamt
      in ihrer geistigen Grundbedingung zerfallen, der wertlose Kopf des Königs
      war nur die Konsequenz der allgemeinen Zerrüttung. Das war der ausgebro-
      chene Nihilismus als Relativismus aller Bezugsgrössen.« Hillebrand 1984/
      93.

45 Vgl. dazu Escobar 1978 und Gerhardt 1983.
46 Vgl. MA I 446; M 187; KSA 13/382, 14[197].
47 Kurt Braatz hat eine gründliche Studie zu Nietzsches Kritik der öffentlichen Meinung verfasst. Die öffentliche Meinung darf indes nicht verwechselt werden mit dem Raum oder mit dem »Licht« der Öffentlichkeit, in dem allein Politik stattfinden kann, wie Arendt glaubt. Zum Thema Öffentlichkeit vgl. Braatz 1988/94-100.
48 Die Affinitäten zwischen Tocqueville, Mill und Nietzsche hat auch Braatz bemerkt; Braatz 1988/35; 279f.
49 Einige Beispiele aus der Zarathustra-Zeit: KSB 7/9; 62f; 68f; 84.
50 Ein besonders schönes Zeugnis von Nietzsches Umsturzabsichten stellt der Brief an Georg Brandes vom Dezember 1888 dar; KSB 8/500ff.
51 »Wie der Gesetzgeber Rousseaus haben die Gesetzgeber der Zukunft die Aufgabe, den Menschen zu bilden und neu zu erschaffen. Wie er halten sie sich ausserhalb des Staates, den sie anregen, und ausserhalb der Politik, deren Werte sie schaffen. Wie bei Rousseau erfüllt sich ihre politische Tätigkeit letzten Endes in der Erziehung.« Polin 1974/42.
52 Arendt 1974/181f.
53 Giuliano Campioni erkennt in Nietzsches Konzeption des Freigeistes eine »Utopie, die dem Intellektuellen als Erzeuger kritischen Bewusstseins die zentrale Führerrolle anvertraut«. Dabei wird die reale Ohnmacht des entwurzelten Intellektuellen zur überlegenen Neutralität umgedeutet; Campioni 1976/111. Zur Differenz zwischen dem Typus des Genies und jenem des kritischen Intellektuellen vgl. auch Barbera/Campioni 1983.
54 Vgl. Funke 1974/231ff; 239-255. Zu den philosophischen Problemen von Nietzsches Ideologiekritik vgl. Maurer 1979; Grau 1984, besonders 202ff; 312ff.

BIBLIOGRAPHIE

Nietzsche Ausgaben:

GA   Friedrich Nietzsche, Werke, Leipzig 1894ff. (Grossoktav-Ausgabe)

BAW   Friedrich Nietzsche, Werke, Historisch-kritische Gesamtausgabe, München 1933ff.

KGW   Friedrich Nietzsche, Werke. Kritische Gesamtausgabe, hg. von G.Colli und M.Montinari, Berlin 1967ff.

KGB   Friedrich Nietzsche, Briefwechsel. Kritische Gesamtausgabe, hg. von G.Colli und M.Montinari, Berlin 1975ff.

KSA   Friedrich Nietzsche, Sämtliche Werke, Kritische Studienausgabe, hg. von G.Colli und M.Montinari, Berlin und München 1980.

KSB   Friedrich Nietzsche, Sämtliche Briefe, Kritische Studienausgabe, hg. von G.Colli und M.Montinari, Berlin und München 1986.

Abkürzungen der Schriften Nietzsches:

GT   Die Geburt der Tragödie

BA   Über die Zukunft unserer Bildungsanstalten

CV   Fünf Vorreden zu fünf ungeschriebenen Büchern

UB   Unzeitgemässe Betrachtungen

DS   David Strauss der Bekenner und der Schriftsteller (UB I)

HL   Vom Nutzen und Nachtheil der Historie für das Leben (UB II)

SE   Schopenhauer als Erzieher (UB III)

WB   Richard Wagner in Bayreuth (UB IV)

MA   Menschliches, Allzumenschliches

VM   Vermischte Meinungen und Sprüche (MA II)

WS   Der Wanderer und sein Schatten (MA II)

M   Morgenröthe

FW   Die fröhliche Wissenschaft

Za   Also sprach Zarathustra

JGB   Jenseits von Gut und Böse

GM   Zur Genealogie der Moral

WA   Der Fall Wagner

GD   Götzen-Dämmerung

AC   Der Antichrist

EH   Ecce homo

NW   Nietzsche contra Wagner

Primärliteratur

(Die Abkürzung BN bedeutet, dass das betreffende Werk in Nietzsches Bibliothek vorhanden ist.)

Albert 1885 II: Paul Albert, La littérature française au 19e siècle. Tome II, Paris 1885. BN

Bagehot 1874: Walter Bagehot, Der Ursprung der Nationen. Betrachtungen über den Einfluss der natürlichen Zuchtwahl und der Vererbung auf die Bildung politischer Gemeinwesen. Leipzig 1874. BN

Barbey d'Aurevilly 1887: Jules Barbey d'Aurevilly, Les oeuvres et les hommes VIII. Sensations d'histoire. Paris 1887.

Baudelaire OC: Charles Baudelaire, Oeuvres. Texte établi et annoté par Y.-G. Le Dantec. Paris 1938.

Bauer 1880: Bruno Bauer, Zur Orientierung über die Bismarck'sche Aera. Chemnitz 1880.

Bérard-Varagnac 1887: Bérard-Varagnac, Portraits littéraires. Paris 1887. BN

Bebel 1883: August Bebel, Die Frau in der Vergangenheit, Gegenwart und Zükunft. (Zweite Auflage von: Die Frau und der Sozialismus) 1883.

Bourget EPC I: Paul Bourget, Essais de psychologie contemporaine. Edition définitive Paris 1924. Tome premier.

Bourget 1889: Paul Bourget, Etudes et portraits. Paris 1889.

Bourget 1889a: Paul Bourget, Le disciple. Paris 1889.

Brunetière 1875: Ferdinand Brunetière, Poètes contemporaines. In: Revue des deux Mondes X, 1.8.1875.

Brunetière 1884: Ferdinand Brunetière, Le roman naturaliste. Paris 1884. BN

Brunetière 1887: Ferdinand Brunetière, Études critiques sur l'histoire de la littérature française. 3e série, Paris 1887. BN

Buckle 1860: Henry Thomas Buckle, Geschichte der Civilisation in England. 2 Bde Leipzig und Heidelberg 1860/61.

Buckle 1867: Henry Thomas Buckle, Essays. Leipzig und Heidelberg 1867. BN

Burckhardt GW: Jacob Burckhardt, Gesamtausgabe. Stuttgart, Berlin, Leipzig 1929ff.

Burckhardt/Ziegler: Jacob Burckhardts Vorlesung über die Geschichte des Revolutionszeitalters. In den Nachschriften seiner Zuhörer. Rekonstruktion des gesprochenen Wortlautes von Ernst Ziegler. Basel 1974.

Burckhardt/Ganz: Jacob Burckhardt, Über das Studium der Geschichte. Der Text der ›Weltgeschichtlichen Betrachtungen‹ auf Grund der Vorarbeiten von Ernst Ziegler nach den Handschriften herausgegeben von Peter Ganz. München 1982.

Carey 1870: Henry Charles Carey's Lehrbuch der Volkswirthschaft und Sozialwissenschaft. Zweite Auflage Wien 1870. BN

Comte SPP: Auguste Comte, Système de politique positive. 4 Bde, Paris 1851ff.

Custine 1830: Astolphe de Custine, Mémoires et voyages, ou lettres écrites à diver-

Bibliographie

ses époques, pendant des courses en Suisse, en Calabre, en Angleterre, et en Ecosse. 2 Bde, Paris 1830.

Custine 1835: Astolphe de Custine, Le monde comme il est. 2 Bde, Paris 1835.

Doudan 1881: Ximénès Doudan, Pensées et fragments suivis des révolutions du goût. Paris 1881. BN

Dühring 1865: Eugen Dühring, Der Wert des Lebens. Eine philosophische Betrachtung. Breslau 1865. BN

Dühring 1875: Eugen Dühring, Cursus der Philosophie als streng wissenschaftlicher Weltanschauung und Lebensgestaltung. Leipzig 1875. BN

Dühring 1875a: Eugen Dühring, Kritische Geschichte der Nationalökonomie und des Sozialismus. Zweite Auflage Berlin 1875. BN

Dühring 1882: Eugen Dühring, Sache, Leben und Feinde. Als Hauptwerk und Schlüssel zu seinen sämtlichen Schriften. Karlsruhe und Leipzig 1882. BN

Emerson 1858: Ralph Waldo Emerson, Versuche (Essays). Hannover 1858. BN

Emerson 1876: Ralph Waldo Emerson, Neue Essays (Letters and social aims). Stuttgart 1876. BN

Faguet 1900: Emile Faguet, Politiques et moralistes du dix-neuvième siècle. Troisième série. Paris 1900.

Flaubert Correspondance: Gustave Flaubert, Oeuvres complètes. Correspondance. 5ème et 6ème série. Paris 1929/30.

Fouillée 1880: Alfred Fouillée, La science sociale contemporaine. Paris 1880. BN

France 1899: Anatole France, L'anneau d'améthyste. Paris 1899.

France 1912: Anatole France, Les dieux ont soif. Paris 1912.

France 1913: Anatole France, La révolte des anges. Paris 1913.

Frantz 1870: Constantin Frantz, Die Schattenseite des Norddeutschen Bundes vom preussischen Standpunkte betrachtet. Eine staatswissenschaftliche Skizze. Berlin 1870.

Frantz 1879: Constantin Frantz, Der Föderalismus als das leitende Princip für die soziale, staatliche und internationale Organisation, unter besonderer Bezugnahme auf Deutschland. Mainz 1879. BN

Frantz 1974: Constantin Frantz, Briefe. Herausgegeben von Udo Sautter und Hans Elmar Onnau. Wiesbaden 1974.

Frary 1884: Raoul Frary, Manuel du démagogue. Deuxième édition. Paris 1884. (Deutsche Übersetzung BN)

Gautier 1835: Théophile Gautier, Mademoiselle de Maupin. Texte établi avec introduction et notes par Adolphe Boschot. Paris 1966.

Gobineau 1853: Arthur de Gobineau, Essai sur l'inégalité des races humaines. 4 Bde Paris 1853-55.

Görres 1821: Johann Joseph Görres, Europa und die Revolution. Stuttgart 1821.

Goncourt 1880: Edmond et Jules de Goncourt, Histoire de la société française pendant le Directoire. Paris 1880. BN

Goncourt Journal: Edmond et Jules de Goncourt, Journal, Mémoires de la vie littéraire. Texte intégral établi et annoté par Robert Ricatte. Monaco 1956. (Die Bde II und III, Paris 1887/88 BN)

Hartmann 1872: Eduard von Hartmann, Philosophie des Unbewussten. Berlin, dritte Auflage 1871, vierte Auflage 1872.

Hartmann 1879: Eduard von Hartmann, Phänomenologie des sittlichen Bewusstseins. Prolegomena zu jeder künftigen Ethik. Berlin 1879. BN

Heine DHA: Heinrich Heine, Sämtliche Werke. Düsseldorfer Ausgabe, hg. von Manfred Windfuhr, Hamburg 1973ff.

Herzen 1855-59: Alexander Herzen, Aus den Memoiren eines Russen. 4 Bde, Hamburg 1855-1859.

Herzen VU: Alexander Herzen, Vom anderen Ufer. Zitiert nach der Ausgabe: Alexander Herzen, Briefe aus dem Westen. Nördlingen 1989.

Herrmann 1887: Emanuel Herrmann, Cultur und Natur. Studien im Gebiete der Wirthschaft. Zweite Auflage Berlin 1887. BN

Hillebrand ZVM: Karl Hillebrand, Zeiten, Völker und Menschen. I: Frankreich und die Franzosen. Berlin 1874. BN; II: Wälsches und Deutsches. Berlin 1875. BN; IV: Profile. Berlin 1878; V: Aus dem Jahrhundert der Revolution. Strassburg 1886.

Huysmans 1884: Joris-Karl Huysmans, A rebours. Paris 1884.

Jacoby 1886/87: Leopold Jacoby, Die Idee der Entwickelung. Eine sozial-philosophische Darstellung. Zweite Auflage, 2 Bde Zürich 1886/87. BN

Jacolliot 1876: Louis Jacolliot, Les législateurs religieux. Manou – Moise – Mahomet. Paris 1876. BN

Joerg 1867: Joseph Edmund Joerg, Geschichte der social-politischen Parteien in Deutschland. Freiburg im Breisgau 1867. BN

Journal des débats. Jahrgänge 1885-1888.

Laas 1882: Ernst Laas, Idealismus und Positivismus. Zweiter Theil. Idealistische und positivistische Ethik. Berlin 1882.

Lange 1866: Friedrich Albert Lange, Geschichte des Materialismus und Kritik seiner Bedeutung in der Gegenwart. Iserlohn 1866.

Lange 1873/75: Friedrich Albert Lange, Geschichte des Materialismus. Zweite Auflage 1873/75. Zitiert nach der Ausgabe Frankfurt/M 1974.

Las Cases: Emanuel Las Cases, Mémorial de Sainte-Hélène. Paris 1823.

Lecky 1868: William Edward Hartpole Lecky, Geschichte des Ursprungs und Einflusses der Aufklärung in Europa. 2 Bde, Leipzig und Heidelberg 1868. (Zweite Auflage 1873 BN)

Machiavelli Discorsi: Niccolo Machiavelli, Discorsi. Gedanken über Politik und Staatsführung. Stuttgart 1966.

Machiavelli Principe: Niccolo Machiavelli, Der Fürst. Stuttgart 1963.

MEW: Karl Marx, Friedrich Engels, Werke. Berlin/Ost 1956ff.

Mérimée 1874: Prosper Mérimée, Lettres à une inconnue. Précédées d'une étude sur Mérimée par H.Taine. 2 Bde, quatrième édition, Paris 1874.

Meysenbug 1869: Malwida von Meysenbug, Mémoires d'une idéaliste. Entre deux révolutions, 1830-48. Genève et Bâle 1869. BN

Meysenbug 1876: Malwida von Meysenbug. Memoiren einer Idealistin. 3 Bde, Stuttgart 1876. BN

Michelet 1846: Jules Michelet, Le peuple. Paris 1846. Zitiert nach der Ausgabe von Lucien Refort, Paris 1946. (Deutsche Übersetzung 1846 BN)

Bibliographie

Mill GW: John Stuart Mill, Gesammelte Werke. Hg. von Theodor Gomperz, Leipzig 1869-1880. Bde 1, 9-12 BN

Monod 1871: Gabriel Monod, Allemands et Français. Souvenirs de campagne. Paris 1871.

Mundt 1856: Theodor Mundt, Die Geschichte der Gesellschaft in ihren neueren Entwickelungen und Problemen. Zweite Auflage, Leipzig 1856.

Niebuhr 1838: Lebensnachrichten über Barthold Georg Niebuhr aus Briefen desselben und aus Erinnerungen einiger seiner nächsten Freunde. 3 Bde, Hamburg 1838/39.

Niebuhr 1845: Barthold Georg Niebuhr, Geschichte des Zeitalters der Revolution. 2 Bde, Hamburg 1845.

Prévost-Paradol 1868: Lucien-Anatole Prévost-Paradol, La France Nouvelle. Paris 1868.

Rémusat: Mémoires de Madame de Rémusat 1802-1808. Publiés par Paul de Rémusat. 3 Bde. Troisième édition Paris 1880.

Renan 1877: Ernest Renan, Philosophische Dialoge und Fragmente. Leipzig 1877. BN

Rousseau OC: Jean-Jacques Rousseau, Oeuvres complètes. Edition publiée sous la direction de Bernard Gagnebin et Marcel Raymond. Paris 1961ff.

Sainte-Beuve CdL: Charles-Augustin Sainte-Beuve, Causeries du lundi. Tome XV, Paris 1872.

Saint-Ogan 1885: Lefebvre Saint-Ogan, Essai sur l'influence française. Paris 1885.

Schérer 1882: Edmond Schérer, Etudes sur la littérature contemporaine. VII Paris 1882.

Schérer 1885: Edmond Schérer, Etudes sur la littérature contemporaine. VIII Paris 1885. BN

Schönberg 1891: Gustav Schönberg, Handbuch der politischen Oekonomie. Dritte Auflage 1891.

Schopenhauer ZA: Arthur Schopenhauer, Werke. Zürcher Ausgabe. Zürich 1977.

Spencer 1879: Herbert Spencer, Die Thatsachen der Ethik. Stuttgart 1879. BN

de Staël 1818: Germaine de Staël, Considérations sur les principaux événemens de la Révolution Françoise. 3 Bde, Paris 1818.

Stahl 1856: P.-J. Stahl (éd.), Chamfort, Pensées – Maximes – Anecdotes – Dialogues. Paris 1856.

Stendhal OC: Stendhal, Oeuvres complètes. Hg. von Victor Del Litto und Ernest Abravanel. Genf 1967ff.

Stendhal RN: Stendhal, Romans et Nouvelles. Édition établie et annotée par Henri Martineau. 2 Bde, Paris 1952.

Stendhal VI: Stendhal, Voyages en Italie. Textes établis, présentés et annotés par Victor Del Litto. Paris 1973.

Stendhal Correspondance: Stendhal, Correspondance. Édition établie et annotée par Henri Martineau et Victor Del Litto.3 Bde, Paris 1968.

Stendhal 1854: Stendhal, Rome, Naples et Florence. Paris 1854. BN

Stendhal 1877: Stendhal, Mémoires d'un touriste. Paris 1877. BN

Strauss 1872: David Friedrich Strauss, Der alte und der neue Glaube. Ein Be-

kenntnis. Leipzig 1872. BN
Sybel 1882: Heinrich von Sybel, Geschichte der Revolutionszeit von 1789 bis
1800. Vierte Auflage, 5 Bde, Frankfurt/M 1882.
Taine 1866: Hippolyte Taine, Philosophie der Kunst. Paris l866. BN
Taine HLA: Hippolyte Taine, Histoire de la littérature anglaise. 3 Bde, Paris 1863.
(Deutsche Übersetzung BN). Die erweiterte fünfbändige Ausgabe ist zitiert
nach der dreizehnten Auflage, Paris 1901.
Taine OFC: Hippolyte Taine, Les origines de la France contemporaine. I:
L'Ancien Régime. Paris 1876. II: La Révolution. Vol I. Paris 1878. III. La Révo-
lution. Vol. II. Paris 1881. IV: La Révolution. Vol. III. Paris 1885. V: Le Régi-
me moderne. Vol. I. Paris 1891. VI: Le Régime moderne. Vol. II. Paris 1894.
(BN: H.Taine, Die Entstehung des modernen Frankreich. 2 Bde, Leipzig 1877/
78)
Taine 1901: Hippolyte Taine, Nouveaux essais de critique et d'histoire. Septième
édition, Paris 1901.
Taine VC: Hippolyte Taine. Sa vie et sa correspondance. 4 Bde, Paris 1902-07.
Tocqueville OC: Alexis de Tocqueville, Oeuvres, papiers et correspondances. Édi-
tion définitive publiée sous la direction de J.-P. Mayer. Paris 1951ff.
Treitschke 1866: Heinrich von Treitschke, Die Zukunft der norddeutschen Mit-
telstaaten. Berlin 1866. BN
Vigny 1832: Alfred de Vigny, Stello. Paris 1832.
de Vogüé 1886: Eugène-Melchior de Vogüé, Le roman russe. Paris 1886.
C.Wagner T: Cosima Wagner, Die Tagebücher. Ediert und kommentiert von
Martin Gregor-Dellin und Dietrich Mack. 2 Bde, München und Zürich 1976/
77.
Wagner L: Richard Wagner, Mein Leben. herausgegeben von Martin Gregor-Del-
lin. München 1963.
Wagner GS: Richard Wagner, Gesammelte Schriften und Dichtungen. 9 Bde,
Leipzig 1871/73. BN
Züricher Post. Jahrgang 1882.

Sekundärliteratur

Alfieri 1984: Luigi Alfieri, Apollo tra gli schiavi. La filosofia sociale e politica di
Nietzsche (1869-1876). Milano 1984.
Althaus 1985: Horst Althaus, Friedrich Nietzsche: eine bürgerliche Tragödie.
München 1985.
Althusser/Balibar 1968: Louis Althusser, Étienne Balibar, Lire le Capital, Paris
1968.
Ammann 1930: J.Amman, Theodor Curti, der Politiker und Publizist. Rapperswil
1930.
Andler N: Charles Andler, Nietzsche, sa vie et sa pensée. 5 Bde (I: 1920; II: 1921;

III: 1921; IV: 1928; V: 1922; VI: 1931) Dixième édition, Paris 1934.

Andler 1928: Charles Andler, Nietzsche et ses dernières études sur l'histoire de la civilisation. In: Revue de métaphysique et de morale, avril-juin 1928.

Ansell-Pearson 1991: Keith Ansell Pearson, Nietzsche contra Rousseau. A study of Nietzsche's moral and political thought. Cambridge 1991.

Arendt 1955: Hannah Arendt, Elemente und Ursprünge totaler Herrschaft. Zitiert nach der Ausgabe: München 1986.

Arendt 1967: Hannah Arendt, Vita activa oder Vom tätigen Leben. München 1967.

Arendt 1974: Hannah Arendt, Über die Revolution. München 1974.

Arendt 1979: Hannah Arendt, Vom Leben des Geistes. Band 2: Das Wollen. München 1979.

Aulard 1907: Alphonse Aulard, Taine. Historien de la Révolution française. Paris 1907.

Axinn 1971: Sidney Axinn, Kant, Authority, and the French Revolution. In: Journal of the History of Ideas 32/3 1971.

Baier 1981: Horst Baier, Die Gesellschaft – ein langer Schatten des toten Gottes. Friedrich Nietzsche und die Entstehung der Soziologie aus dem Geist der décadence. In: Nietzsche-Studien 10/11, 1981/82.

Baier 1984: Horst Baier, »Das Paradies unter dem Schatten der Schwerter«. Die Utopie des Zarathustra jenseits des Nihilismus. In: Nietzsche-Studien 13, 1984.

Baier 1987: Horst Baier, Friedrich Nietzsche und Max Weber in Amerika. Widersprüche zweier politischer Kulturen in einem Buch von Robert Eden. In: Nietzsche-Studien 16/1987.

Bancquart 1984: Marie-Claire Bancquart, Anatole France. Un sceptique passionné. Paris 1934.

Barbera 1984: Sandro Barbera, Nietzsche, Wagner e la grande città. In: Richard Wagner e Friedrich Nietzsche. (Torino 1983) Milano 1983.

Barbera/Campioni 1983: Sandro Barbera, Giuliano Campioni, Il genio tiranno. Ragione e dominio nell'ideologia dell'ottocento: Wagner, Nietzsche, Renan. Milano 1983.

Barbera/Campioni 1984: Sandro Barbera, Giuliano Campioni, Wissenschaft und Philosophie der Macht bei Nietzsche und Renan. In: Nietzsche-Studien 13/1984.

Barny 1974: Roger Barny, Jean-Jacques Rousseau dans la Révolution. In: Dixhuitième siècle. Lumières et Révolution. Paris, 6/1974.

Batscha 1981: Zwi Batscha, Studien zur politischen Theorie des deutschen Frühliberalismus. Frankfurt/M 1981.

Baumgarten 1957: Eduard Baumgarten, Das Vorbild Emersons im Werk und Leben Nietzsches. Heidelberg 1957.

Beauvoir 1947: Simone de Beauvoir, Pour une morale de l'ambiguité. Paris 1947.

Beck 1971: Lewis W. Beck, Kant and the Right of Revolution. In: Journal of the History of Ideas. 32/3 1971.

Behler 1982: Ernst Behler, Nietzsche in der marxistische Kritik Osteuropas. In: Nietzsche-Studien 10/11, 1981/82.

Behler 1984: Ernst Behler, Zur frühen sozialistischen Rezeption Nietzsches in Deutschland. In: Nietzsche-Studien 13, 1984.

Benjamin GS: Walter Benjamin, Gesammelte Schriften. Bd I.2, Frankfurt/M 1974.

Bergmann 1987: Peter Bergmann, Nietzsche »the last Antipolitical German«. Bloomington and Indianapolis 1987.

Bergmann 1988: Peter Bergmann, Friedrich III. and the Missing Generation in German History. In: Nietzsche-Studien 17/1988.

Bernoulli 1908: Carl Albrecht Bernoulli, Franz Overbeck und Friedrich Nietzsche. 2 Bde, Jena 1908.

Bertram 1919: Ernst Bertram, Nietzsche, Versuch einer Mythologie. Berlin 1919.

Bétourné/Hartig 1989: Olivier Bétourné, Aglaia I.Hartig, Penser l'histoire de la Révolution. Paris 1989.

Bianquis 1929: Geneviève Bianquis, Nietzsche en France. Paris 1929.

Bianquis 1929a: Geneviève Bianquis, Impérialisme et socialisme nietzschéen. In: Europe 20, 1929.

Bloch GA: Ernst Bloch, Gesamtausgabe. Frankfurt/M, 1959ff.

Bludau 1979: Beatrix Bludau, Frankreich im Werk Nietzsches. Geschichte und Kritik der Einflussthese. Bonn 1979.

Blum 1947: Léon Blum, Stendhal et le Beylisme. Troisième édition, Paris 1947.

Bohley 1989: Reiner Bohley, Nietzsches christliche Erziehung. In: Nietzsche-Studien 18, 1989.

Borchmeyer 1977: Dieter Borchmeyer, Höfische Gesellschaft und Französische Revolution bei Goethe. Adliges und bürgerliches Wertsystem im Urteil der Weimarer Klassik. Kronberg/Ts 1977.

Bourdeau 1913: Jean Bourdeau, Les maîtres de la pensée contemporaine. Paris 1913.

Braatz 1988: Kurt Braatz, Friedrich Nietzsche – Eine Studie zur Theorie der Öffentlichen Meinung. Berlin, NewYork 1988.

Braun 1909: Otto Braun, Eduard von Hartmann. Stuttgart 1909.

Breuer 1987: Stefan Breuer, Friedrich Nietzsche. In: Pipers Handbuch der politischen Ideen. Hg. von I.Fetscher und H. Münkler, Bd 5, München 1987.

Brose 1974: Karl Brose, Nietzsches Verhältnis zu John Stuart Mill. Eine geisteswissenschaftliche Studie. In: Nietzsche-Studien 3, 1974.

Brose 1977: Karl Brose, Nietzsche und Comte. Zum Verhältnis von Philosophie und Soziologie bei Nietzsche. In: Archiv für Rechts- und Sozialphilosophie 63, 1977.

Brose 1990: Karl Brose, Sklavenmoral. Nietzsches Sozialphilosophie, Bonn 1990.

Bruns 1974: Thomas Bruns, Das politische Kantbild in Frankreich. Beitrag zur Problematik wertneutraler Kantbeurteilung. In: Akten des 4. internationalen Kant-Kongresses, Teil II,2, Berlin 1974.

Burg 1974: Peter Burg, Kant und die Französische Revolution. Berlin 1974.

Burg 1988: Peter Burg, Immanuel Kant, loyaler preussischer Staatsbürger und Anhänger der Französischen Revolution – ein Widerspruch? In: Deutscher Idealismus und Französische Revolution. Schriften aus dem Karl-Marx-Haus.

Bibliographie

Trier 1988.

Campioni 1976: Giuliano Campioni, Von der Auflösung der Gemeinschaft zur Bejahung des ›Freigeistes‹. In: Nietzsche-Studien 5, 1976.

Campioni 1987: Giuliano Campioni, »Wohin man reisen muss.« Über Nietzsches Aphorismus 223 aus Vermischte Meinungen und Sprüche. In: Nietzsche-Studien 16, 1987.

Campioni 1989: Giuliano Campioni, »Die Kunst, gut zu lesen«. Mazzino Montinari und das Handwerk des Philologen. In: Nietzsche-Studien 18, 1989.

Campioni/Barbera: siehe Barbera/Campioni

Camus 1951: Albert Camus, L'homme révolté. Paris 1951.

Cassa 1982: Mario Cassa, Nietzsche contra Rousseau. Verona 1982.

Cassirer 1932: Ernst Cassirer, Das Problem Jean-Jacques Rousseau. In: Archiv für Geschichte der Philosophie 41, 1932.

Cioffi 1986: Fabio Cioffi, La follia della Rivoluzione e lo scandalo del genio. Le note nietzscheane sulla Rivoluzione e su Napoleone. In: Fenomenologia e società 10, Milano 1986.

Claussen 1987: Detlev Claussen, Grenzen der Aufklärung. Zur gesellschaftlichen Geschichte des modernen Antisemitismus. Frankfurt/M 1987.

Crouzet 1985: Michel Crouzet, Nature et société chez Stendhal. La révolte romantique. Lille 1985.

Derathé 1948: Robert Derathé, Le rationalisme de J.-J.Rousseau. Paris 1848.

Detwiler 1990: Bruce Detwiler, Nietzsche and the Politics of Aristocratic Radicalism, Chicago 1990.

Donnellan 1982: Brendan Donnellan, Nietzsche and the French Moralists. Bonn 1982.

Droz 1949: Jacques Droz, L'Allemagne et la Révolution Française. Paris 1949.

Duffy/Mittelman 1988: Michael F.Duffy, Willard Mittelman, Nietzsche's Attitudes toward the Jews. In: Journal of the History of Ideas. 49, 1988

Ebeling/Lütkehaus 1980: Hans Ebeling, Ludger Lütkehaus (Hg.), Schopenhauer und Marx. Philosophie des Elends – Elend der Philosophie? Königstein/Ts 1980.

Eden 1984: Robert Eden, Political Leadership and Nihilism. A Study of Weber and Nietzsche. Tampa, UP of Florida 1984.

Eschenburg 1959: Theodor Eschenburg, Tocquevilles Wirkung in Deutschland. In: Alexis de Tocqueville. Werke und Briefe 1, Stuttgart 1959.

Escobar 1978: Roberto Escobar, Nietzsche e la filosofia politica del XIX secolo. Milano 1978.

Evans 1975: Colin Evans, Taine. Essai de biographie intérieure. Paris 1975.

Faber 1966: Karl-Georg Faber, Realpolitik als Ideologie. Die Bedeutung des Jahres 1866 für das politische Denken in Deutschland. In: Historische Zeitschrift 203, 1966.

Fetscher 1975: Iring Fetscher, Rousseaus politische Philosophie. Zur Geschichte des demokratischen Freiheitsbegriffs. Dritte Auflage, Frankfurt/M 1975.

Förster-Nietzsche 1914: Elisabeth Förster-Nietzsche, Der einsame Nietzsche. Leipzig 1914.

Bibliographie

Funke 1974: Monika Funke, Ideologiekritik und ihre Ideologie bei Nietzsche. Stuttgart Bad Cannstatt 1974.

Furet 1980: François Furet, 1789 – Vom Ereignis zum Gegenstand der Geschichte. Frankfurt/M, Berlin, Wien 1980.

Furet/Ozouf l988: François Furet, Mona Ozouf (éd.), Dictionnaire critique de la Révolution française. Paris 1988.

Gerhardt 1983: Volker Gerhardt, Das »Princip des Gleichgewichts«. Zum Verhältnis von Recht und Macht bei Nietzsche. In: Nietzsche-Studien 12, 1983.

Gerhardt 1988: Volker Gerhardt, Die republikanische Verfassung. Kants Staatstheorie vor dem Hintergrund der Französischen Revolution. In: Deutscher Idealismus und Französische Revolution. Schriften aus dem Karl-Marx-Haus, Trier 1988.

Gerratana 1988: Federico Gerratana, Der Wahn jenseits des Menschen. Zur frühen E.v. Hartmann-Rezeption Nietzsches (1869-74). In: Nietzsche-Studien 17, 1988.

Gilman 1980: Sander L. Gilman, Nietzsches Emerson-Lektüre: Eine unbekannte Quelle. In: Nietzsche-Studien 9, 1980.

Gilman 1981: Sander L. Gilman (Hg.), Begegnungen mit Nietzsche. Bonn 1981. Zitiert nach der zweiten Auflage, Bonn 1985.

Giraud 1901: Victor Giraud, Essai sur Taine, son oeuvre et son influence d'après des documents inédits. Paris 1901.

Giraud 1911: Victor Giraud, M. Paul Bourget. In: Revue des deux mondes, 15.2. und 1.3. 1911.

Goetz 1981: William R. Goetz, Nietzsche and Le Rouge et le Noir. In: Comparative Literature Studies XVIII/4, 1981.

Golomb 1985: Jacob Golomb, Nietzsche on Jews and Judaism. In: Archiv für Geschichte der Philosophie 67, 1985.

Goyard-Fabre 1977: Simone Goyard-Fabre, Nietzsche et la question politique. Paris 1977.

Grau 1984: Gerd-Günther Grau, Ideologie und Wille zur Macht. Zeitgemässe Betrachtungen über Nietzsche. Berlin, New York 1984.

Gregor-Dellin 1980: Martin Gregor-Dellin, Richard Wagner. Sein Leben. Sein Werk. Sein Jahrhundert. München, Zürich 1980.

Griewank 1969: Karl Griewank, Der neuzeitliche Revolutionsbegriff. Entstehung und Entwicklung. Zweite Auflage, Frankfurt/M 1969.

Grimm/Hermand 1978: Reinhold Grimm, Jost Hermand (Hg.), Karl Marx und Friedrich Nietzsche. Königstein/Ts 1978.

Guérin 1982: Michel Guérin, La politique de Stendhal. »Les brigands et le bottier«. Paris 1982.

Guibert 1930: Léandre-René Guibert, Stendhal et Nietzsche en communion spirituelle. In: Revue germanique 21, 1930.

Guth 1983: Alfred Guth, Nietzsche et Stendhal. In: Del Litto, Harder (éd.), Stendhal et l'Allemagne. Paris 1983.

Haase 1984: Marie-Luise Haase, Der Übermensch in »Also sprach Zarathustra« und im Zarathustra-Nachlass 1882-1835. In: Nietzsche-Studien 13, 1984.

Bibliographie

Haase 1989: Marie-Luise Haase, Friedrich Nietzsche liest Francis Galton. In: Nietzsche-Studien 18, 1989

Habermas 1989: Jürgen Habermas, Ist der Herzschlag der Revolution zum Stillstand gekommen. In: S. Blasche e.a. (Hg.), Die Ideen von 1789 in der deutschen Rezeption, Frankfurt/M 1989.

Häckel 1971 : Manfred Häckel, Leopold Jacoby. Auswahl aus seinem Werk. Berlin/Ost, 1971.

Hardtwig 1974: Wolfgang Hardtwig, Geschichtsschreibung zwischen Alteuropa und moderner Welt. Jacob Burckhardt in seiner Zeit. Göttingen 1974.

Heftrich 1987: Eckhard Heftrich, Nietzsches Goethe. In: Nietzsche-Studien 16, 1987.

Heidegger N: Martin Heidegger, Nietzsche. 2 Bde, Pfullingen 1961.

Heidegger WD: Martin Heidegger, Was heisst Denken? Tübingen 1954.

Heller 1980: Peter Heller, Studies on Nietzsche. Bonn 1980.

Henke 1989: Dieter Henke, Gedanken zum Umgang mit den Grundstrukturen und Elementen quasi-naturwissenschaftlicher Bezüge im Werk Nietzsches. In: Nietzsche-Studien 18, 1989.

Hennis 1987: Wilhelm Hennis, Die Spuren Nietzsches im Werk Max Webers. In: Nietzsche Studien 16, 1987.

Hillebrand 1984: Bruno Hillebrand, Literarische Aspekte des Nihilismus. In: Nietzsche-Studien 13, 1984.

Hoeges 1980: Dirk Hoeges, Literatur und Evolution. Studien zur französischen Literaturkritik im 19.Jahrhundert. Taine – Brunetière – Hennequin – Guyau. Heidelberg 1980.

Hubbard 1958: Stanley Hubbard, Nietzsche und Emerson. Basel 1958.

Janssen 1970: Evert Maarten Janssen, Jacob Burckhardt und die Renaissance. Assen 1970.

Janz B: Curt Paul Janz, Friedrich Nietzsche. Biographie. 3 Bde. Zweite Auflage, München 1981.

Jaspers 1936: Karl Jaspers, Nietzsche. Einführung in das Verständnis seines Philosophierens. Berlin, Leipzig 1936.

Jaspers 1949: Karl Jaspers, Vom Ursprung und Ziel der Geschichte. München 1949.

Jung 1990: Werner Jung, Das Nietzsche-Bild von Georg Lukács. In: Nietzsche-Studien 19, 1990.

Kaegi B: Werner Kaegi, Jacob Burckhardt. Eine Biographie. 6 Bde, Basel 1947-1977.

Kaufmann 1982: Walter Kaufmann, Nietzsche. Philosoph – Psychologe – Antichrist. Darmstadt 1982.

Kelly 1968: George A. Kelly, Rousseau, Kant, and History. In: Journal of the History of Ideas 29, 1968.

Kintzler 1984: Catherine Kintzler, Condorcet. L'instruction publique et la naissance du citoyen. Paris 1984.

Koselleck 1973: Reinhart Koselleck, Kritik und Krise. Eine Studie zur Pathogenese der bürgerlichen Welt. Zweite Auflage, Frankfurt/M 1973.

Bibliographie

Koselleck 1979: Reinhart Koselleck, Vergangene Zukunft. Zur Semantik geschichtlicher Zeiten. Frankfurt/M 1979.

Koselleck 1980: Reinhart Koselleck, Der neuzeitliche Revolutionsbegriff als geschichtliche Kategorie. In: H.Reinalter (Hg.), Revolution und Gesellschaft. Zur Entwicklung des neuzeitlichen Revolutionsbegriffs. Innsbruck 1980.

Kramer 1928: Herbert Gerhard Kramer, Nietzsche und Rousseau. Diss. Erlangen. Borna-Leipzig 1928.

Krauss 1977: Werner Krauss, Goethe und die Französische Revolution. In: Goethe-Jahrbuch 94, 1977.

Krummel 1974, 1983: Richard Frank Krummel, Nietzsche und der deutsche Geist. 2 Bde, Berlin, New York 1974 und 1983.

Krökel 1929: Fritz Krökel, Europas Selbstbesinnung durch Nietzsche. Ihre Vorbereitung bei den französischen Moralisten. München 1929.

Kuhn 1989: Elisabeth Kuhn, »Cultur, Civilisation, die Zweideutigkeit des ›Modernen«« In: Nietzsche-Studien 18, 1989.

Kunnas 1982: Tarmo Kunnas, Politik als Prostitution des Geistes. Eine Studie über das Politische in Nietzsches Werken. München 1982.

Lefebvre 1975: Henri Lefebvre, Hegel, Marx, Nietzsche et le royaume des ombres. Paris 1975.

Levaillant 1965: Jean Levaillant, Les aventures du scepticisme. Essai sur l'évolution intellectuelle d'Anatole France. Paris 1965.

Liprandi 1961: Claude Liprandi, Au coeur du Rouge. L'affaire Lafargue et le Rouge et le Noir. Lausanne 1961.

List-Marzolff 1966: Renate List-Marzolff, Sébastien-Roch Nicolas Chamfort. Ein Moralist im 18.Jahrhundert. München 1966.

Löw 1984: Reinhard Löw, Nietzsche. Sophist und Erzieher. Weinheim 1984.

Löwith SS: Karl Löwith, Sämtliche Schriften. Stuttgart 1981ff.

Losurdo 1987: Domenico Losurdo, Immanuel Kant. Freiheit, Recht und Revolution. Köln 1987.

Losurdo 1988: Domenico Losurdo, Der Garten Eden und der Sündenfall. In: Dialektik 15, Köln 1988.

Losurdo 1988a: Domenico Losurdo, Nietzsche, il moderno e la tradizione liberale. In: G.M.Cazzanigo/D.Losurdo/C.Sichirollo (ed), Metamorfosi del moderno, Urbino 1988.

Love 1986: Nancy S. Love, Marx, Nietzsche, and Modernity. New York 1986.

Lütkehaus 1980: Ludger Lütkehaus, Schopenhauer. Metaphysischer Pessimismus und »soziale Frage«. Bonn 1980.

Lukács W: Georg Lukács, Werke. Neuwied 1962ff.

Luppé 1957: Albert de Luppé, Astolphe de Custine. Monaco 1957.

Mann 1945: Thomas Mann, Adel des Geistes. Stockholm 1945.

Mann 1948: Thomas Mann, Neue Studien. Stockholm 1948.

Mansuy 1969: Michel Mansuy, Un moderne. Paul Bourget. De l'enfance au disciple. Paris 1960.

Marcuse 1967: Herbert Marcuse, Der eindimensionale Mensch, Darmstadt und Neuwied 1967.

Bibliographie

Marten 1987: Heinz-Georg Marten, Rassismus, Sozialdarwinismus und Antisemitismus. In: Pipers Handbuch der politischen Ideen. Hg. von I.Fetscher und H.Münkler. Bd 5, München 1987.

Marti 1984: Urs Marti, Was heisst: Positive Politik. In: Manuskripte 83. Festschrift für G.Jánoska. Graz 1984.

Martin 1945: Alfred von Martin, Nietzsche und Burckhardt. Zwei geistige Welten im Dialog. Dritte Auflage, Basel 1945.

Massing 1959: Paul W. Massing, Vorgeschichte des politischen Antisemitismus. Zitiert nach der Ausgabe Frankfurt/M 1986.

Maurer 1979: R.K.Maurer, Das antiplatonische Experiment Nietzsches. Zum Problem einer konsequenten Ideologiekritik. In: Nietzsche-Studien 8, 1979.

Mc Donald 1965: Joan Mc Donald, Rousseau and the French Revolution 1762 – 1791. London 1965.

Montinari 1981: Mazzino Montinari, Su Nietzsche. Roma 1981.

Montinari 1982: Mazzino Montinari, Nietzsche lesen. Berlin, New York 1982.

Montinari 1985: Mazzino Montinari, Nietzsche – Wagner im Sommer 1878. In: Nietzsche-Studien 14, 1985.

Montinari 1986: Mazzino Montinari, L'onorevole arte di leggere Nietzsche. In: Belfagor 41, 1986.

Montinari 1986a: Mazzino Montinari, Nietzsche in Cosmopolis. In: Frankfurter Allgemeine Zeitung, 19. 7. 1986.

Mortier 1974: Roland Mortier, Les héritiers des »philosophes« durant l'expérience révolutionnaire. In: Dix-huitième siècle. Lumières et révolution 6,1974.

Müller-Lauter 1971: Wolfgang Müller-Lauter, Nietzsche. Seine Philosophie der Gegensätze und die Gegensätze seiner Philosophie. Berlin, New York 1971.

Müller-Lauter 1974: Wolfgang Müller-Lauter, Nietzsches Lehre vom Willen zur Macht. In: Nietzsche-Studien 3, 1974.

Müller-Lauter 1981: Wolfgang Müller-Lauter, Das Willenswesen und der Übermensch. Ein Beitrag zu Heideggers Nietzsche-Interpretationen. In: Nietzsche-Studien 10/11, 1981/82.

Müller-Lauter 1989: Wolfgang Müller-Lauter, Ständige Herausforderung. Über Mazzino Montinaris Verhältnis zu Nietzsche. In: Nietzsche-Studien 18, 1989.

Müller/Wapnewski 1986: Ulrich Müller, Peter Wapnewski, Richard Wagner-Handbuch. Stuttgart 1986.

Münkler 1981: Herfried Münkler, Das Dilemma des deutschen Bürgertums. Recht, Staat und Eigentum in der Philosophie Arthur Schopenhauers. In: Archiv für Rechts- und Sozialphilosophie 67, 1981.

Myers 1986: David B.Myers, Marx and Nietzsche. The Record of an Encounter. Lanham, New York, London 1986.

Negri 1982: Antimo Negri, La critica dei partiti. In: L.Cataldi e.a., Nietzsche e la politica. Napoli 1982.

Oduev 1977: Sergej F.Oduev, Auf den Spuren Zarathustras. Köln 1977.

Oehler 1988: Dolf Oehler, Ein Höllensturz der alten Welt. Frankfurt/M 1988.

Ottmann 1984: Henning Ottmann, Anti-Lukács. Eine Kritik der Nietzsche-Kritik von Georg Lukács. In: Nietzsche-Studien 13, 1984.

Ottmann 1987: Henning Ottmann, Philosophie und Politik bei Nietzsche. Berlin, New York 1987.

Ozouf 1976: Mona Ozouf, La fête révolutionnaire 1789-1799. Paris 1976.

Pangle 1987: Thomas L. Pangle. Nihilism and Modern Democracy in the Thought of Nietzsche. In: Kenneth L. Deutsch/Walter Soffer (ed), The Crisis of Liberal Democracy. Albany 1987.

Pangle 1987a: Thomas L. Pangle, The »Warrior Spirit« as an Inlet to the Political Philosophy of Nietzsche's Zarathustra. In: Nietzsche-Studien 15, 1986.

Pestalozzi 1978: Karl Pestalozzi, Nietzsches Baudelaire-Rezeption. In: Nietzsche-Studien 7, 1978.

Pisa 1980: Karl Pisa, Schopenhauer und die soziale Frage. In: Schopenhauer-Jahrbuch 62, 1980.

Polin 1974: Raymond Polin, Nietzsche und der Staat oder Die Politik eines Einsamen. In: Hans Steffen (Hg.), Nietzsche. Werk und Wirkungen. Göttingen 1974.

Rahden 1984: Wolfert von Rahden, Eduard von Hartmann ›und‹ Nietzsche. Zur Strategie der verzögerten Konterkritik Hartmanns an Nietzsche. In: Nietzsche-Studien 13, 1984.

Reibnitz 1987: Barbara von Reibnitz, Nietzsches ›Griechischer Staat‹ und das Deutsche Kaiserreich. In: Altertums-Unterricht 3, 1987.

Reissner 1963: Eberhard Reissner, Alexander Herzen in Deutschland. Berlin/Ost 1963.

Reschke 1989: Renate Reschke, Die Angst vor dem Chaos. Friedrich Nietzsches Plebiszit gegen die Masse. In: Nietzsche-Studien 18, 1989.

Ribbeck 1881: Otto Ribbeck, Friedrich Wilhelm Ritschl. Ein Beitrag zur Geschichte der Philologie. 2 Bde, Leipzig 1879/81.

Ritter 1957: Joachim Ritter, Hegel und die französische Revolution. Köln und Opladen 1957.

Rorty 1988: Richard Rorty, Der Vorrang der Demokratie vor der Philosophie. In: ders., Solidarität oder Objektivität? Stuttgart 1988.

Rosen 1985: Zvi Rosen, Friedrich Nietzsches politische Welt. In: Jahrbuch des Instituts für Deutsche Geschichte, XIV, Tel-Aviv 1985.

Ross 1980: Werner Ross, Der ängstliche Adler. Friedrich Nietzsches Leben. Stuttgart 1980.

Rude 1983: Fernand Rude, Stendhal et la pensée sociale de son temps. Deuxième édition, Brionne 1983.

Salaquarda 1978: Jörg Salaquarda, Nietzsche und Lange. In: Nietzsche-Studien 7, 1978.

Salaquarda 1984: Jörg Salaquarda, Studien zur Zweiten Unzeitgemässen Betrachtung. In: Nietzsche-Studien 13, 1984.

Salin 1948: Jacob Burckhardt und Nietzsche. Zweite Auflage, Heidelberg 1948.

Sautet 1981: Marc Sautet, Nietzsche et la Commune. Paris 1981.

Scheler GW 3: Max Scheler, Gesammelte Werke. Bd 3. Vom Umsturz der Werte. Vierte Auflage, Bern 1955.

Schieder 1950: Theodor Schieder, Das Problem der Revolution im 19.Jahrhundert. In: Historische Zeitschrift 170, 1950.

Schieder 1963: Theodor Schieder, Nietzsche und Bismarck. Krefeld 1963.

Schmidt 1983: Hermann Josef Schmidt, F.Nietzsche: Philosophie als Tragödie. In: Josef Speck (Hg.), Grundprobleme der grossen Philosophen. Philosophie der Neuzeit 3. Göttingen 1983.

Schmidt 1985: Jochen Schmidt, Die Geschichte des Genie-Gedankens in der deutschen Literatur, Philosophie und Politik 1750-1945. 2 Bde Darmstadt 1985.

Schmidt 1982: Rüdiger Schmidt, »Ein Text ohne Ende für den Denkenden«. Zum Verhältnis von Philosophie und Kulturkritik im frühen Werk Friedrich Nietzsches. Königstein/Ts 1982.

Schmidt 1984: Rüdiger Schmidt, Auf der Suche nach dem Humanum. Elemente der frühen Kulturkritik Friedrich Nietzsches. In: Nietzsche-Studien 13, 1984.

Schmitt 1933: Carl Schmitt, Der Begriff des Politischen. Hamburg 1933.

Schüler 1971: Winfried Schüler, Der Bayreuther Kreis von seiner Entstehung bis zum Ausgang der wilhelminischen Aera. Wagnerkult und Kulturreform im Geiste völkischer Weltanschauung. Münster 1971.

Séillière 1909: Ernest Séillière, Taine et Nietzsche. In: Séances et travaux de l'académie des sciences morales et politiques 71, 1909.

Simon 1963: Walter M.Simon, European Positivism in the Nineteenth Century. An Essay in Intellectual History. Ithaca, New York 1963.

Sokel 1983: W.H.Sokel, Political Uses and Abuses of Nietzsche in Walter Kaufmann's Image of Nietzsche. In: Nietzsche-Studien 12, 1983.

Sooby 1984: John West Sooby, La société et le jeu dans »Le Rouge et le Noir«. In: Philippe Berthier (éd.), Stendhal: L'écrivain, la société et le pouvoir. Grenoble 1984.

Spencer 1977: Hanna Spencer, Dichter, Denker, Journalist. Studien zum Werk Heinrich Heines. Bern 1977.

Stack 1983: George J.Stack, Lange and Nietzsche. Berlin, New York 1983.

Stack 1983a: George J.Stack, Marx and Nietzsche: A Point of Affinity. In: The modern Schoolman 60, Saint Louis (Milwaukee) 1983.

Starobinski 1971: Jean Starobinski, Jean-Jacques Rousseau. La transparence et l'obstacle. Deuxième édition, Paris 1971.

Stadler 1958: Peter Stadler, Geschichtsschreibung und historisches Denken in Frankreich 1789-1871. Zürich 1958.

Stern 1974: Fritz Stern, The Politics of Cultural Despair. A Study in the Rise of the Germanic Ideology. Zweite Auflage, Berkeley, Los Angeles 1974.

Sternhell 1978: Zeev Sternhell, La droite révolutionnaire 1885-1914. Les origines françaises du fascisme. Paris 1978.

Strauss 1968: Leo Strauss, Liberalism ancient and modern, New York 1968.

Strauss 1975: Leo Strauss, Political Philosophy. Six Essays. Edited by H.Gildin. Indianapolis, New York 1975.

Strong 1975: Tracy B.Strong, Friedrich Nietzsche and the Politics of Transfiguration. Berkeley 1975.

Taureck 1989: Bernhard H.F.Taureck, Nietzsche und der Faschismus. Eine Studie über Nietzsches politische Philosophie und ihre Folgen. Hamburg 1989.

Thomas 1983: Richard Hinton Thomas, Nietzsche in German politics and society 1890-1918. Manchester 1983.

Tonnelat 1937: Ernest Tonnelat, Charles Andler. Sa vie et son oeuvre. Paris 1937.

Venturelli 1986: Aldo Venturelli, Asketismus und Wille zur Macht. Nietzsches Auseinandersetzung mit Eugen Dühring. In: Nietzsche-Studien 15, 1986.

Vivarelli 1984: Vivetta Vivarelli, Das Nietzsche-Bild in der Presse der deutschen Sozialdemokratie um die Jahrhundertwende. In: Nietzsche-Studien 13,1984.

Vivarelli 1987: Vivetta Vivarelli, Nietzsche und Emerson: Über einige Pfade in Zarathustras metaphorischer Landschaft. In: Nietzsche-Studien 16, 1987.

Voegelin 1965: Eric Voegelin, Die neue Wissenschaft der Politik. Zweite Auflage München 1965.

Vovelle 1985: Michel Vovelle, La mentalité révolutionnaire. Paris 1985.

Vovelle 1988: Michel Vovelle (dir.), L'état de la France pendant la Révolution (1789-1799). Paris 1988.

Warren 1985: Mark Warren, The Politics of Nietzsche's Philosophy: Nihilism, Culture and Power. In: Political Studies XXXIII, 1985.

Warren 1988: Mark Warren, Nietzsche and political thought. Boston 1988.

Weber 1920: Max Weber, Schriften zur Religionssoziologie I, Tübingen 1920.

Weber 1921: Max Weber, Gesammelte Politische Schriften, München 1921.

Weigand 1893: Wilhelm Weigand, Friedrich Nietzsche. Ein psychologischer Versuch. München 1893.

Weinland 1988: Helmuth Weinland, Wagner zwischen Hegel und Hitler. In: Richard Wagner. Musik-Konzepte 59, München 1988.

Weinstein 1972: Leo Weinstein, Hippolyte Taine. New York 1972.

Williams 1952: William D.Williams, Nietzsche and the French. A Study of the influence of Nietzsche's French reading on his thought and writing. Oxford 1952.

Wuthenow 1989: Ralph-Rainer Wuthenow, Die grosse Inversion. Jean-Jacques Rousseau im Denken Nietzsches. In: Rousseau und die Folgen. Neue Hefte für Philosophie 29, 1989.

Zelinsky 1976: Hartmut Zelinsky, Richard Wagner. Ein deutsches Thema. Eine Dokumentation zur Wirkungsgeschichte Richard Wagners 1876-1976. Frankfurt/M 1976.

PERSONENREGISTER

Adorno, Theodor W. 298
Albert, Paul 80, 330
d'Alembert, Jean le Rond 41
Alfieri, Luigi 381
Alfieri, Vittorio 265
Althaus, Horst 141
Althaus, Theodor 346
Althusser, Louis 184
Andler, Charles 76, 141, 186, 190, 272, 348, 358, 373
Ansell-Pearson, Keith 318
Arendt, Hannah 6, 33, 277, 288, 290, 296, 302, 383
Aristoteles 189
Arndt, Karl Eduard 63
Aulard, Alphonse 327

Babeuf, Gracchus 175
Bachofen, Johann Jakob 82
Bagehot, Walter 215f
Bahnsen, Julius 95
Baier, Horst 283, 382
Bakunin, Michail 119, 167, 342, 347, 352
Balzac, Honoré de 256, 262, 372
Barbera, Sandro 225
Barbey d'Aurevilly, Jules Amédée 237ff, 266, 373
Barnave, Antoine 232
Barny, Roger 312
Barrau Théodore Henri 63
Barrès, Maurice 271
Bataille, Georges 298
Batscha, Zwi 316
Baudelaire, Charles 229, 232, 259f, 266f, 340, 371, 381f,
Bauer, Bruno 82, 104, 338
Beaumont, Christophe de 34
Beauvoir, Simone de 382
Bebel, August 183, 358
Beethoven, Ludwig van 17ff, 28, 127, 262, 305
Benjamin, Walter 302, 381
Bergmann, Peter 380
Berthet, Antoine 249
Bertram, Ernst 244

Bianquis, Geneviève 273
Biedermann, Carl 100, 348
Bismarck, Otto von 89-96, 99, 102-106, 116, 127, 131, 139, 160, 167, 196, 199, 205, 207, 214, 242, 273, 289, 338, 345, 352, 380
Blanc, Louis 175, 176
Blanqui, Louis-Auguste 276, 381f
Bloch, Ernst 381
Börne, Ludwig 60f, 115, 320, 333
Bonald, Louis de 325
Bonaparte, Mathilde 228
Bonaparte, Napoléon Joseph 373
Borchmeyer, Dieter 345
Born, Stephan 318
Boulainvilliers, Henri de 81
Boulanger, Georges 270
Bourdeau, Jean 256
Bourget, Paul 253-256, 258ff, 265f, 271, 328, 367, 370, 378f
Braatz, Kurt 383
Brandes, Georg 76, 265, 328, 372, 383
Braun, Otto 353
Breuer, Stefan 5
Brose, Karl 356, 359, 368f
Brunetière, Ferdinand 31ff, 228, 271, 308, 310f, 373, 378
Bucher, Lothar 352
Buckle, Henry Thomas 223, 247
Büchner, Georg 276
Burckhardt, Jacob 27f, 34, 63-68, 82, 85, 90, 101, 104-107, 110, 143, 145, 155, 167, 240ff, 257, 269, 281, 309, 322ff, 339f, 352, 364, 368, 374, 378
Burke, Edmund 75, 87, 267
Byron, George Gordon Noël 88, 170, 256, 305, 309

Caesar, Gajus Julius 253, 335
Calvin, Jean 273
Campioni, Giuliano 225, 383
Camus, Albert 286
Carey, Henry Charles 175, 356, 358
Carlyle, Thomas 70, 126f, 185, 260f, 379
Carnot, Lazare 44, 314, 330

NIETZSCHES VIERTE UNVOLLENDETE: „WIR PHILOLOGEN"

Entwürfe und Vorarbeiten

Herausgegeben von Hubert Cancik und Hildegard Cancik-Lindemaier

VERLAG
J. B. METZLER

Nietzsches vierte Unvollendete:
„Wir Philologen"
Entwürfe und Vorarbeiten
Herausgegeben von Hubert Cancik
und Hildegard Cancik-Lindemaier
1993. Ca. 280 Seiten, geb.,
ISBN 3-476-00955-6

Aufgrund ihres grundsätzlichen kulturkritischen Impulses – Stichwörter sind »Erzieher erziehen«, »Schule der Erzieher«, »Züchtigung des bedeutenden Menschen«, »Andeutungen über die Griechen« – verdient das ursprünglich als vierte *Unzeitgemäße Betrachtung* geplante Stück *Wir Philologen* textgeschichtlich höchste Beachtung – als Schlüsseltext des Übergangs von der Philologie zur Philosophie. Die bisherigen Ausgaben Nietzsches bieten diesen Text nur unzureichend, seine Entstehungsgeschichte und seine relative Abgeschlossenheit können nicht verfolgt werden. Dies wird in dieser kritischen Leseausgabe erstmals vorgelegt. Versehen mit einem knappen Apparat, werden die Grundschrift von 1875, die partielle Reinschrift einer Zwischenstufe vom März 1875 und die vorhandenen Stücke der Endstufe vom September/Oktober 1876 geboten. Es wird dokumentiert, wie diese Stoffe auslaufen und von Nietzsche in die Vorstufen von *Menschliches, allzu Menschliches* überführt werden.

Made in United States
Troutdale, OR
11/13/2024

24744163R00229